Praktische Tipps A–Z
Die Anden

Land und Leute
Der Nordwesten

Caracas und Umgebung
Die Inseln von Venezuela

Der Nordosten
Anhang

Das Orinoco-Delta
Kartenatlas

Das Hochland von Guayana

Das Amazonasgebiet

Die Llanos

Volker Alsen
Venezuela

Venezuela – das bestgehütete Geheimnis der Karibik

Impressum

Volker Alsen
Venezuela

erschienen im
REISE KNOW-HOW Verlag Peter Rump GmbH
Osnabrücker Str. 79, 33649 Bielefeld

© REISE KNOW-HOW Verlag Därr 1991, 1993, 1995, 1997, 1999
© Peter Rump 2001
8., komplett neu bearbeitete und aktualisierte Auflage 2009

Alle Rechte vorbehalten.

Gestaltung:
Umschlag: G. Pawlak, P. Rump (Layout); M. Luck (Realisierung)
Inhalt: G. Pawlak (Layout); M. Luck (Realisierung)
Karten: der Verlag; C. Raisin; GeoKarta, H. Newe
Fotos: der Autor (va); M. Alsen (ma); S. Melcer (sm); M. Müller (mm); K. Strelow (ks);
  M. Blach (mb); J. & D. Klaiber (kk); S. Paschke (sp); H. Friedrich (hf); S. Struss (st); N. Alsen (na)
Titelfoto: D. Klaiber (Páramo-Landschaft in den Anden)

Lektorat: M. Luck

Druck und Bindung: Wilhelm & Adam, Heusenstamm

ISBN 978-3-8317-1790-3
PRINTED IN GERMANY

Dieses Buch ist erhältlich in jeder Buchhandlung
Deutschlands, Österreichs, der Niederlande, Belgiens
und der Schweiz. Bitte informieren Sie Ihren
Buchhändler über folgende Bezugsadressen:

Deutschland
  Prolit GmbH, Siemensstr. 16,
  D-35463 Fernwald (Annerod)
  sowie alle Barsortimente
Schweiz
  AVA/Buch 2000
  Postfach, CH-8910 Affoltern a.A.
Österreich
  Mohr-Morawa Buchvertrieb GmbH
  Sulzengasse 2, A-1230 Wien
Niederlande, Belgien
  Willems Adventure
  www.willemsadventure.nl

Wer im Buchhandel trotzdem kein Glück hat,
bekommt unsere Bücher auch über unseren
Büchershop im Internet:
www.reise-know-how.de

Wir freuen uns über Kritik, Kommentare und Verbesserungsvorschläge.

Alle Informationen in diesem Buch sind vom Autor mit größter Sorgfalt gesammelt und vom Lektorat des Verlages gewissenhaft bearbeitet und überprüft worden.

Da inhaltliche und sachliche Fehler nicht ausgeschlossen werden können, erklärt der Verlag, dass alle Angaben im Sinne der Produkthaftung ohne Garantie erfolgen und dass Verlag wie Autor keinerlei Verantwortung und Haftung für inhaltliche und sachliche Fehler übernehmen.

Die Nennung von Firmen und ihren Produkten und ihre Reihenfolge sind als Beispiel ohne Wertung gegenüber anderen anzusehen. Qualitäts- und Quantitätsangaben sind rein subjektive Einschätzungen des Autors und dienen keinesfalls der Bewerbung von Firmen oder Produkten.

Volker Alsen

Venezuela

REISE KNOW-HOW im Internet

Aktuelle Reisetipps und Neuigkeiten
Ergänzungen nach Redaktionsschluss
Büchershop und Sonderangebote

www.reise-know-how.de
info@reise-know-how.de

Wir freuen uns über Anregung und Kritik.

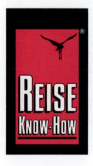

Vorwort

Venezuela, ein Land so abwechslungsreich wie ein Kontinent – genau so ist es, und wer Venezuela bereist, wird das bestätigen können.

Viele Menschen verreisen in ferne Länder, um Kenntnis von anderen Kulturen und Lebensweisen zu erlangen. In dieser Hinsicht ist Venezuela ein ideales Reiseziel, denn es gibt viel Neues und Fremdes zu entdecken, auch wenn Sprache, Kultur, Religion und sogar der Humor europäische bzw. spanische Wurzeln haben.

Dem positiv neugierigen „Entdeckungsreisenden" will das vorliegende Buch mit Hintergrundinformationen zu Land und Leuten und mit hilfreichen reisepraktischen Tipps zur Seite stehen. Besonderen Wert legt der Autor darauf, dass Besucher die Indianer im Land, die „echten" Venezolaner sozusagen, verstehen und respektieren lernen. Zu häufig bedroht der Tourismus den natürlichen Lebensraum dieser teilweise noch autochthon lebenden Völker. Andererseits sind einige Stammesgruppen auf Touristen eingestellt und benötigen diese zum Überleben. Ein Besuch in ihren Siedlungen – unter Einhaltung bestimmter Verhaltensregeln – trägt zum Erhalt dieser Lebensräume bei und sollte Teil der Reise sein. Andere Gruppen wiederum sind nicht „zivilisiert", haben z.T. auch keine Abwehrkräfte gegen unsere Krankheitserreger, leben so, wie sie es seit vielen Generationen tun, und sollten bitte in Ruhe gelassen werden.

In den Regionalkapiteln findet man zu diesem Thema reichlich Informationen.

Venezuela ist ein spannendes Reiseland und verspricht eine erlebnisreiche Reise. Das Land hat eine Vielzahl weltweit einmaliger Naturwunder zu bieten: die Gran Sabana mit ihren Tafelbergen, den „Bergen der Götter", wo sich auch der höchste Wasserfall der Welt befindet; die tierreichen Llanos; die schneebedeckten Gletscher der Anden; den größten Asphaltsee der Welt; die größte Tropfsteinhöhle des Kontinents; schließlich 2500 km Karibikküste mit herrlichen Stränden und unzähligen vorgelagerten Inseln. Wo findet man mehr Superlative in einem Land vereinigt? Und das ist nur eine kleine Auswahl!

Venezuela und seine Menschen zu verstehen und sie ernst zu nehmen, ist die Grundlage für einen gelungenen Aufenthalt. Die Venezolaner sind stolze Gastgeber, ihre Traditionen und ihr Lebensalltag sind vom Gast zu respektieren – offene Kritik ist oft fehl am Platz, das Leben in Venezuela kann hart sein. Es können hier keine allgemeingültigen Verhaltensregeln aufgestellt und keine Rezepte gegeben werden. Wer aber mit gesundem Menschenverstand, mit der Hilfe der in diesem Buch gesammelten Informationen und aufgeschlossen für neue Erfahrungen unterwegs ist, der wird ohne Frage eine unvergessliche und einmalig schöne Zeit in Venezuela verbringen.

Volker Alsen

Inhalt

Vorwort	7
Hinweise zur Benutzung	13
Was man unbedingt wissen muss	15
Highlights und Reiserouten	16

Praktische Tipps A–Z

(unter Mitarbeit von *Elfi H. M. Gilissen*)

An- und Rückreise	20
Ausrüstung und Kleidung	28
Autofahren	30
Behinderte in Venezuela	33
Diplomatische Vertretungen	33
Einkaufen und Souvenirs	35
Elektrizität	36
Essen und Trinken	36
Feste und Feiertage	44
Geld und Finanzen	45
Gesundheit	46
Informationen	49
Internet	51
Lernen und Arbeiten	52
Maße und Gewichte	52
Medizinische Versorgung	53
Mietwagen	54
Mit Kindern unterwegs	55
Nachtleben	56
Notfall	57
Öffnungszeiten	58
Orientierung	59
Post	61
Sicherheit und Kriminalität	61
Sport und Erholung	65
Sprache	75
Telefonieren	77
Uhrzeit	79
Unterkunft	79
Verhaltenstipps	83
Verkehrsmittel	84
Versicherungen	86

Land und Leute

Geografie	90
Klima	92
Fauna	94
Flora	99
Umwelt- und Naturschutz	101
Geschichte	104
Aktuelle Politik	128
Staat und Verwaltung	132
Medien	133
Wirtschaft	135
Bildung	138
Bevölkerung	139
Religion	149
Sitten und Bräuche	150
Alltagsleben	153
Architektur	158
Kunst in Venezuela	160

Caracas und Umgebung

Caracas	**171**
Ausflüge von Caracas	**190**
El Hatillo	190
El Junquito	192
Colonia Tovar	193
El Jarillo	197
Von Caracas nach Maracay	197
San Antonio de los Altos	198
Los Teques	198
La Victoria	201
Turmero	203
Valles del Tuy	204
Das Avila-Massiv und Galipán	206
Die zentrale Küstenregion	**208**
Maiquetía	210

INHALT

Catia La Mar	212	**Das Orinoco-Delta**	
Chichiriviche	213		
La Guaira	214	**Maturín**	**297**
Macuto	214	Hato San Andrés	301
Carabellada,		La Cueva del Guácharo	301
Tanaguarena und Naiguatá	215	Boca de San José de Buja	301
Von Los Caracas bis Higuerote	216	**Río Morichal Largo**	**303**
Higuerote	**217**	**Tucupita**	**304**
Tacarigua de la Laguna	**218**	Boca de Uracoa	310
		Caño Manamo und Pedernales	311
		Caño Macareo	312
Der Nordosten		**Anaco**	**314**
		El Tigre	**315**
Von Caracas nach Barcelona	**223**		
Puerto Píritu	**225**		
Barcelona und Puerto La Cruz	**226**	**Das Hochland von Guayana**	
Caigua	240		
Lechería	**241**	**Puerto Ordaz und San Félix:**	
Guanta	243	**Ciudad Guayana**	**320**
Altos de Sucre	243	Puerto Ordaz – Ciudad Piar	328
Cumaná	**245**	Castillos de Guayana	330
Cumanacoa	255	**Ciudad Bolívar**	**331**
Parque Nacional Mochima	256	Über den Orinoco	340
Golfo de Cariaco	**262**	Guri-Stausee	341
Cariaco	264	Touren zum Río Caura	341
Halbinsel von Araya	**265**	**Ciudad Piar**	**343**
Carúpano	**268**	**Paragua**	**343**
Thermalquellen		**Canaima**	**344**
bei Pantoño, Casanay	278	Salto Angel	348
Parque Nacional Turuépano	279	Salto Sapo	352
Weiterfahrt von		Salto Yurí	353
Carúpano in Richtung Güiria	280	Wareipa	353
Río Caribe	**282**	**Kavac und Kamarata**	**357**
Von Río Caribe nach Güiria	**284**	Uruyén	358
Abstecher nach		**Auf dem Weg**	
San Juan de Las Galdonas	286	**in die Gran Sabana**	**358**
Güiria	**287**	Upata	358
Puerto de Hierro und Macuto	288	Guasipati	360
Von der Küste ins Orinoco-Delta	288	El Callao	361
Caripe und		Tumeremo	361
die Guácharo-Höhle	**289**	El Dorado	362
Die Humboldt-Route	292	Von El Dorado nach Las Claritas	364

Inhalt

Gran Sabana	**365**
Kavanayén	370
Salto La Golondrina	373
Salto Kawi	373
Salto Kama	375
Pacheco	375
Soruape	375
Salto La Cortina	375
San Francisco de Yuruani	376
San Ignacio de Yuruani	376
Quebrada de Jaspe	377
Salto Agua fria und Puerta del Cielo	377
Santa Elena de Uairén	378
El Pauji	386
Die Minen von Icabarú	387
Roraima	388
Chirikayén	391

Das Amazonasgebiet

Von Puerto Páez nach Puerto Ayacucho	**395**
Von Ciudad Bolívar nach Puerto Ayacucho	**395**
Maripa	396
Las Trincheras del Caura	396
Caicara del Orinoco	**396**
Puerto Ayacucho	**398**
Cerro Pintado	404
Parque El Tobogán de la Selva	404
San Juan de Manapiare	405
Cerro Autana	405
Von Puerto Ayacucho zum Río Negro	**405**
San Fernando de Atabapo	406
Von Puerto Ayacucho nach San Fernando de Apure	**408**
Puerto Carreño (Kolumbien)	408
Puerto Páez	408

Die Llanos

San Fernando de Apure	**413**
Von San Fernando de Apure bis Barinas	**415**
Achaguas	415
Apurito	416
Hato El Frío	417
Mantecal und Elorza	417
Von Elorza nach San Cristóbal	**418**
Guasdalito	**418**
Barinas	**420**
Von Barinas in Richtung Valencia	**424**
Guanare	**425**
Acarigua	**426**
San Carlos	**427**
Los Dos Caminos	428
Von Los Dos Caminos nach Norden	**428**
San Juan de Los Morros	**429**
Villa de Cura	**430**
Von Los Dos Caminos nach Süden	**430**
Calabozo	**431**
Von Los Dos Caminos nach Osten	**432**
Valle de La Pascua	**432**

Die Anden

Mérida	**438**
Pico Espejo	448
Los Nevados	450
Chiquará	451
Jají	452
La Azulita	453
Catatumbo-Delta	453
Valle Grande	453
Tabay	**454**
Von Tabay nach Apartaderos	**456**

Exkurse

Krieg den Mücken ... 48
Kitesurfen in Venezuela / von *Robby Brandl* ... 66
Trekkingtour auf den Pico Humboldt / von *Martin Blach* ... 72
Sandfliegen (Sand„mücken") ... 97
Die fleißigsten Arbeiterinnen Venezuelas –
die Blattschneiderameisen / von *Federico Brugger* ... 98
Kakao ... 100
Kalter Krieg in Venezuela ... 117
Der Kult um María Lionza ... 151
Der Rum von Carúpano ... 272
Die Moriche-Palme – Der Lebensbaum der Indianer /
von *Federico Brugger* ... 313
Innovativer Brückenbau in Ciudad Guayana ... 329
Der Angostura-Bitter / von *Federico Brugger* ... 340
Wer gab dem Wasserfall seinen Namen? /
von *Federico Brugger* ... 350
„Dschungel-Rudi" und Tomás Bernal –
Abenteurer und Entdecker von Canaima ... 351
Abenteuer Trekkingtour auf den Auyan Tepui /
von *Martin Blach* ... 354
Die Pemón-Indianer ... 374
Die Brücke über den Maracaibo-See ... 500
Die Añu-Indianer ... 505

Hinweis: Die **Internet- und E-Mail-Adressen** in diesem Buch können – bedingt durch den Zeilenumbruch – so getrennt werden, dass ein Trennstrich erscheint, der nicht zur Adresse gehören muss!

Mucurubá	457	Quíbor	526
Mucuchíes	458	Cubiro	526
Apartaderos	459	Sanare	527
Von Apartaderos über		**Carora**	**528**
Santo Domingo nach Barinas	**460**	Altagracia	532
Santo Domingo	**462**	Von Carora nach Maracaibo	533
Apartaderos – Adlerpass –		**Maracay**	**533**
Timotes – La Puerta	**464**	**Parque Nacional Henri Pittier**	**542**
Timotes	465	Choroní und Puerto Colombia	543
La Mesa de Esnujaque	465	**Von Maracay nach Valencia**	**554**
La Puerta	466	**Valencia**	**555**
Valera	**467**	Campo de Carabobo	562
Isnotú	469	Bejuma	564
Betijoque	470	Canoabo	565
Trujillo	**470**	Von Valencia	
Boconó	**473**	nach Puerto Cabello	565
Nebenroute Boconó – Jajó	476	**Puerto Cabello**	**565**
Von Mérida nach Süden	**478**	Von Puerto Cabello	
El Vigia	**478**	nach Tucacas	568
San Cristóbal	**480**	**Paque Nacional Morrocoy**	**569**
San Antonio del Táchira	**486**	Tucacas	572
Urena	489	Chichiriviche	574
		Von Valencia nach Maracaibo	**578**
Der Nordwesten		San Felipe	578
Von den Anden bis Maracaibo	**493**	**Die Inseln von Venezuela**	
Maracaibo	**495**		
Lago de Maracaibo	502	**Isla Margarita**	**582**
Laguna de Sinamaica	502	Porlamar	586
Von Maracaibo nach Coro	505	El Valle	594
Coro	**506**	El Laberinto Tropical	594
La Vela de Coro	513	Pampatar	595
Von Coro bis Tucacas	514	La Asunción	597
Die Halbinsel Paraguaná	**515**	Die Ostküste bis Playa El Agua	601
Adícora	515	Playa El Agua	602
Judibana	518	Playa Manzanillo	606
Punto Fijo	518	Playa Guayacán	606
Sierra de San Luís	**519**	Playa Puerto Cruz	
Barquisimeto	**521**	und Puerto Viejo	606
Tintoreros	525	Altagracia	606
Parque Nacional Cerro Saroche	526	Playa Caribe	607

Juangriego	607
San Juan Bautista	609
La Guardia	610
Halbinsel Macanao	610
Playa El Yaque	612
Die Inseln	
Coche und Cubagua	**616**
Die Inseln von Los Frailes	**617**
Los Roques	**618**
Los Testigos	**623**

Anhang

Literaturtipps	626
Kartentipp	626
Filmtipps	627
Kleine Sprachhilfe	627
Register	637
Der Autor	646
Kartenverzeichnis	647
Entfernungen	648

Kartenatlas nach Seite 648

Hinweise zur Benutzung

Alle Informationen und Angaben in diesem Reiseführer sind gründlich, gewissenhaft und objektiv gesammelt worden. Fehler können natürlich nicht komplett ausgeschlossen werden, daher sind entsprechende Hinweise, Anregungen und Verbesserungen willkommen (siehe dazu im Anhang).

Das Buch beginnt mit dem Kapitel **„Praktische Tipps A–Z"**, in dem alle reisepraktischen Informationen behandelt werden, von A wie Ankunft bis V wie Versicherungen. Die Infos beziehen sich sowohl auf die Reisevorbereitung als auch auf die Durchführung.

Das Kapitel **„Land und Leute"** beschäftigt sich mit Venezuela und seinen Menschen: Geografie und Klima, Geschichte und Politik, Flora und Fauna, Staat und Gesellschaft, Wirtschaft und Handel, Bevölkerung und Kultur sind die Themen.

Die Landschaften, Dörfer und Städte, Strände und Sehenswürdigkeiten des Landes werden in **neun Regionalkapiteln** behandelt (siehe Inhaltsverzeichnis), den Auftakt macht die Hauptstadt Caracas, den Abschluss bilden die Inseln Venezuelas, darunter die Isla Margarita. In jeder Region befinden sich ideale Startpunkte zu ihrer Erkundung, das können die Großstädte sein, manchmal auch nur ein günstig gelegener Fischerort. Von dort starten dann, jeweils nach der Ortsbeschreibung, die Ausflüge in die Umgebung (bzw. ihre Schilderung).

Übersichtskarten, viele **Stadtpläne** und ein **Atlas** am Ende des Buches erleichtern die Orientierung im Land und auf den verschiedenen Routen. In den Kopfzeilen wird auf die jeweils passenden Karten verwiesen, bei den (wichtigen) Orten bzw. Sehenswürdigkeiten erfolgt ein Hinweis auf ihre Verortung im Kartenatlas (z.B. Puerto Píritu ↗ V, D2, d.h. der Ort ist in Karte V im Planquadrat D2 zu finden), zusätzlich sind ihre GPS-Koordinaten angegeben.

Öffnungs-, Flug- und Fahrtzeiten ändern sich in Venezuela sehr häufig, Preise werden ohne erkennbare Logik (manchmal gravierend) geändert, Telefonnummern ausgetauscht, Veranstalter modifizieren ihre Angebote.

Eine Anmerkung zu den **Preisangaben:** In Venezuela wird der Handel mit Devisen von der Zentralbank kontrolliert, der Wechselkurs von 2,15 Bs.F. für 1 US-$ ist festgeschrieben. Natürlich hat das einen Schwarzmarkt zur Folge, auf dem der Wechselkurs (viel) besser ist. Allerdings ist Schwarzwechseln verboten, man darf nur offiziell tauschen. Hotels, Reisebüros und sonstige Gewerbetreibende dürfen ihre Preise nicht in Devisen angeben. Trotzdem werden in der Praxis häufig Dollarpreise genannt und in Dollar bezahlt – wer mit Bolívares bezahlt, zahlt dann häufig drauf. Alle im Buch genannten Preise sind in Euro und zum offiziellen Kurs gerechnet, was bedeutet, dass man bei Barzahlung in Dollar oder Euro häufig unter dem angegebenen Preisniveau bleibt. Mehr Infos dazu im Kapitel „Geld und Finanzen".

Orientierung und Adressen

Die meisten venezolanischen Städte, darunter auch die Innenstadt von Caracas, sind nach dem (aus Kolonialzeiten stammenden) Schachbrettmuster angelegt, was die Orientierung erleichtert. Die größeren **Straßen** werden „Avenidas" (Av.) genannt, die kleineren Straßen „Calles" (C.). In einigen Gegenden Venezuelas wird statt des Begriffs „Calle" die aus Kolumbien kommende Bezeichnung „Carrera" verwendet. Auf den größeren Avenidas gibt es **Hausnummern,** auch wenn diese oft keine erkennbare Logik aufweisen und man sich u.U. bei der Suche einer Hausnummer verlaufen kann. Wesentlich zuverlässiger ist da die Angabe von **Straßenkreuzungen,** wobei „c/" für „con" (mit) steht (Beispiel: Av. Carabobo c/ C. Bermúdez = Kreuzung der Avenida Carabobo mit der Straße Bermúdez). Adressen zwischen zwei Ecken werden mit „entre" bezeichnet (Beispiel: Av. Carabobo entre C. Bermúdez y C. Bolívar). Die Entfernung zwischen zwei Kreuzungen wird als „cuadra" (Häuserblock) bezeichnet, auch in ländlichen Gegenden, in denen es keine Häuser gibt. Ein cuadra entspricht ca. 100 m. Bei Entfernungsangaben in Venezuela sollte man grundsätzlich vorsichtig sein, oft werden Distanzen bzw. die erforderliche Zeit, um sie zurückzulegen, unterschätzt.

Hochhäuser, Privathäuser *(residencias)* und **Gebäude** *(edificios)* tragen Namen, z.B. Residencia Kismeth (Name des Wohnhauses), Piso 11 (11.

Stock), Apartamento 8d (Wohnungstür), Av. Sanz (die Straße, in der sich das Gebäude befindet) in „El Marquéz" (der Name des Stadtviertels).

Größere Gebäudekomplexe werden meist als „Centro" bezeichnet, da kommt manchmal als zusätzliche Angabe „Torre" (Turm) hinzu. Ein **Centro Comercial** (CC) ist ein Einkaufszentrum, in dem man außer Ladengeschäften auch Banken, Kinos und Restaurants findet.

Das Wort „Apartado" meint Postadressen – damit kann man normalerweise sehr wenig anfangen, da es sich um Postfächer handelt.

Abkürzungen

AI: All Inclusive
Apt.: Apartment
Av.: Avenida
Bs. (F.): Bolívares (fuertes),
die Landeswährung, seit dem 1. Januar 2008
C.: Calle (Straße)
c/: con (mit, als Angabe für eine Straßenkreuzung)
CC: Centro Comercial
Edf.: Edificio (Gebäude)
HP: mit Halbpension
KK: Kreditkarten werden akzeptiert (außer American Express)
Sec.: Sector (Stadtbereich)
Sta. bzw. Sto.: Santa oder Santo (Heilige/r, als Zusatz bei Ortsnamen)
ÜF: Übernachtung mit Frühstück
Urb.: Urbanización (Stadtteil)
VP: mit Vollpension

Was man unbedingt wissen muss

Venezuela ist kein klassisches Reiseland. Zwar gibt es schon seit Jahrzehnten Individualreisende, aber der **Tourismus** insgesamt steckt immer noch **in den Kinderschuhen** – und entsprechend schlecht ist teilweise die touristische Infrastruktur. Mangelnder Service kann dabei durchaus mit Freundlichkeit wettgemacht werden, mancherorts sind „Gringos" ja noch eine echte Rarität. Der Begriff **„Gringo"** übrigens bezog sich ursprünglich auf die Nordamerikaner und kommt aus Mexiko. Inzwischen gilt das Wort für Ausländer ganz allgemein, und es kann durchaus abschätzig gemeint sein. Manchmal kann es da schon von Vorteil sein, die Sache klarzustellen: „No soy gringo, sino europeo" (Ich bin kein Gringo, sondern Europäer).

Der **öffentliche Transport** im Land funktioniert gut, das Reisen auf eigene Faust ist problemlos möglich (siehe dazu im Kapitel „Verkehrsmittel"). Extrem nervig und auch zeitraubend können die unzähligen übers Land verstreuten **„Alcabalas"** sein, polizeiliche Kontrollposten der Guardia Nacional.

Leider kam es in den vergangenen Jahren immer wieder vor, dass Urlauber in Venezuela unangenehme Situationen erleben mussten. Es gibt einige ganz wichtige Regeln, die im eigenen Interesse unbedingt einzuhalten sind! Bitte dazu das Kapitel **„Sicherheit und Kriminalität"** gründlich lesen und beachten. In vielen Städten gibt es gefährliche Zonen, die gemieden werden sollten – das fällt auch nicht weiter schwer, sind sie doch meist von geringem touristischem Interesse.

Die Frage nach der **besten Reisezeit** ist nicht zu beantworten. Trocken- und Regenzeit haben jeweils ihre ganz speziellen Vor- und Nachteile, und es macht natürlich auch einen Unterschied, wo und wie man seinen Urlaub verbringen will (siehe dazu im Kapitel „Klima")

Bei der Planung der Reise sollte man auch bedenken, dass es in Venezuela einige **Feiertage** gibt, zu denen das ganze Land unterwegs ist. Karneval, Ostern und Weihnachten sind ganz extreme Termine, aber auch in den Sommerferien von Mitte Juli bis Mitte September sind viele Ziele ausgebucht bzw. überlaufen. Wer zu diesen Zeiten anreist, sollte sich rechtzeitig um Reservierungen kümmern.

Highlights und Reiserouten

Wer sich das ganze Land in einer Art **Rundreise** anschauen möchte, sollte mindestens vier Wochen Zeit haben, denn Venezuela ist groß, die zurückzulegenden Strecken sind oft zeitaufwendig, und nicht immer verläuft alles nach Plan. An dieser Stelle sollen die Highlights des Landes aufgezählt werde, die solch eine Rundreise enthalten müsste. Natürlich kann die Route beliebig abgewandelt werden, man kann sich die Schwerpunkte nach den eigenen Vorlieben aussuchen – ausschlaggebend ist immer der Faktor Zeit. Also lieber ein etwas kürzeres Programm wählen, dafür kann man dann intensiver genießen und kommt viel näher an Land und Leute heran.

Die Ankunft findet meist in **Caracas** statt. Die Hauptstadt muss man nicht gesehen haben, für Touristen birgt sie eher Gefahren als Freuden. An den Stränden vor Caracas, im **Litoral central,** kann man gut die erste Nacht verbringen, um dann ohne Aufenthalt in der Hauptstadt seine Reise zu starten. Auch besteht evtl. die Möglichkeit, gleich nach der Ankunft mit einem nationalen Flug weiterzufliegen.

Als Startpunkt seien hier die **Strände der Ostküste** vorgeschlagen – so kann man sich zunächst ein wenig akklimatisieren und an das noch fremde Land gewöhnen. Außer Margarita bieten sich die Strände von Mochima, Carúpano und Paria an. Die **Paria-Halbinsel** hat besonders vielfältige Möglichkeiten für Ausflüge und Dschungeltouren zu bieten: das kleine Delta von Turúepano, Kakaoplantagen, Traumstrände, den Mochima-Nationalpark und die Guácharo-Höhle, die größte Tropfsteinhöhle des Kontinents – eine Menge Abwechslung auf kleinstem Raum.

Von der Küste bewegt man sich dann ganz in den Osten in das **Orinoco-Delta,** ein komplexes, noch weitgehend intaktes Ökosystem, in dem man fantastische Möglichkeiten zur Tierbe-

HIGHLIGHTS UND REISEROUTEN

obachtung hat. Das Delta mit seinen mehr als 300 Seitenarmen, die eine Fläche so groß wie Belgien überspannen, ist ein ungewöhnlich spannender Landschaftsraum, der sich im ständigen Wandel befindet.

Südlich des Orinoco folgen die **Gran Sabana** und die einzigartige Welt der **Tafelberge.** Hier hat man verschiedene Möglichkeiten der Erkundung: Wer Zeit hat und körperlich fit ist, kann eine Trekkingtour auf einen der Tafelberge unternehmen, oder man fliegt nach Canaima, um dort eine Expedition zum höchsten Wasserfall der Erde, dem **Salto Angel,** zu starten, oder man fährt mit dem Jeep durch die ewigen Weiten der Gran Sabana.

Im extremen Süden des Landes, im Bundesland **Amazonas** am Oberlauf des Orinoco, dominieren dichte Regenwälder und ein Labyrinth von Flüssen – es handelt sich um eine der am wenigsten erforschten Regionen der Welt. Die kaum zugänglichen **Urwälder** dieser „grünen Hölle" bilden das Rückzugsgebiet von insgesamt 21 Indianerstämmen, darunter die Baniba, Makiritare und Yanomami.

Nördlich des Orinoco schließen die endlosen Weiten der westlichen **Llanos** an, ein unermessliches Land mit einer intakten Fauna (fast 400 Vogelarten, Kaimane, Anakondas und vieles mehr), die besonders in der Trockenzeit bestens zu beobachten ist. Von einfachen Hängemattencamps oder luxuriösen Hatos kann man aufregende Jeep-Safaris und Reittouren in die Llanos unternehmen.

In den **Anden** bei Mérida erhebt sich der höchste Berg Venezuelas, der **Pico Bolívar** mit 5007 m. Hier kann man schöne Wanderungen und anspruchsvolle alpine Kletterpartien durchführen. **Mérida** ist eine freundliche Studentenstadt, die von Kultur bis Sport viel Abwechslung bietet.

Wenn man sich aus den Anden wieder nach Norden in Richtung Westküste bewegt, dann kann man noch ein paar Strandtage einplanen. Es bieten sich hier der **Nationalpark Morrocoy** oder die Umgebung von **Coro** an, ebenso die schönen Strände im **Nationalpark Henry Pittier,** der zudem Ornithologen begeistern wird.

Ein Abstecher zu dem **Korallenatoll Los Roques** 165 km vor der venezolanischen Küste könnte einen krönenden Abschluss bilden – für Badenixen und Tauchaficionados ein wahres Eldorado. Die Ferieninsel **Margarita** bietet nicht nur Platz für Massentourismus, es gibt auch viele ruhige Ecken, schöne Strände und einiges mehr zu entdecken.

Praktische Tipps A–Z

Praktische Tipps A–Z

Ob das zu schaffen ist ...?

Verpflegung am Wegesrand

Alles klar!

An- und Rückreise

Anreise auf dem Luftweg

Die meisten Flüge aus Europa kommen am Flughafen Simón Bolívar in Maiquetia an, knapp 30 km außerhalb von Caracas am Meer gelegen. Die Flugzeuge der Charterfluggesellschaft Condor landen in Porlamar auf der Isla Margarita. Ab Deutschland gibt es direkte Linienflüge mit **Lufthansa** von Frankfurt nach Caracas und mit **Condor** von Frankfurt nach Porlamar. Die Flugzeit nach Caracas beträgt knapp 10 Stunden, bei Flügen mit Umsteigen entsprechend länger. Ab Deutschland, Österreich und der Schweiz kann man auch mit folgenden Airlines nach Caracas fliegen, jeweils mit Umsteigen im entsprechenden Mutterland der Airline: **Air France** über Paris, **Alitalia** über Mailand, **Iberia** über Madrid und **TAP Air Portugal** über Lissabon. Wer die nötige Geduld und Zeit (Transitkontrollen in den USA!) mitbringt, kann mit American Airlines, Delta oder Continental mit Umsteigen in Amerika nach Caracas fliegen.

Flugpreise

Je nach Fluggesellschaft, Jahreszeit und Aufenthaltsdauer in Venezuela bekommt man ein Economy-Ticket von Deutschland, Österreich und der Schweiz hin und zurück nach Caracas **ab 700 Euro** (inkl. aller Steuern, Gebühren und Entgelte).

Preiswertere Flüge sind mit Jugend- und Studententickets (je nach Airline alle jungen Leute bis 29 Jahre und Studenten bis 34 Jahre) möglich. Außerhalb der Hauptsaison gibt es einen Hin- und Rückflug von Frankfurt nach Caracas ab etwa 600 Euro. Am teuersten ist es in der Hochsaison in den Sommerferien sowie rund um Weihnachten und Neujahr, wenn die Preise für Flüge nach Venezuela durchaus auf bis zu 1000 Euro steigen können.

Kinder unter zwei Jahren fliegen ohne Sitzplatzanspruch für 10% des Erwachsenenpreises, ansonsten werden für ältere Kinder die regulären Preise je nach Airline um 25–50% ermäßigt. Ab dem zwölften Lebensjahr gilt der Erwachsenentarif oder ein besonderer Jugendtarif (s.o.).

Von Zeit zu Zeit offerieren die Fluggesellschaften befristete **Sonderangebote.** Dann kann man z.B. mit Iberia für rund 550 Euro von Flughäfen in Deutschland, Österreich und der Schweiz nach Caracas und zurück fliegen. Diese Tickets haben in der Regel eine befristete Gültigkeitsdauer und eignen sich nicht für Langzeitreisende.

In Deutschland gibt es **von Frankfurt** aus die häufigsten Verbindungen nach Caracas. Tickets für Flüge von/nach anderen deutschen Flughäfen sind oft teurer. Da kann es für Deutsche attraktiver sein, mit einem **Rail-and-Fly-Ticket** per Bahn nach Frankfurt zu reisen (entweder bereits im Flugpreis enthalten oder nur 30 bis 60 Euro extra). Man kann je nach Fluglinie auch einen preiswerten Zubringerflug der gleichen Airline von einem anderen Flughafen in Deutschland buchen. Außerdem gibt es **Fly & Drive-Ange-**

An- und Rückreise

bote, wobei eine Fahrt vom und zum Flughafen mit einem Mietwagen im Ticketpreis inbegriffen ist.

Reist man viel per Flugzeug, kann man als Mitglied eines **Vielflieger-Programms** auch indirekt sparen, z.B. im Verbund der www.star-alliance.com (Mitglieder u.a. Lufthansa, TAP Air Portugal), www.skyteam.com (Mitglieder u.a. Air France, Alitalia, Continental Airlines, Delta Air Lines) oder www.oneworld.com (Mitglieder u.a. American Airlines, Iberia); die Mitgliedschaft ist kostenlos. Mit den gesammelten Meilen bei Fluggesellschaften innerhalb eines Verbunds reichen diese dann vielleicht schon für einen Freiflug bei einer der Partnergesellschaften beim nächsten Flugurlaub. Bei Einlösung eines Gratisfluges ist langfristige Vorausplanung nötig.

Buchung

Folgende **zuverlässigen Reisebüros** haben meistens günstigere Preise als viele andere:

- **Jet-Travel,** Buchholzstr. 35, 53127 Bonn, Tel. 0228/284315, Fax 284086, info@jet-travel.de, www.jet-travel.de. Auch für Jugend- und Studententickets. Sonderangebote auf der Website unter „Schnäppchenflüge".
- **Globetrotter Travel Service,** Löwenstr. 61, 8023 Zürich, Tel. 044/2286666, www.globetrotter.ch. Weitere Filialen siehe Website.

Buchtipps – Praxis-Ratgeber:
- Frank Littek
Fliegen ohne Angst
- Erich Witschi
Clever buchen, besser fliegen
(beide Bände REISE KNOW-HOW Verlag)

Die vergünstigten Spezialtarife und befristeten Sonderangebote kann man nur bei wenigen Fluggesellschaften in ihren Büros oder direkt auf ihren Websites buchen; diese sind jedoch immer auch bei den oben genannten Reisebüros erhältlich.

Last Minute

Wer sich erst im letzten Augenblick für eine Reise nach Venezuela entscheidet oder gern pokert, kann Ausschau nach Last-Minute-Flügen halten, die von einigen Airlines mit deutlicher Ermäßigung **ab etwa 14 Tage vor Abflug** angeboten werden, wenn noch Plätze zu füllen sind. Diese Last-Minute-Flüge lassen sich nur bei Condor direkt (www.condor.com) und ansonsten nur bei Spezialisten buchen:

- **L'Tur,** www.ltur.com,
(D)-Tel. 01805/212121,
(A)-Tel. 0820/600800,
(CH)-Tel. 0848/808088;
140 Niederlassungen europaweit
- **Lastminute.com,** www.de.lastminute.com, (D)-Tel. 01805/777257
- **5 vor Flug,** www.5vorflug.de,
(D)-Tel. 01805/105105
- **Restplatzbörse,** www.restplatzboerse.at, (A)-Tel. 01/580850

Mini „Flug-Know-how"

Check-in

Nicht vergessen: Ohne einen **gültigen Reisepass** kommt man nicht an Bord eines Flugzeuges nach Venezuela. Bei Flügen über die USA muss man zudem berücksichtigen, ob der Reisepass für den Transit anerkannt wird.

Bei den meisten internationalen Flügen muss man **zwei bis drei Stunden vor Abflug** am Schalter der Airline eingecheckt haben. Viele Airlines neigen zum Überbuchen, d.h.,

An- und Rückreise

sie buchen mehr Passagiere ein, als Sitze im Flugzeug vorhanden sind, und wer zuletzt kommt, hat dann evtl. das Nachsehen.

Wenn ein **vorheriges Reservieren** der Sitzplätze nicht möglich war, kann man einen Wunsch bezüglich des Sitzplatzes äußern.

Das Gepäck

In der Economy Class darf man in der Regel nur **Gepäck bis zu 20 kg pro Person** einchecken (steht auf dem Flugticket) und zusätzlich ein Handgepäck von 7 kg in die Kabine mitnehmen, das eine Größe von 55 x 40 x 23 cm nicht überschreiten darf. In der Business Class sind es meist 30 kg pro Person und zwei Handgepäckstücke, die insgesamt nicht mehr als 12 kg wiegen dürfen. Für Flüge über Nordamerika (USA, Kanada und Mexiko) gibt es bei den meisten Fluggesellschaften eine Sonderregelung, der zufolge man zwei Gepäckstücke bis jeweils 23 kg ohne Mehrkosten als Freigepäck aufgeben kann. Man sollte sich beim Kauf des Tickets über die Bestimmungen der Airline informieren.

Aus Sicherheitsgründen dürfen **Taschenmesser, Nagelfeilen, Nagelscheren**, sonstige Scheren und Ähnliches nicht mehr im Handgepäck untergebracht werden. Diese Gegenstände sollte man unbedingt im aufzugebenden Gepäck verstauen, sonst werden sie bei der Sicherheitskontrolle einfach weggeworfen. Darüber hinaus gilt, dass Feuerwerke, leicht entzündliche Gase (in Sprühdosen, Campinggas), entflammbare Stoffe (in Benzinfeuerzeugen, Feuerzeugfüllung) etc. nichts im Passagiergepäck zu suchen haben.

Flüssigkeiten oder vergleichbare Gegenstände in ähnlicher Konsistenz (z.B. Getränke, Gels, Sprays, Shampoos, Cremes, Zahnpasta, Suppen) dürfen nur in der Höchstmenge von jeweils 0,1 Liter als Handgepäck mit ins Flugzeug genommen werden. Die Flüssigkeiten müssen in einem durchsichtigen, wiederverschließbaren Plastikbeutel transportiert werden, der maximal 1 Liter fasst.

Rückbestätigung

Bei den meisten Airlines ist heutzutage die **Bestätigung des Rückfluges** nicht mehr notwendig. Allerdings empfehlen alle Airlines, sich dennoch telefonisch zu erkundigen, ob sich an der Flugzeit nichts geändert hat, denn kurzfristige Änderungen der genauen Abflugzeit kommen beim zunehmenden Luftverkehr heute immer häufiger vor. Bei dieser Gelegenheit kann man sich dann auch gleich nach den Modalitäten und der Höhe der **Flughafensteuer** erkundigen (s.u.).

Wenn die Airline allerdings eine Rückbestätigung *(reconfirmation)* **bis 72 oder 48 Stunden vor dem Rückflug** verlangt, sollte man auf keinen Fall versäumen, dort anzurufen, sonst kann es passieren, dass die Buchung im Computer der Airline gestrichen wird; der Flugtermin ist dahin. Das Ticket verfällt aber nicht dadurch, es sei denn, die Gültigkeitsdauer wird überschritten, aber unter Umständen ist in der Hochsaison nicht sofort ein Platz auf einem anderen Flieger frei.

Hier die Telefonnummern der wichtigsten **Fluglinien**, die Venezuela mit Europa verbinden (in Caracas):

- **Air France,** Tel. 0800/1004970
- **Air Portugal (TAP),** Tel. 0212/9510511
- **Alitalia,** Tel. 0212/3125000 und 2084111
- **American Airlines,** Tel. 0212/9209811
- **Condor** (Isla Margarita), Tel. 0295/2691330
- **Delta Air,** Tel. 0212/9581000
- **Iberia,** Tel. 0212/2840045, 2840020 und 2678065
- **Lufthansa,** Tel. 0212/2102111
- **United Airlines,** Tel. 0212/2784545

Einreise- und Zollbestimmungen

Bei der Einreise müssen ein noch mindestens sechs Monate gültiger **Reisepass** und die ausgefüllte **Touristenkarte (Tarjeta de Ingreso)** vorgewiesen werden. Dieses Formular bekommt man im Flugzeug. Es ist mehrsprachig und sollte beim Ausfüllen keine Probleme bereiten. Es muss ein Ort angegeben werden, wo man sich aufhalten

AN- UND RÜCKREISE

wird: Da trägt man sein gebuchtes Hotel ein (hat man keine Reservierung, einfach ein anderes, z.B. das Hotel Avila oder das Hotel Alba in Caracas). Man gibt die Touristenkarte bei der Passkontrolle ab und erhält dafür den **Einreisestempel** in den Pass. Wenn das Formular einen grünen Durchschlag hat – was nicht immer der Fall ist – legt man diesen am besten in den Reisepass. Bei Straßenkontrollen an den zahlreichen „Alcabalas", Kontrollposten der Guardia Nacional, wird der Pass (und ggfs. der grüne Durchschlag) kontrolliert. Der gestempelte Pass berechtigt zu einem Aufenthalt von 90 Tagen.

Ein zweites Formular, das man ausfüllen muss, betrifft die **Einfuhr von neuen Handelswaren,** die man ja meist nicht bei sich führt. Normalerweise reicht es aus, in diesem Formular nichts anzugeben und es nur zu unterschreiben. Bei der Zollkontrolle kann man u.U. nach dem Formular gefragt werden – der Beamte entsorgt es dann ungelesen. Meist interessiert sich niemand dafür. Falls man doch Neuwaren im Gepäck haben sollte, so muss das im Formular eingetragen werden; aber auch da sollte man sich keine Sorgen machen.

Nach Venezuela einführen darf man **Dinge des persönlichen Bedarfs,** wie Foto- und Videokamera, Laptop, Filme, Sportgeräte und 200 Zigaretten, 25 Zigarren oder 1 Liter Schnaps – wobei Alkohol und Tabakwaren in Venezuela viel billiger zu erhalten sind.

Streng verboten ist der Besitz von **Drogen.** Wer mit Drogen erwischt wird, egal welcher Art und welcher Menge, geht für mindestens acht Jahre hinter schwedische Gardinen. Ebenso verboten ist die Mitnahme von **Lebensmitteln,** Fleisch und Milchprodukten, Früchten und Blumen. Sogar Samen sind verboten, aber eine Kontrolle ist äußerst selten, es gilt das Zufallsprinzip. Und wegen eines Stücks Brot im Gepäck hat noch nie jemand Probleme bekommen.

Wer **Waffen und Munition** (für die Jagd) mitnehmen will, braucht eine Sondergenehmigung des venezolanischen Innenministeriums. Dazu muss man sich an ein venezolanisches Konsulat wenden.

Wer **Hund oder Katze** mitnehmen will, benötigt ein aktuelles Gesundheitsattest von einem Tierarzt und die Impfbescheinigung über Staupe und Tollwut. Diese Papiere müssen beim venezolanischen Konsulat beglaubigt werden. Grundsätzlich wird die Mitnahme von Haustieren nach Venezuela nicht empfohlen.

> **Hinweis:** Da sich die **Einreisebedingungen kurzfristig ändern** können, raten wir, sich kurz vor Abreise beim Auswärtigen Amt (www.auswaertiges-amt.de bzw. www.bmaa.gv.at oder www.dfae.admin.ch) oder der jeweiligen Botschaft zu informieren.

> **Buchtipp – Praxis-Ratgeber:**
> • Mark Hofmann
> **Verreisen mit Hund**
> (REISE KNOW-HOW Verlag)

Ankunft am Flughafen in Maiquetía

Nach dem Aussteigen aus dem Flugzeug findet zuerst die **Passkontrolle** statt. Hier legt man auch die an Bord ausgefüllte Touristenkarte vor. Danach geht es zur Gepäckausgabe, anschließend passiert man die **Zollkontrolle.** Man muss nach dem Empfang des Gepäcks vor dem Ausgang einen Schalter drücken. Leuchtet es grün auf, was meistens der Fall ist, kann man passieren. Kommt ein rotes Licht, wird man kontrolliert ... oder auch nicht, das hängt ganz von der Laune der Beamten ab. Die wirken manchmal nicht gerade freundlich und sehen auch nicht sehr dienstbeflissen aus. Bewahren Sie stets die Ruhe, und lassen Sie die Prozedur ohne Murren über sich ergehen. Höfliches Auftreten und „anständige" Kleidung können dabei nicht schaden.

Bevor man den geschlossenen Bereich der Gepäckausgabe verlässt, befindet sich ganz auf der linken Seite – nur für Fluggäste – ein Gang, der zum **nationalen Terminal** führt. Das ist der angenehmste Weg, um dorthin zu gelangen, da außerhalb des Gebäudes, besonders für Neuankömmlinge, eine infernalische Hitze und Trubel wüten. Wer einen Abholdienst bestellt hat, gehe auf der linken Seite (von innen gesehen, da, wo auch der Gang zum nationalen Terminal anfängt und der große Bildschirm an der Wand hängt) aus dem Zollbereich. Die Abholer stehen alle auf dieser Seite.

Nach der Zollbehörde kommt man in die lebhafte **Ankunftshalle**. Man wird sofort von Gepäckträgern bestürmt, jeder will seine Dienste aufzwingen, aber Vorsicht: Nicht alle sind ehrlich. Besser man kümmert sich selber um sein Gepäck – bis zum Taxihalteplatz sind es bloß ein paar Meter.

In der Ankunftshalle gibt es mehrere **Wechselstuben.** Hier kann man Bargeld und Travellerschecks tauschen, allerdings zum offiziellen Kurs der Regierung. Zum Start der Reise empfiehlt es sich aber, schon hier einen kleineren Betrag umzutauschen. Man bekommt auch Angebote, schwarz zu tauschen, davon sollte man aber die Finger lassen, denn es illegal. Die Gefahr, gleich bei Ankunft betrogen bzw. beklaut zu werden, ist groß. Während der Reise in Venezuela wird man dann an Orte kommen, wo man Geld zu einem besseren Kurs und auf sicherere Art wechseln kann. Wichtig ist es auch zu wissen, dass in Venezuela große Devisennoten die beste Akzeptanz haben. Am liebsten hat man 100er und 50er US-Dollar-Noten.

In der Ankunftshalle gibt es neben den Wechselstuben ein paar Shops, Cafeterias, Restaurants, Geldautomaten und ein Internetcafé. Auch eine **Auskunftsstelle** des Staates ist vorhanden. Man kann hier – nur auf Spanisch – erste Informationen über Hotels etc. einholen. Die Dienstleistung nennt sich „Asistencia e Información al Pasajero".

Vorsicht ist geboten bei der Wahl des **Taxis.** Es wimmelt von Wagen, die Taxischilder haben, und man wird regelrecht mit „Spezialangeboten" überhäuft. Nur offizielle Taxen nehmen,

An- und Rückreise

das sind ausschließlich schwarze Ford Explorer mit gelbem Nummernschild, einem auf dem Dach angebrachten Firmenschild der Taxigesellschaft und einem gelben Oval auf der Fahrertür, die zur *Corporacion Anfitriones de Venezuela* gehören. Sie stehen in einer meist langen Schlange direkt vor der Ankunftshalle. Man kann natürlich billiger mit dem Bus nach Caracas fahren; die blau-weißen **Busse** fahren am nationalen Terminal ab. Allerdings ist das mit viel Reisegepäck nicht unbedingt zu empfehlen, die persönliche Sicherheit sollte ein Taxi wert sein. Den Preis muss man vor der Abfahrt genau erfragen; er ist je nach Ziel in Caracas unterschiedlich, man sollte mit 25 bis 45 Euro für den kompletten Wagen rechnen. Das ist nicht so viel, wenn man den Wagen mit anderen Fahrgästen teilen kann, und man muss auch bedenken, dass es in die Stadt gut 30 km sind und sich der Verkehr sehr häufig staut.

Es haben sich leider glaubhafte Berichte gehäuft, nach denen Reisende gleich nach der Ankunft **im Taxi überfallen** wurden. Der Modus Operandi ist immer ähnlich. Die Taxis sehen sehr offiziell aus, die Fahrer, meist kolumbianischer Herkunft, sind sehr höflich, sprechen gut englisch und sind sehr zuvorkommend. Doch schon an der nächsten Straßenecke halten sie kurz an, wo dann ein Kollege zusteigt. Auch dieser ist sehr höflich, entschuldigt sich mehrfach für das Ärgernis, aber er hat ja auch Familie, die etwas essen muss – und „bittet" mit vorgehaltener Waffe um Bargeld. Die Ganoven akzeptieren nur Bargeld und Travellerschecks, die Minuten später schon in Kolumbien eingelöst werden und damit ihren Versicherungsschutz verlieren. Anschließend wird man noch fotografiert, ebenso die Rückflugtickets, und die Fingerabdrücke werden abgenommen – mit dem Hinweis, keine Anzeige zu machen, damit auf dem Rückflug auch ja keine Drogen im Gepäck gefunden werden. Zum Abschluss wird man noch zu seinem Hotel gefahren, die Herren helfen mit dem Gepäck, manchmal bezahlen sie sogar die erste Übernachtung (der Reisende hat ja kein Geld mehr) und verabschieden sich auf die höflichste Art und Weise.

Noch sicherer als in den erwähnten offiziellen Taxis kommt man mit einem zuverlässigen Abholdienst weiter. Hier ist **Hans Peter Zingg** zu empfehlen, der schweizerische Pünktlichkeit und Zuverlässigkeit bietet. Er oder einer seiner Mitarbeiter erwarten die Ankommenden in der Ankunftshalle mit Namensschild und fahren sie anschließend ins Hotel oder zu der Anschrift ihrer Wahl (Tel. 0414/3228798).

Auf dem ganzen Flughafenareal ist es verboten, Fotos zu schießen.

Falls das Gepäck nicht ankommen sollte, was immer mal wieder vorkommen kann, so muss man an einem Sonderschalter der jeweiligen Gesellschaft ein Papier ausfüllen und eine Weiterleitungsadresse angeben. Ganz wichtig ist es, darauf zu bestehen, dass man eine Telefonnummer und den Namen eines Ansprechpartners bekommt. Außerdem haben die meisten

Fluggesellschaften eine Art Notfallbeutel, in dem sich einige Notutensilien befinden.

Auf jeden Fall sollte man seine **Reise wie geplant fortführen,** auch wenn die Fluggesellschaft hoch und heilig verspricht, das Gepäck werde schon am kommenden Nachmittag ankommen. Meist stimmt das nicht, und die Umgebung des Flughafens ist nicht so interessant, um sich dort länger aufzuhalten. Sobald das Gepäck dann in Caracas auftaucht, wird es an die angegebene Adresse weitergeleitet. Damit das aber auch wirklich geschieht, sollte man regelmäßig anrufen oder anrufen lassen und an sich erinnern.

Um im Falle eines Verlustes des Hauptgepäcks nicht reiseunfähig zu sein, empfiehlt es sich, eine **Grundausstattung im Handgepäck** mit sich zu führen.

Anreise auf dem Landweg

Eine Möglichkeit ist es, von **Brasilien** einzureisen und zwar ab Manaus über Boa Vista. Die Grenze befindet sich in Santa Elena de Uairén, dem Hauptort der Gran Sabana.

Von **British Guyana** besteht einzig die Möglichkeit, von Georgetown über Lethem und Boa Vista nach Venezuela zu gelangen. Auch in diesem Falle ist Santa Elena de Uairén der Einreiseort.

Zwei Möglichkeiten bieten sich an, wenn man aus **Kolumbien** einreisen

will: einmal von Cúcuta über San Antonio del Táchira, zum anderen von Maicao über Guarero nach Maracaibo. Strenge Kontrollen an beiden Grenzübergängen sind die Regel.

Wer mit dem **eigenen Auto** durch Venezuela fahren will, benötigt zusätzlich zum Pass mit Einreisestempel seinen Führerschein und eine spezielle Fahrerlaubnis, die beim venezolanischen Konsulat eingeholt werden muss. Sie gilt in der Regel – wie der Einreisestempel – 90 Tage und kann u.U. bei der Ausländerbehörde Onidex verlängert werden. Man kann auch einen Wagen vor Ort erwerben, allerdings ist es schwierig festzustellen, ob die Papiere auch gültig sind und ob der Wagen nicht vielleicht geklaut wurde. Da ist es besser, einen Mietwagen zu nehmen, da ist auch gleich eine Versicherung mit dabei (siehe Kapitel „Mietwagen").

Grenzübergänge
zu Kolumbien und Brasilien

Wer auf dem Landweg einreist, bekommt an der Grenze einen **Einreisestempel** in den Pass, der zu einem Aufenthalt für 90 Tage berechtigt. Eine „Tarjeta de Ingreso" wie im Flugzeug gibt es auf dem Landweg nicht. Wer ganz sicher gehen will, kann sich ein Touristenvisum bereits im Heimatland beschaffen. Auf den venezolanischen Konsulaten sind diese Visa gegen eine geringe Gebühr und mit viel Geduld erhältlich und berechtigen zur mehrmaligen Einreise während eines Jahres. Pro Einreise hat man jeweils das Recht, drei Monate im Land zu bleiben.

Anreise auf dem Seeweg

Es kommt vor, dass ein großes **Kreuzfahrtschiff** in einem der venezolanischen Häfen anlegt, aber Linienverkehr gibt es schon lange nicht mehr. Die einzige regelmäßige **Fährverbindung** besteht zwischen Port-of-Spain in Trinidad und der Ortschaft Güiria in Sucre, ganz im Osten von Venezuela, das Boot fährt einmal wöchentlich, am Mittwoch. Wer Zeit und Muße hat, kann natürlich versuchen, Platz auf einem **Frachter** zu bekommen. Diese angenehme Art des Reisens kann viel Spaß bereiten, und man ist gern gesehener Gast an Bord. Unten stehende Anbieter haben manchmal Frachtschiffe im Angebot, welche Häfen in Venezuela anlaufen:

- www.frachtschiffreisen.ch
- www.frachtschiffreisen-pfeiffer.de

Aus- und Rückreise

Vor dem Abflug in Caracas oder Porlamar wird eine **Flughafensteuer** (Tasa Aeroportuaria) erhoben. Diese ist bei europäischen Fluggesellschaften manchmal im Flugpreis enthalten, bei latein- und US-amerikanischen Linien hingegen nicht. Sollte die Steuer im Ticket nicht inbegriffen sein, muss man unbedingt daran denken, das nötige „Kleingeld" bar parat zu haben, am besten in Bolívares. Zuletzt betrug

Sex sells – auch und gerade in Venezuela

die Flughafensteuer bis zu 207 Bs.F., je nachdem, ob bzw. inwieweit die Steuer schon im Flugpreis enthalten war.

Zollbestimmungen

Bei der Rückreise kann man **Kunsthandwerk und Souvenirs ausführen.** Vorsicht bei Tierhäuten, Fellen, Pflanzen oder gar lebenden Tieren: Die Ausfuhr ist verboten, wie auch die Einfuhr in Europa nicht gestattet ist.

Wer Diamanten und Gold ausführt, sollte über eine entsprechende Kaufquittung verfügen.

Bei der Rückeinreise gibt es auch **auf europäischer Seite Freigrenzen, Verbote und Einschränkungen,** die man beachten sollte, um eine böse Überraschung am Zoll zu vermeiden. Folgende **Freimengen** darf man zollfrei einführen:

- **Tabakwaren** (über 17-Jährige in EU-Länder und in die Schweiz): 200 Zigaretten oder 100 Zigarillos oder 50 Zigarren oder 250 g Tabak.
- **Alkohol** (über 17-Jährige in EU-Länder): 1 l über 22 Vol.-% oder 2 l bis 22 Vol.-% und zusätzlich 4 l nicht-schäumende Weine und 16 l Bier; (in die Schweiz): 2 l (bis 15 Vol.-%) und 1 l (über 15 Vol.-%)
- **Andere Waren für den persönlichen Gebrauch** (über 15-Jährige): nach Deutschland 500 g Kaffee, nach Österreich zusätzl. 100 g Tee, (ohne Altersbeschränkung): 50 g Parfüm und 0,25 l Eau de Toilette sowie Waren bis zu 430 Euro. In die Schweiz Waren bis zu einem Gesamtwert von 300 SFr pro Person.

Wird der Warenwert von 430 Euro bzw. 300 SFr überschritten, sind **Einfuhrabgaben** auf den Gesamtwert der Ware zu zahlen und nicht nur auf den die Freigrenze übersteigenden Anteil. Die Berechnung erfolgt entweder pauschal oder nach dem Tarif jeder einzelnen Ware zuzüglich sonstiger Steuern.

Einfuhrbeschränkungen bestehen u.a. für Tiere, Pflanzen, Arzneimittel, Betäubungsmittel, Feuerwerkskörper, Lebensmittel, Raubkopien, verfassungswidrige Schriften, Pornografie, Waffen und Munition; in Österreich auch für Rohgold und in der Schweiz auch für CB-Funkgeräte.

Nähere Informationen:
- **Deutschland:** www.zoll.de oder beim Zoll-Infocenter, Tel. 069-469976-00
- **Österreich:** www.bmf.gv.at oder beim Zollamt Villach, Tel. 04242-33233
- **Schweiz:** www.ezv.admin.ch oder bei der Zollkreisdirektion in Basel, Tel. 061-2871111

Ausrüstung und Kleidung

Ausrüstung

Wer in die Tropen fährt, in ein Land nahe dem Äquator, benötigt **Sonnenschutz:** Sonnencreme mit hohem Schutzfaktor, Sonnenbrille und Sonnenhut.

Vor allem für die Regenzeit gehört ein **Mückenschutzmittel** ins Gepäck. Das „Beste" zu empfehlen ist unmöglich, bisher hat noch keines 100%ig geholfen. Meist sind die vor Ort erhältlichen Mittel wie „OFF" besser als die aus Europa. Ein wirksames Rezept kann dem Exkurs „Krieg den Mücken" weiter unten im Abschnitt zur Gesundheit entnommen werden.

AUSRÜSTUNG UND KLEIDUNG

Für Touren eignet sich am besten ein **Rucksack:** Für Tagestouren reicht ein kleiner Tagesrucksack, für Trekkingtouren kauft man sich entsprechend einen größeren.

Verschließbare Plastiktüten sind bei Trekking- und Bootstouren sinnvoll. So kann man Kleider und Dokumente trocken halten. Da man nicht überall einen Waschservice findet, sollte man ein **Handwaschmittel** und eine kurze Wäscheleine mit sich führen.

Wichtig ist eine **Taschenlampe.** Nicht nur, weil häufig das Licht ausfällt – auf Touren ist man froh, wenn man eine eigene Lichtquelle hat.

Wer digitale Kameras oder Handys aufladen muss, nimmt am besten auch gleich einen **Steckdosen-Adapter** für amerikanische Flachstecker-Steckdosen mit.

Wer noch analog Fotos schießt, tut gut daran, genügend **Filmmaterial** mitzunehmen. Man bekommt es zwar in größeren Ortschaften, auf dem Lande hat man aber häufig Pech. Man muss daran denken, dass die Lichtverhältnisse in Venezuela nicht dieselben sind wie in Europa und entsprechende Filme kaufen.

Wer empfindliche Ohren hat, kann **Ohropax** mitbringen. Die Venezolaner sind ein lebensfreudiges Volk, entsprechend lebhaft/laut geht es Tag und Nacht zu. Auch bei Busfahrten wird oft bis in die Nacht hinein laut Musik gespielt, oder es werden krachende Thriller (am liebsten solche mit Busentführungen o.Ä. ...) gezeigt.

Raucher, die Touren auf Flüssen oder auf die Tafelberge unternehmen,

sollten ein **Sturmfeuerzeug** mitnehmen, aber die Bestimmungen der Flughafensicherheit beachten.

Um Verständigungsschwierigkeiten vorzubeugen, sollte man – wenn man der spanischen Sprache nicht mächtig ist – in jedem Fall ein **Reisewörterbuch** dabeihaben. Man kann in Venezuela nicht damit rechnen, an jeder Ecke jemanden zu treffen, der englisch versteht.

Vom Pass und allen **Reisedokumenten** sollte man unbedingt **Farbkopien** erstellen und getrennt von den Originalen aufbewahren, sodass man sich im Notfall in seiner diplomatischen Vertretung ausweisen kann und Ersatzdokumente bekommt.

Kleidung

Speziell für Aufenthalte am Strand und im Flachland braucht man vor allem genügend **T-Shirts und Shorts**. Als Fußbekleidung reichen **Halbschuhe** oder am besten Sandalen. Wer Nachtfahrten mit dem Autobus einplant oder Touren in den Anden oder der Gran Sabana unternimmt, muss unbedingt **warme Bekleidung** dabeihaben. Die Autobusse werden dermaßen gekühlt, dass man nicht nur friert, sondern sich u.U. eine Grippe einfängt. Auf den Tafelbergen geht die Temperatur nachts bis auf 6°C hinunter, in den Anden wird es je nach Höhenlage sehr kalt.

Für Trekkingtouren empfehlen sich **Hosen mit abtrennbaren Hosenbeinen**. Diese leichten Hosen sind, wenn sie einmal nass werden sollten, sehr schnell wieder trocken – im Gegensatz zu Jeans, welche nur sehr langsam trocknen. Unerlässlich bei Trekkingtouren sind gute **Wanderschuhe**; sie sollten eine feste Sohle haben und den Knöchel bedecken. Genügend **Socken** mitnehmen. denn Sie eignen sich hervorragend, wenn man an Flussufern wandert: Die Steinplatten sind oft sehr rutschig, die Socken geben hervorragenden Halt.

Eine **Regenjacke** gehört in den Tropen immer mit ins Gepäck. Selbstverständlich darf man auch seine **Badesachen** nicht vergessen, denn überall ergibt sich immer wieder die Gelegenheit zu einem erfrischenden Bad.

Autofahren

Das Autofahren in Venezuela ist etwas ganz anderes als in nordeuropäischen Ländern. Die einzige, allen Verkehrsteilnehmern bekannte Regel ist die, dass auf der rechten Straßenseite gefahren wird – und auch das wird nur bedingt eingehalten. Trotzdem ist Autofahren in Venezuela recht **stressfrei** und friedlich, denn jeder rechnet mit Fehlern der Anderen und ist entsprechend vorsichtig und rücksichtsvoll.

Eine grüne Ampel bedeutet auch hier, dass man **Vorfahrt** hat, aber man sollte sich nicht darauf verlassen: Vorfahrt wird nach Gefühl geregelt.

Es gibt **keine Geschwindigkeits- oder Alkoholkontrollen.** Trotzdem ist es empfehlenswert, nicht zu schnell oder betrunken zu fahren (worauf eigentlich nicht hingewiesen werden muss), denn die Straßen sind oft unübersichtlich, man muss mit unangekündigten Hindernissen rechnen und immer mit den Fehlern der anderen Verkehrsteilnehmer. Hinzu kommen die **„Alcabalas"**, unzählige Kontrollstellen im ganzen Land, an denen die nicht besonders freundlichen Beamten der Guardia Nacional Dienst tun (siehe auch „Sicherheit und Kriminalität").

Man sollte es vermeiden, über Nacht zu fahren. Radfahrer ohne Licht, entgegenkommende Fahrzeuge mit schlecht eingestellten Scheinwerfern und unbeleuchtete Hindernisse wie Felsbrocken und umgestürzte Bäume machen eine **Nachtfahrt** zu einem waghalsigen Unternehmen. Man sollte darauf achten, seine Tagesetappen

AUTOFAHREN

so einzuteilen, dass man vor dem Dunkelwerden von der Straße ist. Wenn es sich nicht vermeiden lässt, dann ist äußerste Konzentration angebracht. Es ist sinnvoll, sich einem vorausfahrenden Fahrzeug anzuhängen, so erkennt man Hindernisse an dessen Schlenker auf die Gegenspur und sieht die Gefahr schon früher. Besondere **Vorsicht** ist auch **an Wochenenden und** an **Festtagen** geboten, wenn einige Verkehrsteilnehmer nicht mehr ganz zurechnungsfähig sind …

Die Straßenschilder bzw. Symbole im Straßenverkehr sind den europäischen ähnlich, die (theoretischen) **Verkehrsregeln** auch. Auf Brücken und in Tunnels darf nicht überholt werden, Geschwindigkeitslimits sind auf den bekannten roten Schildern zu finden. Im Kreisverkehr hat der einfahrende Fahrer Vorfahrt – daher staut es sich bei heftigem Verkehr auch immer an den Kreiseln. Besonders aufmerksam muss der Hinweis „Curva peligrosa" beachtet werden, es handelt sich dabei um eine besonders gemeine Kurve. Derartige Hinweise werden auch häufig auf die Straße geschmiert oder mit Hand auf ein Pappschild.

Als **Warndreieck** dient häufig ein frisch geschnittenes Bündel Gras oder ein Strauch. Wenn man so etwas auf der Straße liegen sieht, ist erhöhte Vorsicht geboten, häufig folgt ein ungesichertes Hindernis in einer Kurve. Wenn der Strauch schon braun und verwelkt ist, kann man davon ausge-

hen, dass das Hindernis nicht mehr aktuell ist ... Man hat dafür aber keine Garantie, manchmal bleiben Pannenwagen auch über die Halbwertszeit eines Strauches liegen.

Die **Hupe dient der Kommunikation,** und man hört nicht selten die Bemerkung „Lieber ein Auto ohne Bremsen, als eines ohne Hupe". Und wirklich, ohne Hupe ist man völlig aufgeschmissen und gefährdet. Ein lang gezogener Hupton bedeutet Verärgerung – „Fahr' endlich weiter". Dies passiert besonders dann, wenn ein netter Verkehrsteilnehmer für einen Plausch an der grünen Ampel anhält. Ein kurzes Antippen ist eine freundliche Warnung – „Achtung, ich bin auch da, hast du mich gesehen?" Das empfiehlt sich, wenn man auf der Landstraße überholen möchte, da die Benutzung von Rückspiegeln nicht üblich ist. Ein paar Huptöne hintereinander symbolisieren eine freundliche Begrüßung, besonders wenn die Huptöne rhythmisch sind.

Fahrberechtigt ist jeder, der einen Führerschein besitzt, ausländische Führerscheine sind ohne Probleme gültig, daher ist ein internationaler Führerschein nicht notwendig. Wer länger als drei Monate im Land bleibt, muss sich einen nationalen Führerschein kaufen. Das ist nicht besonders schwierig, aber mit längeren Wartezeiten verbunden. Ein Führerschein kostet etwa 20 Euro, wer die Prüfung nicht ablegen möchte, muss mit etwa den doppelten Kosten rechnen ...

Benzin ist – billig. Für umgerechnet 1,50 Euro tankt man ein großes Auto voll, ein Liter Mineralwasser kostet etwa 30 Mal so viel wie ein Liter Benzin. Daher kann es schon vorkommen, dass die Leute an der Tankstelle ihr Auto mit Benzin waschen ... Der Billigstoff kommt in zwei Qualitätsstufen, 91 Oktan und 95 Oktan, beide bleifrei. Der „teure" Sprit ist von besserer Qualität, da importiert, und es wird daher empfohlen, immer den 95er zu tanken. Diesel ist in Venezuela sehr selten, auch die meisten Lkw und Busse haben Benzinmotoren.

Wenn es trotz aller Vorsicht zu einem **Unfall** kommt, muss man die Ruhe bewahren und sich auf keine Diskussionen einlassen. Für die Versicherung muss ein offizielles Protokoll erstellt werden, dafür ist die Verkehrspolizei *(transito terrestre)* zuständig. Bis diese am Unfallort erscheint, kann schon einige Zeit vergehen, die Autos sollten bis dahin möglichst nicht bewegt werden. Die Lösung der Schuldfrage hat nicht unbedingt mit dem Unfallhergang zu tun, es spielt auch eine Rolle, ob man evtl. den Polizeibeamten (gut) kennt, ob man unhöflich auftritt, ob Mann oder Frau, reich oder arm usw. Bei einer Schuldzuweisung bekommt man ein Bußgeld verhängt, das auf einer Bank eingezahlt werden muss, bevor man das benötigte Protokoll ausgehändigt bekommt. Ist es zu Personenschäden gekommen, wird die Angelegenheit tragisch. Da steht ganz schnell eine Verhaftung und Gerichtsverhandlung ins Haus.

Leider ist die Regelung bezüglich **„Erster Hilfe"** ganz anders als in Europa: Ist dort eine unterlassene Hilfeleistung strafbar, wird hier genau das Gegenteil gelebt. Wer an einer Unfallstelle anhält, ist der erste Tatverdächtige. Wer beispielsweise einen Verletzten schnell ins nächste Krankenhaus fährt, um ihm das Leben zu retten, riskiert als Schuldiger festgenommen zu werden und steht in der Pflicht, seine Unschuld zu beweisen. Hier muss man extrem vorsichtig sein. Falls man von der Polizei angesprochen wird, Hilfe zu leisten, sollte man immer auf die Begleitung eines Beamten bestehen.

Behinderte in Venezuela

Für Behinderte wurde in Venezuela noch bis vor kurzem so gut wie nichts unternommen. Am 5. Januar 2007 trat endlich ein **neues Gesetz** in Kraft, welches den Behinderten auf breiter Front mehr Rechte einräumen soll. Laut Artikel 41 müssen Bushaltestellen, die Metro und Eisenbahnstationen, Schiffsablegestellen etc. behindertengerecht ausgebaut werden. Auch WCs und Hotels müssen den neuen Anforderungen genügen. So weit, so gut, doch bis die guten Vorsätze – wenn überhaupt – in die Tat umgesetzt werden, kann es durchaus dauern. In Städten wie Caracas gibt es schon einige Hotels der oberen Preisklasse, die behindertengerecht sind. Auch einige Flughäfen sind bereit, Behinderte zu empfangen, andere auf dem Wege dazu. Busunternehmen sind im Prinzip verpflichtet, pro Bus einen Spezialplatz für Behinderte zur Verfügung zu stellen, aber in der Praxis ist davon wenig zu sehen.

● Eine nützliche Hilfe bei der Reiseplanung kann die Website **www.mis-ch.ch** sein, auf der sich alles um Behindertenreisen dreht.

Diplomatische Vertretungen

Diplomatische Vertretungen in Venezuela

Deutschland

● **Deutsche Botschaft (Embajada de Alemania)**
Torre La Castellana, 10. Stock, Av. Eugenio Mendoza c/ C. José Angel Lamas, La Castellana, gegenüber von der Corp Banca, in der Nähe des Plaza La Castellana (Plaza Isabel La Católica), www.caracas.diplo.de, Tel. 0212/2192500, Fax 0212/2610641, Nottel. 0414/3061892, geöffnet Mo, Di und Do 7.15-12.30 und 13-15.45 Uhr, Mi 7.15-12.30 und 13-16.15 Uhr, Fr 7.15-12.45 Uhr.

● **Deutsches Honorarkonsulat (Consulado de Alemania) in Maracaibo, Emil Herrmann Belloso**
Edf. Zulia, Av. 3 F Nr. 69-26, Sec. Bellas Artes, Tel. 0261/7922955, 7911416 und 7930053, 0416/6627310, Fax 0261/7922954, herrmann@cantv.net.

● **Deutsches Honorarkonsulat in San Cristóbal, Klaus Margeit Kottsieper**
Carrera 3 c/ C. 4, Centro Colonial Dr. Toto González, 1. Stock, Oficina 7, Edf. Táchira, Tel. 0276/3436218, 0276/3441906, 0414/7040770, Fax 0276/3441906, kmargeit@hotmail.com.

● **Deutsches Honorarkonsulat auf Isla Margarita, Harald Wagner**
Lobby Hotel Hilton Suites, Edf. Nueva Esparta, C. Los Uveros, Urb. Costa Azul Porlamar, Tel. 0295/2628475, 0414/7894005, Fax 0295/2628425, haciendax@cantv.net.

Diplomatische Vertretungen

Österreich

● **Österreichische Botschaft (Embajada de Austria)**
Av. Orinoco (entre Mucuchíes y Perijá), Las Mercedes, Torre D & D, Piso PT, Oficina PT-N, Caracas, Tel. 0212/9991211, Fax 0212/9932753, www.austria.org.ve, geöffnet Mo bis Do 9–12 Uhr.

● **Österreichischer Honorarkonsul auf Margarita, Werner Heinrich Moser**
CCCM, Local Nr. 81, Urb. Costa Azul, Porlamar, Isla de Margarita, Tel. 0295/2625009, 2620951, Fax 0295/2625009, archmover@cantv.net.

Schweiz

● **Schweizerische Botschaft (Embajada de Suiza)**
Centro Letonia, Torre Ing-Bank, 15. Stock, Av. Eugenio Mendoza y San Felipe, La Castellana, Caracas, Tel. 0295/2679585, Fax 0295/2677745, www.eda.admin.ch/caracas, geöffnet Mo bis Fr 9–12 Uhr.

● **Schweizerisches Honorarkonsulat (Consulado de Suiza) in Maracaibo**
Apartment 532, Av. 9 c/ C. 76, Zulia, Tel. 0261/7977710.

Niederlande

● **Niederländische Botschaft (Embajada del Reino de Los Países Bajos)**
Edf. San Juan, 9. Stock, 2da Transversal, Av. San Juan Bosco, Altamira, Caracas, Tel. 0212/2769311, www.mfa.nl/car-es, geöffnet Mo bis Do 8–11 Uhr.

Diplomatische Vertretungen von Venezuela

Deutschland

● **Botschaft von Venezuela**
Schillstr. 9–10, 10785 **Berlin,** Tel. 030/8322400, Fax 030/83224020, www.venezuela-embassy.de; Konsularabteilung: Tel. 030/8322400, 83224031, 83224030, Fax 030/83224020, 83224021, consular@botschaft-venezuela.de.

● **Generalkonsulat von Venezuela**
Eschersheimer Landstraße 19–21, 60322 **Frankfurt a. Main,** Tel. 069/91501100, Fax 069/915011019, consul-general@consulvenezfrankfurt.de oder visas-legalizaciones@consulvenezfrankfurt.de.

● **Generalkonsulat von Venezuela**
Rothenbaumchaussee 30, 20148 **Hamburg,** Tel. 040/4101241 und 4101271, Fax 040/4108103, Consulven.hamburgo@t-online.de.

● **Honorarkonsulat von Venezuela**
Bergstraße 2, 24103 **Kiel,** Tel. 0431/978375, Fax 0431/978395.

● **Honorarkonsulat von Venezuela**
Sendliger Str. 14, 80331 **München,** Tel. 089/221449, Fax 089/29162480, konsulat-venezuela@t-online.de.

Österreich

● **Botschaft von Venezuela**
Prinz-Eugen-Str. 72/1. OG/Stiege 1/Top 1.1, 1040 Wien, Tel. 01/7122638, Fax 01/7153219, www.austria.gob.ve.

Schweiz

● **Botschaft von Venezuela**
Schosshaldenstr. 1, 3000 Bern 15, Tel. 031/3505757; Konsularabteilung: Tel. 031/3505753, Fax 031/3505758, www.embavenez-suiza.com.

Venezolanische Konsulate in den Nachbarländern

Eine **aktuelle Liste** der diplomatischen Vertretungen Venezuelas in seinen Nachbarländern steht auf der Website des venezolanischen Außenministeriums (www.mre.gob.ve) unter „Misiones Diplomáticas/Misiones Diplomáticas ubicadas en el Exterior de la República Bolivariana de Venezuela, América".

Einkaufen und Souvenirs

In Venezuela gibt es alles, was das Herz begehrt, in den Städten findet man die nach amerikanischem Muster erbauten riesigen **Einkaufszentren**. Beliebt sind bei Reisenden vor allem Bekleidung und Schuhe. Kauft man diese in Shops, können sie durchaus europäisches Preisniveau erreichen, kauft man sie auf Märkten oder auf der Isla Margarita, sind sie wesentlich billiger zu haben als irgendwo zu Hause.

Als Mitbringsel eignen sich vor allem Gegenstände des hiesigen Kunsthandwerks. Am begehrtesten sind gute **Hängematten.** Es gibt die sogenannten *chinchorros,* die aus einem Fadengewebe bestehen und nicht so empfehlenswert sind. Gute Hängematten, *hamacas* genannt, sind aus Stofftuch in herrlichen Farben und in verschiedenen Dimensionen erhältlich. Nicht zu klein kaufen, lieber gleich eine Hängematte „matrimonial" besorgen, d.h. eine extrabreite Ausgabe, wo man sich auf Anhieb wohlfühlen wird. Ganz exquisit sind die von den Warao-Indianern hergestellten Hängematten aus den Fasern der Blätter der Moriche-Palme. Die sind zwar entsprechend teuer, halten aber – wenn man sie nicht dem Regen aussetzt – ein Leben lang.

Venezuela hat auch eine recht alte Tradition an **Steingut**. Sehr bekannt sind die Krüge und Schüsseln der Kunsthandwerker in den Bundesländern Lara und Falcón.

Ein sehr bekannter Ort für **Kunsthandwerk** ist Cerezal in Sucre, zwischen Cariaco und San Antonio del Golfo. Hier hat man eine großartige Auswahl an Hängematten und anderem Kunsthandwerk.

Die Indianer am Maracaibo-See stellen wunderschöne **Teppiche** und **Wandbehänge** her, meist gefärbt mit natürlichen Farben. Viele Indianerstämme fabrizieren **Körbe** und **Bastschüsseln** aller Art, jeweils mit ganz eigenen Mustern. Beliebt ist auch die indianische **Schnitzkunst** (geschnitzte Tiere). **Indianische Pfeilbogen** und **Blasrohre** sind sehr dekorativ. Sehr bekannt sind auch die Holzfrüchte aus Guadalupe nahe Barquisimeto im Bundesland Lara.

Venezuela hat immense Bodenschätze wie **Gold** und Diamanten, und man kann sich vor Ort damit eindecken. Es empfiehlt sich, ein fertiges Schmuckstück zu kaufen oder ein Goldnugget, ein sogenanntes „cochano". Der Kauf von **Diamanten** erfordert Fachkenntnis. Der Kaufspreis kommt aufgrund der Farbe, der Größe (Karat) und der Reinheit zustande. Da werden Laien gerne übers Ohr gehauen. Mit bloßem Auge sind kleine Verunreinigungen im Rohdiamanten nicht sichtbar, es bedarf dazu einer Speziallupe. Wer Interesse an Diamanten hat, sollte sich in renommierten Geschäften in den Städten danach erkundigen. Auf jeden Fall eine Quittung verlangen. Bis zu drei Diamanten werden beim Zoll in der Regel als Souvenir akzeptiert, sind es mehr, kann es bei der Ausreise zu Fragen kommen.

Elektrizität, Essen und Trinken

Ein leckeres Mitbringsel ist **Bienenhonig.** Der stammt aus der Gran Sabana, aus dem Amazonas oder den Anden. Wie wäre es mit einer Kakaospezialität, zum Beispiel **Kakaolikör** oder hausgemachter Schokolade? Die beste Ware kommt aus dem Bundesland Sucre. Wer in der Gran Sabana unterwegs ist, kann sich mit der sehr bekannten scharfen **Soße Gumache** eindecken. Diese Indianerspezialität aus Termiten wird bestimmt für Aufmerksamkeit sorgen. Das allerwichtigste Souvenir ist aber bestimmt die persönliche Erinnerung an dieses wunderschöne Reiseland.

Elektrizität

Die Stromspannung in Venezuela beträgt **110 V** bei einer Frequenz von 60 Hz. Steckdosen sind nach amerikanischer Bauart, d.h. zwei **Flachstecker,** die parallel liegen, von denen einer ein wenig breiter ist. Manche Steckdosen haben aber noch zwei große Löcher, sodass Schuko-Stecker passen, die dann natürlich nur mit 110 V versorgt werden. Heutzutage sind aber fast alle elektronischen Geräte und Ladestationen für den gesamten Bereich von 110 bis 220 V ausgelegt, sodass dies keine Probleme macht. In einigen (europäisch geführten) Posadas und Hotels hat man den Luxus echter 220 V-Steckdosen. Einfache **Adapter** gibt es bei Eisenwarenhändlern *(ferreteria).* Auch in chinesischen Kramläden kann man sie finden.

Die **Verkabelung** ist oft abenteuerlich anzusehen (Elektriker aus dem Ausland haben immer viel Spaß dabei, die Stromleitungen und -masten zu fotografieren), der Sicherheitsstandard ist extrem niedrig. So ist es gut, dass die Spannung niedrig ist, das erhöht die Überlebenschancen bei Havarien.

Mit **Stromausfällen** ist zu rechnen, nicht nur in abgelegenen Gebieten, dort dauern sie nur länger. Ende 2008 waren mehrere große Ausfälle im ganzen Land zu verzeichnen.

Essen und Trinken

Lebensmittelläden

Vor allem in den Städten gibt es **Supermärkte** mit einem breiten Angebot an Esswaren, sowohl frisch als auch Konserven. Die Supermärkte verfügen auch über eine Fleischabteilung, ebenso findet man eine Vielzahl von Früchten und Gemüse. Es gibt allerdings seit geraumer Zeit bei gewissen Produkten Engpässe, etwa bei Milch oder Eiern. Auf dem Land findet man vor allem die **Abastos,** kleinere Läden, welche

Kokosnussernte

ESSEN UND TRINKEN

Essen und Trinken

die wichtigsten Produkte des täglichen Bedarfs anbieten. Noch kleiner sind die **Bodegas,** vergleichbar mit den früheren Tante-Emma-Läden, die häufig im Familienhaus integriert sind und die Nachbarschaft mit dem Notwendigsten versorgen. Überall zu finden sind Metzgereien, **Carnicerías,** und Bäckereien, **Panaderías,** in denen es auch Kaffee und Erfrischungsgetränke, Tageszeitungen, Zigaretten und vieles mehr gibt. Alkohol kauft man in der **Licorería,** die es selbst in kleineren Orten in rauen Mengen gibt. Hier bekommt man Bier, billigen Rum und teuren Whisky usw., aber ebenso alkoholfreie Getränke wie Malzbier, Mineralwasser, Cola und Fruchtsäfte. Diese Schnapsläden sind ein beliebter Treffpunkt. Es ist zwar offiziell verboten, in oder vor diesen Läden Alkohol zu trinken, aber das interessiert niemanden. Bis tief in die Nacht steht man oft beisammen, trinkt und redet über Gott und die Welt.

Märkte

Am schönsten einkaufen lässt es sich wohl auf einem der zahlreichen Märkte. Diese finden je nach Ort **täglich oder einmal die Woche** statt. Viele Frischprodukte vom Bauer und Fischer, Konserven, Haushaltsartikel, aber auch Schuhe und Kleider werden feilgeboten, nicht zu vergessen die illegalen Kopien von Musik und Spielfilmen, die es zuhauf und zu einem Spottpreis gibt. Diese Märkte sind auch unter den Stadtbewohnern ein fester Teil ihrer Einkaufsgewohnheiten. Es ist nur auf Märkten möglich, den Preis etwas zu verhandeln, grundsätzlich aber nicht üblich. In Supermärkten, Hotels, Posadas, Restaurants usw. gelten Festpreise.

Restaurants

In Venezuela kann man **sehr gut essen,** in Städten wie Caracas und Valencia ist das Angebot an Restaurants exzellent, international und sehr groß. Von typischen Spezialitäten, der *comida criollo,* über japanisches Sushi bis hin zum Schweizer Käsefondue findet man alles. Oft herrscht in den ganz noblen Schuppen eine Art Kleiderzwang. Das heißt nicht Anzug mit Krawatte, aber mit Strandschlappen oder Trägershirt kann man selbst als Ausländer (für die eine wesentlich höhere Toleranzgrenze angesetzt wird) abgewiesen werden. Auch in der Provinz gibt es tolle Restaurants, in denen auf hohem Niveau gekocht wird, häufig mit einer ganz persönlichen Note und mit weniger Etikette. Im vorliegenden Reiseführer werden diese Etablissements vorgestellt, Empfehlungen und Vorschläge von Seiten der Leser sind jederzeit willkommen.

Der **„Service"** *(servicio)* von 10% kommt bei den meisten Restaurants gleich auf die Rechnung mit drauf. Dieser dient zur Bezahlung der Gehälter von Küchenpersonal und Bedienungen, ist also kein Trinkgeld. Manchmal kommt zusätzlich zu diesen 10% auch noch die Mehrwertsteuer in Höhe von 9% dazu, Hinweise dazu findet man im Kleingedruckten auf der Speisekarte. Ist man mit Bedienung und Essen zufrieden, kann man ein **Trinkgeld** geben, das 10% des Rechnungsbetrages nicht überschreiten sollte.

Einfaches Essen

Preiswerte Speisen bekommt man in den zahlreichen **Imbissbuden**, vor allem *arepas* und *empanadas*, aus Maismehl hergestellte Teigtaschen mit diversen Füllungen (s.u.). Viele kleine und **einfache Restaurants** bieten Tagesteller an, oft auch Suppe.

Trinkwasser

Leitungswasser ist häufig verschmutzt und mit Bakterien durchsetzt, die der Verdauung und Gesundheit nicht gerade zuträglich sind. Man sollte **Leitungswasser** also besser nicht trinken. Sinnvollerweise kauft man Wasserflaschen in einem Restaurant oder Lebensmittelladen, so hat man die Gewähr, gefiltertes Wasser zu genießen. Auch die Mitnahme spezieller Tabletten zur Desinfizierung von Wasser bietet sich an (auf Trekkingtouren in abgelegenen Gebieten durchaus zu empfehlen).

Hygiene

Die hygienischen Verhältnisse in **Restaurants** sind im Allgemeinen **in Ordnung,** man kann ohne Bedenken alles essen. Das zum Essen gereichte Tischwasser ist normalerweise gefiltert. Wer trotzdem auf Nummer sicher gehen will, bestelle eine Flasche Mineralwasser – klar, dass die Flasche bezahlt werden muss. Vorsicht ist bei Eiswürfeln angebracht. In der Regel werden industriell hergestellte verwendet, aber manchmal werden sie auch aus Leitungswasser gemacht, und das kann für europäische bzw. empfindliche Mägen zu Problemen führen.

Die Sauberkeit der **WCs** kann sehr unterschiedlich sein, aber immer noch besser als an Tankstellen und Raststätten, wo oft üble Zustände herrschen.

Grundsätzlich **Vorsicht** geboten ist im Falle von **Billigrestaurants und Imbissbuden** an der Straße. Der Straßenverkehr sorgt für viel Staub und Dreck, der sich auf die Speisen legt, Fliegenschwärme verbessern die Situation auch nicht gerade. Oft ist das Speiseöl alt, manchmal werden Salate nicht richtig gewaschen, vielleicht lag das Fleisch stundenlang vor dem Braten in der Sonne. Roher Fisch, ungekochtes Gemüse und Salate sollten hier auf keinen Fall verzehrt werden, Früchte müssen gewaschen und evtl. geschält werden. Heikel ist auch Speiseeis von Straßenhändlern, das steckt oft voller Bakterien. Da ist es ratsamer, das industriell hergestellte und abgepackte Eis von „Efe" oder „Tio Rico" zu kaufen.

Service

Der Service wird in Venezuela **nicht besonders großgeschrieben.** Wer in 5-Sterne-Restaurants/-Hotels den entsprechenden internationalen Standard erwartet, wird enttäuscht sein. Viel Etikette, aber nichts dahinter, 15 Kellner für sechs Tische, aber keiner kümmert

Essen und Trinken

Frische & Geschmack garantiert – Obsthändler in Anzoátegui

sich wirklich. Dagegen findet man in kleinen, familiären Betrieben, zum Beispiel in Posadas und Landstraßenrestaurants, ganz häufig liebevolle Betreiber, die sehr viel ihrer Persönlichkeit in die Betreuung der Kundschaft einfließen lassen. Der kleine Bauer, der Gemüse verkauft, bemüht sich – so gut er eben kann – ungemein um jeden Kunden, die Empfangsdame in einem großen Hotel versteckt ihre Nase

ESSEN UND TRINKEN

hinter dem Tresen, sobald ein Gast auftaucht, sprich: die Ruhe stört ...

Die venezolanische Küche

Praktisch jede Region hat ihre Eigenheiten und Spezialitäten, bei den Indianern isst man selbstverständlich anders als in Caracas. Und natürlich hat die venezolanische Küche in Anbetracht der Landesgeschichte spanische Wurzeln.

Das **Frühstück** mag man gerne deftig, fettig. Als Getränk bevorzugt der Venezolaner am Morgen einen Kaffee, liebevoll „cafecito" genannt, aber auch ein Fruchtsaft *(jugo natural)* gehört dazu. Vereinzelt werden auch Eier gebraten *(huevos fritos)*, eine Spezialität, aus Kuba stammend, ist der *périco,* Rührei mit Tomaten, Zwiebeln und Peperonistücken. Die *arepas* und *empanadas* aus Maismehl, aber auch die *pastelitos* aus Weizenmehl, werden frittiert und sind mit leckeren Sachen wie Fleisch, Huhn, Thunfisch, Schinken, Käse etc. gefüllt. Es lohnt sich auch nachzufragen, ob *domplins* im Angebot sind, eine einfache, leckere Spezialität aus Weizenmehl.

Zu den beliebtesten **Mittagstellern** gehört Hühner- oder Rindfleisch mit Reis, schwarzen Bohnen und Kochbananen; diese Speise heißt **pabellón criollo,** ist quasi das Nationalgericht und wird dauernd und überall serviert – wer länger unterwegs ist, kann ein Lied von der „Vielfalt" des Mittag- und Abendessens singen ... Daneben gibt es zahlreiche Suppen wie den *sancocho,* einen Eintopf, der sowohl mit Fleisch als auch mit Huhn oder Fisch zubereitet wird. Er enthält auch viel Gemüse und schmeckt sehr lecker. Ebenso beliebt ist die *sopa de mondongo,* eine Kuttelsuppe. Gerne isst man auch eine *minestrón,* eine Gemüsesuppe aus Frischprodukten und Speckstücken. Eine weit verbreitete

Essen und Trinken

Spezialität ist *cachapa con queso,* ein süßlicher Pfannkuchen aus Maiskörnern mit leicht salzigem Käse.

Eine **Nachspeise** ist das *quesillo.* Sie besteht aus Eiern, Kondensmilch, Vanillearoma und Zucker, gleicht einem „Flan" (spanischer Pudding) und schmeckt ausgezeichnet.

Am Meer, auf den Inseln und überall, wo es Flüsse gibt, verzehrt man natürlich viel **Fisch** *(pescado).* An den Küsten gibt es selbstverständlich viele Krustentiere, *mariscos* genannt.

Die kulinarisch wichtigste Zeit ist **Weihnachten.** Dann deckt man sich nicht nur mit neuen Schuhen und Kleidern ein, sondern speist und trinkt gut und ausgiebig (siehe dazu „Sitten und Bräuche/Weihnachten in Venezuela").

Ostern fährt man traditionellerweise ans Wasser zum Baden. Das Essen ist zweitrangig, allerdings wird gemäß katholischem Glauben Fisch der Vorzug gegeben – daher steigt der Preis an Ostern entsprechend.

Vegetarisch essen in Venezuela

Obwohl in Venezuela eine **Randerscheinung,** gibt es zumindest immer mehr Restaurants, die einen leckeren Salat- oder Gemüseteller auf der Speisekarte haben. Im vorliegenden Reiseführer sind entsprechende Restaurants bei den Ortsbeschreibungen unter der Rubrik „Essen und Trinken" zu finden. In Posadas, die nicht selten von Europäern geführt werden, bekommt man zum Frühstück oft eine Früchteplatte oder Müsli angeboten. In allen herkömmlichen Restaurants können Vegetarier einen Teller Reis mit schwarzen Bohnen und Kochbananen bestellen, einen einfachen Krautsalat oder Kartoffeln.

In den Supermärkten gibt es normalerweise **Joghurts,** allerdings ist Milch in Venezuela zu einer Mangelware geworden, und es kann nicht garantiert werden, dass man sie immer findet.

Auf dem Fischmarkt

Früchte und Gemüse sind häufig unansehnlich, aber – Frische und Hygiene vorausgesetzt – schmack- und nahrhaft. Beim Anbau werden kaum Pestizide und Düngemittel eingesetzt, da diese teuer sind; der Ertrag muss auch nicht künstlich gesteigert werden, da Platz genug zum Anbauen vorhanden ist. Wer einmal eine Tomate in Venezuela gegessen hat, der mag holländische Treibhaustomaten nicht mehr anrühren.

Getränke

Fruchtsäfte *(jugos naturales)* werden frisch zubereitet, sind sehr gesund und fast überall für wenig Geld zu haben. Aber Vorsicht – man mag es hier extrem süß. Also bestellt man seinen Saft besser ohne Zucker *(sin azúcar)*.

Die Venezolaner mögen auch das supersüße **Malzbier,** „Malta" genannt, und **Softdrinks** *(refrescos)* wie Coca Cola, Chinotto (Sprite) und Frescolita, dessen Geschmack dem eines Kaugummis nahekommt. Ein beliebtes Getränk bei Kindern ist *chicha,* eine süße, nahrhafte Mischung aus Reis und Milch. An den Stränden ist oft die „Cocada" im Angebot, ein erfrischendes Getränk, hergestellt aus frischer, junger Kokosnuss. Kakao *(cacao)* findet man eigentlich nur selten im Angebot, obwohl Venezuela den weltweit besten Kakao produziert.

Zu jeder Tages- und Nachtzeit trinkt der Venezolaner sein geliebtes **Bier** *(cerveza)*. Es gibt nicht viel Auswahl, die größte Brauerei ist die Firma Polar, Kennzeichen ist der Eisbär auf der Flasche. Die Bierbrauer wurden übrigens alle in Deutschland ausgebildet oder von dort „importiert". Daneben trinkt man(n), vor allem wenn der Geldbeutel schmal ist, **Rum** *(ron)*. Es gibt zahlreiche Fabriken im Lande, die Qualität ist gut bis ausgezeichnet.

Wer das Geld dazu hat, trinkt importierten **Whisky,** „Güisgui" genannt. In guten Restaurants bekommt man auch **Wein** *(vino)*. Venezuela baut auch etwas Wein an, er ist sogar gut, aber auf dem Markt ohne Bedeutung. Der in Venezuela angebotene Wein stammt zumeist aus Chile, teilweise auch aus Argentinien. Daneben findet man Spitzenprodukte aus Frankreich und Italien, die Preise sind entsprechend hoch. Man sollte darauf achten, nur jungen Wein zu trinken, denn die Lagerbedingungen und -temperaturen sind nicht geeignet, einen Wein über viele Jahre gut zu erhalten. Venezolanischer **Sekt** schmeckt hervorragend und ist unbedingt zu empfehlen.

Und natürlich wird viel **Kaffee** *(café)* getrunken. **Tee** *(té)* kennt man zwar, wird aber selten getrunken. Am liebsten nehmen die Venezolaner den schwarzen Kaffee mit viel Zucker *(café negro)*. Auch Milchkaffee bekommt man *(café con leche)*, mag man nur wenig Milch, nennt er sich *café marrón* (brauner Kaffee).

Feste und Feiertage

Die traditionellen Feiern entsprechen den unsrigen. **Weihnachten** (*Navidad*) kündigt sich in Venezuela bereits im November an, überall spielt man die typische Weihnachtsmusik „Gaita" (siehe „Sitten und Bräuche/Weihnachten in Venezuela"). **Karneval** ist ein Teil der Kultur. Der schönste wird in El Callao im Land Bolívar gefeiert – er hat karibisches Flair mit seiner Calypso-Musik –, den buntesten zelebriert man in Carúpano im Bundesland Sucre. An **Ostern** (*Semana Santa*) ist es Tradition, dass man zum Baden an den Strand oder an Flüsse und Seen fährt. An diesen Feiertagen, speziell an Ostern, sind alle Hotels in Strandnähe komplett ausgebucht, und es kann zu Engpässen im öffentlichen Transportwesen kommen. Auch die sonst so ruhige und beschauliche Gran Sabana ist zu diesen Terminen komplett überbevölkert und lärmig.

Die Venezolaner feiern gern, und dazu findet sich immer ein Grund. Sobald ein Feiertag auf Donnerstag oder Freitag bzw. Montag oder Dienstag fällt, werden die Tage frei genommen und so das **Wochenende verlängert** (*puentes* = Brücken). Die Familien fahren dann an den Strand, wo es drunter und drüber geht. An solchen Wochenenden sind die Busse überfüllt, Hotels und Posadas oft schon lange im Voraus ausgebucht.

Feste Feiertage

- **1. Januar,** Neujahrstag (*Año nuevo*)
- **19. April,** Tag der Unabhängigkeit (*Día de la Independencia*)
- **1. Mai,** Tag der Arbeit (*Día del obrero*)
- **24. Juni,** Jahrestag der Schlacht von Carabobo (*Batalla de Carabobo*)
- **5. Juli,** Unterzeichnung der Unabhängigkeitsurkunde (*Firma del acta de la Independencia*)
- **24. Juli,** Geburtstag von Simón Bolívar (*Natalicio del Libertador*)
- **12. Oktober,** Kolumbustag (*Día de la resistencia indígena*)
- **24. Dezember,** Weihnachten (*Navidad*)
- **31. Dezember,** Sylvester (*Despedida del año viejo*)

Jedes Bundesland hat seine **eigenen Traditionen,** die verbunden sind mit zahlreichen Feiern. Nachfolgend nur ein kleiner Auszug (viele andere Feste und Veranstaltungen sind bei den Orten selbst genannt):

- **4.–7. Januar, Pastores y Reyes Mago** in San Miguel de Boconó, Bundesstaat Trujillo: Feierlichkeiten zu Ehren des Jesuskindes (*Honór al niño Jesús*).
- **14.–15. Mai, San Isidro Labrador** in Timotes, Lagunitas, Pueblo Viejo, Bundesland Mérida: Verehrung des Schutzpatrons der guten Saat von Gemüse und Kaffee.
- **24. Juni, San Juan** in vielen Orten des Landes: Religiöse Akte zu Beginn der definitiven Regenzeit, an vielen Orten mit Mitternachtsmesse.
- **16. Juli, Parranda de negros** in Altagracia de Orituco, Bundesland Guarico: Diese Feier findet zur Verehrung der Heiligen Carmen statt. „La Negra", ein als Frau verkleideter Mann, ist die Hauptfigur des Tages. Eine ausgelassene Feier mit viel Musik.
- **1. November: Día de todos los Santos** (Allerheiligen): Wird im ganzen Land gefeiert.
- **18. November: La Chinita (*Nuestra Señora de Chiquinquirá*)** in Maracaibo: Wilde Feiern zu Ehren der Schutzheiligen.

… GELD UND FINANZEN

Geld und Finanzen

Währung/Geldwechsel

Seit dem 1. Januar 2008 verfügt Venezuela über eine neue Währung, den **Bolívar Fuerte (Bs.F.)**. Der „starke Bolívar", so sein Name, fußt auf der alten Währung, dem Bolívar, der in einer Radikalkur drei Nullen gestrichen wurden. Als Hauptgründe zur Einführung der neuen Währung gaben die Zentralbank von Venezuela und die Regierung an, die Währung stärken, die Inflation bekämpfen und die Wirtschaft stabilisieren zu wollen. Noten gibt es zu 2, 5, 10, 20, 50 und 100 Bs.F., Münzen zu 1, 0,50 (Céntimos), 0,25, 0,125, 0,10, 0,05 und 0,01 Bs.F. Die neue Währung soll nach einer Übergangszeit wieder wie früher nur Bolívar heißen.

Die Währung ist staatlich kontrolliert und hat einen **festen Wechselkurs** von **2,15 Bs.F. für 1 US-\$.** Alle Transaktionen, die über die Banken laufen, werden selbstverständlich zu diesem Kurs abgerechnet. Wenn man mit Bolívares Devisen erwerben will, z.B. für Importe oder Auslandsreisen, muss man eine ellenlange Prozedur über sich ergehen lassen, um dann evtl. einen beschränkten und streng überwachten Betrag genehmigt zu bekommen. So ist natürlich ein **Schwarzmarkt** entstanden. Der Wechselkurs hier schwankt ständig, wird fast immer als Referenzkurs genommen und lag 2008 bis zu 150% (!) über dem regulierten Wechselkurs.

Schwarzwechseln ist grundsätzlich **illegal!** Man wird an touristisch stark frequentierten Orten häufig auf der Straße angesprochen und sollte diese Angebote immer ablehnen, denn es wird dabei häufig mit Betrug gearbeitet, oft in Zusammenarbeit mit Sicherheitskräften, sogar unter Androhung von Gefängnisstrafen. Reisebüros, Posadas und von Ausländern betriebene Geschäfte – vor allem chinesische Supermärkte und Restaurants sowie die meist von Arabern *(turcos)* geführten Möbelgeschäfte – sind evtl. geeignete Anlaufstellen.

Geldkarten/Schecks

Reist man nur mit **Kredit- und EC-/Maestro-Karte** und bezieht sein Geld aus dem Automaten (die es an vielen Banken gibt), dann wird die Reise teuer, denn der offizielle (und schlechte) Wechselkurs ist Grundlage dieser Transaktion. Da sind Überweisungen (s.u.) die bessere Lösung, denn dabei wird ein weit besserer „Parallel-Wechselkurs" verwendet.

Travellerschecks werden in den Filialen der großen Banken nur zum offiziellen Kurs akzeptiert (siehe bei den jeweiligen Ortschaften); bei Schwarzwechslern, die Travellerschecks u.U. auch akzeptieren, kann der Kurs besser sein.

Für die Barabhebung vom Geldautomaten mit Maestro- oder Cirrus-Symbol wird je nach Hausbank pro Abhebung eine Gebühr von 1,30–4 Euro bzw. 4–6 SFr. berechnet. Für Barabhebungen per Kreditkarte kann das Kreditkartenkonto je nach ausstellender Bank mit einer Gebühr von bis zu 5,5% belastet werden, für das bargeldlose Zahlen hingegen werden nur 1–2% für den Auslandseinsatz berechnet.

Siehe im Kapitel **„Notfall"** für den Fall, dass die Geldkarte oder Reiseschecks gestohlen wurden bzw. verloren gingen.

Was gut funktioniert und sich in den letzten Jahren im touristischen Bereich immer mehr durchgesetzt hat, sind **Überweisungen** (per Internet; TAN-Liste!). Viele Betreiber von Hotels, Posadas und Reiseunternehmen sind Europäer und freuen sich über eine Euro-Einzahlung auf ihr Heimatkonto; der Reisende wiederum ist zufrieden, weil er den Euro-Rechnungsbetrag zu einem weit besseren Bolívar-Kurs ausbezahlt bekommt, als es der offizielle Wechselkurs vorsieht. Auch diese Praxis ist nicht wirklich legal ... Wer keine Möglichkeit zum Internetbanking hat, kann auch einem Verwandten Zugriff auf sein Konto gewähren und telefonisch die Überweisung veranlassen.

Preisangaben im Buch

In diesem Reiseführer erfolgen die allermeisten Preisangaben **in Euro,** nur kleine Beträge, hauptsächlich Eintrittsgebühren, werden in Bolívar genannt. Vor Ort wird zwar mit der venezolanischen Währung bezahlt, aber gerade im touristischen Sektor sind US-Dollar (und Euro) quasi Zweitwährungen, wenn auch unter der Hand, denn die Preise müssen in Bolívar angegeben werden. Die Preisangabe in Euro macht Sinn, weil nur so Preise genannt werden können, die auch einigermaßen stimmen. Was für die Einheimischen ein existenzielles Problem ist, gereicht dem Touristen zum Vorteil: Da die Inflation in Venezuela und der Verfall des Wechselkurses annähernd gleich verlaufen, bleibt das Preisniveau in Euro (und US-Dollar) konstant.

Gesundheit

Die nachstehenden Angaben dienen der raschen Orientierung, welche Vorschriften und Gesundheitsvorsorgemaßnahmen für eine Reise nach Venezuela zu beachten sind und wurden uns freundlicherweise vom Centrum für Reisemedizin (**www.travelmed.de**) zur Verfügung gestellt. Sie ersetzen auf keinen Fall eine individuelle ärztliche Beratung. Eine Gewähr für die Informationen (Stand Januar 2009) kann nicht gegeben werden.

Impfungen

Empfohlener Impfschutz

Generell: Standardimpfungen nach dem deutschen Impfkalender, spez. Tetanus, Diphtherie, außerdem Hepatitis A, Gelbfieber (bei Reisen in endemische Gebiete).

Je nach Reisestil und Aufenthaltsbedingungen sind außerdem zu erwägen: Impfschutz gegen Typhus (bei Reisen in endemische Gebiete), gegen Hepatitis B (bei Langzeitaufenthalten und engerem Kontakt mit der einhei-

Gesundheit

mischen Bevölkerung) und gegen Tollwut (bei vorhersehbarem Umgang mit Tieren).

Welche Impfungen letztendlich vorzunehmen sind, ist abhängig vom aktuellen Infektionsrisiko vor Ort, von der Art und Dauer der geplanten Reise, vom Gesundheitszustand sowie dem evtl. noch vorhandenen Impfschutz des Reisenden. Da im Einzelfall unterschiedlichste Aspekte zu berücksichtigen sind, empfiehlt es sich immer, rechtzeitig (vier bis sechs Wochen) vor der Reise eine persönliche Reise-Gesundheitsberatung bei einem reisemedizinisch erfahrenen Arzt oder Apotheker in Anspruch zu nehmen.

Malaria

Risiko

Ganzjährig **hohes Risiko** regional in den südlichen Regenwaldgebieten; 84% aller landesweit gemeldeten Malariafälle stammen aus den Bundesländern Bolívar und Amazonas.

Mittleres Risiko vorwiegend regional im Norden von Amazonas und Bolívar sowie im Osten des Amacuro-Deltas.

Geringes Risiko vorwiegend herdförmig im Nordwesten mit den Staaten Zulia, Táchira, Mérida, Trujillo, Barinas, Portuguesa und Apure, im Norden in Carabobo, im Nordosten in Anzoátegui, Sucre, Monagas und im Orinoco-Delta.

Als **malariafrei** gelten die mittleren Küstenabschnitte mit den vorgelagerten Inseln (z.B. Margarita) sowie Höhenlagen und Stadtgebiete.

Vorbeugung

Ein konsequenter Mückenschutz in den Abend- und Nachtstunden verringert das Malariarisiko erheblich (**Expositionsprophylaxe**). Die wichtigsten Maßnahmen sind: In der Dämmerung und nachts Aufenthalt in mückengeschützten Räumen (Räume mit Klimaanlage, Mücken fliegen nicht vom Warmen ins Kalte). Beim Aufenthalt im Freien in Malariagebieten abends und nachts weitgehend körperbedeckende Kleidung (lange Ärmel, lange Hosen). Anwendung von Insekten abwehrenden Mitteln an unbedeckten Hautstellen (Wade, Handgelenke, Nacken), Wirkungsdauer 2–4 Std. Im Wohnbereich Anwendung von Insekten abtötenden Mitteln in Form von Aerosolen, Verdampfern, Kerzen, Räucherspiralen. Schlafen unter dem Moskitonetz (vor allem in Hochrisikogebieten).

Ergänzend ist die Einnahme von Anti-Malaria-Medikamenten (**Chemoprophylaxe**) evtl. zu empfehlen. Zu Art und Dauer der Chemoprophylaxe fragen Sie Ihren Arzt oder Apotheker, bzw. informieren Sie sich in einer qualifizierten reisemedizinischen Beratungsstelle (s.u.). Malariamittel sind verschreibungspflichtig.

Ratschläge zur Reiseapotheke

Vergessen Sie nicht, eine Reiseapotheke mitzunehmen (wenigstens Medikamente gegen Durchfall, Fieber und Schmerzen sowie Verbandstoff, Pflaster und Wunddesinfektion), damit Sie **für kleinere Notfälle gerüstet** sind. Nicht zu vergessen sind Medikamen-

Krieg den Mücken

von *Federico Brugger*

Wer in den Dschungel fährt, ins Orinoco-Delta, an den Amazonas, die Llanos oder die Gran Sabana, tut gut daran, an die vielen Mücken bzw. Sandfliegen zu denken. In der Gran Sabana nennt man die fiesen, kleinen Viecher **puri-puri**, sonst **jejenes**. Sie haben eine erstaunliche Fähigkeit entwickelt, auf europäische Mückenschutzmittel kaum mehr anzusprechen. Was tun, ist die Frage. Das **Hausmittel** eines alten Peruaners kann helfen, es wurde auch erfolgreich getestet. Es ist preiswert und kann vor Ort selbst hergestellt werden. Was man dazu benötigt, ist eine Flasche Babyöl und eine Packung Alcanfor (Kampfer), die in fast jeder Apotheke oder Bodega in Venezuela zu bekommen ist. Dabei handelt es sich um rechteckige, weißliche Tabletten.

Zubereitung: Auf 100 ml Babyöl gibt man zwei Tabletten Alcanfor. Diese Tabletten zerkleinert man zu Pulver und gibt sie dem Babyöl bei; mehrmals gut schütteln, bis sich auch alles gut auflöst bzw. vermischt. Das Ganze riecht kräftig nach Kampfer.

Anwendung: Einfach auftragen (nicht zu sparsam) und mehrmals täglich wiederholen. Die Rezeptur hilft tatsächlich, natürlich nicht zu 100%, aber sie gehört sicher zu den besten Mückenschutzmitteln. Schon die Landung auf der öligen Haut ist für die lästigen Viecher eine einzige Rutschpartie und verdirbt ihnen den „Spaß", der Geruch tut ein Übriges.

te, die der Reisende ständig einnehmen muss! Wenn Sie spezielle Fragen zur Reiseapotheke haben, wenden Sie sich am besten an eine Apotheke mit reisemedizinisch qualifizierten Mitarbeitern.

Sonstiges

Denguefieber: Mit einem Übertragungsrisiko dieser grippeähnlichen Viruskrankheit ist landesweit zu rechnen, vor allem an der Nordküste mit der Hauptstadt Caracas und den vorgelagerten Touristeninseln. Wie in der gesamten Region wird auch hier ein weiterer Anstieg der Fallzahlen erwartet. Schutz vor tag- und nachtaktiven Übertragermücken beachten.

Gelbfieber: Mit einem Übertragungsrisiko ist in weiten Landesteilen zu rechnen, auch im Norden. Impfschutz bei Reisen ins Landesinnere wird empfohlen, obwohl für die Einreise nicht vorgeschrieben.

Gesundheitszeugnis/HIV-Test: Für Arbeitsaufenthalte werden ein Gesundheitszeugnis („Health Certificate") sowie ein HIV-Test in spanischer Sprache verlangt.

Impfungen: Es ist möglich, dass für visumpflichtige Langzeitaufenthalte der Nachweis einer Masern-Impfung verlangt wird.

In Höhenlagen kommen keine Mücken vor, erst recht nicht in den Anden

Tropeninstitute

- **Robert Koch-Institut,** Nordufer 20, 13353 Berlin, Tel. 030/187540, www.rki.de. Schriftliche Anfragen über das Kontaktformular auf der Internetseite.
- **Institut für Hygiene und Öffentliche Gesundheit der Universität Bonn,** Sigmund-Freud-Straße 25, 53105 Bonn, Tel. 0228/2875520, www.meb.uni-bonn.de/hygiene.
- **Bernhard-Nocht-Institut für Tropenmedizin,** Bernhard-Nocht-Straße 74, 20359 Hamburg, Tel. 040/42818-0, www.bni.uni-hamburg.de.
- **Universitätsklinikum Heidelberg, Hygiene-Institut,** Im Neuenheimer Feld 324, 69120 Heidelberg, Tel. 06221/56-5031, www.hyg.uni-heidelberg.de/cbt/.
- **Ernst-Rodenwaldt-Institut für Wehrmedizin und Hygiene,** 56068 Koblenz, Viktoriastraße 11–13, Tel. 0261/3070.
- **Institut für Infektions- und Tropenmedizin der LMU,** Leopoldstr. 5, 80802 München, Tel. 089/333322.

Informationen

Fremdenverkehrsamt

- **Venezolanisches Fremdenverkehrsamt,** c/o Botschaft der Bolivarischen Republik Venezuela, Schillstr. 9–10, 10785 Berlin, Tel. 030/83224000, Fax 83224020, www.visit-venezuela.com.

Reisehinweise/Sicherheit

Aktuelle Reisehinweise zu Venezuela und allen eventuellen Transitländern neben Hinweisen zur allgemeinen Sicherheitslage erteilen:

- **Deutschland,** www.auswaertiges-amt.de und www.diplo.de/sicherreisen (Länder- und Reiseinformationen), Tel. 030/5000-0, Fax 5000-3402.

INFORMATIONEN

- **Österreich,** www.bmeia.gv.at (Bürgerservice), Tel. 05/01150-4411, Fax 05/01159-0 (05 muss immer vorgewählt werden).
- **Schweiz,** www.dfae.admin.ch (Reisehinweise), Tel. 031/3238484.

Wichtige Adressen in Caracas

- **Instituto Nacional de Promoción y Capacitación Turistica (INATUR)** (staatliche Tourismusbehörde), Av. Francisco de Miranda con Principal de la Floresta, Complejo Mintur, Tel. 2084811, 2084813, www.mintur.gob.ve
- **Colegio Humboldt** (Humboldt-Schule), Prolongación Av. El Estanque, Urb. Avila, Norte del Country Club, Tel. 0212/7300580, 7302817, 7310607, 7303395, Fax 7309343, www.colegio-humboldt-ccs.com
- **Goethe-Institut,** Av. Washington c/ Av. Juan Germán Roscio, S. Bernadino, Tel. 0212/5526445, Fax 5525621, www.goethe.de/ins/ve/car/deindex.htm
- **Buro de Convenciónes y Visitantes de Venezuela,** Av. Blandín, CC Mata de Coco, 3. Stock, Ofic. Este, La Castellana, Tel. 0212/2674166, 2613428, 2638238, Fax 2639783, www.burodevenezuela.com
- **Instituto Nacional de Parques (Inparques)** (Nationalparkbehörde), Edf. Sur del Museo del Transporte, Av. Los Dos Caminos, Metro „Parque del Este", Tel. 0212/2732811, Fax 2732875, rrpp@inparques.gob.ve
- **Deutsch-Venezolanische Industrie- und Handelskammer** (Cámara de Comercio e Industria Venezolana-Alemana), Av. San Felipe, Edf. Centro Coinasa, 4. Stock, La Castellana, Tel. 0212/2773811, 2773820, Fax 2773812, www.cavenal.org
- **Österreichische Außenhandelsstelle,** Edf. Plaza C, PH, Calle Londres, Las Mercedes, Tel. 9939844, www.austriantrade.org.ve
- **Banco de Comercio Exterior, BANCOEX** (Bank für Außenhandel), Centro Gerencial Mohedano, 1. Stock, Calle Los Chaguaramos, La Castellana, Tel. 0212/2774611, 0800/3976783, www.bancoex.gov.ve

Venezuela im Internet

Wer sich im Netz näher über das Land informieren möchte, kann diese Webseiten aufrufen:

- **www.unionradio.net**
Radiosender, der im ganzen Land zu hören ist und eine informative Webseite mit aktuellen Informationen bietet
- **www.eud.com, www.eluniversal.com**
„El Universal" (Digital), die größte unabhängige Tageszeitung mit aktuellen Informationen auf Spanisch; das Gleiche auf Englisch unter http://english.eluniversal.com
- **www.el-nacional.com**
Website der gleichnamigen Tageszeitung (spanisch)
- **www.2001.com.ve**
- **www.mipunto.com/venezuelavirtual** (spanisch)
- **www.venezuela-urlaub.de**
Viele Informationen über Venezuela, Land und Leute (deutsch)
- **www.culturtravel.de** (deutsch)
- **www.ihr-videofilm.de**
Filmproduzent mit Filmangebot aus Venezuela
- **www.weltzeituhr.com/laender/203** (deutsch)
- **www.parianatours.com**
Reiseinformationen, Hotels, Flüge und Tourangebote (deutsch)
- **www.venezuelatuya.com**
Informationen zu und Vermittlung von Hotels (spanisch und englisch)
- **www.backpacker.cc**
Links zu Hunderten von touristischen Angeboten in Venezuela (englisch)
- **www.philb.com/cse/venezuela.htm**
Links zu 14 Suchmaschinen aus Venezuela
- **www.venezuela-film-dvd.de**
Reisefilme aus Venezuela
- **www.orinocodelta.info**
Informationen über das Delta (mehrsprachig)
- **www.alautentico.net**
Sehr guter, individueller Reiseveranstalter mit Schwerpunkt Venezuela

- www.weltenansicht.de/venezuela/vene.php
Reisebericht aus Venezuela
- www.horstfriedrichs.com
Fotografie und Film aus Venezuela
- www.thedailyjournalonline.com
Website der englischsprachigen Tageszeitung „The Daily Journal" (englisch)

Internetseiten, die in Venezuela gehostet werden, haben die Top-Level-Domain .ve, die Kombination com.ve gibt es häufig, die Seiten der Regierung enden auf gov.ve.

Zeitungen/Zeitschriften

Wer Spanisch versteht, kann sich natürlich auch in Printmedien gut über sein Gastland informieren; die bekanntesten Zeitungen sind im Kapitel „Medien" aufgelistet. Zeitschriften und Zeitungen gibt es an den unzähligen Kiosken, oft auch in Apotheken und Lebensmittelläden. Internationale Zeitungen und Zeitschriften sind am ehesten an den internationalen Flughäfen und in einigen Spitzenhotels zu bekommen, evtl. auch in Buchhandlungen, die es in jedem größeren Ort gibt. Von den deutschen Blättern findet man am ehesten den „Spiegel".

Hier einige Adressen von **Buchhandlungen:**

- **Librería Alemana Oscar Todtmann,** Av. Libertador, El Bosque, Caracas, Tel. 0212/7630881.
- **Librería** im CC Plaza Mayor in Puerto La Cruz.
- **Librería Nachos** im CC Sambil in Porlamar, Isla Margarita.
- **Leearte,** Av. Independencia, Edf. Lilma, Carúpano.
- **Librería San Pablo,** C. Libertad, Maracay.
- **Librería Mérida,** Av. Las Américas, Mérida.

Internet

Auch in Venezuela muss man nicht auf das Internet verzichten. In allen Städten, aber auch in größeren Ortschaften findet man **Internetcafés,** mehr als in Europa, da die Privathaushalte sich oft keinen eigenen Rechner mit Zugang leisten können. In abgelegenen Gebieten muss man damit rechnen, ohne Internet auskommen zu müssen oder entsprechend teuer für eine Satellitenverbindung zu bezahlen. In manchen Internetcafés gibt es auch Kaffee, Mineralwasser und Süßigkeiten, andernorts bloß ein paar Computer. Je nach System erfordert das venezolanische Internet Geduld, die Verbindungen sind manchmal ungewohnt langsam oder funktionieren überhaupt nicht. Viele **Posadas und Hotels** bieten Internetservice an, auch drahtlose Netzwerke (WLAN) für Leute, die mit Notebook reisen. In diesem Buch wird auf Restaurants und Hotels, die diesen Service anbieten, entsprechend hingewiesen. Es gibt Internet der staatlichen Gesellschaft Cantv, ein anderer Anbieter nennt sich Movistar. Die Benutzung ist billig, pro Stunde muss man mit etwa 3 Bs.F. rechnen.

In vielen Posadas oder Internetcafés hat man die Möglichkeit, seine digitalen **Fotos auf CD** zu brennen. Diese Option sollte man unbedingt nutzen, selbst wenn man genügend Speicherplatz zur Verfügung hat. So hat man im Falle, dass man die Kamera verliert, wenigstens die Bilder gesichert.

Lernen und Arbeiten

Um in Venezuela arbeiten zu können, bedarf es eines gültigen Arbeitsvertrages mit dem Arbeitgeber im Land. Das **Arbeitsvisum,** *Transeúnte de negocios* genannt, wird für ein Jahr ausgestellt und kann nach Ablauf in der Regel um ein weiteres Jahr verlängert werden. Es muss theoretisch bei der venezolanischen Botschaft im Heimatland beantragt werden. Dort kann man auch in Erfahrung bringen, welche Unterlagen man vorweisen muss. Es ist heutzutage nicht mehr einfach, ein Visum zu erhalten, und Ausländer, die in Venezuela leben, haben genauso viel Mühe an Verlängerungen heranzukommen. Es ist verboten, mit dem drei Monate gültigen normalen Einreisestempel zu arbeiten. Wer allerdings in einer kleinen Reiseagentur oder in einer Posada mithelfen möchte, wird keine Probleme mit den Behörden bekommen. Und Bedarf dafür herrscht vielerorts.

Wer in Venezuela studieren will, macht das am besten über Studentenaustausch-Programme. Man benötigt ein spezielles **Studentenvisum,** das sich *Transeúnte de estudiante* nennt und ebenfalls bei der venezolanischen Botschaft des Heimatlandes beantragt werden muss. Dieses Visum berechtigt zum Studieren an einer der Universitäten des Landes, nicht aber zum Arbeiten.

Wer seinen Ruhestand in Venezuela verbringen möchte, kann ein **Rentnervisum** beantragen, ebenfalls bei der venezolanischen Botschaft des Heimatlandes. Unter anderem muss der Nachweis erbracht werden, dass man eine regelmäßige Rente bezieht von mindestens 1200 US-$ pro Monat. Für jede Begleitperson müssen zusätzlich 500 US-$ nachgewiesen werden. Die Anschriften der Botschaften von Venezuela in Deutschland, Österreich und der Schweiz stehen im Kapitel „Diplomatische Vertretungen".

Zu Sprachkursen und -schulen siehe im Kapitel „Sprache".

Maße und Gewichte

In Venezuela gilt grundsätzlich das uns vertraute **metrische Maß.** Allerdings findet man zum Beispiel in älteren amerikanischen Autos noch häufig Meilenangaben auf dem Tacho (der eh nicht funktioniert ...). Wasserrohre, Schrauben(schlüssel) und Auto-Ersatzteile sind in Zoll-Maßen angegeben. Wer in einer Eisenwarenhandlung *(ferreteria)* Nägel erwerben möchte, muss die Länge in Zoll (eine Daumenbreite) angeben, die Menge wird in Kilogramm berechnet. Wer ein Seil *(mecate)* zum Aufspannen der Hängematte erwerben möchte, hat die Wahl zwischen einem Seil von 3/8 Zoll oder 5/8 Zoll Stärke. Im Eisenwarenhandel wird auch das kiloweise gehandelt – mit 1 kg Seil kann man dann eine Menge Hängematten aufspannen ...

Medizinische Versorgung

Die Gesundheitsversorgung in Venezuela kann als ausreichend bis gut bezeichnet werden. Es gibt unzählige Ärzte, die medizinischen Einrichtungen sind aber vielerorts nicht ausreichend, und vor allem die öffentlichen Krankenhäuser sind oft komplett überfüllt. Unbedingt zu empfehlen ist der Abschluss einer Reise- bzw. Auslandskrankenversicherung (siehe „Versicherungen"). Diese ermöglicht im Notfall den Besuch einer **Privatklinik,** wo die besten Ärzte des Landes arbeiten, die meisten von ihnen in den USA ausgebildet und daher auch sehr oft des Englischen mächtig. Die Preise sind mit denen in Europa zu vergleichen. Bezahlt wird nach der Behandlung mit der Kreditkarte, die Abrechnung mit der Versicherung erfolgt später.

Öffentliche Krankenhäuser *(hospitales)* sollte man nur aufsuchen, wenn es keine Alternative gibt. Die Ärzte sind in der Regel sehr hilfsbereit, die Behandlung ist kostenlos, aber Infrastruktur und Ausstattung sind oft mangelhaft. Wer in einem „Hospital" liegt, muss zudem Bettwäsche und Essen auf eigene Rechnung organisieren. Hat man keine Angehörigen oder Freunde in der Nähe, ist das ein Ding der Unmöglichkeit. Auch Medikamente sind aus eigener Tasche zu bezahlen. Mit der Hygiene steht es oft nicht zum Besten.

Vor allem auf dem Land gibt es kleine medizinische Zentren, welche sich **Ambulatorio** nennen. Diese können minder schwere Notfälle behandeln, kleinere Operationen vornehmen und auch Kindern auf die Welt helfen, aber für schwere Fälle sind sie meistens nicht vorbereitet.

Unter *Chávez* entstanden im ganzen Land sogenannte **Modulos Barrio Adentro.** Es handelt sich dabei um kleine medizinische Kontrollstellen, betreut von kubanischen Ärzten, die aber meist nicht richtig funktionieren. Diese „Module" findet man in den Städten in den Armenvierteln und auf dem Land in praktisch jeder Gemeinde. Sie sind vor allem für die arme Bevölkerung gedacht. Es gibt allerdings keine Betten. Behandlung wie auch Medikamente sind gratis.

Bei Verdacht auf **Malaria** oder **Denguefieber** sind die medizinischen Stellen darauf vorbereitet, einen einfachen Bluttest *(gota gruesa)* durchzuführen; das Ergebnis liegt innerhalb von Stunden vor.

Apotheken *(farmacias)* gibt es wie Sand am Meer. Übers Wochenende wechseln sich die Apotheken gegenseitig mit dem Dienst ab, diensthabende Apotheken sind am Hinweis „Turno" zu erkennen. Es gibt auch Medikamenten-Supermärkte, wo man Arzneien zu einem großen Teil ohne Rezept bekommt. Viele aus der Heimat vertraute Medikamente sind auch dabei und im Vergleich zu Europa wesentlich billiger. Wer auf bestimmte Medikamente angewiesen ist, bringt diese aber besser aus Europa mit, denn hin und wieder gibt es Engpässe bei diversen Produkten.

Krankenwagen werden meist von den Kliniken und den Feuerwehren betrieben. Das Personal ist gut ausgebildet, darf aber in der Regel nur den Patienten ins Fahrzeug verladen und Blut stillen, keinesfalls Spritzen geben oder Narkosen, das ist Ärzten vorbehalten. Wer eine Ambulanz braucht, bestellt diese über die nationale Notrufnummer 171.

Luftrettung wie in Europa ist in Venezuela unbekannt. Es gibt ein paar private Anbieter vor allem in Caracas. Der Service wird in schlimmen Fällen direkt von der Versicherung organisiert.

Viele wissenswerte **Tipps** bekommt man im Internet unter:

- www.tropeninstitut.de
- www.tropeninstitut.at
- www.sti.ch
- www.travelmed.de

Buchtipps

- *Goldstein, R., Jelinek, T.*, Verlag ecomed
Reisemedizin
- *Diesfeld, Hj., Krause, G., Teichmann, D.*, Thieme Verlag
Praktische Tropen- und Reisemedizin
- *Werner, D.*, REISE KNOW-HOW Verlag
Wo es keinen Arzt gibt

Venezuela, ein kinderfreundliches Land

Mietwagen

Für Leute, die **frei und unabhängig reisen** wollen, bietet sich die Anmietung eines Leihwagens an. Benzin ist billig wie nirgends sonst auf der Welt, dafür sind die Leihgebühren recht happig und der gebotene Service nicht immer gut. Auf der Isla Margarita sind Mietwagen wesentlich günstiger als anderswo. Der Mindestpreis für einen Kleinwagen mit Versicherung beträgt um die 50 Euro. Einen Geländewagen zu bekommen, ist fast unmöglich, und wenn es sie doch gibt, sind sie entsprechend teuer.

Voraussetzungen für die Miete sind der nationale Führerschein (kein internationaler!), der Reisepass sowie eine Kreditkarte (Kaution) und ein Mindestalter von 21 Jahren.

Bei der Übergabe sollte man den Wagen **gut inspizieren** und sich Kratzer, Dellen, die fehlende Antenne usw. vom Verleiher schriftlich bestätigen lassen (Mängelliste). Sonst kann es passieren, dass bei der Rückgabe Schäden, für die man nicht verantwortlich ist, berechnet werden. Auch nach Warndreieck, Wagenheber und Reserverad sollte gesehen werden. Wichtig: Man muss klarstellen, ob im Schadensfall eine Eigenbeteiligung zu erbringen ist. Wenn möglich, sollte ohne Eigenbeteiligung gemietet werden, dann bekommt man auch keine (Alt-) Schäden untergejubelt.

Der Wagen sollte da **zurückgeben** werden, wo man ihn angemietet hat, sonst verlangt der Verleiher eine Rückführungsgebühr. Zudem sollte er vollgetankt sein; bringt man ihn leer zurück, wird er selbstverständlich von der Leihfirma betankt – und das kostet ein Vielfaches des normalen Preises.

Wenn man weite und abgelegene Strecken fährt, ist unbedingt darauf zu achten, dass man genügend Benzin im Tank hat, auch der Öl- und Wasserstand darf nicht vergessen werden.

Mit Kindern unterwegs

Die Venezolaner sind extrem **kinderlieb** – und Kinder gibt es reichlich! Allerdings sind nur wenige wirkliche Einrichtungen für Kinder vorhanden, Spielplätze sind häufig vollkommen heruntergekommen, nur private Ein-

richtungen in Restaurants oder Posadas sind gepflegt. Die venezolanischen Kinder spielen mit dem, was sie gerade finden, was die Natur oder die Straße vorgibt.

Speziell auf Kinder abgestimmte Ferienprogramme sind Mangelware. Trotzdem können Familien und Alleinerziehende einen schönen Urlaub mit ihren Kids verbringen. Vor allem in den **All-Inclusive-Hotels** auf der Isla Margarita gibt es teils ganz brauchbare Kinderprogramme, und vereinzelt finden sich auch Kinderhorte in den Hotels. So kann man auch mal ohne Spross den Strand genießen.

In einigen Wasserparks gibt es **Delfinschauen** und die Möglichkeit, mit den Tieren zu schwimmen, ein Hochgenuss für den Nachwuchs. Im Nationalpark Mochima werden Bootsfahrten angeboten, bei denen man in aller Regel Delfine sehen kann. Einige Städte haben auch ganz schöne Zoos, es gibt Parks mit Spielmöglichkeiten.

Auf viele Touren kann man Kinder ohne Weiteres mitnehmen. Sind sie etwas wandererfahren, haben sie bestimmt Freude an **Wanderungen** in der herrlichen venezolanischen Landschaft. Nationalparks laden Erwachsene wie Kinder ein, die einmalige Natur des Landes zu erkunden. Der **Besuch einer Indianerfamilie** war schon für viele Kinder ein tolles Erlebnis. Auf Bootstouren sind Kinder willkommene Passagiere und werden von Fischern meist gerne mitgenommen.

Auf der Halbinsel Paria gibt es für alle Schleckermäuler eine süße Überraschung: Hier befinden sich einige **Kakaoplantagen,** die den besten Kakao weltweit produzieren – auf einer geführten Besichtigung ist Naschen ausdrücklich erwünscht.

Auf nationalen Flügen bekommt man bei einigen Fluglinien einen **Kinderrabatt,** bei Flügen in die Nationalparks wie Canaima muss aber in der Regel der ordentliche Preis entrichtet werden. In Hotels und Posadas wie auch von vielen Reiseunternehmen werden Vergünstigungen gewährt. Man sollte sich jeweils erkundigen.

Nachtleben

In Venezuela gibt es das Nachtleben in all seinen schillernden Formen. Meist geht MANN nach Feierabend auf ein kaltes Bier und sei es bloß in der **Licorería** (Schnapsladen) um die Straßenecke. Hier trifft man sich, sieht Freunde und Bekannte und gibt sich dem Klatsch des Tages hin. Danach geht es zum Abendessen, das in Venezuela nicht vor 19 Uhr eingenommen wird. Das eigentliche Nachtleben startet frühestens ab 22 Uhr.

Wer gerne sein Abendessen mit einem Tanz verbinden will, kann das in einem der zahlreichen **Tasca-Restaurants.** In der Regel handelt es sich um gemütliche Lokale, oft im spanischen Stil, mit gutem Essen, eiskaltem Bier und lauter Musik. Es gibt natürlich unzählige **Bars** und **Diskotheken** (discoteca) für jeden Musikgeschmack. Auch Nachtklubs dürfen nicht fehlen, sogenannte **Club nocturnos** mit Programm.

NOTFALL

In diesem Reiseführer sind bei den jeweiligen Ortsbeschreibungen Ausgehlokale beschrieben, man kann sich aber auch im Netz **informieren:**

- www.arumbear.com
  (vorwiegend Caracas)
- www.5mentarios.com/margarita.htm
  (Isla Margarita)
- www.rumbavenezuela.com
  (ganz Venezuela)

Notfall

Verlust von Geldkarten

Bei Verlust oder Diebstahl der Kredit- oder EC-/Maestro-Karte ist es wichtig, bei der Polizei **Anzeige** zu erstatten, auf Spanisch *denuncia*. Ebenso muss die Notfallnummer des Kartenausstellers angerufen werden, damit die Karte unverzüglich gesperrt werden kann. Kontoauszüge genau prüfen, um evtl. Missbräuche sofort reklamieren zu können. Für deutsche Maestro- und Kreditkarten gibt es die einheitliche **Sperrnummer 0049/116 116,** im Ausland zusätzlich 0049/30 4050 4050.

Für österreichische und schweizerische Karten gelten:

- **Maestro-Karte,** (A)-Tel. 0043/1/2048800; (CH)-Tel. 0041/44/2712230, UBS: 0041/848/888601, Credit Suisse: 0041/800/800488.
- **MasterCard,** internationale Tel. 001/636/7227111.
- **VISA,** Tel. 0043/1/71111770; (CH)-Tel. 0041/58/9588383.
- **Diners Club,** (A)-Tel. 0043/1/501350; (CH)-Tel. 0041/58/7508080.

Verlust von Reiseschecks

Auch hier gilt: Anzeige bei der lokalen Kriminalpolizei. Gegen Vorlage dieser Anzeige und des Kaufbelegs mit den Nummern der Schecks bekommt man in der Regel innerhalb von 24 Stunden **Ersatz,** da die Schecks gegen Verlust und Diebstahl versichert sind. Selbstverständlich muss man unverzüglich die Ausstellerfirma der Schecks informieren, damit diese gesperrt werden können und die Erstattung in die Wege geleitet werden kann. Falls die Schecks schon eingelöst wurden, bevor die Ausstellerfirma informiert werden konnte – was in der Praxis leider vorkommt –, dann gibt es keine Erstattung. Auch sonst funktioniert das mit dem Ersatz innerhalb von 24 Stunden in der Praxis leider nicht immer, daher sollte die **Reisekasse** auf keinen Fall nur aus Reiseschecks bestehen, wie überhaupt ein Mix aus Bargeld (in US-Dollar oder Euro), Geldkarten und evtl. Schecks am sinnvollsten ist.

Verlust der Reisedokumente

Wem sein Reisepass gestohlen wird oder anderweitig abhanden kommt, muss Kontakt mit der Botschaft oder einem Generalkonsulat seines Landes aufnehmen. Die Botschaft kann in solchen Fällen einen **provisorischen Pass** ausstellen, der zur Rückreise ins Heimatland berechtigt. Es empfiehlt sich grundsätzlich, immer **Farbkopien sämtlicher Ausweise** mitzuführen und diese getrennt von den Originalpapieren aufzubewahren.

Medizinische Notfälle

Die **landesweite Notrufnummer** lautet **171 (Krankenwagen, Polizei, Feuerwehr).** Ausländische Touristen werden in aller Regel direkt in Privatkliniken gefahren, wo man auf sehr gute Behandlung zählen kann, allerdings sind diese Kliniken bar oder mit Kreditkarte zu bezahlen und nicht gerade billig (siehe im Kapitel „Medizinische Versorgung").

Öffnungszeiten

Es gibt keine Gesetze, die einheitliche Öffnungszeiten vorschreiben. Die Öffnungszeiten sind entsprechend sehr unterschiedlich, mit starken regionalen Schwankungen.

Grundsätzlich sind die **Geschäfte** Mo bis Sa von 8–12 und 14–18.30 Uhr geöffnet. Es gibt aber auch Geschäfte, welche durchgehend öffnen, auch sonntags findet man häufig offene Läden.

Banken sind von Mo bis Fr für ihre Kunden da, und zwar von 8.30–15.30 Uhr. Einige Banken haben samstags auch einen Notschalter geöffnet, an dem aber Sondertransaktionen nicht möglich sind. Grundsätzlich muss oft mit ellenlangen Warteschlangen gerechnet werden. Der Venezolaner ist das gewohnt, und wenn er die Möglichkeit hat, kommt er erst ab Mittag in die Bank, wenn es etwas ruhiger wird. Wechselstuben haben oft sieben Tage die Woche auf, vor allem an den Flughäfen. Einige Montage gelten als Bankfeiertage, da geht dann nichts, auch keine Überweisungen. Banken, die sich in Einkaufszentren befinden, öffnen meist erst um 11 Uhr oder noch später, arbeiten dann aber auch bis in die Abendstunden, allerdings häufig mit begrenzten Auszahlungsbeträgen.

Wer sich mit **Behörden** rumschlagen muss, kann das ab 8 Uhr morgens bis nachmittags um 16 Uhr tun. Mittags, von 12–14 Uhr, ist in der Regel Siesta. Die Warteschlangen sind auch in den Ämtern lang und es braucht viel Geduld, um an sein Ziel zu kommen. Wenn man ein „Mañana" zu hören bekommt, hat man schlechte Karten. „Mañana" heißt eigentlich „morgen", aber damit muss nicht unbedingt der nächste Tag gemeint sein ...

Restaurants sind in der Regel von 11 oder 12 Uhr mittags bis 23 Uhr geöffnet. Viele machen am Nachmittag Pause. Es gibt aber auch kleine Restaurants, die am Morgen aufschließen und bis in die Nacht durchgehend offen haben. Bars sind meist ab 17 Uhr geöffnet, Diskotheken ab etwa 20 Uhr (wobei der eigentliche Betrieb erst viel später losgeht).

An offiziellen **Feiertagen** (siehe „Feste und Feiertage") haben Banken, Behörden und viele Geschäfte geschlossen.

Museen haben montags geschlossen. In Venezuela sind sämtliche Museen für alle Besucher frei – und trotzdem finden sich kaum Besucher ein, was zur Folge hat, dass man die Kunst hier wirklich noch genießen kann und nicht vor bekannten Werken Schlange stehen muss. Es lohnt sich für Kunstinteressierte also, im Internet, in Veranstaltungskalendern, bei den Museen usw. in Erfahrung zu bringen, was die „feste" Sammlung eines Museums ist und/oder welche Wanderausstellung sich gerade in welcher Stadt befindet.

Orientierung

von Wedigo von Wedel

Orientierung in einem fremden Land ist immer auch der **Reiz des Entdeckens,** des Erlebens von Fremde und Unbekanntem. Wer nicht nur auf vorgegebenen Pfaden und im Rahmen organisierter Touren reisen möchte, für den ist gerade das Entdecken „auf eigene Faust" einer der maßgeblichen Gründe für das Reisen selbst. Venezuela bietet hierfür die allerbesten Voraussetzungen und natürlich auch die damit verbundenen Herausforderungen. Aber nicht nur an Trekking-Touren in den Großlandschaften ist hierbei gedacht, sondern auch die Städte abseits der Zentren und „touristischen" Knotenpunkte wollen entdeckt werden.

Stadtpläne und Karten sind für alle, die sich im Land bewegen wollen, unabdingbare Reisebegleiter. Mittlerweile gibt es für fast jede Stadt einigermaßen brauchbare Übersichtspläne, teilweise mit Straßenregister, Sehenswürdigkeiten und touristischer Infrastruktur, doch ob man sie bekommt, steht auf einem anderen Blatt. Gutes Kartenmaterial für Wanderungen ist fast gar nicht erhältlich.

Eine empfehlenswerte **Landkarte** im Handel ist **„Venezuela"** (REISE KNOW-HOW Verlag, Maßstab 1:1.400.000). Vor Ort gibt es zwei Atlanten, die in größeren Buchhandlungen zu erstehen sind: „Guia vial de Venezuela" von *Miro Popic,* mit Übersichtskarten der einzelnen Bundesländer und Plänen der wichtigsten Städte (und stark veralteten Adresslisten), und der „Guia Viajero" von der Regierung (Cantv), ebenfalls mit Übersichtskarten und Stadtplänen, dabei relativ aktuell und kostenlos; er ist in den Büros von Cantv und in allen Hotels, die den Guia durch Werbung finanzieren, erhältlich.

GPS-Navigation ist inzwischen vielen vertraut, wenn es um den Einsatz im Straßenverkehr geht. Die Möglichkeiten darüber hinaus sind aber noch vielen unbekannt oder scheinen Spezialisten vorbehalten zu sein. Dabei kann jeder von dieser Technik profitieren, ein entsprechendes Gerät vorausgesetzt. Entscheidend sind immer zwei Komponenten: das Gerät und dessen Kartenmaterial. Von Venezuela gibt es kostenlose Karten in wirklich hoher Qualität. Muss man sonst 200 Euro und deutlich mehr für gute Karten bezahlen, so stehen die Karten zu Venezuela frei im Internet zum Download.

Buchtipps – Praxis-Ratgeber:
● Wolfram Schwieder
Richtig Kartenlesen
● Rainer Höh
GPS für Auto, Motorrad, Wohnmobil
(beide Bände REISE KNOW-HOW Verlag)

ORIENTIERUNG

Die Karten bieten hilfreiche Informationen zur Topografie des Landes, das komplette Straßennetz bis hinein in Städte und kleinere Orte, mit Straßenregister und POIs *(point of interest)* wie Banken, Busterminals, Posadas, Hotels, Restaurants, Sehenswürdigkeiten etc. Die Entdeckung der Städte und das Reisen von Stadt zu Stadt werden erheblich erleichtert. Die Geräte gibt es ab ca. 300 Euro. Das ist viel Geld, jedoch für Menschen, die sich gern und viel in der Welt bewegen, ob zu Hause oder in der Ferne, eine lohnende Investition.

Ein mobiles **GPS-Handgerät** schafft eine ganz neue Dimension der Erkundung unbekannter Pfade – vielleicht führen sie ja zu Buchten, Quellen, Bächen oder Aussichtspunkten von unvergesslicher Schönheit. Aber bitte nicht leichtsinnig werden: Die Einsicht zur Umkehr muss genauso groß sein wie der Mut zur Entdeckung.

Unter **www.gpsyv.net** stehen die kostenlosen, routenfähigen Karten zum Download bereit. Mit Software wie Map Source oder Touratech kann man die Karten auf jedem PC/Notebook lesen und bearbeiten und auf das GPS-Gerät übertragen.

Für die **Verwendung von GPS-Geräten** sind keine Vorkenntnisse erforderlich. Schnell entdeckt der Nutzer

Post, Sicherheit und Kriminalität

die verschiedenen Möglichkeiten. An dieser Stelle seien nur einige wesentliche Grundfunktionen und -begriffe erläutert.

- Das klassische **Routing** meint die Angabe von Startpunkt und Ziel an das Gerät, das dann eine entsprechende Route anhand des Kartenmaterials berechnet. Präferenzen wie schnellster oder kürzester Weg oder der Ausschluss von ungeteerten Straßen können gesetzt werden. Das Routing ist zwar hauptsächlich für die Autonavigation konzipiert (Abbiegehinweise etc.), doch auch als Fußgänger in einer fremden Stadt sehr nützlich. So kann man Straßen, Postämter, Busterminals und vieles mehr schnell finden.
- Beim **Tracking** wird der zurückgelegte Weg aufgezeichnet und in der Karte dargestellt. So ist der Rückweg garantiert zu finden. Trackaufzeichnungen bieten aber vor allem im Nachhinein viele interessante Möglichkeiten. So lassen sich z.B. Fotos einer Digitalkamera später am PC exakten Punkten auf der Karte zuordnen. Ein Track setzt sich aus vielen Trackpunkten zusammen, von denen jeder einzelne Position, Datum, Uhrzeit und geografische Höhe speichert. So lassen sich Höhenprofile erstellen, Geschwindigkeiten, Pausen, Umwege usw. nachvollziehen.
- Jederzeit können eigene **Wegpunkte** gesetzt und benannt werden. Das dient der Planung von Wanderungen, dem Festhalten besonders schöner Plätze, dem Wiederfinden des Mietwagens usw. Die POIs **(point of interest)** sind nichts anderes als vordefinierte und in der Karte gespeicherte Wegpunkte. Wie gut diese sind, hängt vom Kartenmaterial ab; im Falle der kostenlosen Karten für Venezuela sind sie überraschend gut. So wusste der Inhaber einer sehr guten Posada in Carúpano selbst nichts davon, dass seine Posada namentlich und exakt zu finden ist.

Caracas – alles andere als eine sichere Großstadt

Post

Die staatliche Post **Ipostel** hat Büros über das ganze Land verteilt. Aber nur in Caracas funktioniert der Postversand einigermaßen normal. Ansonsten hat die Post keinen guten Ruf. Sendungen nach Europa brauchen schon mal bis zu zwei Monate, ab und zu geht die Post auch „verloren". Ende 2008 kostete eine Postkarte nach Europa 1,50 Bs.F. – wie alle anderen Preise wird auch dieser wegen der Inflation nicht lange Bestand haben. Sendungen, die eingeschrieben *(certificado)* auf die Reise geschickt werden, haben die größte Chance anzukommen. Wer in der Gran Sabana weilt, tut gut daran, kurz ins brasilianische Grenzdorf La Linea zu fahren. Die brasilianische Post arbeitet schnell und effizient. Wer wirklich wichtige Post verschicken muss, auch international und dies in einer vertretbaren Frist, sollte unbedingt von einem der in Venezuela zahlreich vetretenen privaten **Kurierdienste** Gebrauch machen (z.B. Domesa, FedEx, DHL oder MRW).

Sicherheit und Kriminalität

Venezuela gehört leider nicht zu den sichersten Reiseländern der Welt, aber wenn man das Land mit der nötigen **Umsicht** bereist, passiert in der Regel auch nichts. Man muss einige Regeln genau beachten. Obwohl Venezuela dank seiner ungeheuren Bodenschät-

SICHERHEIT UND KRIMINALITÄT

ze eines der reichsten Länder Südamerikas ist/sein sollte, sind sehr **viele Menschen arm, arbeitslos** und ohne Perspektive bzw. Hoffnung. Aus dieser Not heraus geraten viele Bürger auf die schiefe Bahn.

Die politische Lage ist häufig angespannt, das Land in zwei Lager gespalten. In Caracas und Mérida, überhaupt in allen Großstädten, kann es zu **Demonstrationen** kommen, die nicht selten in Gewalttätigkeiten ausarten. Da stehen meistens Tausende von Studenten einer geschlossenen Mauer von Polizei und Militärs gegenüber, die nicht zögern, Gummigeschosse und Tränengas einzusetzen. Leider fliegen manchmal auch echte Kugeln. Diese Demos behindern häufig den Verkehr und können auch die Versorgung beeinträchtigen. Man sollte um sie einen weiten Bogen machen.

Sinnvoll ist es, vor Ort zu fragen, wo man hingehen kann und welche Plätze man besser meidet. Tabu sind auf alle Fälle die **Armenviertel** der Städte.

Bei der Ankunft am **Flughafen** in Maiquetía unbedingt nur offizielle Taxis besteigen, besser noch, man lässt sich abholen. Das Gepäck möglichst selbst tragen.

Wer ein Taxi oder eine Bootsfahrt zu einem abgelegenen Ort in Anspruch nimmt und sich wieder abholen lassen will, sollte den Preis nicht unbedacht im Voraus bezahlen. Es könnte durchaus passieren, dass der Kunde dann „vergessen" wird ...

Am Bankschalter sollte das erhaltene Geld nicht gezählt werden, das könnte beobachtet werden und evtl. unangenehme Konsequenzen nach sich ziehen. Besser gleich einstecken und die Bank verlassen. Die Geldmenge stimmt mit großer Wahrscheinlichkeit, denn der Betrag wird von einer Zählmaschine kontrolliert.

Taschen- und Entreißdiebstähle (von Motorradfahrern) sind an der Tagesordnung, daher Handtaschen stets auf der der Straße abgewandten Seite tragen. Bewaffnete Raubüberfälle, Autodiebstähle unter Waffengewalt und auch Sexualdelikte gehören zum Alltag in den **Großstädten,** richten sich aber nicht gezielt gegen Touristen. Speziell nachts ist große Vorsicht geboten.

Auf dem Land ist die Situation in der Regel wesentlich besser, trotzdem sollte man nicht unachtsam oder gar leichtsinnig sein.

Das **Grenzgebiet zu Kolumbien** muss komplett gemieden werden. Die Guerillaaktivitäten der FARC und der ELN und ihre Bekämpfung durch das kolumbianische Militär beeinflussen die Sicherheitslage auf negative Weise, es kommt häufig zu Entführungen und anderen Gewaltverbrechen.

Im **Nachtleben** ist Vorsicht geboten, wenn man von Unbekannten einen

---

Buchtipps – Praxis-Ratgeber:
- Matthias Faermann
**Schutz vor Gewalt
und Kriminalität unterwegs**
- Birgit Adam
Als Frau allein unterwegs
(beide Bände REISE KNOW-HOW Verlag)

Sicherheit und Kriminalität

Drink spendiert bekommt – er kann eine Droge enthalten. Die Diebe warten dann bloß darauf bis ihr Opfer einschläft, um es auszurauben.

Auf das Tragen wertvoller **Schmuckstücke** (Goldketten, Armbänder, auffällige Uhren usw.) sollte man grundsätzlich verzichten. Auch eine teure Kamera vor sich herzutragen, ist eine fahrlässige Einladung für Diebe. Am besten ohne Schmuck und unauffällig gekleidet durchs Land reisen.

Möglichst nicht zu viel **Bargeld** mit sich führen, nur so viel, wie man jeweils benötigt bzw. ausgeben will. Nie mit einem dicken Geldbündel protzen. Sinnvoll ist es, das Bargeld aufzuteilen und aus der Kleingeldkasse zu zahlen. Beim Bezug von Geld am Geldautomaten ist äußerste Vorsicht geboten. Man sollte darauf achten, dass niemand beim Eintippen des Codes über die Schulter schaut, und das Geld rasch entnehmen und gut verstauen. Trickdiebe bringen manchmal auch falsche Lesegeräte an und machen mit den so erhaltenen Daten Abhebungen. Das Konto immer gut im Auge behalten.

Wer mit einem **Mietauto** unterwegs ist, sollte beim Verlassen des Wagens immer alle Wertsachen mitnehmen, einschließlich des Autoradios. Den Wagen am besten auf überwachten Parkplätzen abstellen und über Nacht auf den Hotelparkplatz fahren.

Überlandfahrten mit dem **Bus** sind in der Regel unproblematisch, es kommt nur ganz selten zu Überfällen auf Busse und das meist bei Nachtfahrten. Wichtig ist es, vor allem auf sein Handgepäck zu achten und es so zu verstauen, dass man es jederzeit gut unter Kontrolle hat. Es gibt Diebe, die als Passagiere in den Bus einsteigen und darauf warten bis die Mitreisenden eingeschlafen sind. Dann stehlen sie das Handgepäck und steigen bei nächster Gelegenheit aus.

Die **Metro in Caracas** gilt dank Videoüberwachung als relativ sicher.

Raubüberfälle sind verhältnismäßig selten und passieren vor allem in den Armenvierteln der Städte, in denen Touristen nichts verloren haben. Gerät man trotzdem in eine solch gefährliche Situation: Ruhig bleiben, auf keinen Fall Widerstand leisten, den Kriminellen geben, was sie wollen! Meist sind sie an Bargeld und Digitalkameras interessiert, weniger an Dokumenten wie dem Reisepass, mit denen sie nichts anfangen können.

Hotels und Posadas verfügen manchmal über einen zentralen Safe oder individuelle Schließmöglichkeiten auf den Zimmern, wo man seine Wertsachen deponieren kann. Auf keinen Fall Geld und andere Wertgegenstände im Zimmer sichtbar herumliegen lassen, besser aufgehoben sind diese zumindest in der abgeschlossenen Reisetasche oder eben im Safe. Die Putzfrauen sind in der Regel ehrlich. Man darf aber nie vergessen, dass sie meist aus ärmlichen Verhältnissen stammen und unser „Reichtum" einen erheblichen Reiz darstellen kann.

Allein reisende Frauen gibt es erstaunlich viele in Venezuela, und die allermeisten wissen nicht von speziellen Problemen zu berichten. Als weißhäutige Frau und gar mit blonden Haaren und blauen Augen muss man sich aber im Klaren sein, dass man bei (männlichen) Venezolanern Aufmerksamkeit erregt. Pfiffe dürfen denn auch nicht als Beleidigung aufgefasst werden, sondern im Gegenteil: Der Macho drückt damit seine Anerkennung aus – einfach ignorieren (siehe auch Kapitel „Alltagsleben")! Unerwünschte Annäherungsversuche sind bestimmt, aber freundlich abzuwehren. Das wird in aller Regel auch akzeptiert. Daher auch besser im Autobus fahren als alleine in einem Taxi – wobei im Stadtbus wiederum auf Taschendiebe zu achten ist ...

Polizei

Sollte man trotz aller Um- und Vorsicht einem Diebstahl zum Opfer gefallen sein, muss **Anzeige** erstattet werden, schon aus Versicherungsgründen. Die Anzeige *(denuncia)* macht man auf der nächstgelegenen Polizeidienststelle, *policia* genannt. Die Beamten können meist nur Spanisch; in touristisch erschlossenen Orten ist aber meist jemand zu finden, der einen zum Übersetzen begleitet (Mitarbeiter von Reisebüros oder Posadas oder ein Tourist, der spanisch spricht). Die unterbezahlten Beamten blicken oft mürrisch drein, und es erfordert Geduld bis die Anzeige aufgenommen ist.

Ist man einem Gewaltverbrechen (Raubüberfall, Sexualdelikt) zum Opfer gefallen, ist es empfehlenswert, sich direkt an die **Kriminalpolizei** (CICPC) zu wenden. Die Beamten dort (in Zivil) sind in der Regel etwas hilfsbereiter und bemühen sich, auch wenn die Nachforschungen nur selten ein Resultat erzielen.

Es gibt viele Polizeidienste in Venezuela: Jedes Bundesland hat seine eigene Polizei, dann gibt es städtische und dörfliche Polizei, die Kripo und eine Verkehrspolizei. Hinzu kommt die halbmilitärische **Guardia Nacional,** mit der man vor allem an den **„Alcabalas",** unzähligen Straßenkontrollstellen quer durchs Land, Bekanntschaft machen wird. An diesen Kontrollposten werden häufig Pässe und Visa überprüft, auch Gepäckkontrollen finden statt. Das kann zermürbend und zeitraubend sein, doch es bleibt nur eins: Ruhe bewahren.

Drogen

Finger weg von Drogen! Wer erwischt wird, dem drohen acht bis 20 Jahre Knast! Man unterscheidet nicht nach Gewicht oder Sorte, nach Besitz oder Handel. Ob 1 g oder 1 kg, der Weg führt unverzüglich ins Gefängnis. Und die sind in Venezuela ein echter Horror: stets überfüllt, schmutzig, die Verpflegung miserabel und Gewalt an der Tagesordnung. Und auch als Tourist erfährt man keine bevorzugte Behandlung. Die Botschaften können bestenfalls die Angehörigen informieren, ansonsten ist keine Hilfe zu erwarten. Also, keine Drogen mitführen und auf keinen Fall Kurier spielen! Manchmal wird man auf dem Flughafen angesprochen, ob man nicht vielleicht ein Gepäckstück (gegen Entgelt) mitnehmen könne – auf keinen Fall, denn da könnten Drogen drin sein! Daneben gilt nach wie vor das „1,50-Meter-Gesetz": Danach wird jedermann, der sich in diesem Umkreis von Drogen befindet, als deren Besitzer betrachtet.

Prostitution

Prostitution gibt es natürlich auch in Venezuela, vorwiegend in den Städten, aber auch auf dem Lande, speziell in der Nähe von Gold- und Diamantenminen. Die schlechte wirtschaftliche Lage ist dafür mitverantwortlich. Es ist ein Leichtes, Bekanntschaft mit einer venezolanischen „Dame" zu machen, die aber praktisch immer mit finanziellen Absichten verbunden ist. Vorsicht ist in jedem Fall geboten. Es sind auch Fälle bekannt, in denen Freier erst mit einer Droge im Getränk betäubt und dann ausgeraubt wurden. Viele Prostituierte haben Geschlechtskrankheiten, da man(n) es mit Kondomen nicht so genau nimmt.

Sport und Erholung

In Venezuela kann man eine Vielzahl an Sportarten ausüben. Nachfolgend die wichtigsten Möglichkeiten.

Tauchen

Getaucht wird an vielen Orten wie in den Nationalparks von Mochima und Morrocoy, aber auch in den Gewässern der Inseln Margarita, Coche und Los Frailes. Besonders bekannt ist **Los Roques,** ein kleines Atoll in der Karibik. Es umfasst nicht weniger als 42 Inseln und über 200 Korallenriffe. Absolut sauberes türkisfarbenes Wasser und eine farbenfrohe Unterwasserwelt mit unzähligen Fischarten ziehen viele Taucher an.

Es gibt einige Tauchschulen, nicht wenige davon unter deutscher Leitung. Hinweise dazu findet man in den entsprechenden Orts- und Regionalkapiteln in diesem Buch.

Surfen

Es gibt drei verschiedene Arten des Surfsports; das eigentliche Surfen ist das, was auf Deutsch als **Wellenreiten** bezeichnet wird und hohe Wellen voraussetzt. Dieser Sport wird in Venezuela nicht wirklich professionell betrieben, obwohl es einige bekannte Gebiete dafür gibt, zum Beispiel im Bundesland Sucre ganz im Osten die Strände Playa Puy Pui und Playa Copey, auf Margarita der Playa Parguito, die Strände des Litoral central sowie auf der Halbinsel Paraguaná.

Wind- und Kitesurfen erfreuen sich in Venezuela wachsender Beliebtheit. Internationale Wettkämpfe finden immer wieder statt, die meisten auf der Isla Margarita am Playa El Yaque, einem bekannten Flachwasserrevier zum Speedfahren, oder auf der Nachbarinsel Coche. Die meisten Hotels am Playa El Yaque bieten Surfbretter zum Verleihen an, es gibt für Anfänger auch zahlreiche Surfschulen vor Ort. Wer kräftige Wellen mag, der fährt auf die Halbinsel Paraguaná in die Nähe

Kitesurfen in Venezuela

von *Robby Brandl*

Venezuela liegt im richtigen Abstand von der intertropischen Konvergenzzone, um fast das ganze Jahr relativ starken Wind zu haben. Dabei sind die westlicher gelegenen Gebiete deutlich mehr im Wind als die östlichen, aber auch deutlich weniger entwickelt.

Für den Kite-Touristen ergeben sich folgende Möglichkeiten: die Inselgruppe Margarita, El Coche und Cubagua, einige mehr oder weniger bekannte Strände am Festland Venezuelas zwischen Paria und Maiquetía (in der Nähe von Caracas) und ganz im Westen Adicora. Dazwischen liegt als „Zuckerl" noch der paradiesische Archipel Los Roques.

Das bequemste und sicherste Kiterevier ist **El Yaque** auf der Isla Margarita. Es wird für viele der Einstieg ins venezolanische Kiteerlebnis sein.

Viele der Hotels bieten Reinigungs- und Lagermöglichkeiten für Kitematerial. Eine empfehlenswerte Adresse für die Lagerung ist die Station Premium Kiteboarding, die direkt am Start- und Landeplatz für Kiter in El Yaque liegt.

Es gibt mehrere Kiteschulen in El Yaque, die sich gegenseitig beim Thema Sicherheit unterstützen. Alle Schulen arbeiten mit mehreren Booten und können so in Not geratenen Kitern schnell zur Hilfe eilen. Aber aufgepasst: Die Sicherheit hat ihren Preis. Da möglicherweise Kurse oder Supervisionen (überwachtes Kiten) für eine Rettung unterbrochen werden müssen, hat man sich in El Yaque auf eine Pauschale pro Rettung geeinigt, die jeder Kiter bezahlen muss. Teurer wird es, wenn ein Board oder ein Kite verloren ging – und von einem Fischer gefunden wurde: Diese haben dazu gelernt und wissen um den Wert einer Kiteausrüstung.

Der Strand von El Yaque ist in drei Zonen unterteilt: Kitesurfer, Windsurfer und Badegäste haben jeweils ihre eigene „Abteilung". Die Betreiber der Kiteschulen, Windsurfschulen und Hotels informieren ihre Gäste bei Ankunft über diese Zonen, die aus Sicherheitsgründen eingerichtet wurden. Diese Abgrenzung wird nicht gerade mit der Schrotflinte verteidigt, aber es kann schon mal passieren, dass man bei Missachtung von einem der Schulbetreiber, Lehrer oder sogar von anderen Kitern an die Regeln erinnert wird.

Die gute Infrastruktur, die angenehmen Wassertemperaturen und der nahezu ganzjährig relativ zuverlässige „Sideshore Wind" haben El Yaque schon vor 15 Jahren einen festen Platz in den Weltkarten der Windsportler beschert. Es gibt dort jedes Jahr mehrere Kite-Events und Wettkämpfe.

In den Monaten Januar bis Juni ist der Wind um Margarita am stärksten, dann bieten sich auch Plätze außerhalb von El Yaque zum Kiten an. Da die meisten dieser Gebiete anspruchsvoller sind, sollte man mehr Erfahrung für diese Reviere mitbringen.

Das einfachste davon ist die Insel **El Coche,** die in ca. 25 Minuten mit dem Boot erreicht werden kann. Diese Fahrt kann man als Nur-Fahrt oder als Paket mit Mittagessen im Hotel El Coche Speed Paradise buchen.

El Coche hat den Spitznamen „Das Labor", weil die Bedingungen so ideal sind zum Trainieren. Der Wind ist gleichmäßiger als in direkter Ufernähe in El Yaque, das Wasser ist hier in Ufernähe spiegelglatt. Ideal nicht nur zum Üben, sondern auch für Wettkämpfe, weshalb hier auch internationale Events stattfinden. Der Wind bläst allerdings ablandig, was der Grund für das glatte Wasser ist.

KITESURFEN IN VENEZUELA

Man sollte sich auch als unabhängiger Kiter bei *Chris Valentine* in seiner Schule am Kitebeach vor dem Kiten melden. Er bietet eine gute Einweisung ins Revier, interessante Geschichten und Schatten für Mensch und Ausrüstung sowie Essen und Trinken in urgemütlicher Atmosphäre. Er war der allererste Kiter und Kitelehrer in Margarita.

Wer Wellen lieber hat als glattes Wasser, sollte auf Margarita bleiben und sich La Restinga und Macanao anschauen. **La Restinga** liegt im Norden der Insel und hat eine Strandlänge von etwa 16 km. Der Wind bläst schräg auflandig mit einer Welle von 0,5 bis 2 m und ist nur für erfahrene Kiter empfehlenswert. **Macanao** liegt westlich von La Restinga, auch hier bläst der Wind schräg auflandig, aber etwas mehr von der Seite, und das Wasser wird schnell tiefer, wodurch die Welle etwas weicher kommt. Für beide Reviere sollte man unbedingt einen Führer mitnehmen. Am besten fragt man bei Premium Kiteboarding nach *Luis Benedetti*. Er hat an allen Stränden rund um Margarita, wo man kiten kann, gekitet und kann nicht nur die besten Plätze je nach Windstärke und Windrichtung empfehlen und Gefahren vermeiden helfen, sondern ist durch seine freundliche und engagierte Art eine Bereicherung auf so einem Ausflug.

Er – wie viele andere – bietet auch den Ausflug zur Insel **Cubagua** an. Die Anfahrt dauert länger, der Ausflug ist also eher ein Ganztagestrip. Die Bedingungen sind ähnlich wie in Coche, aber ein bisschen anspruchsvoller, eher für Abenteurer gedacht, die einen nahezu unberührten Ort genießen wollen. Das kristallklare Wasser lädt auch zum Schnorcheln und Tauchen ein.

Wer es sich leisten kann, sollte sich **Los Roques** ansehen, eine halbe Flugstunde von Caracas und eine von Margarita entfernt. Der Archipel, ein Wunder an berauschenden Farben, gemischt mit kristallklarem Wasser und konstantem Wind, lädt zu „Downwindern" ein, von Insel zu Insel, von Riff zu Riff. Viel zu schön nur für einen Tag, daher meist – je nach Saison und Wochentag – mit Übernachtung in einer der reizenden Posadas. Wer hier zum Kiten war, will nicht mehr weg. Flug, Übernachtung und Organisation des Bootes muss frühzeitig gebucht werden und sind nicht gerade billig.

Die **Strände des Festlands** sind meist nur von „Locals" besucht, bis sie Zeit und Geld haben, sich eines der oben erwähnten Reviere zu leisten. Mit Ausnahme von Adicora und Umgebung auf der Halbinsel Paraguaná in Falcón muss man hinzufügen, denn hier ist der Wind meist viel stärker als an den anderen Stränden des Festlandes und die Welle viel interessanter.

Adicora ist der wilde Westen im wahrsten Sinne des Wortes: kaum entwickelt, nur mit langer Anreise mit Auto zu erreichen und leider mit viel Verschmutzung im Wasser und an den Stränden. Die Auswahl an Unterbringungsmöglichkeiten ist gering. Dennoch gibt es viele Kite- und Windsurfer, die immer wieder dort hinfahren. Der tolle Wind und die gute Welle jeden Tag entschädigen für einiges. Und diese Nachfrage sorgt für Verbesserungen in der Infrastruktur. Trotzdem bleibt Adicora ein Abenteuer für „Extremisten" unter den Kitern.

Sport und Erholung

von Adicora, dem besten Einsteiger- und Stehrevier des ganzen Landes.

Fischen/Angeln

Venezuela ist ein Paradies für Fischer. Vor der **karibischen Küste** wimmelt es geradezu von Fischen aller Art, sehr beliebt ist der Fang von blauem und weißem Merlin. Nationale und internationale Wettkämpfe finden regelmäßig statt und werden gut besucht. Die Fischerei mit Harpunen ist grundsätzlich erlaubt, in den Nationalparks jedoch verboten.

Im Landesinneren kann man der **Süßwasserfischerei** frönen. Im Guri-Stausee ist der *Pavón* (Pfauenaugenbarsch) sehr begehrt, in Uraima, am Río Paragua, fischt man mit Vorliebe *Payaras* (Vampirfische). Der deutsche Name verdankt sich den zwei großen, spitzen Eckzähnen. Die Saison für die Payaras ist von Dezember bis Mai. Der Fisch ist sehr schwer zu fangen und daher für viele Fischer eine echte Herausforderung.

In den **Anden** kann man Forellen angeln. Ohne Genehmigung ist dies bei Hotels mit Forellenzucht möglich, ansonsten muss man sich vor Ort eine entsprechende Bewilligung holen.

Segeln

Ob im Segelboot, Katamaran oder auch Motorboot – Venezuela ist ein Eldorado für Bootfahrer. Sei es die Küsten entlang oder um die zahlreichen Inseln oder über die Korallenriffe um Los Roques, überall kann man **traumhafte Törns** erleben. Wer alleine segelt, sollte sich auf offener See gut umschauen, denn in den Küstengewässern kommt es vereinzelt zu Piraterie. Am einfachsten ist es, einen Törn vor Ort zu buchen; in einigen Hotels oder Posadas auf der Isla Margarita, Los Roques und in Puerto La Cruz werden Touren angeboten.

Es gibt **Mitsegler-Agenturen** in Deutschland:

- **Agentur für Mitsegler,** Geiselgasteigstraße 108, 81545 München, Tel. und Fax 089/74576262
- **DMC-Reisen,** *Hans Mühlbauer,* Keltenstraße 30a, 86316 Friedberg, Tel. 0821/711124, Fax 711126, info@dmcreisen.de
- **KH + P Yachtcharter,** Kopp, Holtmann + Partner GmbH, Holtmannstraße 112, 70197 Stuttgart, Tel. 0711/638282, 638283, info@khp-yachtcharter.de

---

Buchtipps – Praxis-Ratgeber:
Zu sportlichen Betätigungen und aktiver Freizeitgestaltung bietet REISE KNOW-HOW eine Reihe von Praxis-Ratgebern an, z.B.:

- Klaus Becker
Tauchen in warmen Gewässern
- Rainer Höh, Gunter Schramm
Trekkingrouten Nord- und Südamerika
- Wilfried Krusekopf
Küstensegeln
- Rasso Knoller, Michael Stritzke
Paragliding-Handbuch
- Gunter Schramm
Trekking-Handbuch

Der Venezolaner liebster „Sport":
Strandurlaub

Canyoning

Wer Hochspannung und Abenteuer sucht, kommt bei dieser Sportart voll auf seine Kosten. Sie ist mittlerweile sehr beliebt. Dabei geht es darum, einem Flusslauf folgend Steilwände zu überwinden. Einmal am Ziel angekommen, folgt nach dem anstrengenden Teil der Plausch, das Hinabgleiten über natürliche Wasserrutschen durch den Flusslauf. **In den Anden** werden derartige Touren angeboten. Die Veranstalter sind im entsprechenden Regionalkapitel zu finden.

Riverrafting

Für Freunde dieses Wassersports kommen verschiedene Gebiete in Frage:

In den Anden

In **Mérida** werden zahlreiche Raftingtouren in der näheren und weiteren Umgebung angeboten. Diese Wildwassertouren durch schöne Landschaften sind ein einmaliges Erlebnis. Schäumendes Wasser, starke Strömungen und Strudel sorgen für Kurzweile. Die Sicherheit wird wichtig genommen, alle Teilnehmer müssen Helm und Schwimmweste tragen. Auch von Barinas werden Raftings angeboten, und zwar auf Flüssen, die von den Anden hinunter ins Flachland fließen.

In der Gran Sabana

Im **Río Yuruaní** kann man während der Regenzeit ein sehr beeindruckendes Rafting unternehmen. Der Fluss liegt 45 Fahrminuten von Santa Elena de Uairén entfernt in unmittelbarer Nähe des Indianerdorfes San Francisco de Yuruaní. Vor schöner Kulisse durchfährt man den Fluss auf einer Länge von 1 km in Stromschnellen der Kategorie 4, da wird man schon ganz schön nass. Die beste Jahreszeit für Rafting ist hier von Juni bis Januar.

● **Ruta Salvaje,** Santa Elena de Uairén, Tel. 0289/9951134, info@rutasalvaje.com

Auf dem Orinoco

Hier bietet sich die Möglichkeit zu einem Rafting ab **Puerto Ayacucho**. Der Orinoco ist ganzjährig geeignet für dieses Rafting, in der Regenzeit mit mehr Wellen, in der Trockenzeit geht es etwas ruhiger zu.

● **Tadae Turismo,** Puerto Ayacucho, Tel. 0248/5214882, tadaevenezuela@hotmail.com

Radfahren/Mountainbiken

Venezuela ist auf dem weiten Land geradezu prädestiniert für Radfahrer. Im Land gibt es zahlreiche Fahrradklubs, die auch regelmäßige Rennen organisieren. Man kann sein Fahrrad aus Europa mitbringen, bei den meisten Fluggesellschaften als Sportgepäck kostenlos. In Venezuela besteht in einigen Orten die Möglichkeit, Mountainbikes zu mieten, am bekanntesten dafür ist Mérida. Sonst ist das nicht so einfach, und es wird empfohlen, sich organisierten Gruppenfahrten anzuschließen, für die das Fahrrad nicht eigens besorgt werden muss.

Interessante Strecken liegen in den Anden und in der Gran Sabana. Die Berge und abgelegenen Täler der Anden sind ein Paradies für Mountainbiker. Von mehrstündigen bis zu mehrtägigen Touren reicht die Auswahl. In der Gran Sabana ist man auf unbefahrenen Pisten unterwegs zu Wasserfällen, Flüssen, kleinen Dschungelarealen und Steppen und hat bei schönem Wetter Ausblick auf die weltweit einmaligen Tafelberge. Da macht Radfahren noch echt Spaß, weit abseits vom Verkehr und in reinster Luft.

Eine landschaftlich ausgesprochen schöne Tour führt **von Santa Elena de Uairén** über 70 km **nach El Pauji,** einem idyllischen „Aussteigerdorf" am Rande des brasilianischen Regenwaldes. Es geht durch ein Stück Regenwald und durch Savannen, es werden teilweise recht heftige Steigungen überwunden, die Ansichten der Gran Sabana sind herrlich. In El Pauji kann man übernachten.

Sehr beliebt ist auch die Route **von Puerto Ordaz** quer durch die ganze Gran Sabana **bis zur brasilianischen Grenze.** Man kann mit leichtem Gepäck fahren, da unterwegs Übernachtungs- und Einkaufsmöglichkeiten bestehen. Zelten ist vor allem auf der Strecke von Puerto Ordaz bis zum km 88 nicht empfehlenswert, es kann sogar gefährlich sein. In der Gran Sabana selbst ist das Übernachten in Zelten dann problemlos möglich; es stehen einige ausgeschilderte Zeltplätze entlang der Hauptstraße nach Santa Elena zur Verfügung. Zurückfahren kann man mit dem Bus, die Busgesellschaften nehmen Fahrräder gegen ein geringes Entgelt gerne mit.

SPORT UND ERHOLUNG

Auch auf der **Isla Margarita** werden Fahrradtouren angeboten bzw. können Fahrräder ausgeliehen werden. Die Routen auf der Westhalbinsel **Macanao** sind wunderschön, allerdings können die starken Winde den Spaß kräftig dämpfen.

Wandern

In Venezuela kann man sehr schöne Wanderungen unternehmen. Während es im Flachland wegen der hohen Tagestemperaturen nicht unbedingt ein einziger Genuss ist, ist es **in höher gelegenen Regionen** traumhaft schön. Wichtig vor jeder Wanderung ist es, den **Rucksack richtig** zu **packen.** Er sollte auf alle Fälle ausreichend Trinkwasser enthalten, ideal sind die leichten Aluflaschen. Auch zum Essen sollte man immer etwas dabeihaben. Bei einem Unfall oder im Falle eines Irrweges kann das lebensrettend sein. Nicht fehlen sollten Süßigkeiten, welche im Notfall schnell Energie liefern. Sonnenhut und vor allem Sonnencreme sind sehr wichtig. Venezuela liegt nahe am Äquator, und da scheint die Sonne kräftig. Regenschutz und Ersatzbekleidung für den Fall, das man nass wird, sind von Nutzen, auch ein kleines **Erste-Hilfe-Set** sollte nicht fehlen.

In den Anden

Viele Wanderungen können auf eigene Faust unternommen werden. Informationen zu Wandertouren in den Anden sind im entsprechenden Regionalkapitel zu finden.

In der Gran Sabana

Hierzu stehen im Regionalteil nähere Informationen.

Auf dem Monte Avila

Wer zum Wandern nicht in die Anden oder in die Gran Sabana fahren will, hat die Gelegenheit dazu bereits **in Caracas.** Wenn die Stadt als solche auch alles andere als schön ist und wegen der Sicherheitsrisiken von einem Besuch eher abzuraten ist, so ist das Naherholungsgebiet des Hausberges Avila einfach top. Der Park, die grüne Lunge der Stadt, weist eine vielfältige Fauna und Flora auf, die auf Wanderwegen erkundet werden kann. Im Kapitel „Ausflüge von Caracas" findet man mehr Informationen dazu.

In Turimiquire

Die Mittelgebirge rund um das Bergdorf Caripe im Bundesland Monagas bieten dem Wanderbegeisterten eine Unmenge von **spannenden Zielen.** Die einfachste und bekannteste Wanderung führt von der größten Tropfsteinhöhle Südamerikas, der **Cueva del Guácharo,** zu dem kleinen Wasserfall **La Paila.** Es gibt aber noch jede Menge weiterer Wandermöglichkeiten, auch für den anspruchsvollen Kletterer. Zu erwähnen sind **El Chorreón,** ein über 100 m hoher Wasserfall inmitten der Bergnebelwälder, oder **La Puerta de Miraflores,** ein natürlicher Canyon, der sich in die Berge gefressen hat.

● Weitere **Infos** unter
www.venezuela.li/tours/caripe.php

Trekkingtour auf den Pico Humboldt

von *Martin Blach*

Da es in Venezuela ohne Bergsteigererfahrung möglich ist, einen 5000 m hohen Berg zu erklimmen, entschlossen wir uns zu einer **viertägigen Trekkingtour** auf den Pico Humboldt, der mit **4942 m** der **zweithöchste Berg Venezuelas** ist.

Am ersten Tag unmittelbar nach dem Frühstück kam unser Guide *Emanuel*, um uns beim Packen zu helfen. Wir mussten das gesamte Gepäck – Proviant, Kochausrüstung, Kleidung, Zelte und Schlafsäcke – in unseren drei Rucksäcken wasserdicht verstauen. Danach wurden wir mit dem Geländewagen zu unserem **Ausgangspunkt La Mucuy** im Sierra-Nationalpark gefahren. Dieser Ort liegt auf 2000 Höhenmetern, 400 m höher als die Stadt Mérida, in der wir die vorherigen Tage verbracht hatten.

Es galt, jeden Tag ca. 1000 Höhenmeter zu überwinden. Entsprechend steil begann unsere Tour durch ein Waldgebiet. Unser Guide gab ein sehr langsames Tempo, mit vielen kleinen Pausen, vor, was sehr hilfreich war, den anstrengenden Aufstieg und die zunehmende Höhe zu bewältigen. Nach der ersten steilen Wegstrecke durch den subtropischen Nebelwald ging es anschließend bergauf und bergab, vorbei an quer liegenden Bäumen und Bächen langsam in Richtung des ersten Camps der **Laguna Coromoto**. Gegen Nachmittag fing es plötzlich an zu regnen. Auf dem schmalen Weg bildeten sich kleine Bäche, die auf beiden Seiten stehenden Bambussträucher durchnässten uns von Kopf bis Fuß. Endlich am Camp in einer Höhe von 3100 m angekommen, stellten wir unser Zelt auf und schlüpften in trockene, warme Kleidung. Unser Guide bereitete das warme Abendessen zu – ein Genuss an diesem nasskalten Tag.

Unsere Kleidung wurde über Nacht nicht trocken, und so mussten wir sie am nächsten Morgen wieder feucht anziehen, um unsere Reservekleidung am Abend wieder trocken zur Verfügung zu haben. Dieser „Schock" am frühen Morgen brachte uns die Erfahrung, wie schnell Hosen und T-Shirts am Körper trocknen können. Auch deswegen, weil das Wetter besser wurde, was zusammen mit der immer karger werdenden Vegetation die ersten grandiosen Fernsichten ermöglichte. Unser erstes Camp lag an einem kleinen See *(laguna)*, der von etwas weiter oben wie eine kleine Küstenlandschaft aussah. Der Weg wurde immer steiler und felsiger, vorbei an tiefen Schluchten und über reißende Bäche hin zum Basiscamp (für den Pico Humboldt und den Pico Bolívar) der **Laguna Verde**. An diesem Tag beeindruckte uns am meisten der Wandel in der Vegetation vom Regenwald hin zu einer Gebirgslandschaft mit vielen hohen Felsen und relativ kleinen Pflanzen.

An der Laguna Verde angelangt, mussten wir, um zum Camp zu kommen, noch in ca. 50 Metern Höhe entlang am Rand eines Felsmassivs die letzten Meter zurücklegen. Nach einem sehr anstrengenden Tag verlangte dieser gefährliche Weg noch einmal höchste Konzentration. Die Entschädigung folgte im Camp Laguna Verde in einer Höhe von 4100 m: ein wunderschöner Blick auf die rundum liegenden Bergformationen des Pico Humboldt und die ersten Ausläufer des Pico Bolívar.

Nach einer frostigen Nacht wurden wir durch unseren Guide gegen 3 Uhr morgens geweckt, um mit dem **Aufstieg zum Gipfel** zu beginnen. Mit Taschenlampen machten wir uns im Dunkeln auf den Weg, wie auch die Tage zuvor sehr langsam und mit vielen kleinen Pausen, um uns an die Höhe und die immer dün-

TREKKINGTOUR AUF DEN PICO HUMBOLDT

ner werdende Luft zu gewöhnen. Es ging über vom Gletscher hinterlassene Steine und Geröll, vorbei an Felswänden, an denen das tagsüber fließende Wasser gefroren war, Schritt für Schritt immer näher an den noch bestehenden Gletscher. Die Morgendämmerung begann und kündigte einen wunderschönen sonnigen Tag an. Als es hell wurde, erreichten wir die erste Schneeschicht. Jetzt ging es nur noch mit Steigeisen und Eispickel weiter. Durch die sehr frostige Nacht war der Schnee auf dem Gletscher sehr griffig und es ging rasch voran. Ein atemberaubender Ausblick bot sich, als die Sonne die Nacht verdrängte und die Berge in ihrer vollen Pracht erscheinen ließ. Die Fernsicht reichte kilometerweit und selbst der Pico Bolívar schien zum Greifen nahe. Nach der Überquerung des Gletschers befanden wir uns fast auf dem Gipfel des Pico Humboldt. Die letzten Meter wären aber nur noch durch sehr gefährliches Klettern zu überwinden gewesen. Uns jedoch war es wichtiger, in über 4900 m Höhe die fantastische Aussicht zu genießen und uns für den Abstieg auszuruhen.

Gegen Mittag begannen wir mit dem **Abstieg** und stellten fest, dass die Sonne den Schnee sehr weich gemacht hatte. Somit war der Abstieg am Gletscher sehr gefährlich und wurde daher vorsichtig und langsam begonnen. Nach 13 Stunden erreichten wir völlig erschöpft wieder unser Basiscamp an der Laguna Verde. Unsere Schuhe und Füße zeigten jetzt leichte Auflösungserscheinungen. Aber die einmaligen Impressionen ließen uns die physischen Schmerzen vergessen.

Am vierten Tag begann der **Rückweg** sehr früh. Innerhalb von neun Stunden stiegen wir 2000 Höhenmeter hinab und ließen die Eindrücke der letzten Tage noch einmal an uns vorbeiziehen. Bei herrlichem Sonnenschein erreichten wir nach einem sehr anstrengenden Abstieg, der heftige Muskelschmerzen und Blasen mit sich brachte, den Ausgangspunkt El Mucuy. Von dort wurden wir mit einem Geländewagen wieder zu unserer Posada zurückgebracht.

Wir blicken zurück auf eine anstrengende, beeindruckende und abenteuerliche Trekkingtour. Zu empfehlen jedem, der **körperliche Fitness, Ausdauer** und Verbundenheit zur Natur mitbringt.

Tourteilnehmer im Nov. 2007 waren *Ute* und *Martin Blach* und unser Guide *Emanuel*. Die Buchung erfolgte bei Pariana Tours, www.parianatours.com.

Klettern

Kletterfreunde werden natürlich **in den Anden** fündig, wo die drei höchsten Berge des Landes zu einer Tour einladen. Der Pico Bolívar als höchster ist über 5000 m hoch, seine beiden Nachbarn sind der Pico Humboldt und der Pico Bonpland. Wer sich die Berge und Routen in aller Ruhe anschauen will, kann das unter **www.climbingvenezuela.com** tun. Anbieter von Klettertouren findet man im Kapitel zu den Anden. Auch die oben erwähnte Puerta de Miraflores ist ein beliebtes Ziel bei Extremkletterern.

Reiten

Was die Venezolaner am liebsten an Pferden mögen, sind die Pferdewetten, die sie voller Leidenschaft tätigen. Wer die Gelegenheit hat, bei einer solchen Veranstaltung dabei zu sein, muss aufpassen, dass er nicht selbst das Wettfieber bekommt. Man kann natürlich auch Pferde mieten und Ausflüge machen. In den Anden, den Llanos und Strandgebieten werden **Reitausflüge** mit einer Dauer von ein paar Stunden bis zu mehreren Tagen angeboten. Man durchquert einsame Gegenden, besucht kleine Dörfer, welche nur mit dem Pferd erreichbar sind, und schläft in einfachen Unterkünften auf dem Land.

Golf

Golfspielen ist in Venezuela gar nicht so einfach. Natürlich gibt es mehrere sehr gute und teils exklusive Klubs, die aber in der Regel Mitgliedern vorbehalten sind. Die schönsten finden sich in Caracas und Puerto La Cruz. Am einfachsten hat es der Golfer auf der **Isla Margarita,** wo es ein Hotel mit eigenem Golfklub gibt, der jedermann offen steht:

●**Hesperia Isla Margarita**, Playas de Puerto Viejo y Puerto Cruz, Pedro González, Isla de Margarita, Tel. 0295/2688665, 6269306, 262133, www.hesperiaislamargarita.com

Jagen

Die Jagd hat in Venezuela nur bei den Indianern einen großen Stellenwert. Das Abschießen von Tieren ist in der Regel streng verboten. Es ist einzig eine Ausnahme bekannt und zwar **in den Llanos,** wo in der Trockenzeit vor der Reissaat die **Wildgänse** mit Genehmigung der Nationalparkbehörde Inparques (www.inparques.gob.ve) geschossen werden dürfen.

Gleitschirmfliegen

Am einfachsten gestaltet sich dieses einmalige Flugerlebnis in Form eines **Tandemfluges,** also begleitet von einem Profi. Die Flüge werden in großer Zahl angeboten, dauern je nach Startpunkt und Windverhältnissen durchschnittlich zwischen 30 Min. und 1 Std. Es gibt **zahlreiche Anbieter** in Mérida, aber auch in der Nähe der Colonia Tovar bei Caracas. Adressen findet man in den jeweiligen Regionalkapiteln.

Fallschirmspringen

Wer gerne mal mit dem Fallschirm abspringen möchte, kann dies in **Higuerote** tun. Higuerote liegt im Bundesland Miranda, eine Stunde Fahrzeit von Caracas entfernt. Nach einer zehnminütigen Instruktion über freien Fall und Handhabung des Fallschirms wird zum Tandemsprung aufgebrochen. Der Flug findet normalerweise in einer 20-sitzigen Antonov statt. Nach dem Absprung erlebt man eine Minute das Gefühl des freien Falls, danach schwebt man rund sieben Minuten zurück auf den Boden.

● **Skydive Venezuela,** am Flughafen von Higuerote, Av. Chirimena, Sector Auguasal, Tel. 0414/1089005, 3231603

Sprache

Im venezolanischen **Spanisch,** dem „**Castellano",** gibt es zahlreiche Wörter, die in Spanien kaum jemand verstehen, geschweige denn gebrauchen würde (siehe Sprachhilfe im Anhang). So sagt man zum Beispiel auf der Iberischen Halbinsel für Auto „coche", in Venezuela ist das schlicht ein „carro", „coche" wiederum bezeichnet den Kinderwagen. Autofahren nennt sich in Spanien „conducir", in Südamerika hört man stattdessen „manejar". Wie auch in Europas Süden gibt es Dutzende von Schimpfwörtern, die man in Venezuela „groserías" nennt, und die wirklich alles andere als nett gedacht sind, im täglichen Sprachgebrauch aber gern und oft verwendet werden.

Neben dem Spanischen gibt es **über 30 Idiome,** die von den verschiedenen **Indianerstämmen** gesprochen werden. Eine Lingua franca der Indianer existiert nicht.

Wer ein wenig Spanisch kann, wird viel mehr von seinem Aufenthalt profitieren, denn der **Kontakt zur Bevölkerung** ist um ein Vielfaches leichter. Nur selten findet sich jemand, der englisch spricht, schon gar nicht auf dem Land, aber auch in Banken und auf Behörden sind Fremdsprachenkenntnisse die absolute Ausnahme. Am ehesten noch sind zumindest einfache Englischkenntnisse im touristischen Sektor anzutreffen.

Sprachschulen

Urlaub und Weiterbildung – wer will, kann das mit einem Sprachkurs tun. Es ist in jedem Fall empfehlenswert, für die Kursdauer die Unterbringung in einer Gastfamilie zu wählen, eine Option, die von jeder Schule angeboten wird. In der Familie lernt man erfahrungsgemäß wesentlich mehr „nütz-

> **Buchtipp:**
> Aus der Reihe „Kauderwelsch" des REISE KNOW-HOW-Verlages:
> ● „**Spanisch für Venezuela – Wort für Wort"** wendet sich sowohl an Anfänger als auch an diejenigen, die spanisch sprechen und mehr über typische Redewendungen und die Umgangssprache in Venezuela erfahren möchten. Zu dem Buch ist begleitendes **Tonmaterial** erhältlich.

SPRACHE

liches" Spanisch als in einem eher „theoretisch" angelegten Kurs.

Auch wenn in vielen weiteren Orten kleine Sprachschulen zu finden sind, so konzentriert sich das Angebot auf **Caracas, Mérida** und die Ferieninsel **Margarita.** Dort findet man auch die renommiertesten Schulen, die seit vielen Jahren mit viel Professionalität arbeiten. Man sollte sich die Wahl der Stadt gut überlegen. Caracas kommt eigentlich nur dann in Betracht, wenn man beruflich dort zu tun hat. Orte wie Mérida oder Margarita sind wesentlich angenehmer, da sie auch ein großzügiges Urlaubsangebot haben. Die Kurse dauern zwischen einer Woche und mehreren Monaten (Aufenthaltsbestimmungen bedenken!).

In Caracas
- **Asociación Cultural Humboldt,** Av. Jorge Washington, c/ Juan Germán Roscio, San Bernardino, Caracas, Tel. 0212/5526445, 5527634, 5529467, Fax 5525621
- **Centro Berlitz Las Mercedes,** Av. Principal de Las Mercedes, CC Paseo Las Mercedes, Nivel La Cuadra, Tel. 0212/9915364, Fax 9916569, aristides.canteli@berlitz.com.ve
- **Centro Berlitz Los Palos Grandes,** Av. Francisco Miranda, Parque Cristal, Torre Oeste, 1. Stock, Ofic. 3, Los Palos Grandes, Tel. 0212/2841764, Fax 2842065, gloria.sanchez @berlitz.com.ve
- **Centro Berlitz Sabana Grande,** Av. Casanova, CC El Recreo, Planta 3, Locales 3–7, Sabana Grande, Tel. 0212/7612312 und 7612225, Fax 7615884, francisco.ordaz@berlitz.com.ve

Auf Margarita
- **Centro de Lingüística Aplicada CELA,** CELA Margarita, Calle Corocoro, Qta. CELA, Urb. Playa El Angel, Pampatar, Tel. 0295/2628198, 0412/3533124, www.cela-ve.com

In Barcelona
- **Centro Berlitz Anzoategui,** Av. Nueva Esparta, CC Nueva Esparta, Modulo 2, 2. Stock, neben Banesco, Sector Venecia, Tel. 0281/2636172 und 2632699, fouad.sayegh@berlitz.com.ve

In Puerto Ordaz
- **Berlitz Escuela de Idiomas,** Av. Vía Colombia, Torre Loreto, Tel. 0286/9221001, Fax 9222461
- **Fundación Universidad de Carabobo,** Laboratorios de Idiomas, C. La Urbana c/ C. Moitaco, Edif. Don Andrés, Locales 1, 2 und 3, Tel. 0286/9221665, Fax 9221690

In Mérida
- **Iowa Institute,** Av. 4 c/ C. 18, Tel. 0274/2526404, Fax 2449064, www.iowainstitute.com

In Valencia
- **Berlitz Escuela de Idiomas,** Av. Bolívar, CC Multicentro El Viñedo, Nivel c, Local C-1, Tel. 0241/8239022, Fax 8239772

In Maracaibo
- **Berlitz Escuela de Idiomas,** Av. Bolívar, Nr. 77–77, Edif. Befercom, Mezzanina 3 y 4, Tel. 0261/7516252, Fax 7516004

Buchtipp – Praxis-Ratgeber:
- Alexandra Albert
Sprachen lernen im Ausland
(REISE KNOW-HOW Verlag)

Telefonzentrale á lo venezolano

Telefonieren

Das Telefonnetz wird von der staatlichen **Telefongesellschaft Cantv** betrieben. In den letzten Jahren hat der Mobilfunk große Verbreitung gefunden, der von der Tochtergesellschaft der Cantv, Movilnet, und zwei privaten Gesellschaften (Movistar und Digitel) betrieben wird.

Einige Touristen kommen mit ihrem europäischen **Handy** in den Urlaub nach Venezuela. Die Erfahrung zeigt, dass sie meist nur in Großstädten und Ballungsgebieten wie Caracas einwandfrei funktionieren, in abgelegenen Gegenden wie der Gran Sabana aber überhaupt nicht. Es gibt nach wie vor Teile des Landes ohne ausreichende Funkdeckung. Dennoch, die meisten europäischen Mobilfunkbetreiber haben Roamingverträge mit den venezolanischen Gesellschaften Digitel (GSM 900 MHz) oder Movistar (GSM 850 MHz). Wegen hoher Gebühren sollte man bei seinem Anbieter nachfragen oder auf dessen Website nachschauen, welcher der beiden **Roamingpartner** günstig ist und diesen per manueller Netzauswahl voreinstellen. Nicht zu vergessen sind die passiven Kosten, wenn man von zu Hause angerufen wird (Mailbox abstellen!). Der Anrufer zahlt nur die Gebühr ins heimische Mobilnetz, die teure Ruf-

weiterleitung ins Ausland zahlt der Empfänger. Wesentlich preiswerter ist es, sich von vornherein auf **SMS** zu beschränken, der Empfang ist dabei in der Regel kostenfrei. Der Versand und Empfang von Bildern per **MMS** ist hingegen nicht nur relativ teuer, sondern je nach Roamingpartner auch gar nicht möglich. Die **Einwahl ins Internet** über das Handy ist noch kostspieliger – da ist ein Gang ins nächste Internetcafé weitaus günstiger.

Man kann sich in den Niederlassungen von Movistar oder Digitel **Prepaid-Chips** für das eigene Handy kaufen und erwirbt damit eine eigene Nummer in Venezuela. Das funktioniert allerdings nur, wenn das Telefon SIM-lock-frei ist, d.h. keine Sperrung anderer Provider durch den eigenen Provider vorhanden ist.

Wer sich nur hin und wieder einmal daheim melden oder im Land eine telefonische Reservierung durchführen möchte, für den gibt es einfachere und billigere Methoden für das **Festnetz.** Zum einen **Prepaid-Karten,** welche man in vielen Geschäften, Kiosken, Bäckereien und Schnapsläden erhalten kann. Die nennen sich zum Beispiel „Tarjeta Unica", „Movistar" oder „Cantv". Es gibt sie zu verschiedenen Werten, angefangen bei 10 Bs.F. Mit diesen Karten kann man relativ kostengünstig in Europa anrufen. Mit den Cantv-Karten kann man die über das ganze Land verstreuten Telefonapparate gebrauchen, sofern sie funktionieren, denn viele sind kaputt und es kann dauern bis man ein brauchbares Telefon gefunden hat.

Cantv, Movistar und andere Anbieter betreiben bequeme, klimatisierte **Telefonzentren (Centro de llamadas),** in denen man während des Gesprächs den fälligen Betrag angezeigt bekommt und nach dem Anruf abgerechnet wird. Von diesen Zentren kann man in aller Regel problemlos und günstig mit der ganzen Welt kommunizieren.

Nicht zu vergessen sind Zigtausende von Privatleuten, welche ihr Telefon anbieten, um etwas Geld zu verdienen; diese Dienstleistung nennt sich in der Regel **„Se hacen llamadas".** Da wird der normale Tarif plus eine kleine Provision erhoben. Manchmal sieht man nur einen Plastiktisch mit einem einzigen Telefon darauf und der Betreiber nennt sich stolz Unternehmer.

Vorwahlen
- **Deutschland:** 0049
- **Österreich:** 0043
- **Schweiz:** 0041
- **Venezuela:** 0058

●**Buchtipp:** Viele nützliche und Geld sparende Tipps zum mobilen Telefonieren bietet das Buch **„Handy global – mit dem Handy ins Ausland"** aus der Praxis-Reihe des REISE KNOW-HOW Verlags.

Uhrzeit

Venezuela hat seit dem 1. Januar 2008 nicht nur eine neue Währung, sondern auch gleich eine **neue Uhrzeit** bekommen. Die Idee dazu stammt vom Präsidenten höchstselbst, der anlässlich eines seiner traditionellen TV-Sonntagsprogramme „Aló Presidente" spontan beschloss, die Uhr eine halbe Stunde vorzudrehen und somit eine neue Zeitzone zu gründen. Nun gehen die Uhren im Vergleich zur Mitteleuropäischen Zeit **(MEZ) um 5½ Stunden nach,** 6½ Stunden, wenn in Europa die Sommerzeit gilt. Die Umstellung soll laut *Chávez* nur Vorteile bringen und sei gut für den Biorhythmus der Menschen ... Auch ein Energiespareffekt soll sich einstellen; fragt sich nur wie, wenn es jetzt früher dunkel wird, die Lichter also länger brennen, und es morgens schon vor dem Aufstehen hell wird und das Licht niemandem nutzt ... Böse Zungen behaupten, ein Minister hätte sich vertan und die Uhr vor- anstatt zurückgestellt – anschließend wollte keiner den Fehler zugeben, und den zusätzlichen Energieverbrauch und die Sicherheitsprobleme nimmt man halt in Kauf ...

> **Buchtipp – Praxis-Ratgeber:**
> ● Erich Witschi
> **Unterkunft**
> **und Mietwagen clever buchen**
> (Reise Know-How Verlag)

Unterkunft

Preise

Die Unterkünfte in diesem Buch sind in **vier Preiskategorien** unterteilt und beziehen sich jeweils auf ein Doppelzimmer ohne Verpflegung, zum offiziellen Wechselkurs gerechnet:

€	bis 20 Euro
€€	20–40 Euro
€€€	40–80 Euro
€€€€	über 80 Euro

Die Preise der Unterkünfte variieren natürlich je nach Qualität – aber vor allem auch saisonal und inflationsbedingt. Es darf daher nicht verwundern, wenn das eine oder andere in diesem Buch genannte Hotel schon einer anderen Kategorie angehört, wenn man vor Ort ist. Das Frühstück ist in der Regel in Venezuela im Übernachtungspreis nicht inbegriffen. Die Unterkünfte mit Frühstück inklusive sind in diesem Buch mit der Kennzeichnung „ÜF" versehen, „HP" bedeutet Halbpension, „KK" heißt, dass Kreditkarten akzeptiert werden (mit Ausnahme von American Express).

In Hotels und Posadas sollte man den Kofferträgern und den Zimmermädchen ein **Trinkgeld** geben, dies ist in aller Regel wichtiger Bestandteil des Lohns.

Hotels, Posadas, Apartments

Es gibt in Venezuela Unterkünfte in genügender Anzahl und allen Preis-

klassen. Vor allem in den Großstädten und an touristischen Zielen wie der Isla Margarita sind komfortable **Luxushotels** mit entsprechenden Preisen vorhanden, die allerdings keine europäischen Standards erreichen. Auch in Venezuela hält man sich bei Hotels (und Posadas) offiziell an eine Klassifizierung mit bis zu fünf Sternen, die angesetzten Maßstäbe sind allerdings nicht immer nachvollziehbar.

Fährt man ins Landesinnere, findet man vor allem **Posadas.** Diese gibt es in allen Preisklassen, von ganz einfach und billig bis hin zu luxuriös und entsprechend teurer, aber sie weisen meist ein attraktiveres Preis-Leistungsverhältnis als Hotels auf, und auch die Betreuung ist wesentlich persönlicher. Manche Besitzer von Posadas betreiben gleichzeitig Reisebüros, und so kann man Touren vor Ort buchen. Viele Posadas verfügen über schöne Grünanlagen und ein Pool. Reisenden empfiehlt sich ein Aufenthalt in einer Posada vor allem auch deswegen, weil man in diesen Betrieben vielen anderen Travellern begegnet, Erfahrungen austauschen kann und vielleicht sogar neue Reisegefährten kennen lernt. In vielen Posadas wird beim Umtausch von Geld geholfen, häufig wird Englisch und manchmal Deutsch gesprochen (vor allem wenn die Besitzer Europäer sind, was nicht selten vorkommt). Insgesamt zählt man an die 2500 Posadas im Land, die Regierung fördert den Bau neuer Häuser, und so

UNTERKUNFT

werden es in absehbarer Zeit noch mehr werden.

Am Rande der Großstädte und an vielen Landstraßen entstehen immer mehr **Motels.** Diese sind oft mit netten Zimmern ausgestattet, haben bewachte Parkplätze und nicht selten ein Restaurant-Tasca. Motels sind beliebte Ziele für Seitensprünge, ein Kavaliersdelikt in Venezuela. Aber auch als Reisender ist man nicht unbedingt schlecht darin aufgehoben. Dadurch, dass die Zimmer erfahrungsgemäß mehrfach täglich vermietet werden, sind die Preise niedrig und die wenigsten Motels haben Zeitlimits.

Die Unterkünfte sind in der Regel sauber, in Billigstherbergen muss man natürlich Abstriche machen; hier muss man sich nicht selten auf cucarachas, Kakerlaken, einstellen. Mangelnde **Hygiene** zieht die lieben Tierchen wie ein Magnet an. Oft funktionieren die Toiletten nicht, und die Betten sind älter als die koloniale Dorfkirche – dann ist ein eigener Schlafsack oder leichte Bettwäsche Gold wert. Neben der Kloschüssel steht immer ein Plastikkübel, in dem das Klopapier nach Gebrauch landen sollte. Das ist für Europäer ungewohnt, beugt aber Rohrverstopfungen vor.

Wer Wert auf Selbstverpflegung legt, kann sich entweder eine Posada mit Kochgelegenheit suchen oder ein **Apartment** mit eingerichteter Kleinküche anmieten. Daneben gibt es sogenannte **Cabañas,** kleine Bungalows, die in der Regel über eine Kochstelle verfügen. Apartments und Cabañas findet man praktisch an sämtlichen stark von venezolanischem Publikum frequentierten Zielen. Beide Unterkunftstypen sind über Feiertage und in den venezolanischen Sommerferien ausgebucht bzw. übervölkert.

Es empfiehlt sich, Unterkünfte (vor allem Hotels) schon von Europa aus **im Voraus** zu **reservieren,** vor allem dann, wenn man zu Hauptreisezeiten reist. Grundsätzlich wird eine vorherige Bezahlung (oder die Kreditkartendaten) verlangt, was in einzelnen Fällen kompliziert sein kann. Am einfachsten kann man in Posadas reservieren. Merken die Besitzer, dass es sich um Ausländer handelt, kann man oft ohne Anzahlung reservieren, weil die Europäer in der Regel als zuverlässig(er) gelten.

In Venezuela gibt es einige **Zusammenschlüsse** von Reiseveranstaltern, Posadas oder Hotels, die über das gesamte Land verteilt sind und bei der Vorbereitung und Umsetzung eines interessanten Urlaubs behilflich sind. Erwähnenswert sind folgende:

● **Circuito de la Excelencia,** www.circuitodelaexcelencia.com, hierbei handelt es sich um einen Zusammenschluss mehrerer Posadas und Haziendas in ganz Venezuela, die meisten im Westen des Landes, bei denen alle Teilnehmer erstklassige Qualität bieten und

Hier lässt sich's aushalten:
im Garten der Posada La Nena (Carúpano)

recht harte Bedingungen erfüllen müssen. Erstklassige Installationen, persönliche Betreuung durch die Eigentümer, extrem hohe Ansprüche an Zimmerqualität und Ausstattung garantieren dem anspruchsvollen und verwöhnten Gast einen angenehmen Aufenthalt.

● **Circuito Tropical,** www.circuitotropical. com, hierbei handelt es sich um einen über das ganze Land verteilten Kreis von bisher sieben engagierten Posadas, die es sich zum Ziel gemacht haben, den Besuchern bei einem sehr fairen Preis-Leistungsverhältnis mit natur- und kulturnahen Tour- und Unterkunftsangeboten Venezuela zu zeigen. Auch diese Gruppe hat feste Regeln, und die Mitglieder üben eine Selbstkontrolle aus, damit jedem Gast nur das Beste zukommt. Eine hochwertige Gastronomie, komfortable und saubere Zimmer, ein tropischer Posada-Garten mit viel Platz zum Entspannen, abwechslungsreiche Tourangebote, persönliche und mehrsprachige Betreuung der Gäste sind einige der Bedingungen. Auch kümmern sich die Mitglieder des Circuito in jeder Situation um ihre Gäste, das bedeutet für den Reisenden, dass er im gesamten Land bei jeder Eventualität einen hilfsbereiten Ansprechpartner hat und auch in einem Notfall mit tatkräftiger Unterstützung rechnen kann.

Privatunterkunft

Es gibt in einigen Gegenden die Möglichkeit, privat unterzukommen. Allerdings sollte man dazu schon etwas spanisch sprechen, denn dann ist man wirklich willkommen und kann in der Gastfamilie sehr viel erleben. Klar, dass man die Leute auch für eine Privatunterbringung entschädigen sollte, die Gastgeber freuen sich auch, wenn man sich beim Einkauf beteiligt oder für ein Fest eine Flasche Rum beisteuert. Wer einen Sprachkurs bucht, sollte dies unbedingt mit einem Aufenthalt in einer Gastfamilie verbinden, der von jeder Schule empfohlen wird (siehe Kapitel „Sprache").

Camping

Campen hat in Venezuela keine Tradition, entsprechend findet man **nur ganz wenige Plätze**. „Campingplätze" sind oft nur ein Stück Land, eventuell mit Duschgelegenheit und WCs. Ebenso wenig findet man Geschäfte, welche Campingausrüstung anbieten.

Man muss sich klar bewusst sein, dass **wildes Campen** in Venezuela Risiken mit sich bringt. Vor allem an den Stränden sollte man ein Zelt, wenn überhaupt, nur in der Nähe anderer Touristen aufstellen und auf keinen Fall Wertsachen darin liegenlassen. Im Landesinneren ist es zwar etwas sicherer, aber man ist nie alleine: Schlangen, Skorpione und Spinnen gehören ebenso wie Ameisenbären und andere Tiere zu den „Nachbarn". In der Gran Sabana kann man Bekanntschaft mit den niedlich aussehenden Vampirfledermäusen machen, die sich vom Blut ihrer Opfer ernähren – zu denen Menschen nicht gehören ...

In der Gran Sabana und im Amazonasgebiet bieten Indianer **Rundhütten** an, in denen man sein Zelt gegen ein geringes Entgelt aufschlagen kann.

In einigen **Nationalparks** darf man zelten, muss aber vorher bei der Parkbehörde die entsprechende Bewilligung einholen. In den Regionalkapiteln wird erwähnt, wo man sein Zelt aufschlagen kann.

Verhaltenstipps

Wie für jedes Land der Welt, sollten auch für Venezuela einige Verhaltenstipps beherzigt werden, um nicht in Fettnäpfchen zu treten und Kopfschütteln (oder Schlimmeres) hervorzurufen.

Mit der **Pünktlichkeit** sollte man es nicht zu ernst nehmen, man hat in Venezuela viel mehr Zeit als in Europa, und schließlich ist man ja auch im Urlaub. Trotzdem: Die meisten Verkehrsmittel wie Autobusse und Flugzeuge sind relativ pünktlich. Gibt es Verzögerungen, macht es wenig Sinn zu reklamieren. Das Gegenteil wird die Folge sein, Sie werden nicht beachtet und warten noch länger. Grundsätzlich ist Geduld angebracht, besonders in Banken und auf Ämtern. Die Warteschlangen können endlos sein. Der Venezolaner nimmt das mit Gelassenheit hin, er ist es von Kindheit an gewohnt.

Hat man eine **Verabredung** um 9 Uhr morgens, heißt das nicht, dass der Betreffende Punkt 9 Uhr erscheint. Auch bei Geschäftstreffen ist es durchaus üblich, später zu kommen. Bei privaten Einladungen wird Pünktlichkeit genauso wenig geschätzt, man kommt zwischen 30 und 60 Min. später.

Viele Bewohner, vor allem in den Städten, gehören zu den Armen im Land. Auf keinen Fall mit teuren Uhren, Goldketten, Kameras oder Geldbündeln **protzen**. Anstand und Sicherheit gebieten, bescheiden und unauffällig aufzutreten.

In Geschäften ist es nicht üblich zu **feilschen,** am ehesten noch auf den Wochenmärkten. Wer einen Fehlkauf gemacht hat, darf nicht damit rechnen, dass er Geld zurückbekommt.

Buchtipp – Praxis-Ratgeber:
- Harald A. Friedl
Respektvoll reisen
(REISE KNOW-HOW Verlag)

Strandschönheiten am Playa Copey

Man sollte mit **kritischen Äußerungen über Venezuela** sehr vorsichtig sein, dazu braucht es längere Erfahrung im Gastland. Auch der Vergleich der Zustände vor Ort mit dem, was man von zu Hause gewohnt ist, läuft ins Leere, denn die meisten Venezolaner kennen Europa nicht, und es interessiert sie auch kaum, was dort für Regeln gelten oder Zustände herrschen. Auf keinen Fall Beamte der Polizei oder Militärs beschimpfen, das bringt nur gewaltigen Ärger.

Obwohl das Leben in Venezuela generell einfacher ist als in Europa, legen die Venezolaner, auch die ärmere Bevölkerung, sehr großen Wert auf gepflegte **Kleidung.** Es ist verboten, mit nacktem Oberkörper durch die Straßen zu wandern, nicht selten greift in solchen Fällen die Polizei ein und verlangt, dass man sich auf der Stelle etwas anzieht. Auch geht man hier nicht barfuß. Oben ohne am Strand ist für Frauen tabu. Europäische Besucher haben den Ruf, dass sie stinken. Natürlich ist der Europäer das tropische Klima nicht gewöhnt und duscht sich in der Regel auch nicht dreimal am Tag, auch wenn es notwendig sein sollte. Vielleicht macht man seinen Gastgebern den Gefallen und benutzt das Deo intensiver als sonst und lässt seine Urlaubsklamotten regelmäßig waschen; preiswerte Wäschereien *(lavandería)* gibt es zuhauf.

Verkehrsmittel

Venezuela ist gut mit Verkehrsmitteln erschlossen. Ob mit dem Flugzeug, Autobus, Sammeltaxis oder in einem Leihwagen, es lassen sich die meisten sehenswerten Punkte gut erreichen. Einzig Eisenbahnfreunde kommen hier (noch) nicht auf ihre Kosten.

Busse

Eine der einfachsten und preiswertesten Arten zu reisen ist der Autobus. Es ist allerdings nicht immer auf den ersten Blick ersichtlich, wo welcher Bus genau hinfährt und wo er anhält oder nicht. An den Verkaufsschaltern sind jedoch in der Regel die befahrenen Routen und die Abfahrtszeiten angegeben. Da sind **Spanisch-Kenntnisse von Vorteil,** damit man sich genau informieren kann.

Die (Überland-)Busse fahren in der Regel von **Busterminals** ab, die in den meisten Städten etwas außerhalb zu finden sind, in kleineren Ortschaften hingegen halten die Busse meist in der Nähe des (zentralen) Plaza Bolívar. Die besseren Busgesellschaften wie Rodovias de Venezuela und Aerobuses de Venezuela unterhalten sogar **Privatterminals** im ganzen Land. Von den Busterminals starten Taxis und Sammeltaxis in die Zentren der Städte.

Reisen mit dem Bus ist preiswert, erfordert aber auch Flexibilität, **Aufgeschlossenheit** und manchmal Geduld. **Flexibilität** deshalb, weil man auf lokale Art und Weise reist: Die Busse sind

VERKEHRSMITTEL

oft komplett voll, die Musik ist discomäßig aufgedreht, die Klimaanlage kühlt auf arktische Temperaturen runter (unbedingt etwas Warmes zum Anziehen dabeihaben!), und man fährt „blind" durch eines der schönsten Länder der Welt, nämlich bei geschlossenen Vorhängen. Die Fahrkarten sollte man zeitig kaufen, vor allem über Feiertage. Obwohl die Uhren in Venezuela anders ticken, fahren die Busse erstaunlich pünktlich ab, also auf alle Fälle frühzeitig am Busterminal sein.

Innerhalb der Städte und Orte fahren meist kleinere **Minibusse.** Die Routen sind in der Regel an den Windschutzscheiben angeschrieben, aber alles in allem ist es für einen Neuling anfangs doch recht schwierig, sich zu orientieren. Um auszusteigen, klatscht man gut hörbar in die Hände.

Sammeltaxis (Por Puestos)

Die Sammeltaxis sind eine **gute Alternative zum Bus.** Sie fahren nahezu dieselben Strecken wie die Überlandbusse und kosten etwa 50% mehr. Der Wagen fährt ab, wenn fünf Passagiere gefunden werden konnten oder man die frei gebliebenen Plätze bezahlt. Im Gegensatz zu den Bussen kann man die Landschaft genießen, da die Fenster nicht mit Vorhängen zugemacht sind, und vor allem ist man schneller am Ziel. Bevor man in ein Sammeltaxi einsteigt, sollte man aber kurz nachschauen, in welchem Zustand es sich befindet; vor allem an den Reifen wird gerne gespart.

Die Sammeltaxis findet man **innerhalb der Busterminals,** die Fahrer rufen jeweils die Namen der Zielorte aus. Am Zielort angekommen, kann man den Fahrer darum bitten, dass er bis zum gewünschten Hotel/Posada fährt. Das tun die meisten für ein Extrageld gerne.

Sammeltaxis gibt es auch **im innerstädtischen Verkehr.** Die Preise sind auch hier etwas höher als die der Minibusse, die Autos sind aber schneller und bequemer. Ein Sammeltaxi hält

Überlandbus der älteren Bauart

man an, indem man Handzeichen gibt. Wenn man aussteigen will, ruft man das dem Fahrer zu; spätestens dann ist auch der Preis zu begleichen.

Taxis

Die einfachste Art, innerhalb von Städten oder großen Ortschaften ans Ziel zu gelangen, sind Taxis. Es sei nochmals darauf hingewiesen, dass man darauf achten muss, **nur offizielle Wagen** zu besteigen. Man erkennt sie an gelben Nummernschildern und auf dem Dach angebrachten Schildern mit dem Namen der Taxigesellschaft. Viele Taxis haben nur einen Miniaufkleber „Taxi" auf der Windschutzscheibe. Dabei handelt es sich oft um sogenannte **„Piraten"**, Taxifahrer ohne Lizenz. Die meisten sind anständige Familienväter, die so ihre Lieben durchbringen, aber es sind eben auch einige Ganoven darunter. Taxis warten an den Flughäfen, in Busterminals, Einkaufszentren, bei Hotels etc. Will man eines auf der Straße anhalten, muss man einfach ein Handzeichen geben. Nie einsteigen, wenn neben dem Fahrer schon andere Leute im Wagen sitzen! Die meisten Taxis, auch die der offiziellen Linien, besitzen kein Taxameter. Man muss den **Preis** vor der Abfahrt **aushandeln.** Wenn man sich an einen einsamen Strand oder ein sonst schlecht erreichbares Ziel fahren lässt, sollte man auch den Preis genau ausmachen, aber Hin- und Rückfahrt erst bei der Rückfahrt bezahlen. So hat man die Gewähr, dass man auch wirklich abgeholt wird ...

Versicherungen

Egal, welche Versicherungen man abschließt, hier ein Tipp: Für alle sollte man die **Notfallnummern** notieren und mit der **Policenummer** gut aufheben! Bei Eintreten eines Notfalles sollte die Versicherungsgesellschaft sofort telefonisch verständigt werden!

Auslandskrankenversicherung

Die Kosten für eine ärztliche Behandlung in Venezuela werden von den gesetzlichen Krankenversicherungen in Deutschland und Österreich nicht übernommen, daher ist der Abschluss einer privaten Auslandskrankenversicherung **unverzichtbar.**

Bei Abschluss der Versicherung – die es mit bis zu einem Jahr Gültigkeit gibt – sollte auf einige Punkte geachtet werden. Zunächst sollte ein **Vollschutz ohne Summenbeschränkung** bestehen, im Falle einer schweren Krankheit oder eines Unfalls sollte auch der **Rücktransport** übernommen werden. Diese Zusatzversicherung bietet sich auch über einen **Automobilclub** an, vor allem wenn man bereits Mitglied ist. Diese Versicherung bietet den Vorteil billiger Rückholleistungen (Helikopter, Flugzeug) in extremen Notfällen.

Wichtig ist auch, dass im Krankheitsfall der **Versicherungsschutz über die vorher festgelegte Zeit hinaus** automatisch verlängert wird, wenn die Rückreise nicht möglich ist.

VERSICHERUNGEN

Schweizer sollten bei ihrer Krankenversicherungsgesellschaft nachfragen, ob die Auslandsdeckung auch für Venezuela gilt. Sofern man keine Auslandsdeckung hat, kann man sich kostenlos bei Soliswiss (Gutenbergstrasse 6, 3011 Bern, Tel. 031/3810494, info@soliswiss.ch, www.soliswiss.ch) über mögliche Krankenversicherer informieren.

Zur Erstattung der Kosten benötigt man ausführliche **Quittungen** (mit Datum, Namen, Bericht über Art und Umfang der Behandlung, Kosten der Behandlung und Medikamente).

Der Abschluss einer **Jahresversicherung** ist in der Regel kostengünstiger als mehrere Einzelversicherungen. Günstiger ist auch die **Versicherung als Familie** statt als Einzelpersonen. Hier sollte man nur die Definition von „Familie" genau prüfen.

Andere Versicherungen

Ob es sich lohnt, weitere Versicherungen abzuschließen wie eine Reiserücktritts-, Reisegepäck-, Reisehaftpflicht- oder Reiseunfallversicherung, ist individuell abzuklären. Gerade diese Versicherungen enthalten sehr viele **Ausschlussklauseln,** sodass sie nicht immer Sinn machen.

Die **Reiserücktrittsversicherung** für 35–80 Euro lohnt sich nur für teure Reisen und für den Fall, dass man vor der Abreise einen schweren Unfall hat, schwer erkrankt, schwanger wird, gekündigt wird oder nach Arbeitslosigkeit einen neuen Arbeitsplatz bekommt, die Wohnung abgebrannt ist u.Ä. Nicht gelten hingegen: Terroranschlag, Streik, Naturkatastrophe etc.

Die **Reisegepäckversicherung** lohnt sich seltener, da z.B. bei Flugreisen verlorenes Gepäck oft nur nach Kilopreis und auch sonst nur der Zeitwert nach Vorlage der Rechnung ersetzt wird. Wurde eine Wertsache nicht im Safe aufbewahrt, gibt es bei Diebstahl auch keinen Ersatz; Kameraausrüstung und Laptop dürfen beim Flug nicht als Gepäck aufgegeben worden sein; Gepäck im unbeaufsichtigt abgestellten Fahrzeug ist ebenfalls nicht versichert – die Liste der Ausschlussgründe ist endlos ... Überdies deckt häufig die Hausratsversicherung schon Einbruch, Raub und Beschädigung von Eigentum auch im Ausland. Für den Fall, dass etwas passiert ist, muss der Versicherung als Schadensnachweis ein Polizeiprotokoll vorgelegt werden.

Eine **Privathaftpflichtversicherung** hat man in der Regel schon. Hat man eine **Unfallversicherung,** sollte man prüfen, ob diese im Falle plötzlicher Arbeitsunfähigkeit aufgrund eines Unfalls im Urlaub zahlt. Auch durch manche (Gold-)**Kreditkarten** ist man für bestimmte Fälle schon versichert. Die Versicherung über die Kreditkarte gilt allerdings meist nur für den Karteninhaber!

LAND UND LEUTE

LAND UND LEUTE

Land und Leute

Kann denn Liebe Sünde sein ...?

Im Straßenverkehr passieren viele Unfälle

Venezuelas Landesflagge

Geografie

Überblick

Venezuela ist eine Land im extremen Norden des südamerikanischen Kontinentes. Es befindet sich **komplett auf der Nordhalbkugel,** der südlichste Punkt, die Quelle des Río Ararí an der brasilianischen Grenze, liegt immer noch wenige Grade vom Äquator entfernt. Der nördlichste Punkt des Festlandes ist der Cabo San Román auf der Paraguaná-Halbinsel. In der West-Ost-Ausdehnung erstreckt sich das Land von der kolumbianischen Grenze bis zum Orinoco-Delta. Die maximale Ausdehnung von West nach Ost beträgt 1499 km, von Nord nach Süd 1270 km.

Das kontinentale Venezuela **grenzt** im Westen und Südwesten an **Kolumbien,** im Süden an **Brasilien,** im Osten an **Guayana.** Venezolanische Gewässer grenzen an die Territorien der Dominikanischen Republik, von Puerto Rico, den niederländischen Antillen, Martinique, Guadalupe und letztendlich Trinidad und Tobago.

Die **Fläche des Landes** umfasst **916.445 km²,** von denen 1270 km² auf die Inseln entfallen, mit 2220 km Grenze mit Kolumbien, über 2000 km mit Brasilien und 740 km mit Guayana. Mit den Inseln verfügt Venezuela über 4000 km Küste, davon 2800 km auf dem Festland.

Die höchste Erhebung ist der **Pico Bolívar** mit 5007 m, der längste Fluss ist der **Río Orinoco** mit 2140 km.

Venezuela kann in **vier Regionen** eingeteilt werden und zwar im Nordwesten in die Tiefländer von Maracaibo und die Anden, die sich von der kolumbianischen Grenze entlang des Karibischen Meers nach Osten erstrecken, in die Orinoco-Ebene (Llanos) im Zentrum und das Hochland von Guayana im Südosten mit der bekannten Gran Sabana.

Das Maracaibo-Tiefland

Das Tiefland von Maracaibo und der Lago de Maracaibo sind umgeben von Gebirgsketten, ausgenommen ist nur der Norden, wo das Land ans Karibische Meer angrenzt. Die Region ist sehr flach und steigt nur leicht in Richtung der umliegenden Berge an.

Der 13.000 km² große und bis zu 50 m tiefe **Maracaibo-See** nimmt einen Großteil der niedriger liegenden Bereiche ein. Er ist durch die 75 km lange Meerenge Canal de San Carlos mit dem Golf von Venezuela verbunden. Am Ostufer des Sees lagern die reichsten Erdölvorräte von Venezuela.

Die Anden

Der höchste Gipfel der venezolanischen Anden, der **Pico Bolívar,** reicht bis 5007 m über Meereshöhe. In den fruchtbaren Tälern wohnt ein beachtlicher Teil der Bevölkerung, und es wird intensiv Landwirtschaft betrieben. Die Gebirgszüge an der Grenze zu Kolumbien sind sehr dünn besiedelt. Einige Gipfel dieser Region wie der Pico Bolívar sind das ganze Jahr über mit

Venezuela im Überblick

Allgemeine Daten

- **Landesfläche:** 916.445 km²
- **Einwohnerzahl:** ca. 27 Mio.
- **Bevölkerungsdichte:** 29,7 Einwohner pro km²
- **Bevölkerungsverteilung:** über 80% in den Städten und an der Küste, der Rest auf dem Land
- **Bevölkerungszusammensetzung: Criollo** (Kreole) – Nachkommen der spanischen bzw. europäischen Einwanderer; **Mestizo** (Mestize) – Mischling zwischen Weißen und Indianern; **Indio** (Indianer) – Urbevölkerung
- **Sprachen:** Amtssprache ist **Spanisch**, zudem gibt es noch über 30 indianische Sprachen.
- **Religionen:** 96% der Bevölkerung ist katholisch, 2% protestantisch, 2% sonstige Religionen
- **Staatsname:** Bolivarische Republik Venezuela (República Bolívariana de Venezuela)
- **Staatsoberhaupt: Hugo Chávez Frías** (seit 1999)
- **Hauptstadt: Caracas** (fast 6 Mio. Einwohner)
- **Wichtigste Städte:** Maracaibo, Barquisimeto, Mérida, Valencia, Maracay, Punto Fijo, Puerto La Cruz, Barcelona, Cumaná, Carúpano, Maturín, Ciudad Bolívar, Puerto Ordaz
- **Geografische Lage:** zwischen 0°38.53 und 12°11.46 nördl. Breite und 58°10.00 und 73°25.00 westl. Länge
- **Küstenlinie:** 2800 km
- **Höchster Berg:** Pico Bolívar, 5007 m
- **Wichtigste Flüsse:** Orinoco (der längste mit 2140 km), Meta, Caroní, Caura
- **Größte Seen:** Lago de Maracaibo, Guri-Stausee, Lago de Valencia
- **Grenzländer:** Brasilien mit 2200 km Grenze, Kolumbien mit 2050 km, Guayana mit 740 km
- **Klima:** tropisch, in den Bergen gemäßigt, die Trockenzeit ist etwa von Dezember bis April
- **Zeitzone:** Venezuela hat auf Wunsch des aktuellen Präsidenten eine eigene Zeitzone, die 5½ Stunden hinter der Greenwich-Zeit liegt.
- **Maßsystem:** metrisch, bei Wasserleitungen und bei Autoersatzteilen werden immer noch amerikanische Maße verwendet
- **Strom:** 110 V, Frequenz 60 Hz, amerikanische Flachstecker
- **Währung: Bolívar Fuerte,** Bs.F. (100 Céntimos); fester Wechselkurs zum US-Dollar: 2,15 Bs.F.
- **Inflation:** über 30% im Jahr 2008 (offiziell), in Wirklichkeit wohl viel höher
- **Wirtschaftsleistung:** 6100 US-Dollar Pro-Kopf-Einkommen bei einem Bruttoinlandsprodukt von über 164 Mrd. US-Dollar (2007)

Nationalsymbole

- **Nationalhymne: Gloria al bravo pueblo** („Ruhm dem tapferen Volk")
- **Nationalfahne: dreifarbig** von oben nach unten: gelb, blau, rot mit acht Sternen und dem Wappenschild in der linken Ecke
- **Nationalbaum: Araguaney,** ein ganz festes Tropenholz, das bei Schreinern sehr beliebt ist; erkennbar ist der Baum an den gelben Blüten, die zweimal im Jahr zu sehen sind
- **Nationalblume:** die **Orchidee Flor de Mayo** („Maiblume", *Cattleya mosiae*)
- **Nationaltier: Turpial** (*Icterus icterus*), ein mittelgroßer Vogel mit einer attraktiven gelb-schwarzen Färbung mit weißen Flecken und blauen Fleckchen um die Augen
- **Nationaltag: 5. Juli** (Tag der Unabhängigkeit, *Día de la Independencia*)

Schnee bedeckt. Ein breites Tal trennt den Gebirgszug der Anden von einem anderen Tal, welches der Küste folgt und in dem sich Caracas befindet. Diese Region ist die am dichtesten besiedelte Venezuelas mit einem bestens ausgebauten Verkehrsnetz. Caracas liegt in einem breiten Tal, welches an die östlichen Berge angrenzt, die vom Karibischen Meer ansteigen.

Die Orinoco-Ebene

Auf der Südseite der Berge erstrecken sich die weitläufigen **Llanos.** Sie dehnen sich von der karibischen Küste bis zur kolumbianischen Grenze aus. Die südliche Grenze stellt der Flusslauf des Orinoco dar. Es gibt sehr viele Steppen in den Llanos und im Orinoco-Delta Sumpfgebiete, wie auch an der Grenze zu Kolumbien mehrere Sumpfgebiete vorhanden sind. Die höchsten „Berge" in den Llanos übersteigen keine 200 m.

Das Hochland von Guayana

Südöstlich des Orinoco erhebt sich eine der ältesten Landschaften der Welt, das Hochland von Guayana mit seinen Tafelbergen, Wasserfällen und Flüssen, welche fast alle über den **Río Caroní** schlussendlich in den Orinoco fließen. Dieses Hochland weist an die 115 **Tafelberge** auf, man schätzt ihr Alter auf 70 Millionen Jahre. Fauna und Flora sind einzigartig, viele Arten endemisch, das heißt, sie wachsen oder leben nur in dieser Gegend der Welt. Vom Tafelberg Auyantepui stürzt der höchste Wasserfall der Erde, der **Salto Angel** (978 m), vom Tafelberg Kukenán der gleichnamige Salto mit 710 m freier Fallstrecke. Alle Wasserfälle sind Teil des **Nationalparks Canaima,** der zum UNESCO-Weltnaturerbe gehört.

Klima

Überblick

Das Klima Venezuelas ist **tropisch-wechselfeucht** und wird durch die Nähe des Landes zum Äquator bestimmt. Tropisch vor allem an den Küsten und in den Ebenen, gemäßigt in den Bergregionen, alpin gar in den Anden. Vier Jahreszeiten wie in Europa sind unbekannt, auch Dauerregen ist sehr selten. Man kennt die **Regenzeit,** die grob von Mai bis Oktober reicht, und die **Trockenzeit,** die von November bis April herrscht. Diese variieren jedoch in den letzten Jahren sehr stark. Während es in der Trockenzeit sehr wohl über Wochen nicht regnen kann, heißt Regenzeit nicht dauernder Regen. Häufig regnet es auch in der Trockenzeit, und es gab schon Regenzeiten, in denen Niederschlag ausblieb. Viele Faktoren spielen dabei eine Rolle, zum Beispiel auch solche klimatischen Phänomene wie „El niño" und „La niña", die sich eigentlich auf der Pazifikseite des Kontinents abspielen, aber auch im Atlantik kräftigen Einfluss ausüben. Klar, im dichten Dschungel des Landes kann es sehr wohl mal tagelang hintereinander regnen, aber normalerweise gibt es einen heftigen Regenguss, der ein paar Minuten, aber auch ein paar Stunden dauern kann. Danach scheint meistens wieder die Sonne.

Als wärmste Orte Venezuelas konkurrieren Maracaibo, Ciudad Bolívar und Coro, als kältester Punkt gilt – klar – der höchste Berg, der Pico Bolívar.

Klimazonen

Man unterscheidet **vier Klimazonen** in Venezuela:

Die tropische Zone

Mit tropischer Zone werden die Gebiete **unter 800 m** Meereshöhe bezeichnet. Die Jahresdurchschnittstemperaturen betragen 25°C. Die jährlichen Niederschlagsmengen sind mit 600 mm relativ bescheiden.

Die gemäßigte Zone

Gebiete **zwischen 800 und 1400 m** Höhe und Durchschnittstemperaturen zwischen 18 und 25°C. Die Niederschlagsmenge variiert zwischen 600 und 3600 mm in den Dschungeln Venezuelas. Zu dieser Klimazone gehört der Großteil Venezuelas.

Die kühle Zone

Die oft bergigen, kühlen Zonen wie in den Anden weisen eine Höhe **zwischen 1400 und 2800 m** auf. Die Durchschnittstemperaturen bewegen

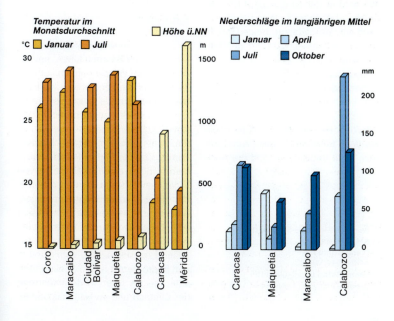

sich zwischen 10 und 18°C. Der jährliche Niederschlag reicht von 700 bis 2400 mm.

Die alpine Zone

Diese findet man in den Anden **ab einer Höhe von 2800 m.** Mit einer Durchschnittstemperatur von 8°C ist es doch schon sehr kalt. Die jährlichen Niederschläge belaufen sich hier auf 700 mm.

Reisezeit

Wer gerne die Vegetation, Wasserfälle und Flüsse in voller Pracht erleben will, kommt am besten in der **Regenzeit.** Dann fühlen sich allerdings auch Moskitos wohl – ihr massenhaftes Auftreten wird in der Umgangssprache als „plaga" bezeichnet. Wer lieber trocken auf die Tafelberge steigen möchte, tut das besser während der **Trockenzeit.** Im März und April ist erfahrungsgemäß mit sehr wenig oder gar keinem Niederschlag zu rechnen. Das hat den Nachteil, dass die Natur ihre „Frische" verliert, dafür sind keine Moskitos unterwegs. Die Wasserfälle kommen teilweise komplett zum Erliegen. Viele Bootstouren sind nur noch eingeschränkt realisierbar, dafür ist die Tierbeobachtung umso interessanter; die wenigen verbleibenden Wasserlöcher sind dann übervölkert.

Fauna

Überblick

Das Tierleben des Landes gehört zu den reichsten weltweit, man zählt 2120 Tierarten die zu den Erdbewohnern zählen, vor allen Dingen Säugetiere, und an die 3000 verschiedenen Fischarten. Dieser **Reichtum** ist der Vielfalt an Klimazonen zu verdanken, unterschiedlichen Höhenlagen und verschiedenen Ökosystemen.

Säugetiere

Es gibt 306 Säugetiere, welche auf der Erde bzw. auf Bäumen leben, und 21 Arten, die im Wasser beheimatet sind. 14 Tierarten sind endemisch, sie kommen also nur in Venezuela vor. Insgesamt gibt es elf Hauptgruppen mit 45 Familien. Dazu gehören Tiere wie Affen, Ameisenbären, Hasen, Jaguare, Pumas, Ozelote, Tapire, Pekaris. Hinzu kommt noch eine ganze Reihe von Wildtieren. Es seien das Reh genannt, das *venado,* sowie einige amerikanische Hirsch- und Reharten. Im Wasser leben Säugetiere wie der Meeresdelfin oder der Süßwasserdelfin.

Eine ganz seltene und vom Aussterben bedrohte Art ist die **Seekuh** (*Manatí),* die vor allem in der Mündung des Orinoco und im Nationalpark Tu-

---

Buchtipps – Praxis-Ratgeber:
● Hans Hörauf
Wann wohin reisen?
● Friederike Vogel
Sonne, Wind und Reisewetter
(beide Bände REISE KNOW-HOW Verlag)

rúepano lebt. Sie wird bis zu 5 m lang und 300 kg schwer.

An den ruhigen Seitenarmen des Orinoco und des Apure kommen auch die seltenen **Riesenotter** vor. In sämtlichen Flüssen Venezuelas gibt es verschiedene Fischotterarten.

Auch sind viele Nager vertreten, von kleinen Mäusen über Wald- und Wüstenratten, von Beuteltieren wie verschiedenen Opossumarten bis zum *Capybara*, dem **Wasserschwein** – es ist das größte Nagetier weltweit. Die Wasserschweine sind in einigen Teilen Venezuelas sehr wichtig für das ökologische Gleichgewicht, da sie die Wurzeln der Wasserhyazinthen zerbeißen, von denen sie sich ernähren.

Auch **Stachelschweine** und **Stinktiere** sind in den tropischen Regenwäldern beheimatet.

Die größte Artenvielfalt unter den Säugetieren findet man in Gestalt der vielen verschiedenen Fledermausarten. **Fledermäuse** sind die einzigen Säugetiere, die sich im Flug paaren. Es ist bekannt, dass es im Amazonasgebiet noch viele unentdeckte und unbestimmte Arten gibt.

Frisch geschlüpfter Kaiman

Auch als *Felis pardalis* oder **Ozelot** bekannt, ist die Wildkatze Cunagaro das bestimmende Wildtier des Landes. Die 70 bis 100 cm große Katze liebt vor allem die feuchten Regenwälder bis in eine Höhe von 1000 m, sie lebt aber auch in Galerieregenwäldern, in Steppen und trockenen Zonen. Die Katze ist ein ausgezeichneter Kletterer, jagt aber auch am Boden. Vorwiegend nachtaktiv, verbringen die Tiere die Tage in Baumhöhlen, im Gebüsch oder Geäst. Zu ihren Lieblingsspeisen gehören Mäuse, Ratten, Frösche, Schlangen und Vögel. Die größte Bedrohung für den Ozelot stellen Sportjäger dar, früher war das Fell ein begehrter Artikel. Inzwischen sind scharfe Maßnahmen zum Schutz der Tiere verfügt worden.

Vögel

Venezuela ist ein Paradies für Vogelliebhaber. Man zählt insgesamt 1381 Vogelarten mit vielen Unterarten. Das entspricht mehr als der Hälfte aller in Südamerika vorkommenden Arten. 46 Vogelarten sind nur in Venezuela vorzufinden, 86 Vogelarten sind regional endemisch; diese Vögel sind Arten, die in einem kleinen Gebiet, das sich auf zwei Länder verteilt, leben, zum Beispiel im Nationalpark Tamá an der Grenze zu Kolumbien. Dort gibt es beispielsweise Kolibriarten, die nur in diesem Nationalpark, aber in beiden Ländern leben.

Die kleinen **Kolibris,** die farbenreichen, leuchtenden **Tangaren** und die **Ameisenvögel** sind Vögel, die nur in den Neotropen vorkommen, das heißt in den Tropen der Neuen Welt in Mittel- und Südamerika.

Der Nationalpark Henry Pittier ist ein guter Platz, um Zugvögel zu **beobachten.** Die Sierra de Lema ist wunderbar, um den Guayana-Felsenhahn, den extravaganten Kapuziner Kotinga, sowie die endemischen Vögel der Tepuis zu sichten. Ein gutes Gebiet, um die Amazonasvögel zu beobachten, ist der Río Caura. In den Llanos und im Orinoco-Delta kann man massenweise Scharlachibisse, Reiherarten, Oriole und Greifvögel sehen. Die Anden sind das beste Gebiet, um die Vielfalt der Kolibris und Tangaren, sowie verschiedene Quetzal- und Trogonarten zu entdecken. Außerdem sind sie das Balzgebiet des Andenfelsenhahns.

Das **Nist- und Balzverhalten** vieler Arten ist den Ornithologen ein Rätsel. Der Vogelkundler *Joe Klaiber* (siehe „Tabay" im Kapitel zu den Anden) hat einige Artikel über das Balzverhalten der Pipras und über das bis dato nahezu unbekannte Nest des Weißbartschattenkolibris veröffentlicht. Weitere Informationen und Vogelstimmen findet man auf seiner Webseite www.birds-venezuela.de.

Reptilien

254 Arten von Reptilien zählt das Land insgesamt. Es gibt drei Kaimanarten und zwei Krokodilarten. Das größte Krokodil ist das **Orinocokrokodil,** welches bis zu 6 m lang wird und im Orinoco-Becken, -Delta und in den Llanos vorkommt. An den Salz- und Brack-

wasserlagunen leben die vom Aussterben bedrohten **Spitzkrokodile**. In allen Süßwasserflüssen Venezuelas, vor allem aber in den Armen des Orinoco und Apure gibt es den **Schwarzen Kaiman**, den **Glattstirnkaiman**, der nur etwas über 1 m lang wird, und am häufigsten den **Brillenkaiman**, der bis zu 3 m Länge wächst.

Zu den **Schlangen** zählen unter anderen die Klapperschlange, die Korallenschlange, Lanzenottern und Grubenottern, die Boa, die Buschmeister und die Anakonda. Die **Anakonda** gilt als größte und schwerste Schlange der Welt und lebt in Sümpfen und Wasserlöchern. Die Würgeschlange erreicht bis zu 8 oder 9 m Länge und kann bis 150 kg wiegen. Am häufigsten sieht man diese Riesenschlange in den Llanos (die größte jemals gefundene Anakonda war aus den Llanos).

Schmetterlinge, Insekten, Käfer & Co.

Tausende wunderschöner Schmetterlinge in allen Regenbogenfarben zählen zu dieser Gruppe ebenso wie die Liebhabern sehr bekannten Käferarten, die ebenfalls in die Tausende gehen. Nicht zu sprechen von den überall vorkommenden Insekten wie Ameisen und Termiten – insgesamt 30.000 Arten. Es gibt massenweise Arten, die noch nicht beschrieben sind und noch nicht einmal einen Namen bekommen haben. Viele Informationen über Insekten findet man auf der Homepage von Casa Maria, The Bug's Paradise: www.bugparadise.com.

Fische

Man geht davon aus, dass in Venezuela an die 3000 Fischarten leben. Viele Meeresfische wie Tintenfische, Thunfische und Sardinen, aber auch Süßwasserfische wie der Pfauenaugenbarsch oder die Forelle erfreuen das Herz der Angler. In den Flüssen kommen diverse Pirañaarten vor. Der aggressivste Typus ist der **Orangebrustpiraña**. In der Regenzeit, wenn die Flussarme

Sandfliegen (Sand„mücken")

Im Englischen „sandfly", „Puri Puri" in der Gran Sabana, im Amazonasgebiet „jejenes", im amerikanischen Slang „nosee-ums" (weil sie so klein sind) und in der deutschen Übersetzung (falsch) als Sandflöhe, -mücken oder -wespen bezeichnet – gemeint sind extrem lästige, (auf der Haut) fast unsichtbare Sandfliegen. Merkmale: **1 bis 2 mm klein** (Moskitonetze sind für sie kein Hindernis), im Vergleich zum sandfarbenen Körper (daher der Name) große schwarze Augen und zwei weiße, dicht behaarte Flügel, die in Ruhestellung V-förmig nach oben gestreckt sind. Die **Blutsauger** sind dämmerungs- und nachtaktiv (in stark befallenen Gebieten sind sie rund um die Uhr tätig) und treten das ganze Jahr über unabhängig von Regen- und Trockenzeit auf. Die winzigen Insekten erinnern ein wenig an Fruchtfliegen. Durch ihre schlechten Flugeigenschaften sind sie stark ortsgebunden, d.h. an einem Strand kann eine unerträgliche Plage herrschen, 200 m weiter ist nichts zu spüren. Nur die Weibchen beißen (sie stechen nicht), weil sie für die Fortpflanzung Blut benötigen.

überflutet sind, ist der Fisch in der Regel nicht gefährlich. Wenn aber der Wasserspiegel in der Trockenzeit fällt und das Nahrungsangebot sinkt, da keine neuen Fische mit den Überflutungen in die Seitenarme kommen, dann werden die Pirañas aggressiv.

Auch Stachelrochen und Zitteraale tummeln sich in den Flüssen des Amazonas. Verschiedene Fische wie Regenbogenbarsche, Welse und Guppis sind als Aquarienfische in Europa sehr beliebt.

Die fleißigsten Arbeiterinnen Venezuelas – die Blattschneiderameisen

von *Federico Brugger*

Wer in den Dschungel oder in die Gran Sabana fährt, begegnet ihnen fast immer, den endlos scheinenden Kolonnen von Blattschneiderameisen. Diese bestens organisierten und emsigen Ameisen – die meisten stammen aus der Gattung Atta – wachsen und leben in Kolonien auf. Diese **Kolonien sind generalstabsmäßig durchorganisiert,** es gibt Spezialtrupps für jeden einzelnen Arbeitsabschnitt bis hin zur Kinderbetreuung. Eine einzige Königin dieser Ameisenart kann bis zu 150 Mio. Arbeiterinnen zur Welt bringen, von denen jeweils max. 3 Mio. gleichzeitig am Leben sind. Es gibt Spähtrupps, welche die Aufgabe übernehmen, geeignete Sträucher und Bäume zu suchen, um deren Blätter abzutransportieren. Wird so eine „Futterstelle" erst einmal gefunden, geht's in endlosen Kolonnen ans Werk. Mit ihrem scharfen Mundwerkzeug können die Tiere Blätter in kleine Teile zerschneiden, um sie dann in ihren Erdbau zu verfrachten. Diese Blattstücke betragen ein Mehrfaches des eigenen Körpergewichtes und werden über dem Kopf getragen. Das macht die Ameise anfällig für Angriffe der Buckelfliege. Aber auch da sorgen die klugen Tiere vor, indem sich auf die Blattstücke ganz kleine Ameisen setzen, die im Falle eines Fliegenangriffes die Abwehr für die transportierende Ameise übernehmen.

Die Blätter werden nicht – wie oft angenommen – gegessen. Ein am Bau abgelegtes Blatt wird von einer Erntearbeiterin übernommen, in noch kleinere Stücke zerschnitten, gekaut und zu kleinen Kügelchen geformt. Dieses Material wird gelagert, es sieht aus wie ein Schwamm. Darauf entwickelt sich ein Pilz, der dann schlussendlich die Nahrung der Ameisen bildet.

Diese so gut organisierten Ameisen sind natürlich nicht allseits beliebt. Vor allem in Anpflanzungen richten sie großen **Schaden** an, eine einzige Kolonie Ameisen kann während eines Tages so viele Blätter schneiden wie eine ausgewachsene Kuh fressen würde. Pro Jahr erntet jede einzelne Kolonie an die 35 Tonnen Blätter.

Durch ihre riesigen **unterirdischen Gänge** bewegen sie unglaubliche Mengen Erdreich und belüften so den Boden und bringen auch Nährstoffe in Umlauf, welche für andere Lebewesen wichtig sind.

Natürliche **Feinde** sind vor allem Ameisenbären, Gürteltiere, Eidechsen und Vögel. Aber auch der Mensch wird ihnen gefährlich durch Chemie (Pestizide) oder aus kulinarischen Gründen, denn in einigen Gegenden werden die Tierchen als Delikatesse verspeist.

Flora

„Es ist ein erstaunliches Land. (...) Nirgendwo sonst haben wir so viele interessante Tropenpflanzen und Tiere und eine so eindrucksvolle Landschaft gesehen", notierte schon *Alexander von Humboldt*.

Die geografische Gliederung des Landes bedingt verschiedene Ökosysteme und in der Folge eine sehr **reichhaltige Flora.** Ausschließlich in den Anden kommen zum Beispiel *frailejónes* vor, eine Pflanzenart, die zu den Espeletien gehört. Manche Kakteenarten findet man nur in den Bundesstaaten Falcón, Sucre, Lara und Anzoátegui, in der Gran Sabana sind fleischfressende Pflanzen zu bewundern.

Man zählt im ganzen Land an die 30.000 Blütenpflanzenarten, darunter allein gut und gerne 1500 verschiedene Orchideen und Bromelien sowie 10.000 Arten von Farnen. Die größte Artenvielfalt findet man natürlich in den Dschungeln des Landes. Auf Tafelbergen wie dem Roraima kommen auch endemische Pflanzen vor, die weltweit nur dort wachsen.

In tieferen Lagen der Gran Sabana sieht man vor allem eine Unzahl verschiedener Waldtypen und die für die Gegend so typischen **Moriche-Palmen** *(Mauritia flexuosa).* Auf den Tafelbergen findet man sehr schöne und für Liebhaber interessante Strauchformationen. Und eben **endemische Pflanzen.** Es gibt zum Beispiel Blattrosetten, welche nur ein paar Millimeter dick sind, dann aber auch Stammrosetten, die bis in Höhen von 9 m ragen. Viele Arten von fleischfressenden Pflanzen locken jedes Jahr Fachleute aus aller Welt in diese Gegend. Auch Liebhaber von **Orchideen** kommen auf ihre Kosten, ob in Paria, der Gran Sabana oder in den Dschungelgebieten des Landes – es gibt sie in allen Formen, Größen und Farben.

In vielen Bundesländern kann man massenhaft **Kakteen** bewundern. Der bevorzugte Lebensraum liegt zwischen Meereshöhe und 1000 m. Kakteen erreichen hier eine durchschnittli-

Frailejónes wachsen nur in den Anden

Kakao

Spätestens seit *Juliette Binoche* im Film „Chocolat" einem ganzen Dorf mit aphrodisierenden Schoko-Kreationen den Kopf verdreht hat, ist die wundersame Kraft der Kakaopflanze in aller Munde.

Der Kakaobaum, der mit wissenschaftlichem Namen *Theobroma cacao* heißt und in die Kategorie der Malvengewächse fällt, lässt sich nur unter bestimmten klimatischen Bedingungen anbauen. Er benötigt **tropische Verhältnisse, nährstoffreiche Böden und ausreichend Wasser und Schatten**. Die Temperaturen dürfen nicht unter 16°C fallen, der Baum ist anfällig für Krankheiten und Pilze. Die Bestäubung der Blüten muss von Fliegen erledigt werden, dies erfordert entsprechende Wälder.

Die Bäume werden bis zu 15 m hoch, auf Plantagen werden sie aber zurechtgestutzt. Die Blüten entwachsen direkt dem Stamm, aus den bestäubten Blüten werden dann **Früchte**. Diese haben eine ledrige Schale und sind im Anfangsstadium gelb. Unter der harten Schale verbergen sich in fünf Reihen angeordnete Samen, die von einem schleimigen Fruchtfleisch eingeschlossen sind. Nach Öffnung einer reifen Frucht, die dann eine dunkelrote Färbung besitzt, kann man die Samen lutschend vom sehr schmackhaften Fruchtfleisch befreien.

Der **Kakaoanbau** ist eine sehr umweltverträgliche Produktion. Da Kakao vorzugsweise im Schatten wächst, werden keine Wälder abgeholzt, sondern durch die Produktion vor ihrer Zerstörung bewahrt.

Weltweit unterscheidet man zwei Hauptgruppen von Kakao, die „Criollos" und die „Forasteros". Man geht davon aus, dass alle anderen Kakaosorten von einem dieser Grundtypen abstammen. Der **„Criollo"**, die edelste Kakaosorte, hat einen geringen Säuregehalt, ist aber sehr anfällig und wenig ertragreich und wird daher nur noch in ganz wenigen Regionen angebaut. Edel-Kakao wächst im Schatten großer Urwaldriesen und nimmt den Geschmack des Schatten spendenden Baumes an. Der wohl beste Kakao aus Venezuela kommt von der Halbinsel Paria im Nordosten des Landes. Auf der Hacienda San José, der Hacienda Bukare und vielen weiteren kleinen Farmen werden vom feinsten „Criollo" abstammende Sorten angebaut.

Die größte **Kakaoproduktion** gibt es in Barlovento, dem heißen Küstenstreifen östlich der Hauptstadt. Dies ist eine der Regionen Venezuelas mit überdurchschnittlich vielen dunkelhäutigen Bewohnern, die von den früher auf den Plantagen arbeitenden Sklaven abstammen. Hier wird in den letzten Jahren wieder verstärkt auf Kakao gesetzt, kleine Farmen haben die Produktion nach einem Jahrhundert Stillstand wieder aufgenommen.

Bis zur Erdölförderung hat Venezuela auf zwei wichtige landwirtschaftliche Exportprodukte gebaut: Kaffee und Kakao, die der Nation Reichtum brachten. Von 1600 bis 1820 nahm Kakao den ersten Platz der Exporte ein, er wurde häufig als der weltweit beste Kakao bezeichnet. Später verlor der Kakao stark an Bedeutung, 1960 machte er nur noch ein halbes Prozent der Gesamtexporte aus. Trotz des Umsatzrückgangs sind Qualität und sein weltweiter Ruf stabil geblieben; die Nachfrage bei internationalen Meisterchocolatiers ist nach wie vor immens – für venezolanischen Kakao wird der höchste Preis gezahlt.

che Höhe von 4 bis 5 m. Sie weisen keine Blätter auf, sondern bestehen nur aus Stacheln. Einzig die Art *Cuyí* hat ganz kleine Blätter. Diese Kakteen leben meist in sehr trockenen Gebieten und beziehen Wasser nicht selten aus der Luft, etwa aus der Gischt des Meeres oder aus Nebel.

In Venezuela wachsen auf einer Fläche von nicht weniger als 673.500 ha **Mangroven;** sie erstrecken sich dabei insgesamt über eine Entfernung von 3300 km. Mangroven finden sich meist in Zonen, wo es während der Regenzeit hohe Niederschläge gibt. Sie benötigen immer eine gewisse Salzzufuhr, daher finden sich die meisten im Orinoco-Delta. Die Blätter sind über das ganze Jahr grün, daher nennt man die Pflanze auch „Siempre Verde" (Immer grün).

In den Anden, unterhalb der Schneegrenze, bis auf nahezu 3000 m hinab, dehnen sich die **Páramos** aus, Hochgebirgslandschaften von herber Schönheit, typisch für den nördlichen tropischen Andenraum. Sie sind von einer kargen Vegetationsdecke aus Gräsern, Moosen und Flechten überzogen. Charakteristisch für diese Region, in der ein raues Klima herrscht, sind die *frailejónes* (s.o.).

Umwelt- und Naturschutz

In der Theorie zählt Venezuela in Sachen Umweltschutzgesetze zu den fortschrittlichsten Ländern der Welt. In der Verfassung von 1999 wird eingehend auf die Belange der Umwelt eingegangen. Venezuela hat auch das Kyoto-Abkommen und andere Vereinbarungen unterzeichnet. So weit, so gut. Was auf dem Papier so wunderbar aussieht, stellt sich in der Praxis in vielen Fällen ganz anders dar. Zahlreich sind die Probleme, vor allem in den Städten. Die Umweltbelastung durch den Verkehr ist immens, die oft unzureichend funktionierende Müllabfuhr hat **Berge von Abfällen** zur Folge. Die sind nicht nur scheußlich anzusehen, sondern auch ein Herd für krankheitsübertragende Mücken. Dies trifft meist die arme Bevölkerung, die sowohl Opfer als auch Verursacher von Umweltzerstörungen ist. Abwässer gelangen ins Trinkwasser, in Seen und ins

Kakaobohnen

UMWELT- UND NATURSCHUTZ

Meer. Viele Industrieanlagen arbeiten nach wie vor ohne die vorgeschriebenen Umweltschutzmaßnahmen. Vor allem im Bundesland Bolívar mit seinen Gold- und Diamantenminen können die Flüsse belastet sein, denn die „Mineros" arbeiten oft mit Quecksilber, das ins Wasser gelangen kann.

Die **Abholzung der Wälder** war und ist noch immer ein Problem. Vor allem Gold- und Diamantensucher haben ganze Wälder gefällt, um der illegalen Arbeit nachgehen zu können, aber auch die Notwendigkeit von Bauholz und ausbaufähigem Ackerland sind Gründe. Es wird seit Jahren stark aufgeforstet. Laut Gesetz muss jeder, der einen Baum fällt, nachweislich zwei neue pflanzen. Das gilt aber natürlich nur für die legale Holzindustrie, der kleine Bauer, der sich etwas dazuverdient, indem er ein paar Bäume umhackt, pflanzt nichts an. Und viele nutzen dieses Zubrot, da Holz ein teurer Rohstoff ist.

Ein ähnliches Problem sind **Brandrodungen.** Offiziell verboten und auch nicht im Großen betrieben, werden in ländlichen Gegenden Parzellen abgefackelt, damit sie als Äcker genutzt werden können, gerade auch von den Indianern (siehe „Bevölkerung/Die Indianer Venezuelas"). Wenn dann wenige Jahre später, durch Monokulturen hervorgerufen, die Nährstoffe im Boden fehlen, kommt das nächste Stück an die Reihe. Es gibt Versuche, die Bauern zu erziehen, sie im Gebrauch der Böden besser zu informieren. Das sind aber bisher nur Ansätze und eine flächendeckende Lösung des Problems ist nicht in Sicht. Eine gute Idee ist die Nutzung der Wälder für den Anbau von Kakao. Der Kakao benötigt den Schatten der Urwaldriesen und nimmt sogar deren Geschmack an. Es werden dementsprechend keine Wälder abgeholzt, sondern in den Wäldern gepflanzt.

Der Besucher aus Europa fragt sich häufig, wieso alles so schmutzig wirkt, warum die Venezolaner so unachtsam mit ihrer Umwelt umgehen. Doch wie war es früher in Europa, vor allem in Süd- und Osteuropa, als der **Umweltschutz** noch nicht ernst genommen wurde? In Venezuela, einem großen und dünn besiedelten Land, ist die Natur noch weitgehend in Ordnung, die Flüsse sind größtenteils sauber, die Luft außerhalb der Großstädte frisch und rein. Wie erklärt man da den (armen) Menschen, dass sie mehr auf ihre Umwelt achten müssen? Die haben meist andere Sorgen – und ihre Gärtchen halten sie ja auch schön gepflegt und sauber. Und man muss auch Verständnis für den einfachen Mann vom Lande aufbringen, der es seit Urzeiten gewohnt ist, sein Bananenblatt, in das sein Mittagessen gewickelt ist, auf dem Feld achtlos wegzuwerfen. Nun ist das Bananenblatt durch eine Plastiktüte ersetzt – und die Kürbisse wachsen trotzdem.

Es gibt aber auch in Venezuela Ansätze, das Umweltbewusstsein zu fördern, den Menschen zu erklären, dass der Müll nicht einfach an der nächsten Ecke „entsorgt" werden kann. Bis aber das ganze Land müllfrei ist, wird es noch dauern.

Nationalparks in Venezuela

Nationalpark	Größe (ha)
1 Henry Pittier	107.800
2 Sierra Nevada	276.446
3 Guatopo	122.464
4 El Avila	85.192
5 Yurubi	23.670
6 Canaima	3.000.000
7 Yacambú	14.580
8 Cueva de La Quebrada El Toro	8500
9 Archipiélago Los Roques	225.153
10 Macarao	15.000
11 Mochima	94.935
12 Laguna de La Restinga	10.700
13 Médanos de Coro	91.280
14 Laguna de Tacarigua	18.400
15 Cerro El Copey	7130
16 Aguaro-Guariquito	585.750
17 Morrocoy	32.090
18 El Guácharo	45.500
19 Terepaima	18.650
20 Jaua Sarisariñama	330.000
21 Serranía La Neblina	1.360.000
22 Yapacana	320.000
23 Duida-Marahuaca	210.000
24 Península de Paria	37.500
25 Perijá	295.288
26 El Tamá	139.000
27 San Esteban	44.050
28 Sierra de San Luis	20.000
29 Cinaruco-Capanaparo	584.368
30 Guaramacal	21.000
31 Dinira	42.000
32 Páramos: Batallón-La Negra	65.000
33 Cerro Saroche	32.294
34 Sierra La Culata	200.400
35 Chorro El Indio	10.800
36 Ciénagas del Catatumbo	269.400
37 Turuépano	72.600
38 Mariusa	265.000
39 Parima-Tapirapeco	3.500.000
Gesamt	**12.601.940**

In den **Nationalparks** gelten strenge Regeln. Da ist Abholzung ganz verboten, in den maritimen Parks darf nicht harpuniert werden, Fischfang in großem Maßstab ist ebenfalls verboten. Die Einhaltung dieser Gesetze wird von der Nationalparkbehörde **Inparques** überwacht, die mancherorts leider unterbesetzt ist und daher keinen leichten Stand hat. Auch als Tourist kann man es mit dieser Behörde zu tun bekommen. Um in einem Nationalpark zelten zu können, benötigt man deren Genehmigung. Pflanzen, Halbedelsteine und Tiere dürfen nicht aus den geschützten Bereichen ausgeführt werden, andernfalls kann es zu empfindlichen Strafen kommen.

Geschichte

Eine ironische Schöpfungsgeschichte

Venezuela ist theoretisch eines der reichsten Länder dieser Welt. Die Entstehungsgeschichte des Landes wird von den Venezolanern wie folgt erzählt: **Gott erschuf Venezuela in sieben Tagen.** Am ersten Tag gab er dem Land beeindruckende Landschaften und Traumstrände. Am zweiten Tag setzte er endlose Urwälder, Steppen und die schneebedeckten Gipfel der Anden hinzu. Am dritten Tage kam eine unglaubliche Vielfalt in Fauna und Flora dazu, viele Tiere und Pflanzen weltweit einzigartig. Am vierten Tage schenkte er dem Land über tausend Flüsse und viele Seen. Am fünften Tag bescherte er dem Land viele Obstbäume und Gemüsearten. Am sechsten Tag beglückte er das Land mit einem ungeheuren Reichtum an Bodenschätzen wie Erdöl, Gas, Gold, Diamanten, Titan und Aluminium. Am Morgen des siebten Tages schaute er sich seine Kreation an und lächelte sehr zufrieden, aber noch fehlte etwas – mit einem Grinsen im Gesicht, sozusagen als ausgleichende Gerechtigkeit für so viel Reichtum, setzte er am siebten Tage die Venezolaner in dieses Land ...

Unter spanischer Herrschaft

Vor der Entdeckung des heutigen Venezuela durch *Kolumbus* im Jahr 1498 war das Land von drei großen **Indianergruppen** besiedelt: den Arawakos im Nordwesten und Süden, den Caribes, die von Süden kommend erst die Ostküste besetzten und die Arawakos nach Westen drängten und so fast das ganze Küstengebiet von Ost bis West und teilweise den Süden beherrschten, und schließlich den Timoto-Cuicas, die im Andengebiet ansässig waren. Alle drei Gruppen waren hauptsächlich Jäger, Sammler und Fischer.

Seinen **Namen** verdankt Venezuela dem Italiener *Amerigo Vespucci,* der im Jahr 1499 mit *Alonso de Ojeda* erst der Route von *Kolumbus'* dritter Reise ein Jahr zuvor folgte, dann die gesamte Küste bis hin zum heutigen Maracaibo-See erforschte und sich dort wegen der Indianer-Pfahlhütten an sein heimisches Venedig erinnert fühlte und dem dortigen Dorf den schmei-

GESCHICHTE

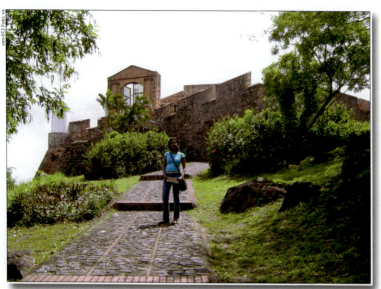

chelhaften Namen „Kleinvenedig" – Venezuela – gab.

Als Folge der Entdeckung durch die Spanier begann die **Eroberung und Kolonisierung** des Landes im 16. Jh. Sie zog sich wegen der zahlreichen Indianerstämme, die zum Teil heftigen Widerstand leisteten, über das ganze 17. Jh. hin. Die erste feste Ansiedlung Nueva Cádiz entstand 1528 auf der Insel Cubagua (heute zum Land Nueva Esparta gehörend), wo mehrere Jahrzehnte die Perlen mit Hilfe der versklavten Indianer ausgebeutet wurden. Der Niedergang der Perlenfischerei, ein Erd- und Seebeben 1541 und spätere Piratenangriffe trugen dazu bei, dass die Bewohner die Insel vollkommen aufgaben.

Die erste Stadt auf dem Festland wurde mit dem Namen Santa Inés de Cumaná im Jahr 1521 gegründet. Im 16. Jh. gab es vier **spanische Provinzen: Neu-Andalusien** oder Cumaná, **Margarita** und **Trinidad** im Osten und die Provinz **Venezuela** im Westen.

Im Jahr 1528 übergab der spanische König *Karl I.* dem Augsburger Handelshaus der **Welser** die Provinz Venezuela als Lehen für die erteilten Kredite. Schon ein Jahr vorher hatte *Juan de Ampíes* Santa Ana de Coro, heute Hauptstadt des Landes Falcón, zusammen mit dem Cacique *Manaure* ge-

*Castillo de Guayana –
spanische Festung am Orinoco*

gründet. Die Welser stellten von 1528 bis 1546 die Gouverneure (*Ambrosius Ehinger* oder *Alfinger, Nikolaus Federmann, Jorge Espira* und *Philipp von Hutten*). Hauptsächlich auf der Suche nach Gold (dem sagenhaften El Dorado) und Silber, trugen die Welser zur Entdeckung des nordwestlichen Südamerikas bis hin zum heutigen Bogotá bei. Unter anderem gründete *Ambrosius Alfinger* im Jahr 1529 Maracaibo, heute die Landeshauptstadt von Zulia und seit Anfang des 20. Jh. Zentrum des wichtigsten Erdölgebietes Venezuelas. 1546 wurde das Land wieder einem spanischen Gouverneur unterstellt.

1568 wurde im Süden die **Provinz Guayana** geschaffen, und aus der früheren Provinz Venezuela ging die **Provinz Maracaibo** hervor. Zur gleichen Zeit entstand die **Provinz Caracas.**

Ende des 16. Jh. bestanden somit sechs unabhängige Provinzen, die bis auf Caracas (abhängig von der Audienz Santo Domingo) politisch dem **Vizekönigreich Neu-Granada** (heute Kolumbien) unterstanden.

Am 8. September 1777 verfügte der spanische König *Karl III.* die **Vereinigung der sechs Provinzen** unter der Regierung des Gouverneurs und Generalkapitäns der Provinz Caracas mit dem Namen Venezuela.

Von der Unabhängigkeit bis 1935

Venezuela war Anfang des 19. Jh. eine **unbedeutende Kolonie** Spaniens, die, wie schon erwähnt, 1777 aus dem Verband des Vizekönigtums von Neu-Granada (Kolumbien) herausgelöst worden war und ein eigenes Generalkapitanat der Vereinigten Provinzen von Venezuela bildete. Da Venezuela Spanien keine besonderen Bodenschätze anzubieten vermochte, waren die venezolanischen Häfen schon früh auch nichtspanischen Schiffen zugänglich. Mit ihnen kamen die Ideen von *Rousseau, Voltaire, Bentham* und *Smith* und die Kunde von der nordamerikanischen Unabhängigkeit und der Französischen Revolution. All dies trug dazu bei, dass Venezuela sozusagen zur Wiege für viele der bedeutendsten Führer in den Unabhängigkeitskriegen der spanischen Kolonien wurde: *Simón Bolívar, José Antonio de Sucre, Rafael Urdaneta, José Antonio Páez* und andere mehr.

Am 19. April 1810 – Spanien war zu dieser Zeit von Frankreich besetzt, *Napoleon* hatte seinen Bruder *Joseph* 1808 zum spanischen König ernennen lassen – wurde der Gouverneur und Generalkapitän *Vicente Emparan* von einer Junta abgelöst. 15 Monate später, am 5. Juli 1811, erklärten die Delegierten aus sieben der zu dem Zeitpunkt neun Provinzen (Guayana und Maracaibo wurden noch von Spanien beherrscht) in Caracas die **Unabhängigkeit** von Spanien. Anführer waren unter anderen **Francisco de Miranda** und **Simón Bolívar,** beide beeinflusst von der Unabhängigkeitserklärung der Vereinigten Staaten von Amerika im Jahr 1776 und von der Französischen Revolution 1789. Spanien seinerseits hatte sich in einem fünfjährigen Krieg von Frankreich befreit, und Veteranen-Truppen besiegten zunächst auch die venezolanischen Patrioten.

Die **Republik Venezuela** ging zweimal verloren, ehe die spanischen Truppen 1821 in Carabobo (Venezuela) und 1824 in Ayacucho (Peru) endgültig besiegt wurden. Offiziell erkannte Spanien die Unabhängigkeit Venezuelas durch einen Vertrag mit der Republik Venezuela am 30. März 1845 an.

Venezuela zahlte in den langen Jahres der Unabhängigkeitskriege von 1810 bis 1824 einen hohen Blutzoll. Das Ergebnis war die Unabhängigkeit von fünf Ländern: Venezuela, Kolumbien, Ecuador, Peru und Bolivien. Die drei erstgenannten Länder bildeten mit *Simón Bolívar* als Präsident von 1819 bis 1830 die **Republik Kolumbien,** auch Großkolumbien genannt. Aber die Einheit dauerte nicht lange. 1830 fanden zwei Kongresse statt: einer in Bogotá (Kolumbien) von *Bolívar* einberufen, der andere von *Páez*, einem Mitstreiter *Bolívars,* in Valencia (Venezuela). Im Mai des Jahres trennte sich Venezuela von Kolumbien. Der Befreier, *Simón Bolívar,* starb am 17. Dezember desselben Jahres in Santa Marta in Kolumbien. Der Traum von einer Gemeinschaft der lateinamerikanischen Länder war fürs erste zu Ende.

Im Falle Venezuelas folgte ein Jahrhundert der Caudillos und **Diktatoren** mit ganz kurzen Intervallen, in denen Zivilpersonen die Präsidentschaft ausübten. Der politischen Revolution gegen Spanien entsprach keine soziale Revolution im Innern. Für die breite Masse hatte sich nichts geändert. Politische Macht war nichts anderes als persönliche Macht und Bereicherung. Als Beweis für diese Behauptung gelte Folgendes: Von 1831 bis 1945 gab es 21 Verfassungen und 36 verschiedene Regierungen. Doch wenn man in Rechnung stellt, dass zum Beispiel *Páez* dreimal, die Gebrüder *Monagas* fünfmal, *Guzmán Blanco* dreimal und *Juan Vicente Gómez* dreimal regierten und man außerdem noch die Marionettenregierungen abzieht, dann kommt man zu dem Ergebnis, dass jeder regierenden Person oder Personengruppe eine Verfassung entsprach. Das heißt nichts anderes, dass sich fast jeder Präsident sozusagen eine Verfassung nach Maß „zurechtschneidern" ließ. Oft diente sie nur dem republikanischen Schein und wurde keineswegs immer von ihren eigenen Urhebern beachtet.

Drei Männer beherrschten die politische Szenerie in Venezuela in der Zeit von 1830 bis 1935: *José Antonio Páez, Antonio Guzmán Blanco* und *Juan Vicente Gómez.*

José Antonio Paéz (1790–1873)

General *José Antonio Páez,* der in den Unabhängigkeitskriegen die berühmten „Llaneros" (Reiterheere aus den Ebenen) anführte, war *Bolívars* tatkräftigster Mitstreiter gegen die Spanier. Nach der Auflösung Großkolumbiens wurde er der erste Präsident Venezuelas. Dreimal war er an der Regierung, 1830–35, 1839–43, 1861–63. Unter seiner Herrschaft wurden die Fahne, das Wappen und die Hymne des Landes geschaffen. 1830 wurde die Religionsfreiheit verkündet, 1833 das Tabakmonopol abgeschafft und damit die Landwirtschaft begünstigt. Bald wurde *Páez* zum **Führer der konservativen Partei,** die von den Großgrundbesitzern beherrscht wurde. Von 1859 bis 1863 tobte der sogenannte **Bundeskrieg,** den die Liberalen unter Führung von General *Falcón* gewannen. Sie enttäuschten zum Großteil die Erwartungen der breiten Volksmassen und verwandelten sich ihrerseits in die Führer einer neuen Oligarchie. *Paéz* starb 1873 in New York.

Antonio Guzmán Blanco (1829–99)

General *Antonio Guzmán Blanco,* Sohn des Gründers der liberalen Partei, kam 1870 an die Macht, die er insgesamt 18 Jahre lang ausübte (1870–77, 1879–84, 1886/87). Seine Politik zeichnete sich durch **Antiklerikalismus** und **wirtschaftlichen Liberalismus** aus. *Guzmán Blanco,* ein Freimaurer, löste die Klöster und Klostergemeinden auf. Unter seiner Regierung büßte die katholische Kirche ihre wirtschaftliche und politische Macht ein, die sie in anderen lateinamerikanischen Ländern bis in die Gegenwart behaupten konnte. Bedeutsam auch sein Dekret über die obligatorische Primärschulerziehung, das er schon kurz nach Machtantritt erließ. *Guzmán Blanco* starb 1899 in Paris.

Juan Vicente Gómez (1864–1935)

General *Juan Vicente Gómez,* gebürtig aus dem Andenbundesland Táchira, kam unter General *Cipriano Castro* (Präsident von 1899 bis 1908) als Vizepräsident zu politischer Macht. *Gómez* machte sich die Schwächen *Castros* zunutze, der sich im Ausland wegen seines Verhaltens bezüglich des Schuldenabbaus Venezuelas unbeliebt gemacht hatte. 1901 wurden die venezolanischen Häfen Carúpano, Guanta, La Guaira, Puerto Cabello und Maracaibo durch englische, deutsche und italienische Kriegsschiffe blockiert. Ein Übriges tat der Streit mit der nordamerikanischen Asphaltgesellschaft The New York and Bermúdez Co., die ihm auch die Feindschaft der USA eintrug. Kaum hatte *Cipriano Castro* am 24. November 1908 die Fahrt zu einem Erholungsurlaub nach Europa angetreten, als sein Vizepräsident und Kriegsminister *Gómez* die Macht übernahm. Durch US-amerikanische Hilfestellung mittels einiger Kriegsschiffe wurde *Castro* die Rückkehr nach Venezuela verwehrt. *Gómez* hatte die oberste Stufe der Macht in seinem Lande erklommen und ließ sich von ihr bis zu seinem Tode im Jahr 1935 nicht mehr herunterstoßen. Während seiner **autoritären Regierung** erlangte das Land einen gewissen **materiellen Fortschritt.** Auch die Auslandsschulden wurden abgetragen. All dies gelang ihm aber nur durch den plötzlichen Reichtum, der durch das **Erdöl** über das Land hereingebrochen war. Die großzügig dotierten Konzessionen füllten die Taschen von *Gómez* und seinen Anhängern. In jenen Jahren eroberten sich die Royal Dutch Shell und die Standard Oil of New Jersey ihre Mehrheitsanteile bei der Ausbeutung des venezolanischen Erdöls.

GESCHICHTE

Von 1935 bis zu Hugo Chávez

Eleázar López Contreras (1935–41)

Als der Tod von *Juan Vicente Gómez* bekannt wurde, ging ein Aufatmen durch das Land. Vorerst blieb aber erst einmal alles bei der alten Ordnung. Gemäß der letzten Gómez-Verfassung von 1931 wählte das Kabinett den Kriegsminister General *López Contreras* zum Nachfolger. Der Kongress bestätigte ihn in seinem Amt.

Die politischen und sozialen Veränderungen gingen vielen zu langsam voran. Im Februar **1936** fand der **erste Generalstreik** in Venezuela statt, der unglaubliche 45 Tage andauerte. Gefordert wurde die wirkliche Demokratisierung des Regimes. Das Ergebnis waren ein neues Arbeitsgesetz, das Erdölgesetz und das Gesetz über die Beschlagnahme des Gómez-Erbes.

Es entstanden **neue Parteien**, so *Orve (Organización Venezolana)*, eine Partei aller Anti-Gomezisten. Sie wurde aufgrund der Beteiligung am Streik aufgelöst. Die **neue Verfassung** ermöglichte es, alle, die der kommunistischen oder anarchistischen Doktrin verdächtig waren, außer Landes zu weisen. 1937 war ein neuer Kongress gewählt worden. Vier der neuen radikalen Kongressmitglieder wurden beschuldigt, Kommunisten zu sein. Ihre Wahl wurde annulliert. Durch ein Dekret des Gouverneurs des Bundesdistriktes wurden 23 Venezolaner außer Landes verwiesen, an der Spitze **Rómulo Betancourt.** Er ging in den Untergrund. Hier organisierte er die *Partido Democrático Nacional (PDN)*, die spätere *Acción Democrática (AD)*. Nach drei Jahren Basisarbeit wurde er schließlich gefasst und nach Chile deportiert.

1941 wählte der Kongress *López Contreras'* **Nachfolger.** Dessen Kandidat war der eigene Kriegsminister *Isaías Medina Angarita. Betancourt,* 1941 aus Chile zurückgekehrt, ließ durch die PDN den Schriftsteller *Rómulo Gallegos* als „symbolischen Kandidaten" aufstellen. 31 Stimmen entfielen auf den offiziellen Kandidaten, 13 auf *Gallegos.*

Isaías Medina Angarita (1941–45)

Die „Testamentsvollstrecker" von *Gómez,* wie *Betancourt López Contreras* und *Medina Angarita* nannte, behielten also die Macht. Allerdings versuchte *Medina* mehr als sein Vorgänger, Venezuela auf den **Weg zur Demokratie** zu bringen. Alle politischen Gefangenen wurden auf freien Fuß gesetzt, alle Exilierten konnten zurückkehren. Presse- und Meinungsfreiheit wurden zugesichert. Ein neues Einkommenssteuer- und ein neues Erdölgesetz mit 50% Gewinnanteil für den Staat wurden verabschiedet.

In dem Maße, wie der Termin für die Präsidentschaftswahlen heranrückte, nahm die **politische Spannung im Lande** zu. Ex-Präsident *López Contreras* sammelte seine Anhänger für eine Wiederwahl. Präsident *Medina* organisierte eine eigene Partei, die *Partido Democrático Venezolano (PDV)*, zur Wahl eines ihm genehmen Kandidaten, und die *Acción Democrática (AD)* versuchte auf friedlichem Wege zu einem Kompromiss zu kommen, der dem Volk mehr demokratische Rechte bringen sollte.

Als im Spätsommer 1945 die offizielle PDV den venezolanischen Botschafter in Washington, Diógenes Escalante, zum Kandidaten nominierte, fuhren *Betancourt* und *Raúl Leoni* im Auftrag der AD nach Washington, um mit *Escalante* zu sprechen. Er versprach ihnen, gleich nach seiner Wahl Reformen einzuleiten, unter denen die wichtigste das allgemeine, geheime, freie Wahlrecht für alle Bürger über 18 Jahren wäre. Diese Übereinkunft war für die AD umso wichtiger, als sich ihnen schon vorher, und zwar im Juni, eine Gruppe von jungen Offizieren,

die *Unión Patriótica Militar,* deren Sprecher der damalige Major und spätere Diktator *Marcos Pérez Jimenez* war, genähert hatte, um sie davon zu unterrichten, dass sie einen Staatsstreich planten. Da sie ein neues, demokratisches Venezuela anstrebten, erschien ihnen die AD als geeignete politische Kraft für diese Aufgabe.

AD suchte also nach einer gewaltlosen Lösung, als sie sich mit *Escalante* einig wurde. Unglücklicherweise erlitt dieser kurze Zeit später einen Nervenzusammenbruch und musste seine Kandidatur zurückziehen. Die Führer der AD machten einen letzten Versuch. *Rómulo Gallegos* unterbreitete *Medina* im Namen der AD einen Vorschlag: Ein Parteiloser sollte Präsident werden, und nach einem Jahr sollten allgemeine, freie Wahlen stattfinden. *Medina* lehnte den Vorschlag ab und bestimmte seinen Landwirtschaftminister *Angel Biaggini* zum Kandidaten.

Die progressiven Kräfte sahen keinen anderen Ausweg als den der Gewalt. Der **Aufstand der AD** zusammen mit den Militärs begann am 18. Oktober. Obwohl regierungstreue Truppen Widerstand leisteten, war am nächsten Abend die Macht fest in den Händen einer Junta, die aus vier AD-Mitgliedern, zwei Militärs und einem Zivilist bestand.

Die Acción Democrática an der Macht (1945–48)

Die AD, die sich als nationalrevolutionäre Partei verstand, machte sich sogleich daran, ihr sozialrevolutionäres und antiimperialistisches Programm umzusetzen. Miraflores, der Regierungspalast, verwandelte sich in eine Maschine, die **Dekrete** produzierte. Das erste davon erschien schon drei

Caracas, das politische Zentrum des Landes

Tage nach der Machtübernahme: Es verbot den Juntamitgliedern, für die nächsten Präsidentschaftswahlen zu kandidieren. Als nächstes folgte das neue Wahlstatut, das unter anderem allen Venezolanern über 18 Jahren das Wahlrecht gab, alle Venezolaner über 21 wählbar machte und die Einrichtung des Obersten Wahlrates mit Vertretern aller Parteien verfügte, der in Zukunft alle Wahlen vorzubereiten und durchzuführen hatte.

Am 27. Oktober 1946 fanden Wahlen zur **verfassunggebenden Versammlung** statt, in der die AD eine überwältigende Mehrheit errang. Diese ratifizierte und legalisierte die Beschlüsse der De-facto-Regierung und wählte den bisherigen Juntavorsitzenden *Betancourt* zum provisorischen Präsidenten.

Die **neue Verfassung** wurde am 5. Juli 1947 proklamiert. Die verfassunggebende Versammlung reformierte auch das Arbeitsgesetz, wodurch vor allem die Stabilität der Arbeitsplätze und das Recht auf Mitgliedschaft in **Gewerkschaften** gesichert wurde. Allein im Jahre 1946 organisierten sich 500 Gewerkschaften, und im gleichen Jahr wurde die *Confederación de Trabajadores de Venezuela* (*CTV*, Gewerkschaftsbund) gegründet.

Um die steigenden Ausgaben für den Bau von Schulen, Krankenhäuser, Straßen, Bewässerungsanlagen usw., kurz: die Infrastruktur zu finanzieren, hatte die Junta noch im Dezember des Jahres 1945 eine zusätzliche **Gewinnsteuer** eingeführt, die vor allem die Erdölfirmen betraf. Das oberste Wirtschaftsziel bestand darin, die Einnahmen aus dem Erdöl für das Land nutzbringend zu verwenden. Das **Gesundheitswesen** wurde wesentlich verbessert. Die Malaria, die Jahr für Jahr etwa 1 Mio. Menschen krank werden ließ, wurde innerhalb von zwei Jahren ausgerottet. Die **Sozialversicherung,** die schon 1940 dekretiert worden war, wurde endlich eingeführt.

Zusammen mit einer Erhöhung der Schulplätze wurde eine intensive **Alphabetisierungskampagne** gestartet, die sowohl in individueller Form als auch durch politische, gewerkschaftliche, kulturelle und Jugendorganisationen vorangetrieben wurde.

Alles in allem handelte es sich um ein radikales Programm. Die Antwort von reaktionärer Seite ließ nicht lange auf sich warten. Bereits Anfang 1945 hatte es mehrere Verschwörungen gegeben, die gefährlichste schließlich am 11. Dezember 1945, bei der den Aufständischen wichtige Garnisonsstädte in die Hände fielen. Aber sie konnten niedergeschlagen werden.

Die Bevölkerung schloss sich diesen Putschversuchen nicht an. Zunächst galt es, die neuen politischen Rechte wahrzunehmen. Am 14. Dezember 1947 fanden die **Präsidentschaftswahlen** statt. Gleichzeitig wurden der Kongress, die Länderparlamente und Gemeinderäte des Bundesdistriktes und der Bundesterritorien gewählt. Der Kandidat der AD, **Rómulo Gallegos,** aussichtsloser Kandidat unter dem alten Regime im Jahre 1941, gewann unter dem neuen Wahlrecht über 70% der abgegebenen Stimmen.

GESCHICHTE

Zum ersten Mal in der Geschichte Venezuelas hatte das Volk seinen Präsidenten gewählt. Die AD konnte ihre Vormachtstellung auch im Kongress und den Länderparlamenten behaupten. Bei den Gemeinderatswahlen im Mai 1948 sah das Ergebnis ähnlich günstig für die Regierungspartei aus.

Dieser Erfolg verführte wohl dazu, zu einseitig zu regieren, ohne andere Parteien und Gesellschaftskreise einzubeziehen. Das **Ende** ließ nicht lange auf sich warten. Am 24. November 1948 schlug der Generalstab unter Führung des Verteidigungsministers und Mitglieds der AD-Junta von 1945–48, Oberstleutnant **Delgado Chalbaud,** zu: Die Regierungs- und Kongressmitglieder der AD wurden verhaftet. *Betancourt* konnte sich in die kolumbianische Botschaft flüchten. Die chilenische Regierung erwirkte im Dezember 1948 für ihn einen Schutzbrief, mit dem er das Land verlassen konnte.

Junta-Regierung (1948–1952)

Die neue Junta bildeten außer Oberstleutnant *Delgado Chalbaud* Major *Llovera Páez* und Major **Marcos Pérez Jiménez.** Obwohl sie versicherten, es handele sich nicht um eine **Militärdiktatur,** sondern es gehe vielmehr darum, die demokratischen Prinzipien zu bewahren, sah die Wirklichkeit dann aber so aus, dass die Verfassung von 1947 außer Kraft gesetzt, der Kongress, die Länder- und Gemeindeparlamente aufgelöst und die größte Partei AD verboten und Meinungs- und Pressefreiheit eingeschränkt wurden. Auch der venezolanische Gewerkschaftsbund, eine der Hauptstützen der AD, wurde aufgelöst. Eine unbarmherzige politische Verfolgung setzte ein: Die venezolanische Geheimpolizei und der militärische Geheimdienst begannen traurige Berühmtheit zu erringen.

Die Junta war auch geprägt durch die Rivalität zwischen *Delgado Chalbaud* und *Pérez Jiménez,* die mit der Ermordung von *Delgado* am 13. November 1950 endete. Neuer Juntapräsident wurde aber nicht *Pérez Jiménez,* wie allgemein erwartet, sondern ein Rechtsanwalt, **Dr. Germán Suarez Flamerich,** ganz offensichtlich eine Marionette der beiden in der Junta verbliebenen Offiziere.

Die 1948 versprochenen **Wahlen** fanden am 30. November 1952 statt. Gewählt wurde eine verfassunggebende Versammlung, die ihrerseits wie 1946 einen provisorischen Präsidenten wählen und eine neue Verfassung verabschieden sollte. *Pérez Jiménez* was sich seiner Sache so sicher, dass er relativ freie Wahlen zuließ. Er selbst war Kandidat der von *Suarez Flamerich* gebildeten *Frente Electoral Independiente (FEI).* Die Oppositionsparteien *URD (Unión Republicana Democrática)* und die sozialchristliche *COPEI* nahmen unter Protest an den Wahlen teil. Die Mehrheitspartei AD war von den Wahlen ausgeschlossen. Sie hatte nach anfänglichem Zögern ihren Anhängern empfohlen, für die URD zu stimmen. Als die ersten Wahlergebnisse zeigten, dass die URD mit überwältigender Mehrheit die Wahlen gewonnen hatte, wurde die Zensur über alle Wahlnachrichten verhängt. Nach einer Neuzählung der Stimmen wurde der Sieg der Regierungspartei bekanntgegeben. Schon am 2. Dezember hatte *Pérez Jiménez* die zwei anderen Juntamitglieder abgesetzt und sich zum De-facto-Präsidenten gemacht.

Die neue verfassunggebende Versammlung – die verbliebenen Abgeordneten von URD und COPEI blieben aus Protest fern – bestätigte nicht nur *Pérez Jiménez* als Präsident, sondern ernannte auch alle wichtigen Beamten der Legislative, Exekutive und Judikative und entwarf die neue Verfassung, die am 15. April 1953 in Kraft trat.

Marcos Pérez Jiménez (1953–1958)

Fünf Jahre dauerte die **Diktatur** von *Marcos Pérez Jiménez*. Sie war eine Art Neuauflage der Diktatur von *Juan Vicente Gómez* unter modernen Vorzeichen. Alle demokratischen Parteien waren gezwungen, in den Untergrund zu gehen. Die brutale Unterdrückung jeder Art von Opposition kannte keine Grenzen.

Wirtschaftlich dagegen waren die 1950er Jahre günstig für Venezuela. Die Erdölpreise waren in der Nachkriegszeit gestiegen, und die Nachfrage erhöhte sich vor allem in Krisenzeiten, wie dem Koreakrieg (1950–53), der Verstaatlichung der Erdölindustrie in Iran (1951) und der Suezkrise im Jahr 1956. Weil dies alles noch nicht für die prätentiösen öffentlichen Bauten, den Militärhaushalt und die Unterschlagungen ausreichte, wurden 1956 und 1957 zusätzliche Ölkonzessionen an ausländische Konzerne vergeben.

Die Hauptstadt Caracas verwandelte sich schnell von einer provinziellen Stadt mit roten Ziegeldächern in eine der modernsten Großstädte Südamerikas. Doch wurden wesentliche Reformen, die die AD-Regierungen von 1945 bis 1948 im Bildungswesen, der Landwirtschaft und den Grundstoffindustrien begonnen hatten, nur zaghaft fortgesetzt oder gar ganz ausgesetzt.

Die Unzufriedenheit griff immer mehr um sich. Im Sommer 1957 bildete sich die **„Junta Patriótica",** die aus Vertretern der Parteien AD, COPEI, URD, PCV und Parteilosen bestand. Am 21. November, anlässlich eines internationalen Ärztekongresses, protestierten die Studenten der Zentral- (UCV) und Katholischen Universität (UCAB) gegen das Regime.

Die Herrschenden kündigten Wahlen an. Was dann aber tatsächlich am 15. Dezember 1957 stattfand, waren keine Wahlen, wie sie die Verfassung von 1953 vorsah, sondern ein **Plebiszit:** Die Wähler konnten nur darüber abstimmen, ob sie *Pérez Jiménez* noch einmal fünf Jahre zum Präsidenten haben wollten oder nicht. Erstmals konnten auch Ausländer mit zwei Jahren Aufenthalt im Land abstimmen. Alle Wahlberechtigten bekamen zwei Karten: eine blaue für „Ja" und eine rote für „Nein". Unter solchen Bedingungen war das Ergebnis nicht sonderlich verblüffend: 86% stimmten mit Ja.

Die wirkliche „Abstimmung" aber erfolgte einen Monat später. Selbst die Streitkräfte standen nicht mehr geschlossen hinter ihrem General und Präsidenten. Am Neujahrstag 1958 rebellierte die Luftwaffe in Maracay, einige Bomben wurden über Caracas abgeworfen. Auch Armee- und Marineeinheiten schlossen sich an. *Pérez Jiménez* schickte loyale Truppen und konnte noch einmal kurz Herr der Lage werden. **Volksaufstände** waren jetzt an der Tagesordnung. Am 20. Januar 1958 wurde ein Generalstreik ausgerufen. Am 21. Januar fanden heftige Straßenkämpfe in Caracas und anderen Landesteilen statt. Am 22. Januar wurde der Diktator von den Militärs zum Rücktritt gezwungen und floh in die Dominikanische Republik. Eine Junta unter Führung von Konteradmiral *Wolfgang Larrazábal* übernahm am 23. Januar die Regierung.

Provisorische Regierung (1958/59)

Eine der ersten Maßnahmen der provisorischen Regierung war die **Freilassung der politischen Häftlinge.** Gleichzeitig kehrten Tausende von Exilierten in ihre Heimat zurück. Die politischen Parteien begannen, ihre Organisationen neu aufzubauen. Alle politischen Körperschaften aus der Zeit der Diktatur wie Kongress, Länderparlamente und Gemeinderäte wurden aufgelöst und das Plebiszit vom Dezember 1957 für ungültig erklärt. Gleichzeitig wurde ein neues Wahlgesetz entworfen.

Die übereilte Bezahlung von Auslandsschulden verschlechterte allerdings die Finanzlage des Landes ebenso wie der sogenannte **Notstandsplan,** der den niedrigen Einkommensschichten durch Arbeitslosenunterstützung und Arbeitsbeschaffungsmaßnahmen und andere Zuwendungen helfen sollte.

Trotz aller Schwierigkeiten war die provisorische Regierung fest entschlossen, die Macht sobald wie möglich einer demokratisch gewählten Regierung zu übergeben. Als Wahltermin war der 7. Dezember 1958 festgesetzt worden. Nachdem man sich in Gesprächen zwischen den drei großen Parteien AD, URD und COPEI nicht auf einen gemeinsamen Präsidentschaftskandidaten einigen konnte, stellte jede Partei ihren eigenen auf: AD *Rómulo Betancourt,* URD *Wolfgang Larrazábal,* COPEI *Rafael Caldera.* Allerdings verpflichteten sich die drei Parteien im „Pakt von Puntofijo" vom 31. Oktober 1958, das demokratische System zu verteidigen, die **Wahlen** zu respektieren und eine große Koalition zu bilden. *Betancourt* gewann klar mit 45,2% der abgegebenen Stimmen und hatte auch die Mehrheit in beiden Kammern des Kongresses.

Rómulo Betancourt (1959–1963)

Im Februar 1959 bildete *Betancourt,* wie im „Pakt von Puntofijo" versprochen, eine große **Koalitionsregierung.** Ihr gehörten zwei Mitglieder der AD, drei von COPEI, zwei der URD und acht Unabhängige an. Allerdings besetzte die AD die beiden wichtigsten Ministerien: das Innenministerium und das Ministerium für Erdöl und Bergbau. Die URD verließ schon im Herbst 1960 wegen Meinungsverschiedenheiten hinsichtlich Kubas die

Koalition. Nachdem sich schon im April des gleichen Jahres der linke Flügel, fast die gesamte Jugend der AD, abgespalten hatte, war die Regierung in vielerlei Hinsicht auf den ihr verbleibenden Koalitionspartner, die christlich-soziale Partei COPEI, angewiesen – sie blieb bis zum Schluss ein loyaler Partner. Diese Zusammenarbeit war aus der gemeinsamen Opposition gegen das Regime *Pérez Jiménez* entstanden. Beide Parteien waren in dieser Zeit gereift. Die Kommunistische Partei war von Anfang an von der Regierung ausgeschlossen.

Die Aufgabe, die sich die Regierung gestellt hatte, war keine einfache: Sie wollte **das Land auf friedlichem Wege revolutionieren.** Dieser Weg wurde schon in der Zeit von 1945 bis 1948 beschritten. Jetzt wurde er nach zehnjähriger Unterbrechung wieder aufgenommen.

Eine der ersten Maßnahmen des neuen Kongresses war die Verabschiedung des Landreformgesetzes. Es wurde eine **neue Verfassung** ausgearbeitet, die am 23. Januar 1961 in Kraft trat. Ihr Vorbild war die Verfassung von 1947. Der Präsident wird danach auf fünf Jahre bei relativer Mehrheit gewählt und kann sich erst zehn Jahre nach Beendigung seiner Amtszeit erneut zur Wahl stellen.

Ein wichtiges Ereignis mit weltweiten Auswirkungen war die Initiative der Erdölminister Venezuelas und Saudi-Arabiens, eine Konferenz führender Erdölländer einzuberufen. Sie fand vom 10. bis 14. September 1960 in Bagdad statt, auf der die Gründung der **Organisation Erdöl exportierender Länder (OPEC)** beschlossen wurde. Außer Venezuela und Saudi-Arabien waren der Iran, Irak und Kuwait beteiligt, später schlossen sich weitere Länder an.

Die Gewerkschaften und der Bauernverband waren die treuesten Verbündeten der Regierung. Aber auch der Verband der Industrie- und Handelskammern *(Fedecámaras)* verhielt sich loyal. Problematischer war das Verhalten der **Studentenschaft** und Oberschüler. *Betancourt* wusste dies aus den Tagen seiner eigenen Studentenzeit Ende der 1920er Jahre. Während 1959 und Anfang 1960 noch für die Regierung und gegen rechtsgerichtete Putschversuche demonstriert worden war, wandten sich die Studenten Ende 1960 mehrheitlich gegen die Regierung. Grund war die zunehmend Castro-feindliche Haltung *Betancourts*. Wie schon erwähnt (siehe Exkurs „Kalter Krieg: Venezuela – Kuba – Guerilla"), spaltete sich der linke Pro-Castro-Flügel der AD ab und bildete die *MIR (Movimiento de Izquierda Revolucionaria)*. Zusammen mit der kommunistischen Partei und der URD, die gerade die Koalitionsregierung verlassen hatte, verfügte sie über die Mehrheit in Caracas. Alle drei Parteien besaßen außerdem gut organisierte Studentenverbände. So nahm es nicht wunder, dass, als erst einmal der bewaffnete Kampf gegen die verräterische Betancourt-Regierung ausgerufen worden war, die Universitäten, vor allem die Zentraluniversität in Caracas, zu einer Heimstatt der Revolutionäre wur-

Kalter Krieg in Venezuela

Bei der Einschätzung der Politik *Betancourts* müssen wir von der historischen Tatsache ausgehen, dass zu jener Zeit der Raum der Karibischen See der **Brennpunkt des Kalten Krieges** in der westlichen Hemisphäre darstellte. *Fidel Castro* war gerade in Kuba an die Macht gekommen. Mehr als vielleicht in Europa deutlich wurde, entspann sich zwischen *Castros* Kuba und *Betancourts* Venezuela ein **Wettkampf**. Beide Länder wollten beweisen, dass ihr System das bessere ist: Kuba beschritt, auch unter Zwang (Blockade durch die USA), den Weg des kommunistischen Sozialismus, während es Venezuela mit dem demokratischen Sozialismus mittels Reformen versuchte.

Dabei geriet Venezuela automatisch in die „Schusslinie" des von der Sowjetunion geführten internationalen Kommunismus und ihres ersten lateinamerikanischen Verbündeten *Castro*. Die Kommunisten und ihre Verbündeten, vor allem die *Movimiento de Izquierda Revolucionaria (MIR)*, setzten alles daran, *Betancourt* zu Fall zu bringen. Sie hofften, durch ein von der Regierung nicht kontrolliertes Eingreifen des Militärs einen Bürgerkrieg entfachen zu können. Die Aussichten für einen Erfolg der Gegner *Betancourts* waren tatsächlich nicht schlecht. Das Land verlangte dringend nach inneren Reformen. Zudem hatte die provisorische Regierung zerrüttete Finanzen hinterlassen. Die Reaktion *Betancourts* auf die Attacken der Kommunisten zeigte aber sehr bald, dass er kein „venezolanischer Castro" war. Die politische Lage komplizierte sich zusätzlich dadurch, dass vor allem in der ersten Zeit starke **Angriffe von den reaktionären Kräften** und Militärs, von Großgrundbesitzern und anderen Anhängern der Diktatur gegen die demokratische Regierung geführt wurden. Am 24. Juni 1960 wurde *Betancourt* selbst das Opfer eines Anschlags von rechts, dessen Urheber der Diktator der Dominikanischen Republik *Trujillo* war. Eine ferngesteuerte, in einem Auto versteckte Bombe zerstörte den Wagen des Präsidenten, der schwere Verbrennungen erlitt. Sein Fahrer und Adjutant wurden dabei getötet.

Es galt also, geschickt zwischen links und rechts zu lavieren, ohne wesentliche Abstriche vom Reformprogramm zu machen. Wie turbulent es in Venezuela während der fünfjährigen Amtszeit *Betancourts* zuging, zeigt schon die Tatsache, dass alle verfassungsmäßigen Rechte insgesamt nur sieben Monate in Kraft waren. Die neue Verfassung von 1961 hatte dem Präsidenten das Recht eingeräumt, in Notfällen gewisse Garantien zu suspendieren.

Im Jahr 1962 erfolgten zwei linksgerichtete militärische Aufstände, der erste am 4. Mai in Carúpano („Carupanazo"), Sitz einer Marineinfanteriegarnison im Osten des Landes. Die **Rebellen** wurden am nächsten Tag von loyalen Truppen umstellt und ergaben sich noch am selben Tag. Knapp einen Monat später, am 2. Juni, rebellierten Einheiten des wichtigsten Marinestützpunktes in Puerto Cabello („Porteñazo"). Der Aufstand wurde von loyalen Truppen blutig niedergeschlagen.

Etwas Neues begann sich in der venezolanischen Geschichte abzuzeichnen: Die venezolanischen Streitkräfte änderten ihre Haltung gegenüber der zivilen politischen Macht, waren kein Staat im Staate mehr, und seit 1959 hatte ganz bewusst ihre Institutionalisierung als demokratische Einrichtung eingesetzt.

den. *Betancourt* vermied es aber geschickt, direkt gegen die Universitäten vorzugehen. Vielmehr isolierte er die militanten Studentenorganisationen weitgehend, indem er die mit ihnen verbündeten Schülerorganisationen durch Dekret verbot.

Am 1. Dezember 1963 fanden die **Wahlen** zur Präsidentschaft und zum Kongress statt. Sieben verschiedene Kandidaten bewarben sich um das höchste Amt. **Raúl Leoni** (AD), langjähriger Gefährte *Betancourts,* wurde mit 32,8% der abgegebenen Stimmen gewählt. In Venezuela bestand nach gültiger Verfassung zwar Wahlpflicht, trotzdem aber war die hohe Wahlbeteiligung (über 91%) erstaunlich, denn der bewaffnete Arm der PCV und MIR, die *Fuerzas Armadas de Liberación Nacional (FALN),* hatte es darauf abgesehen, diese Wahlen zu verhindern. **Terrorakte** standen auf der Tagesordnung. Nach einem Überfall auf einen Ausflugszug in der Nähe von Caracas, bei dem fünf Mitglieder der Nationalgarde getötet und zahlreiche Reisende verletzt worden waren, ließ die Regierung MIR und PCV für illegal erklären und ihre Kongressmitglieder und führenden Mitglieder im ganzen Land verhaften.

Raúl Leoni (1964–1969)

Am 11. März 1964 trat *Raúl Leoni* das Präsidentenamt an. Das erste Mal in der Geschichte Venezuelas hatte ein demokratisch gewählter Präsident

GESCHICHTE

die Macht an seinen legitimen Nachfolger übergeben können. Aber noch waren die Gefahren für die junge Demokratie nicht gebannt. Versuche, wieder eine Koalition zwischen AD und COPEI zu bilden, scheiterten an der Unnachgiebigkeit beider Parteien. Die COPEI entschloss sich, endgültig in die Opposition zu gehen. Dieser Schritt führte aber glücklicherweise nicht zu undifferenzierten Angriffen gegen die Regierung, sondern zu einer konstruktiven Opposition. Da die Regierungspartei AD weder im Senat noch im Abgeordnetenhaus über die Mehrheit verfügte, musste sich *Leoni* nach anderen Koalitionspartnern umsehen. Er fand sie in *Jóvito Villalbas URD* und *Arturo Uslar Pietris FND (Frente Nacional Democrática)*, der sogenannten „Breiten Basis". Wieder einmal musste sich eine **Koalitionsregierung** bewähren. Im Wesentlichen setzte *Leoni* die von seinem Vorgänger begonnene Reformpolitik fort.

Die von *Betancourt* energisch angegangene Bekämpfung der **Guerilla** wurde weitergeführt. Gleichzeitig wurden politische Gefangene freigelassen: Sie konnten entweder im Land bleiben oder ausreisen. Diese Politik hatte Erfolg. In den Kreisen der PCV begann man darüber zu diskutieren, ob es noch Sinn hatte, den bewaffneten Kampf fortzuführen. Ende 1966, Anfang 1967 entschloss sie sich für den friedlichen Weg und brach mit der von der MIR weiter unterstützten Guerillabewegung.

Gewerkschaftsbund, obwohl keine Domäne mehr der AD, Bauernverband, Fedecámaras und Streitkräfte unterstützten tatkräftig die Regierung. Weiterhin problematisch waren dagegen die Beziehungen zu den Studenten. Abgesehen von den extremen Gruppen von rechts und links schien sich aber in den zehn Jahren der Demokratie ein Konsens unter der Bevölkerung eingestellt zu haben, der sich auf zwei Pfeiler stützte: **Stärkung der demokratischen Sozialordnung und Wirtschaftwachstum.** Die Regierungen *Betancourts* und *Leonis* ließen die neue Mittelklasse sowie die Arbeiter und Bauern mittels demokratischer Parteien, Gewerkschaften und Verbände am politischen Leben und somit am Aufbau eines neuen Venezuela teilhaben. Dies war letztlich auch der Grund für das Scheitern der Links- und Rechtsextremen.

Rafael Caldera (1969–1974)

Am 1. Dezember 1968 fanden Neuwahlen statt. Ein Jahr zuvor war es über die innerparteiliche Kandidatenwahl zu Auseinandersetzungen zwischen dem rechten und linken Flügel der AD gekommen. Die Gegensätze führten zur Spaltung, die die AD den Sieg kosten sollte. Die schon bei den Wahlen von 1963 an die zweite Stelle gerückte sozial-christliche Partei COPEI errang ihren ersten Wahlsieg. Dies gelang ihr aber nicht nur wegen der Spaltung der AD, sondern vor allem dank ihrer Beharrlichkeit, ihres klaren

Dem Freiheitshelden Simón Bolívar ist in jeder Stadt ein Platz gewidmet

Programmes und ihrer Entwicklung zu einer modernen demokratischen Partei. Am 11. März 1969 trat *Rafael Caldera* sein Amt als Präsident an. Wieder fand ein bisher einmaliger Vorgang in der Geschichte Venezuelas statt: Der Führer der stärksten Oppositionspartei war verfassungsmäßiger Präsident geworden.

Caldera koalierte mit keiner anderen Partei, sondern bildete unter Berücksichtigung vieler Unabhängiger eine **Minderheitsregierung.** Ihr gelang mittels einer Generalamnestie die „Befriedung" der venezolanischen Guerilla, deren führende Mitglieder meist ins politische Leben als Abgeordnete, Senatoren oder später sogar als Minister eingegliedert wurden. 1970 wurde die Kommunistische Partei legalisiert.

Ansonsten führte *Caldera,* obwohl er unter dem Motto „Wandel" angetreten war, die Politik der vorherigen Regierungen fort. Der Staatskapitalismus wurde beibehalten, Bürokratie und „Klientelismus" nahmen zu.

Carlos Andrés Pérez (1974–1979)

Zu den Wahlen im Dezember 1973 war *Carlos Andrés Pérez* unumstrittener Kandidat der AD. Er war schon von Jugend an politisch tätig. 1938 trat er der PDN bei (*Partido Nacional Democrático,* Vorläufer der AD). Unter der Juntaregierung (1945–48) war er Privatsekretär von Präsident *Betancourt* und Sekretär des Ministerrates. 1947 wurde er zum Abgeordneten gewählt. Als Folge des Militärstaatsstreiches gegen Präsident *Gallegos* verbrachte er ein Jahr im Gefängnis, ging dann in den Untergrund, später ins Ausland und kehrte 1958 nach dem Sturz von *Pérez Jiménez* nach Venezuela zurück. Die Wahlen 1973 gewann er mit 48,7% der Stimmen gegen den Regierungskandidaten von COPEI, *Lorenzo Fernández* (36,7%).

Sein Regierungsprogramm kündigte eine **„Demokratie mit Energie"** an, die sich dann später im V. Plan der Nation „Hin zum großen Venezuela" (1976–80) niederschlug. Die staatseigenen Betriebe sollten reorganisiert und die sozialen Probleme Ernährung, Gesundheit, Erziehung, Wohnungsbau und Arbeitsplätze in Angriff genommen werden.

Auf dem **Bildungssektor** sind außer der Gründung neuer Universitäten und Fachhochschulen zwei Taten hervorzuheben: die Gründung des venezolanischen Verlages „Biblioteca Ayacucho" und das Stipendiumprogramm für Aufbaustudien im In- und Ausland „Becas Gran Mariscal de Ayacucho".

Begünstigt wurde seine energisch durchgeführte Wirtschafts- und Sozialpolitik durch die **steigenden Erdölpreise,** schon einige Monate vorher provoziert durch einen Krieg im Nahen Osten (Yom Kippur, Oktober 1973) zwischen Israel, Ägypten und Syrien. 1975 wurde die Eisenerzindustrie verstaatlicht, ein Jahr darauf folgte die Erdölindustrie. Es entstand die venezolanische **staatliche Erdölgesellschaft PDVSA** (*Petróleos de Venezuela S.A.*). Das Land erlebte einen großen Wirtschaftsboom (jährlich etwa 9%), die Korruption erfuhr einen enormen Aufschwung.

GESCHICHTE

Unter der Regierung von *Pérez* wurden die diplomatischen Beziehungen zu Kuba, die 1960 abgebrochen worden waren, wieder aufgenommen, obwohl die Verfassung vorschrieb, die Demokratie überall zu verbreiten.

Luis Herrera Campíns (1979–1984)

Campíns gehörte während seiner Studienzeit an der Zentraluniversität der *Unión Nacional de Estudiantes (UNE)* an (eine rechtskatholische Studentenvereinigung, deren Mitglied auch *Caldera* war), musste aber nach einem Proteststreik 1952 gegen das Jiménez-Regime ins Ausland gehen. Er kehrte wie andere Oppositionelle Anfang 1958 nach Venezuela zurück.

Im Wahljahr 1978 wurde er Präsidentschaftskandidat der COPEI und konnte sich im Dezember gegen den Favoriten *Luis Piñerua Ordaz* von der AD mit fast 52% der Stimmen durchsetzen. Einer seiner Wahlslogans in Bezug auf die hohen Einnahmen durch den Erdölboom und ihre Investition ins Land, war: **„Wo ist das Geld geblieben?"** *(Donde están los reales?).* Tragisch dabei war, dass unter seiner Regierung trotz der wachsenden Erdölgelder die **Auslandsschulden** gewaltig anstiegen und die Korruption sich noch weiter ausbreitete, obwohl er selbst ein ehrenwerter Mann war.

Als die Erdölpreise sanken und wegen der Überbewertung des Bolívar trat eine **Kapitalflucht** ein. Die Währung musste am 28. Februar 1983 („Schwarzer Freitag") abgewertet werden; es wurden differenzierte Devisenkurse eingeführt, die von einer eigens eingerichteten Devisenbehörde *(Recadi)* verwaltet wurden. Die hohen Auslandsschulden mussten mit Hilfe des Internationalen Währungsfonds und der Weltbank refinanziert werden.

Immerhin: Wichtige Gesetzeswerke wurden abgeschlossen, so das vollkommen überholte Erziehungsgesetz (1980) und die Reform des Zivilgesetzbuches (1982). Aber die negativen Aspekte blieben beim Wähler mehr haften, sodass COPEIs Kandidat die Wahlen im Dezember 1983 verlor.

Jaime Lusinchi (1984–1989)

So hoch wie nie lagen der Wahlsieger (56,6%) und der unterlegene Kandidat der COPEI, *Rafael Caldera* (30,6%), auseinander. Auch im Kongress erhielt die siegreiche Partei AD eine beneidenswerte Mehrheit, ebenso bei den im Mai 1984 stattfindenden Gemeinderatswahlen.

Trotz des überwältigenden Wahlsieges trat *Lusinchi* sein Amt zunächst bescheiden an und verkündete einen **„Sozialpakt"**, der dazu beitragen sollte, das Land in jeder Hinsicht zu modernisieren. Es begann ein ausgedehnter Befragungsprozess unter den verschiedensten Gesellschaftsgruppen, und schon Ende 1985 wurden die ersten Vorschläge formuliert.

Folgende Daten kennzeichneten die **kritische wirtschaftliche Lage:** Erhöhung der Benzinpreise, sinkende Erträge aus dem Erdölverkauf, wiederum Refinanzierung der Auslandsschulden und Fortführung der differenzierten Wechselkurse. Damit war die Realisierung des Sozialpaktes in Frage gestellt.

Carlos Andrés Pérez (1989–1993)

Trotz der negativen Bilanz der vorherigen AD-Regierung, gelang es *Carlos Andrés Pérez*, der schon einmal von 1974–79 regiert hatte, für die AD die Mehrheit mit fast 53% der Stimmen zu gewinnen. Die Wähler waren im Wahlkampf an den Wirtschaftsboom unter seiner ersten Regierung erinnert worden. Aber die wirtschaftliche Lage hatte sich bedeutend verschlechtert, und zudem verfügte seine Partei im Kongress nur über eine relative Mehrheit.

Hatte *Pérez* bei seiner Antrittsrede nur allgemeine Erklärungen über die Außen- und Wirtschaftspolitik abgegeben, unterbreitete er zwei Wochen später dem Kongress und dem Land konkrete **Wirtschaftsreformen neo-liberalistischer Art.** Die ersten Preiserhöhungen, insbesondere des Benzins und dadurch der öffentlichen Transportmittel, hatten heftige Proteste zur Folge, die schnell zu **Unruhen und Plünderungen** vor allem in Caracas („Caracazo"), aber auch in anderen großen Städten führten. Nur unter Einsatz der Streitkräfte, allerdings unter großen Verlusten der Zivilbevölkerung und teilweiser Aufhebung gewisser Verfassungsrechte, konnte die Ordnung wiederhergestellt werden.

Während die Sozialprogramme verstärkt wurden, beharrte die Regierung auf den Reformkurs, der zumindest in den ersten drei Jahren **makroökonomische Erfolge** zu verzeichnen hatte. Die Auslandsschulden wurden erneut mit Hilfe des Internationalen Währungsfonds umverteilt. Staatliche Unternehmen, darunter die Telefongesellschaft CANTV und die venezolanische Fluggesellschaft VIASA, wurden privatisiert.

Anfang Dezember 1989 wurden zum ersten Mal, und das war ein wichtiger Schritt zur **Dezentralisierung,** die Gouverneure und Bürgermeister direkt vom Volk gewählt.

Aber die breiten Massen standen nicht mehr hinter der Regierung. Dies machten sich einige Offiziere, die schon jahrelang konspirierten, zunutze. Am 4. Februar 1992 führte Oberstleutnant **Hugo Chávez Frías** einen **Staatsstreich** an, der aber schon am nächsten Tag niedergeschlagen werden konnte. Am 27. November desselben Jahres erhoben sich große Teile der Luftwaffe. Aber auch dieser Versuch konnte von loyalen Truppen unterdrückt werden. Aber die Regierung war deutlich angeschlagen.

Die Lage eines Großteils der Bevölkerung hatte sich so sehr verschlechtert, dass der Präsident, der auch keinen bedingungslosen Rückhalt mehr in seiner eigenen Partei fand, in eine aussichtslose Lage versetzt wurde. Sie ermöglichte es, ihn wegen Veruntreuung von Geldern aus einem Geheimfonds nach der Genehmigung durch den Kongress vor dem Obersten Gericht anzuklagen, ihn von seinem Amt zu suspendieren und den **Prozess** zu machen. Am 30. Mai 1996 wurde er zu zwei Jahren und vier Monaten Hausarrest verurteilt.

Kolonialarchitektur in Carora

Anzumerken ist, das zum ersten Mal in der Geschichte Venezuelas ein vom Volk gewählter Präsident seines Amtes enthoben und verurteilt wurde. Die staatlichen Institutionen (Generalstaatsanwaltschaft, Kongress, Oberster Gerichtshof) funktionierten trotz aller Kritik, und der Präsident hatte sich der Justiz gestellt.

Am 21. Mai 1993 übernahm der Kongresspräsident *Octavio Lepage* provisorisch das Amt, aber schon zwei Wochen später wurde *Ramón J. Velásquez* gemäß Verfassung vom Kongress zum Interimspräsidenten gewählt. Bei den Wahlen im Dezember 1993 konnte *Rafael Caldera*, der sich von seiner von ihm gegründeten Partei COPEI wegen Streitigkeiten um die Kandidatenwahl getrennt hatte, zum zweiten Mal die Präsidentschaft erringen, allerdings bei nur 30% der abgegebenen Stimmen.

Rafael Caldera (1994–1999)

Seine Regierung begann mit **großen Erwartungen** beim venezolanischen Volk, im Vertrauen auf wirtschaftliche und soziale Verbesserungen, die er im Wahlkampf verkündet hatte. Aber schon nach zwei Jahren musste er seine populistische Politik aufgeben.

Gleich zu Anfang gab es eine **Bankenkrise,** in deren Verlauf mehrere große Banken geschlossen wurden. Zehntausende kleiner und mittlerer

Firmen machten Bankrott. Inflation (1996: 103%) und Preissteigerungen machten den Venezolanern das Leben immer schwerer. Schließlich musste sich *Caldera* wieder an den Internationalen Währungsfonds um Hilfe wenden; die Folge: Der Bolívar wurde erneut abgewertet.

Und der nächste Präsident konnte sich in Stellung bringen, denn die Offiziere, die im Februar und November 1992 gegen die Regierung von *Carlos Andrés Pérez* geputscht hatten, wurden 1994 begnadigt und auf freien Fuß gesetzt, darunter Oberstleutnant *Chávez*.

Hugo Chávez Frías

1999/2000

Chávez, der noch 1993 von seiner Haftzelle aus zum Wahlboykott aufgerufen hatte, ließ sich 1998 zum Kandidaten der „Linken" küren. Schon als junger Leutnant hatte er 1982 die *Movimiento Bolivariano Revolucionario (MBR)* zusammen mit anderen Offizieren gegründet und sich **gegen das vorherrschende politische System** verschworen. Nach seiner Begnadigung im März 1994 wurde er Ende des Jahres von *Fidel Castro* auf Kuba willkommen geheißen und bereiste in den folgenden Jahren ganz Venezuela. 1997 gründete er die Partei *Movimiento Quinta República (MVR)*.

Anfangs in der Gunst der Wähler weit abgeschlagen, näherte er sich schon Mitte des Wahljahres 1998 in den Umfragen den Kandidaten von AD, COPEI und *Proyecto Venezuela (PV)*. AD und COPEI, die noch den Kongress beherrschten, beschlossen die Kongresswahlen vorzuziehen, die dann am 8. November 1998 stattfanden. Obwohl sie sich noch die Mehrheit sichern konnten, bekam *Chávez'* Partei MVR immerhin 49 von 189 Sitzen im Abgeordnetenhaus.

Daraufhin verzichteten AD und COPEI auf ihre eigenen Präsidentschaftskandidaten und setzten auf den Kandidaten *Henrique Salas Römer* (PV). Bei den Wahlen am 6. Dezember 1998 gewann Chavez 56,2% der gültigen Stimmen bei einer Wahlenthaltung von 36.5%. Leitmotiv seines Wahlkampfes war die **Einberufung einer verfassunggebenden Versammlung** gewesen. Kein Wunder also, dass *Chávez* gleich nach seiner Amtseinführung am 2. Februar 1999 dem Volk ein diesbezügliches Referendum vorlegte. Die Wahlen zur verfassunggebenden Versammlung fanden am 25. Juli statt. *Chávez'* Bewegung *Polo Patriótico* gewann 121 Sitze gegen sieben der Opposition. Am 3. August eröffnete die verfassunggebende Versammlung ihre Sitzungen. Sie schrieb sich „ursprüngliche Gewalt" zu und dekretierte kurz darauf die Reorganisierung aller Organe der öffentlichen Gewalt.

Die eigentliche Aufgabe, eine **neue Verfassung** auszuarbeiten, begann erst Ende August. Für die verschiedenen Themen wurden Ausschüsse gebildet, deren Vorschläge einem Koordinierungsausschuss zugeleitet wurden, der sie seinerseits in die erste Lesung einbrachte. In dieser spielten sich trotz der überwältigenden Regierungsmehrheit zum Teil hitzige Debatten ab. In der zweiten Lesung, die nur wenige Tage dauerte, wurden viele Artikel ohne weitere Debatte nochmals geändert, so unter anderem die Regierungszeit des Präsidenten auf sechs Jahre festgelegt. Die von der verfassunggebenden Versammlung verabschiedete Verfassung wurde am 15. Dezember 1999 dem Volk in einem Referendum vorgelegt. Fast 72% der Wähler stimmten ihr zu, allerdings bei einer Wahlenthaltung von 66,6%.

Die Verfassung trat am 30. Dezember 1999 in Kraft. Von nun an hieß Venezuela offiziell **Bolivarische Republik Venezuela.** Anstelle des Kongresses mit Senat und Abgeordnetenhaus trat die Nationalversammlung.

Die verfassunggebende Versammlung verlängerte ihre Amtszeit in Form eines *Consejo Legislativo Nacional*. Am 30. Juli 2000 fanden **Neuwahlen** für das Präsidentenamt, die Nationalversammlung, Länderparlamente und Gemeinden statt. *Chávez* war erneut Kandidat und gewann mit 59,76% bei einer Stimmenthaltung von etwas über 43%. Obwohl *Chávez* für sechs Jahre gewählt wurde, bestimmte der Oberste Gerichtshof seine Regierungszeit bis Januar 2007.

2001-2005

Die Polarisierung in der venezolanischen Gesellschaft nahm immer größere Ausmaße an. Schon im November 2000 hatte die Nationalversammlung durch ein **Ermächtigungsgesetz** dem Präsidenten die Kompetenz übertragen, auf gewissen Gebieten **per Dekret Gesetze** zu erlassen, was 2001 49 Mal geschah und wichtige Gesetze betraf, wie Landreform-, Erdöl- und Fischereigesetz. Das Regierungssystem wurde offen autoritär: Die „revolutionären" Beziehungen zu Kuba wurden intensiviert, die Nationalversammlung der Exekutive unterworfen, Persönlichkeits- und Freiheitsrechte beschnitten, die Opposition schikaniert. Vor dem Hintergrund der zunehmenden Armut und Arbeitslosigkeit, einer hohen Inflation und Währungsabwertung kam es zum Erwachen der Zivilgesellschaft. Anfang Dezember 2001 waren heftige Proteste die Folge, die Opposition stellte ihre Arbeit ein.

Am 23. Januar 2002, dem Jahrestag des Sturzes von *Pérez Jiménez* 1958, gingen Hunderttausende auf die Straße. Im April spitzte sich die Lage zu, als *Chávez* im Rahmen einer Fernsehveranstaltung die Führung der venezolanischen Erdölgesellschaft PDVSA absetzte. Obwohl er sie kurz darauf wieder einstellte, wurden die **Proteste** der Opposition immer heftiger. Am 11. April 2002 rief sie zu einer Demonstration auf. Hunderttausende, angeführt von Vertretern der Gewerkschaft und dem Arbeitgeberverband, versammelten sich vor einer der PDVSA-Zentralen in Chuao (Caracas). Am Nachmittag zogen sie weiter Richtung Miraflores (Präsidentenpalast), um den Rücktritt von *Chávez* zu fordern. Kurz vor dem Palast trafen sie auf Regierungsanhänger. Die Nationalgarde konnte den Zusammenstoß beider Gruppen nicht verhindern. Es gab 19 Tote und mehr als hundert verletzte Demonstranten. Als unmittelbare Folge dieser Ereignisse verweigerten die Kommandierenden der Armee dem Präsidenten den Gehorsam; in den späten Abendstunden verkündete der ranghöchste Offizier, General *Lucas Rincón*, im Fernsehen, dass der Präsident zurückgetreten sei.

Am nächsten Tag, dem 12. April, feierte die Opposition den angeblichen Rücktritt des Präsidenten. Obwohl die Mehrheit eine provisorische Regierung aus Mitgliedern von Armee, Gewerkschaft, Arbeitgeberverband und einer Persönlichkeit aus der Bürgergesellschaft erwartete, ließ sich der **Arbeitgeberpräsident Pedro Carmona Estanga** unter Missachtung der Verfassung zum neuen Präsidenten vereidigen. Er kündigte zwar baldige allgemeine Wahlen an, löste aber gleichzeitig die Nationalversammlung auf, setzte die obersten Richter ab und unterwarf die Länder- und Gemeindebehörden seiner Gewalt.

Die Anhänger von *Chávez* zögerten nicht lange, den angeblichen Rücktritt ihres Präsidenten als Staatsstreich zu bezeichnen. Loyale Truppen unter der Führung von Fallschirmoberst *Raúl I. Baduel* erzwangen am 14. April seine **Rückkehr an die Macht.** Seitdem findet im Militär ein „Säuberungsprozess" statt, der alle antirevolutionären Offiziere entfernen soll.

Schon bald erholte sich die Opposition von ihrem Rückschlag. Nach ihrer Meinung gab es zwar keinen Zweifel an der ursprünglichen demokratischen Legitimation der Regierung, aber sie warf ihr konstante **Verletzungen der Verfassung** vor, insbesondere die Tendenz zur Machtkonzentration, zum Autoritarismus und Militarismus ganz im Gegensatz zu den Verfassungsnormen. Oppositionsparteien, Gewerkschaften und Arbeitgeberverband sowie NGOs bildeten die *Coordinadora Democrática,* die auf einen Rücktritt des Präsidenten *Chávez* hinarbeitete.

Die **Organisation Amerikanischer Staaten (OAS)** unterstützte in einer Resolution vom 4. Juni 2002 die demokratisch gewählte Regierung und bot sich als Vermittler zwischen Regierung und Opposition an und wiederholte das Angebot am 14. August desselben Jahres. So kam es am 8. November dazu, dass sich Vertreter der venezolanischen Regierung und der *Coordinadora Democrática* an den Verhandlungstisch *(Mesa de Negociación y Acuerdos)* setzten. Aber die Fronten waren verhärtet. Die Opposition, angeführt von Gewerkschaftsbund und Arbeitgeberverband und unterstützt von den meisten privaten Medien, rief am 2. Dezember zu einem **Streik** *(Paro Cívico Nacional)* auf. Die Teilnahme der Führungsebene und großer Teile der mittleren Managerschicht der PDVSA brachten die Erdölindustrie zum Stillstand. Aber die Regierung blieb standhaft, und nach über 60 Tagen wurde der Streik abgebrochen. Auch diesmal nutzte die Regierung die Gelegenheit, eine **„Säuberung"** durchzuführen, diesmal in der

Blick über Ciudad Bolívar auf die Puente Angostura

GESCHICHTE

staatlichen Erdölgesellschaft PDVSA: Insgesamt wurden etwa 22.000 Mitarbeiter entlassen.

Man einigte sich schließlich auf ein **Abwahlverfahren** gegen den Präsidenten, das aber erst am 15. August 2004 stattfinden konnte, da die Nationalversammlung anfangs über eine Million Unterschriften von Unterstützern nicht anerkennen wollte. So hatte die Regierung genügend Zeit, um sich auf das Referendum vorzubereiten. Unter anderem lancierte sie alte und neue Sozialprogramme unter dem Namen „Misiones", um vor allem bisher vernachlässigte Bevölkerungsschichten für sich zu gewinnen. Als dann das Abwahlverfahren endlich stattfand, fiel es zugunsten des Präsidenten aus.

Am 31. Oktober **2004** fanden erneut Wahlen statt, und zwar der Gouverneure, Bürgermeister und Abgeordneten der Länderparlamente *(Consejos Legislativos)*. Die Oppositionsparteien gewannen nur in Nueva Esparta und Zulia. In allen anderen 21 Bundesländern wurden Regierungskandidaten zu Gouverneuren gewählt. Auch der Großteil der Bürgermeister fiel den Regierungsparteien zu.

2005 gab es wieder Wahlen: am 7. August Gemeinderatswahlen und am 4. Dezember die Wahl der Abgeordneten der Nationalversammlung. Letztere wurden von der Opposition boykottiert (über 70% Stimmenthaltung), sodass von nun an keine parlamentarische Opposition mehr vorhanden war.

Aktuelle Politik

von *Prof. Dr. Volker Leinemann*

Innenpolitik

Nachdem *Chávez* am 3. Dezember **2006** erneut für sechs Jahre im Amt bestätigt und am 10. Januar vor der Nationalversammlung eingeschworen worden war, forcierte er den Gang „seiner Revolution" hin zum **„Bolivarischen Sozialismus"** unter dem Motto „Patria, Socialismo o Muerte".

Am 8. Januar **2007** ernannte er den bisherigen Präsidenten des Obersten Wahlrates zum Exekutiven Vizepräsidenten und erhielt von der Nationalversammlung ein zweites weitreichendes, auf 18 Monate befristetes Ermächtigungsgesetz zugesprochen.

Um seine Ziele erfolgreich verfolgen zu können, kündigte der Präsident die Gründung der **Sozialistischen Einheitspartei Venezuelas** (*Partido Socialista Unido de Venezuela, PSUV*) an, aber nur seine eigene Partei, die MVR, und einige andere kleine Parteien lösten sich zugunsten dieser neuen Partei auf. Die Kommunistische Partei, *Patria para Todos* und *Podemos* weigerten sich, ihre Autonomie aufzugeben. Von Ende April bis Anfang Juni fanden Einschreibungen in die neue Partei statt. Im Rahmen des Ermächtigungsgesetzes wurden viele **Dekrete** erlassen, u.a. zur Reform der Mehrwertsteuer, gegen Spekulation und Geldhortung, zur Umwandlung der Mehrheitsverhältnisse zugunsten der PDVSA im Orinoco-Becken, verfügt wurden die Schaffung eines Makroökonomischen Stabilisationsfonds und eines Sozialfonds, die Einsetzung eines Zentralen Planungsausschusses, die Reorganisierung des Stromsektors durch Bildung einer neuen Dachgesellschaft und die Einführung einer Steuer, die juristische Personen bei jeder Finanzaktion zahlen müssen.

Was die **Verfassungsreform** angeht, ernannte der Präsident am 17. Januar einen Rat, dem 13 Mitglieder angehörten: Präsidentin und Vizepräsident und vier Abgeordnete der Nationalversammlung, der Ombudsmann, der Generalstaatsanwalt, die Anwältin der Republik, ein Schriftsteller, ein Rechtsanwalt und die Präsidentin des Obersten Gerichtes als exekutive Sekretärin. Obwohl der Rat einer Vertraulichkeitsklausel unterlag, sickerten die Hauptthemen bald durch, nämlich die uneingeschränkte Wiederwahl des Präsidenten, die verfassungsrechtliche Verankerung verschiedener sozialistischer Eigentumsrechte, der „Sozialmissionen", und die territoriale Neuordnung auf Kosten der Länder und Gemeinden, kurz gesagt: die Einrichtung eines sozialistischen Staates.

Als der Präsident am 15. August 2007 der Nationalversammlung seinen 33 Artikel umfassenden Verfassungsreformentwurf vortrug, war es allgemein klar, dass eine so tiefgehende Reform, wenn überhaupt, laut der gültigen Verfassung des Jahres 1999 nur durch eine verfassunggebende Versammlung durchgeführt werden konnte. Trotz aller Einwände – es hagelte Klagen beim Verfassungssaal des

Obersten Gerichtes wegen Verfassungswidrigkeit des Entwurfes, die aber alle meist mit fünf gegen zwei Stimmen mit der Argumentation abgewiesen wurden, der gesamte Verfassungsreformprozess sei noch nicht abgeschlossen – begann die Nationalversammlung nicht nur mit den drei für Verfassungsreformen vorgeschriebenen Lesungen des vom Präsidenten vorgelegten Entwurfes, sondern fügte Reformen von weiteren 36 Artikeln hinzu. Dies führte dazu, dass die vier Abgeordneten der Partei *Podemos*, die bisher *Chávez* Politik tatkräftig unterstützt hatten, konsequent gegen den Verfassungsreformentwurf stimmten. Die Nationalversammlung verabschiedete die Reform und leitete sie dem **Nationalen Wahlrat (CNE)** zu, der schon vorher den 2. Dezember als Datum für das Referendum bestimmt hatte.

Der **Widerstand** gegen die Reform verstärkte sich, angeführt von der regierungskritischen Studentenbewegung, die sich schon im Mai gegen den Entzug der Lizenz des beliebtesten Privatfernsehsenders RCTV mobilisiert hatte. Die geplante „ewige" Wiederwahl des Präsidenten, die Einschränkung des privaten Eigentumsrechts, die Errichtung eines sozialistischen Staates stießen nicht nur in der Opposition auf Ablehnung, sondern auch bei vielen Chávez-Anhängern.

Die Frage war, ob man dem Nationalen Wahlrat trauen konnte. Von vielen Gruppen wurde für die **Wahlenthaltung** Stimmung gemacht, doch setzte sich letztendlich die Meinung durch, gerade durch eine hohe Wahlbeteiligung einen möglichen Wahlbetrug verhindern zu können. Als sich wenige Tage vor Abhaltung des Referendums die Studentenbewegung mehrheitlich für die Teilnahme aussprach, der kurz zuvor in den Ruhestand getretene Verteidigungsminister *Baduel* die Reform als Verfassungsbetrug und „Staatsstreich" bezeichnete und auch die ehemalige Frau von *Chávez*, die Mitglied der verfassunggebenden Versammlung 1999 gewesen war, sich dagegen ausgesprochen hatte, wurde die Regierung unruhig. Doch noch zwei Tage vorher sprach Präsident *Chávez* auf einer Wahlkundgebung von einem Knock-out-Sieg zugunsten der Reform. Der CNE hatte angekündigt, dass etwa um 20.30 Uhr des Wahltages das erste Bulletin nach Auszählung von etwa 90% der Stimmen veröffentlicht werden könne. Das wäre möglich, da in Venezuela über 90% der Stimmen elektronisch abgegeben werden. Da die Wahlkommandos für das „Nein" und das „Ja" schon über die vorläufigen Ergebnisse verfügten, wuchs die Spannung, als der CNE keine Erklärung abgab, als sich die Veröffentlichung verzögerte. Erst um 1.15 Uhr wurde das Ergebnis bekanntgegeben. Der Entwurf war **mit knapper Mehrheit abgelehnt** worden, die Stimmenthaltung lag bei 44%. *Chávez* blieb nichts anderes übrig, als in der anschließenden Pressekonferenz seine Niederlage einzugestehen, obwohl er gleich sein „Für den Augenblick" *(por ahora)* ankündigte, mit der „Revolution" fortzufahren.

Aktuelle Politik

Die eingeleitete **Enteignungspolitik** durch Zwangsverkäufe wird von der Regierung fortgesetzt. Am 3. April **2008** kündigte *Chávez* die Teilenteignung der ausländischen Zementfabriken an. Betroffen sind vor allem Firmen aus Mexiko, Frankreich und der Schweiz. Am 9. April gab *Chávez* den Befehl, auch das Stahlwerk SIDOR, in das argentinisches Kapital investiert ist, zu enteignen.

Am 31. Juli, dem Tag, als die Gültigkeit des seit 18 Monaten wirksamen Ermächtigungsgesetzes ablief, wurden noch 26 Gesetzesdekrete von der Regierung verabschiedet. Viele davon hatten Beschlüsse zum Inhalt, die noch im Dezember 2007 im Referendum zur Verfassungsreform vom Volk abgelehnt worden waren, besonders was den **Aufbau des Sozialismus** angeht, mit Themen wie Eigentum, Enteignung und der Einrichtung eines Zentralen Planungsausschusses an höchster Regierungsstelle.

Auch wurde die Armee verfassungswidrig in Bolivarische Wehrmacht umbenannt und eine neue **Bolivarische Miliz,** die direkt dem Präsidenten untersteht, per Dekret geschaffen. In diesem Zusammenhang teilte der Präsident das Land in fünf Verteidigungsregionen auf. Die militärischen Befehlshaber werden, so wird befürchtet, in Zukunft die Zivilbehörden bevormunden.

Am 23. November wurden 22 **Gouverneure** und 328 **Bürgermeister** im ganzen Land direkt **gewählt**. Auch die Länderparlamente und der Gemeinderat von Groß-Caracas wurden erneuert. Die Wahlbeteiligung lag bei etwas über 65%. Die Opposition ging gestärkt aus den Wahlen hervor. Sie stellt statt bisher zwei nun fünf Gouverneure, und zwar in den Ländern Zulia, Miranda, Carabobo, Táchira und Nueva Esparta (Isla Margarita). Außerdem gewannen die Oppositionsparteien die Alcaldía Mayor de Caracas (Oberbürgermeister) und außer der Gemeinde Libertador (Stadt Caracas) alle übrigen vier Stadtgemeinden, die gleichzeitig zu Groß-Caracas und zum Land Miranda gehören. Obwohl die Regierungsparteien weiterhin Gouverneure in 17 Bundesländern stellen, begünstigten die Wähler die Opposition mit etwa 55 zu 45% der Stimmen im ganzen Land. Das bedeutet einen erheblichen Rückschlag für die Regierung, dessen Folgen noch nicht abzusehen sind. Jedenfalls stärkt das Ergebnis die demokratischen Kräfte im Land und trägt dazu bei, den bisher anhaltenden Trend zu Autoritarismus und Machtkonzentration zu verlangsamen.

Nicht so dagegen der Ausgang des Referendums vom 15. Februar **2009:** Mit mehr als 54% der Stimmen votierten die zwei Drittel der Venezolaner, die zur Wahl gingen, dafür, dass sich *Chávez* unbegrenzt wiederwählen lassen kann. Er will auf jeden Fall bis 2019 im Amt bleiben.

Außenpolitik

Von Anfang an führte *Chávez* eine **aggressive Außenpolitik,** bei der er sich vor allem mit den Regierungen der USA unter *Bush,* Spaniens unter *Aznár,*

Aktuelle Politik

Mexikos unter *Fox*, Perus unter *Toledo* und *Alan García* anlegte. Ein besonderes Kapitel stellen die Beziehungen zum Nachbar- und „Bruderland" **Kolumbien** dar, die sich zum Jahreswechsel 2007/08 wegen eines gescheiterten Geiselaustausches mit den *Fuerzas Armadas Revolucionarias de Colombia (FARC,* Revolutionäre Streitkräfte Kolumbiens) dramatisch verschlechtert hatten. Am 10. Januar 2008 gelang es dann doch, zwei seit sechs Jahren entführte Frauen unter dem Schutz des Internationalen Roten Kreuzes auszuliefern. Allerdings forderte Präsident *Chávez* am 11. Januar in seinem Jahresbericht vor der Nationalversammlung die kolumbianische Regierung auf, die FARC und die Befreiungsarmee Kolumbiens *(Ejército de Liberación Nacional de Colombia, ELN)* nicht mehr als Terrororganisationen, sondern als aufständische und kriegführende Parteien, die ein politisches Programm hätten, zu betrachten, was natürlich von der kolumbianischen Regierung strikt abgelehnt wurde.

Im März 2008 kam es zu einer **politisch-militärischen Krise,** von der vor allem **Ecuador, Kolumbien und Venezuela** betroffen wurden. Am 1. März hatten Sonderkommandos der kolumbianischen Armee ein Lager der FARC an der ecuadorianisch-kolumbianischen Grenze angegriffen, wobei unter anderem die Nummer Zwei der FARC, *Raúl Reyes*, getötet wurde. Der venezolanische Präsident beschimpfte in den darauffolgenden Tagen die kolumbianische Regierung, insbesondere Präsident *Alvaro Uribe*, schickte Truppen an die venezolanisch-kolumbianische Grenze, ließ die venezolanische Botschaft in Kolumbien schließen und verwies das kolumbianische diplomatische Personal in Venezuela des Landes. Kolumbiens Präsident seinerseits kündigte an, den venezolanischen Präsidenten vor dem Internationalen Strafgerichtshof in Den Haag wegen Unterstützung der FARC anzuklagen. Die Krise wurde überraschenderweise auf der Tagung der Río-Gruppe am 7. März in Santo Domingo (Dominikanische Republik) beigelegt. Kurze Zeit später wurden die venezolanischen Truppen abgezogen und die diplomatischen Beziehungen normalisiert. Kolumbien wurde auf einer Sitzung der Organisation Amerikanischer Staaten gerügt, aber nicht verurteilt.

2008 kam es auch zu einer Einmischung *Chávez'* in die inneren Angelegenheiten **Boliviens,** dessen Regierung mit Autonomiebestrebungen mehrerer Provinzen, sozialen Spannungen und Unstimmigkeiten über die einseitig verabschiedete neue Verfassung zu kämpfen hat(te). Die Gemeinschaft Südamerikanischer Staaten (UNASUR) vermittelte unter Führung Brasiliens und Chiles.

Die politische und persönliche Affinität von *Hugo Chávez* zu Cuba und *Fidel Castro* zeigte sich zum Beispiel im Dezember 2004 mit der Gründung der **„Bolivarischen Alternative für Amerika"** *(Alternativa Bolivariana para las Américas, ALBA),* der sich kurze Zeit später Bolivien und Nicaragua anschlossen. ALBA soll nach *Chávez'* Wünschen der von den USA vorange-

Staat und Verwaltung

triebenen (und dominierten) Freihandelszone FTAA *(Free Trade Area of the Americas)* entgegenwirken.

2006 kündigte Venezuela die Mitgliedschaft in der Andengemeinschaft *(Comunidad Andina)* auf (verbleibende Mitglieder: Kolumbien, Ecuador, Peru, Bolivien), 2005 war das Land Vollmitglied in der Wirtschaftsorganisation und Zollunion **Mercosur** *(Mercado Común del Sur)* geworden (neben Brasilien, Argentinien, Uruguay und Paraguay).

Venezuela ist seit dem Gründungsjahr 1945 **Mitglied der Vereinten Nationen** (UNO), Gründungsmitglied der Organisation Amerikanischer Staaten (OAS, 1948), ebenso der 1960 gebildeten Organisation Erdöl exportierender Länder (OPEC), sowie Mitglied der G 77 und G 15, jeweils Zusammenschlüsse von Entwicklungsländern.

Durch seinen Erdöl- und Gasreichtum gelang es Venezuela, die Organisation Erdöl exportierender Länder (OPEC) neu zu beleben und in Lateinamerika Initiativen zur Bildung regionaler Zusammenschlüsse in Wirtschaft, Finanzwesen und Politik zu ergreifen. Leitidee ist dabei immer die Vision einer gemeinsamen lateinamerikanischen Identität und die klare Frontstellung gegen die USA.

Chávez forciert die Annäherung zwischen Venezuela und **Russland,** das als Kreditgeber und Waffenlieferant wichtig ist. Beim Besuch des russischen Staatspräsidenten *Medwedjew* Ende 2008 in Caracas wurden entsprechende Verträge unterzeichnet.

Staat und Verwaltung

Venezuelas offizieller Name ist **Bolivarische Republik Venezuela** *(República Bolívariana de Venezuela).* Die gültige Verfassung trat am 30. Dezember 1999 in Kraft.

Venezuela ist eine **Bundesrepublik,** die sich zusammensetzt aus 23 Ländern, einem Hauptstadtdistrikt *(Distrito Capital, D.C.)* und Bundesgebieten, die hauptsächlich aus Inseln bestehen. Sie ist als **Präsidialdemokratie** nach dem Vorbild der USA organisiert, wobei der Präsident für sechs Jahre, mit einer einzigen möglichen Wiederwahl, direkt vom Volk mit relativer Mehrheit gewählt wird. Er ist gleichzeitig Staats- und Regierungschef und Oberkommandierender der Nationalen Wehrmacht. Der Präsident ernennt und entlässt nach Belieben den Exekutiven Vizepräsidenten und die Minister und Vizeminister der 27 Ministerien.

Außer der exekutiven Gewalt (Präsident und Ministerrat) besitzt Venezuela als legislative Gewalt eine vom Volk auf fünf Jahre gewählte **Nationalversammlung** *(Asamblea Nacional,* 167 Abgeordnete), eine judikative Gewalt, an deren Spitze der **Oberste Gerichtshof** *(Tribunal Supremo de Justicia)* steht, die Wahlgewalt, die angeführt wird vom **Nationalen Wahlrat** *(Consejo Nacional Electoral, CNE),* und die **Bürgergewalt** *(Poder Ciudadano),* bestehend aus Generalstaatsanwaltschaft *(Fiscalía General de la República),* Rechnungshof *(Controlaría Gene-*

ral de la República) und Volksanwaltschaft *(Defensoría del Pueblo),* deren Vorsitzende den **Republikanischen Moralischen Rat** *(Consejo Moral Republicano)* bilden.

Jedes der 23 **Länder** hat einen von den jeweiligen Wählern auf vier Jahre direkt gewählten **Gouverneur** und ein auf vier Jahre gewähltes Landesparlament *(Consejo Legislativo).* Jedes Land ist in **Gemeinden** aufgeteilt, die jeweils von einem auf vier Jahre gewählten Bürgermeister *(Alcalde)* und Gemeinderat *(Concejo Municipal)* regiert werden. Insgesamt gibt es zurzeit etwa 350 Gemeinden im ganzen Land. Jedes Land bestimmt durch Beschluss des Landesparlaments die Anzahl der Gemeinden. Jede Gemeinde ist wiederum in sogenannte *Parroquias* (Untergemeinden) aufgeteilt, die von einem gewählten Vorstand vertreten werden.

Die venezolanische **Armee** *(Fuerza Armada Nacional)* besteht aus Heer, Marine, Luftwaffe und der Nationalgarde mit einer Stärke von etwa 100.000 Mann. Es besteht eine 18-monatige Wehrpflicht. Neben der Wehrmacht wird zurzeit eine Volksmiliz aufgebaut.

Zu den **Staatssymbolen** siehe „Venezuela im Überblick".

Medien

Zeitungen/Zeitschriften

Es gibt eine Vielzahl an Zeitungen und Zeitschriften, jedes Bundesland, jedes Gebiet hat praktisch seine eigene Zeitung. Daneben gibt es viele Zeitschriften über Mode, Haus und Wohnen, Kochen, Liebe, Lifestyle, Motorsport, Auto, Abenteuer usw.

An erster Stelle sind die **Tageszeitungen** zu erwähnen. Die wichtigsten nationalen sind:

- **El Universal** (linksliberal)
- **El Nacional** (rechtsliberal)
- **Últimas Noticias** (volkstümlich, regierungsnah)
- **Tal Cual** (linksliberal)
- **Daily Journal** (englischsprachig)
- **VEA, Diario de Caracas** (von der Regierung)
- **El Mundo**
- **2001**
- **Meridiano** (Sport)

Außerdem gibt es viele **Regionalzeitungen,** zum Beispiel:

- **Panorama** (Maracaibo)
- **El Carabobeño** (Valencia)
- **El Impulso** (Barquisimeto)
- **La Region** (Cumaná und Carúpano)
- **Correo del Caroní** (Ciudad Guayana)
- **El Sol de Margarita** (Porlamar)
- **La Prensa** (Puerto La Cruz)
- **El Sol** (Maturin)
- **La Nación** (San Cristóbal)
- **Diario de los Andes** (Mérida)

Rundfunk

Mehr als 400 **staatliche und private** nationale und regionale Radiosender

MEDIEN

sind zu empfangen, meist auf MW und FM. Zu erwähnen sind:

- **Radio Nacional de Venezuela** (Caracas 91.1 FM)
- **Unión Radio** (Exitos 99.9 FM, La Mega 107.3 FM, Onda 107.9 FM, Noticias 1090 AM, Exitos Margarita 94.9 FM)
- **FM 97,7 – La Cultural de Caracas**

Fernsehen

Es gibt neun Fernsehkanäle, davon vier staatliche, die im ganzen Land ausgestrahlt werden. Hinzu kommen zahlreiche regionale Fernsehgesellschaften. Außerdem können über Kabel viele ausländische Nachrichten- und Unterhaltungssender empfangen werden. Der wichtigste staatliche TV-Sender ist **Venezolana de Televisión (VTV).**

Dem weitverbreitesten und beliebtesten privaten Fernsehsender **Radio Caracas Televisión (RCTV)** wurde im Mai 2007 die Sendelizenz entzogen, er sendet jetzt nur noch über Kabel. Weitere private Fernsehsender sind Televen und Venevisión. Globovisión ist eine private Nachrichtenfernsehgesellschaft, die der Chávez-Regierung kritisch gegenübersteht.

Wirtschaft

Überblick

Die Wirtschaft Venezuelas stützt sich seit den 1930er Jahren hauptsächlich auf die **Ausbeutung des Erdöls** und die dadurch erwirtschafteten Devisen. Trotzdem ist es bis heute nicht gelungen, das Land wirtschaftlich und sozial entsprechend zu entwickeln. Auf eine kurze Formel gebracht: Venezuela ist reich, die Bevölkerung zum großen Teil arm.

Die Wirtschaftspolitik der letzten Jahrzehnte bewegte sich hin und her zwischen zwei Polen, einmal dem **Liberalismus** und dann dem **Staatsdirigismus,** immer stark abhängig von den ausländischen Märkten und Vorgaben, zum Beispiel durch den Internationalen Währungsfonds.

Das **Pro-Kopf-Einkommen** war von 1950 bis 1980 eines der höchsten in ganz Lateinamerika, ging dann aber stetig zurück. Heute liegt es bei etwa 6100 US-Dollar bei einem Bruttoinlandsprodukt von über 164 Mrd. US-Dollar.

Das **Wirtschaftswachstum** ist seit dem Jahr 2003 beachtlich und betrug teilweise über 10%.

Trotz, oder gerade wegen, der Preisregulierungen, die von der jetzigen Regierung verstärkt wurden, konnte die **Inflation** nicht befriedigend bekämpft werden. Sie erreichte unter der zweiten Regierung *Calderas* 1996 den Rekordwert von 103,2%, ging unter der Regierung von *Chávez* 1999 auf 20% zurück und bewegt sich seitdem zwischen 14 und über 30%. 2007 schloss mit 22,5%, für 2008 wurde eine Inflation von mindestens 30% prognostiziert.

Bei einer Gesamtbevölkerung von etwa 27 Millionen Menschen waren 2007 laut offizieller Statistik 12,3 Millionen **beschäftigt**, die Arbeitslosenquote lag bei 10,1%. Etwa 44% arbeiten im sogenannten informellen Sektor, zum Beispiel als Straßenhändler.

Ende des Jahres 2007 stellten sich Engpässe in der **Lebensmittelversorgung** ein, vor allem bezüglich Milch, Zucker, Fleisch und Weizenmehl, eine Situation, die sich Anfang 2008 noch verschärften. Im Übrigen stiegen die **Lebenshaltungskosten** dermaßen an, das Lohnerhöhungen bis zu 30% in Aussicht gestellt wurden.

Land- und Viehwirtschaft

Lange Zeit bestimmte der **Kakao- und Kaffeeanbau** die venezolanische Wirtschaft, bis hinein in die 20er Jahre des 20. Jh. Das Land hat sehr ertragreiche Kaffeeplantagen und stellt hochwertigen Kaffee her, der beste stammt aus der Bergregion um Caripe in Ostvenezuela. Das Land produziert den weltweit besten Kakao; Europas Spitzenkonditoreien kaufen in Venezuela ihre Vorräte ein. Mit der Landreform im Jahr 1960 wurde die **landwirtschaftli-**

Arbeiterinnen in einer Thunfischfabrik

che Produktion diversifiziert. Außer Kakao und Kaffee werden vor allem Mais, Reis, Hirse, Sesam, Erdnüsse, Sonnenblumen sowie Zuckerrohr und Baumwolle angebaut. Die Kultivierung von Obst, Gemüse und Blumen hat in einigen Landesteilen zugenommen.

Die **Viehzucht** wurde in den letzten Jahrzehnten forciert (Rinder, Kühe, Schweine, Schafe, Hühner).

Fischerei und Fischzucht

In Anbetracht einer Küste, die 2800 km lang ist, ist es kein Wunder, dass der Fischfang in Venezuela eine **große Rolle** spielt. Es werden vor allem Krabben, Garnelen, Thunfisch, Sardinen, Rotbarsch, Heilbutt und Tintenfische gefangen. Auch Langusten stehen von September bis April auf der Liste.

An der Küste gibt es Krabben- und Garnelenzucht, in den Anden Forellen und in den Ebenen (Llanos) einige andere Fischzüchtereien.

Erdöl und Bergbau

Wie schon erwähnt ist das **Erdöl** der **wichtigste Bodenschatz.** Lange Zeit stand Venezuela an erster Stelle der Erdöl exportierenden Länder. Inzwischen ist es zwar auf den fünften Platz abgerutscht, verfügt aber nach offiziellen Angaben mit über die größten Reserven auf der Welt. Der Hauptteil der Erdölförderung stammt aus dem Maracaibo-Becken. Wichtig sind die Lagerstätten im Orinoco-Gebiet, in dem sich auch bedeutende Ölsandvorkommen befinden. 2007 wurden die ausländischen Firmen, die zusammen mit der venezolanischen Ölgesellschaft PDVSA angefangen hatten, das Öl im Orinoco-Gebiet auszubeuten, gesetzlich gezwungen, ihre Mehrheitsanteile abzugeben. Die 1976 verstaatlichte Erdölindustrie erbringt seit vielen Jahren 60–80% der Staatseinnahmen und bis zu 95% der Exporterlöse. Rasch wachsende wirtschaftliche Bedeutung erlangt die Erdgasförderung.

Venezuela verfügt im In- und Ausland über mehrere Raffinerien und hat in den letzten Jahrzehnten angefangen, eine **Petrochemie** aufzubauen.

An weiteren Bodenschätzen sind die Eisenerz-, Bauxit-, Gold-, Phosphat-, Kohle- und Kalksteinvorkommen zu erwähnen.

Energie

Die meiste Energie wird **hydroelektrisch** im Süden des Landes Bolívar erzeugt, zum größten Teil durch das Wasserkraftwerk Guri (10.300 MW) am Río Caroni. Der Rest stammt aus Elektrizitätswerken, die mit Diesel arbeiten. Ein Teil der im Land hergestellten Energie wird nach Brasilien und Kolumbien exportiert.

Außenhandel

Erdöl und seine Derivate bilden die Hauptausfuhrgüter, gefolgt von Eisenerz, Stahl, Aluminium, Kohle, Gold und petrochemischen Produkten. **Fertigwaren und Lebensmittel** sind die Haupteinfuhrgüter. Als wichtigste Exportländer sind die USA, Italien, Ko-

lumbien und Mexiko zu nennen, importiert wird vor allem aus den USA, Kolumbien, Brasilien und China.

Tourismus

Der Tourismus stellt eine wichtige Devisenquelle dar, die allerdings bei weitem nicht voll ausgeschöpft wird. Das **enorme Potenzial** soll in Zukunft besser genutzt werden. Jährlich besuchen mehrere hunderttausend Ausländer das so vielseitige Land. 40% kommen aus anderen südamerikanischen Ländern, 60% aus dem Rest der Welt. An die 50% reisen aus geschäftlichen Gründen ins Land, 30% um Familie oder Freunde zu besuchen und nur 20% als „wirkliche" Touristen. 2007 gab ein Tourist bei einem Aufenthalt von durchschnittlich 15 Tagen etwas mehr als 1000 Dollar aus. Nicht zu vergessen sind die Millionen von Venezolanern, die sich jedes Jahr an Weihnachten, Karneval, Ostern und im Juli/August durchs Land wälzen.

Der Tourismus steckt immer noch **in den Kinderschuhen,** obwohl viel versprochen wird. Man bekommt den Eindruck, dass die staatlichen Stellen den Tourismus sehr ernst nehmen und einzelne ihn auch unterstützen wollen, nur nicht wissen, wie das geht. Die wichtigste Voraussetzung für einen

Prachtexemplar einer Languste

funktionierenden Fremdenverkehr ist die **Sicherheit** der Besucher, für die leider viel zu wenig getan wird. Und auch was die Infrastruktur und Qualitätsstandards im touristischen Sektor anbelangt, besteht noch großer Handlungsbedarf.

Bildung

In der Verfassung von 1999 ist eine **Schulpflicht** vom Säuglingsalter bis einschließlich Oberschule festgeschrieben (in der Praxis noch nicht verwirklicht). Das immer noch gültige Erziehungsgesetz aus dem Jahr 1980 definiert die Schulpflicht als Abfolge von Vorschule und neunjähriger Grundschule (6–15 Jahre). Die Alphabetisierungsquote im Land liegt bei 98%. Der Staat und der private Sektor unter Aufsicht des Staates sind die Träger der Bildungseinrichtungen. Zwei Ministerien sind zuständig: Erziehungs- und Hochschulministerium. Die große Anzahl der privaten Hochschulen, vor allem im Fachhochschulbereich, aber auch viele Privatschulen im allgemeinen Schulwesen in Venezuela verdeutlichen zweierlei: einmal die große Nachfrage, die der staatliche Sektor allein nicht befriedigen kann, zum zweiten, dass Bildung auch ein lukratives Geschäft ist.

Das **Schulsystem** umfasst vier Stufen: Vorschule (1 Jahr), Grundschule (9 Jahre), Oberschule (2–3 Jahre) und Hochschule (3–5 Jahre). Im Schuljahr 2007/08 waren über 6,5 Millionen Kinder in über 25.000 Schulen eingeschrieben. In Sonderschulen lernten etwa 180.000 Kinder, in der Erwachsenenbildung waren es ungefähr 390.000 Personen.

Das **Hochschulwesen** umfasst Fachhochschulen *(Institutos y Colegios Universitarios)* und Universitäten, insgesamt 195 Institute. Im Jahr 2007 waren mehr als 1.480.000 Studenten immatrikuliert.

Die öffentlichen autonomen Universitäten sind nach ihren Gründungsdaten folgende:

- **Universidad Central de Venezuela** (UCV, 1721)
- **Universidad de los Andes** (ULA, 1810)
- **Universidad del Zulia** (LUZ, 1891, geschlossen 1904, wiedereröffnet 1946)
- **Universidad de Carabobo** (UC, 1892, geschlossen 1904, wiedereröffnet 1958)
- **Universidad de Oriente** (UDO, 1958)

Von den 20 nationalen Universitäten sind hervorzuheben:

- **Universidad Centro Occidental „Lisandro Alvarado"** (UCLA, 1962)
- **Universidad Nacional Experimental „Simón Bolívar"** (UNESB, 1967)
- **Universidad Nacional Experimental „Simón Rodríguez"** (UNESR, 1974)
- **Universidad Pedagógica Experimental „Libertador"** (UPEL, 1983)
- **Universidad Nacional Experimental Politécnica de la Fuerza Armada** (UNEFA, 1999)
- **Universidad Bolívariana de Venezuela** (UBV, 2003)

Die ältesten privaten Universitäten sind:

- **Universidad Santa María** (USM, 1953)
- **Universidad Católica „Andrés Bello"** (UCAB, 1953)

BEVÖLKERUNG

Einige Universitäten haben mehrere „Zweigstellen", so etwa die UNESR 18, die UPEL acht, die UBV sechs und die UNEFA 24. Gleiches gilt für die privaten Technischen Hochschulen (IUT), zum Beispiel hat das Instituto Universitario de Tecnología „Antonio José de Sucre" 13 Ableger oder das Instituto Universitario Tecnológico „Rodolfo Loero Arismendi" zwölf.

Bevölkerung

Überblick

2007 lebten etwa **27 Millionen Menschen** in Venezuela. Die Bevölkerung ist bunt gemischt. Diese Grundaussage sieht man im Land sofort bestätigt. Die Menschen sind weiß, braun, schwarz, gelb und gemischt – keinen interessiert es wirklich, Rassismus hat keine Wurzeln, da in vielen Familien alle Farben vertreten sind. 70% der Bevölkerung sind **Criollos** bzw. **Mestizen**, d.h. Nachfahren der spanischen und europäischen Einwanderer und aus deren Vermischung mit Indianern und Afrikanern, 20% sind Europäer, 8% Afrikaner und 2% Indianer, welche sich in 32 Stämme aufgliedern (s.u.).

Bevölkerungsdichte

Die Verteilung der Bevölkerung über das Land ist außergewöhnlich unausgeglichen. Mindestens **80%** der Menschen leben nördlich des Río Orinoco, um genau zu sein, **an den Küsten und in und um Caracas.** Das am dünnsten besiedelte Bundesland ist Amazonas mit nur 0,4 Einwohnern pro Km^2, das mit Abstand größte Bundesland Bolívar bringt es gerade einmal auf 5,3 Einwohner pro Km^2. Im Distrito Federal mit der Hauptstadt Caracas wohnen hingegen sage und schreibe 4240 Menschen auf 1 km^2.

Durch die enorm hohe Bevölkerungsdichte im Norden kommt das Verkehrswesen an seine Grenzen, es gibt **Probleme** mit der Wasser- und Stromversorgung, die Gasversorgung ist mangelhaft, und mit der Müllabfuhr hapert es ebenfalls vielerorts. Auch Schul- und Gesundheitswesen tun sich schwer angesichts der Massen von Menschen, die von diesen Dienstleistungen Gebrauch machen wollen. Der Süden des Landes wiederum leidet unter der Abwanderung der Bevölkerung, weite Landstriche sind unbewohnt, und es fehlt eine gesunde wirtschaftliche Entwicklung; die einzige Ausnahme ist Ciudad Guayana im Orinoco-Delta, wo Erdöl und Großindustrie Arbeitsplätze schaffen.

Das Wachstum der Bevölkerung im Norden hat weitere bedenkliche Folgen: Viele Venezolaner bauen ihre Häuser oder Baracken an den unmöglichsten Stellen. Dies sieht man sofort, wenn man nach Caracas einfährt. Die Behausungen der Armen kleben an den umliegenden Berghängen, ohne Einhaltung minimaler Sicherheitsvorkehrungen. Die Behörden kümmern sich nicht um die Problematik und lassen **riesige Armensiedlungen** entstehen. Diese unkontrollierte Bauweise kann zu schlimmen Katastrophen führen, wie im Dezember 1999 im Bundesland Vargas, als die Abwasserkanäle nach tagelangen Regenfällen einen totalen Kollaps erlitten – sie konnten die Wassermassen nicht mehr bewältigen. Überschwemmungen, Geröll- und Schlammlawinen waren die Folge, Steine rutschten die Hänge herunter, mitsamt zahlreicher Behausungen. Bis zu 50.000 Tote wurden beklagt und Hunderttausende von Obdachlosen. Viele davon wurden in der Folge in andere Regionen des Landes umgesiedelt. Damals gingen vielen die Augen auf, und man war sich einig, dass künftig mehr Bauplanung und Kontrollen nötig sein würden.

Bevölkerungswachstum

Die Bevölkerung von Venezuela verdoppelte sich in früheren Zeiten innerhalb von fünf bis zehn Jahren. Die Frauen hatten viel mehr Kinder als heute, nach dem Zweiten Weltkrieg kamen auch noch viele Immigranten ins Land. Seit den 1970er Jahren jedoch geht das Wachstum der Bevölkerung zurück. Während in den 1950er Jahren eine Frau im statistischen Durchschnitt 5,6 Kinder hatte, waren es im Jahr 2000 nur noch 2,3 Kinder. 2007 lag das Bevölkerungswachstum bei etwa 1,4%. Ein Grund für den **Geburtenrückgang** ist sicher, dass die Rolle und Rechte der Frauen sich wesentlich verändert haben und heute Frauen vermehrt ins Arbeitsleben integriert sind.

Die Bevölkerung ist extrem jung, die durchschnittliche **Lebenserwartung** ist mit etwas über 73 Jahren kaum niedriger als in Europa. Eine Herausforderung wird es sein, die vielen jungen Leute im Arbeitsleben unterzubringen und an der wirtschaftlichen Entwicklung des Landes teilhaben zu lassen.

Die Indianer Venezuelas

Die Bezeichnung „Indianer", abgeleitet vom spanischen **„Indio"**, geht bekanntermaßen auf das Missverständnis von *Kolumbus* zurück, der 1492 dachte, er sei in Indien gelandet. So kam es, dass die Ureinwohner Amerikas, also die vor der Ankunft der Europäer dort ansässigen Völker, als „Inder" bezeichnet wurden. Auch nachdem der Irrtum erkannt worden war, hat man die Bezeichnung beibehalten. Im Spanischen gibt es zwischen den zwei deutschen Worten „Inder" und „Indianer" auch im heutigen Sprachgebrauch keinen Unterschied, es heißt in beiden Fällen „Indios". In jüngster Zeit wurde zwar in der spanischen Sprache das Wort „amerindio" *(indio americano)* kreiert, es hat sich im Sprachgebrauch aber (noch?) nicht durchgesetzt. Im Gegenzug werden in den lateinamerikanischen Ländern die Menschen aus Indien häufig als „Hindús" bezeichnet, ohne damit eine Aussage über ihre Religionszugehörigkeit zu treffen.

Im offiziellen **Sprachgebrauch** wird heute im Spanischen für indianische Ethnien gerne der Überbegriff **„Indígenas"** oder auch „Pueblos indígenas" verwendet, was dem deutschen „indigene Bevölkerung" gleichzuset-

Verwaltungseinteilung, Bevölkerungsdichte

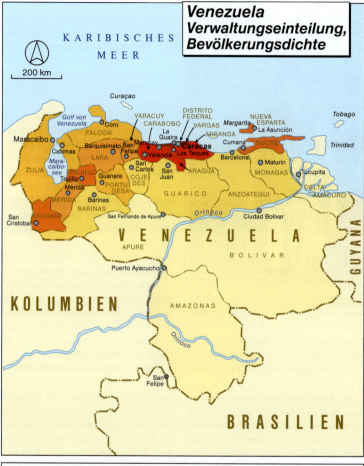

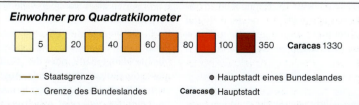

BEVÖLKERUNG

Jugendlicher vom Stamm der Warao

zen ist. Obwohl der Begriff **„Indio"** vollkommen korrekt ist, besteht doch das Risiko, dass er als diskriminierend empfunden wird (etwas, das einem kein venezolanischer „Indio" vorwerfen würde, die sich selber so nennen).

Im deutschen Sprachgebrauch wird das Wort „Indianer" gerne für die nordamerikanischen Ureinwohner verwendet, im Unterschied zu den „Indios" aus Südamerika. Sprachlich korrekt sind beide Bezeichnungen. In diesem Buch wird der neutrale Begriff **„Indianer"** für die gesamte indigene Bevölkerung in Venezuela benutzt.

Geschichte

Man nimmt an, dass vor etwa 20.000 Jahren die großen **Wanderungen** indianischer Bevölkerungsgruppen ihren Anfang nahmen. Von Asien über Alaska und die Beringstraße führte der Weg bis hinunter nach Patagonien.

Das Eintreffen von *Kolumbus* im Jahre 1498 in Venezuela und die **spanische Eroberung** des Landes in der Folge waren für die autochthone Bevölkerung der Super-GAU. Eingeschleppte Krankheiten, denen die Indianer hilflos ausgeliefert waren, Vernichtungsfeldzüge und Vergewaltigungen durch die Spanier, maßlose Habgier der Eroberer nach Gold, Silber und Diamanten und nicht zuletzt die rücksichtslose katholische Missionierung machten den ursprünglichen indianischen Kulturen schnell ein Ende. Ein langer und selten konfliktfreier Prozess der Assimilation und gegenseitigen Beeinflussung kam in Gang und ist bis heute nicht abgeschlossen.

Natürlich hat heute auch bei den Indianern die (technische) **Moderne** Einzug gehalten; die Warao im Orinoco-Delta zum Beispiel haben dank Stromgeneratoren elektrisches Licht, auf vielen Pfahlbauten sieht man eine Satellitenschüssel. Gleichzeitig haben sich bei praktisch allen Stämmen viele althergebrachte Gebrauchsgegenstände bis in die heutige Zeit erhalten, zum Beispiel der „Chinchorro", die handgemachte Hängematte, oder die „Curiaras", die Einbäume aus Holz. Auch viele Hilfsmittel im Haushalt (z.B. Körbe, Lehmpfannen) oder Arbeitsgerät für den Fischfang und vieles mehr werden nach alten **Traditionen** hergestellt. Ebenso haben sich Mythen, Lieder und Sprachen erhalten. Das traditionelle Abbrennen der „Conucos", der Gemüsegärten, findet immer noch zum Ende der Trockenzeit statt, wie auch Brandrodungen im Allgemeinen, was bei Naturfreunden auf Kritik stößt. Die Indianer hingegen argumentieren, dank der Asche werde die Bodenqualität verbessert, die zum Teil starke Mückenplage nehme ab und die Schlangen suchten das Weite.

Gegenwart

Die venezolanische Regierung hat den Indianern im Jahr 1999 mittels einer Verfassungsänderung **Rechte** zugesprochen, darunter Schulbildung in zwei Sprachen, angemessene Gesundheitsversorgung, Besitz- und politische Mitspracherechte und auch eine Judikative, die unter Berücksichtigung ihrer Traditionen arbeitet. Die Verfassung erkennt die Indianer als Teil der Nation, des Staates und des venezolanischen Volkes an und respektiert ihre Kulturen und Sitten. Ein wichtiges Anliegen sind auch die Erhaltung der verschiedenen Sprachen und der Lebensräume, sowie der Schutz vor illegalen Eindringlingen wie zum Beispiel Goldsuchern.

Die Indianer Venezuelas gehören den drei südamerikanischen Sprachfamilien der Caribe, Araguaco und Chibcha an. In Venezuela sind **32 Stämme** namentlich deklariert, daneben gibt es noch einige Kleinststämme, die nicht zugeordnet werden konnten. Der größte Stamm mit rund 58.000 Angehörigen ist der der Wayúu. Einer der kleinsten, die **Mapoyo,** kämpft ums Überleben. Im Jahr 2007 konnten von den vorgefundenen 186 Stammesangehörigen gerade noch zwei Menschen ihre Sprache richtig sprechen. Mit dem Verlust der eigenen Sprache droht der Verlust der Identität. Die Regierung hat ein Spezialprogramm ins Leben gerufen, um die Mapoyo vor dem Aussterben retten zu können. Sie leben an den Flüssen Suapure und Parguasa im Amazonasgebiet.

Sozialstruktur

Die **Männer** sind traditionellerweise Jäger und Fischer, aber vor allem im Bundesland Bolívar beschäftigen sie sich auch mit der Gold- und Diamantensuche. Auf ihren „Conucos", abgeholzten Ländereien, die nach Brandrodung bepflanzt werden, bauen sie Wurzelgemüse wie Maniok oder Ocumo an, zudem Mais und Süßkartoffeln, je nach Stamm auch Knoblauch und *caraotas* (schwarze Bohnen). Einige Stämme (z.B. die Ye'kuana) stellen sehr schönes Kunsthandwerk her.

Die **Frauen** sind für den Nachwuchs und den gesamten Haushalt zuständig. Sie suchen das Brennholz, kochen und waschen, sie stellen das Fladenbrot „Casabe" her, machen „Cachire", das „Indianerbier", ziehen die Kinder auf, kümmern sich um die Tiere, stellen Hängematten her usw. – wahrlich ein hartes Leben. Während die Frauen den Männern zur Treue verpflichtet sind, haben die Männer in der Regel mehrere Frauen.

BEVÖLKERUNG

Nachstehend ein Überblick über die **wichtigsten Indianerstämme Venezuelas:**

Wayúu

Die Wayúu, mit 58.000 Angehörigen der **größte Stamm** (auch **Guajiro** genannt), leben in Kolumbien und Venezuela. Der venezolanische Anteil des Stammes lebt im Bundesland Zulia, in der Nähe des Maracaibo-Sees. Landwirtschaft war nie eine wichtige Einnahmequelle für sie, da die starken Winde ihren Lebensraum sehr trocken hielten. Sie leben von der Jagd, von Viehzucht und Fischfang, nicht wenige arbeiten aber auch in der Erdölindustrie am Maracaibo-See.

Warao

Die Warao (49.000 Angehörige), auch Wassermenschen oder Marsch-

landbewohner genannt, leben im Orinoco-Delta. Die Indianer wohnen traditionellerweise in **Pfahlbauten** an den Flussufern des Deltas. Sie wurden weitgehend missioniert und sind in vielen Fällen katholisch getauft. Sie leben von Jagd und Fischfang, aber auch von Viehzucht.

Eine **alte Sitte** gibt Anlass zum Schmunzeln: Am liebsten haben die Frauen es, wenn sie Töchter gebären. Heiratet ein Mädchen, muss der Ehemann ins Haus der Schwiegermutter einziehen und im ersten Jahr ein Haus bauen, ein Boot herstellen und einen Gemüsegarten anlegen. Ist die Schwiegermutter nicht zufrieden, kann der Ehemann rausgeschmissen werden – ohne Anspruch auf irgendwas ...

Pemón

Die Pemón (42.000 Angehörige) leben im Bundesland Bolívar in Alto Paragua, Canaima und der Gran Sabana. Diejenigen, welche noch traditionell an den Flüssen und in der Savanne leben, finden ihr Auskommen in der Landwirtschaft, der Jagd, dem Fischfang, aber auch als Touristenführer. Viele Pemón haben jedoch ihre angestammten Gebiete verlassen.

Piaroa

Die Piaroa (21.900 Angehörige) leben im Amazonas im Alto Orinoco und in der Nähe des Ortes Los Pijiguaos an der Mündung des Río Suapure. Sie gelten als **gewiefte Kaufleute,** sind sehr diszipliniert und verabscheuen Gewalt jeder Art. Sie bauen Gemüse und Früchte an, jagen und fischen.

Kariña

Die Kariña (20.700 Angehörige) verteilen sich auf die Bundesländer Anzoátegui, Bolívar, Monagas und Sucre. Auch sie leben vorwiegend vom Ackerbau, der Jagd und dem Fischfang. Viele Kariña arbeiten aber auch im Erdölgeschäft. Das hat zu einer grundlegenden Veränderung ihres Lebensstils geführt. Trotzdem werden vielseitige Anstrengungen unternommen, um Kultur und Traditionen zu pflegen und zu erhalten.

Guajibo

Die Guajibo (18.200 Angehörige) siedeln in den Llanos an den Ufern des Orinoco und zwischen den Flüssen Apure und Guaviare. Sie leben vorwiegend von Landwirtschaft und Viehzucht und liefern einen beachtlichen Teil der Lebensmittel für Puerto Ayacucho.

Pumé

Die Pumé (12.500 Angehörige) sind in den Llanos des Bundeslandes Apure ansässig, die meisten an den Flüssen Arauca und Curaviche. Sie leben von der Jagd, dem Fischfang und der Landwirtschaft. Vor allem Maniok und Mais werden angebaut. Die Indianer gelten als sehr friedlich. Dank ihrer Gutmütigkeit konnten Teile ihres Lebensraumes durch Criollos (europäischstämmige Venezolaner) besetzt werden, und das Überleben ihrer Kultur ist in Gefahr.

Yanomami

Die Yanomami (12.400 Angehörige) leben nicht wie die meisten Stämme

BEVÖLKERUNG

Sanemá-Indianer auf dem Río Caura

ausschließlich an Flussläufen, sondern über den ganzen **Amazonas** verteilt. Das Kernland ist die Sierra Parima mit 1000 m Höhe, die Grenze zwischen Venezuela und Brasilien.

Yanomami bedeutet nichts anderes als „Mensch", daher nennen die Indianer alle Nicht-Yanomamis „Nape", was in etwa „Komische Leute" bedeutet, also Menschen, die man mit Vorsicht behandeln muss, gefährliche Leute.

1758 gab es die ersten Kontakte von Europäern mit den Indianern in der Sierra Parima und am Oberlauf des Orinoco. Die Yanomami waren dabei sich territorial auszudehnen, stießen aber mit dem Stamm der „Ye'kuana" zusammen, welche diese Absicht zu verhindern wussten. Heute leben sie vorwiegend an den Flüssen Ocamo, Manaviche und Mavaca. Andere Gruppierungen der Yanomami finden sich auf brasilianischem Gebiet.

Sie sind seit alters her **Jäger, Fischer und Gemüsebauer.** Die Brandrodung und Säuberung des Geländes für den Gemüsegarten ist reine Männersache, wohingegen die Saat und die Ernte von Frau und Mann gemeinsam ausgeführt werden können. Früchte, Käfer, Honig und Larven von Bäumen holen die Männer herunter, die Frauen tragen diese nach Hause. Die Fischerei und die Jagd sind grundsätzlich Männersache. Man kennt zwei Arten der **Jagd:** einerseits „Rami", womit man den normalen, täglichen Bedarf an Fleisch abdeckt, anderseits „Heniyomou", eine Jagd, bei der alle Jungen des Dorfes mitmachen, um den Fleischertrag zu steigern, meist in Vorbereitung eines wichtigen Festes oder vor einer Zeremonie für einen Verstorbenen. In diesem Fall beginnt die Jagd während der ersten Nachtstunden unter Begleitung von Gesang und Tänzen. Sie dauert bei ausgelassener Fröhlichkeit mehrere Nächte.

Die **Verstorbenen** werden traditionellerweise eingeäschert. Es ist Brauch bei den Yanomami, während der Trauerzeremonie gemeinsam die Asche und die Knochen des Verstorbenen zu verzehren. Dazu wird sie vorher in einem Totenmörser gemahlen. Während die Frauen weinen, schlürfen die männlichen Bewohner eine Bananensuppe mit den gemahlenen Überresten des Toten. Ist der Verstorbene durch einen Feind ums Leben gekommen, schwören die Männer Rache. Rituell werden bei solchen Zeremonien auch Tabak und die Droge Yopo konsumiert.

Die Yanomami leben praktisch **nackt.** Frauen wie Männer schneiden sich das schwarze Haar in einer Art Rundschnitt. Es ist Tradition, den Körper mit dem natürlichen Farbstoff Onoto rot und braun zu bemalen. Ziehen die Yanomami in den Krieg, reiben sie sich schwarze Asche ein, die Farbe, die Nacht und Tod bedeutet. Wenn eine Frau Trauer trägt, legt sie die rote Farbe „ab" und färbt sich über ein Jahr lang schwarz.

Yukpa

Die Yukpa (10.000 Angehörige) leben in den Tälern der Sierra de Perija im Bundesland Zulia, vom Río Santa Rosa im Süden bis zu den Flüssen Guasare, Palmar und Lajas im Norden. Auch sie betreiben vorwiegend Ackerbau und etwas Viehzucht, aber auch der Fischfang und die Jagd spielen eine Rolle. Mais ist bei diesem Stamm das Hauptnahrungsmittel, ergänzt durch süßen Maniok und Bananen. Seit geraumer Zeit bauen die Indianer in ihrem Gebiet auch **Kaffee** an und vertreiben diesen über eine eigene Kooperative. Der Kontakt zu den Criollos hat auch hier für Änderungen in der Kultur gesorgt, moderne Backsteinhäuser sind ein Beispiel. Trotzdem versucht man die alten Traditionen und den Glauben aufrechtzuerhalten. Die Yukpa verteidigen ihren Lebensraum bisher erfolgreich gegen Projekte zum Abbau von Karbon.

Ye'kuana

Die Ye'kuana (10.000 Angehörige) siedeln in den Regionen des oberen Río Caura, an den Flüssen Erebato, Nichare, Alto Ventuari, Parú, Cunucunuffla, Iguapo, Padamo und im mittleren Orinoco-Bereich. Man nennt den Stamm manchmal auch Maquiritare. Die Indianer leben vom Anbau von Gemüse und Früchten und von der Fischerei. Bekannt sind sie als hervorragende **Navigatoren** und gute **Kaufleute** auf dem Flussnetz ihrer Heimat.

Ihre von Hand hergestellten Boote sind sehr beliebt und erfreuen sich großer Nachfrage. Auch ihre **Handarbeiten** sind sowohl national wie international sehr begehrt.

Eñepa

Die Eñepa (7000 Angehörige) werden auch **Panare** genannt. Sie bewohnen rund 20.000 km² im Nordosten des Bundeslandes Bolívar und eine kleine Enklave im Bundesland Amazonas. Obschon die Bevölkerung recht klein ist, zählt die Kultur dieses Stammes zu den angesehensten im Lande. Vor allem sind sie bis heute erfolgreich im **Kampf gegen jede Art von Angleichung an andere Kulturen.** Obwohl die Indianer Kontakte zu Criollos haben, sind die meisten einsprachig und gehen wie eh und je ihrer Landwirtschaft, dem Fischfang, ein bisschen der Jagd und dem Kunsthandwerk nach. Gold- und Diamantensucher, der Bau der Straße von Caicara del Orinoco nach Puerto Ayacucho, der Abbau von Bauxit und die Präsenz von Missionaren sorgten immer wieder für Unruhe in ihrem ansonsten friedlichen Lebensraum.

Añu

Die Añu (6500 Angehörige) sind die Nachbarn der Wayúu. Früher lebten sie ausschließlich an den Küsten des Maracaibo-Sees, heute auch verstreut im Bundesland Zulia. Am bekanntesten sind die **Pfahlbauten** in der Lagune von Sinamaica, ein beliebtes Ausflugsziel. Die Indianer hatten den ersten Kontakt mit Europäern im Jahre 1499, als *Amerigo Vespucci* mit seinem Schiff in den Maracaibo-See hineinfuhr; beim Anblick der Pfahlbauten soll er verzückt gesagt haben: „Wir haben eine Bevölkerung gefunden, die über dem Wasser lebt wie in Venedig." Später, mit dem Ölboom im Maracaibo-See, hatten die Indianer immer mehr Beziehung(en) zu den Criollos und verloren weitgehend ihren Dialekt. Die meisten sprechen heute nur noch spanisch. Die Añu sind exzellente Fischer und Bootsbauer und leben davon. Daneben verkaufen sie Kokosnüsse, von denen sie immense Plantagen besitzen. Speziell in der Lagune von Sinamaica leben viele Añu aber auch von den Touristen, mit denen sie Bootsfahrten unternehmen.

Kurripako

Die Kurripako (5300 Angehörige) leben im Amazonas des gleichnamigen Bundeslandes und in Bolívar. Im Distrikt Casiquiare siedeln sie an den Ufern der Flüsse Atabapo, Guainía und Orinoco. Dieser Stamm hat viele seiner Traditionen verloren. Wohnte man früher in geräumigen Gemeinschaftshäusern, sind es heute Blockhäuser. Die Indianer leben von der Landwirtschaft, vorwiegend dem Anbau von Maniok und Bananen. Auch Jagd und Fischfang werden betrieben, die Frauen stellen **Körbe** her, welche sich großer Nachfrage erfreuen.

Sanemá

Die Sanemá (5200 Angehörige) haben ihren Lebensraum im Amazonas, in der Mehrheit aber im oberen Teil des Río Caura im Bundesland Bolívar. Sie gelten als Untergruppe der Yanomami und sind teilweise Nachbarn der Ye'kuana. Mit diesem Stamm kam es immer wieder zu Auseinandersetzungen. Probleme bekamen sie auch mit Gold- und Diamantensuchern. Sie leben von der **Jagd,** beliebt ist das Jagen des Pekari, einer Wildschweinart. Viele Indianer sind aus dem dichten Urwald in die Nähe von medizinischen Hilfszentren umgezogen, einige haben den Sprung in die Städte gewagt.

Barí

Die Barí (2900 Angehörige) leben in den Wäldern der Sierra de Perijá im Bundesland Zulia. Sie galten lange Zeit als „böse Menschen", weil sie sich gegen die Besitzergreifung ihres Lebensraumes vehement verteidigten. Bei den Barí lebt jede Kommune in einem einzigen **Großhaus,** innerhalb desselben steht aber jeder Familie ihr spezieller Spielraum zur Verfügung. Ernährungsbasis bei den Barí sind die Jagd und der Fischfang, in beiden Bereichen sind sie absolute Spezialisten. Daneben werden Früchte gesammelt, der Ackerbau spielt eine untergeordnete Rolle. Die meisten Männer leben **monogam,** mehrere Frauen werden in diesem Stamm nur wichtigen Personen wie dem Häuptling zugestanden.

Religion

96% der Venezolaner sind offiziell **katholisch.** Den Glauben ins Land gebracht haben die spanischen Eroberer, und sie „bekehrten" sowohl die Indianer wie auch die schwarzen Sklaven mit aller Gewalt zu dieser Religion. Später kamen weitere europäische und amerikanische **Missionare** hinzu, die „Überzeugungsarbeit" leisteten. Heute ist die Missionstätigkeit umstritten, und die Chávez-Regierung hat auch schon einige Gruppierungen des Landes verwiesen. Allzu häufig ging es den „Missionaren" auch nicht um die Verbreitung des (katholischen) Glaubens, sondern darum, den Waldbewohnern die Bodenschätze wie Gold und Diamanten billig abzuluchsen.

Als der Unabhängigkeitskrieg gewonnen war und die Spanier das Land verlassen hatten, wurde im Jahr 1833 auch der **„Zehnte"** abgeschafft. Diese Steuerabgaben an die Kirche mussten vormals alle bezahlen, die ein sichtbares Einkommen erzielten. Präsident *Guzmán* war es dann 40 Jahre später, der alle Kirchen schließen ließ und die **Religionsfreiheit** ausrief. 1904 wurden die Zivilehe und die Scheidung eingeführt, und damit war der katholischen Kirche endgültig die Macht genommen. Die demokratischen Verfassungen Venezuelas enthielten fast immer die Religionsfreiheit.

Obwohl die meisten Venezolaner katholisch getauft sind, praktizieren viele den Glauben nicht wirklich. Man sieht denn auch vor allem ältere Kirchgänger, und die Priester stehen oft vor fast leeren Kirchenbänken. Viele **Sekten** sind in den vergangenen Jahren im Lande aktiv geworden und haben immer mehr Zulauf – kein rein venezolanisches Phänomen.

Daneben ist Venezuela bekannt für seine **Heiligenverehrung.** Es gibt unzählige Heilige über das ganze Land verteilt. Einer der bekanntesten dürfte sicher **San Onofre** sein. Der von der Kirche nie heiliggesprochene *Dr. José Gregorio Hernández* soll schon zu Lebzeiten viele Wunderheilungen vollbracht haben, und nach seinem Unfalltod im Jahre 1919 berichteten viele Besucher seiner Grabstätte von wundersamen Genesungen. Viele venezolanische Autofahrer haben daher ein Bildnis von *José Gregorio* im Fond des Wagens aufgestellt, um sich vor Unfällen zu schützen.

Sitten und Bräuche

Überblick

Viele Sitten und Bräuchen in Venezuela sind sehr stark vom Glauben und dem Heiligenkult beeinflusst. Viele davon haben spanische Wurzeln, sie kamen mit den Eroberern ins Land. Auch die als Sklaven verschifften Schwarzen brachten ihre Traditionen mit, und natürlich haben die Indianer ihrerseits ihre ureigenen Bräuche.

Zu den allerwichtigsten Feiern gehört im ganzen Land die **Weihnacht.** Die Feiern beginnen schon im November mit der traditionellen Musik, der Gaita (s.u.), und enden in den Anden erst im Februar mit der Feier der Heiligen Candelaria.

Ostern hat natürlich auch in Venezuela eine große religiöse Bedeutung, doch die Ostermessen werden vor allem von älteren Menschen besucht. Der Großteil der Bevölkerung indes fährt an den Strand zum Baden.

Das ganze Jahr über gibt es viele **Prozessionen,** in denen Heilige angebetet werden, etwa die Traditionstänze wie die „Diablos Danzantes".

Neben all den traditionellen Sitten und Bräuchen mit all ihren Feierlichkeiten findet der Venezolaner aber auch so immer einen Grund zum **Feiern** – man denkt manchmal, man befinde sich im größten Festzelt der Welt.

Hexerei – Brujería

Nicht nur in Kolumbien sehr bekannt, auch in Venezuela seit ewigen Zeiten aktuell ist die Hexerei. Es gibt kaum eine Familie, vor allem in ländlichen Gegenden, welche nicht mindestens einen Hexer oder eine Hexerin konsultiert. Man unterscheidet bei der Hexerei zwischen der **„Brujería buena"** und der **„Brujería negra".** Gegen erstere kann man eigentlich nichts einwenden, sie kommt zur Anwendung, um Kranke wieder gesund zu machen, man erhofft sich Geldsegen etc. Im ganzen Land gibt es spezialisierte Läden, die neben Literatur über schwarze und weiße Magie Unmengen an Elixieren im Sortiment haben. Da gibt es etwa „Agua para la Plata", ein Heilwässerchen, das viel Geld bescheren soll, dann „Agua de Amor", ein Liebeselixier für müde Männer, und so weiter und so fort. Und dann sind da natürlich auch Wässerchen, um Leute zu verwünschen oder ihnen anderweitigen Schaden zuzufügen; ganz schlimme Hexereien sollen „Verfluchte" so krank machen, dass sie an den Folgen der Krankheit sterben. Das ist dann *Brujería negra*. Wird ein gesunder Mensch unerwartet krank, hört man nicht selten, dass er wohl verhext worden sei. Die Menschen sind ganz allgemein sehr abergläubisch und in dem Sinne empfänglich für Hexereien aller Art. Auch die Indianerstämme haben ihre Hexer und Medizinmänner, je nach Stamm variieren die Sitten. Die

Der Kult um María Lionza

Ähnlich der Santería in Cuba oder dem Heiligen Daime in Brasilien stellt der Kult um María Lionza eine Mischung aus katholischen Inhalten und den verschiedenen Glaubensformen indigener Venezolaner und Afrikaner dar. *María Lionza* gilt als **Göttin der Natur, der Liebe, des Friedens, des Glücks und der Harmonie.** *María Lionza* gehört in Venezuela zu den wichtigsten religiösen und sozialen Symbolen überhaupt.

Die **Legende** erzählt, dass *María* eine indigene Prinzessin war. Sie wurde von einer Anakonda entführt, der eine große Lagune gehörte. Gott ließ die Schlange als Strafe für die Entführung in dieser zerplatzen. Dadurch kam es zu großen Überschwemmungen, bei denen die gesamte Bevölkerung ums Leben kam – einzig *María* überlebte die Katastrophe. So war sie fortan Besitzerin der Lagune, des Dschungels und der umliegenden Berge mit allen Tieren.

María Lionza ist mit einem blauen Mantel bekleidet, mit bunten Federn und Schmuck verziert und sitzt auf Riesenschlangen. Wenn sie Gegenden um Nirgua und Chivacoa durchstreifte, saß sie auf einem Elch.

Jährlich am 12. Oktober findet sich eine große Pilgerschar aus ganz Venezuela und der Karibik am heiligen Berg Sorte in der Nähe der Ortschaft **Chivacoa** im Bundesland Yaracuy ein, um *María Lionza* zu huldigen. Am Berg Quibao, der als Ort des indianischen Widerstands bekannt ist, wird der „Baile de La Candela" zelebriert. Spirituelle Medien werden in Trance versetzt, sodass die Gläubigen direkten Kontakt mit den Geistern aufnehmen können. Aus Zigarrenrauch liest man die Zukunft, Tabak gilt auch als wichtiges Element zur spirituellen Reinigung. Kerzen, Düfte und Räucherstäbchen kommen zum Einsatz, um negative Stimmungen und Einflüsse zu bannen. Es gibt unzählige Wässerchen, Püderchen und Cremes, die zu Glück und Ansehen verhelfen sollen – im Gegensatz zu anderen Kulten ist man beim María-Lionza-Kult nur an guter Hexerei interessiert.

Seit 1960 gilt der **Sorte,** der Berg der heiligen *María Lionza,* als Naturmonument. Jährlich pilgern Tausende aus der ganzen Welt an diesen Ort, um nach Heilung zu suchen, die Seele zu reinigen und sich von Zweifeln zu befreien. Am Berg Sorte gelten nur die vom Kult eingeführten Gesetze. Aus diesem Grunde muss man zur Besichtigung vor Ort einen lokalen Reiseführer bezahlen.

SITTEN UND BRÄUCHE

Zauberei bzw. Hexerei, über Jahrhunderte entstanden, ist oft eine Mischung aus weißer, schwarzer und afrikanischer Magie (Voodoo).

Weihnachten in Venezuela

Der traditionelle Festtagskalender der Venezolaner ist tief im katholischen Glauben verankert. Die Weihnachtszeit ist die Jahreszeit, zu der die Venezolaner ihre kulturelle Identität mit der größten Kraft und Energie ausdrücken. Das Weihnachtsfest wird **ohne große regionale Unterschiede** gefeiert und beginnt schon an den ersten Dezembertagen. Trotz aller Erneuerungen in der venezolanischen Gesellschaft konserviert dieses Datum wichtige soziale Fixpunkte, wie die familiären Treffen am 24. und 31.12., das traditionelle Weihnachtsessen, sowie die Pflege zwischenmenschlicher Beziehungen.

Der traditionelle **Festschmaus,** mit Kalorien und Cholesterin geladen, hat als ganz wesentlichen Bestandteil das **Hallaca.** Dies sind in Bananenblättern gekochte Maismehltaschen, gefüllt mit einem delikatem Sud aus Rind-, Hühner- und Schweinefleisch, Paprika, Zwiebeln, Oliven, Kapern, Rosinen, hartgekochten Eiern und, je nach Region, weiteren Zutaten. Die Rezepte und Füllungen sind zahllos, jede Haus-

frau macht „ihre" ganz speziellen Hallacas. Des Weiteren wird Schweinebraten serviert. Das Schwein erfreut sich normalerweise keiner so großen Beliebtheit auf der Speisekarte und muss daher nur im Dezember um sein Leben bangen. Alternativ wird auch eine Pute in die Ofenröhre geschoben. Als weitere Beilage wird ein spezieller Hühnersalat zubereitet, dazu das traditionelle Schinkenbrot *(pan de jamón)*, gespickt mit Rosinen und Oliven.

Gaita – die traditionelle Weihnachtsmusik

Bereits im November hört man in Venezuela aus allen Radios die typische Weihnachtsmusik, Gaita genannt. Die Geister scheiden sich noch heute, wenn es darum geht, woher sie eigentlich stammen soll. Viele glauben, dass diese Musik von den afrikanischen Sklaven mitgebracht wurde, andere wiederum meinen, dass es schon die Spanier waren, aber auch die Indianer werden in Betracht gezogen. Die Gaita variiert je nach Region etwas, die bekannteste Gaita stammt aber sicher aus Zulia. Die verwendeten **Musikinstrumente** kann man auf der ganzen Welt finden. Vorab einmal ist da die *Cuatro,* eine viersaitige, im Lande hergestellte Minigitarre. Nicht fehlen dürfen die *Maracas,* Kürbisrasseln, und die *Tambores,* Trommeln unterschiedlicher Größe. Wichtig ist natürlich die *Charrasca,* deren Herkunft man bei den Indianerstämmen Venezuelas vermutet. Dieses Instrument hat Ähnlichkeit mit einer Raffel, es wird heute aus rostfreiem Stahl hergestellt. Wenn man mit einem Stab über die Charrasca fährt, ertönt ein metallischer Klang bzw. Rhythmus. Zu guter Letzt ist noch *El Furro* zu erwähnen; das Instrument sieht aus wie eine Trommel, weist in der Mitte ein Loch auf, darin wiederum steckt ein langer Stab, mit welchem man durch verschiedene Drehungen Töne erzeugt. Besungen wird vor allem die Liebe, aber auch religiöse Figuren bis hin zu öffentlichen bzw. politischen Themen.

Alltagsleben

Wer nach Venezuela reist, betritt ein **Land voller Gegensätze,** ein Land voll lebensfreudiger Menschen, ein Land mit einer verschwenderisch schönen Natur, mit weiten Ebenen und hohen Bergen, mit herrlichen Stränden und vermüllten Städten, mit großen Reichtümern und viel Armut.

Behandelt man die Venezolaner korrekt, stößt man meist auf **Hilfsbereitschaft,** obwohl die Criollos grundsätzlich nicht sehr dienstbeflissen und auf keinen Fall unterwürfig sind.

Wenn man nach Venezuela kommt, kann man auch gleich die Uhr ablegen. Das **Zeitgefühl** ist hier ein ganz anderes, man lässt sich nicht stressen und hat viel Zeit. Wer keine Geduld hat und meckert, wird z.B. vor dem Bankschalter noch länger warten müssen.

Warten auf Kundschaft

ALLTAGSLEBEN

Vorsichtig muss man mit **Tadel und Kritik** sein. Das mag man in Venezuela nicht und wird durch Nichtbeachtung bestraft. Viele Venezolaner wissen eh vieles besser, und es bringt nichts, sich darüber zu ärgern ... Man muss diesen Charakterzug akzeptieren.

Auskunft bekommt man immer, nur muss sie nicht gleich der Wahrheit entsprechen – man gibt sich schließlich keine Blöße und verlegt sich dann auf die beliebten **mentiras,** Lügen, die einem Volkssport gleichen. Ob reich, ob arm, jeder benutzt sie gerne. Meist sind sie auch gar nicht böse gemeint, sondern aus der Not geboren.

Was die **Verteilung des Wohlstands** angeht, könnten die Unterschiede kaum krasser sein: Auf der einen Seite der Countryclub von Caracas mit seinen Villen und Luxusfahrzeugen, Leibwächtern vor den Häusern und dem eleganten Golfplatz. Gar nicht so weit entfernt breiten sich Slums aus, in denen die Menschen mit Armut, mangelnder Hygiene und Kriminalität in allen Ausformungen zu kämpfen haben, sodass die Polizei diese Viertel sich selbst überlässt. Alleine in Caracas leben an die 3 Mio. Menschen in den Armenvierteln, die Hälfte davon Kinder. Der Großteil der Bewohner sind

Wussten Sie schon, dass ...

... auch die Einwohner in den abgelegensten Andentälern die neuesten Bücher bekommen können? Die Universität „Valle del Momboy" unter der Projektleitung von *Cristina Vieras* hat sich zum Ziel gesetzt, auch in entlegenen Gebirgsregionen vor allem Kinder mit Lesestoff zu versorgen. Geliefert werden die Bücher in die Orte ohne Straßen mit Mauleseln. Die **„Bibliomula"** genannten Maulesel erfreuen sich großer Beliebtheit, und bald sollen auch Computer in abgelegene Dörfer gelangen.

... vor der Küste von Chacopata im Bundesland Sucre der Großteil der von den Venezolanern gegessenen **Muscheln** *(pepitonas)* gefangen wird? Täglich werden an die 35 Tonnen Muscheln aus dem Meer gezogen.

... ein **Führerschein** in Venezuela umgerechnet nur 20 Euro kostet? Wer die schriftliche Prüfung nicht über sich ergehen lassen möchte, muss etwa das Doppelte zahlen.

... der in San Antonio del Golfo eingestellte **Rettungsfahrer** ein Schwager des Bürgermeisters ist? Er hat zwar einen Führerschein, kann aber nicht Auto fahren. Im Notfall muss jemand anderes einspringen und ihm helfen.

... der **Fahrer der Ausländerbehörde** in El Tigre Auto fahren kann? Er hat auch einen Führerschein und wird monatlich bezahlt. Nur hat die Behörde kein Fahrzeug zur Verfügung und benötigt auch keines.

... Venezuela zusammen mit Indien die meisten **Miss Worlds** stellt? Schönheit ist in Venezuela längst eine lohnende Industrie geworden; es gibt kaum ein Mädchen, das nicht davon träumt, die nächste Miss zu werden.

ALLTAGSLEBEN

durchweg nette Leute, viele sind als Arbeiter in der Stadt angestellt, sie wohnen in den Slums, weil nur dort die Mieten bezahlbar sind. Gebaut sind die Hütten oft an Steilhängen, auf schlechtem Untergrund, und wehe es gibt Dauerregen ... Schon viele Häuser sind unversehens die Hänge hinuntergeglitten, und immer waren Menschenleben zu beklagen.

In den **Beziehungen** zwischen den Geschlechtern regiert die Eifersucht, trotzdem sind – bei Männern wie bei Frauen – Seitensprünge an der Tagesordnung. So ist es auch nicht erstaunlich, dass Geschwister häufig verschiedene Väter haben. Oft wachsen sie bei der Mutter auf, weil der Vater nach der freudigen Nachricht einer Schwangerschaft spurlos verschwindet. Gesetzlich ist er zwar verpflichtet, Unterhalt zu bezahlen, aber wie soll man die Herren finden in einem Land ohne Einwohnermeldeamt?

Seit jeher hat man schon sehr früh **Kinder.** Je mehr es sind, umso größer ist die Chance, dass eines davon es zu was bringt, um dann den betagten Eltern unter die Arme greifen zu können. Das klappt in der Regel auch und ist wichtig, da es in Venezuela kein funktionierendes Rentensystem gibt.

... es in Mérida eine **Eisdiele** gibt, welche es ins Guinnessbuch der Rekorde geschafft hat? Die Heladeria Coromoto, im Besitz eines Portugiesen, hat nicht weniger als über 800 verschiedene Speiseeissorten, von denen jeden Tag garantiert mindestens 75 bis 100 im Angebot sind.

... der in Venezuela beheimatete **Schwertschnabel** (Ensifera ensifera), eine Kolibriart, einen 10,5 cm langen Schnabel trägt und das bei einer Körpergröße von nur 25 cm? Der Schnabel macht insgesamt 42% seiner Körperlänge aus und gilt daher als „relativ längster Schnabel" weltweit.

... die größte **Vogelspinne** der Welt in Venezuela lebt? Die Theraphosa Blondii, ehrfürchtig auch Goliath-Vogelspinne genannt, erreicht eine Spannweite der Beine von sage und schreibe 28 cm. Man kann sie auch in den Dschungeln von Brasilien und British Guyana finden. 1965 wurde in Venezuela eine Spinne derselben Familie gefunden, welche eine Spannweite von über 30 cm gehabt haben soll.

... die größte **fleischfressende Pflanze** ebenfalls in Venezuela beheimatet ist? Die Heliamphora tataei wird bis zu 2 m hoch und ernährt sich von kleinen Insekten und Wirbellosen. Man findet sie mit etwas Glück auf den Tafelbergen der Gran Sabana.

... die venezolanischen **Andengletscher** in der Sierra Nevada im Bundesland Mérida in den vergangenen 30 Jahren um ca. 70% zurückgegangen sind? Am schlimmsten betroffen ist der Gletscher des höchsten Andengipfels von Venezuela, des Pico Bolívar. Die globale Erwärmung führt dazu, dass die Lagunen und Flüsse im Bundesland Mérida in Zukunft wohl deutlich weniger Wasser führen werden.

ALLTAGSLEBEN

Die Kehrseite der Medaille: Erziehung ist oft reine Frauensache, und gerade im Falle alleinerziehender und/oder sozial schwacher Haushalte kommt es zu Vielfachbelastungen, denen nicht jede(r) gewachsen ist.

Wie überall in Südamerika ist der **Machismo** auch in Venezuela gang und gäbe. „Macho" heißt übersetzt zunächst nichts anderes als „männliches Tier". Auf venezolanische Männer bezogen bedeutet das: dominantes und triebbetontes Verhalten, Narzissmus, eine gehörige Portion Angebertum und die Beurteilung von Frauen ausschließlich oder zumindest an erster Stelle nach Äußerlichkeiten wie Figur und Haarfarbe (gerne blond). Dabei spielt es überhaupt keine Rolle, ob der Mann Single, liiert oder verheiratet ist und Familie hat. PS-starke Autos und große Motorräder gehören zu den Spielzeugen der betuchten Machos, dazu eine Eisbox gefüllt mit teurem Whisky aus Schottland ...

Apropos: Venezuela hat den höchsten Pro-Kopf-Verbrauch an **Whisky** weltweit. Während sich die Reichen an teurer Importware delektieren, muss sich die arme Bevölkerung mit „Aguardiente" begnügen, billigem Industriefusel – was soll's, Hauptsache lustig. Gründe zum **Feiern** gibt es in Venezuela ja Tausende. Nicht nur an Weihnachten, während des Karnevals und an Ostern, wo die Venezolaner millionenfach unterwegs sind auf der Suche nach einer Strandnische oder einem Campingplatz in der Gran Sabana. Immer mit dabei: die Stereoanlage mit überdimensionierten Boxen. Jeder spielt sein ganz persönliches Programm, ein Durcheinander sondergleichen, aber kaum einer stört sich daran. Auch eine venezolanische Wesensart: **Man(n) zeigt** eben gern und voller Stolz, **was man hat** und kann.

In der venezolanischen Gesellschaft galt der Mann bis vor wenigen Jahren zweifelsohne viel mehr als jede Frau. Die **Frau** hatte sich unterzuordnen und musste in ihrer „klassischen" Rolle aufgehen: Kinder kriegen, Kochen, Haushalt usw. Das kann man sogar in venezolanischen Volksliedern hören, in denen davon gesungen wird, die nobelste Rolle der Frau sei die Pflege des Hauses und das Bedienen von Mann und Kindern. In anderen Liedern heißt es, Frauen hätten (in der Nacht) nichts außer Haus zu suchen. So sind auch heute noch viele Frauen beinahe „unsichtbar", ihr Lebensraum ist der Haushalt, ohne jedes Recht auf öffentliches Leben. Immerhin: Zu Hause gibt die Frau den Ton an, und „el machito" (der kleine Macho) hat nicht viel zu melden (deswegen kommt er dann auch oft oder gar nicht mehr nach Hause ...). Die **patriarchalische Gesellschaft** existiert weiterhin, und es ist sehr schwer, die alten Zöpfe zu stutzen, denn seit Hunderten von Jahren ist das einfach so in Venezuela – und basta! Der Prozess des Umdenkens geht nur sehr langsam vonstat-

Wochenendbetrieb in Choroní

ALLTAGSLEBEN

Land und Leute

ten, die Mentalität der Venezolaner ist anders als die der Europäer. Und es sei auch angemerkt: Nicht wenige Frauen fügen sich wie gottgegeben in diese Rollenmuster und -zuweisungen.

Doch es hat sich auch schon was getan und tut sich noch. So wurde 1982 das **Zivilgesetz** zugunsten der Frau geändert. Nur ein Beispiel: Bis dahin hatte die Frau im Haushalt keinen Anspruch auf irgendwas. Alles, bis hin zum Kaffeelöffel, gehörte dem Mann, und im Falle einer Trennung stand sie vor dem Nichts. Seither steht der Frau die Hälfte des Mobiliars zu, sofern das Paar mindestens ein Jahr zusammen gewohnt hat.

Fazit: Frauen haben in Venezuela viele Rechte und Möglichkeiten hinzugewonnen, doch weiterhin dominierend ist der Mann: als Macho, Chef und Ernährer.

Architektur

Die Architektur Venezuelas kann nicht mit der in Peru oder Mexiko verglichen werden, Länder, die eine Hochkultur erlebten. In Venezuela ist ganz klar der Einfluss der spanischen Eroberer vorherrschend. Die Kirchen und Häuser sind meist einfach, in **spanischem Stil** erbaut. Die massiven Steinhäuser der Anden kann man auch in Kastilien oder der Estremadura finden, sie sollen Schutz bieten vor der rauen Witterung in den Höhenlagen. In heißen Gebieten sieht man Häuser, die denjenigen in Andalusien sehr ähnlich sind, aber es gibt auch viele Häuser mit arabischem Einschlag. Viele große und koloniale, rechteckige Häuser weisen einen schönen Innenhof *(patio)* auf, die meisten haben einen tropischen Garten integriert, und nicht selten gibt es auch einen Ziehbrunnen. Die Zimmerdecken sind wegen der Hitze bewusst hoch gehalten. Es gibt einen Durchgang, der von der Eingangsseite quer durchs Haus zum Hinterhof führt. Die Fenster sind, wenn nicht mit Eisen-, so mit Holzgittern versehen. Das sieht manchmal ziemlich wehrhaft aus. Die schönsten **Kolonialhäuser** kann man in Caroa, Coro, Cumaná, Ciudad Bolívar und Caracas, jeweils im historischen Viertel, besichtigen. Gerade in Ciudad Bolívar wurde die Altstadt mit viel Liebe wieder hergerichtet, die meisten Häuser erstrahlen in neuem Glanz. Die Aussicht von der auf einem Hügel oberhalb des Río Orinoco gelegenen Altstadt ist einmalig. Am Paseo Orinoco ist aber nicht alles spanischer Herkunft, man kann auch italienische Einflüsse erkennen.

Auch in der **Sakralarchitektur** ist natürlich der spanische Einfluss ganz wesentlich. Viele Kathedralen und Kirchen wurden von den Spaniern gebaut, aber es gibt auch Kirchen, die andere bzw. verschiedene Stilelemente aufweisen. So zum Beispiel auf der Isla Margarita, wo man bei der Kirche Nuestra Señora de la Asunción ein Portal im Renaissancestil sehen kann, was sehr selten ist. Im Barockstil findet man immer wieder Übertreibungen, vor allem was das Dekorative anbelangt. Die Kirche sollte in diesen Zei-

ARCHITEKTUR

ten visuell überwältigen, um spirituell zu überzeugen. Der Stil wird manchmal auch etwas abschätzend als „Indianerbarock" bezeichnet.

Als man sich von den Spaniern und dem Barock abwandte, erstellte man immer mehr Gebäude im **Klassizismus,** wie das Capitolio in Caracas. Diese Stilrichtung war aber nur für die gebildete, reiche und politisch emanzipierte Schicht von Bedeutung, bei der armen Bevölkerung konnte sie sich nicht durchsetzen, die einfachen Leute hielten sich weiterhin an die volkstümlichen Motive des Barock, waren immer und heute noch pflichtbewusste Verehrer von Heiligenfiguren und integrierten diese auch teilweise in ihre Folklore.

Die **moderne Architektur** begann mit der Regierungszeit von *Guzmán Blanco* um 1870 und intensivierte sich in der Mitte des 20. Jh., als man mit den Erdöl-Dollars ganz Caracas zu renovieren begann. Viele Großbauten wurden unter dem Diktator *Pérez Jiménez* erbaut.

Guzmán Blanco war ein Freund französischer Kunst und Lebensart, was einige Denkmäler, die der damalige Präsident errichten ließ, deutlich veranschaulichen. In Caracas stößt man zudem auf einige **gotische Kirchen** aus jener Zeit, die wohl berühmteste ist die Santa Capilla in der Nähe des Plaza Bolívar. Hierbei handelt es sich um eine genaue Kopie der Sainte Chapelle, die in Paris steht.

Der wohl bekannteste Architekt Venezuelas ist **Carlos Raúl Villanueva** (1900–1975). Er war verantwortlich für viele städtebauliche Maßnahmen der 1940er Jahre in der Hauptstadt Caracas. *Villanueva* verbrachte eine lange Zeit in Europa, vor allem in Paris hielt er sich gerne auf. Geboren in London, kam er 1929 nach Venezuela. In Caracas hinterließ er quer durch die Stadt seine Spuren. Das Wohngebiet „El Silencio" gehört ebenso dazu wie die Universidad Central, die Zentraluniversität, eines seiner bekanntesten Werke. In der Tat: Offene Klassenzimmer, die vom Luftzug ventiliert werden, überdachte Verbindungswege zwischen den Fakultäten, eine offene Vorhalle – alles trägt den Stempel von *Villanueva*. In der Universität sind übrigens Skulpturen von *Jean Arp, Henri Laurens, Victor Vasarely* und anderen zu sehen. Unglaublich: *Villanueva* gelang es, die Avantgarde an die Uni zu holen, und das während der Amtszeit eines Diktators. Die meisten seiner Bauten entstanden unter der Herrschaft von *Marcos Pérez Jiménez* in den Jahren 1948 bis 1958, vor allem im sozialen Wohnungsbau zeichnete er für viele Siedlungen verantwortlich.

Ab den 1950er Jahren entstand der **Modernismus.** Man verwirklichte einige große Projekte wie die Zentralbank oder den Wohnkomplex „Parque Central", andere Projekte wie die „Helicoide", eine schneckenförmige Einkaufsstraße, wurden zwar angefangen, aber nie fertiggestellt.

Heutzutage ist vor allem die Konservierung und Restaurierung bestehender Gebäude ein wichtiges Anliegen. Mit dem Ausbau der Metro soll der Verkehr reduziert werden, neue Fußgängerzonen und Wohnsiedlungen sollen die Stadt lebensfreundlicher machen.

Zum Schluss noch ein Wort zur Architektur der **Indianer**. Deren Behausungen werden seit Jahrhunderten im selben Stil hergestellt. Grundlage sind die Materialien, die der Dschungel gratis zur Verfügung stellt. Die Hütten, sogenannte „Churuatas" oder „Shabonos", haben ein Dach aus Palmenblättern. Je nach Stamm sind sie nur für eine Familie konzipiert oder – wie bei den Yanomami – für viele Leute. Einige weisen Wände mit einer Türe auf, andere sind ohne Wand. Die Warao im Orinoco-Delta wohnen in ihren traditionellen „Palafitos", Pfahlbauten aus Holz mit Strohdach. In der Gran Sabana wiederum haben viele Indianerhäuser Wände aus Lehm mit Strohdach. In den von spanischen Missionaren bekehrten Dörfern wie Kavanayen sieht man massive Steinhäuser.

Kunst in Venezuela

von *Gaby Brückmann*

Malerei

Bedauerlicherweise ist Venezuela als Kulturnation fast unbekannt und rangiert in Sammeldarstellungen der Schönen Künste weit hinter seinen Nachbarstaaten.

Erst Mitte des 19. Jh. entsteht eine unabhängige venezolanische Malkunst, bis dahin wurden vorwiegend **europäische Strömungen** imitiert. Über den Durchschnitt dieser anonymen Werke erheben sich lediglich die Malereien von *Antonio López* (1724–87) und *Antonio José Landaeta*, der zu einer großen Familie gehörte, die in den Jahren 1760–1810 in Caracas tätig war. Viele ihrer Kunstwerke wurden Opfer von Erdbeben oder sind durch Schließung von Klöstern verloren gegangen.

Zu den ersten Malern nach der Unabhängigkeit gehört **Juan Lovera.** Seine Werke, vor allem Historienbilder (Szenen aus dem Unabhängigkeitskrieg), sind infolge seiner Ausbildung in Spanien stark durch den Neoklassizismus beeinflusst.

Ferdinand Bellermann (1814–89) deutscher Landschaftsmaler, wird von *Alexander von Humboldt* 1842 nach Venezuela geschickt. Sein Aufenthalt im Land währt nicht länger als vier Jahre, aber er hat diese Zeit gut genutzt, um das Land gründlich zu erforschen, es von Ost nach West zu durchqueren und uns ebenso Hafenszenerien (zum Beispiel von La Guaira und Caripe) zu überliefern wie auch Ansichten des Landesinneren. Seine Bilder vom Regenwald begründen seinen Ruf als Urwald- und Tropenmaler. *Bellermann* ist der erste, der die Landschaften in ihrer Einmaligkeit erfasst und trotz allem Sinn für Komposition topografisch getreu wiedergibt. Wuchernde Vegetation, Wasserfälle, Bergkegel formieren sich bei ihm zu einem atemberaubenden Panorama, doch sie verführen ihn nicht zu ausschweifenden Fantasien. Es ist, als ob er uns mit seinen Dschungelbildern und Talausblicken sagen

Kunst in Venezuela

wollte: Diese paradiesische Natur ist Wirklichkeit, ich habe sie mit eigenen Augen gesehen. *Ferdinand Bellermann* hat Venezuela für die Kunst entdeckt und die venezolanische Natur für die Kunst.

Durch die Gründung der „Sociedad de Amigos del País" (1836) wird die kulturelle Entwicklung vorangetrieben. Sie ist auch für die Errichtung mehrerer Kunstschulen in Venezuela mitverantwortlich. **Antonio José Carranza** ist einer der talentiertesten und wichtigsten Schüler und später dann Lehrer an der neuen Kunstakademie von Caracas. Bei den staatlichen Stellen erweckt er durch sein Engagement Interesse an der bildenden Kunst, und so entsteht unter seiner Führung 1843 die **„Escuela de Bellas Artes"**, die Schule der Schönen Künste. Neben dem Mal- und Zeichenunterricht wird auch die Architektur ein Fach der Kunstausbildung. In der ersten Hälfte des 19. Jh. macht eher der Aufbau der neuen Schule von sich reden, als die weniger hervorstechenden Werke der Schüler. Ihre Bilder sind von relativ geringer Qualität und bleiben in charakterlosen Imitationen stecken, wobei die Themen zwischen Landschaftsmalerei, religiösen und historischen Szenen variieren.

Ab ca. 1850 findet allmählich eine Wandlung statt. Neuen Einflüssen wird durch die Wiederherstellung der Beziehungen zum ehemaligen „Mutterland" Spanien die Tür geöffnet. Die venezolanischen Künstler beeindruckt die Romantik der Pariser Schulen *(Eugéne Delacroix)*. Ein herausragender Vertreter des neuen Stils ist **Ramón Bolet**. Aus seinen Werken spricht ein enormes Interesse an der Natur und am Alltagsleben. Diese Richtung wurde in Südamerika als **„Costumbrismo"**, eine Art geschönter Sittenschilderung, bekannt. Hier wird der europäische Einfluss zum ersten Mal transzendiert, indem er auf die eigene Umgebung übertragen wird.

In der eher kürzeren Periode des Klassizismus in Venezuela spielt **Martín Tovar y Tovar** (1827–1902) eine wichtige Rolle. Er erhält Ausbildung in Madrid und Paris, gründet dort seine eigene Schule und beeinflusst von dort aus viele südamerikanische Zeitgenossen. Die größten und wichtigsten Werke von *Tovar y Tovar* entstanden im Auftrag des Diktators *Guzmán Blanco*, es sind Historien- und Schlachtenbilder und zum Teil noch im Capitolio in Caracas zu sehen. **Guzmán Blanco** wird während seines Aufenthaltes in Paris stark von der französischen Kunst beeindruckt und gilt in seiner Regierungsperiode (1870–77) als großer Förderer der venezolanischen Kunst. Durch finanzielle Unterstützung ermöglicht er vielen jungen Künstlern eine europäische Ausbildung und ist auch einer der größten Auftraggeber dieser Zeit. Durch eine große Ausstellung 1883 in Caracas gelingt es ihm, internationale Anerkennung hervorzurufen. Der Stempel, den er der Kunst dieser Periode aufdrückte, erklärt, weshalb man vom „Estilo guzmánico" spricht.

Die Entwicklung erreicht mit den Werken von **Cristóbal Rojas** (1857–

90) und **Arturo Michelena** (1863–98) ihren Höhepunkt, die Goldene Ära, „La Edad de Oro", hat begonnen. Beide Maler erarbeiten aus den romantischen Strömungen heraus einen eigenen, charaktervollen Stil, der weit über die Jahrhundertwende hinaus wirkt und die Entwicklung neuer Stilrichtungen behindert. Erst mit der Gründung des Kunstkreises „El Círculo de Arte" 1912 wird eine neue Epoche eingeläutet. Wichtige Vertreter dieses Kreises sind **Manuel Cabré** (1890–1984) und **Rafael Monasterios** (1884–1961), deren Landschaftsmalereien als post-impressionistisch betrachtet werden können, sowie die Sozialrealisten *Tito Salas* und *Carlos Otero*.

Unabhängig von ihnen entwickelt sich **Armando Reverón** (1889–1954) zu einem Maler von internationalem Niveau, mehr noch, er ist der Begründer der venezolanischen (Mal-)Kunst, der erste ganz eigenständige Künstler, den das Land hervorgebracht hat. Durch eine schwere Typhus-Erkrankung schon in Jugendjahren zum Außenseiter geworden, besucht er die Kunstakademie in Caracas von 1908 bis 1911 und erweist sich als rebellischer Student. Von 1911 bis 1914 finden wir ihn als Student in Barcelona, Madrid und Paris, wo ihn die europäische „Moderne" sehr beeindruckt und *Henry Matisse* beeinflusst. Zurück in Caracas kooperiert er mit dem avantgardistisch orientierten, kurzlebigen „Circulo de Bellas Artes", der die Auseinandersetzung mit Impressionismus, Pointillismus und Fauvismus vorantreiben will. Dabei wird *Reverón* immer klarer, dass er eigentlich in gar keine Gruppe gehört. So zieht er sich mit seiner Lebensgefährtin im Alter von 30 Jahren ganz aus der Kunstwelt zurück, um sich im Küstendorf Macuto, nahe Caracas, inmitten eines ursprünglichen Ambientes in einer selbst gebauten Hütte niederzulassen. Hier führt er ein meditatives Leben, arbeitet besessen in wachsender Isolierung. Hier entwickelt er seine rituelle Praxis des Malens, die ihn mit den spirituellen Traditionen des Landes verbinden soll. Er weiß, das Paradies ist überall dort, wo Menschen schöpferisch tätig sind. Alles ist voll Licht in seinen Bildern, vor allem in seinen ersten anderthalb Jahrzehnten in Macuto, weshalb man diese Zeit auch seine „Weiße Periode" nennt. Mitte der 1930er Jahre beginnt sich seine Welt zu verdüstern – als hätte *Armando Reverón* die Kraft des Lichts nicht aushalten können. „El Castillete", das Atelier/Wohnhaus von *Reverón* in Macuto, ist heute ein Museum zu seinem Werk und Leben.

Das 20. Jh. bringt weltweit viele, einander rasch folgende Stile und Strömungen, wovon manche schon wieder vorbei sind, ehe sie in Venezuela Fuß fassen können. Studienmöglichkeiten in den Vereinigten Staaten und Europa helfen auch venezolanischen Künstlern, neue Richtungen und Ausdrucksmöglichkeiten zu entdecken. In Venezuela ist die zweite Hälfte des 20. Jh. vor allem die Epoche zweier Antipoden: *Jesus Rafael Soto* und *Jacobo Borges*. Beiden Künstlern wurden noch zu Lebzeiten eigene Museen gewidmet, *Soto* in seiner Geburtsstadt

Ciudad Bolívar am Orinoco, *Borges* in Catia, Stadtteil von Caracas, wo er geboren wurde.

Jacobo Borges (1931 geboren) verehrt *Armando Reverón,* den er noch persönlich kennenlernen durfte, und fühlt sich ihm in vielfacher Weise verbunden. Schon in seinen Jahren an der „Escuela de Artes Plásticas" in Caracas 1949/50 zeigt sich eine Parallele zu *Reverón.* Auch *Borges* führt einen studentischen Protest gegen die erstarrten Formen der Kunstvermittlung an und wird zeitweilig von der Akademie verbannt, erhält aber bald darauf ein Stipendium, das es ihm ermöglicht, nach Europa zu gehen.

Jesús Rafael Soto (1923–2005) leitet nach seinem Studium (1942–47) bis 1950 die Kunstschule in Maracaibo. Ab 1950 arbeitet er in Paris und Caracas, seit den 1960er Jahren ist er einer der bedeutendsten Vertreter der kinetischen Kunst und Optical-Art aus Südamerika.

Soto, der Konstruktivist, der Kinetiker, der sensible Spieler mit Raum und Zeit, mit Licht und Bewegung, verkörpert die Idee der Utopie, den Glauben an eine vom Menschen beherrschbare Zukunft, *Borges* die untrennbare Verbindung von Realität und Traum, die Kenntnis der im Menschen wirkenden dunklen Kräfte, den Protest gegen alle Formen der Gewalt und Unterdrückung, die Warnung vor dem gewaltsamen Umgang des Menschen mit der Natur. Und beide dürfen sich auf *Reverón* berufen: *Soto* auf den unvergleichlichen Meister im Umgang mit dem Licht, *Borges* vor allem auf den späten, „dunklen" *Reverón* – und trotzdem verhält es sich mit *Jacobo Borges* anders. Sein Thema ist nicht die Natur Venezuelas, sondern die Welt, die Natur des Menschen und damit zwangsläufig auch die Abweichung des Menschen von den Idealen eines paradiesischen Lebens. Der Gegensatz von Natur und Geschichte gehört zu den beherrschenden Themen in *Borges'* Kunst: die Natur mit ihrer Fähigkeit, sich beständig zu regenerieren, die Geschichte als Lektion, aus der wir nichts lernen.

Den Namen des großen *Reverón* trägt auch die Hochschule für Bildende Kunst „Armando Reverón" *(Instituto Universitario de Estudios Superiores de Artes Plásticas),* gegründet 1991. In der staatlichen Einrichtung werden Künstler in den Fächern Malerei, Bildhauerei, Grafik, Keramik sowie Mischtechnik ausgebildet.

Literatur

Ein entscheidender Faktor in der Entwicklung der venezolanischen Literatur ist die Einführung des Buchdrucks durch *Francisco de Miranda* im Jahr 1806. Während der kolonialen Periode war fast jede Art von Publikation wegen der befürchteten Machtgefährdung verboten. Auch in den Diktaturen danach wurde zensiert.

Rómulo Gallegos (1884–1969)

Unter Venezuelas Autoren hat sich *Rómulo Gallegos* weltweiten Ruhm erworben. Als Gründer der Reformpartei AD, Minister und Staatspräsi-

Kunst in Venezuela

dent (1947/48) versuchte er früh, demokratische Ideen aktiv umzusetzen. Im Zentrum seines Werkes steht der Kampf zwischen alten und neuen Mächten im Land, zwischen Barbarei und Feudalismus einerseits und Zivilisation und Aufklärung andererseits. Wichtigste Romane sind „Doña Barbara" (1929) und „Canaima" (1935, dt. 1990).

Miguel Otero Silva (1908–1985)

Die Unterdrückung des Volkes während der Diktaturen thematisierte *Miguel Otero Silva,* unter anderem in seinem Roman „Fieber" (1939, dt. 1990). In „Fürst der Freiheit"/„Lope de Aguirre" (1979, dt. 1981) erzählt er die gewalttätige Geschichte eines spanischen Rebellen zur Zeit der El-Dorado-Expeditionen.

Arturo Uslar Pietri (1906–2001)

Arturo Uslar Pietri war der große alte Mann unter den Literaten. Er betätigte sich aktiv in der Politik und trat für die Absetzung des korrupten *Carlos Andrés Pérez* ein. Mit „Die roten Lanzen" (1931) und „Rauch über El Dorado" (1947) sowie zahlreichen Essays analysierte *Uslar Pietri* Geschichte und Gegenwart Venezuelas.

Sonstiges

Der fünfte Astrid-Lindgren-Kinderbuchpreis ging 2007 an die **„Banco del Libro",** die venezolanische Bücher-Bank. Der Preis, zu Ehren der großen schwedischen Schriftstellerin gestiftet, ist mit 5 Mio. Kronen (550.000 Euro) dotiert. Die „Bücher-Bank" habe Pionierarbeit bei der Verbreitung von Kinder- und Jugendbüchern geleistet, einen befreienden Mangel an Bürokratie bewiesen und durch Beharrlichkeit und Erfindungsreichtum immer wieder neue Wege gefunden, um das Lesen unter Kindern in Venezuela zu verbreiten. So erklärte die schwedische Jury in Vimmerby, dem Geburtsort von *Astrid Lindgren,* die Vergabe des Preises.

Die „Banco del Libro" wurde 1960 in Caracas als gemeinnützige Tauschzentrale für Kinder- und Schulbücher gegründet. Sie hat unter anderem Modellbüchereien eingerichtet und einen Verlag für **Kinderliteratur** gegründet. Die Einrichtung betreibt das größte südamerikanische Zentrum zur Dokumentation von Kinderliteratur. Alles hatte mit einigen Freiwilligen begonnen, die 1958 den kostenlosen Tausch von alten Schulbüchern für Kinder aus armen Familien organisierten.

Das **„Schönste Buch aus aller Welt" 2008** kam aus Venezuela. Mit der höchsten Auszeichnung, der „Goldenen Letter", wurde der Venezolaner *Álvaro Sotillo* für die Gestaltung eines zweibändigen Werkes des Autors *Pedro Cunhill Grau* geehrt, wie die Stiftung Buchkunst im Februar 2008 in Frankfurt entschied. Die zwei Bücher („Geohistoria de la Sensibilidad en Venezuela") erschienen in der Fundación Empresas Polar. Für *Sotillo* ist es nach 1985 und 1999 bereits die dritte Gol-

Musik gehört zu jedem Fest und zum venezolanischen Alltag

KUNST IN VENEZUELA

dene Letter. 2005 war er auch mit dem Gutenbergpreis der Stadt Leipzig ausgezeichnet worden. Nach Ansicht der Jury gelang *Sotillo* eine sehr komplexe und subtile Typografie.

Musik

Einziger „Star" unter den klassischen Musikern Venezuelas war die Pianistin und Komponistin **Teresa Carreño** (1853–1917). Nach ihr wurde auch das Kulturzentrum in der Hauptstadt benannt.

Gemessen an der Popularität von Salsa und Pop führte das nationale Symphonieorchester (seit 1938) bisher eher ein Schattendasein. Das hat sich geändert! Überall war 2007 zu lesen: „Das Wunder von Venezuela", „Feuerwerker aus Venezuela", „Rhythmus pur", „Erstaunlichste Dirigierbegabung" usw. Der 26-jährige **Gustavo Dudamel** wird als Dirigentenstar gehandelt. Auf dem Luzern-Festival trat er im März 2007 mit seinem Jugendorchester auf und im September 2008 auf seiner Europatournee erstmals auch in vier deutschen Städten. Mit 14 Jahren stand er in seiner Heimat bereits am Pult: „Das ist völlig normal bei uns, viele Kinder dirigieren." Das ist der Stoff, aus dem Wunderkinder-Storys gewoben sind, doch dahinter steht ein System, das **„Sistema",** die „Fundación del Estado para el Sistema

KUNST IN VENEZUELA

del Orquesta Juvenil e Infantil de Venezuela". Die Stiftung verdankt sich der Vision des charismatischen 67-jährigen Musikers, Öknonomen und Juristen **José Antonio Abreu,** der vor 32 Jahren eine sozialpädagogische Großoffensive startete. Die sozialintegrative Kraft kostenloser Musikerziehung wollte er nutzen. Salopp gesagt: Geigenkästen sind dazu da, Geigen zu transportieren und keine Gewehre. Damit hat man auch schon anderswo Erfolg gehabt.

In Venezuela besuchen rund 250.000 Kinder die **Musikschulen** des „Sistema", 90% von ihnen stammen aus unterprivilegierten Verhältnissen. Über 170 Jugendorchester gibt es im Land, neben 23 professionellen Klangkörpern in Städten. An der Spitze die „Sinfónica de la Juventud Venezolana Simón Bolívar", 250 junge Musikerinnen und Musiker, zwischen 10 und 27 Jahre alt. *Gustavo Dudamel* ist ihr Chef, einer von ihnen, und das werde sich trotz der neuen Aufgaben nicht ändern: Seit Herbst 2008 leitet er die Göteborg-Symphoniker, und die Deutsche Grammophon hat ihn unter Vertrag genommen und gleich mit *Beethovens* Fünfter und der Siebten debütieren lassen.

Jedenfalls hat sich das „Sistema" über sieben venezolanische Regierungen hinweg etabliert und gehalten. 29 Mio. Dollar stellt der Staat zur Verfügung, Sponsorengelder aus dem Ausland kommen hinzu. Interessanterweise ist die Zuständigkeit vom Kultur- zum Ministerium für Gesundheit und soziale Entwicklung übergegangen.

Im kollektiven Musizieren scheint ein Geheimnis für den Erfolg zu liegen. Man lehrt einander und lernt voneinander. „Es ist eben nicht nur ein künstlerisches, sondern auch ein **soziales Projekt**" bekräftigt *Dudamel*. „Sistema" gibt Kindern die Möglichkeit, ein anderes Leben einzuschlagen und nicht nach dem Gesetz der Straße (besonders in Caracas), mit drohender und zunehmender Gewalt, Drogen, Pornografie und Alkohol, leben zu müssen.

Das **Perkussionsensemble Atalaya** setzt sich aus Mitgliedern der Jungen Philharmonie Venezuela zusammen, die alle über die Stiftung José Antonio Abreu (Träger des alternativen Nobelpreises) ihren Weg zur Musik gefunden haben. Im Ensemble wird die vorderste Schlagzeugreihe des Orchesters ausgebildet. In Deutschland haben sie sich erstmals mit ihrem Repertoire vorgestellt, lateinamerikanische und afro-venezolanische Musik, venezolanischer Merengue, Mambo, Salsa und Arrangements bekannter Klassiker von *Strauß* bis *Piazolla*. Darüber hinaus spielten sie auch Eigenkompositionen und konnten durch die komplexen Rhythmen und atemberaubende Spielkultur das Publikum begeistern.

Die traditionelle Musik Venezuelas

Die venezolanische Folklore ist in einem sehr langen Prozess entstanden. Einerseits gibt es die Folklore, welche von den **Indianern** abstammt und daher als die wohl älteste des Landes bezeichnet werden darf. Viele Stämme benutzen in ihrer Musik die „Turas", ei-

Kunst in Venezuela

ne Art Panflöten, welche aus Zuckerrohr hergestellt werden. Die lange Flöte wird als „Macho", Mann, dargestellt, die kleine als „Hembra", Frau. Speziell in den Bundesländern Falcón und Lara werden diese Flöten noch benutzt. Dazu erklingt traditioneller Gesang. Andere Stämme stellen Trommeln her und Rohre mit einem Durchmesser von etwa 5 Zentimetern, in die man die Atemluft hineinstößt, was einen hohlen Ton entstehen lässt.

Anderseits gab es durch die Eroberer einen mächtigen **Einfluss aus** Europa, speziell aus **Spanien.** So brachten die spanischen Missionare gregorianische Gesänge mit, die Einwanderer aus Andalusien den Flamenco und die Malagueña. Dann sind natürlich die **Rhythmen aus Afrika und der Karibik** nicht zu vergessen.

Zu den bekanntesten Musikstilen gehört sicher der **Joropo.** Das Wort tauchte erstmals 1749 auf, vormals wurde dieser Stil von der Landbevölkerung auch als „Fandango" bezeichnet. Es gibt verschiedene Arten von Joropos, je nach Region ändert sich die Zusammenstellung der Instrumente leicht. Grundsätzlich besteht die Ausrüstung aus einer Harfe, einer *Cuatro* (Gitarre mit vier Saiten) und einer *Maraca* (Rassel). Dazu wird gesungen und getanzt. Es handelt sich um eine fröhliche Tanzart, welche die Teilnehmenden vereinen soll, aber auch hier je nach Region mit Unterschieden. Zu den bekanntesten Stars gehört „El Indio Figueredo" aus dem Bundesland Apure. Er hat insgesamt über 300 Joropomelodien geschrieben.

Der **Merengue** kam 1920 in Caracas auf, seine Wurzeln sind in der Karibik zu finden. Die Gruppen musizieren in der Regel mit Trompete, Saxophon, Klarinette und Pauke, als Begleitinstrumente sieht man die *Cuatro,* das Schlagzeug und Trommeln. Beim Merengue unterscheidet man zwei Klassen, einerseits den 2/4-Takt, der speziell von Anfängern und älteren Tänzern geschätzt wird, und dann den 5/8-Takt, den vor allem die traditionellen Gruppen von Caracas mögen. In anderen Regionen wie im Bundesland Lara oder in Cumaná wird sogar der 6/8-Takt getanzt. Die Melodien des Merengue sind sehr fröhlich und handeln nicht selten von Liebe, Frauen und anderen Schönheiten des Landes.

Spätestens ab Mitte November hört man in Venezuela aus allen Lautsprechern die **„Gaita",** die Weihnachtsmusik Venezuelas (siehe im Kapitel „Sitten und Bräuche"). Daneben gibt es die aus Europa importierte „Polka" und den „Bambuco", welcher vorwiegend in den Anden und im angrenzenden Kolumbien gespielt wird.

CARACAS UND UMGEBUNG

Caracas und Umgebung

Blick auf Caracas vom Pico Avila

Mit dem Bus durch die Hauptstadt

Im Botanischen Garten von Caracas

Überblick

Die **Zentralregion** ist seit jeher die wichtigste Siedlungs- und Wirtschaftszone des Landes, zu der die **Hauptstadt Caracas** und die **Bundesländer Miranda, Vargas, Aragua und Carabobo** gehören. Bereits gegen Ende des 18. Jh. erlangte die Kaffee- und Kakaoproduktion große wirtschaftliche Bedeutung. Speziell in Küstennähe boten sich dazu beste Bedingungen an, und auf den humusreichen Böden in den Tälern von Aragua wurden Zuckerrohr, Baumwolle, Indigo und Weizen angebaut. Der größte Teil des venezolanischen Außenhandels wurde über die Häfen von La Guaira und Puerto Cabello abgewickelt. Zu bedeutenden Industrieregionen herangewachsen sind die Umgebungen der Städte Maracay und Valencia (siehe jeweils im Kapitel „Der Nordwesten"). Diese Industrialisierung erfolgte planmäßig, um die Metropole Caracas entlasten zu können. Bei den Gebieten, die man um den mittleren Abschnitt der Küstenkordillere findet, stoßen historisch Interessierte auf den wohl geschichtsträchtigsten Teil des Landes – wer auf Spurensuche nach der Vergangenheit Venezuelas ist, wird hier fündig.

Caracas

♪ IV, B2/V, C2

GPS: N 10°29.41, W 66°52.67

Grundsätzlich sollte sich jeder Reisende zweimal überlegen, ob Caracas unbedingt Teil der Venezuela-Reise sein sollte. Natürlich hat die Stadt durchaus ihre Reize, sie ist aber viel zu groß und schnelllebig, als das man diese positiven Seiten als Tourist wahrnehmen könnte. Bei einem kurzen Besuch erlebt man eine **schmutzige und hässliche Stadt,** die außerdem vielen Besuchern schon schlechte Erfahrungen beschert hat. Oft wird gesagt, Venezuela sei gefährlich, aber fast alle Überfälle und ernsthaften Probleme passieren im Großraum Caracas; die schönen Dinge kann man in kurzer Zeit nicht wirklich kennen lernen. Wer unbedingt eine venezolanische Großstadt besuchen und ihr Alltags- und Nachtleben kennen lernen möchte, der sollte sich besser nach Puerto La Cruz, Puerto Ordaz oder Maracay begeben, alles moderne, pulsierende, aber überschaubare Städte.

Stadtgeschichte

Das Gebiet, auf dem sich Caracas befindet, wurde vor der Ankunft der Spanier von den **Indianerstämmen** der Arawak, Kariña, Caribes und Caracas bewohnt. Sie leisteten den Spaniern erheblichen Widerstand, allen voran der Cacique *Guaicaipuro*.

Der von der Insel Margarita stammende Mestize *Francisco Fajardo* war einer der ersten, der im Tal des heutigen Caracas 1558 ein Landgut gründete. Aber als der eigentliche **Gründer** von Santiago de León de Caracas, so der vollständige Stadtname, im Jahr **1567** gilt der Spanier *Diego de Losada*. Die ersten Franziskaner kamen 1576 nach Caracas und etablierten ein Kloster. 1587 wurde Caracas Hauptstadt der Provinz von Venezuela, auch Provinz von Caracas genannt.

1641 verwüstete ein **Erdbeben** einen guten Teil der Stadt, aber den durch den Kakaoanbau reich gewordenen Bürgern gelang es, die Stadt bald wieder aufzubauen.

Im 18. Jh. begann die **Einwanderung** von Bewohnern der Kanarischen Inseln, die sich am damaligen Stadtrand ansiedelten (Plaza La Candelaria).

Im selben Jahrhundert wurden drei der **größten Söhne des Landes** in Caracas geboren: 1750 *Francisco de Miranda,* Mitbefreier Venezuelas vom spanischen Joch; 1781 *Andrés Bello,* Poet, Erzieher und Jurist; 1783 *Simón Bolívar,* Befreier Venezuelas und „Vater des Vaterlandes".

Anfang des 19. Jh. hatte Caracas etwa 30.000 Einwohner. Am 19. April 1810 wurde in Caracas der spanische Generalkapitän abgesetzt und eine von Patríoten geführte Junta gebildet. 14 Monate später, am 5. Juli 1811, erklärten die Delegierten von sieben Provinzen offiziell die **Unabhängigkeit** von Spanien.

1812 erschütterte ein schweres Erdbeben die Stadt, gleichzeitig ging die erste Republik verloren.

1830, nach der Trennung Venezuelas von Großkolumbien, wurde Cara-

CARACAS

cas die **Hauptstadt** der Republik Venezuela. Unter der Regierung von *Gúzman Blanco* entstanden mehrere neoklassische Gebäude, so der Palacio Legislativo (auch „Capitolio" genannt), das Stadttheater und der Freimaurertempel, der Calvarío-Park wurde angelegt und die Dreieinigkeitskirche in den Ehrentempel (Panteón Nacional) umgewandelt.

Ende des 19. Jh. dehnte sich die Stadt nach Westen aus (Catia). Aber die eigentliche **Modernisierung** setzte im 20. Jh. ein. In den 1940er Jahren wurde das „rote" Viertel El Silencio durch ein damals vorbildliches Sozialwohnungsgebiet ersetzt. In den 1950er Jahren entstanden das „Centro Simón Bolívar", eines der damals modernsten Einkaufszentren Lateinamerikas, verbunden mit dem Sitz vieler Ministerien, und die Av. Bolívar. Der Plaza Venezuela und die Sabana Grande wurden ein neuer Mittelpunkt der Stadt, die schnell nach Osten wuchs (Chacao und Palos Grandes). In den 1970ern entstand der Parque Central, ein Kongress-, Museums-, Einkaufs- und Wohnzentrum.

Rund um Caracas entstanden neue Wohnviertel, aber auch die Elendssiedlungen, „ranchos" genannt, dehnten sich immer mehr aus. Die wachsenden **Einwohnerzahlen** spiegeln die

Caracas, die Metropole Venezuelas

schnelle Entwicklung wider: 1953 1 Million, 1971 2 Millionen, 1991 3 bis 4 Millionen, heute 6 Millionen.

Caracas heute

Caracas zeigt sich als kosmopolitische Metropole, als moderne, temperamentvolle Sechsmillionenstadt, die vor Leben vibriert. Die Metropole ist **politischer, wirtschaftlicher und kultureller Mittelpunkt Venezuelas,** alle wichtigen Entscheidungen, die das Land betreffen, werden hier gefällt. Die Dezentralisierung der späten 1990er Jahre wurde in den letzten Jahren mehr als rückgängig gemacht – heute läuft wieder alles über Caracas.

Das **Klima** der auf 920 m Höhe gelegenen Stadt ist subtropisch und sehr ausgeglichen, fast schon frisch, die Belastung der Luft durch Abgase ist aber beträchtlich, da der **Verkehr** in der Stadt immens ist. Der durchschnittliche „Caraqueño", wie sich die Bewohner von Caracas nennen, verbringt laut Statistik 2,5 Stunden täglich im Stau. Der Verkehr hat in den letzten Jahren extrem zugenommen, ein Kollaps steht kurz bevor. Die hauptsächlich in den 1950er und -60er Jahren angelegten Stadtstraßen und -autobahnen reichen schon lange nicht mehr aus. Auch die vier U-Bahnlinien, die seit den 1980er Jahren gebaut wurden, sind überlastet.

Lage

Caracas liegt in einem **lang gestreckten Tal,** das von Ost nach West verläuft und vom Río Guaire durchflossen wird. Von Westen nach Osten streckt sich die Stadt über 25 km aus, von Norden nach Süden etwa 6 km. Der **Río Guaire,** 72 km lang, entspringt in den Bergen oberhalb von Los Teques in Las Adjuntas und mündet in den Río Tuy, nachdem er sich in Caracas eine Menge Dreck zugezogen hat – ein Großteil der Wohnsiedlungen entwässert ohne Kläranlage in den Guaire. Es finden zurzeit vom Umweltministerium gesteuerte Aktionen statt, um den Fluss zu reinigen, vor 2010 wird aber nicht mit wirklichen Verbesserungen zu rechnen sein.

Im Norden wird die Stadt vom **Avila-Massiv** mit seinem höchsten Gipfel, dem Pico Naiguatá mit 2765 m, von der karibischen Küste getrennt. Eine Autobahn verbindet die Stadt mit der **Küste,** an der sich nahe der Ortschaft Maiquetia der internationale Flughafen Simón Bolívar und der wichtigste Hafen Venezuelas, La Guaira, befinden. Für die 26 km Autobahn bis zu den westlichen Stadtteilen der Hauptstadt muss man in Stoßzeiten bis zu 2 Stunden einplanen.

Westlich der Stadt kommt man zu dem bergigen Nationalpark Macarao und der Ortschaft El Junquito, weit oben in den Bergen befindet sich die Colonia Tovar.

Die Autobahn nach Maracay/Valencia verlässt die Stadt in **südlicher Richtung,** wo es nicht ganz so bergig ist, und biegt dann nach 40 km, an der Ausfahrt Charallave, in Richtung Westen ab, um 80 km später Maracay zu erreichen.

Ostwärts verläuft die Autobahn, die durch Barlovento, das fruchtbare Küstenland, bis nach Barcelona führt.

Orientierung

Caracas wirkt auf den ersten Blick unübersichtlich, ein Großstadtdschungel, der den Neuankömmling fast schon einschüchtern kann. Trotzdem ist die grobe Orientierung in der Stadt nicht unmöglich, denn die wichtigsten Punkte findet man entlang der Ost-West-Achse, entlang der Metrolinie 1, der Stadtautobahn Francisco Fajardo und der Av. Urdaneta mit Verlängerung der Av. Libertador. Die **Metro 1** verlässt ihre westlichste Station „Propatria" und erreicht das historische Zentrum an der Station „Capitolio", die gemeinsam mit der Station „Silencio" als Umsteigehalt zu den Linien 2 und 4 genutzt wird. Weiter in Richtung Osten kommt die Haltestelle „La Hoyada", **Innenstadtbereich,** Markt und Verkehrsknotenpunkt. Hier, direkt an der Av. Universidad, befand sich früher das Hauptbusterminal „Nuevo Circo", viele kleine Busse fahren immer noch her. An der Station „Bellas Artes" hat man den eigentlichen Innenstadtbereich schon verlassen, man steht vor dem Twin Tower des **Parque Central.** Diese Gegend beherbergt viele Museen, das **Theater Teresa Carreño** und das frühere Hotel Hilton, das mittlerweile Hotel Alba heißt. Auf der Höhe vom Colegio de Ingenieros wird es schon grüner, dort befindet sich der Stadtpark Los Caobos, südlich der Autobahn Francisco Fajardo ist der attraktive botanische Garten, der **Jardín Botanico,** zu finden.

Der nächste wichtige Metro-Knotenpunkt ist die Station „Plaza Venezuela", mit Anschluss an die Linien 3 und 4. Am weithin sichtbaren Torre La Previsora mit einer großen Digitaluhr beginnt dann die **Fußgängerzone Sabana Grande,** die über zwei Metrostationen bis zum Stadtteil Chacaito reicht. Jetzt befindet man sich schon in den östlichen Bereichen der Großstadt. Die Haltestellen „Chacao" und „Altamira" erschließen den für Besucher attraktivsten und sichersten Bereich der Stadt. Hier ist man in der Nähe von **La Castellana** und **Las Mercedes,** zwei der beliebtesten Ausgehviertel von Caracas. In **Altamira** findet man gute Hotels in gesunder Umgebung; die meisten Botschaften und Fluglinien haben sich hier niedergelassen.

Jetzt erreicht man schon den **Parque del Este,** eine 82 ha große Parkanlage, die den „Caraqueños" als Naherholungsziel sehr wichtig ist. Weiter östlich befinden sich Wohngebiete, teilweise sehr übervölkerte Stadtteile wie „Petare", die man besser nicht besuchen sollte. Die Metro 1 endet an der Station „Palo Verde".

Die Metro

Wenn man in Caracas unterwegs sein möchte, dann ist die Metro das **Transportmittel der Wahl.** Man ist wesentlich schneller als über der Erde, die Stationen sind in der Regel sauber und sicher, das Netz ist übersichtlich und hilft bei der Orientierung in der Stadt.

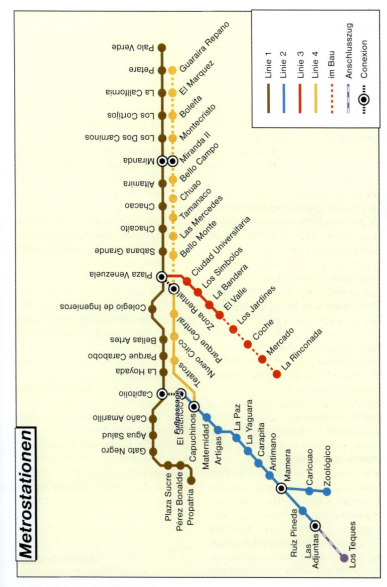

Die Metro in Caracas ist nach dem Pariser Vorbild gebaut, jeder, der die Metro in Paris schon benutzt hat, wird das erkennen. Ganz so groß und flächendeckend ist das System in Caracas zwar nicht, aber es wird jedes Jahr weiter ausgebaut.

Pro Tag werden mittlerweile weit mehr als eine Million Menschen transportiert, was vor allem in den frühen Morgenstunden und am späten Nachmittag zu spüren ist, wenn die Züge aus allen Nähten platzen. Zusätzlich zu den vier Metrolinien gibt es noch ein Busnetz, sogenannte **Metrobusse**, die von verschiedenen Metrostationen entlegenere Ziele anfahren. Unter www.metrodecaracas.com.ve findet man weitere Informationen sowie einen Plan der Metrolinien.

Die **Fahrtkosten** sind sehr niedrig: Unabhängig von der Entfernung zahlt man für alle Strecken einen einheitlichen Tarif von knapp 25 Cent. Man muss sich am Fahrkartenschalter ein Ticket kaufen, wer die Metro in Verbindung mit den Metrobussen nutzen möchte, muss ein „Boleto integrado" erwerben. Da häufig, besonders zu den Stoßzeiten, längere Warteschlangen an den Fahrkartenschaltern entstehen, empfiehlt sich der Kauf eines **„Boleto multiviaje"**, mit dem man in unbegrenzter Zeit zehn beliebige Fahrten unternehmen kann. Beim Betreten der Stationen schiebt man das Ticket in einen Automaten und entnimmt es auf der anderen Seite des Drehkreuzes wieder. Dieselbe Prozedur folgt beim Verlassen: Die normalen „boletos" werden verschluckt, die „multiboletos" erst nach der zehnten Fahrt.

Die **Linie 1** führt von Ost nach West, von „Palo verde" im Osten nach „Propatria" im Westen. Es ist wichtig, bei Benutzung der Metro die Zielstationen zu kennen, um den richtigen Zug zu erwischen. Wenn man aus dem Zentrum zu dem östlichen Vorort Altamira gelangen möchte, nehme man den Zug in Richtung „Palo verde". Im Innenstadtbereich zwischen Altstadt und Plaza Venezuela fahren zwei Linien parallel, jede in einem eigenen Tunnelsystem: die oben genannte Linie 1 und südlich davon die neue **Linie 4** mit der Endhaltestelle „Zona Rental", die mit der Station „Plaza de Venezuela" unterirdisch verbunden ist. In südwestlicher Richtung führt die **Linie 2** in Richtung „Zoológico" bzw. „Las Adjuntas", Ausgangspunkt für das geplante Schnellbahnsystem nach „Los Teques". Die **Linie 3** führt vom Plaza Venezuela südlich nach „La Rinconada", mit Verbindung zur neuen Bahn nach Valles del Tuy.

Durch die Konstruktion der neuen Linien wurden Stadtteile wie San Juan, Santa Teresa, Santa Rosalia und San Agustin mit dem Rest der Stadt verbunden. So wurde den Einwohnern dieser Einzugsgebiete die Möglichkeit gegeben, in die wirtschaftlich wichtigen Teile der Stadt zu gelangen. Langfristig gesehen wird so der wirtschaft-

Venezuela, das Land
der Schönheitsköniginnen

lichen und sozialen Außenseiterrolle dieser Gebiete entgegengesteuert.

Des Weiteren ist die Erschließung der Urbanisationen Los Teques, El Hatillo und La Trinidad in Vorbereitung, die voraussichtlich 2009 beendet sein wird.

Sehenswürdigkeiten

Plaza Bolívar

Rund um den Plaza Bolívar findet man den aus frühen Kolonialzeiten stammenden **historischen Teil der Stadt.** Der Platz ist unschwer am Denkmal seines Namengebers in der Mitte des Platzes zu erkennen. Die schachbrettartige Anordnung der Straßen und Gassen in diesem Bereich macht eine Orientierung leicht.

Wenn man sich im Uhrzeigersinn um die eigene Achse dreht, erkennt man im Norden den Gouverneurspalast und die Fundación de los Niños, im Osten die Kathedrale, im Süden das Bürgermeisteramt und den Erzbischöflichen Palast und im Westen das Außenministerium. Als besondere Sehenswürdigkeit ist die Kathedrale zu bezeichnen.

Die heutige **Kathedrale** von Caracas hat als erstes Gotteshaus der Stadt ihr langes Leben am 25. Juli 1567 begonnen. Der ursprüngliche Tempelbau war winzig, aber massiv aus Steinen und Lehm errichtet – so massiv, dass

Caracas Übersicht

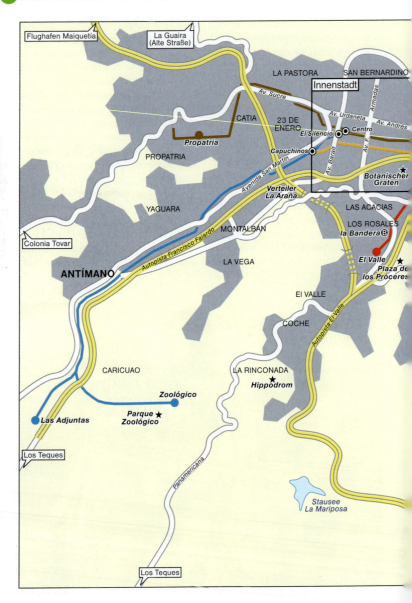

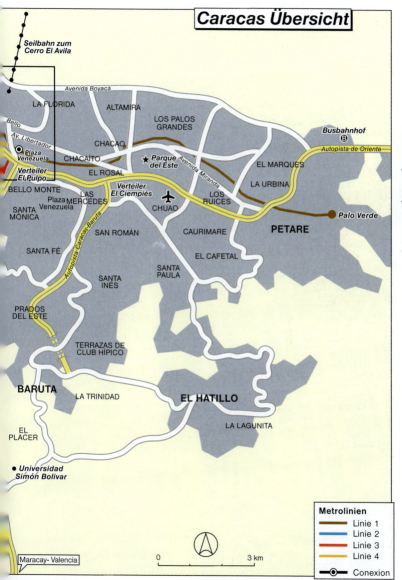

CARACAS

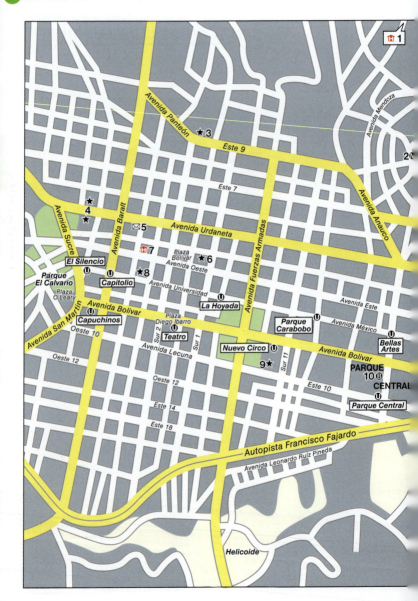

Atlas IV, Stadtplan S. 178

CARACAS

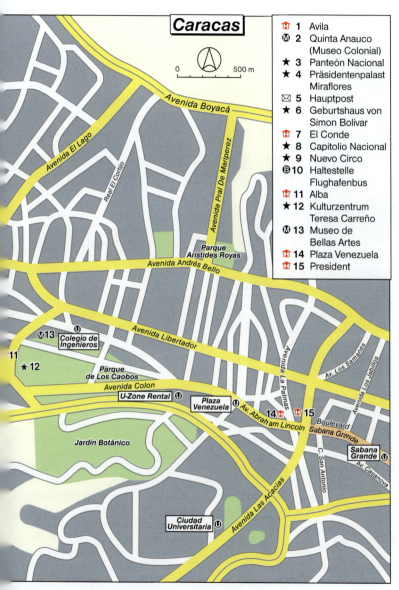

CARACAS

Belebte Seitenstraße
im Zentrum der Hauptstadt

die Piraten, die 1595 über die Stadt herfielen, ihn als Kommandozentrale nutzten. Erst knapp 60 Jahre später verwandelte der Erzbischof von Coro, *Monsigneur Juan López Agüito de la Mata,* den Tempel in eine Kathedrale. Diese ist eng mit der Geschichte von Caracas verbunden und wurde, genau wie die Stadt, bei dem fürchterlichen Erdbeben im Juni 1641 dem Erdboden gleichgemacht und vorübergehend durch eine provisorische Kirche ersetzt. 1665 wurde der fast zehnjährige Bau der heutigen Kathedrale begonnen, erst 1723 war die Kirche – so wie sie heute zu sehen ist – mit ihrem gigantischen Hauptschiff und vier kleineren Seitenschiffen fertiggestellt.

Parque del Este

Am Ausgang der gleichnamigen Metro-Station der Linie 1 befindet sich dieser **riesige Stadtpark,** Naherholungsgebiet und Familienziel für viele „Caraqueños". Die Tore werden schon morgens um fünf Uhr geöffnet, Jogger und Bewegungssüchtige lassen dann nicht lange auf sich warten. Spielplätze, Sportanlagen und Gärten locken in den Nachmittagsstunden viele junge Leute herbei. Ein **Planetarium** befindet sich ganz in der Nähe des Haupteingangs an der Autobahn Francisco Fajardo. Ein etwas traurig wirkender Zoo mit Terrarium und Volieren erfreut besonders die ganz Kleinen.

Der Park mit einer Fläche von insgesamt 82 ha, 77 davon als Grünanlagen gepflegt, besteht seit 1961 und befindet sich auf dem Gebiet einer ehemaligen Kaffeehazienda mit dem Namen „San José".

Man findet jede Menge tropischer Vegetation vor, Tümpel mit Wasserlilien und Papyrus und einen kleinen **See,** an dem Boote vermietet werden.

In der Hörmuschel **Concha acustica,** einer Betonkonstruktion, die eine gute Akustik bietet, finden regelmäßig kulturelle Veranstaltungen und Folklorefestivals statt. Restaurants und Kioske sorgen für das leibliche Wohl der Besucher. Wer möchte, kann an einer geführten Exkursion durch den Park und die Baumschule teilnehmen.

Geöffnet täglich außer montags von 5–18 Uhr.

Botanischer Garten

Auf **70 ha** kann man hier fast 2500 verschiedene Pflanzenarten aus 200 Familien bewundern. 50% der Pflanzen stammen aus Venezuela, die andere Hälfte kommt aus dem Rest der Welt. Herrlich ist die Ruhe mitten in der Stadt. Um den Park zu erreichen, nimmt man die Straße vom Plaza Venezuela zur Universidad Central in der Av. Salvador Allende; Tel. 6053973 und 6053984. Geöffnet täglich von 8.30–17 Uhr.

Geburtshaus von Simón Bolívar

In der Nähe des Plaza Bolívar ist das Geburtshaus des Volkshelden *Simón Bolívar* zu finden. Man bekommt einen guten Überblick über das damalige **bürgerliche Leben in Caracas** und natürlich einen Einblick in die Lebensgeschichte des Helden.

Teatro Teresa Carreño

Das Zentrum nationaler und internationaler Kulturveranstaltungen ist ein besonders **imposanter Bau,** nicht nur als Theater, sondern als Kulturkomplex. Es gibt zwei Säle, einmal den kleinen Saal „José Felix Ribas" und dann den großen namens „Ríos Reyna", der über 2500 Zuschauern Platz bietet. Täglich ist von 9–18.30 Uhr ein Informationsschalter geöffnet, wo man sich über das aktuelle Programm informieren kann. Los Caobos, gegenüber vom Ateneo de Caracas, Tel. 5749122, www.teatroteresacarreno.com.

Boulevard Sabana Grande

Dieser Boulevard war früher der Treffpunkt in der Stadt. Seit den 1940er Jahren gibt es diesen Straßenzug mit vielen **Geschäften** und **Restaurants.** Anfangs fuhr gar eine Straßenbahn – von diesem Glanz vergangener Tage sieht man allerdings nichts mehr, und nachts ist der Boulevard im Gegensatz zu früher wie ausgestorben, es ist schlicht zu gefährlich. Besuchen kann man diese ehemalige Glamourstraße tagsüber. Sie grenzt unmittelbar an den Plaza Venezuela und hat drei Haltestellen der Metro 1: „Plaza Venezuela", „Sabana Grande" und „Chacaito".

Museen/Kultur

Transportmuseum Guillermo José Schael

Dieses Kleinod grenzt an den Parque del Este und befindet sich innerhalb eines 2 ha großen Gartens. Eröffnet wurde das Museum im Oktober 1970. Sechs verschiedene Ausstellungen zeigen u.a. über 100 alte Automobile, darunter sechs Fahrzeuge ehemaliger Staatspräsidenten. In der Flugzeugausstellung sieht man Maschinen wie eine DC 3 oder eine Fairchild aus dem Jahr 1937. Eisenbahnern schlägt das Herz höher bei der Betrachtung alter Loks und Wagen der längst stillgelegten Strecke von La Guaira nach Caracas.

●**Av. Francisco de Miranda,** Metrostation „Parque del Este", Tel. 2342234. Geöffnet nur So von 9–17 Uhr, Eintritt frei.

Museo de Ciencias Naturales

Das 1940 eröffnete Museum ist im Parque Los Caobos in einem neoklassischen Gebäude untergebracht. In elf Sammlungen erfährt man viel Wissenswertes über **Fauna und Flora** von Südamerika und Afrika. Auch kann man sich über die Traditionen und das Leben der indianischen Bevölkerung Venezuelas informieren.

● **Plaza de los Museos,** Parque Los Caobos, Metrostation „Bellas Artes", Tel. 5775094, informacion@museo-de-ciencias.org. Geöffnet Mo bis Fr von 9–17 Uhr, Sa und So von 10.30–18 Uhr, Eintritt frei.

Museo de los Niños

Dieses **originelle Museum** wurde 1983 eröffnet. Auf vier Stockwerken können Kinder bei 500 Experimenten über Physik, Biologie, Kommunikation und Ökonomie auf spielerische Art Wissen erwerben. Zu den größten Attraktionen gehören ein riesiger Globus und ein Nachbau der Apollo-Rakete. Nicht nur Kinder finden Gefallen an dem Museum, das auch über eine Eisdiele und eine Cafeteria verfügt.

● **Parque Central,** Nivel Bolívar, neben dem Westturm, Metrostation „Bellas Artes", Tel. 5734112, www.maravillosarealidad.com. Geöffnet Mo bis Fr von 9–17 Uhr, Sa/So von 10–17 Uhr, Eintritt 12 Bs.F., Kinder 10 Bs.F.

Museo de Bellas Artes

Das Museum, 1938 eingeweiht, gilt als das älteste des Landes. Vor allem **Gemälde und Skulpturen** aus verschiedenen Kunstepochen, aber auch Drucke von *Picasso, Cézanne, Toulouse-Lautrec* u.a. sind zu sehen. Im Museum gibt es Konzerte und Tanzveranstaltungen, auch eine gut sortierte Bibliothek ist integriert.

● **Plaza de los Museos,** Paseo Los Caobos, Metrostation „Bellas Artes", Tel. 5781816, www.museodebellasartes.org. Geöffnet Di bis Fr von 9–17 Uhr, Sa/So von 10–17 Uhr, Eintritt frei.

Museo de Arte Colonial Quinta Anauco

Diese ehemalige Kaffee- und Kakaoplantage gehörte einst dem *Marqués del Toro*. *Simón Bolívar* wohnte hier bei seinem letzten Besuch in Caracas. Der Aufenthalt in diesem Museum gleicht einer **Reise in die Vergangenheit**. Schön angelegte Grünflächen, Brunnen, Korridore mit Steinplatten und Vogelgezwitscher im Hintergrund lassen einen denken, man habe sich ins 18. Jh. „verirrt". Speziell die ausgestellte Kücheneinrichtung lässt erahnen, wie (gut) eine reiche aristokratische Familie gelebt haben muss: edle Teller, Schüsseln aus Porzellan, Silberbesteck, Bronzekrüge – man glaubt fast, auf der alten Feuerstelle das Blubbern aus dem Kochtopf zu hören. Im Wohnbereich findet man viele alte Stilmöbel, religiöse Figuren, koloniale Gemälde und eine Bibliothek.

● **Av. Panteón,** Urb. San Bernardino, Tel. 5518650, www.quintadeanauco.org.ve. Geöffnet Di bis Fr von 9–11.30 Uhr, Sa/So von 10–16.30 Uhr, Eintritt 5 Bs.F., Kinder bis 12 Jahre zahlen die Hälfte.

Ateneo de Caracas

Theater, Kino, Musik und Kunst unter einem Dach.

● Am **Plaza Morelos,** Tel. 5734100, 5734388. Geöffnet Mo bis So von 14–20 Uhr.

An- und Abreise

Busse

Die **Minibusse zum Flughafen** in Maiquetia fahren am Parque Central unter der Brücke der Av. 17 ab. Wenn man an der Metrostation „Bellas Artes" ankommt, bewegt man sich auf die Twin Towers zu und hält sich dann rechts. Direkt nach dem Kindermuseum (Museo de los Niños) kann man eine Etage tiefer steigen, wo die Busse schon warten. Die Busse fahren nur tagsüber, die einfache Fahrt kostet etwa 2 Euro. Kommt man mit der anderen Metrolinie an der Haltestelle „Parque Cantral" an, muss man sich links halten.

Um die Stadt auf dem Landweg zu erreichen oder zu verlassen, gibt es eine Unmenge von Variationen. Je nach Ziel sind spezielle **Busterminals** zuständig, viele der großen Busunternehmen betreiben private Busterminals, die sich wiederrum in ganz verschiedenen Stadtteilen befinden. Nahverkehrsbusse fahren an speziellen Halteplätzen ab, die bei den jeweiligen Zielen beschrieben werden.

Es gibt zwei große, öffentliche Busterminals: „La Bandera" mit Zielen im Westen und das „Terminal de Oriente" mit Zielen im Osten und Süden.

●**Terminal de Pasajeros de Oriente**
Hier starten die Busse **in die östlichen Landesteile.** Es fahren die Busse nach Puerto La Cruz (ca. 6 Std.), Cumaná (ca. 8 Std.), Carúpano (9–10 Std.), Güiria (knapp 12 Std.), Maturin (ca. 10 Std.), Tucupita (10–12 Std.), Ciudad Bolívar (etwa 9 Std.), Puerto Ordaz (knapp 10 Std.), Santa Elena (ca. 22 Std.) und dazwischen liegende Ortschaften ab. Das Terminal befindet sich schon außerhalb der Stadt, und zwar an der Autobahn Caracas - Guarenas. Am besten erreicht man das Terminal mit dem Taxi oder mit dem Metrobus ab der U-Bahnstation „Petare" – eine nicht besonders angenehme Gegend, in der man den Schutz der Metro nicht aufgeben sollte. Daher ist die Anfahrt mit dem Taxi die empfohlene Lösung.

Man muss sich zuerst unter Vorlage des Reisepasses an einem Schalter sein Ticket kaufen, dann erst kann man an die Bussteige gelangen. Die Preise sind moderat und kontrolliert. An Feiertagen, langen Wochenenden und in der Ferienzeit sind die Busse häufig ausverkauft. Dann wird man außerhalb des Terminals von „Piraten" angesprochen, die für mehr Geld in schlechteren Fahrzeugen und ohne die notwendigen Sicherheitsvorkehrungen die gleichen Strecken fahren. Am Terminal ist rund um die Uhr Betrieb, Tag und Nacht starten die Busse.

●**Terminal La Bandera**
Busse zu Zielen, die im **westlichen Venezuela** liegen, starten von hier. Bedient werden San Felipe (4–5 Std.), Barquisimeto (6-8 Std.), Coro (7–8 Std.), Maracaibo (ca. 12 Std.), Mérida (12–14 Std.), Barinas (8–9 Std.), Puerto Ayacucho (ca. 14 Std.) und Zwischenorte. Die Nahverkehrsbusse nach Maracay (knapp 2 Std.) und Valencia (2–3 Std.) fahren auch hier ab. Diese halten aber keinen Fahrplan ein, sondern starten ständig, sobald sie gefüllt sind. Das Terminal liegt direkt an der Autobahn El Valle in der Av. Nueva Granada, 550 m Luftlinie von der Metrostation „La Bandera". Wer mit der Metro kommt, sollte trotz der Nähe ein Taxi wählen. Am Terminal gibt es einige kleine Restaurants und Imbisse, ein Telekommunikationszentrum sowie einige kleine Geschäfte.

Die eingesetzten **Fahrzeuge** sind leider von unterschiedlicher Qualität; oft weiß man beim Lösen der Fahrkarte noch nicht, was einen erwartet. Sehr angenehm sind die Busse der „Ejecutivo"-Klasse oder die „Buscama" (Bus-Bett), die nur ein klein wenig teurer sind als die anderen. Gerade bei längeren Fahrten, z.B. von Caracas nach Carúpano oder bis Mérida, empfiehlt sich ein **Nachtbus.**

Die Busse sind häufig so **stark klimatisiert,** dass ein warmer Pullover oder eine dicke Decke zur obligatorischen Ausrüstung gehören – unbedingt daran denken!

Wer in einem dieser Terminals ankommt und ins Stadtzentrum oder nach Maiquetia zum Flughafen möchte, kann zwischen **Sammeltaxis** (Por Puestos) und normalen **Taxis** wählen. Nur offizielle Wagen mit gelben

Nummernschildern und dem Schild des Unternehmens auf dem Dach besteigen! Man kann auch einen der kleinen Stadtbusse nehmen, aber da ist es sehr schwierig herauszufinden, wohin genau der Bus fährt.

● **Expresos Los Llanos,** Fahrten nach Margarita, Santa Elena de Uairén, Mérida, Tucacas, San Cristóbal und Puerto La Cruz. Ist in beiden Terminals vertreten.
● **Expresos Mérida,** Final Av. Nueva Granada, Terminal La Bandera, Tel. 6935559.
● **Expresos Crucero Oriente Sur,** Terminal de Oriente, Tel. 2433560.

Gute Fahrzeuge nutzen die unten genannten Buslinien, die **private Terminals** in Stadtlage betreiben. In der Saison sollte man unbedingt seine Fahrkarten im Voraus erwerben; obwohl Aeroexpresos Ejecutivos und Rodovias de Venezuela aktuelle Webseiten pflegen, funktioniert ein Erwerb der Tickets online immer noch nicht.

● **Aeroexpresos Ejecutivos,** das Terminal befindet sich in der Av. Principal de Bello Campo, Quinta Marluz, in Chacao. Das Terminal ist von den Metrostationen „Chacao" oder „Altamira" jeweils 750 m entfernt. Man gehe die Av. Francisco de Miranda entlang und biege dann genau zwischen den zwei Stationen in die Av. Principal de Bello Campo in Richtung Süden ein. Nach 300 m kommt dann auf der linken Seite das Terminal in Sicht. Tel. 2662321, Fax 2669011. Unter www.aeroexpresos.com.ve kann man Fahrpläne einsehen und findet die genauen Adressen sämtlicher Privatterminals im Land. Folgende Ziele im Osten werden regelmäßig mit komfortablen Einheiten angefahren: Ciudad Bolívar (zweimal über Nacht), El Tigre (zweimal über Nacht), Puerto Ordaz/San Felix (3 Nachtbusse), Puerto la Cruz (5x täglich), Maturin (4x täglich). Im Westen werden folgende Ziele bedient: Maracay (5x täglich), Valencia (10x täglich), Barquisimeto (8x täglich), Maracaibo (6x täglich).
● **Rodovias de Venezuela,** das Terminal befindet sich an der Av. Libertador c/ Boulevard Amador Bendayan, Sec. Santa Rosa de Quebrada Honda, 100 m von der Metrostation „Colegio de Ingenieros". Tel. 5776622 und 5777011, www.rodovias.com. Es gibt zahlreiche Verbindungen mit erstklassigen Bussen ins ganze Land, die wichtigsten: Barquisimeto (2x täglich morgens und abends), Carúpano (6x täglich morgens und abends), Ciudad Bolívar/Puerto Ordaz (7x täglich morgens und abends), Cumaná (10x täglich morgens und abends), Maracaibo (4x täglich morgens und abends), Valencia (12x täglich morgens und abends).

● **Expresos Occidente,** sehr gute Busgesellschaft mit Zielen im ganzen Land. Av. Principal de El Cementerío/Transversal Los Bucares, Prado de María, Tel. 6310951.
● **Peliexpress,** Av. Francisco de Miranda, neben dem Museo de Transporte, gegenüber vom Parque del Este. Dieses Busunternehmen bietet Fahrten nach Valencia, Maracay, Maracaibo, Coro, Barquisimeto, San Cristóbal, Mérida, Puerto La Cruz, Puerto Cabello Cumaná und Carúpano an.

Flugzeug

Der internationale Flughafen **Aeropuerto Internacional de Maiquetia „Simón Bolívar"** liegt an der Küste, eine Dreiviertelstunde (wenn kein Stau ist) vom Zentrum entfernt. Von diesem Flughafen hat man neben vielen internationalen Verbindungen Anschluss in fast jede Stadt in Venezuela. Weitere Informationen zum Flughafen und seiner Umgebung finden sich im Kapitel zur zentralen Küstenregion, „Litoral Central".

Der Flughafen Caracas liegt bei Charallave, an der Autobahn nach Maracay, und wird nur ganz selten (in Notfällen) für kommerzielle Flüge genutzt. Die meisten Flugzeuge, die dort landen, sind Privatflieger.

Touristeninformation

● Einige Auskunftsbüros findet man in der Ankunftshalle des internationalen Flughafens, das Hauptbüro des staatlichen Tourismusverbandes befindet sich in der Stadt: **Inatur,** Av. Francisco de Miranda con Principal de la Floresta, Complejo Mintur, Tel. 2084811 und 2084813, www.mintur.gob.ve.

Atlas IV, Stadtpläne S. 178, 180

CARACAS

●**Wichtige Adressen in Caracas** stehen auch im Kapitel „Praktische Tipps A–Z, Informationen".

Unterkunft

●**Posada Corporativa*****, eine exklusive Posada mit nur 5 Zimmern in einem der besten Wohnviertel der Stadt, für sehr gehobene Ansprüche, es wird ein Mindestaufenthalt von 10 Tagen verlangt, sehr ruhig, WLAN, KK. Transversal 8, zwischen Av. 3 und 12, Los Palos Grande, Tel. 2834817, 2861662, gerdschad@cantv.net, €€€€

●**Hotel JW Marriott*****, extrem komfortables Luxushotel in guter Lage im Herzen von El Rosal/Chacao, 135 Zimmer und 130 Suiten, gutes und teures Restaurant, viele weitere Restaurants in unmittelbarer Umgebung, kostenpflichtiges WLAN und Parkplatz, KK. Av. Venezuela c/ C. Mohedano, El Rosal, Tel. 9572222, Fax 9571111, www.marriott.com, €€€€

●**Hotel Alba****, früher das Caracas Hilton, 738 Zimmer, kleiner Pool, mäßiger Service, in Händen der Regierung, 2 Restaurants, Frisör und Reisebüro im Untergeschoss, gute Lage bei den wichtigsten Museen und in der Nähe des Theaters, kostenpflichtiges WLAN und Parkplatz, KK. Av. México c/ Sur 25, El Conde, Tel. 5035000, Fax 5035003, €€€€

●**Hotel President****, in der Nähe des Plaza Venezuela, hinter der „Torre La Previsora", 138 gut ausgestattete Zimmer, 17 Suiten, 2 annehmbare Restaurants, Bar, WLAN, kostenloser Parkplatz, KK. Av. Valparaiso, Los Caobos, Tel. 7930411, 7936375, 0800/ 7737433, Fax 7826144, www.hotelpresidentcaracas.com, €€€€

●**The Hotel****, ein sogenanntes Boutiquehotel, luxuriös, aber persönlich und funktionell, mit exquisiter Einrichtung in den 63 Zimmern, anspruchsvolle Gastronomie, Spa, WLAN, KK. C. Mohedano, El Rosal, Tel. 9510268, www.thehotel.com.ve, €€€€

●**Hotel Avila****, klassisches Hotel mit viel Geschichte, war einmal eines der ganz berühmten Häuser in Venezuela, liegt unterhalb des Avila-Bergmassivs mit einem wilden, tropischen Garten, in einer leider recht gefährlichen Umgebung, daher sollte die An- und Abreise ausschließlich mit dem Taxi stattfinden, ÜF, KK. Av. Jorge Washington, San Bernardino, Tel. 5553000, 5553438, 5553407, Fax 5528367, www.hotelavila.com.ve, €€€

●**Hotel El Cid****, gute Lage im Diplomatenviertel, 51 komplett eingerichtete Suiten zu relativ annehmbaren Preisen, Parkplatz, Wäscherei, KK. Av. San Felipe, zwischen 1. und 2. Transversal, La Castellana, gegenüber vom Centro Letonia, Tel. 2632611, 2630691, 2631715, Fax 2635578, €€€

●**Hotel La Floresta***, dieses Hotel hat den großen Vorteil der angenehmen Lage in Altamira nahe der Metro, 100 Zimmer mit einfachem Standard, Parkplatz, Restaurant, KK. Av. Ávila, 100 m unterhalb des Plaza Francia, Altamira, Tel. 2632253, €€€

●**Hotel Caracas Palace***, auch in guter Lage, mit Blick auf den Plaza Francia in Altamira und die Metrostation vor der Haustür, 212 Standardzimmer und 34 geräumige Suiten, 3 Restaurants, Spa, Schwimmhalle, KK. Av. Luis Roche c/ Av. Francisco de Miranda, Altamira, Tel. 7711000, €€€

●**Hotel Continental Altamira***, ein weiteres Mittelklassehotel, 500 m oberhalb des Plaza Francia mit Bar/Restaurant, 82 Zimmer und Suiten, Zimmersafes, kleines Schwimmbad, KK. Av. San Juan de Bosco, Altamira, Tel. 2616019. 2610644, €€€

●**Hotel Plaza Venezuela**, nettes Hotel mit 80 Zimmern, alle mit Klimaanlage, Fernseher, kleines, gutes Restaurant, KK. In guter Lage unweit des Plaza Venezuela und der Sabana Grande, Tel. 7817811, €€

Essen und Trinken

●**Pimienta,** typische venezolanische Küche mit Suppen, Salaten von Palmherzen und Avocados, dem Nationalgericht *Pabellón* (Reis, gezupftes Rindfleisch und schwarze Bohnen), Huhn u.v.m., KK. CC El Recreo, Nivel C3, Sabana Grande, Tel. 7068759.

●**El Budare,** eines der besten Lokale für Arepas, 24 Stunden geöffnet, sehr sauber und ordentlich, KK. Av. Principal de La Castellana, La Castellana, Tel. 2632696.

- **Cega,** dieses Restaurant wird auch als der „Tempel venezolanischer Küche" bezeichnet, im Prinzip kein herkömmliches Restaurant, sondern Teil einer Gastronomieschule, von Mo bis Fr serviert man keine luxuriösen Gerichte, dafür traditionelle Speisen in herausragender Qualität, Reservierung notwendig, KK. Zwischen Av. Este 2 und Plaza Morelos, Qta. Herminia, Los Caobos, Tel. 5713354 und 5760683.
- **Da Guido,** ein schon lange bekanntes Restaurant mit guten Teigwarenspezialitäten, Fleisch, Fisch und Gemüsegerichten, KK. Av. Francisco Solano, Sabana Grande, Tel. 7630937.
- **La Romanissima,** familiäres italienisches Restaurant mit Teigwarenspezialitäten, Carpacchio-Varianten und Pizzas, KK. CC Sambil, Nivel Libertador, Tel. 2642110.
- **Mamma Nostra,** sehr weitläufiges Restaurant, um eine Bar in der Mitte angeordnet, Teigwarenspezialitäten und Pizzas, Risottos, Polenta, Fisch und Fleisch, leckere Desserts, KK. Av. San Juan Bosco zwischen 2. und 3. Transversal, Altamira, Tel. 2635554.
- **El Barco de Colón,** seit 1990 ist dieses nette spanische Restaurant offen und bietet vor allem Fisch und Meeresfrüchte als Spezialität an, KK. Esquina Ferrenquín, La Candelaria, Tel. 5723591.
- **L'Albufera,** diese spanische Taverne gehört zu den größten Restaurants von Caracas, das Preisniveau ist hoch, die Dekoration sehr ansprechend, Spezialität des Hauses sind die Paellas und Reisspezialitäten, aber auch Tapas, Trockenschinken, Fisch und Krustentiere kann man haben, abends und am Wochenende Livemusik, KK. Av. Casanova c/ C. El Recreo, Hotel Gran Meliá, Mezzanina 3, Sabana Grande.
- **Bar Sí,** obschon es dem Namen nach eine Bar sein könnte, ist eines der ältesten Restaurants der Stadt spezialisiert auf japanische, thailändische und vietnamesische Küche, exotische Beilagen, orientalische Kräuter und scharfe Soßen machen das Essen zu einem Vergnügen, KK. C. Madrid, zwischen C. Veracruz und Caroní, Las Mercedes, Tel. 9939124.
- **Ávila Tei,** das Ávila Tei hat schon vor der Welle der japanischen Restaurants einen Top-Namen gehabt, abwechslungsreich, gehobene Preisklasse, KK. Av. San Felipe, Centro Coinasa, P.B., La Castellana, Tel. 2631520 und 2630806.
- **Shayará,** piekfeines Ambiente und ein ausgefallenes Menü, wer das Besondere sucht, ist hier am richtigen Platz, KK. 1. Av. c/ 1. Transversal, Los Palos Grandes, Tel. 2850395.
- **Lee Hamilton Steakhouse,** das Steakhouse gilt als ältestes der Stadt und bietet in alter Tradition feinstes Rindfleisch vom Grill, KK. Av. San Felipe, La Castellana, Tel. 2610511.
- **Andrea's,** griechische Küche, leckeres Lammfleisch, sehr angenehme Atmosphäre, KK. 2. Transversal von Campo Alegre, Campo Alegre, Tel. 2675351.
- **Hard Rock Café,** US-amerikanische Spezialitäten, KK. Im CC Sambil, Nivel Diversion, Tel. 2677662.
- **Gourmet Vegetariano,** gesunde und sehr reichhaltige vegetarische Spezialitäten, billig. Av. Los Jardines, La Florida, El Bosque, Tel. 7307490.
- In den beliebten **Einkaufszentren** von Caracas findet man immer ein anständiges kulinarisches Angebot, besonders das CC San Ignacio sei erwähnt.
- **www.miropopic.com/gastronomica,** auf dieser Seite kann man den privaten kulinarischen Führer von *Miro Popic* einsehen. Es werden alle Restaurants aus Caracas und Umgebung aufgeführt und bewertet. Die Seite ist in englischer und spanischer Sprache zugänglich.

Praktische Infos

- **Vorwahl:** 0212

Autovermietung

Wer einen Wagen ab Caracas mieten möchte, tut dies idealerweise gleich nach Ankunft am **Flughafen in Maiquetia.**

- **Avis,** in der Ankunftshalle, täglich 6–23 Uhr, KK, Tel. 3551190.
- **Budget,** in der Ankunftshalle, täglich 7–21 Uhr, KK, Tel. 3552799.
- **Hertz,** in der Ankunftshalle, täglich 6–23.30 Uhr, KK, Tel. 3551197.

CARACAS

Einkaufen

Die riesigen **Shoppingmalls**, wie das Sambil oder das San Ignacio, stehen ihren Vorbildern aus Nordamerika in Sachen Einkaufsmöglichkeiten, kulinarischen Köstlichkeiten und Freizeitvergnügen wie Kino oder Kinderfreizeitparks in nichts nach und sind auf jeden Fall einen Besuch wert. Zudem spiegeln sie das moderne und internationale Caracas wider. Nachfolgend einige Adressen:

- **CC Sambil**, Av. Libertador, Chacao.
- **CC San Ignacio**, Av. Blandín, Chacao.
- **Centro Lido**, Av. Francisco de Miranda, El Rosal.
- **Centro Ciudad Comercial Tamanaco**, Av. La Estancia, Chuao.

- Ein bisschen ruhiger und weniger heiß geht es in **El Hatillo** und **Los Teques** zu, zwei Dörfern in der unmittelbaren Umgebung von Caracas, die gut mit dem Taxi oder Por Puestos zu erreichen sind. Das kühlere Klima, gemütliche Restaurants, Cafés im Kolonialstil und Souvenirshops laden zu einem Shopping-Ausflug ein (siehe „Ausflüge von Caracas").

Geldwechsel

Wer Geld wechseln will, kann das bereits nach Ankunft auf dem Flughafen bei einer der **Wechselstuben**. Vorsichtig muss man bei Angeboten von fremden Leuten sein, am Flughafen ist das Schwarzwechseln riskant. In den Wechselstuben bekommt man sein Geld immer zum offiziellen Tarif gewechselt – also nicht optimal.

- **Italcambio**
– im Transitbereich des **Flughafens** gegenüber der Fluggesellschaft Aserca, Tel. 3552041 und 3551760.
– in den **Einkaufszentren** CC Sambil, Centro Lido und El Recreo befinden sich auch Filialen von Italcambio, die komfortable Öffnungszeiten haben.
– **Camoruco**, Av. Urdaneta, Animas a Platanal, Edf. Camoruco, Planta Baja, Tel. 5648531.
– **El Recreo**, Av. Casanova, Nivel C4, Local 44, Sabana Grande, Tel. 7068548.

Mit Kredit- oder Maestro-(EC-)Karte kann man an einem der unzähligen **Automaten** in der Stadt Geld ziehen, aber auch hier ist Vorsicht geboten, und man bekommt selbstverständlich nur den staatlich verordneten Wechselkurs.

Internetcafés

In Caracas gibt es jede Menge Internetcafés, auch in fast allen Einkaufszentren. Die renommierten Hotels bieten meist kostenloses WLAN an (für ihre Kunden).

- **Cyber Café Madness**, schnelle Leitungen und guter Kaffee. CC Sambil, Nivel Acuarío, Plaza El Arte, Tel. 2671866, info@cybercafe-madness.com.
- **Cyber Café Pistacho**, nettes Internetcafé, kalte und warme Getränke. Av. Francisco de Miranda, Centro Empresarial Parque del Este, Planta Baja, Local 2, Tel. 2392623, www.pistacho.net.

Krankenhäuser/Zahnarzt

Die nachstehenden Kliniken sind Privatkliniken mit sehr gutem Niveau.

- **Centro médico de Caracas**, Av. Eraso, Plaza del Estanque, San Bernardino, Tel. 5559111 und 5559486, KK.
- **Hospital de Clínicas Caracas**, Av. Panteón c/ Av. Alameda, San Bernardino, Tel. 5086111, hcc@clinicaracas.com, KK.
- **Salud Chacao**, 24-Std.-Notdienst, kostenfrei, aber oft lange Wartezeiten. C. Avila, Urb. Bello Campo, Edf. Viseteca, Tel. 2630481.
- Wer einen **Zahnarzt** braucht, der auch englisch spricht: **Dr. David Singer**, Centro Ciudad Comercial Tamanaco, 2. Etapa, Torre B, Piso 6, Oficina B-604, Tel. 9592002 und 9592931.

Kriminalpolizei

- **CICPC**, Parque Carabobo, Tel. 4729227 und 5713533 und 5713844.

Nachtleben

Caracas schläft nicht – es geht 24 Stunden lang durch. Das Nachtleben ist so **vielfältig** wie die Stadt groß, für alle Geschmäcker ist

AUSFLÜGE VON CARACAS

etwas dabei. Die Programme, Anschriften und das Angebot wechseln ständig; sie können unter **www.rumbacaracas.com** abgerufen werden. Kaum falsch liegen kann man bei einem Besuch der beiden Flaniermeilen um das CC San Ignacio und in Las Mercedes, die für jeden Geschmack etwas zu bieten haben.

An dieser Stelle nur drei Vorschläge für die Nacht, denn das Angebot ändert sich extrem schnell – man erkundige sich lieber vor Ort, was im Moment angesagt ist.

Und nicht vergessen: Caracas ist besonders in den Nachtstunden **gefährlich**, man kann sich daher nicht frei zu Fuß bewegen! Auch kürzeste Distanzen sollten nur mit einem offiziellen Taxi zurückgelegt werden!

- **La Belle Epoque,** Urb. Bello, Monte, Av. Leonardo da Vinci, Edf. Century, gegenüber von der Banesco, häufig Konzerte in einem außergewöhnlichen Rahmen, bei dem Gebäude handelt es sich um eine koloniale Bank.
- **Maroma Bar,** Urb. Las Mercedes, C. Paris zwischen Monterrey und Mucuchíes, nette Cocktailbar mit mediterranem Flair.
- **Moulin Rouge,** Av. Francisco Solano, Urb. Sabana Grande.
- **Nationaltheater von Caracas,** seit Jahrzehnten das Zentrum der Hochkultur. C. Miracielos c/ C. Cipreses, Parroquia Santa Teresa.

Post

- **Ipostel,** Av. José Angel Lamas, Edf. Sede de Ipostel, Planta Baja, Sec. Este, San Martin, Tel. 4512495.

Reisebüros

In Caracas gibt es eine Unmenge an Reisebüros, in jedem der ganz großen Hotels findet man eines, in vielen der großen Einkaufszentren gleich mehrere. Hier nur eine kleine Auswahl.

- **Turismo Maso,** Hauptsitz der in ganz Venezuela vertretenen Reisebürokette mit sehr freundlichem Service, Assistenz am internationalen Flughafen, Av. Principal de La Castellana, Centro Letonia, Torre Ing Bank, 14. Stockwerk, Oficina 145, Tel. 4006000 und 2776211, Fax 2635196, www.turismomaso.com.
- **Cacao Travel,** bekannter Anbieter von Touren in ganz Venezuela, Prados del Este, Tel. 9771234, www.cacaotravel.com.

Taxis

Unzählige Taxis helfen mit, die Stadt zu verstopfen, viele davon sogenannte „piratas", welche man meiden sollte. Man achte wie überall auf die offiziellen Taxis mit gelben Nummernschildern. Am besten ein Taxi im Hotel bestellen – die Hotels haben in der Regel Vertrauenstaxis, welche man unbesorgt besteigen kann.

- **Cooperativa El Avila,** gegenüber der Klinik El Avila, Altamira, Tel. 2615128.
- **Ejecutivo Petrolae,** C. La Guairita, Los Frailes, Tel. 9921556.
- **Taxis Premium,** Prados del Este, Tel. 8717052 und 0414/2560773.

Ausflüge von Caracas

El Hatillo   V, C2

GPS: N 10°25.47, W 66°49.56

El Hatillo ist ein kleiner, **traditioneller Ortsteil,** der schon 1521 gegründet wurde. Er liegt am nordöstlichen Rand der Stadt, erhöht in schöner Umgebung. Zu erreichen ist El Hatillo über die Autobahn Caracas – Baruta; ab Baruta geht es dann über La Boyera nach El Hatillo. Am einfachsten gelangt man mit einem offiziellen Taxi dorthin, man kann jedoch auch erst mit einem Metrobus bis Baruta fahren, von dort ist es dann wesentlich günstiger.

Ausflüge von Caracas

Kunstgalerien, viel Kunsthandwerk, Cafés, Restaurants und immer wieder **kulturelle Veranstaltungen** machen diesen Teil der Stadt sehr sympathisch. Gut erhaltene **koloniale Häuser** sind zu bewundern, viele davon werden als Kunstgalerien oder Restaurants genutzt, durch die zahlreichen Straßencafés kommt ein ganz spezielles Flair auf. Rund um den Plaza Bolívar und die umgebenden Straßenzüge wird eine Großzahl an **kulinarischen Köstlichkeiten** angeboten, die Leute sind offen und nett, und man darf El Hatillo zu den sicheren Gebieten der Stadt zählen. Mehrere kleine, kolonial gehaltene Einkaufszentren stehen zur Verfügung, zum Beispiel das Paseo El Hatillo im alten Stadtkern. In El Hatillo finden viele Veranstaltungen statt, Jazz-Festivals, Konzerte und andere kulturelle Events. Zwischen Oktober und November wird alljährlich ein zehntägiges **Musikfestival** gefeiert – wer zu dieser Zeit in der Nähe ist, sollte es nicht verpassen. In mehreren **Kunstgalerien** werden Werke moderner Künstler ausgestellt, es gibt auch eine Afrokaribische Galerie.

Montags ist das Dorf so gut wie ausgestorben, fast alle Restaurants haben an diesem Tag geschlossen – man sollte seinen Besuch auf einen anderen Tag legen.

Essen und Trinken

- Besonders empfohlene **Cafés:** Café Il Cornetto (C. Sucre), Café Amalfi (C. El Matadero), Cristal Café (C. Bella Vista) und nicht zu vergessen das sehr angenehme Pastellhaus mit der großen Terrasse in der C. La Paz Nr. 35, nahe am Plaza Bolívar, Tel. 9637655. Hier bekommt man neben leckerem Gebäck auch eine gute Auswahl an Pizzas.
- Leckere Hausmannskost gibt es im traditionellen, sehr rustikalen **El Fogón** in der C. La Paz, einen Block oberhalb vom Plaza Bolívar, Tel. 9631068.
- Ein weiteres traditionelles Restaurant in einem wunderschönen Kolonialhaus mit typischer Kost findet man in der C. Miranda in dem kleinen CC Doña Aurora, das **Hajillo's**. Auch nur knapp 100 m vom Plaza entfernt bekommt man hier in bester Qualität Criollo-Speisen serviert. KK, Tel. 9614829.
- Italienische Hausmannskost bietet die **Grappa Trattoria** in der C. Bolívar zwischen C. Escalona und C. 2. de Mayo. Klein, aber fein. KK, Tel. 9613798.
- Spanische Küche kann man im ältesten Kolonialhaus von El Hatillo, im **El Jaleo**, genießen. Tapas und Kleinigkeiten werden zu allabendlicher Live-Musik in einem herrlich arrangierten Ambiente angeboten. C. La Paz, direkt am Plaza Bolívar, KK, Tel. 9611356, www.eljaleo.com.
- **Le Coq d'Or**, typisches Bistro im Pariser Stil mit Holzboden. Lounge und Bar. Fleisch und Spezialitäten vom Huhn, die besondere Empfehlung ist Gans in Orangensauce. Sehr nettes Ambiente. KK, CC Paseo El Hatillo, Piso 5, El Hatillo, Tel. 2115471 und 2115467.
- Es gibt noch jede Menge weiterer Restaurants, alle liegen sie nahe beieinander, viele im Umkreis des Plaza Bolívar, außerdem gibt es gute Eisdielen und Souvenirgeschäfte.

Einkaufen

- Ein sehr bekanntes Geschäft ist der riesige **Kunsthandwerksladen Hannsi** in der C. Bolívar Nr. 12. Außer einer Unmenge an Kunsthandwerk, gesammelt in ganz Venezuela, bekommt man hier auch leckeren Kaffee und Kuchen. KK, Tel. 9635577 und 9637484, www.hannsi.com.ve, täglich geöffnet.

El Junquito   ℐ IV, B2

GPS: N 10°27.68, W 67°04.66

El Junquito ist (noch) ein eigenständiges Städtchen außerhalb von Caracas, das aber immer mehr urbanisiert wurde. Die gesamte Straße, die von der Metropole in das Bergdorf führt, ist mittlerweile dicht besiedelt, man sieht viele Armensiedlungen und baufällige Ranchos, billige Autowerkstätten und Schrottplätze. Der Ort selber hat seinen Charme bewahrt. Früher war er eine Wochenendsiedlung reicher Caraqueños, heute ist er immer noch ein beliebtes Ausflugsziel. In den kleinen **kolonialen Gassen** des beschaulichen Ortszentrums liegt ein Restaurant neben dem anderen, deftige Schlemmereien werden angeboten. Grillstände, Straßencafés und kleine Geschäfte laden zum Verweilen ein, man hat die Möglichkeit, Pferde zu mieten, um einen kleinen Ausritt zu machen.

Die (immer verstopfte) Straße nach El Junquito ist vom Stadtzentrum von Caracas über die Autopista Francisco Fajardo zu erreichen: Man hält sich am Verteiler „La Araña" Richtung Antímano, fährt zuerst auf der Av. Intercomunal ein kurzes Stück zurück, biegt dann links Richtung La Yaguara ab und folgt schließlich der Beschilderung nach El Junquito. Die Straße steigt ständig an, und man hat einen tollen Ausblick auf die im Tal liegende Stadt-

Colonia Tovar – deutsche Spuren in Venezuela

landschaft von Caracas. Nach etwa 20 km Fahrt durch Wälder, welche oft in Wolken liegen, erreicht man den schön gelegenen Ort. Man kann ihn auch mit Por Puestos vom Stadtzentrum von Caracas (nahe Metrostation „Capitolio") erreichen.

Colonia Tovar IV, B2

GPS: N 10°24.58, W 67°17.32

Auch wenn anfänglich nicht alles so verlief, wie es geplant war – die Vereinbarungen wurden erfüllt. Der italienische Naturforscher und Geograf *Agustín Cordazzi* und der Endinger Bürger *Alexander Benitz* initiierten das **Auswanderungsprojekt.** Man schrieb den 11. Januar 1843, als sich pünktlich 358 Bürger aus dem Gebiet Kaiserstuhl in Baden am französischen Hafen von Le Havre einfanden, um nach Venezuela einzuschiffen. Nachdem sie nach langer Fahrt in der Bucht von Choroní angekommen waren, wurden sie 40 Tage in Quarantäne gehalten. Während der Überfahrt waren die Pocken ausgebrochen, und einige der Auswanderer verstarben an den Folgen der Krankheit. Auf dem Land des Grafen *Martín Tovar y Ponte* durften sie sich ansiedeln. Die fleißigen Exilanten errichteten im kühlen Hochtal der Küstenkordillere (1800 m) ihre **Fachwerkhäuser,** pflanzten Gemüse und

Obst an und brauten das erste **deutsche Bier** in Venezuela. Das Ziel des italienischen Initiators *Agustín Cordazzi*, die nach dem venezolanischen Unabhängigkeitskrieg darniederliegende Landwirtschaft wieder auf Vordermann zu bringen, wurde nur teilweise erreicht. Die badischen Einwanderer achteten streng darauf, unter ihresgleichen zu bleiben, wer eine Einheimische heiratete, verlor sein Land. Nach dem Tode von *Cordazzi* geriet das Dorf für lange Zeit in Vergessenheit. Bis Mitte des 20. Jh. führten die Bauern ihr bescheidenes, aber fleißiges Leben weit weg von der Zivilisation. Man schrieb das Jahr 1942, als die Regierung einen Lehrer in die Colonia Tovar schickte, um den Kindern Spanisch beizubringen; die bis dahin geltenden Gesetze der Gemeinde wurden abgeschafft. Zu einer einschneidenden Wende kam es aber erst ab 1964, als nach dem Bau einer Asphaltstraße über Antímano und El Junquito zum ersten Male die Bewohner des nahen Caracas diesen kuriosen Ort besichtigten. Rasch entwickelte sich die Kolonie nach 100 Jahren Einsamkeit zu einer Fremdenverkehrsattraktion. **Alemannische Mundart** hört man noch in Colonia Tovar, doch deutscher als manches Schwarzwalddorf ist die Kolonie nur auf den ersten Blick.

An Wochenenden kann man diesen Ort mit rund 2000 Einwohnern ohne Weiteres mit der Rüdesheimer Drosselgasse oder dem Berliner Kurfürstendamm vergleichen. Dann zählt die Colonia Tovar zu den beliebtesten Ausflugszielen der Caraqueños, daher ist es normal, dass in den schmalen Dorfstraßen, manchmal schon weit außerhalb des Ortes, der Verkehr fast zum Erliegen kommt. Da sich die **historischen Gebäude** im Talgrund befinden (katholische Kirche, Museum, das älteste Haus der Siedlung, Café Muhstall, sowie die Hotels Kaiserstuhl und Selva Negra), kann man leicht alles zu Fuß besichtigen.

Doch die althergebrachte Kultur dieser badischen Gemeinde wird seit etwa 1964 nicht mehr gelebt, sondern den Touristen nur noch vorgeführt. Der alte alemannische Dialekt ist fast ausgestorben, nur die ganz Alten sprechen ihn noch. Was kaum noch zu finden ist, ist klassisches Deutsch. Im Zweiten Weltkrieg wurde der Kolonie ihre Sprache genommen, Deutsch durfte nicht mehr unterrichtet werden. Als Venezuela 1945 Hitler-Deutschland den Krieg erklärte, wurde auch noch der Deutschlehrer *Richard Aretz* des Landes verwiesen. Der Massentourismus, der vor allem zu Ferienzeiten hier einsetzt, bringt die alten Traditionen nur vordergründig zum Aufblühen. Die meisten Familien sind vermischt, nur noch etwa 20 Familien sind komplett deutschstämmig.

Die **Trachten,** sprich Dirndl, sind allerdings erhalten geblieben. In den Hotels und Restaurants trägt die Bedienung auch heute meist noch Trachten und serviert Erdbeertörtchen mit Sahne und Eisbein mit Sauerkraut, so wenigstens bleiben diese und andere Kleinigkeiten der Nachwelt erhalten. Souvenirläden, die meist in der Colonia Tovar hergestelltes Kunsthandwerk verkaufen oder auch kulinarische Spezialitäten, sind über den ganzen Ort verteilt. Beispielsweise sind dunkles Brot, Brezeln, Fleischspezialitäten und auch viele Süßigkeiten zu erwerben. Eine Art bayrische Semmeln gibt es oberhalb des Hotels Bergland bei *Gaby,* sie nennt es „Pan de Salud", Gesundheitsbrot (s.u.).

Im **Ortskern** findet man ein kleines Einkaufszentrum, die Bäckerei „Das Brot", ein Postamt und die Banken Mercantil und Banco de Venezuela, beide mit Geldautomaten. Wer sein Glück im Lotto versuchen will, dem steht die Lotterieannahmestelle „Das Glück" direkt neben dem Restaurant „Fritz und Franz" (mexikanische Spezialitäten) zur Verfügung.

Für die **Anfahrt** von Caracas zur Colonia Tovar gibt es drei Möglichkeiten, die alle landschaftlich einiges zu bieten haben. Die kürzeste und übliche Route ist die über El Junquito (gut 60 km von Caracas). 9 km hinter El Junquito sieht man rechts einen Abzweig nach **Catia La Mar** an der Küste, über **Carayaca** zu erreichen. Nach nochmals 10 km kommt eine zweite Abbiegung zu den gleichen Zielen. Wer einen Geländewagen zur Verfügung hat, kann von hier auf einer sehr abenteuerlichen Piste zu den Strandorten **Chichiriviche de la Costa** (nicht zu verwechseln mit dem bekannteren Dorf gleichen Namens im Nationalpark Morrocoy!), **Puerto Cruz** und **Puerto Maya** fahren.

Die **Por Puestos nach Colonia Tovar** haben ihre Haltestellen in Caracas südlich vom ehemaligen Busbahnhof Nuevo Circo, auf der Av. Lecuna an der Esquina San Roque. Por Puestos fahren auch von der Plaza O'Leary bzw. von der Av. Sucre (Stadtteil El Silencio, unweit der Doppeltürme des Centro Simón Bolívar).

Eine zweite, längere Anfahrt führt über die Autopista 1 oder aber über die Panamericana und **La Victoria**. Von hier verläuft eine steile Bergstraße zur Colonia Tovar. Für diese Strecke muss man mit 2–3 Stunden Fahrtzeit rechnen, öffentliche Verkehrsmittel sind nur schwer aufzutreiben. Wer von Caracas mit dem Mietwagen unterwegs ist, kann als Tagestrip eine **Rundtour** starten. Man muss ungefähr 5 Stunden Fahrtzeit rechnen, wenn man über El Junquito anreist und anschließend auf der anderen Bergseite über La Victoria zurück in die Hauptstadt fährt.

Eine dritte Route führt über Los Teques und El Jarillo, sie ist allerdings sehr steil und schwer zu finden. Hier verkehrt kein Linienverkehr.

- **Vorwahl:** 0244
- **Notfall:** 3551169

Unterkunft

- **Posada Don Elicio,** stilvolle und gemütlich eingerichtete Posada, man kann die Zimmer mit Halbpension buchen. Av. Los Fundadores, Sec. La Ballesta, Chalet Don Elicio, Tel. 3551254 und 3551073, in Caracas 0212/ 2845310, Fax 2864341, www.posadadonelicio.com, €€€€
- **Hotel Selva Negra,** zentrale Lage unterhalb der Kirche, Leitung durch *Wolfgang Guthmann,* deutschsprachig, gutes Restaurant, Spa, gemütliche Zimmer und Bungalows, KK. C. A. Benitz, Tel. 3551415, 3551715, Fax 3551338, www.hotelselvanegra.com, €€€€

AUSFLÜGE VON CARACAS

●**Posada de Nancy,** sehr freundliche Posada an der Carretera Principal, familiär, *Nancy* kümmert sich persönlich um ihre Gäste. Sec. Cruz Verde, Tel. 3551474, Fax 3551707, am Wochenende unbedingt reservieren, €€€

●**Hotel Bergland,** 25 komfortable, gut ausgestattete Zimmer, das Hotel, das eher einer freundlichen Posada gleicht, verfügt über ein sehr gutes Restaurant, Bar, Kinderwiese, Panoramasicht und Parkplätze, geführt wird das deutschsprachige Haus von *Maria Redneris* und ihren zwei Töchtern, sehr empfehlenswert, gutes Preis-Leistungsverhältnis, KK. Sec. El Calvarío, Vía La Victoria, Tel./Fax 3551229, 3551994, bergland@cantv.net, €€€

●**Hotel Edelweiss,** nettes Hotel von *Ralf Muttach* im Sec. El Calvarío, KK. Tel. 2551260, Fax 2551139, €€€

●**Hotel Frankfurt,** vor dem Ortseingang liegt dieses Hotel mit gutem Restaurant, KK. Sec. La Cava, Carretera Principal, Tel. 3551879, Fax 3551879, €€€

●**Cabañas Baden,** kleine Bungalows in zentraler Lage. C. El Museo, Tel. 2515403 und 0414/4927219, €€€

●**Cabañas Hessen,** sehr gepflegte Bungalows mit kleiner Küche, familiär, in der Nähe der Kirche bei der Brauerei des guten Tovar-Bieres. C. Hessen, Tel. 3551456, €€€

Essen und Trinken

Die meisten Hotels verfügen über gute Restaurants, welche in der Regel das als „typisch" bezeichnete **deutsche Essen** (Pate stand ausschließlich die süddeutsche Küche) servieren. Alles, was auf den Teller kommt, wird in Colonia Tovar hergestellt und ist von bester Qualität. Im Ortskern befinden sich viele kleine Restaurants sowie Wurstbratereien und Metzgereien mit Straßenverkauf. In den „deutschen" Bäckereien kann man auch ohne Probleme leckeres Brot, Brezeln, venezolanischen Streuselkuchen, Bienenstich und vieles mehr bekommen.

●**Bergland,** im gleichnamigen Hotel kann man sich exzellent verpflegen lassen, internationale und deutsche Gerichte, bekannt für seine Schweinerippchen mit Spätzle und Sauerkraut, es gibt eine Reihe ganz leckerer Vorspeisen, Chefkoch *André* kümmert sich persönlich um die Wünsche seiner Gäste, KK. Sec. El Calvarío, Vía La Victoria, Tel. 3551229.

●**Restaurant-Hotel Edelweiss,** deutsche und internationale Spezialitäten. Der Küchenchef *Ralf Muttach* hat in Deutschland das Kochen erlernt, KK. Sec. El Calvarío, Carretera Principal zu Colonia Tovar, Tel. 3551260.

●**Rancho Alpino,** das Restaurant von Küchenchef *Rudolf* bietet neben deutscher Kost auch Pizzas an, Treffpunkt der Dorfbewohner, die Stammkneipe im Ort, gute Musik, manchmal sogar Live, man findet die Kneipe an dem Stück Einbahnstraße, das in den Talgrund führt, nahe des Museums, es werden auch Zimmer vermietet.

●**Rebstock,** viele deutsche Gerichte wie Wurst mit Sauerkraut, Fleisch und Hühnergerichte, Suppen, hohe Preise, KK. C. Codazzi, CC Breihanz, Local 8, Erdgeschoss, Tel. 3551174.

●**Café Muhstall,** Restaurant, herrliche Torten und andere Süßigkeiten. Gegenüber der Kirche, das älteste Café im Ort.

Spezialitäten:

●**Panes Baumgartner,** hier gibt es von *Gaby* Schwarz- und Vollkornbrot nach deutschem Rezept, aber auch Nussschnecken und andere Leckereien. Sec. El Calvarío, zwischen den Hotels Bergland und Altaviera.

●**Cervecería Coloniera,** hier stellt man das süffige Tovar-Bier her, gebraut nach deutschem Reinheitsgebot, man kann das Bier direkt kaufen, wenn man nett ist, bekommt man eine eiskalte Probe, direkt vor der Abfüllung, der gesamte Prozess der Bierherstellung kann beobachtet und erläutert werden, seit kurzem gibt es auch „Rubus", einen gut schmeckenden Himbeerlikör. Beim Dorfeingang auf der rechten Seite.

Feste/Veranstaltungen

●**8. April, Gründungstag der Kolonie,** es werden traditionelle Tänze und Gesänge aus dem Schwarzwald aufgeführt.

●**11. November, Tag des Schutzpatrons, des Heiligen Martin,** dieser Festtag wird auch in der Kaiserstuhlgemeinde in Baden begangen, am Abend findet ein großer Lampion-Umzug statt.

AUSFLÜGE VON CARACAS

Touranbieter und Touristeninformation

- **Regenwald Tours,** C. Bolívar, Variedades Burkheim, 1. Stock, Tel. 3551662, Fax 3551532, regenwald@cantv.net.
- **Rustic-Tours,** Carretera Principal Colonia Tovar, gegenüber der Banco Mercantil, Tel. 3551908 und 0416/4336400.

Beide Anbieter haben spannende Jeeptouren durch die nähere Umgebung, zu den Strandorten Chichiriviche und Puerto Cruz sowie Ortstouren mit Besuch von Brauerei und Museum im Programm.

- Mehr Informationen zur Colonia Tovar findet man unter **www.coloniatovar.net.**

Museum

- **Museo Arqueológico de la Prehistoria de Venezuela,** C. Cordazzi, Sec. Cementerío, schräg gegenüber vom Rancho Alpino. Geöffnet in der Ferienzeit, an Wochenenden und Feiertagen von 9.30–17 Uhr.

Sonstiges

- **Apotheken,** Tel. 3551083, 3551971 und 3551242.
- **Krankenhaus, Centro Clínico Colonia Tovar,** Tel. 3551050.

El Jarillo ⌕ IV, B2

GPS: N 10°21.40, W 67°10.76

In der Nähe von Colonia Tovar befindet sich in einem Nachbartal der idyllische Ort El Jarillo. Man braucht einen Privatwagen, um hierher zu gelangen, denn es fahren keine öffentlichen Verkehrsmittel. Wer zu Besuch kommt, kann sich im sehr guten **Restaurant El Refugio del Aguila** verpflegen. Angegliedert ist auch eine **Gleitschirmschule,** wo man einen Tandem-Gleitschirmflug ausprobieren oder einen Kurs besuchen kann. *Rodolfo Ziegler* von der **Escuela de Parapentes** kann nähere Informationen erteilen, Tel. 0414/2511183.

Unterkunft

- In El Jarillo gibt es eine Unterkunft mit nur zwei Bungalows, die sympathischen **Cabañas Mein Häuschen.** Reservierungen unter Tel. 0212/3920115 und 0414/3896654. Bungalow mit Küche, €€

Von Caracas nach Maracay

Wenn man sich aus Caracas nach Westen in Richtung Maracay und Valencia begeben möchte, dann hat man zwei verschiedene Strecken zur Auswahl. Die **Panamericana** – die alte Landstraße – schlängelt sich langsam die Berge bis auf fast 1700 m hinauf. Von hier hat man einen interessanten Ausblick auf die im Tal liegende Millionenstadt und bekommt eine Vorstellung von der echten Ausdehnung von Caracas. Hier staut sich der Verkehr sehr häufig, da die südwestlich von Caracas gelegenen Orte zum Einzugsbereich der Metropole gehören. Während die Fahrzeuge im Stau stehen, ist es schon des Öfteren zu Raubüberfällen gekommen, daher ist diese Strecke nicht gerade empfehlenswert. Nach 20 km gelangt man zu dem freundlichen Ort San Antonio de los Altos, 15 km weiter nach Los Teques, der Hauptstadt des Bundeslandes Miranda. Diese dicht besiedelte Gegend bietet ihren Bewohnern ein attraktives, frisches Klima, das auch den Anbau von Kaffee und Gemüse ermöglicht.

Bei Las Tejerías trifft die Panamericana auf die **Autopista Regional del**

Centro, den Hauptverkehrsweg Richtung Westen, und verläuft bis Maracay parallel zur Autobahn. Diese Autobahn ist gut ausgebaut und stellt daher die schnellste und direkteste Verbindung nach Maracay, Valencia und ganz Westvenezuela dar. Natürlich wird sie deshalb auch von allen öffentlichen Verkehrsmitteln gewählt. Mit dem Auto erreicht man sie, wenn man von der Stadtautobahn Francisco Fajardo in Richtung El Valle fährt. Busse und Por Puestos in Richtung Westen starten alle ab dem Terminal La Bandera, das direkt an der Autopista El Valle liegt. Anfangs wartet die Straße mit starken Steigungen, heftigen Kurven und vielen Tunnels auf, der Schwerlastverkehr macht ein zügiges Vorankommen fast unmöglich. Die Strecke ist die am stärksten befahrene und unfallträchtigste Fernstraße im Land. Bei fließendem Verkehr erreicht man Maracay nach rund 1½ Stunden Fahrt, Valencia nach etwa zwei Stunden; allerdings staut sich der Verkehr auf dieser Strecke häufig. Entlang der Autobahn findet man viele Restaurants und Imbissbuden mit landestypischen Angeboten; besonders lecker (und kalorienreich) sind die mit Spanferkel vom Grill belegten Sandwiches *(sandwich de pernil).*

San Antonio de los Altos ⟋ IV, B2

GPS: N 10°22.44, W 66°56.94

San Antonio de los Altos wurde 1683 von *Don Juan Mijares de Solórzano y Monasterios* gegründet. In den vergangenen Jahren entstanden immer mehr Wohnsiedlungen und Supermärkte. Zu den Sehenswürdigkeiten darf die Kirche Nuestra Señora de las Mercedes am Plaza Bolívar gezählt werden, ebenso die Kirche San Antonio de Padua. Letztere wurde zweimal durch Erdbeben zerstört (1812 und 1967) und 1972 rekonstruiert; daher mutet sie sehr modern an.

● **Vorwahl:** 0212

Unterkunft
● **Motel Las Vegas,** 171 Zimmer mit Privatbad und Klimaanlage. Restaurant, Parkplätze. Carretera Panamericana, Tel. 3712181, €€

Essen und Trinken
● **Los Sanabria,** eines der wenigen Restaurants, wo man noch echte einheimische Küche findet. Rustikales Lokal ohne Firlefanz. Av. Prinicipal, Urb. La Morita, Tel. 3714340.
● **Texas City,** eine Top-Adresse für Fleisch, herrliche Steaks. Das Salatbüffet und viele Gemüsevariationen sind auch für Vegetarier zu empfehlen. Av. Los Salinas, Tel. 3711687.
● **Villa Romana,** in diesem rustikalen Lokal gibt es Pizzas und andere italienische Spezialitäten. Av. Los Salinas, Tel. 3710294.

Los Teques ⟋ IV, B2

GPS: N 10°20.94, W 67°02.56

Los Teques ist die **Hauptstadt des Bundeslandes Miranda.** Der Name soll an den einst hier lebenden Indianerstamm der **Arnactoeques** erinnern, der sich eine Zeit lang den vordringenden Spaniern widersetzen konnte. Sehr bekannt ist der Häuptling *Guaicaipuro.* Er verstand es schon in jungen Jahren, auf die Herausforderung der fremden Invasion zu reagieren und betrieb eine zum Teil erfolgreiche Bündnispolitik mit anderen Indianerstämmen. 1568 wurden er und seine Frau von den Spaniern getötet. Ihm zu Ehren ist im Zentrum der Stadt, auf dem Plaza Guaicaipuro, eine Bronzestatue errichtet und ein nationaler Literaturpreis trägt seinen Namen.

Koloniale Bauten sieht man nur noch im Stadtteil von El Pueblo, ansonsten gibt es in der für Touristen uninteressanten Stadt viele Hochhäuser und Urbanisationen, es herrscht ein sehr geschäftiges Treiben. Früher fuhr eine **Eisenbahn** (Gran Ferrocarril de Venezuela), für Venezolaner eine Attraktion, denn im gesamten Land gibt es nur ein paar hundert Kilometer Schienenverkehr. In Los Teques sind noch ein paar museale Reste dieser Eisenbahn vorzufinden. Die Bahn wurde von Deutschen erbaut und konnte 1894 in Betrieb genommen werden. Sie stellte mehr als ein halbes Jahrhundert eine bequeme Verbindung zwischen Caracas und Valencia her. Noch bis vor wenigen Jahren konnte man in Holzwaggons Ausflüge zum 11 km entfernten **Parque El Encanto** unternehmen, einem beliebten Ausflugsziel, dann hat die Eisenbahn ihren Betrieb für immer eingestellt. Einem ehemaligen Direktor der Eisenbahn, *Gustavo Knoop*, ist ein schöner und großflächiger Park im Zentrum der Stadt gewidmet. Neben Zedern und Mahagonibäumen stehen viele Palmen, daher heißt der Park im Volksmund auch Los Coquitos.

- **Vorwahl:** 0212

Unterkunft

- **Hotel Gran Casino*****, nette und saubere Zimmer, bewachte Parkmöglichkeit. C. Carabobo c/ C. Boyacá, Tel. 3225035 und 3229119, €€€
- Zwischen km 10 und 15 liegen an der Panamericana mehrere mehr oder minder luxuriöse **Motels**: z.B. **Bosque Dorado** (Tel. 6722465 und 6729412), **Panorama** (Tel. 3710924) und **Las Vegas** (Tel. 3710013).

Essen und Trinken

- **Adriático**, internationale und einige italienische Spezialitäten, jeden Tag frisch zubereitet, ein einfacher Ort, mit sehr freundlicher Bedienung und moderaten Preisen. C. Urquia Nr. 8, Tel. 3643481.
- **La Nonna Raffaela**, keine große Auswahl, aber was es gibt, schmeckt gut, nationale Küche, Teigwaren und Suppen. C. Boyacá, Tel. 3647735.

Busse und Por Puestos

- Los Teques ist von **Caracas** aus einfach erreichbar. Ab 4.30 Uhr starten vom dortigen Busbahnhof ständig Busse und Por Puestos, um den Pendlerstrom zwischen den beiden Städten bewältigen zu können. Vom Busbahnhof in Los Teques (Av. Amerigo Bertorelli) fahren ebenfalls den ganzen Tag über Busse und Por Puestos in Richtung Caracas, Maracay und Valencia.
- **Los Teques – La Victoria, Los Teques – Maracay, Los Teques – Valencia,** jeweils ab 5 Uhr alle 30 Min. (Por Puestos).
- **Fernbusse** zu anderen Zielen im Land starten ab Caracas oder Maracay, je nachdem in welche Richtung man möchte.

Fest

- **26. bis 29. Mai:** Patronatsfeiern des heiligen San Felipe Neri.

Weiterfahrt von Los Teques

Von Los Teques kann man in das Küstengebirge über **El Jarillo** nach Co-

Ausflüge von Caracas

Ionia Tovar fahren und vermeidet so die grundsätzlich verstopften ersten 15 km nach El Junquito. El Jarillo ist bekannt für seine Pfirsich- und Erdbeerplantagen und beliebt bei Gleitschirmfliegern.

Kurz hinter Los Teques bei km 28 liegt direkt an der Straße das gute **Restaurante Los Alpes.** Danach geht es bergab in die fruchtbaren Täler von Aragua, vorbei an Zuckerrohrfeldern und Gruppen von Chaguarama-Palmen (Königspalmen). Westlich der Ortschaft **Tejerías** sieht man von der Panamericana aus einige Zuckerrohrmühlen (trapiches). Die alten **Haziendas** lassen noch den Reichtum erkennen, der sich mit dem Anbau und der Verarbeitung des Zuckerrohrs erwerben ließ. Die bekannteste von allen ist die **Hacienda Santa Teresa,** zu erkennen an einer auffälligen Anordnung einiger Palmendoppelreihen, welche die Initialen „S. T." bilden.

Der Rum von Santa Teresa

Eine der besten Rumfabriken des Landes findet man in Santa Teresa del Tuy. Der 1796 gegründete Familienbetrieb **Hacienda Santa Teresa** ist der größte Arbeitgeber des Ortes. Die Rumfabrik bietet einen interessanten Rundgang, mit allem Wissenswerten rund um die Herstellung des Rums. Nach Beendigung des Rundgangs gibt es auch eine Degustation und ein Zertifikat, das besagt, dass man zu den Rumkennern von Santa Teresa gehört. Die geführten Rundgänge starten um 11, 12, 14, 15 und 16 Uhr. Tel. 0244/4002554 und 4002550, haciendasantateresa@ronsantateresa.com

La Victoria ⌖ IV, B2

GPS: N 10°13.63, W 67°19.72

Am **12. Februar 1814** marschieren royalistische Truppen auf La Victoria, um die Verbindung zwischen dem General *José Félix Ribas* in Caracas und *Simón Bolívar* in Valencia zu unterbrechen. *Ribas* verlässt Caracas mit einer kleinen Truppe von Soldaten, verstärkt durch Studenten der Universität von Caracas, um den Spaniern in La Victoria Einhalt zu gebieten. Deren übermächtige Truppen greifen über Stunden immer wieder an, doch sie werden vom zähen Widerstand der jugendlichen Kämpfer immer wieder zurückgeworfen. Der Angriff scheitert und die Verbindung zu *Bolívar* bleibt bestehen. Der 12. Februar wird bis heute landesweit als Tag der Jugend (**Día de la Juventud**) zelebriert, die Hauptfestlichkeiten finden selbstverständlich in La Victoria statt. Jedes Jahr wird hier – meist vom Präsidenten der Republik – der Orden „José Félix Ribas" an Jugendliche verliehen, die sich besonders um das Wohl des Vaterlandes verdient gemacht haben.

Die **günstige Lage** von La Victoria am Kreuzungspunkt der wichtigsten Handelswege von Caracas nach Valencia und von der Karibik bis in die Llanos hat der Stadt bis heute Wohlstand garantiert. Die Hauptstadt des Municipio José Félix Ribas, auf 550 m Höhe am Ufer des Río Aragua gelegen, weist heute knapp über **120.000 Einwohner** auf. Seit den 1960er Jahren haben sich in der Umgebung von La Victoria wichtige **Industriezonen** gebildet, wodurch immer mehr Menschen in die Region strömten. Durch die entstandenen Arbeitsplätze wuchsen nahe Orte wie Las Tejerías, El Consejo und San Mateo auch zu Kleinstädten heran.

Auf dem **Plaza Ribas,** dem Hauptplatz der Stadt, erinnert ein Denkmal an die bewegte Vergangenheit der Kleinstadt. Das Monument zeigt den Helden *Ribas,* wie er einer Gruppe Jugendlicher die Nutzung von Feuerwaffen erklärt. Der Platz befindet sich einen Block südlich der Av. Loreto, über die Av. Rivas Dávila zu erreichen.

● **Vorwahl:** 0244

Unterkunft

● **Hotel El Recreo*****, auf dem Gelände einer alten Hazienda erbaut, Parkmöglichkeit, Restaurant und großer Pool. Am Ende der Av. Rivas Dávila Oeste, Tel. 3210411, hotelelrecreo@hotmail.com, €€€€
● **Hotel La Viñeta***, saubere Zimmer, Restaurant und Parkmöglichkeiten. Av. Rivas Dávila Nr. 169, Tel. 3223272, €€
● **Hotel Rivas Dávila,** saubere Zimmer und Restaurant. Av. Rivas Dávila Nr. 174, Tel. 3220292, €€

Busse und Por Puestos

An der Hauptstraße am Ortseingang befindet sich der **Busbahnhof** *(Terminal de Pasajeros)* **General José Felix Ribas.**

● **La Victoria – La Encrucijada – Cagua – Villa de Cura – San Juan de los Morros,** ab 3 Uhr morgens bis 20.30 Uhr abends im Abstand von einer ½ bis 1½ Stunden.
● **Nach Caracas:** ab 3.30 Uhr stündlich.
● **Nach Maracay:** ab 5 Uhr stündlich.
● An der C. Libertador zwischen der Av. Rivas Dávila und der Av. Páez fahren die **Por Puestos nach Colonia Tovar** jede Stunde ab. Fahrtzeit etwa 1 Std.

Feste/Veranstaltungen

- **12. Februar: Tag der Jugend** zum Gedenken an die Schlacht von La Victoria im Jahre 1814, als die Stadt mit Hilfe von Jugendlichen und Kindern verteidigt wurde.
- **2. November: La Llorona** („Die Weinende"), typisches Tanzfest für La Victoria, indianischen Ursprungs.

Auch von La Victoria gelangt man auf einer **sehr reizvollen Strecke** zur Alemannensiedlung von **Colonia Tovar**. Der Weg führt nördlich aus dem Zentrum der Stadt heraus und ist sehr gut mit grünen Hinweisschildern bezeichnet. Die Straße ist generell recht gut, aber man muss ab und zu mit einem Schlagloch rechnen, und von den seitlichen Hängen kann auch mal etwas Geröll auf die Fahrbahn stürzen. Man fährt an einigen verstreut liegenden Haziendas vorbei, man sieht Zuckerrohrfelder, und dann plötzlich windet sich die Straße die einsamen Gebirgszüge hinauf, bis auf 1800 m. Immer wieder hat man faszinierende Ausblicke in die pittoresken Landschaften und in die langen, weit gezogenen Täler mit ihren unterschiedlichen Grüntönen. Bedingt durch die Serpentinen und die teils sehr starken Steigungen muss man für die 34 km lange Strecke mit mindestens 1 Std. Fahrtzeit rechnen.

Weiterfahrt von La Victoria

8 km westlich von La Victoria steht an der alten Landstraße, der **Panamericana**, zu beiden Seiten recht unauffällig ein Anwesen, das für die Geschichte von Venezuela von großer Bedeutung war. *Simón Bolívar,* der Befreier des Landes von der spanischen Herrschaft, verbrachte hier auf dem alten Familiensitz einen Großteil seiner Jugend und kehrte auch in späteren Jahren öfter an diesen Ort zurück.

Historisches Museum von San Mateo (Ingenio Bolívar)

Eine Bronzestatue soll an eine Episode aus dem Unabhängigkeitskrieg erinnern: Als eine Abteilung des patriotischen Heeres unter *Simón Bolívar* von einer feindlichen Übermacht, befehligt vom berüchtigten General *Boves,* angegriffen wurde, stoppte der junge Hauptmann **Antonio Ricaurte** aus Neu-Granada den Vormarsch, indem er das Munitionslager hinter dem Haus in die Luft jagte – und einen Teil der anrückenden Gegner und sich selbst gleich mit – die Revolution hatte einen Sieg mehr auf ihrem Konto und war um eine Heldenlegende reicher.

Man schrieb das Jahr 1877, als die Erben der Schwägerin *Bolívars* die Hazienda verkauften, 1924 gelangte sie in Staatsbesitz. Auf einem kleinen Pfad gelangt man zum **Museo Histórico,** hier wohnte früher die Familie *Bolívar.* Ausgestellt sind einige Waffen, Uniformen, Gebrauchsgegenstände und zeitgenössische Porträts. Das Museum ist normalerweise täglich von 10–16 Uhr geöffnet, der Eintritt ist frei. Auch wenn man das Haus nur von außen anschauen will, empfiehlt es sich, bei der Verwaltung im unteren Gebäude anzufragen. Die Gegend ist abgelegen, vielleicht kann ein Mitarbeiter die Gäste begleiten. Zur Hazienda gehört eine **historische Zuckerfabrik**, die einen Besuch lohnt. Sie befindet sich links der Straße neben dem Parkplatz. Das **Museo Caña de Azúcar** ist das ganze Jahr über zugänglich, man kann einige Möbelstücke aus dem 19. Jh. und viele Gerätschaften sehen, welche man zur Verarbeitung des Zuckerrohrs benötigt. Sogar eine stattliche Zuckermühle *(trapiche)* ist vorhanden. Außer montags kann dieses Museum täglich von 10–16 Uhr besucht werden, der Eintritt ist kostenlos.

Knapp 1 km westlich liegt das Dorf **San Mateo**, dessen Vergangenheit auch eng mit der Familie *Bolívar* verknüpft ist. In der kleinen Kirche des Ortes – das Mittelschiff stammt aus dem Jahr 1660 – sind einige Gegenstände von Familienmitgliedern gestiftet worden, wie etwa die Verkündigungsgruppe. Von San Mateo fahren mehrmals täglich Busse und Por Puestos in Richtung der größeren Städte.

Parque Agustín Cordazzi

Fährt man weiter zur großen **Straßenkreuzung „La Encrucijada"**, einem wichtigen Verkehrsknotenpunkt bei **Turmero**, passiert man den Park Agustín Cordazzi. Hier lässt sich gut eine Rast einlegen, es ist ein idealer Platz für ein Picknick. Es wachsen Mahagonibäume und viele **Samanes**, hohe Bäume mit schirmartigen Kronen. Diese wurden oft in Kaffeeplantagen gepflanzt, um die empfindlichen jungen Kaffeegewächse vor der starken Sonneneinstrahlung zu schützen. Einer dieser Bäume fand sogar einen Stammplatz in der Geschichte Venezuelas: der riesige **Samán de Güere**. Im Schatten dieses Baumes pflegte sich *Simón Bolívar* mit seinen Soldaten beim Vorbeimarsch auszuruhen. Man kann diesen Baum am Ortsausgang von Turmero auch heute noch bestaunen, er hat sich sehr um das Vaterland verdient gemacht. Geschützt wird er durch einen Zaun, bestehend aus alten Gewehren des Befreiungskrieges.

Turmero ⌕ IV, B2

GPS: N 10°13.65, W 67°28.35

Im 18. Jh. war diese Provinzstadt eine wichtige Niederlassung der großen Guipuzcoana-Handelskompanie. Sehenswert ist am Plaza Bolívar die **Iglesia de La Candelaria**. Diese Kirche gehört zu den bemerkenswertesten Beispielen barocker Kirchenbaukunst in Venezuela. Interessant sind vor allem die Frontfassade mit originellen Figuren und das Hauptaltarbild mit der Jungfrau von Candelaria im Zentrum, welche die Namenspatronin der Kirche ist.

Die **Familie der Tovars**, die über einen langen Zeitraum die Geschichte Venezuelas mitbestimmt hat, ist heute noch hier ansässig. Ihr gehört die **Hacienda Paya** etwa 2 km nördlich der Kirche. Die Familie gehörte zu den größten Landbesitzern (die Colonia Tovar wurde auf ihrem Gebiet gegründet) und leistete einen wichtigen Beitrag zur Entwicklung der gesamten Region, vertrat sehr früh liberale und fortschrittliche Ideen und brache viele bedeutende Persönlichkeiten hervor, darunter Politiker, Kirchenmänner und Künstler. Einer der Söhne, *Manuel Felipe de Tovar y Tovar*, war von 1861 bis 1863 Präsident der jungen venezolanischen Republik.

● **Vorwahl:** 0244

Unterkunft

● **Hotel El Samán****, angenehme Zimmer, Restaurant und Parkplätze. Carretera Maracay – Turmero, Vía El Macaro, Tel. 6630827 und 6630838, €€
● **Hotel Bello Horizonte***, saubere Zimmer, die am Wochenende nur stundenweise vermietet werden, Restaurant und Parkplatz. La Encrucijada, Tel. 3954377, €

Busse

● In der C. Rivas, neben der Kirche, befindet sich der **Busbahnhof von Turmero**. Ständig Fahrtmöglichkeiten in **Richtung Caracas, Maracay und Valencia.**

Verbindungen vom **Busbahnhof bei La Encrucijada:**
● **La Encrucijada – Maracay – Valencia – San Felipe – Barquisimeto:** ab 5 Uhr jede Stunde.
● **La Encrucijada – Caracas:** ab 5 Uhr stündlich.
● **La Encrucijada – Villa de Cura – San Juan de los Morros – Valle de la Pascua – Caicara – Puerto Ayacucho:** 4x täglich.
● **La Encrucijada – Villa de Cura – San Juan de los Morros – Calabozo – San Fernando de Apure – Puerto Ayacucho:** 2x täglich, früh am Morgen.
● **La Encrucijada – San Juan de los Morros – El Sombrero – Chaguaramas – Valle de la Pascua – El Tigre – Ciudad Bolívar – Ciudad Guayana:** 1x täglich, am Morgen.

Fest

● **2.–8. Februar: Patronatsfeiern zu Ehren der Jungfrau von Candelaria,** mit Musikwettbewerb.

Valles del Tuy

Wer von Caracas einen Tagesausflug in die Dörfer im **Tal des Río Tuy** unternehmen möchte, sollte über einen Privatwagen verfügen, da eine öffentliche Verkehrsanbindung zu den folgenden Orten nur teilweise existiert. Die Gegend ist nicht nur sehr geschichtsträchtig, sie gilt auch als das **Folklorezentrum Venezuelas.** Die Region wird nur wenig besucht, im Juni aber, wenn in den Ortschaften von San Francisco de Yare und Santa Lucía die traditionellen Volksfeste gefeiert werden, strömen Tausende von Besuchern aus dem In- und Ausland herbei.

Anfahrt: Vom Autobahnverteiler im Osten der Hauptstadt Caracas bis nach Santa Lucía sind es 44 km, eine knappe Stunde Fahrt, nach weiteren

Atlas V, Karte S. 191

AUSFLÜGE VON CARACAS

32 km gelangt man nach Ocumare del Tuy, dem entferntesten Punkt auf dieser Route. Die Straßen sind allgemein in recht gutem Zustand. Vom Busterminal Terminal de Pasajeros de Oriente in Caracas fahren **Busse und Por Puestos** ins Tal des Río Tuy, etwa alle 30 Min. Mit dem **Privatwagen** fährt man auf der Autopista Francisco Fajardo bis zum Verteiler „Boyacá" im Osten von Caracas und folgt dort den Hinweisschildern „Valles del Tuy". Auf dem ersten Teil der Fahrt wird der Blick auf die Landschaft durch viele Industrieanlagen getrübt, aber im Verlauf der Fahrt hat man eine schöne Sicht in das fruchtbare Land.

Santa Lucía   V, C2
GPS: N 10°18.15, W 66°39.57

Der erste größere Ort auf dieser Tour ist Santa Lucía, bekannt vor allem wegen seiner **Kirche** aus dem 18. Jh. Sie ist ein Nationalmonument, das Prunkstück weist einen Altaraufsatz im Rokokostil auf, ein Meisterwerk des spanischen Bildhauers *Domingo Gutiérrez*. Die 1761 vollendete Altarwand wurde bei mehreren Erdbeben teilweise zerstört, sodass einige Teile erneuert werden mussten. Bei den eingesetzten Bildern handelt es sich um die Originale aus dem 18. Jh. Die Kirche ist täglich von 7–19 Uhr geöffnet. Am 24. Juni wird das **Fest von San Juan** gefeiert, er gilt als Schutzheiliger der Schwarzen. Zu den Feierlichkeiten gehören Prozessionen, Tänze, Gesänge, Feuerwerk und kulinarische Leckereien wie *carne asada* (Grillfleisch).

Santa Teresa del Tuy   V, C2
GPS: N 10°14.02, W 66°39.86

7 km nach Santa Lucía erreicht man den Verkehrsknotenpunkt von Santa Teresa del Tuy. Der Ort besteht seit dem 17. Jh. Die Patronatsfeiern dauern hier zwei Wochen und erreichen ihren Höhepunkt in der Nacht zum 15. Oktober mit einer Prozession um den Plaza Bolívar. Zu den Feierlichkeiten gehören auch Reiterspiele mit Stieren und traditionelle Hahnenkämpfe.

● **Hotel Los Pinos Tuy,** nette Zimmer, man sollte die nach hinten raus verlangen, da es nach vorn sehr laut und hellhörig ist, man kann sich im hauseigenen Restaurant gut verpflegen, Tiefgarage. Av. Lamas Nr. 27, Edf. Miranda, Tel. 0239/2310238, €€

Parque Nacional Guatopo   V, C2
Nur wenige Kilometer südlich von Santa Teresa dehnt sich der 122.000 ha große Nationalpark Guatopo aus. Die dicht bewaldeten Hänge der Küstenkordillere steigen bis auf 1430 m an. Die kleine kurvenreiche Straße, die von Santa Teresa nach Süden führt, durchquert den **Bergregenwald** des 1958 gegründeten Parks. Entlang der Straße sind mehrere Parkplätze angelegt, von denen gut ausgezeichnete Wanderwege beginnen. Besonders bekannt ist **Agua Blanca,** ein natürlicher Badeplatz mit sanitären Einrichtungen, Kiosk und Campingplatz.

San Francisco de Yare   V, C2
14 km südlich von Santa Teresa del Tuy erreicht man den bekanntesten Ort dieser Region, San Francisco de

Yare. Hier werden jedes Jahr an Fronleichnam die in ganz Venezuela bekannten **Teufelstänze** aufgeführt. Diese Feierlichkeiten locken viele Besucher aus dem In- und Ausland an, was dem Ganzen mittlerweile seine Spontaneität geraubt hat. Die Tänze haben ihren Ursprung im Spanien des Mittelalters, dazugekommen sind afrikanische und indianische Elemente. Die Aktivitäten beginnen am Vormittag. Mit roten Kostümen bekleidete Tänzer, die große und bunte Masken mit zwei Hörnern über den Kopf gezogen haben, die Teufel also, greifen mehrmals unter musikalischer Anfeuerung von Trommeln und Rasseln die Kirche an. Sie statten dem Bürgermeister und anderen Ehrenträgern ihren Besuch ab und werden schließlich mit der Monstranz vertrieben. Der Sieg über den Teufel, der eigentliche Sinn der ganzen Veranstaltung, wird am Ende des Tages mit einer Messe gefeiert. Das Hauptquartier der Teufelstänzer befindet sich in der C. Rivas Nr. 3, zwei Häuserblocks vom Plaza Bolívar entfernt, wo auch ein kleines Museum untergebracht ist.

Ocumare del Tuy V, C2
GPS: N 10°07.18, W 66°46.49

7 km nach San Francisco de Yare gelangt man zur betriebsamen Geschäftsstadt Ocumare del Tuy. Von hier kann man in nördlicher Richtung über Charallave in etwa 1 Std. nach Caracas zurückfahren. Sehenswert ist die neoklassische **Kirche San Diego de Alcalá.** Sie war Schauplatz eines der vielen blutigen Ereignisse während der Unabhängigkeitskriege. Im Februar 1814 wurden hier 300 Einwohner von Ocumare grausam massakriert, nachdem sie sich auf der Flucht vor den anrückenden Spaniern in die Kirche geflüchtet hatten. Der kleine, 1780 entstandene Altaraufsatz ist der Schutzheiligen des Kaffees geweiht (Nuestra Señora de Las Mercedes).

Charallave V, C2
GPS: N 10°14.72, W 66°51.52

Dieser kleine Ort liegt 22 km nördlich von Ocumare del Tuy. Er verdankt seinen Namen dem Indianerstamm der Chara, die sich hier vor der Conquista ansiedelten. Nördlich der Stadt befindet sich der Flughafen von Caracas, auf dem vorwiegend Privatflugzeuge landen. Fährt man weiter geradeaus, kommt man beim Ortsausgang zur Autopista 1, die wieder zurück nach Caracas führt.

●**Hotel Chara,** saubere Zimmer, Restaurant und Parkmöglichkeiten. C. Bolívar, gegenüber vom Busterminal, Tel. 0239/2481792 und 2480390, €€

Das Avila-Massiv und Galipán V, C2

Der Monte Avila mit dem dazugehörigen **Nationalpark** ist der **Hausberg von Caracas.** Mit einer Fläche von 85.192 ha umfasst der Park Berge und Küste zwischen Caracas und der Karibik. Der Avila ist 2600 m hoch, höchster Berg der Avila-Bergkette ist der **Pico Naiguatá** mit 2765 m. Der Park weist eine vielfältige Fauna und Flora auf, es gibt neben Raubkatzen und Ameisenbären auch Affen, wilde Kaninchen, Schlangen und viele Vögel. Der Park ist die grüne Lunge der Stadt und wird von den Caraqueños vor allem am Wochenende gut besucht. In der Nähe der Bergstation der Seilbahn finden sich das ehemalige Hotel Humboldt, Restaurants und – man glaubt es kaum – eine Kunsteisbahn mit 470 m² Fläche. Wanderfreunden steht ein ausgedehntes Wegenetz von fast 400 km zur Verfügung.

Am einfachsten kommt man mit der **Seilbahn** auf den Avila. 1956 unter dem damaligen Diktator *Pérez Jiménez* eröffnet, wurde sie 1998 komplett renoviert. Sie zählt zu den modernsten Seilbahnen der Welt, hat 83 Kabinen mit einem Fassungsvermögen von je acht Passagieren. Die Talstation befindet sich zwischen den Stadtteilen La Florida und San Bernardino, Final Av. Principal de Maripérez, c/ Av. Boyacá, Tel. 9015555.

Wer nicht mit der Seilbahn auf den Berg fahren möchte, kann per pedes losziehen. Eine der meistbenutzen Routen startet beim **Refugium Sabas Nieve** in **Altamira**. Hier findet man Parkplätze und die Parkbehörde, wo man die Genehmigung einholen muss. Von Sabas Nieve geht der Weg zum sehr schönen Aussichtspunkt Silla de Caracas und zu den Bergen Pico Oriental und Pico Occidental. Ein weiterer Eingang befindet sich in **San Bernardino**. Das ist der Ausgangspunkt, um den schönen **Parque Los Venados** zu besuchen, wo Tische, Grillanlagen und Kioske für einen angenehmen Aufenthalt sorgen.

An der oberen Seilbahnstation auf dem Monte Avila ist alles asphaltiert, Spaziergänge von hier finden auf breiten, gepflasterten Straßen statt. Nach rechts, ein paar Steintreppen hinauf, gelangt man zum ehemaligen **Hotel Humboldt,** ein eigentlich unansehnliches Betongebäude, das aber wichtige Epochen der venezolanischen Geschichte miterlebt hat. Für einen geringen Beitrag kann man eine Besichtigung vornehmen.

Nahe der Bergstation, inmitten der Natur und doch so nahe an der Metropole, befindet sich ein kleiner Ort: **Galipán.** Man kann zu Fuß von der Seilbahnstation dorthin gelangen; weiße Toyota-Jeeps fahren als Por Puestos von Caracas und Macuto regelmäßig dort hoch. Es wird empfohlen, nur mit einem 4WD-Fahrzeug hochzufahren, obwohl die Straße durchgehend betoniert ist. Sie ist so steil, dass man besser im untersetzten Gang fährt, damit man in den Haarnadelkurven noch genügend Kraft zum Vorankommen hat.

Der Ort liegt weit gestreut, die einzelnen Gehöfte sind durch steile Gassen verbunden, meist ragt er in die tief hängenden Wolken. Schon im 18. Jh. von kanarischen Einwanderern gegründet, ist Galipán landesweit für seine **Blumen- und Obstproduktion** bekannt. Der Ort liegt inmitten des Nationalparks und bietet bei einem sehr frischen Klima eine Reihe von Wandermöglichkeiten, gute Restaurants und Posadas. Für die Posadas benötigt man meist eine Reservierung.

DIE ZENTRALE KÜSTENREGION

●**Vorwahl:** 0212

An- und Abreise

Die Toyota-Jeeps fahren **in Caracas** im Stadtteil Cotiza ab, in der Nähe der Comandancia de Policía Metropolitana, in einer Gegend, in der man nicht alleine umherlaufen sollte. **In Macuto** fahren die Por Puestos in der Av. Alamo ab, das ist die Hauptstraße in Richtung Osten. Die Haltestelle befindet sich neben dem Edificio de Renta municipal, einem gelben vierstöckigen Gebäude. Die Straße darf nur bis 18 Uhr befahren werden, danach wird sie mit einer Schranke gesperrt.

Unterkunft

●**Posada de Teresa,** hübsches Angebot mit nettem Restaurant und sehr persönlichem Service, 8 schön dekorierte Zimmer mit interessanten Details und gepflegtem Garten. Im Sec. San Isidro, Tel. 3957801 und 0416/ 8248639, €€
●**Posada de la Luna,** sehr freundliche Posada mit einem privaten Museum, dem Museo de las Piedras, 10 sehr einfache und simple Zimmer mit persönlicher Betreuung. Die Posada befindet sich im Sec. San José, das ist schon unterhalb des Ortes in Richtung Macuto, 7 km vom Pass entfernt, direkt an der steilen Betonstraße, Tel. 3680015 und 0416/ 6288874, €

Essen und Trinken

●**Granja Natalia,** eines der meistgerühmten Lokale auf dem Berg, das von ruhesuchenden Großstädtern gerne besucht wird. Es wird eine Kombination aus französischer und Críollo-Küche angeboten, Wildgerichte und leckere Suppen stehen auf der Karte. Man hat einen grandiosen Ausblick bis zum Karibischen Meer, immer wenn der Nebel es zulässt. Nahe der Betonstraße, 3 km unterhalb des Passes, Tel. 0416/1267166, KK.
●**Casa Pakea,** nicht weit von der Granja Natalia entfernt, aber doch mühsam zu erreichen ist dieses spanische Spezialitätenrestaurant im Sec. San Antonio. Der Pionier für gehobene Gastronomie in der Bergregion hat nur von Do bis So geöffnet, der Transport ab Caracas wird organisiert, Reservierungen sind empfehlenswert. Tel. 0416/7144854 und 0414/2257800, €€€

Gleitschirmfliegen

●Eine nette Möglichkeit dazu bietet sich von Caracas aus. Bei dieser Schule kann man einen herrlichen Tandemflug vom Hausberg Avila buchen: **Escuela de Parapente,** C. Bolívar, Chacao, Fax 0212/2650134, yccadventur @cantv.net.

Die zentrale Küstenregion (Litoral central)

Als Litoral, übersetzt „Küstenstreifen", bezeichnen die Caraqueños den direkt der Hauptstadt vorgelagerten, recht steilen und schmalen **Küstenabschnitt zwischen Puerto Maya im Westen und Chuspa im Osten.** Am 1. Januar 1999 ist diese durch das Avila-Massiv vom Rest des Landes abgetrennte Gegend ein eigenständiges Bundesland geworden, der **Estado Vargas.**

In den Ferien und an (langen) Wochenenden wird das Litoral central von den gestressten Hauptstädtern überrannt; die nicht sonderlich attraktiven **Strände** sind dann hoffnungslos **überlaufen,** so wie man es hier liebt. Selbst an Regentagen sieht man die Menschenmengen die Strände übervölkern, mit einer Whiskyflasche in der Hand erträgt man auch einen trüben Sonntag am Strand ...

Der Kontrast zwischen der steilen, dicht bewachsenen Küstenkordillere und dem blau schimmernden Meer

DIE ZENTRALE KÜSTENREGION

Atlas IV/V, Karte S. 191

macht diese Landschaft interessant, die Strände sind kurz und schmal, es gibt gefährliche Strömungen. Am 15. Dezember **1999** ereignete sich an diesem Küstenabschnitt eine schreckliche **Naturkatastrophe,** und noch heute sieht man an vielen Stellen deutliche Spuren dieser traurigen Geschichte. Nach zwölf Tagen heftiger Regengüsse in der gesamten Küstenregion und dem dahinter liegenden Gebirge setzte sich in der Nacht der Berg in Bewegung. Riesige Lawinen aus Schlamm, Geröll und Fels stürzten auf kilometerweiter Front die Berge hinunter und rissen alles mit sich. Ganze Apartmenthäuser wurden unter den Schlammlawinen begraben; von bis zu 50.000 Toten ist auszugehen. Die fehlende Koordination der Rettungsaktionen in den folgenden Tagen verschlimmerte die Situation noch weiter, es dauerte in einigen Gebieten Wochen bis die Straßen wieder befahrbar waren und Strom und Wasser zur Verfügung standen. Früher beliebte Ferienorte wie Macuto und Caraballeda wurden zum Teil unter riesigen Felsblöcken verschüttet – bis heute hat sich der Landstrich nicht erholt.

Die relativ gut befahrbare **Uferstraße,** die parallel zur karibischen Küste an der Küstenkordillere entlangführt, reicht von Chichiriviche de la Costa im

Küstenlandschaft im Litoral central

Westen bis zu der ehemaligen Urlaubersiedlung für Arbeiter aus Caracas, Los Caracas, im Osten. Die weitere Strecke ab Los Caracas bis Chirimena ist eher abenteuerlich und nur mit Geländewagen befahrbar.

Busse und Por Puestos fahren in der Av. Sucre und von der Metrostation „Gato Negro" ständig von Caracas zur Küste.

Die Vorwahl des gesamten Litoral ist die gleiche wie die von Caracas: 0212.

Maiquetía ⌕ IV, B2

GPS: N 10°35.88, W 66°56.99

Maiquetia ist ein kleiner, unbedeutender Ort, in dem sich aber der **wichtigste Flughafen** von Venezuela befindet, der Aeropuerto Internacional Simón Bolívar. Er ist das Drehkreuz des inländischen Flugverkehrs, fast alle Routen werden mit Zwischenlandung in Maiquetia geflogen. Auch die meisten internationalen Flüge haben Maiquetia als Zielflughafen; alle aus Europa kommenden Linienflugzeuge landen hier. Das nationale und das internationale Terminal liegen direkt nebeneinander und sind durch einen Gang miteinander verbunden.

Am Flughafen gibt es Reisebüros, Touranbieter und Autovermietungen. Man kann Geld wechseln und sich Rat bei der Touristeninformation *(Asistencia al viajero)* holen. Im internationalen Teil befinden sich im ersten Stockwerk eine Cafeteria, Imbissstände, ein Restaurant einer amerikanischen Kette (Friday's, immer überfüllt), ein Internetcafé sowie die Vertretungen der nationalen Handyanbieter Movistar und Digitel. Beide Firmen verkaufen Handychips, die in europäischen Handys genutzt werden können, immer wenn diese nicht durch einen Vertrag zur Benutzung durch andere Netzbetreiber gesperrt sind.

● www.aeropuerto-maiquetia.com.ve

Autoverleih

● **Budget,** Tel. 3552799, täglich geöffnet, Kleinwagen ab 60 Euro, KK, www.budget.com.ve.
● **Aco Rent a Car,** Tel. 3551213, Fax 3551166, KK.
● **Hertz,** Tel. 3552758, Fax 905-0408, im internationalen Bereich Tel. 3551197, Fax 905-0408, täglich 7–21 Uhr, KK.
● **Avis,** Tel. 3551190, täglich 6–23 Uhr, KK.
● **Thrifty,** super Kleinwagen für knapp 30 Euro € Versicherung, KK.

Flughafentransfer

● Der Schweizer **Hans Peter Zingg,** der schon seit über 20 Jahren in der Nähe des Flughafens residiert, bietet einen sehr zuverlässigen Abholservice und Flughafenassistenz am Flughafen an: Tel. 0414/3228798, www.caracas.backpacker.cc.

Fluggesellschaften

Die angegebenen Telefonnummern der Fluggesellschaften sind nicht für Reservierungen oder Rückbestätigungen (siehe dazu unter „Praktische Tipps A–Z, Ein- und Ausreise"), sondern es handelt sich um die Büronummern der Fluggesellschaften direkt am Flughafen.

Ungewöhnlich:
Bierwerbung im Flugzeug

DIE ZENTRALE KÜSTENREGION

Nationale:
- **Aeropostal (Alas de Venezuela),** VH, 31 Flugzeuge, seit 1929, Tel. 0800/2376252, www.aeropostal.com.
- **Aerotuy,** TUY, 12 Flugzeuge, Flüge nach Los Roques und von dort nach Margarita, Charterflüge nach Canaima, Tel. 3552060, Vertrieb über die Webseite von Avior (s.u.).
- **Aserca,** OC, 17 Flugzeuge, seit 1994, Tel. 3551501, Fax 3552816, www.asercaairlines.com.
- **Avior,** 3B, 15 Maschinen, seit 1994 in Venezuela, Tel. 3552767, www.avior.com.ve.
- **Conviasa,** VO, die staatliche Fluglinie mit einer Flotte von 13 Maschinen, seit 2004, Tel. 3552704, www.conviasa.aero.
- **Laser,** ER, 3 noble Jets, seit 1993, nur von Caracas nach Porlamar und Maracaibo, Tel. 3552750, 3550011, www.laserairlines.com.
- **Rutaca,** RUT, 12 Flugzeuge, seit 1974 tätig, acht Ziele im Land, zusätzlich Charterflüge z.B. nach Canaima und Santa Elena. Tel. 3551643, 3551838, www.rutaca.com.ve.
- **Santa Barbara Airlines,** S3, 16 Flugzeuge, seit 1995, Tel. 0800/8652636, 3551813, 3552751, www.sbairlines.com.
- **Transaven,** nur Flüge nach Los Roques, Tel. 3551965, 3551349, 0414/3111117.
- **Venezolana de Aviacion,** SAEV, 6 Flugzeuge, seit 2001.

Internationale:
- **Air Canada,** ACA, Tel. 3552020, www.aircanada.com.
- **Air France,** AF, Tel. 3552490, www.airfrance.com.ve.
- **Alitalia,** AZA, Tel. 3551953 und 3551147, www.alitalia.com.ve.
- **American Airlines,** AA, Tel. 3551744, www.aa.com.
- **Avianca,** AVA, Tel. 3552466, 3552467, www.avianca.com.

- **Aeropostal,** VH, Tel. 3035216, -17, -18, www.aeropostal.com.
- **Air Portugal,** TAP, Tel. 3552347, 3551701, www.flytap.com.
- **Aserca,** OCA, Tel. 3551507, www.aserca.net.
- **Continental,** CO, Tel. 3552449, www.continental.com.
- **Delta Airlines,** DL, Tel. 3552242, www.delta.com.
- **Iberia,** IBE, Tel. 3551427, 3551810, www.iberia.com.
- **Lufthansa,** LH, Tel. 3552190, www.lufthansa.com.
- **Santa Barbara Airlines,** BBR, Tel. 3551813, www.santabarbaairlines.com.
- **Taca,** LR, Tel. 3552992, www.taca.com.

Sonstiges

- **Italcambio** (Wechselstuben), im internationalen Terminal Tel. 3551080, 24-Std.-Service, im nationalem Terminal Tel. 3552037.
- **Medizinische Betreuung,** Tel. 3031506, 3551444.

Catia La Mar   ♪ IV, B2

GPS: N 10°35.99, W 67°01.99

Catia La Mar in der Nähe von Maiquetia ist kein besonders schöner Ort. Der Name kommt aus dem Indianischen und ehrt den Häuptling *Catia*. Mit etwas über **150.000 Einwohnern** ist Catia La Mar heute die menschenreichste Siedlung im zentralen Litoral, was auch daher kommt, dass das Unglück von 1999 hier keine Verwüstungen angerichtet hat. Eine wichtige Rolle spielen der Fischereihafen La Zorra westlich der Stadt und die Marinas Puerto Viejo und Playa Grande.

Maiquetia und Catia La Mar bieten dem Reisenden nicht viel. Es gibt einige Schlafmöglichkeiten, Restaurants, Fastfood Ketten, Tankstellen und – viel Müll. Ein relativ bekannter Strand ist der **Playa Grande** bei Catia La Mar. Dort befindet sich die Marina Grande, ein gepflegter Privatclub, zu dem man auch als Normalbürger Zutritt bekommt. Das würde sich anbieten, falls man einen Wartetag am Flughafen noch sinnvoll nutzen möchte. Für einen nicht ganz unbeträchtlichen Betrag hat man das Recht, Duschen und Toilettenanlagen, einen bewachten Parkplatz sowie ein kleines Restaurant zu nutzen (Av. La Playa, Urb. Playa Grande, Tel. 3515019, 3512126, www.marina-grande.com).

Östlich der Marina Grande folgt der **Playa Verde,** ein populärer Strand, der besonders an Wochenenden sehr gut besucht ist und an dem es viele Kioske und kleine Restaurants gibt.

Unterkunft

Posadas:

- **Calypso Fisherman's Lodge,** neue, sehr noble Herberge in ruhigem Wohngebiet, Gourmet-Restaurant, spezialisiert auf Sportfischer. Es werden auf eigener Jacht Touren zum Hochseefischen angeboten, nur mit Reservierung, man spricht englisch. Puerto Viejo, Tel. 3625005, 3523301, 3524330, 0414/3093895, caslypso44@hotmail.com, €€€€
- **Posada Buena Vista Inn,** 10 Min. vom Flughafen entfernt in Catia La Mar mit Blick auf die Zeile der Hochhäuser, die den Playa Grande säumen, komfortabel und freundlich, 12 Zimmer, weitere befinden sich im Bau, Kabelfernsehen, Klimaanlage, Restaurant, WLAN. Urb. Playa Grande, Av. del Hotel c/C. 4, Tel. 3529163, 3520118, www.buenavistainn.com.ve, €€€
- **Posada Café del Mar,** ganz neue Posada in Flughafennähe in der Urb. Playa Grande, empfehlenswerte, vom Architekten *Orlando Barros* erbaute und betriebene Posada mit z.Z. 4 Zimmern, Doppel-Viererzimmer, Klimaanlage und Ventilator, freundlich. Av. La

Entrada, Quinta Café del Mar, Tel. 3524512 und 3527774, posadacafedelmar_onb@hotmail.com, €€€

Hotels:
- **Hotel Eurobuilding*****, mit Flughafentransfer, 120 luxuriöse Zimmer und Suiten, Zimmersafe, Grillrestaurant Mr. Grill, WLAN, englischsprachig, ÜF, KK. Gegenüber des Flughafens, Av. La Armada, Urb. 10 de Marzo, Tel. 7000700, 7000701 und 3317111, Fax 3315803, www.eurobuilding.com.ve, €€€€
- **Hotel Catimar**, Restaurant, Zimmer mit Meeresblick, Parkplatz, Flughafentransfer, Internet, KK. Av. Principal de Puerto Viejo c/ 2da C., Catia La Mar, Tel. 3519097, 3517906, Fax 3524603, www.hotelcatimar.com, €€–€€€
- **Hotel Aeropuerto**, Restaurant, Internet. C. 3, Urb. Atlántida, Catia La Mar, Tel. 3511145, 3511259, 3523223, aeropuertohotelsuites@hotmail.com, €€
- **Hotel La Parada**, Flughafentransfer, Bar und Restaurant, 24 einfache, aber saubere Zimmer. Av. Atlantida, C. 10, 3 Straßenecken von McDonald's entfernt, Catia La Mar, Tel. 3510212, €€

Essen und Trinken

- **Rompeolas**, ein kleines Paradies mit Blick aufs Meer, lecker zubereitete Meeresfrüchte und Speisen für jeden Geschmack, eine kräftige Sangria und immer eine frische Brise, gutes Preis-Leistungsverhältnis, KK. Av. Principal de Playa Grande, Catia La Mar, Tel. 3519095.
- **Cactus Pizza**, traditionelles Restaurant mit leckerer Pizza, recht günstig, KK. Av. Principal de Playa Grande c/ C. 7 auf der rechten Seite, Catia La Mar, Tel. 3520490.
- **Perla Marina**, Fisch und Meeresfrüchte in ganz einfachem Rahmen in einem kleinen Open-Air-Restaurant, KK. Av. Principal de Puerto Viejo, Catia La Mar, Tel. 3516289.
- Des Weiteren seien die **Restaurants der Hotels** empfohlen, da die Straßen von Catia La Mar nicht zum Spazierengehen einladen.

Weiter von Catia La Mar **nach Westen** bewegt man sich auf einem schmalen Küstenstreifen, der das blaue Meer von den steilen grünen Berghängen trennt. Das Meer hat eine starke Brandung, gefährliche Strömungen machen das Schwimmen riskant. Es gibt einige Siedlungen, bei Tacoa führt eine asphaltierte Straße in die Berge bis zur Colonia Tovar. Am Ende der Küstenpiste erreicht man den kleinen Ort Chichiriviche de la Costa, nicht zu verwechseln mit dem gleichnamigen Ort im Nationalpark Morrocoy (siehe im Kapitel „Der Nordwesten").

Chichiriviche

IV, B2

GPS: N 10°32.97, W 67°14.38

Dieser kleine, ausschließlich von Schwarzen bevölkerte Ort liegt direkt an einer langen Bucht. Die Menschen leben vom Fischfang, vor kurzem haben sie aber gemerkt, dass sich Gastfreundschaft bezahlt macht.

Unterkunft

- **Casa Max**, kleines Haus mit 3 Zimmern, Küche, Bad, Terrasse, Grillplatz und Parkplatz. Tel. 0412/4474997, €€€€
- **Posada Don Max**, 2 Doppelzimmer mit eigenem Bad und 3 Doppelzimmer mit Gemeinschaftsbad. Tel. 0412/4474997, €€

Tauchen

- Chichiriviche verfügt über eine der besten Tauchbuchten des Bundeslandes Vargas. Der Weltrekordler im Tiefseetauchen ohne Sauerstoff, **Carlos Coste**, hat hier sein Trainingslager aufgeschlagen. Kurse für Anfänger und Profis, Ausrüstung kann vor Ort gemietet werden. Tel. 0412/4474997, *John* spricht deutsch, englisch und französisch.

DIE ZENTRALE KÜSTENREGION

La Guaira IV, B2

GPS: N 10°35.74, W 66°55.83

La Guaira ist eine der wichtigsten und historisch interessantesten Städte im Litoral und außerdem die **Hauptstadt des Bundeslandes Vargas.**

Als La Guaira am 29. Juni 1589 durch *Don Diego de Osorio* gegründet wurde, war das Litoral vorwiegend von Indianern des Stammes Arawak bewohnt. Der Hafen war schon zu jener Zeit einer mit dem besten Zugang vom Meer her. Heute ist La Guaira der **wichtigste Hafen von Venezuela.** Ob Passagier-, Fracht- oder Marineschiffe, hier trifft sich alles. An Wochenenden kommen Tausende von Städtern aus Caracas und bevölkern die Küstenregion. Der Tourismus ist eine wichtige Einnahmequelle geworden, für den ausländischen Touristen gibt es aber wesentlich schönere Strände an andern Orten zu besuchen. Obschon La Guaira von der Naturkatastrophe 1999 in Mitleidenschaft gezogen wurde, kann man immer noch alte Straßen, typische Kolonialhäuser und die **Festungen El Vigía** und **La Pólvora** bewundern.

- **Hafenbehörde: Capitanía de Puerto La Guaira,** Tel. 3326148, 3327985.

Macuto V, C2

GPS: N 10°36.52, W 66°52.95

Macutos Geschichte geht auf das Jahr 1883 zurück, als an der Stelle des heutigen Ortes bloß ein Haus stand, welches *Juan Sanoja* gehörte. Der ehemalige Präsident *Guzmán Blanco* ließ auf diesem Grundstück die Iglesia Católica de Macuto erstellen. Als Architekt war *Pedro Carlos Bretón* tätig, die Kirche wurde 1954 geweiht.

- **Vorwahl:** 0212

Unterkunft

- **Olé Caribe,** etwas oberhalb von Macuto mit weitem Blick auf das Meer, großzügiger Pool und Kinderbecken im Palmengarten, Tennis und Squash, Spa, 2 Restaurants und eine gut besuchte Tasca, häufig ausgebucht, da hier viele Fluglinien ihre Mannschaft unterbringen, ÜF, KK. Av. Intercomunal, El Playón, Macuto, Tel. 6202000, 21160000, Fax 6202060, www.hotelolecaribe.com, €€€€
- **Hotel Las Quince Letras,** Restaurant, Pool, 80 komfortable Zimmer mit Blick aufs Meer, genießt bei den Fluglinien einen guten Ruf, KK. Av. La Playa, Tel. 4151111, 5147415, 5147315, Fax 2198801, www.quinceletras.com, €€€€
- **Hotel Eduard's and Suites,** hohes Hotel mit 106 Suiten in verschiedenen Größen, Pool, Café und sehr angenehmes Restaurant Aquarium mit vielen Leckereien aus dem Meer, gehobene Preisklasse, Internet, Shops. Av. La Playa c/ C. 1, Urb. Alamo, Tel. 2116000, 2116012, Fax 2116150, www.hoteleduards.net, €€€€
- **Posada del Hidalgo,** mehr ein Hotel als eine Posada, freundlich, meist ausgebucht, gutes spanisches Restaurant mit abwechslungsreicher Speisekarte, Gartenterrasse, Parkplatz, KK. Av. La Playa, Urb. Alamo, Finca Los Carriles, Tel. 4148460, 4147991, Fax 5147515, www.laposadadelhidalgo.com, €€€
- **Hotel Santiago,** ein wenig in die Jahre gekommenes Hotel, das immer sehr gut besucht ist, schöne Dachterrasse mit Schwimmbad, Parkplatz, Wäscherei, Taxi, aber das Beste am Hotel ist das Restaurant. Av. La Playa, Urb. Alamo, Tel. 2133500, Fax 2133510, www.hotelsantiago.com.ve, €€€
- **Hotel Riviera,** mit Restaurant. Am Ende der C. San Bartolomé, Tel. 3392763, €€

Essen und Trinken

- Die spanischen Restaurants der **Hotels Santiago** und **Posada del Hidalgo** sind immer gut besucht und gelten in der weiten Umgebung als etwas ganz Besonderes. An Wochenenden mit Live-Musik. Gegenüber vom Hotel Santiago stehen Tische **direkt am Malecón,** wo man einen ruhigen Abend an der frischen Luft verbringen kann. Gehobene Preisklasse.
- Gegenüber dem Hotel Las Quince Letras befinden sich die Restaurants **La Iguana** (Tel. 3345352, KK) und **Cristal Mar** (Tel. 3933489, KK), beide mit typischem Essen.

Carabellada, Tanaguarena und Naiguatá   V, C2

Carabellada, GPS: N 10°36.84, W 66°51.03; **Tanaguarena, GPS:** N 10° 36.66, W 66°49.37; **Naiguatá, GPS:** N 10°37.24, W 66°44.38

Carabellada und das benachbarte bzw. in Carabellada übergehende **Tanaguarena** waren in früheren Zeiten einmal wichtige Orte im Bundesland Vargas. Doch viele Bürger, unzufrieden mit der lokalen Politik und Entwicklung, verließen den Platz. Beide Orte wurden während der Unwetter von 1999 zu großen Teilen zerstört und nur teilweise wieder aufgebaut.

Naiguatá war ein Häuptling der Arawak-Indianer und wehrte sich lange Zeit standhaft gegen die Kolonialisierung durch die Spanier. Sowohl der Pico Naiguatá als auch die heutige Ortschaft tragen seinen Namen. Der Häuptling soll bärenstark gewesen sein und auf seine Art romantisch. Er liebte es, alleine zu sein und sich mit seinen über alles geliebten Möwen (*gaviotas*) zu beschäftigen. Als die Spanier ankamen, war ihre Beziehung zum Häuptling zunächst intakt. Das änderte sich an dem Tage, als ein Spanier einen der Vögel tötete. Der Häuptling war außer sich und verlangte Rache. Er machte sich auf den Weg, um den „Mörder" des Vogels umzubringen, als plötzlich ein großer Schwarm Möwen über ihn flog. *Naiguatá* deutete dies als Vergebung der Vögel für den Täter und ließ den Vogelmörder am Leben.

12 km östlich von Caralleda gelegen, ist das einstige Fischerdorf Naiguatá heute mit den üblichen Hochhäusern zugebaut. Sehr belebt ist der wenig attraktive Sandstrand des Ortes.

- **Vorwahl:** 0212

An- und Abreise

Von Caracas fahren ab der Av. Sucre und der Metrostation „Gato Negro" ständig **Por Puestos und Kleinbusse** in diese Ortschaften. Entlang der Uferstraße, der Av. Principal, die sich über das gesamte Litoral hinzieht, verkehren ganztägig Por Puestos im Minutentakt, sodass man ganz einfach vom einen in den anderen Ort gelangt. Je weiter östlich man kommt, umso rarer werden die Busse.

Unterkunft

- **Posada Costa Real,** 12 superschicke Suiten mit ganz besonderem Service, gutes Essen, sehr gutes Preis-Leistungsverhältnis, Pool, nur mit rechtzeitiger Reservierung. 2 Blocks von der Hauptstraße, Tel. 0294/3317297, www.parianatours.com/hotels/costareal.php, €€€

Essen und Trinken

- **Da Remo,** kleine Pizzeria, in der auch Nudelgerichte und leckere Desserts zubereitet werden, KK. Av. Circunvalación, Urb. Caribe, Carabellada, Tel. 4145627.

- **Brasa Mar,** einfaches Restaurant mit ganz simplen frischen Fischgerichten und einer Speisekarte, die nur 2 bis 3 Optionen aufweist, günstig. An der Hauptstraße, Tel. 9198825.
- **El Rey del pescado frito,** einfaches Lokal mit frischem Fisch und kaltem Bier, sehr authentisch. An der Landstraße zwischen Tanaguarenas und Naiguatá, nahe bei Carmen de Uria, kurz hinter der Brücke über den Río Uria.
- **Pizzarte,** Minipizzeria in der Ortsmitte von Tanaguarenas, lange Wartezeiten.

Von Los Caracas bis Higuerote

Nach Naiguatá ist es dann für längere Zeit mit der „Zivilisation" vorbei. Es folgt die ehemalige Arbeiter-Feriensiedlung Los Caracas, dann geht es auf **unwirtliches Gelände** zu.

Orte wie Las Monjas, Caruao und Chuspa werden unregelmäßig von geländegängigen **Por Puestos ab La Guaira** angefahren. Auf der Fahrt durch die gebirgige Landschaft gewinnt man rasch an Höhe und hat wunderschöne Aussichten auf die Küstenlandschaft.

Der erste Ort nach Los Caracas kommt nach 12 km auf einer neu betonierten Straße. **Osma** kann mit einem nahen Strand aufwarten, einer Krankenstation und ein paar Kneipen.

- An der Hauptstraße findet man die dreistöckige, monumentale **Posada de Max,** 34 einfache Doppelzimmer, Restaurant und Tasca. Tel./Fax 0212/3833878 und 3110312, €

Auf der Weiterfahrt erreicht man **Las Monjas, Oritapo** und **Todasana,** gepflegte, überwiegend von Schwarzen bewohnte Dörfer.

- In Todasana gibt es schon seit Urzeiten das **Hotel Egua,** 25 schlichte Zimmer und einige Bungalows, eine großzügige Churuata lädt zum Entspannen ein. Tel. 0414/2453118 und 0412/6130360, €€

Wenige Kilometer weiter ist der schöne Strand **Playa Larga** zu finden, der allerdings einen kräftigen Wellengang und gefährliche Strömungen aufweist. Der nächste Ort **Caruao** wirkt freundlich und nett, einige sehr einfache Restaurants laden zum Essen ein.

Die neu betonierte Straße führt bis zu der größten Siedlung der Gegend, dem Küstenort **Chuspa.** Der Ort liegt einige 100 m von der Straße zurückgesetzt, direkt am Meer und wird ausschließlich von Schwarzen bevölkert. Hier befinden sich einige sehr einfache Unterkünfte, wie zum Beispiel die Posada Mi Bohio, in der Zimmer mit Gemeinschaftsbad vermietet werden.

Für die **Weiterfahrt nach Higuerote** ist ein gutes Geländefahrzeug notwendig. Schon bei kleineren Niederschlägen verwandelt sich die unbefestigte Straße in ein Schlammmeer, Bäche sind zu durchkreuzen und steile Hänge zu erklimmen. Öffentlichen Transport gibt es nur unregelmäßig, am ehesten ganz früh am Morgen.

Higuerote

↗ V, C2

GPS: N 10°29.28, W 66°06.08

Higuerote, erstmals 1515 erwähnt, wurde damals von einem Indianerstamm bewohnt, dessen Häuptling *Igoroto* dem Ort seinen Namen gab. Dass man seinerzeit auf den Kakaoplantagen viele Sklaven brauchte, ist heute noch gut sichtbar, ein Großteil der Bevölkerung ist schwarzer Hautfarbe. In den 1940er Jahren begann man mit dem Bau der **Strand- und Hafenanlagen,** Higuerote entwickelte sich zu einem der größten Urlaubszentren im Großraum Caracas. Es gibt zahlreiche Ferienwohnungen und ein ansehnliches Wassersportangebot.

Higuerote hat etwas über **20.000 Einwohner,** liegt direkt an der karibischen Küste auf Meeresniveau, das Klima ist tropisch-heiß mit einer Durchschnittstemperatur von 29°C. Etwas über 100 km von Caracas entfernt, stellt das Städtchen nach dem Litoral das nächste Strandgebiet für die Großstädter dar. Higuerote ist über eine neue Autobahn sehr gut erreichbar, die Strecke entlang der Küste über Chuspa ist nur mit vierradgetriebenen Fahrzeugen möglich.

Die schöne **Kirche San José de Barlovento** wurde 1932 fertiggestellt, ihr Baustil kann als Barock bezeichnet werden. Sie befindet sich in der C. Bolívar c/ C. Sucre.

Am Wochenende sind die Strände und Naherholungsgebiete in der Nähe der Hauptstadt meist überfüllt, alle erschwinglichen Unterkunftsmöglichkeiten sind dann ausgebucht. Daher wird unbedingt eine rechtzeitige Reservierung empfohlen. Unter der Woche erscheinen die Orte dann teilweise wie Geisterstädte, und einige Posadas sowie Restaurants sind dann ganz geschlossen. Das gilt für die ganze Küste von Barlovento.

An- und Abreise

Busse und Por Puestos

Mehrmals täglich verkehren Busse und Sammeltaxis von Higuerote nach **Caracas** und umgekehrt. Es gibt keinen festen Fahrplan, die Vehikel fahren ab, wenn sie voll sind. Wer von Caracas nach Higuerote fahren will, muss in Caracas zum Busbahnhof Nuevo Circo gehen.

Touristeninformation

● **Modulo Corporación Mirandina de Turismo,** CC Flamingo, 1. Stock, am Ortseingang von Higuerote, Tel. 2324661.

Unterkunft

Posadas

● **Posada Villa Golefa,** familiäre Posada mit kleinem Pool. C. Leo, außerhalb, am Hauptstrand von Higuerote an der Straße noch Carenero, Tel. 3232610, 0416/8045908, €€
● **Posada El Palmar,** sehr einfach und nicht besonders gepflegt. C. La Iglesia, neben der Guardia Nacional, Tel. 3230382, €€

Hotels

● **Hotel & Resort Fiesta Inn Aguasal******, Zimmer mit allem Komfort, Restaurant und Pool, KK. Urb. Aguasal, vía Aeropuerto, Tel. 0800/4683537, 0212/5750866 und 0414/3205859, www.aguasal.com, €€€€
● **Hotel Aguamarina*****, großes, modernes und empfehlenswertes Hotel mit verschiedenen Pools und vielen netten Details, KK. Vía

Carenero, Tel. 2633823, Fax 3236533, www.hotelaguamarina.com.ve, €€€€
● **Hotel Barlovento***, einfache und saubere Zimmer. Av. Barlovento, Tel. 3235678 und 3236525, Fax 3237329, €€€

Essen und Trinken

● **Pizzeria Seba,** Av. Andrés Eloy Blanco.
● **El Rancho de Pancha Duarte,** gute nationale Gerichte. Av. Barlovento, Tel. 5146258.
● **Bohío Puerto Francés,** nationale und Gerichte aus aller Welt. Playa Puerto Francés, Tel. 8083017.

Praktische Infos

● **Vorwahl:** 0234
● **Flughafen,** es gibt zwar eine kleine Landebahn, aber keine kommerziellen Flüge. Hier befindet sich aber die bereits im Sportteil dieses Reiseführers beschriebene **Fallschirmspringerschule Skydivers.** Wer den Mut aufbringt, kann hier einen Tandemsprung mitmachen (ca. 150 Euro) oder einen kompletten Kurs mit 10 Sprüngen absolvieren (ca. 800 Euro). Es gibt preiswerte Unterkunft vor Ort. Tel. 3233265 und 0414/1089005, www.skydivevenezuela.com.
● **Geld: Banco Mercantil,** Av. 3, Edf. Anya D, Planta Lagoven, Tel. 3231525, 3231224.
● **Krankenhaus: Centro de Especialidades Médicas,** Tel. 8508064, KK.
● **Kriminalpolizei: CICPC,** Tel. 3230925.
● **Post: Ipostel,** Av. Andrés Eloy Blanco, CC Centinela.
● **Taxi Brion,** Tel. 3232251.

Ausflüge

Nördlich liegen in kurzer Distanz ein paar schöne Strände wie am **Cabo Codera** (sehr starke Brandung), bei **Los Totumos** und in der **Bahía de Buche.**

10 km westlich von Higuerote, in **Curiepe,** befindet sich das Zentrum der **Fiestas de San Juan,** welche hier jährlich ab dem 23. Juni zelebriert werden. Musiziert wird vor allem mit Trommeln, eine Tradition von den Schwarzen aus Afrika begründet.

Fährt man 15 km weiter, erreicht man den Ort **Birongo** mit einer herrlichen Sicht auf die Karibik. Dort leben Magier, die bekannt sind für Zukunftsdeutungen oder die Herstellung von Elixieren für alle Lebenssituationen.

Von Caucagua kommend kann man 14 km vor Higuerote nach rechts abbiegen und erreicht die Ortschaft **Tacarigua de Mamporal.** Weiter geht's nach **Río Chico.** Hier kann man übernachten:

● **Hotel Coma y Comentela,** mit Restaurant, nett. C. Libertad c/ C. Santa Elena, Tel. 0234/8724831, €€

Tacarigua de la Laguna V, C2

GPS: N 10°18.47, W 65°52.78

Weiter geht die Fahrt nach Tacarigua de La Laguna. Der Ort liegt am Rande der **Laguna de Tacarigua,** eines **Nationalparks,** der für seinen Vogelreichtum berühmt ist. Die Lagune ist nur durch einen schmalen Sandstrand vom Meer getrennt, sie wird gern von Sportfischern aufgesucht. In der Ortschaft, entlang des Strandes, befinden sich zahlreiche kleine Fischrestaurants, die Regionalspezialitäten für wenig Geld anbieten, zum Beispiel die Restaurants El Oleaje und El Pelaito, beide direkt am Strand.

TACARIGUA DE LA LAGUNA

Um von Caracas nach Tacarigua de la Laguna zu gelangen, muss man ein **Por Puesto bis Río Chico** nutzen, diese fahren am alten Busbahnhof Nuevo Circo ab und kosten knapp 2 Euro. In Río Chico sucht man dann am Plaza Bolívar die Por Puestos nach Tacarigua de la Laguna, die etwa 50 Cent kosten sollten.

●**Posada Villa Caño,** ganz am westlichen Ende des Ortes in der C. Apamate, einen Straßenzug vom Strand entfernt, Tel. 0234/5146602, die Posada hat keinen Namen angeschrieben, man muss im Ort nachfragen, Küchenbenutzung ist möglich, €€€

Nahe des Fischerdorfs kann man sich im Boot zu einer inmitten des Nationalparks gelegenen Posada, der **Tortuga Lodge** (früher als Club Miami bekannt), übersetzen lassen. Die Lodge liegt an einem kilometerlangen einsamen Sandstrand mit kräftigem Wellengang jenseits der Lagunenöffnung zum Meer.

●**Tortuga Lodge,** Reservierung Tel. 9022202 und 7156561, in der Lodge 0234/5110144 und 0414/9361426. Die Übernachtung in stilvollen Bungalows in einem großzügigen, gepflegten Palmenhain wird nur mit Vollpension angeboten, €€€. Der Transport zum Hotel kommt mit ca. 10 Euro pro Boot dazu und wird von den Betreibern der Lodge organisiert. Wer ein eigenes Auto hat, kann das sicher in einem geschlossenen Gelände neben der INPARQUES-Station in Tacarigua de la Laguna, Barrío Belen, stehen lassen.

Die Einschiffung zur Lodge findet in Belen statt; man muss auf Grund der Gesetze des Nationalparks vor 17.30 Uhr starten. Optional werden von der Lodge **Bootstouren in den Nationalpark** angeboten; eine Tour von etwa 2 Std. kostet zwischen 10 und 20 Euro. Besonders interessant ist es, wenn am späten Nachmittag die zahlreichen Vögel zu ihren Nistplätzen zurückkehren.

Man kann die Tortuga Lodge auch als **Tagesausflug** besuchen und z.B. in der günstigeren Posada Villa Caño in Tacarigua übernachten und dann über den Tag an den Strand und zur Lodge fahren (2 Strandstühle und ein Schattendach kosten rund 10 Euro am Tag).

24 km südlich von Río Chico kommt man bei El Guapo auf die Autopista 9, die von Caracas bis nach Paria führt.

Bootsfahrt in der Laguna de Tacarigua

220 Der Nordosten

Der Nordosten

Felsküste bei Carúpano

Jungfrauenkult im Golf von Cariaco

Sandspiele am Playa Medina

Überblick

Die Küsten im Osten von Venezuela reichen bis zur Halbinsel Paria. Durch die **Cordillera de la Costa** weist diese Gegend eine sehr interessante und **abwechslungsreiche Landschaft** auf. Die zahlreichen Berge und Hügel des Hinterlandes bekommen viele Niederschläge und das führt zu einer herrlich grünen tropischen Vegetation, die unheimlich vielfältig ist. Von den Bergen hat man teils traumhafte Ausblicke auf die Küste, das Meer und schöne Buchten. Die **Strände** im Bundesland Sucre können zu den attraktivsten des Landes gezählt werden, wie der palmengesäumte Playa Medina. Im Barlovento und im Bundesland Sucre wird seit Jahrhunderten **Kakao** angebaut, welcher weltweit als Spitzenprodukt gilt.

Südlich des Küstengebietes und der Cordillera findet man die weiten und flachen Landstriche der **oberen Llanos.** Seit Generationen wird hier Viehzucht betrieben, das weltweit beste Rindfleisch kommt aus diesem Gebiet, die Bewohner werden nicht selten als „Cowboys von Venezuela" bezeichnet. Die wichtigste Einnahmequelle ist aber mittlerweile das **Erdöl,** vor allem in der Umgebung von Maturín, El Tigre und Anaco lebt der Großteil der Bevölkerung vom „schwarzen Gold". Alleine in dieser Gegend werden an die 30% des gesamten venezolanischen Erdöls gefördert.

Der Nordosten weist eine hervorragende **Infrastruktur** auf, sowohl im Landesinneren wie auch in den meist gut erschlossenen Küstenbereichen. Das Straßennetz ist dicht und befinden sich in relativ gutem Zustand. Das

Orinoco-Delta und weite Teile der Paria-Halbinsel hingegen sind nur über schwer zugängliche Pisten oder mit Booten erreichbar – es handelt sich um urtümliche Landschaften, deren Besuch fast noch Expeditionscharakter hat. Nur ganz wenige Touristen kommen in diese einmaligen Gegenden: Sie sind für die einheimischen Fischer eine Attraktion und werden begafft.

Für den Strandurlauber von großem Interesse sind die Strände des Mochima-Nationalparks in und um Puerto La Cruz und Cumaná sowie die Sandstrände bei Carúpano und weiter östlich auf der Paria-Halbinsel. Diese traditionellen **Badeorte** sind gut mit dem Flugzeug über Barcelona, Cumaná oder Carúpano erreichbar oder mit dem Bus über die Troncal 9. Diese Straße führt meist an der Küste entlang, die Fahrzeit für die gut 400 km beträgt 6–7 Stunden.

Filmtipp

Es gibt einen wunderschönen Film über eine Reise in den Osten von Venezuela: „**Venezuelas Wilder Osten.** Als Rucksacktourist unterwegs von der Halbinsel Paria ins Orinoco-Delta und zum höchsten Wasserfall der Erde." Eine DVD für Praktiker. Kompakt, informativ und mit dem Blick für Details beschreibt der Filmemacher die zehntägige Tour. Zu bestellen unter www.venezuela-film-dvd.de oder Tel. 07541/584572.

Von Caracas nach Barcelona

Um in Richtung Osten zu gelangen, verlässt man die Hauptstadt über die **Autopista Francisco Fajardo.** Man fährt zuerst in Richtung Petare und folgt dann den Wegweisern nach „Guarenas" und „Barcelona". Die moderne und gute Autobahn (Autopista de Oriente) führt an den Trabantenstädten von Guarenas und Guatire vorbei. Nach rund 70 km Fahrt verlässt man bei **Caucagua** die Autobahn, die noch bis Higuerote (siehe Kapitel „Caracas und Umgebung") weiterführt. Die Weiterfahrt von Caucagua durch das Kakaoland Barlovento ist weitgehend unproblematisch, die Straßen sind in relativ gutem Zustand. Die Vegetation ist üppig grün, am Wegesrand gibt es häufig Verkaufsstände, wo man eine Kleinigkeit essen oder den Durst löschen kann. Die typischen Spezialitäten sind die Maisfladen *cachapas,* gebratenes Schwein *(cochino frito),* gemischter Grill *(parilla),* serviert mit dem Fladenbrot aus Maniok *(casabe).*

31 km nach **El Guapo** befinden sich eine Tankstelle, ein Bushaltepunkt und ein Posten der Guardia Nacional.

In **Boca de Uchire** (GPS: N 10°07.84, W 65°25.65) verlässt man das Bundesland Miranda und kommt nach Anzoátegui. Die Strecke von Píritu zur Halbinsel Paria wird als „Ruta del Sol", die Sonnenroute, angepriesen. Sie führt weitgehend parallel zur Küste und ermöglicht den Zugang zu einigen der schönsten Strände Venezuelas. Bei Boca de Uchire gibt es eine Weggabelung. Hält man sich linker Hand, kommt man in den Ort und an den Strand. Folgt man dieser Straße parallel zum Meer, erreicht man über einen schmalen Sandstreifen, der das Meer von der Lagune trennt, nach 23 km das kleine Fischerdorf **El Hatillo**. Der gesamte Sandstrand auf dieser Strecke hat eine kräftige Brandung und wird übers Wochenende von Besuchern aus Caracas überlaufen, unter der Woche erinnern die Siedlungen an Geisterdörfer. Es gibt leckere, preiswerte Garnelen und Fisch.

Die Autopista 9 führt über einen kleinen Bogen ins Landesinnere. Die zwei Straßen umfassen die **Laguna de Unare**, die als Fisch- und Vogelparadies gilt; man kann sie mit einem Fischerboot erkunden. Am Strand findet man einige nette Posadas mit direktem Strandzugang. Wenn man nicht im Mietwagen unterwegs ist, dann muss man in Boca de Uchire den Bus verlassen und mit einem Taxi zur gewünschten Unterkunft fahren. Es empfiehlt sich zu reservieren. Die Posadas sind am Wochenende meist hoffnungslos überfüllt, unter der Woche liegen sie verlassen da, niemand öffnet die Tür.

Unterkunft an der Laguna de Unare:

●**Posada Sol, Luna y Estrellas,** sehr nette Zimmer in einer schön gestalteten Posada. Viele Details und Balkon mit herrlichem Blick aufs Meer. Vollpension. Tel. 0281/4182395, posada_sol_luna_y_estrellas@hotmail.com, €€€€

●**Posada Piti Say,** kleine, sehr gepflegte Bungalows für max. 2 Personen. Die Posada verfügt über eine kleine Bar. Am Ausgang von Boca de Uchire in Richtung El Hatillo, Tel. 0281/5351253, posadapitisay@hotmail.com, €€€

●**Posada Mary,** kleine, aber sehr geschmackvoll eingerichtete Zimmer, die Posada befindet sich links neben der Posada Piti Say und hat ebenfalls direkten Zugang zum Meer. Sonnendach am Strand. Tel. 0281/5351130, posadademary@yahoo.com, €€€

●**Posada Oro Verde,** nette Zimmer in schöner Posada, zwischen Boca de Uchire und El Hatillo gelegen. Sonnendächer am Strand, ein kleines Pool für Kinder und ein Minizoo gehören zur Anlage. Vollpension. Tel. 0212/9798957 und 9799086, www.posadaoroverde.com, €€€

●Neben diesen Posadas findet man noch eine stattliche Anzahl weiterer Unterkünfte.

Essen und Trinken:

Fährt man von Boca de Uchire weiter Richtung Osten, so findet man links und rechts der Straße immer wieder kleine Restaurants, die vorwiegend Fische und Meeresfrüchte anbieten, aber auch Käsespezialitäten aus der Gegend. Direkt in Boca de Uchire ist das Trucker-Restaurant **Ruta del Sol** empfehlenswert, im direkt gegenüber liegenden **Pa'que Luis** werden anständige Portionen zu fairen Preisen gereicht. Ein äußerst populäres und sehr gut besuchtes Restaurant findet man etwas weiter östlich, direkt an der Hauptstraße, das Restaurant **El Caney de Acapulco**.

Ungefähr 1 km südlich der Hauptstraße, an den Ufern des Río Unare, liegt die kleine Stadt **Clarines**. Die Kirche des Ortes zählt zu den bedeutendsten kolonialen Sakralbauten von Venezuela. Wie vielerorts ist auch diese Kirche festungsähnlich erbaut worden, ihr Gründungsjahr soll 1760 sein. Die Kirche weist einen kreuzförmigen Grundriss auf, wie sonst in Venezuela nur die Kirchen von Coro und San Miguel bei Trujillo. Ein dreistufiger Altaraufsatz füllt die Aspis aus. Für Liebhaber von Kirchenkunst ist das ein lohnendes Ziel. Auch ein historisches Museum hält Clarines bereit.

Jährlich feiert man im Städtchen am 13. Juni das **Fest zu Ehren des Santo Patrono de los Pobres,** das Fest für den heiligen Schutzpatron der Armen. Es beginnt im Morgengrauen und endet erst tief in der Nacht.

16 km von Clarines entfernt befindet sich in **Píritu** eine weitere Kirche von ähnlicher Schönheit. Píritu war seit 1665 Sitz des Franziskanerordens. Von hier aus wurden 29 Missionen im Osten des Landes gegründet.

Puerto Píritu V, D2

GPS: N 10°03.72, W 65°02.71

Fährt man von Píritu an die Küste, so findet sich direkt am Meer gelegen der Ort Puerto Píritu. Der Name geht auf den Indianerstamm Píritu zurück, der in früheren Zeiten hier von Salz und Fischfang gelebt hat. Nichtindianer bevölkerten den Ort vom 15. Jh. an, vorwiegend Leute von der Isla Margarita. Sie legten den in jener Zeit immens wichtigen Hafen an, der Umschlagplatz für viele Produkte wurde. Waren aus den Llanos oder der Umgebung des Río Unare verließen hier das Festland. Weitere Bedeutung gewann der Ort ab 1652 mit der Ankunft des Franziskanerordens.

Heute lebt Puerto Píritu vom Tourismus, dem Fischfang, aber auch von der nahen Erdölindustrie. Die Stadt wird von etwas mehr als **50.000 Einwohnern** bevölkert. Es gibt viele Kolonialhäuser zu besichtigen, zudem verfügt das Städtchen über einen recht schönen und langen **Sandstrand,** an dem viele Strandtraubenbäume Schatten spenden. Man kann preiswerte Bootsausflüge auf die nahen Inseln, liebevoll **Isletas** genannt, unternehmen. Diese der Küste vorgelagerten Inseln haben zwar keine Korallenriffe, dafür kristallklares Wasser und weiße Sandstrände.

Sehenswürdigkeiten

Iglesia Nuestra Señora de los Desamparados

Die Kirche am Plaza Bolívar wurde zum historischen **Nationalmonument** erklärt. Sie ist vor allem für ein Bild kolonialer Malkunst bekannt: Das Ölgemälde zeigt die *Nuestra Señora de los Desemperados*.

Iglesia Nuestra Señora de la Concepción

Diese Kirche, im Kolonialstil konstruiert, stammt aus dem 18. Jh. Sehenswert sind vor allem ihr Hauptaltar und die Seitenaltäre entlang der Schiffe. Die hier ausgestellten kunsthandwerklichen Arbeiten gelten als sehr wertvoll. Die Kirche befindet sich im Park Colinas.

Parque Colinas de Píritu

Dieser Park hat einen natürlichen Aussichtspunkt und ist ein schöner Ort, um zu entspannen. Es gibt ein Straßencafé, sanitäre Installationen, einen Parkplatz und einen Kinderspielplatz. Man kann hier die kleine Lagune **Pozo de los Españoles** sehen.

Unterkunft

● **Hotel Casacoima*****, ein wenig ungepflegt, gutes Restaurant, Pool und Parkplätze. Gute Lage unweit des Strandes. C. Unare, Sec. Santa Rosa, Tel. 4411512, Fax 4411970, €€€
● **Hotel Casa Grande****, einfache, saubere Zimmer, KK. Das Haus wirkt etwas heruntergekommen. Gegenüber liegt eine Pizzeria. Av. Fernando Peñalver, Tel. 4411650, €€

Essen und Trinken

● **Tasca de Manolo,** Spezialitäten sind hier natürlich Fischgerichte und Meeresfrüchte, aber manchmal bekommt man auch Kaninchen. Das Restaurant ist klimatisiert, am Wochenende spielt eine Liveband, man hat eine herrliche Sicht aufs Meer. Av. Fernández Padilla, Boulevard, Tel. 4188785, KK.
● **Don Pastelito,** *Alfredo,* der Inhaber, hat sich einen Namen mit seinen *pastelitos* gemacht, gefüllten Teigtaschen mit Champignons, Rinderfilet, Spinat mit Ricottakäse, um nur einige Varianten zu nennen. Das Restaurant ist nicht einfach zu finden, es liegt in der Nähe der C. Democracia, man nimmt am besten ein Taxi. Tel. 0414/8062013.
● **Comidas Mi Angel,** für alle Freunde der vegetarischen Küche: Suppen, Salatteller, Gemüse, Reis- und Teigwarengerichte. Urb. Campo Mar, Av. Principal, Tercera Transversal, Quinta Mi Angel, Tel. 4412945.

Praktische Infos

● **Vorwahl:** 0281
● **Krankenhaus: Centro de Salud,** Av. Peñalver, Tel. 4412211
● **Post: Ipostel,** C. Peñalver Nr. 5
● **Reisebüro: Mila Tours CA,** Av. Principal El Tejar de Píritu, CC Las Palmeras, Tel. 4411058 und 8085609
● **Taxi Puerto Píritu,** gegenüber des Plaza Bolívar, Tel. 4411791

Von Puerto Píritu sind es noch 45 km auf der Autobahn bis man Barcelona erreicht, die Hauptstadt des Bundeslandes Anzoátegui.

Barcelona und Puerto La Cruz ♫ VI, A2

Barcelona, GPS: N 10°08.21, W 64°41.16; **Puerto La Cruz, GPS:** N 10°13.22, W 64°38.25

Die zwei Städte sind sich die letzten Jahre so nahe gekommen, dass sie de facto zu einer verschmolzen sind, deswegen werden sie an dieser Stelle auch zusammen beschrieben. Mit den Stadtbereichen von Lechería und Guanta ist ein modernes Stadtgebilde entstanden, das über **700.000 Einwohnern** ein Zuhause bietet und eine wirtschaftliche Schlüsselrolle für die gesamte Ostregion des Landes spielt. Ursprünglich war Barcelona ein ruhiges Kolonialstädtchen, Puerto La Cruz ein beschaulicher Fischerort, bis im Jahr 1937 die **Ölförderung** in dieser Region der Ruhe ein jähes Ende bereitete. Die großen Raffinerien und petrochemischen Anlagen Complejo Petroquímico José Antonio Anzoátegui zwischen Píritu und Barcelona haben Wohlstand und Arbeitsplätze in die Region gebracht. Nachts erinnert der

Die Strandpromenade
von Puerto La Cruz

Atlas VI, Stadtpläne S. 230, 231   **BARCELONA UND PUERTO LA CRUZ**

Anblick des Industriekomplexes an die Szenerie aus einem alten Science-Fiction-Film.

Stadtgeschichte

Wie der Name vermuten lässt, wurde **Barcelona von Katalanen gegründet,** die den Ort nach ihrer Heimatstadt auf den Namen Nueva Barcelona del Cerro Santo tauften. Die Stadtgründung fand schon 1638 statt. Als Zusammenschluss mit einer weiteren katalanischen Siedlung wurde die Stadt 1671 dann vom Gouverneur von Cumaná 2 km südlich erneut gegründet.

Am 11. Juli 1811 schloss sich die Stadt nach einer Entscheidung des Stadtrates der Unabhängigkeitsbewegung an und proklamierte öffentlich ihre Unabhängigkeit von der spanischen Krone. Im selben Jahr verwandelte *Simón Bolívar* das Franziskanerkloster der Stadt in eine **Festung,** welche nach mehreren erfolgreich abgewehrten Attacken 1817 eingenommen und zerstört wurde. Die Ruinen sind heute noch als „Casa Fuerte" am Plaza Bolívar zu besichtigen. In einer Ecke des ehemaligen Konvents steht die Statue von *Eulalia Buroz,* dem Kommandanten der Festung, der sein Leben bei der letzten Schlacht verlor.

Puerto La Cruz hingegen fristete in der Kolonialzeit das Dasein eines unbedeutenden Fischernestes und hat sich erst nach der Entdeckung der Ölfelder aus seinem Dornröschenschlaf

Barcelona und Puerto La Cruz

wecken lassen. Dies dann umso heftiger, sodass ein unkontrolliertes Wachstum einsetzte. Einen zweiten Boom erlebte die Stadt in den 1960er Jahren als nationales Touristenziel, der Fährverkehr nach Margarita hat seinen Teil dazu beigetragen.

Zwischen den beiden Städten liegt noch eine weitere Stadt: **Lechería,** ursprünglich schon 1535 gegründet und schnell wieder aufgegeben, schreibt erst seit 1799 Geschichte, als auf dem Cerro El Morro die **Festung von Magdalena** zur Abwehr der häufigen Piratenangriffe fertiggestellt wurde. 1819 konnten die Freiheitskämpfer unter General *Rafael Urdaneta* den Spaniern die Festung entreißen. In der Mitte des 19. Jh. wurden die fruchtbaren Wiesen der Halbinsel bevorzugt für die Haltung von Ziegen für die Milchproduktion benutzt. Daher stammt auch der Name „Lechería" = Molkerei.

Lage

Barcelona liegt 320 km östlich von Caracas, 3 km von der Küste entfernt **am Ufer des Río Neverí.** 280 km südlich erreicht man bei Ciudad Bolívar den Orinoco. Wenn man die Stadt ostwärts verlässt, kommt man durch Lechería oder über zwei gut ausgebaute und hoffnungslos überlastete Schnellstraßen in das 14 km entfernte Puerto La Cruz. Von dort erreicht man nach 80 km entlang der landschaftlich reizvollen Küstenstraße Cumaná. Der Fährhafen für die Schiffe zur 100 km entfernten Isla Margarita befindet sich westlich am Paseo Colón. Der Hafen von Guanta östlich von Puerto La Cruz hat sich zu einem der wichtigsten Fracht- und Containerhäfen der Nation entwickelt.

Orientierung

Durch **Barcelona** fließt der Río Neverí, wobei sich die Innenstadt auf der westlichen Seite befindet. Drei Brücken überspannen den Fluss im Innenstadtbereich, eine weitere weit nördlich an der Hauptstraße nach Lechería. Die belebteste ist die schmale **Puente Boyaca** der Av. Miranda, die **Puente Bolívar** verbindet die Innenstadt mit den Wohngebieten östlich des Neverí. Über die **Puente Monagas** fließt der meiste Verkehr in Richtung Puerto La Cruz. Der Flughafen befindet sich gut erreichbar genau südlich der Stadt, nur 4,5 km vom Plaza Bolívar entfernt. Die wichtigste Straße in Barcelona ist die **Av. 5. de Julio,** die sich von Nord nach Süd durch die Stadt zieht und im Zentrum in eine Fußgängerzone verwandelt wurde. Rechts und links der Fußgängerzone sind die historischen Gassen zu finden, der Plaza Boyaca mit der Kathedrale befindet sich vier Straßenzüge nach Osten.

Nach Norden schließen sich an das Stadtgebiet von Barcelona sehr bald die Wohnviertel von **Lechería** an, gut erreichbar über die Av. Diego Bautista Urdaneta. Lechería ist von Wasser umgeben – westlich und nördlich mit langen Stränden, die das Naherholungsziel für die Städter der Umgebung darstellen –, östlich von Lechería, in Richtung Puerto La Cruz, erstreckt sich so weit das Auge reicht der gigantische **Complejo Turístico El Morro.** Das in den 1960er Jahren realisierte ehrgeizige Projekt stellt eine Nobelwohngegend dar, in der Kanäle fließen, sodass die Betuchten ihre Jacht vor der Haustüre festzurren können. Hier befinden sich die teuersten Hotels, der Golfplatz, die größten Einkaufszentren und Marinas.

Die wichtigste Orientierung vermittelt die **Strandpromenade von Puerto La Cruz,** der berühmte **Paseo Colón,** an dem sich das meiste Leben abspielt. Mittlerweile zur sechsspurigen Schnellstraße ausgebaut, befindet sich auf der einen Seite der schöne Strand, gegenüber die Einkaufszentren und Hotels. Parallel zum Paseo, vier Blocks vom Meer entfernt, ist die Haupteinkaufsstraße zu finden, die **Av. 5 de Julio.** Am nordöstlichen Ende des Stadtbereichs befinden sich die Marina und das 5-Sterne-Hotel Hesperia Puerto La Cruz mit Kasino. Die Verlängerung des Paseo führt in diese Richtung auf die Troncal 9 nach Cumaná und Carúpano. Südwestlich verläuft der Paseo zum Fährhafen und mit vielen Kurven und Abzweigungen, aber immer als Paseo Colón, bis nach Lechería.

Puerto La Cruz und Barcelona sind durch zwei Hauptverkehrsadern miteinander verbunden. Die **Av. Intercomunal** (wird umgetauft auf Av. Jorge Rodriguez; hier im Buch wird noch der jedermann geläufige Name verwendet) verbindet die zwei Zentren direkt miteinander, die **Via Alterna** stellt östlich der Städte, an der Universität beginnend, eine Verbindung her. Wer in Richtung Caracas muss, sollte sich unbedingt an letzteren Weg halten, da man so nicht die Innenstadt von Barcelona durchkreuzen muss.

Sehenswürdigkeiten

In Barcelona

In der C. Juncal am Plaza Boyacá hat im ältesten Gebäude von Barcelona das **Museo de Anzoátegui** (früher Museo de la Tradición) seinen Sitz. Das Gebäude wurde originalgetreu restauriert und präsentiert ein buntes Sammelsurium historischer Dokumente, alter Stadtpläne und indianischer Nutzgegenstände (geöffnet Mo bis Sa von 8–17 Uhr). In der Umgebung des **Plaza Boyacá** sind einige der kleinen Gassen für den Autoverkehr gesperrt worden; kleine Läden, Straßencafés und typische Restaurants der unteren Preisklasse sind hier zu finden.

Einen Häuserblock nördlich ist der **Plaza Rolando** zu finden. An dessen nördlicher Flanke befindet sich das nationale **Theater Juan Manuel Cajigal,** in dem regelmäßig internationale Festivals stattfinden.

Der **Markt** von Barcelona ist einen Besuch wert, da es sich um einen der wenigen typischen Märkte handelt, die noch geblieben sind. Man bekommt von Lebensmitteln über billige Kleidung auch Kunsthandwerk und Musikinstrumente.

In Puerto La Cruz

Natürlich der **Paseo Colón,** die Flaniermeile mit Hotels, Restaurants und Geschäften, Nachtklubs etc. auf der

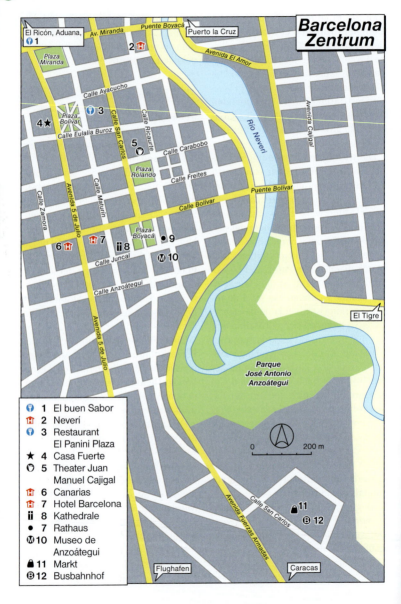

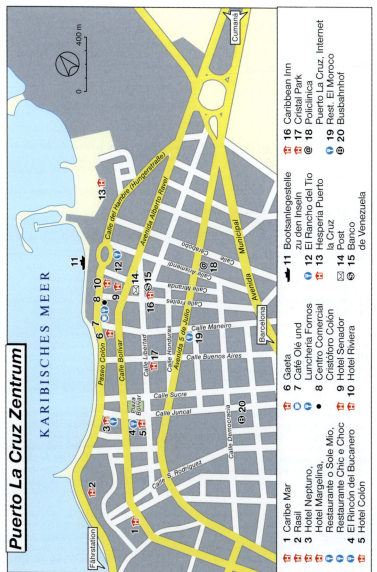

einen Seite und dem Meer auf der anderen. Straßenhändler bieten ihre Waren feil, man kann den Kindern elektrobetriebene Autos mieten. Hier trifft sich die ganze Stadt nach Feierabend, und bis tief in die Nacht herrscht reges Treiben.

Barcelona: An- und Abreise

Busse und Por Puestos

Der **Busbahnhof** befindet sich in der Av. San Carlos, neben dem Zentralmarkt.

- **Barcelona – Clarines – Boca de Uchire – Sabana de Uchire:** 4x täglich, 1,5 Std.
- **Barcelona – Puerto La Cruz – Cumaná:** Abfahrt stündlich, knapp 2 Std.
- **Barcelona – Puerto La Cruz – Cumaná – Carúpano:** 7x täglich, 4,5 Std.
- **Barcelona – Ciudad Bolívar – San Félix:** 3x täglich, ca. 5 Std.
- **Por Puestos nach Puerto La Cruz und Lechería** fahren ständig von der Av. 5 de Julio ab. Weitaus mehr Busverbindungen gibt es ab Puerto La Cruz und sind dort aufgeführt.

Flüge

Der **Flughafen José Antonio Anzoátegui** liegt im Süden der Stadt und ist über die Av. 5 de Julio zu erreichen, Tel. 2761546, www.aeropuertointernacionaldeoriente.com.ve.

Die nationale Ausreisesteuer muss getrennt vom Flugticket an einem Sonderschalter bezahlt werden und beträgt ca. 4 Euro. Der Flughafen verfügt über eine **Touristeninformation,** wo man Stadtpläne und Informationsmaterial beziehen kann. Im 1. Stock des Flughafengebäudes findet man zwei Restaurants und ein paar Reisebüros, z.B. **Agencia de Viaje Zumaque,** Mo bis Sa 5–19.30 Uhr, So 7.30–12 und 14–19 Uhr, KK.

Fluglinien:
- **Aserca,** Flüge nach Maturín, Caracas direkt, nach Puerto Ordaz und Maracaibo mit Umsteigen. Tel. 2741240, 2762555, Fax 2761240.
- **Aeropostal,** Flüge nach Maturín, Caracas, Valencia, Porlamar und Maracaibo. Tel. 2677847 und 2774965.
- **Avior,** Flüge nach Puerto Ordaz, Caracas und Porlamar. Tel. 2749545 und 2748234.
- **Rutaca,** Flüge nach Porlamar. Tel. 2767090 und 2768914.

Touristeninformation in Barcelona

- **Corporacíon de Turismo del Estado Anzoátegui (Coranztur),** Av. 5 de Julio, Palacio del Gobierno, c/ C. Las Flores, Erdgeschoss, Tel. 2750474.
- **Centro de Información Coranztour,** Plaza Rolando, Tel. 2777110.

Unterkunft in Barcelona

Normalerweise ist Barcelona nicht geeignet für eine Übernachtung – es empfiehlt sich ein anständiges Hotel in Puerto La Cruz (s.u.). Nur falls man sehr früh am Morgen einen Flug nehmen muss, sollte man eine Übernachtung hier in Betracht ziehen.

- **Hotel El Dorado Suites***,** 111 schöne Zimmer, dabei nicht übermäßig teuer, weit außerhalb der Stadt (zum Flughafen günstig), mit Restaurant, Pool, Bar und Parkplätzen, Internet. Gutes Preis-Leistungsverhältnis, KK. Av. Principal de Mesones, Tel. 2749527 und 2749547, €€€
- **Hotel Barcelona***,** 50 einfache Zimmer mit Klimaanlage, Kabelfernsehen, Parkplätze. Av. 5 de Julio, Tel. 2771065, €€€
- **Hotel Oviana**,** sehr einfaches Hotel mit Pizzeria, Parkplatz. Am Ende der Av. Caracas (gegenüber vom Centro Médico Zambrano), Tel. 2764147, €€
- **Hotel Neveri**,** nichts Besonderes, aber billig, 28 Zimmer, Restaurant, Av. Fuerzas Armadas c/ Av. Miranda, Tel. 2772576 und 2776402, olgasandes@hotmail.com, €€
- **Hotel Canarias,** für bescheidene Ansprüche ausreichend, 26 Zimmer, gegenüber vom Hotel Barcelona, C. Bolívar Nr. 5-113, Tel. 2771034, €

Atlas VI, Stadtpläne S. 230, 231 **BARCELONA UND PUERTO LA CRUZ** 233

Essen und Trinken in Barcelona

- **Las Tres Tapias,** landestypische Küche (*comida criollo*) der gehobenen Preisklasse, KK. Av. Intercomunal, 50 m von der Puente Monagas entfernt.
- **Restaurante El Río,** Schnellrestaurant für landestypische Küche. 100 m von der Fachhochschule an der Av. Intercomunal.
- **Il Ristoro,** italienisches Restaurant mit Pizza- und Spaghettispezialitäten, KK. Av. Intercomunal, im Einkaufszentrum Colonia, Tel. 2764166.
- **El Buen Sabor,** Schnellrestaurant mit gegrillten Hähnchen. Av. Miranda, gegenüber des Plaza Miranda.
- **El Patio Español,** spanische Küche, gehobenes Preisniveau, KK. Av. Intercomunal, im Einkaufszentrum Profesional, Las Garzas.
- **El Panini Plaza,** italienische und internationale Küche. C. Maturín, beim Plaza Bolívar.

Zu den Spezialitäten der Region gehört der **Hervido Barcelonés,** ein leckerer Eintopf.

Barcelona: Praktische Infos

- **Vorwahl:** 0281

Autovermietung (am Flughafen)

- **Aco Rent a Car,** Tel. 0800/7368226 und 2759301. Mo bis Fr 7–20 Uhr und Sa/So 7–15 Uhr, KK.
- **Avis,** Tel. 2763678, 7–20 Uhr, KK.
- **Budget,** Tel. 2771325, Fax 2774812, täglich 6–20 Uhr, KK.
- **Executivos,** Tel. 2740527, tägl. 5–21 Uhr, KK.
- **Hertz,** Tel. 2774334, 2770855, Mo bis Fr 6–20 Uhr, Sa/So 8–12 und 14–18 Uhr, KK.
- **Islamar,** Tel. 2740602, tägl. 7–20 Uhr, KK.

Fest

- **Mai, Velorío de la Cruz de Mayo,** diese Zeremonie beginnt jedes Jahr am 3. Mai und dauert den ganzen Monat. Es ist die Zeit, in der man seine Versprechungen einlösen sollte, der Hauptgrund der Feierlichkeiten ist es aber, sich zu amüsieren. Kreuze werden mit Blumen und bunten Papierschnitzeln geschmückt, von frühmorgens bis spätnachts wird in Salons, Gärten oder Parks gefeiert. Die Musik kommt von der viersaitigen Mini-Gitarre (*cuatro*) und Rasseln aller Art.

Geldwechsel

- **Italcambio und Oficambio,** am Flughafen, täglich 5.30–19.30 Uhr.
- Es gibt mehrere **Geldautomaten** am Flughafen.
- **Geldwechsel in der Stadt,** in allen Filialen der Banken gibt es Geldautomaten, an welchen man mit Kredit- oder EC-Karte Geld abheben kann.

Krankenhaus

- **Centro Médico Zambrano,** Av. Caracas, drei Häuserblocks vom Casa Fuerte, Tel. 2701311, 2744951 und 5006196, KK.
- **Centro Médico Miranda,** Av. Miranda c/ Av. 5 de Julio, Tel. 2762796, KK.

Kriminalpolizei

- **DISIP,** Tel. 2761815 und 2761826.

Post

- **Ipostel,** die Post befindet sich in der C. Bolívar, Edf. Telecomunicación.

Taxis

- **Nueva Barcelona,** El Recreo, Tel. 2761490.
- **Taxi Aeropuerto,** am Flughafen, Tel. 2776609, 24 Std.

Puerto La Cruz: An- und Abreise

Busse

Den **Busbahnhof** findet man im Zentrum der Stadt und zwar an der Kreuzung der C. Juncal mit der C. Democracia. Man sollte den inneren, überwachten Teil des Terminals nicht verlassen, die Umgebung ist schmutzig und unsicher. Viele Busgesellschaften starten zu Zielen im ganzen Lande:

- **Expresos Caribe,** mit Luxusbussen mehrmals täglich nach El Tigre, Ciudad Bolívar,

Der Nordosten

San Félix, Puerto Ordaz, Santa Elena de Uairén, Boa Vista (Brasilien) und Manaus (Brasilien).
- **Expresos Los Llanos,** 5x täglich nach Caracas (ca. 6 Std.), 1x täglich nach Barquisimeto und Maracaibo, 2x täglich nach Carúpano (ca. 4 Std.).
- **Expresos del Mar,** 4x täglich nach Caracas, Maracay (8 Std.) und Valencia (ca. 9 Std.).
- **Expresos Flamingo,** 3x täglich Caracas – Barinas – San Cristóbal; 2x täglich Caracas – Mérida – El Vigia; 2x täglich Valencia – Maracaibo – Ciudad Ojeda. Nach Abfahrt im Terminal von Puerto La Cruz halten die Busse von Expresos Flamingo noch am Privatterminal von Peli-Express (s.u.).
- **Expresos Mérida,** 2x täglich nach Mérida.

Weitere **Busverbindungen mit kleineren Bussen:**
- **Puerto La Cruz – Barcelona – Píritu – Clarines:** 3x täglich.
- **Puerto La Cruz – Barcelona – Caracas:** 4x täglich
- **Puerto La Cruz – Barcelona – Valle de la Pascua – Maracay – Valencia:** 3x täglich.
- **Puerto La Cruz – Cumaná – Carúpano:** 5x täglich, ab Mittag.
- **Puerto La Cruz – Cumaná – Carúpano – Río Caribe – Güiria:** 2x täglich, am Nachmittag.
- **Puerto La Cruz – Maturín:** 3x täglich.
- **Puerto La Cruz – Barcelona – El Tigre – Ciudad Bolívar:** 3x täglich.

Por Puestos

- Vom Busterminal verkehren ständig Sammeltaxis zwischen Puerto La Cruz, Playa Colorado, Playa Santa Cruz bis Santa Fé bzw. Cumaná und Carúpano.
- Die Por Puestos nach **Los Altos de Sucre** sowie alle Langstrecken-Por Puestos fahren am zentralen Terminal ab; sobald der Wagen voll besetzt ist, geht es los. Regelmäßige Verbindungen bestehen nach Cumaná, Carúpano, Güiria, El Tigre, Ciudad Bolívar, Píritu und Caracas.
- Die Por Puestos in **Richtung Barcelona** fahren ständig ab an der Av. Intercomunal und der Av. 5 de Julio.
- Die Por Puestos nach **Pamatacualito** (Anlegeplatz der Boote zu den nächsten Stränden) starten ab der Av. 5 de Julio, gegenüber dem Markt der Straßenhändler.

Privatterminals

Da immer mehr Busgesellschaften ihre privaten Terminals aufbauen, ist es bei Ankunft manchmal nicht einfach zu wissen, von wo nun der Anschlussbus weiterfahren soll. Der Vorteil der privaten Terminals sind sicher Sauberkeit und Sicherheit, sie haben meistens mindestens eine Cafeteria und einen klimatisierten Wartesaal. In Puerto La Cruz gibt es verschiedene Privatterminals:
- **Aeroexpresos Ejecutivos,** die gut ausgestatteten und sicheren Autobusse fahren vom **Terminal Conferry** (am westlichen Ende des Paseo Colón) ab. Tel. 2678855, 2677955 und 2677501. Die Busse fahren nach **Caracas** (5x täglich), **Maracay/Valencia** (2x täglich), **Barquisimeto** (1x täglich, nachts).
- **Rodovias de Venezuela,** die komfortablen Reisebusse fahren vom Terminal von Rodovias de Venezuela ab. Es befindet sich in der Av. Intercomunal, Sec. Las Garzas, neben der Zentrale von Movistar, Tel. 2861510, 2865934 und 2862833. Das Terminal ist sauber und klimatisiert und verfügt über Toiletten und eine Taxilinie. Es wird eine kleine Abfahrtssteuer erhoben. Die Busse verkehren nach **Caracas** (6x täglich), **Valencia** (1x täglich), **Cumaná** (4x täglich), **Carúpano** (4x täglich).
- **Peli-Express,** dieses Busunternehmen verbindet 6x täglich mit **Caracas** und Anschluss nach Mérida. Das Terminal befindet sich in der Av. Intercomunal, etwa auf der Höhe des Hypermarktes Exito. An diesem Terminal halten auch die Busse der Linie Flamingo mit Zielen in Westvenezuela (s.o.).
- **Expresos Occidente,** die komfortablen Busse fahren vor allem Ziele in Westvenezuela an: Puerto La Cruz – **Barcelona – Caracas – Valencia** (2x täglich), Puerto La Cruz – **San**

Überschaubar:
der Flughafen von Barcelona

BARCELONA UND PUERTO LA CRUZ

Félix – **Santa Elena de Uairén** (2x täglich), Puerto La Cruz – **Punto Fijo – Maracaibo** (2x täglich), Puerto La Cruz – **Barquisimeto – Valera** (1x täglich).

Fähren zur Isla Margarita

Consolidada de Ferrys (Conferry)

Die Fährstation befindet sich am westlichen Ende des Paseo Colón. Die Strecke von Puerto La Cruz nach Punta de Piedras auf Margarita wird mit zwei Typen von Fährschiffen bedient: einerseits mit dem **Ferry Tradicional,** einem normalen Autofährschiff, welches für die Überfahrt 4–5 Stunden braucht, andererseits mit dem **Ferry Express.** Diese Autofähre ist viel schneller als die herkömmliche – und kostet beinahe das Doppelte. Beide Fährtypen fahren normalerweise 2x täglich zu manchmal erst kurzfristig bekannt gegebenen Abfahrtszeiten. Diese werden in der Regel dann sehr genau eingehalten. Sinnvollerweise ruft man vorher noch mal an oder schaut im Internet nach und kauft sich die Tickets bereits einen Tag vorher. Lange Warteschlangen am Schalter sind keine Seltenheit. Man muss beim Fahrkartenkauf den Pass vorweisen können und eine Kopie davon abgeben. Das Terminal verfügt über ein Telekommunikationszentrum mit Internet und Telefonkabinen; dort kann man seine Kopien machen. Aktualisierte Fahrpläne findet man unter www.conferry.com, Tel. 2677003.

●**Hafenbehörde: Capitanía de Puerto,** neben dem Fährterminal, Tel. 2677932, Fax 2677452.

Unterkunft in Puerto La Cruz

●Im Stadtgebiet gibt es leider nicht eine einzige empfehlenswerte Posada. Wer mit dem Auto unterwegs ist und eine günstige Unterkunft sucht, kann es in Pozuelos an der Via Alterna versuchen. Dort befindet sich die **Hospedaje Anaopra,** mit nur 9 sehr geschmackvoll eingerichteten Zimmern eine gute Option. Eine Reservierung ist sinnvoll und kann telefonisch unter 2680517 getätigt werden. anaopra@hotmail.com, €€

●**Hotel Hesperia Puerto La Cruz******, Zimmer mit allem Komfort, Restaurant, Bar, Kasino, viele Wassersportmöglichkeiten, Reisebüro und Parkplätze, KK, ÜF. Final Paseo Colón (noch bekannt als Meliá oder Gran Hotel), Tel. 5003611, 5003648, 5003601, Fax 5003666, €€€€

●**Hotel Rasil*****, gut ausgestattete Zimmer in äußerlich unansehnlichem und ungepflegtem Gebäude. Restaurant, Pool und Parkplätze, KK. C. Monagas c/ Paseo Colón, Nr. 6, Tel. 2672422, 2623000 und 2623199, Fax 2673101, €€€€

●**Hotel Carribean Inn*****, 102 normale Zimmer, Restaurant, Pool und Tiefgarage, ÜF, KK. C. Freites c/ C. Libertad, Tel. 2674292 und 2675980, Fax 2672857, €€€€

●**Hotel Gaeta*****, 50 klassisch eingerichtete Zimmer. Man kann auswählen zwischen Zimmern mit oder ohne Fenster. Restaurant, Parkplätze. Gute Lage direkt am Paseo Colón, Taxistände und Kiosk direkt vor der Tür, KK, ÜF. Paseo Colón Nr. 51 c/ C. Maneiro, Tel. 2650411, 2651211 und 4187556, Fax 2650065, €€€

●**Hotel Caribe Mar*****, 70 gute Zimmer mit Klimaanlage und Kabel-TV. Restaurant-Cafeteria, Parkplätze, von außen wahrlich nicht schön anzuschauen, aber zum Schlafen okay, KK. C. Ricaurte Nr. 14, Tel. 2675846, 2675722, Fax 2672096, €€€

●**Hotel Cristal Park*****, 33 geräumige Zimmer, der Parkplatz ist weit vom Hotel entfernt, KK. C. Libertad c/ C. Buenos Aires, Tel. 2670744 und 2653568, Fax 2653105, €€€

●**Hotel Riviera*****, 72 gut eingerichtete Zimmer, die teureren haben eine Terrasse mit Blick aufs Meer, direkt am Paseo Colón gelegen, Restaurant und (zu wenige) Parkplätze, KK, ÜF. Paseo Colón Nr. 33, Tel. 2672111, 2674134 und 2873373, Fax 2651394, hotel-riviera@cantv.net, €€€

●**Hotel Senador****, 39 angenehme Zimmer, Restaurant, Frisörsalon, Parkplatz, KK. C. Miranda c/ C. Bolívar, einen Häuserblock vom Paseo Colón entfernt, Tel. 2674202 und 2673522, Fax 2652338, €€€

●**Hotel Neptuno****, 39 preiswerte, aber saubere Zimmer. Das Hotel verfügt über eine große Terrasse mit tollem Blick auf das Meer. Restaurant und Reisebüro im Haus, Parkplatz. Paseo Colón Nr. 70 c/ C. Juncal, Tel. 2653261, Fax 2685413, €€

●**Hotel Colón***, einfache Zimmer, ohne Parkplätze. C. Libertad Nr. 26, Tel. 2652989, €€

●**Hotel Margelina***, preiswerte, einfache Zimmer. Man kann nicht reservieren, Restaurant. Paseo Colón, drei Häuser von der Kreuzung mit der C. Juncal, am westlichen Ende, Tel. 2697545, €

Essen und Trinken in Puerto La Cruz

●**El Torita Mariño,** Huhn und Pizza für alle, welche auf die Fähre warten müssen. Edf. Salomón Velázquez, an der Fährstation.

●**Boulevard de las Empanadas,** gegenüber dem Fährterminal befindet sich eine Vielzahl von Empanada-Ständen. Man bekommt sie mit allen möglichen Füllungen wie Fleisch, Huhn oder Fisch, dazu gibt es frische Fruchtsäfte in riesigen Bechern und jede Menge diverser Soßen. Sehr authentisch.

●**El Rancho del Tío,** traditionelle spanische Fisch- und Fleischgerichte. Paseo Colón Nr. 2, Tel. 2653677.

●**El Moroco,** spanisches Restaurant im Tasca-Stil, sehr gut besucht. Av. 5 de Julio, zwischen C. Buenos Aires und C. Maneiro, der Eingang ist von hinten, Tel. 2652378.

●**Restaurante O Sole Mio,** hier sind Freunde der italienischen Küche an der richtigen Adresse, auch Fischspezialitäten und Meeresfrüchte stehen auf der Karte. Paseo Colón, Tel. 2650391.

●**El Rincón del Bucanero,** hier bekommt man typische Spezialitäten und Fischgerichte zu guten Preisen. C. Juncal Nr. 12, am Plaza Bolívar, Tel. 2686945.

●**Café Olé,** in diesem gut frequentierten Café-Restaurant findet man leckere Spezialitäten zu guten Preisen. Es befindet sich im vor-

deren Bereich des Paseo Colón, neben dem Movistar-Kommunikationszentrum.
- **Lunchería Fornos**, ein idealer Platz, um den neuen Tag mit einem Frühstück zu beginnen. Es gibt Croissants, Sandwiches, frische Fruchtsäfte und Süßigkeiten. Paseo Colón c/ C. Maneiro, täglich 8–20 Uhr.
- **Am Paseo Colón** sind noch zahlreiche weitere Restaurants zu finden, mit Spezialitäten aus aller Welt. Selbstverständlich fehlen auch die jedermann bekannten Fastfood-Ketten nicht. Am östlichen Ende des Paseo Colón befindet sich die „**Calle del Hambre**", die Hungerstraße. Hier finden sich unzählige Fastfood-Restaurants, in denen es Hot-Dogs, Hamburger und Sandwiches gibt.

Puerto La Cruz: Praktische Infos

- **Vorwahl:** 0281

Aktivitäten

- **Golf,** wer zu Gast in einem der Luxushotels ist, hat das Anrecht, im **Puerto La Cruz Golf & Country Club** zu spielen.
- **Tauchen, Aquatic Adventures, Lolo's Diving Center,** Av. Paseo Colón, Marina Puerto La Cruz, Tel./Fax 2673963 und Tel. 0414/ 8101142, www.aquaticadven.com. Von Einführungskursen (80–100 Euro) über Kurse im offenen Meer (240–360 Euro) bis hin zu Tauchexkursionen ohne gestellte Ausrüstung (45–70 Euro) ist alles geboten.

Autovermietung

- **Budget,** CC Golf Plaza, Tel. 2814565 und 2815782.
- **Aco Rent a Car,** Tel. 0800/7368226 und 2696611, Av. Intercomunal (Av. Jorge Rodriguez), täglich 7.30–17.30 Uhr.
- Weitere Autovermietungen findet man **am Flughafen von Barcelona** (s.o.).

Einkaufen

Wer **Kunsthandwerk** oder Halsketten aus Silber sucht, wird bei den Ständen am **Paseo Colón** fündig. Die Preise sind moderat. Am **Kiosco El Universal** bekommt man internationale **Zeitungen und Bücher.**

Feste/Veranstaltungen

- **Mai, Velorío de la Cruz de Mayo,** viel Folklore religiösen Ursprungs (s.o.).
- **8. September Feria de la Virgen del Valle:** die Prozession startet am Paseo Colón, von dem die Statue der Jungfrau schlussendlich mit einem Boot aufs Meer gefahren wird.

Geldwechsel

- **Italcambio,** am Ende der C. Sucre c/ Paseo Colón, CC Paseo del Mar, 1. Stock, Tel. 2653993, Fax 2686605.
- **Oficambio Oriente,** C. Maneiro Nr. 17, Edf. Latina
- Mit Kredit- oder EC-Karte kann man an allen **Bankautomaten** Geld abheben. Bei Vorlage des Reisepasses gibt es Bargeld auch in der Bank direkt, es kann aber sein, dass man in einer endlosen Schlange anstehen muss.

Internetcafés

Es gibt **über die ganze Stadt verteilt** sehr viele Internetcafés, die meisten in den großen Einkaufszentren wie dem CC Cristóforo Colombo am Paseo Colón. Die Internetcafés findet man in diesen Zentren meist auf der ersten Etage.

Krankenhaus

- **Policlínica Puerto La Cruz,** Av. 5 de Julio c/ C. Arismendi, Tel. 2675904, 2685332 und 2675497, KK.
- **Centro Médico Total,** C. Freites, in der Nähe der Por Puestos-Haltestelle nach Guanta, Tel. 2657190 und 2657311, KK.

Kriminalpolizei

- **CICPC,** Tel. 2661414.

Nachtleben

Es gibt **am Paseo Colón** mehrere Bars und Nachtklubs, wo man auch das Tanzbein schwingen kann. Ebenso findet man viele Prostituierte, die hier ohne jede Scheu auf Kundenfang sind.

Reisebüros

- **Otto's Tours C.A./Venezuela,** C. Maneiro c/ Paseo Colón, Edf. Altamar, 1. Stock, Local 14, www.ottostours.com, Kontakt: *Andreas*

Zmuda (deutschsprachig). Otto's Tours plant und organisiert Reisen in ganz Venezuela, z.B. eine 8-tägige Trekkingtour auf den Auyan Tepui und eine 4-tägige Bootstour von Kamarata nach Canaima.
- **Certus Travel,** deutschsprachige Reiseagentur, *Jürgen Luft* organisiert Reisen in alle Landesteile, Bootstouren zum Schnorcheln und Tauchen. Tel. 0414/8232108, www.certustravel.com.
- **Agencia de Viajes Atlantic,** neben dem Hotel Europa am Plaza Bolívar gelegen, Tel. 2674909, 2687690, vatlantic@cantv.net.
- **Agencia de Viaje Macite,** Tour-Operator am Paseo Colón, nahe dem Hotel Gaeta, Tel. 2688529 und 2651404, macite.turismo@unete.com.ve.

Taxis
- **San Ignacio Drivers,** CC D'addven, Av. Intercomunal, Tel. 2636398 und 2658003.
- **Aeroejecutivo,** Terminal del Ferry, Tel. 2631616.
- **Ejecutivos de Oriente,** Av. 5 de Julio, Tel. 2656518.

Ausflüge

Bootsausflüge

Direkt gegenüber von Puerto La Cruz befindet sich der **Strand von Puinare,** den man von Puerto La Cruz mit Booten bequem erreichen kann. Es gibt Restaurants und öffentliche WCs vor Ort.

Zwei **Bootsanlegestellen** stehen in Puerto La Cruz zur Verfügung. Eine befindet sich gegenüber dem Kiosk El Universal, die andere hinter dem großen Kreuz von Puerto La Cruz, am östlichen Ende des Paseo Colón, dem die Stadt ihren Namen zu verdanken hat. Von diesen beiden Anlegestellen kann man sich von Fischern zu den **vorgelagerten Inseln** und in den **Nationalpark Mochima** fahren lassen. Angeboten werden Halbtages- und Tagesausflüge. Bei zweitgenannter Bootsanlegestelle befindet sich das Büro der *Cooperativa Transturistica Anzoátegui,* Tel. 0414/8223101. Die Boote fahren ab 8.30 Uhr und starten, wenn sie voll sind, das heißt mindestens sechs Personen im Boot sitzen. Man kann sich zu diversen Stränden und Inseln fahren lassen, zwischen 14 und 16.30 Uhr werden die Kunden dann wieder abgeholt. Für solche Fährdienste muss mit ca. 4 Euro pro Erwachsenem und 2 Euro pro Kind gerechnet werden (Hin- und Rückfahrt). Bei der Anlegestelle gibt es einen bewachten Parkplatz, die Boote sind neu und haben zuverlässige Motoren.

Etwas außerhalb in Richtung Guanta liegt der **Hafen Pamatacualito,** von dem man Transfers zu nahe gelegenen Inseln wie der **Isla de Plata** oder der **Isla de Monos** kaufen kann. Auch Touren in den **Nationalpark Mochima** werden angeboten. Hier herrscht wieder das Problem, dass man warten muss, bis genügend Fahrgäste gekommen sind. Das ist an Wochenenden und in Ferienzeiten kein Problem, unter der Woche aber kann man sich schon einmal die Beine in den Bauch stehen. Nach Pamatacualito fährt man mit dem Taxi oder mit einem Por Puesto, die in der Av. 5 de Julio gegenüber des Kleidermarkts abfahren. Die Entfernung ist mit 8 km gering, die Fahrzeit ist entsprechend dem Verkehr in der Stadt. Auf der Isla de Plata soll der bekannte Pirat *Henry Morgan* gestrandet sein, heute schätzt man die Insel wegen ihrer strahlend weißen Sand-

Atlas VI — Die Küstenregion bei Puerto La Cruz 239

strände. Weitere empfehlenswerte Sandstrände sind **Punta La Cruz** und **Nacleta.** Wer zu weiter entfernten Inseln im Nationalpark Mochima fahren will, wie der **Isla La Piscina** oder der **Isla El Faro,** bekommt in Pamatacualito wesentlich preiswertere Angebote als in Puerto La Cruz. Der Preis liegt zwischen 2 und 4 Euro, immer vorausgesetzt, dass mindestens sechs Teilnehmer an Bord sind. Man kann natürlich für sechs Personen bezahlen, dann fährt das Boot sofort los. Alle Strände haben Restaurants und Toiletten, allerdings sind die nicht jeden Tag geöffnet. Am besten vor der Abfahrt nachfragen und Trinkwasser und einen Imbiss mitnehmen.

Caigua

Dieses kleine Dorf in der Nähe von Barcelona war das Zentrum der Provinz Nueva Andalucia und besteht seit 1680. Der Name des Ortes bezieht sich auf einen gleichnamigen Schamanen – er soll einen hier ansässigen Missionar vergiftet haben. Jedes Jahr feiert man in diesem netten Ort die **Feste La Parranda de los Caribes** und **Baile de Mare-Mare.**

●**Hotel Hato Nuevo,** im Landesinneren, rund 50 km von Barcelona entfernt, befindet sich bei San Mateo das Hotel Hato Nuevo. Es handelt sich um eine heute noch bewirtschaftete Rinderfarm mit einer Fläche von 1000 ha. Das Hotel hat 35 Zimmer und liegt inmitten einer herrlich grünen Landschaft mit

Lechería ♪ VI, A2

GPS: N 10°12.12, W 64°41.78

Fährt man von Barcelona nach Puerto La Cruz zweigt von der Av. Intercomunal eine Straße in westlicher Richtung nach Lechería ab. Das Gebiet liegt an einem lang gestreckten, aber selten benutzten Badestrand. Weiter gelangt man von hier über eine schmale Landzunge auf die hügelige Halbinsel von **El Morro de Barcelona.** Vor vielen Jahren sollten auf dieser Halbinsel große touristische Komplexe erstellt werden, die aber nicht realisiert wurden. Nur das 4-Sterne-Haus Punta Palma und einige Apartments haben sich auf dem Cerro El Morro erhalten. Man hat einen herrlichen Blick aufs Meer und die Bahía de Pozuelos.

Östlich von Lechería in Richtung Puerto La Cruz erstreckt sich so weit das Auge reicht die gigantische Anlage **Complejo Turístico El Morro.** Diese eindrucksvolle, nach amerikanischem Muster erstellte Ferienanlage verfügt über Einfamilienhäuser, Kanalsysteme, Hafen, Marinas, Shoppingcenter und Golfplatz.

In Lechería findet man die **teuersten Hotels** und die **besten Restaurants;** das vornehme Nachtleben spielt sich in dieser Gegend ab. Die einzigen Diskotheken mit Rang und Namen finden sich in Lechería, in überfüllten Einkaufszentren kann man flanieren, einkaufen oder ins Kino gehen. Fast jedes Hotel hat in den hauseigenen Marinas Bootsanlegeplätze.

vielen Pflanzen und einem kleinen Zoo. Im tropischen Garten ist ein Swimmingpool. Man kann vor Ort Wanderungen in die Umgebung machen oder per Pferd die Landschaft erkunden. Es gibt keine Möglichkeit, mit einem Bus zum Hato zu gelangen, am besten nimmt man von Barcelona aus ein Taxi. Das kostet für den ganzen Wagen ungefähr 20 Euro, der Preis muss vor der Abfahrt genau abgemacht werden. KK, ÜF. Via El Carito, km 4, San Mateo, Tel. 0282/4146080 und 4145254, Fax 4145253, www.enoriente.com/hatonuevo, €€€

● **Campamento Leche y Miel**
Das im grünen Tal des Flusses Neverí gelegene Dorf El Rincón erreicht man nach knapp 15 Min. Fahrt von Barcelona. Hier gibt es viele Wasserfälle und Wanderwege inmitten eines schönen Regenwaldes. Als Startpunkt bietet sich das relativ einfache Campamento Leche y Miel an, es bietet 14 rustikale Zimmer. In einem kleinen Naturpool verwöhnt eine selbst gebastelte Einrichtung zur Hydromassage. Der nahe Río Neverí bietet die Möglichkeit für Wildwasser-Rafting. Ausflüge zu Fuß oder mit dem Pferd können unternommen werden. So kann man die nahen Wasserfälle besuchen, auch Angler kommen auf ihre Kosten. Mit öffentlichen Verkehrsmitteln kann man die Posada leider nicht erreichen, aber der Besitzer *Gonzalo* holt seine Kunden gegen ein geringes Entgelt gerne in Puerto La Cruz oder Barcelona ab. Am besten ein paar Tage vorher reservieren und dann kurzfristig nochmals anrufen, damit die Abholung auch funktioniert. Tel. 0416/4871592, 0414/9808555, 0281/5110411, http://enoriente.com/lecheymiel, €€€

Abends am Strand von Puerto La Cruz

LECHERÍA

Um Lechería von Barcelona oder Puerto La Cruz zu **erreichen**, ist es am einfachsten, ein Taxi zu wählen. Mit dem Por Puesto, das von Puerto La Cruz nach Barcelona fährt, muss man bei der Av. Intercomunal am *Centro Comercial Vista Mar* umsteigen.

Als Sehenswürdigkeit in Lechería darf man das **Museo Dimitrus Demus** bezeichnen. Das Museum an der Av. Principal de Lechería ist Di bis Do von 9–12 und 14–17 Uhr geöffnet, Tel. 2821904, ademu@telcel.net. *Fruto Vivas*, ein bedeutender venezolanischer Architekt, hat hier einen eindrucksvollen Bau für den griechischen Bildhauer *Dimitrus Demus* geschaffen.

● **Vorwahl:** 0281

Unterkunft

In Lechería ist alles vom Feinsten, hier wohnen die Reichsten der Reichen. Entsprechend findet man keine Billigunterkünfte, und öffentliche Verkehrsmittel sind rar. Wer aufs Geld achten muss, sollte Lechería meiden und sich im benachbarten Puerto La Cruz eine preiswerte Bleibe suchen.

● **Golden Rainbow Maremares Resort*******, 459 komfortable Zimmer und Suiten mit Meersicht, die keine Wünsche offen lassen. Die Luxusanlage vom Feinsten verfügt über Restaurant, Bar, Wellenbad, Spa, WLAN, Tauchschule, Reiseagentur und Marina. Av. Américo Vespucci c/ Av. R-17, Complejo Turístico El Morro, Tel. 2810065, 2811011 und 2813022, Fax 2813028, www.maremares.com, €€€€
● **Hotel Punta Palma*****, 181 schön eingerichtete Zimmer und Suiten, großer Pool und Wassersportmöglichkeiten, KK, ÜF. Prolongación Av. La Península, Cerro El Morro, Tel. 5002200, 0800/7868200, Fax 5002396, puntopalma@telcel.net.ve, €€€€
● **Hostería El Morro*****, 140 Zimmer, mit Restaurant-Tasca und Pool, KK. Av. Américo Vespucci, Complejo Turístico El Morro, am Playa Los Canales, Tel. 2814235, 2811312 und Fax 2814226, €€€
● **Hotel Saturno****, 27 einfachere, aber gut eingerichtete und saubere Zimmer, Restaurant. Av. Principal de Lechería, nahe beim Centro Médico Anzoátegui und der Av. Intercomunal, Tel. 5003611, 5003648, 5003601, Fax 5003666, €€

Essen und Trinken

● In Lechería fehlt es nicht an Essensmöglichkeiten, man findet viele Restaurants und Schnellimbisse der internationalen Fastfoodketten. In den **Einkaufszentren Plaza Mayor** und **Carribean Mall** und Umgebung gibt es viele sehr gute Restaurants, Bars, Diskotheken, Cafés und Internetcafés.
● **Bambuda,** für Freunde asiatischer Küche aus Japan und Thailand. Viele Spezialitäten und Überraschungen, gehobenes Preisniveau. Diskothek, ab 10 Uhr geöffnet, Mo Ruhetag, Av. Américo Vespucci, am Golfplatz bei der Einfahrt zum Hotel Maremares, KK, Tel. 2816986 und 2811421.
● **Restaurante Babilonia,** internationale und japanische Küche. Am Cerro El Morro, oberhalb des Hotels Punta Palma, KK, täglich ab 12 Uhr geöffnet, Reservierung empfohlen, teuer.
● **Eduardo's Restaurante,** internationale Küche und jede Nacht Live-Musik. Av. Principal de Lechería, hinter dem Casa Municipal, KK.
● **Tasca El Picador,** gehobene Küche mit internationalen und portugiesischen Spezialitäten. C. 5 c /Carrera 6, erste Querstraße von der Av. Principal, KK.
● **Balahou,** exzellente französisch-italienische Küche mit viel Kreativität, gehobenes Preisniveau, KK. CC Golf Plaza, gegenüber dem Einkaufszentrum Carribean Mall.

Praktische Infos

Krankenhaus
● **Centro Médico Anzoátegui,** Av. Principal Lechería, Tel. 2870929 und 2868145, KK.

Marinas

- **Marina Américo Vespucci,** Marina in bester Lage mit mehr als 114.000 km² Fläche. Hier findet der Segler alle notwendigen Serviceleistungen vor. Am Ende der Av. Américo Vespucci, Complejo Turístico El Morro, Tel. 2814321, Fax 2820829, VHF-Kanal 71.
- **Tauchbasis Horisub,** auf dem Gelände der Marina mit eigenem Landesteg neben dem Büro, Tel. 2814878 und 2816755, horisub@telcel.net.ve.

Nachtleben

- **Discoteca Matrix,** in der Marina Américo Vespucci, ganz am Ende der gleichnamigen Av., KK.
- **Brew Brothers, Pub & American Bistro Muchies,** mit Internetcafé. An der Av. Principal de Lechería, gegenüber dem Plaza Bolívar, und beim Pool.
- In den **Einkaufszentren Plaza Mayor** und **Carribean Mall** befinden sich weitere Bars, teilweise mit Livemusik.

Guanta ♦ VI, A2

GPS: N 10°14.07, W 64°35.76

Guanta mit seinen knapp **30.000 Einwohnern** wurde von den Indianern des Stammes Cumanagoto bewohnt, bis im Jahre 1511 die Spanier das Zepter übernahmen. Guanta ist für den Transport von Rohöl äußerst wichtig, denn vor Ort befindet sich der zweitgrößte Containerhafen von Venezuela, der **Puerto Anzoátegui**, mit sechs Piers auf einer Gesamtfläche von 313.000 m². Schon im 18. Jh. existierte ein kleiner Hafen, von dem vor allem Rinder aus den Llanos auf die Antillen verschifft wurden. Ab 1930 begann dann der Erdölboom und der Hafen wuchs beständig. Die Durchschnittstemperatur in Guanta beträgt stolze 32°C. Für den Besucher hat Guanta nichts zu bieten, man kann den Ort auf der Weiterfahrt in den Osten ohne Weiteres links liegen lassen.

Altos de Sucre

Weniger als 8 km hinter Guanta erreicht man rechter Hand eine Abzweigung, die zu den Altos de Sucre führt. Die enge, gewundene Straße schlängelt sich auf fast 900 m Höhe hinauf, man hat von verschiedenen Stellen einen fantastischen Ausblick auf die Küste und den Nationalpark Mochima.

El Chaparro

Die erste Siedlung ist El Chaparro, in der sich zwei empfehlenswerte Posadas befinden:

- **Posada El Tucán,** großzügige und komfortable Zimmer mit tollem Blick über die Küste, mit Pool und Restaurant. Schweizerische Geschäftsführung, Reservierungen sind empfehlenswert unter Tel. 0281/4195122, 3320425 oder 0416/6812702, hotelposadatucan@hotmail.com, €€€
- Eine weitere Posada etwas oberhalb am Berg ist die **Posada Alquimia** von *Pedro* und *Tania Quintero*. Hier findet man vollkommene Ruhe, man kann sich Antistress-Massagen geben lassen. Tel. 0414/8196656 und 0281/4184619, www.enoriente.com/alquimia. Es werden Gewürze, eingelegte Leckereien und hausgemachte Marmeladen verkauft. €€€

Los Altos de Sucre ♦ VI, A2

Los Altos de Sucre wurde von Franziskanermönchen im Jahr 1515 gegrün-

ALTOS DE SUCRE

det. Der Ort wurde bis dahin von den zuvor ansässigen Indianern Chichiriviche genannt. 1573, mit der Ankunft von *Pater Domingo*, begann die Geschichte des Ortes. Es wurde früh mit dem Anbau von **Kaffee** angefangen, gar von Übersee kamen Interessenten, um die Qualität zu prüfen. Inzwischen ist der Anbau von Kaffee weitgehend durch Kunsthandwerk, Tourismus und Gastronomie abgelöst worden. Nur wenige Leute bauen auch heute noch etwas Kaffee an, mit etwas Glück bekommt man vor Ort eine Kostprobe. Die Ortschaft liegt zwischen Bergen und Tälern mit herrlichem Blick auf das Meer, die Vegetation ist äußerst vielseitig. Man kann lecker essen, Fleisch wird traditionellerweise auf dem Holzfeuer zubereitet. Es wird viel **Kunsthandwerk** hergestellt, man trifft an jeder Kreuzung auf neue Angebote. Man kann verschiedene **Wanderausflüge** in die Gegend unternehmen, es gibt versteckte Wasserfälle, geheime Badestellen und Pfade, die durch den Regenwald zu tollen Aussichtspunkten im Gebirge führen. Als Ausgangspunkt sind folgende Posadas empfehlenswert, in denen man ortskundige Führer empfohlen bekommt.

●**Posada Vista Montaña,** nette Zimmer mit Blick auf die grünen Berghänge (daher der Name der Posada), Spa, Restaurant, deutschsprachig, Tel./Fax 0293/4323542, 4312541, www.posadavistamontana.com, €€€
●**Posada Neblina,** drei liebevolle, mit vielen Details eingerichtete Zimmer, mit persönlicher Betreuung durch die Familie *Toro*, Verkauf von Kunsthandwerk. Die Kinder der Familie bieten Wanderungen durch die Umgebung an, man kann alle Mahlzeiten erhalten, am besten vorher reservieren: Tel. 0293/4331057 und 4169767, neblinalosaltos@hotmail.com, €€

Man kann von Puerto La Cruz mit Por Puestos bis Los Altos de Sucre fahren (etwa 1 Euro, sie fahren am Terminal bis 21 Uhr ab), für eine Kleinigkeit mehr bringt einen der Fahrer direkt zu den genannten Posadas. Im Ort gibt es mehrere gute Restaurants, alle direkt an der Hauptstraße, darunter das bekannte **Restaurante Il Picolit** von *Myriam Sesto,* das allerdings nur am Wochenende geöffnet ist, wenn sich der Ort mit Ausflüglern der nahen Metropolen füllt (Tel. 0293/4331334, ilpicolit@hotmail.com).

Wer mit dem Auto unterwegs ist, kann eine kleine, sehr spannende **Gebirgsstraße nach Santa Fé** fahren. Von dieser Straße überschaut man einen großen Teil des Parque Nacional Mochima, ein insgesamt fast 95.000 ha großes Gebiet mit Mangrovenwäldern, Korallenriffen und einer Vielzahl zauberhafter Strände. Etliche davon sind nur vom Meer aus zu erreichen, an einigen führt die Straße von Puerto La Cruz nach Cumaná vorbei.

Am palmenbewachsenen Strand **Playa Arapito** gibt es ein paar einfache Strandrestaurants. An Wochenenden ist der Strand hoffnungslos überfüllt.

Direkt vor dem schönen Playa Arapito kommt der **Playa Arapo,** an dem es eine sehr nette Posada gibt, die direkt am Strand liegt: **Posada Arapo Real** von *Jovanny Melendez,* Tel. 0414/3242633, 0414/3136168, araporeal@

hotmail.com, Übernachtung mit Frühstück und Bootsausflug, €€€.

Die vorgelagerte **Isla de Arapo** ist in jedem Falle einen Besuch wert. Zwischen dem Festland und der Insel bieten Korallenriffe ein herrliches Schnorchelrevier, genannt wird die Stelle „La Piscina", das Schwimmbad. Auf der Isla de Arapo befinden sich mehrere sehr hübsche Strandrestaurants, in denen hervorragender frischer Fisch zubereitet wird. Die Insel wird von Pelikanen und Möwen bevölkert, die ankommende Boote begleiten. Diese kann man am Strand von Arapo oder Arapito mieten, die Überfahrt ist günstig, mit etwas Glück begegnet man einem Delfinschwarm.

Weitere Ausflüge in dieser Gegend werden im Anschluss an das Kapitel zu Cumaná beschrieben.

Cumaná ⌕ VI, A1

GPS: N 10°27.37, W 64°10.15

Cumaná ist Sitz der Universidad de Oriente (UDO) und **Hauptstadt von Sucre,** dem Bundesland von Venezuela, das die **meisten landschaftlichen Kontraste** zu bieten hat. Sucre hat über 700 km Karibik-Küste, mit dem Nationalpark Mochima wunderbare, saubere Strände mit kristallklarem Wasser, auf Araya eine Wüstenlandschaft, die unvergleichlich karg ist und dadurch ihren eigenen Charme hat, und mit der Halbinsel Paria einen der letzten unerschlossenen wilden Flecken auf diesem Kontinent. Die Küstenkordillere mit der Colina Turimiquire (2490 m) weist eine alpine Berglandschaft mit üppiger Vegetation und tiefen Schluchten auf. Die Hochebene von Santa Maria bietet einmalige Panoramablicke, angrenzend gelangt man zur Guácharo-Höhle. Auf der Halbinsel Paria findet man die schönsten Strände Venezuelas dicht bei tropischem Regenwald. Im Parque Nacional Turúepano kann man die Delta-Landschaft und den größten natürlichen Asphaltsee der Welt bestaunen. Dieser Bundesstaat wurde schon von *Humboldt* (s.u.) treffend beschrieben und hat bis heute nichts von seiner Urtümlichkeit verloren.

Stadtgeschichte

Schon im Jahr 1515 gründeten Franziskanermönche ein Konvent und versuchten eine friedliche Christianisierung – ohne Soldaten und (Gold-)Händler – der ortsansässigen **Guaiquerí-Indianer** zu erreichen. Dieser Versuch wurde durch eine Revolte, angeführt vom Indianerhäuptling *Maragüey,* beendet, bei der die christlichen Brüder alle zu Tode kamen. Die Spanier sandten im Jahr 1521 *Gonzalo de Ocampo* aus, um an Ort und Stelle „um jeden Preis" eine Stadt zu gründen. Ursprünglich auf den Namen Nueva Toledo getauft, wird Cumaná als „Primogénita del Continente" bezeichnet, die Erstgeborene des Kontinents. Die älteste Stadt Südamerikas wurde schon im Jahr 1530 durch ein schweres Erdbeben zerstört, die Bevölkerung musste die Siedlung ohne Hilfe von außen wieder aufbauen. Im Juli 1591 erklärte der spanische König *Phillip II.* Cumaná zur Stadt.

In der Zeit der Stadtgründungen waren in der Gegend von Cumaná und im Golf von Cariaco Stämme der Arawacos, Caribes, Guayqueríes, Cumanagotos, Chaimas und Chacopatas zu finden.

Der in Venezuela sehr angesehene deutsche Naturforscher **Alexander von Humboldt** lief Cumaná im Jahr 1799 als ersten Hafen auf seiner Südamerikareise an und blieb dort für vier Monate. In dieser Zeit erkundete und beschrieb er die Umgebung ausführlich, darunter die immer noch unberührte Halbinsel Araya und die Serranía de Turimiquire mit der Guácharo-Höhle, die auch unter dem Namen Monumento Humboldt bekannt geworden ist.

Cumaná heute

Die beidseitig des Flusses Manzanares gelegene Stadt hat ca. **310.000 Einwohner** und wächst ständig weiter.

Sucre verfügt über wenige Bodenschätze und lebt hauptsächlich von **Landwirtschaft, Tourismus und Fischerei.** Eine der größten Thunfischflotten von Venezuela hat ihren Sitz in Cumaná, die traditionelle Fischerei in offenen Holzbooten ist an dem Fischereihafen und -markt an der C. Las Palomas gut zu beobachten.

Seit 2007 wird von der staatlichen Erdölgesellschaft PDVSA die Ausbeutung der **Erdgasvorkommen** vor der Küste der Halbinsel Paria vorangetrieben, was einen wirtschaftlichen Aufschwung der gesamten Region herbeiführen könnte.

Lage

Cumaná liegt **direkt am Karibischen Meer,** knapp 6 km von der Halbinsel Araya und nur 44 km Luftlinie von Margarita entfernt. Gen Osten erreicht man nach 120 km die Hafenstadt Carúpano, in westlicher Richtung kommt nach 80 km Puerto La Cruz, nach 402 km Caracas, 55 km südlich liegt in den Bergen die Kleinstadt Cumanacoa.

Orientierung

Cumaná befindet sich auf einer **Landzunge,** die gemeinsam mit der Punta Arenas auf der direkt gegenüberliegenden Halbinsel Araya den ruhigen Golf von Cariaco abschließt.

Nördlich der **Uferstraße Cristóbal Colón** mit Blick nach Araya und westlich der Uferstraßen Arístides Rojas und deren Verlängerung Av. Universidad (alle gemeinsam als **Av. Perimetral** bezeichnet) befindet sich das Karibische Meer, einige Stadtteile liegen an Lagunen auf Meeresniveau. Der **Badestrand San Luís** befindet sich jenseits der Av. Universidad, wird aller-

In der Altstadt von Cumaná

Atlas VI, Stadtplan S. 248

CUMANÁ

Der Nordosten

Cumaná

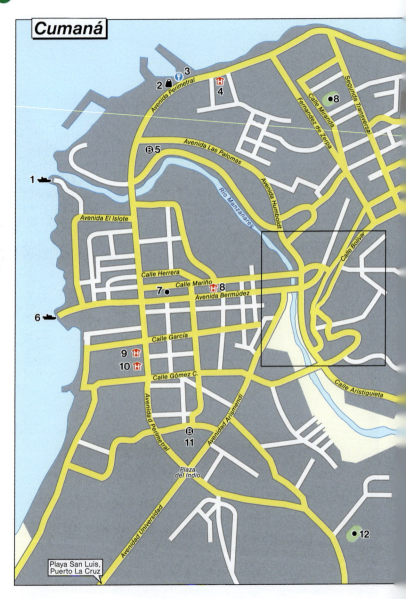

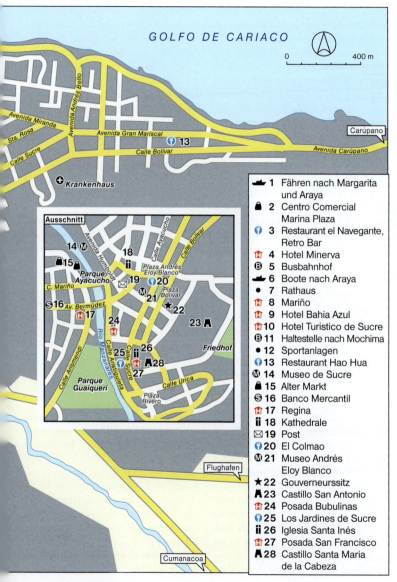

dings erst ganz im Westen, weit außerhalb der Stadt, wo sich auch die zwei größten Hotels befinden, attraktiv.

Wie eine Trennlinie schlängelt sich der **Río Manzanares** durch die Stadt und teilt Cumaná in einen nordöstlichen Teil, der das historische Zentrum rund um den **Plaza Bolívar** mit den meisten sehenswerten Gebäuden beherbergt, und einen südwestlichen Teil, in dem sich die kommerzielle Innenstadt befindet. Letztere ist im Schachbrettmuster angeordnet, entlang der zwei **Haupteinkaufsstraßen Av. Mariño** und **Av. Bermúdez.** Die Fortsetzung dieser Einkaufsstraßen sind die zwei Brücken im Innenstadtbereich, die Alt und Neu miteinander verbinden.

Sehenswürdigkeiten

Da Cumaná die älteste Stadt in Südamerika ist, hat sie einiges an historischen Attraktionen zu bieten. Leider wurden viele koloniale Schätze bei starken Erdbeben zerstört und nie wieder aufgebaut.

Castillo San Antonio de La Eminencia

Das bekannteste Bauwerk, das Castillo San Antonio de La Eminencia, wurde 1660 zum Schutz vor Piratenangriffen der Engländer und Franzosen errichtet. Die **Festung** befindet sich nur knapp 60 m über dem Meeresspiegel **auf dem Cerro Pan de Azúcar** im Stadtviertel San Francisco und wurde zuletzt 1999 komplett renoviert. Von der Festung hat man einen weiten Blick über die gesamte Altstadt, die Karibik und die Araya-Halbinsel bis zur Isla Margarita. Bei guter Sicht sieht man die Inseln Manare und Caracas im Mochima-Nationalpark. Als vierzackiger Stern angelegt, hält sich die Festung streng an die architektonischen Regeln des karibischen Festungsbaus. Im Inneren der Anlage befinden sich Verliese, Kammern und ein Tunnelsystem, das – wie erst vor wenigen Jahren bekannt wurde – die Verbindung mit der Iglesia Santa Inés und anderen wichtigen Punkten der Stadt ermöglichte.

Führungen werden von Studenten der Universidad de Oriente kostenlos angeboten. Das Tunnelsystem ist nicht für Besucher freigegeben. Die Universität kümmert sich um die Instandhaltung der Festung und betreibt zusätzlich ein interessantes **Meereskunde-Museum,** welches sich im Sektor Miramar befindet (Museo del Mar, Öffnungszeiten Mi bis So 9–17 Uhr, Eintritt ca. 2 Euro). Es ist empfehlenswert, ein Taxi dorthin zu benutzen.

Museo Andrés Eloy Blanco

Cumaná ist die Geburtsstätte eines der berühmtesten **Dichter** der venezolanischen Geschichte, des Poeten *Andrés Eloy Blanco* (1897–1955). Kurz vor seinem Tod 1955 in Mexiko veröffentlichte er sein bekanntestes Werk „Giraluna". Das **Geburtshaus** von *Eloy Blanco* befindet sich gegenüber vom Plaza Bolívar in der C. Sucre Nr. 70, ein gut erhaltenes typisches Kolonialhaus mit einem gepflegten Innenhof, in dem heute das Museo Andrés

Eloy Blanco untergebracht ist. Zu sehen sind Schlafzimmer und Küche, sowie persönliche Gegenstände des Dichters; dadurch erhält man Einblick in die Lebensumstände einer wohlhabenden Familie in der Mitte des vergangenen Jahrhunderts. Geöffnet Mo bis Fr 9-12 und 15-18 Uhr, Sa/So nur 15-18 Uhr, der Eintritt ist frei.

Sonstiges

Wenige Straßenzüge südlich steht die ursprünglich von Missionaren 1637 errichtete **Iglesia Santa Inés,** hinter der eine Treppe zur Festung hinaufführt. Aus Sicherheitsgründen sollte man diesen Weg aber nicht benutzen, sondern lieber die gut befahrene Straße (am Plaza Andrés Eloy Blanco, neben dem Gefängnis).

Wenige Schritte weiter, in der C. Sucre gegenüber der Posada San Francisco, befindet sich das **archäologische und historische Museum** von Sucre mit Informationen über die Geschichte der Stadt. Geöffnet Di bis Fr von 9-12 und 14-18 Uhr, Sa von 9-12 Uhr, der Eintritt ist frei.

Empfehlenswert ist darüber hinaus ein Besuch des Marktes (**Mercado Municipal**), der sehr authentisch, bunt und laut ist und bei dem die Besucher besonders durch die abwechslungsreichen Gerüche überrascht werden. Neben allen möglichen Lebensmitteln, insbesondere frischen Meeresbewohnern, werden hier täglich von 6-12.30 Uhr viele weitere Waren feilgeboten, auch Souvenirs wie Hängematten und Korbwaren und die berühmten Zigarren von Cumaná. Der Markt bietet sich auch für jeden an, der für wenig Geld typisches Essen probieren möchte.

Ein Besuch der **Zigarrenfabrik** (Fábrica de Tabaco Cumaná Crispin Patiño) in der Av. Bermúdez ist interessant, auch wenn hier keine Produkte von Weltqualität entstehen. Man kann den Herstellungsprozess der Zigarren beobachten, handgerollte Zigarren erwerben und probieren.

Zum **Einkaufen** bietet sich zudem das neue **CC Marina Plaza** direkt am Jachthafen an. Neben Cafés und Restaurants findet man auch Kinos (Filme meist in Englisch mit spanischen Untertiteln) und Diskotheken.

An- und Abreise

Auf dem Landweg/Busse

Auf dem Landweg hat Cumaná Anschluss in drei Himmelsrichtungen: nach Westen durch den Mochima-Nationalpark über Puerto La Cruz und Barcelona nach Caracas; in den Süden auf kurvigen Bergstraßen über Cumanacoa und Caripe nach Maturín; nach Osten entlang des Golfes von Cariaco auf der wunderschönen Küstenstraße über San Antonio del Golfo und Cariaco nach Carúpano. **Busverbindungen** gibt es nach Ost und West viele, die Fahrzeit mit dem Bus nach Puerto La Cruz beträgt ca. 1,5 Stunden, bis Caracas etwa 7 Std., bis Carúpano knapp 2 Std. Weiterhin gibt es Verbindungen über Barcelona nach Ciudad Bolívar, auch wenn der Weg über Maturín seit Fertigstellung der zweiten Orinoco-Brücke wesentlich kürzer ist, von den Buslinien aber immer noch nicht direkt gefahren wird. Nach Güiria und Río Caribe fährt man über Carúpano; wenn man keinen Direktbus finden kann, so ist es einfach, dort Anschluss zu finden (s. Kapitel Carúpano).

Zwischen Cumaná und Puerto La Cruz wird z.Z. eine **neue Autobahn** gebaut, eine

CUMANÁ

Fertigstellung ist evtl. Ende 2009 in Sicht. Es kann auf der Strecke immer einmal wieder zu Behinderungen kommen, einige Teilstücke sind schon für die Benutzung freigegeben.

Der **Busterminal** befindet sich eine Querstraße nördlich des Río Manzanares, in der Av. Las Palomas, nur 150 m von der Uferstraße (Av. Perimetral) entfernt. Por Puestos und Kleinbusse befahren die Strecke vom Zentrum zum Busterminal ständig.

Nahziele rund um Cumaná haben fast alle ihre eigenen Haltestellen, diese Plätze werden bei den Routen erklärt.

- **Cumaná – Puerto La Cruz – Caracas,** 15x täglich, viele Nachtbusse.
- **Cumaná – Cariaco – Carúpano – Güiria,** stündlich, ab dem späten Vormittag.
- **Cumaná – Cumanacoa – Maturín,** mehrmals täglich.
- **Cumaná – Puerto La Cruz – Barcelona – Ciudad Bolivar – Puerto Ordaz,** 2x täglich (schneller geht es direkt, mit Umsteigen in Maturín).
- **Cumaná – Valencia,** 3x täglich, am späten Nachmittag und am Abend.
- **Cumaná – Maturín,** 2x tägl. vormittags.

Fähre

Fährverbindungen hat Cumaná mit einer Autofähre, genannt *Chalana*, nach **Araya** auf der Spitze der Araya-Halbinsel. Passagiere zur Isla Margarita können das Schnellboot **Gran Cacique Express** nutzen, das für die Überfahrt etwa 2 Stunden benötigt (hier ziehe man sich warm an, denn man kommt vom stark klimatisierten – und mit neuesten Hits extrem laut beschallten – Passagierbereich nicht an Deck). Eine Autofähre von **Naviarca**, bei der es keine festen Fahrpläne gibt, steht Reisenden mit Auto zur Verfügung. Üblicherweise sticht das Schiff in See, sobald alle Fahrzeugplätze belegt sind – das kann in der Nebensaison schon einmal ganz schön lange dauern.

Der **Fährhafen** (Terminal de Ferry, gut ausgeschildert) befindet sich am südlichen Ufer der Mündung des Río Manzanares, man erreicht ihn über die Av. El Islote.

- **Naviarca,** Autofähre Cumaná – Isla Margarita (Punta Piedras), Abfahrt je nach Bedarf, Fahrzeit 3–4 Std., etwa 20 Euro für Pkw, pro Person 8 Euro); es gibt hier manchmal lange Wartezeiten. Die halb offenen Autofähren sind älteren Baujahrs mit nicht-klimatisiertem Fahrgastbereich.
- **Gran Cacique,** Personenfähre Cumaná – Isla Margarita (Punta Piedras), 1–3 Fähren am Tag, ca. 10 Euro.
- **Cumaná – Araya** (Auto- u. Personenfähre), für das Auto 8 Euro, pro Person etwa 1 Euro, 2–3x täglich, die letzte Fähre kehrt am frühen Nachmittag zurück.

Es gibt eine weitere, weniger bekannte und meist nur von einheimischen Händlern genutzte Fährverbindung zwischen dem Festland und Margarita, die **Schnellfähre von Chacopata.** Chacopata befindet sich auf ei-

Urwald auf der Paria-Halbinsel nicht weit von Cumaná

ner Landzunge am Anfang der Araya-Halbinsel, 50 km von dem Ort Cariaco (dieser ist wiederum eine halbe Fahrstunde von Carúpano) entfernt, und bildet die kürzeste Verbindung zwischen Festland und Insel. Hier verkehren täglich bis ca. 15 Uhr Schnellboote im Por Puesto-Prinzip (wenn sie voll sind, fahren sie ab). Fahrzeit 1–2 Std., je nach Motor.

Flugzeug

Mit dem Flugzeug gibt es täglich fünf Verbindungen nach Caracas, mit einer Flugzeit von weniger als 1 Stunde. Nach Margarita gehen drei Flüge, man muss mit einer Flugzeit von etwa 20 Min. rechnen. Der **Flughafen Antonio José de Sucre** befindet sich östlich der Stadt, an der Ausfallstraße nach Carúpano. Bei der Ausreise muss man eine Flughafensteuer in Höhe von ca. 6 Euro entrichten. Nach dem Einchecken ist es notwendig, sich bei der DISIP (Geheimpolizei) in die Passagierliste einzutragen und sich einen Stempel auf die Bordkarte geben zu lassen.

Fluglinien:
- **Avior,** Cumaná – Caracas, mit Anschluss, Tel. 4672340, www.avior.com.ve.
- **Rutaca,** Cumaná – Porlamar, Tel. 4671239.
- **Santa Barbara,** Cumaná – Caracas, Tel. 4671233, Reservierungen: 0800/8652636.
- **Venezolana,** Cumaná – Caracas – Maracaibo, Tel. 4673166.

Touristeninformation

- **Dirección de Turismo de Sucre,** C. Sucre Nr. 49 (schräg gegenüber der Iglesia Santa Inés, Tel. u. Fax 4322403, 4323838, 4312478. Eine Info-Stelle der Tourismusbehörde befindet sich am Flughafen.
- Infos zum Bundesland Sucre und Cumaná findet man im Internet unter **www.sucreturistico.com** und **www.orienteweb.com.**

Unterkunft

Posadas

- **Posada San Francisco,** koloniale Posada in einem ehemaligen Hospital im historischen Viertel, nahe der Iglesia Santa Inés, 9 Zimmer, ausgestattet mit Klimaanlage oder Ventilator, Kühlschrank und Safe im Zimmer, hübscher Innenhof und ein tropischer Garten hintendran, Restaurant, gemütliche Bar, Parkplatz im Haus gegenüber, das zur Posada gehört, englischsprachig, KK. C. Sucre 16, Tel. 4313926, Fax 4333917, posada_francisco@cantv.net, €€€
- **Bubulinas Posada y Restaurante,** schöne Posada im Kolonialstil, 12 großzügige, klimatisierte Zimmer, Verpflegung auf Vorbestellung, die älteste Posada in Cumaná, der Parkplatz ist ein wenig weiter entfernt, Rosa aus Ungarn spricht deutsch. Callejón Santa Inés c/ Callejón Alacrán, Tel. 4314025, Fax 4334137, bubulina@cantv.net, €€€

Hotels

- **Hotel Cumanagoto Hesperia*****, 163 Zimmer mit allem Komfort, 3 Restaurants, eines davon mit Büffet, großer Swimmingpool, WLAN, Spielplatz, 9-Loch-Golfplatz, Tennis, Fitnesscenter, Tauchschule, eigener, gepflegter Strand, KK. Am Ende der Av. Universidad (Playa San Luís), Tel. 4301400, 4301577, Fax 4521877, www.hotelespremier.com, €€€€
- **Hotel Nueva Toledo****,** komfortables Hotel mit 128 Zimmern und 64 geräumigen Suiten, 300 m vom Strand entfernt, großes, flaches Schwimmbad, ideal für Familien, Spielplatz, am Wochenende laute Musik und Tanz am Pool, Restaurant und Tasca, Al-Pakete, KK. Am Ende der Av. Universidad (Playa San Luís), Sec. Los Bordones, Tel. 4518118 und 4519991, Fax 4519974, www.nuevatoledo.com, €€€€
- **Hotel Minerva***,** 130 etwas in die Tage gekommene Zimmer, Restaurant, KK. Av. Cristóbal Colón c/ C. Manicuare, Tel. 4314471, 4332701, Fax 4662701, €€€
- **Aparthotel San Luís,** 40 voll eingerichtete Bungalows für Gruppen oder Familien, mit dem gut besuchten Restaurante El Timonel anbei, KK. Av. Universidad, neben dem Militärkasino, am Strand San Luís, Tel. 4516076, 4519481, €€
- **Hotel Bahia Azul***,** mittelgroßes Stadthotel mit Restaurant und Café, 56 Zimmer, Parkplatz, KK. Av. Aristides Rojas (Perimetral), Tel. 4160154, 4160152, Fax 4315377, €€

CUMANÁ

- **Hotel Mariño*****, 78 sehr einfache und etwas laute Zimmer, Restaurant und Piano Bar, KK. C. Junín c/ C. Mariño, Tel. 4320751, 0414/7748540, Fax 4320238, €€
- **Hotel Turistico de Sucre,** vormals Hotel Savoya**, 49 einfache Zimmer, 13 Suiten, guter Service, mit Restaurant. Av. Perimetral, neben der Banco Industrial, Tel. 4321455, 4382855, €€
- **Hotel Regina****, mit Tasca-Restaurant, im Zentrum gelegen. C. Arismendi c/ C. Bermúdez, Tel. 4314741, gegenüber vom Parque Guaiquerí, €€
- **Hotel Caribe,** sehr einfach, ohne Restaurant. Av. Universidad, Playa San Luís, Tel. 4514548, 4516101, hcaribe@cantv.net, €€

Essen und Trinken

- **Los Jardines de Sucre,** kleines, hervorragendes Restaurant mit französischer Küche von *Benoit* und *Cecile,* die sich persönlich um ihre Gäste kümmern. Ständig wechselnde Spezialitäten, Crêpes und interessante Nachtische, So/Mo mittags geschlossen, KK. C. Sucre Nr. 27, Santa Inés, schräg gegenüber von der Posada San Francisco.
- **El Teide,** gute Fischgerichte, So Ruhetag, KK. Av. Perimetral, Edf. Oriente, Tel. 4332907 und 4334999.
- **El Colmao,** gute Küche, gehobene Preise, im Stil spanischer Tascas, zu empfehlen sind die flambierten Gerichte, sie werden am Tisch zubereitet, KK. C. Sucre, am Plaza Pichincha.
- **El Navegante,** einfaches Sandwich- und Fischrestaurant mit Blick auf Luxusjachten, schöne Sonnenuntergänge, So geschlossen. Av. Perimetral, CC Marina Plaza.
- **El Timonel,** Fischspezialitäten direkt am Meer, am Wochenende gut besucht und Livemusik, Reservierung oder rechtzeitiges Erscheinen empfohlen, Mo Ruhetag, KK. Av. Universidad, beim Aparthotel San Luís, neben dem Casino Militar, Tel. 4516777.
- **Restaurant Hao Hua,** gute kantonesische Küche, sehr große Portionen, täglich geöffnet, KK. Av. Gran Mariscal, Tel. 4323829.
- **Manjares Café,** leichtes Frühstück, Mittag- und Abendessen, gute Sandwiches und Salate, Cocktails, So Ruhetag. Av. Santa Rosa, CC Exito, Tel. 4164082.
- **Las Canarias,** spanisch, Spezialität Paella, KK. Av. Perimetral, in der Nähe der Banco Industrial, Tel. 4323818.

Im Sektor El Monumento und an der Av. Perimetral gibt es mehrere **Tascas und Tanzlokale,** oft mit dem viel geliebten Karaoke:

- **El Drago,** Av. Perimetral, Edif. Central, Tel. 4322784, Fisch- und Meeresfrüchte mit Live-Musik, Tanz und Karaoke, KK.
- **Retro Bar,** im CC Plaza Marina, kleine Snacks, Musik und Blick auf die Jachten, die in der Marina von Cumaná dümpeln, KK.
- **Rock'n'Roll-Café,** im Club de Ingenieros.

Praktische Infos

- **Vorwahl:** 0293

Apotheken

Im **Innenstadtbereich** findet man jede Menge davon, im CC Marina Plaza befindet sich eine große Selbstbedienungsapotheke, die Apotheke Farmatodo liegt am Anfang der Av. Gran Mariscal.

Feste/Veranstaltungen

- **Ende Januar** findet in der Altstadt die **Fiesta Patrimonial de Santa Inés** statt, des Schutzheiligen von Cumaná.
- **November, Noche de Antaño,** seit 1990 größtes Fest in Cumaná mit historischem Charakter. Dieses Volksfest findet immer am letzten Wochenende im November statt. Die Altstadt um die Iglesia Santa Inés verwandelt sich von Fr bis So in ein folkloristisches Spektakel. Einwohner Cumanás ziehen bekleidet mit historischen Gewändern durch den Stadtkern. Viele Stände, die Kunsthandwerkliches, Getränke und typische Speisen anbieten, säumen die Straßen. Musik- und Theatergruppen aus ganz Venezuela feiern das Fest der Stadtgründung.

Geldwechsel

Eine Wechselstube gibt es in Cumaná nicht mehr, die **Geldautomaten** der Banco

Mercantil im Zentrum und in der Av. Gran Mariscal verfügen erfahrungsgemäß über größeren Geldvorrat.

Internetcafés

Im Zentrum findet man mehrere kleine Internetcafés, alle mit DSL-Anschluss. Im **CC Plaza Marina** befindet sich ein empfehlenswertes Internetcafé.

Krankenhäuser

● **Hospital Clínico San Vicente de Paúl,** C. Vargas c/ C. 5 de Juli, Tel. 4662621, -22, -23, 24-Std.-Notfalldienst.
● **Policlínica Sucre,** Av. Fernández de Zerpa, Tel. 4310584, rund um die Uhr für alle Notfälle zuständig, KK.
● **Clínica Josefina de Figuera,** C. Las Parcelas, Sec. El Pui-Pui, Tel. 4334921, 24 Std.

Kriminalpolizei

● **CICPC,** Av. Carúpano, gegenüber der Urb. El Bosque, Tel. 4318945, 4318090.

Taxis

● **Jay Taxis,** CC Cristal Plaza, Tel. 4325681.

Ausflüge

Cumanacoa (Süden)   ⌘ VI, A2

Schon *Humboldt* hat diesen Weg auf seiner ersten Südamerikareise beschritten, natürlich auf eine etwas schwerfälligere Methode, als es heute üblich ist. Cumanacoa (GPS: N 10° 14.98, W 63°55.01) mit knapp 20.000 Einwohnern liegt auf 250 m Höhe 55 km südlich von Cumaná im **Tal des Río Manzanares** und bietet eine herrliche Aussicht auf das mit Zuckerrohr bewachsene Tal und die nahe liegenden Berge. Der Fluss, der seine Quelle in der Nähe der Guácharo-Höhle hat, verläuft entlang der Landstraße, um dann bei Cumaná ins Meer zu münden. Auf der Fahrt von Cumaná nach Cumanacoa kommt man durch eine intensiv landwirtschaftlich genutzte Gegend, in der besonders viel **Zuckerrohr** angebaut wird. Die hier ansässige Zuckerrohrfabrik ist eine der größten in ganz Venezuela, es wird Rohr aus der ganzen Umgebung verarbeitet. Man kann viele, hoch beladene Lastwagen beobachten, die aus den umliegenden Dörfern das Rohmaterial in die Central Azucarera bringen. Der fruchtbare Boden eignet sich zum Anbau von Tabak, Mais und Tropenfrüchten. Es gibt noch einige der alt eingesessenen Haziendas, z. B. die **Hacienda la Rinconada,** in der mit hoffnungslos veraltetem Gerät Zuckerrohr gepresst und daraus Zuckerhüte und Rum hergestellt werden, so wie es der Ururgroßvater auch schon gemacht hat. Diese „Trapiches" (Zuckerrohrpresse) findet man in der Umgebung von Cumanacoa noch häufig.

Cumanacoa, 1585 gegründet, ist heute die Hauptstadt des Municipio Montes. Die **Iglesia de San Baltazar** aus dem 17. Jh. lädt am Plaza Bolívar zu einem Besuch ein, ebenso das **Museo Cruz Quinal,** in dem typische Musikinstrumente der Region ausgestellt sind. Der Busbahnhof befindet sich an der Landstraße 1, 500 m nördlich des Ortseingangs auf der linken Seite. Es gibt regelmäßige Verbindungen mit Bussen und Por Puestos nach Maturín und Cumaná.

In Cumaná starten die **Por Puestos** nach Cumanacoa am Plaza Miranda in der Av. Aristiguieta, auch die Überlandbusse vom Terminal mit Ziel Maturín halten dort kurz an.

Auf der Strecke südlich der Kleinstadt in **Richtung Caripe** folgt man der Ausschilderung „Ruta de Humboldt". Dazu *Humboldt:* „Der Teil dieser Berggruppe, durch den der Weg nach Cumanacoa läuft, ist pflanzenlos und fällt gegen Nord und Süd steil ab. Er führt den Namen „Imposible". Die Aussicht auf dem Imposible ist noch schöner und weiter als auf der Ebene Quetepe. Die Felsenküste von Araya lag nach ihrer ganzen Länge vor uns. Besonders fiel uns die merkwürdige Bildung des Hafens auf, den man „Laguna Grande" oder „Laguna del Obispo" nennt. Ein weites, von hohen Bergen umgebenes Becken steht durch einen schmalen Kanal, durch den nur ein Schiff fahren kann, mit dem Meerbusen von Cariaco in Verbindung. Unser Blick verfolgte die Windungen des Meeresarmes, der sich wie ein Fluss durch senkrechte, kahle Felsen sein Bett gegraben hat. Dieser merkwürdige Anblick erinnert an die fantastische Landschaft, die *Leonardo da Vinci* auf dem Hintergrunde seines berühmten Bildes, der „Gioconda", angebracht hat."

Auf dieser Route erreicht man den eindrucksvollen **Cañon Puerta de Miraflores** und weiter oben in den Bergen den Ort Caripe (mehr Informationen dazu im Kapitel „Caripe und die Guácharo-Höhle").

Parque Nacional Mochima (Westen)   ⌂VI, A2

Der **maritime Nationalpark** Mochima, dessen Attraktionen größtenteils unter Wasser zu finden sind, beginnt direkt westlich von Cumaná, am Ende des urbanisierten Bereiches von Cumaná, westlich vom Playa San Luís. Man kann direkt ab Cumaná, zum Beispiel im Hotel Cumanacoa, eine Bootstour in den Nationalpark buchen, einen günstigeren Ausgangspunkt hat man in dem friedlichen Fischerort Mochima (GPS: N 10°17.81, W 64° 20.72), in dem man durchaus eine Nacht verbringen kann (s.u.).

Schon bei der **Anfahrt** kommt man in den Genuss eines einmaligen Panoramablicks auf den gesamten Mochima-Nationalpark. An der Hauptstraße 9 von Cumaná nach Puerto La Cruz biegen die Por Puestos 20 km nach Verlassen des Stadtbereiches rechts auf eine sich über 5 km hinabschlängelnde Straße ab. Der Blick ist einmalig, man sieht einen Großteil des Nationalparks, der mit tiefblauen Gewässern beeindruckt. In **Mochima** leben nur vier Familien, etwa 400 Personen, und sie wissen ihre Oase zu schätzen. Strenge Regeln für Bewohner und Besucher machen einen Aufenthalt in Mochima erholsam. So hat die Asociación de Mochima (Asotumo) verboten, Müll wegzuwerfen, Diebstahl ist durch die Dorfgemeinschaft selbst verboten, und alle Leistungen, die Besuchern hier angeboten werden, haben feste, angeschriebene Preise. So ist es kein Wunder, dass der Ort Mochima, obwohl er keinen direkten Badestrand hat, ein sehr beliebtes Ziel für nationale und internationale Gäste geworden ist.

Die Strände und Inseln des Nationalparks mit kristallklarem, warmem Was-

CUMANÁ (AUSFLÜGE)

ser über unzerstörten Korallenbänken machen das **Baden und Tauchen** zu einem unvergesslichen Erlebnis. Schon in geringer Tiefe sind wunderschöne Weichkorallenformationen zu finden – Vasenschwämme, wie in der Karibik oft zu sehen, ragen hier alle paar Meter in das klare Wasser. Die Küstengewässer im Nationalpark Mochima sind ein idealer Lebensraum für Korallen, Delfine, Schwämme, Tintenfische, Moränen, Seeigel, Meeresschildkröten, Trompetenfische, Rochen, Seesterne und andere Meerestiere.

Die zwei dem Ort am nächsten gelegenen **Strände, Las Maritas** und **Playa Blanca,** haben Restaurationsbetriebe, in denen man fantastischen, frisch zubereiteten Fisch bekommt. Nach einer Regel von Asotumo muss an jedem Tag, auch wenn nur ganz wenige potenzielle Gäste unterwegs sind, mindestens ein Restaurant geöffnet haben, sodass man an diesen Stränden eigentlich immer mit einer Verpflegungsmöglichkeit zu rechnen ist. Besonders der Playa Blanca ist wegen der sehr gut erhaltenen Korallenriffe bei Schnorchlern sehr beliebt.

Die **weiter entfernten Strände** Playa Manare, Playa Cautaro, Playa Cautarito, Islas Caracas oder Playa Cabruta sind eher einsam und verlassen, bieten aber wunderschöne Schnorchelreviere. Wer einen dieser Strände zum Ziel hat, muss Wasser und Brot mit sich führen, da vor Ort nichts verkauft wird. Auch bietet es sich an, mit einem

Fischer aus Mochima eine Rundtour durch den gesamten Nationalpark – mit „Delfin-Garantie" – zu unternehmen; der Preis hierfür sollte vorher ausgehandelt werden.

Am Hafen sind die **Preise** für die Fahrten zu den einzelnen Stränden ausgezeichnet; sie gelten immer pro Boot für Hin- und Rückfahrt für max. 7 Personen. Man meldet sich am Schalter und bekommt dann ein Boot zugewiesen. Die Preise variieren zwischen 20 und 30 Euro, Rundtouren müssen verhandelt werden.

Im Zelt oder im Restaurant mit Hängematte kann man die **Nacht am Strand** verbringen. Das ist eher für Gruppen zu empfehlen, da über Nacht niemand der Restaurantbetreiber am Strand zurückbleibt und man dann ganz alleine und ohne Boot ist. Im Falle eines medizinischen Notfalles ist das kein so schöner Gedanke. Eine Genehmigung der Nationalparkbehörde (Inparques, in Cumaná gegenüber dem Hafen, im selben Gebäude wie die Guardia Nacional) ist notwendig und gegen eine kleine Gebühr sofort zu erhalten.

Bucht im Mochima-Nationalpark

Delfine bekommt man in Mochima mit Sicherheit zu sehen

CUMANÁ (AUSFLÜGE)

Aufgrund der strengen Regeln, die in Mochima herrschen, gibt es dort **kein großes Hotel,** allerdings eine stattliche Anzahl kleiner, von „Mochimeros" betriebener Posadas. In der Saison wird in fast jedem Haus des Ortes ein Zimmer vermietet; hier nur eine Auswahl:

Posadas in Mochima:
● **Posada Girasol,** geführt von der Schweizerin *Brigitte* und ihrem Mann *Roger*, man kann deutsch und schweizerisch sprechen, schön dekoriert, mit vielen Farben, 4 kleine, sehr saubere Doppelzimmer mit Klimaanlage und eigenem Bad und 2 neue große Zimmer im oberen Bereich mit Kühlschrank für bis zu 4 Personen, gute Matratzen, Bootstouren. C. Principal, im hinteren Bereich von Mochima, gegenüber der Bootstankstelle, Tel. 0293/4160535, €€
● **Posada El Embajador,** geführt von *Domingo Cova*, er organisiert Bootstouren im Nationalpark und führt ein Restaurant am Playa Blanca, 14 kleine Doppel- und Dreierzimmer mit Ventilator oder Klimaanlage, am Ortseingang, links von der Ortstraße, gegenüber des Platzes, blau-gelbes Haus, Tel. 0414/7816837, Fax 0293/8081012, €€
● **Posada El Mochimero,** geleitet von *Rogelio* und *Miguel Figueroa*, Bootsausflüge, 18 einfache, günstige Zimmer, alle mit Klimaanlage, sie vermieten auch noch ein ganzes Haus für größere Gruppen, C. Principal, gegenüber des gleichnamigen Restaurants, Tel. 4162228, 0414/7738782, €€
● **Posada Doña Eugenia,** großzügige Zimmer, Küchenbenutzung möglich, neben der Posada Girasol, gegenüber der Bootstankstelle, Tel. 0293/4160825, €€

Essen und Trinken in Mochima:
Empfehlenswert, aber nicht ganz billig ist das **Restaurante El Mochimero** direkt am Meer, mit Blick auf die Bucht, täglich bis 20 Uhr. Weitere gute, einfache Fischrestaurants befinden sich rund um den Hafen. Erwähnenswert sind **El Puerto Viejo**, das allerdings oft am Abend geschlossen ist. Freundlich empfangen wird man in dem kleinen **Restaurant von Milagros,** das sich am Eingang des Ortes befindet; besonders zum Frühstücken ist es nett, am Abend erhält man bis 20 Uhr ein paar Kleinigkeiten, Di ist Ruhetag. Das **Restaurante Neglimar** bietet einige sehr leckere Gerichte, allerdings muss man mit erheblichen Wartezeiten rechnen.

Abends herrscht in Mochima erfahrungsgemäß **sehr früh Ruhe,** die Restaurants schließen gegen 21 Uhr, anschließend gibt es dann nur noch die Hamburgerwagen, die an der Hauptstraße stehen und üppige Hamburger verkaufen. Manchmal bekommt man unter der Woche nichts zu essen angeboten; man sollte das im Voraus mit der Posada abklären, die hilfsbereit sind und eine Lösung finden. In Mochima findet man außerdem diverse Geschäfte, Schnapsläden und eine Apotheke.

Im Internet stehen unter **www.mochimafoto.com** weitere Informationen und viele Fotos vom Mochima-Nationalpark. Internetverbindung gibt es in Mochima noch nicht.

Die **Anreise** nach Mochima findet am günstigsten mit Por Puestos (ca. 4 Euro, weiße Toyota-Jeeps) ab Cumaná statt, sie starten täglich von 6–18 Uhr vom kleinen Markt am ehemaligen Plaza del Indio. Wer mit dem Überlandbus reist, kann sich an der Abzweigung nach Mochima absetzen lassen und muss dann die verbleibenden 5 km zu Fuß zurücklegen oder auf eine Mitfahrgelegenheit hoffen.

Etwas weiter westlich von Mochima bieten sich **zwei Orte als Alternative** an: der recht unansehnliche und etwas bedrohlich wirkende Ort Santa Fé (der dafür aber einen recht schönen Badestrand direkt vor der Türe hat) oder das häufig von Wochenendgästen überlaufene Strandörtchen Playa Colorada, an dem direkt gebadet werden kann.

Santa Fé (GPS: N 10°17.07, W 64° 25.18) erreicht man knapp 15 km nach der Abfahrt nach Mochima auf der rechten Seite. Der Fischerort wirkt verwahrlost, hat sich aber trotzdem als Ziel für Rucksackreisende aus aller Welt einen Namen gemacht. Der weiße, ruhige Sandstrand lädt zum Baden und Spielen ein, Fischer bieten Bootstouren zum Schnorcheln in den Nationalpark an. **Vorsicht:** Nach Einbruch der Dunkelheit sollte man den Ort nicht mehr betreten, auch sonst muss man in Santa Fé mit allem rechnen; am Strand, an dem sich die Posadas befinden, haben sich deren Besitzer zusammengeschlossen, um für die Sicherheit ihrer Gäste zu sorgen.

Unterkunft in Santa Fé:
●**Playa Santa Fé Resort & Dive Center,** Anlage mit 10 gut ausgestatteten Zimmern in verschiedenen Qualitäts- und Preisklassen, fantastisch sind die 2 etwas teureren Zimmer im 1. Stock mit großem Balkon und direktem Blick auf die Bucht, auch ein Apartment mit Küche steht zur Verfügung. Playa Cochaima, Tel. 0416/4823109, 0293/2310051, €€€
●**Posada La Sierra Inn,** die Posada bietet 8 recht einfache und günstige Zimmer, ein kleines Häuschen mit eigener Küche und Klimaanlage steht auch zur Verfügung. Der Besitzer *José Vivas* ist ein Wegbereiter für den Tourismus in Venezuela, man sollte die Gelegenheit nutzen, ihn kennen zu lernen: ein positiver Mensch mit viel Energie und sozialem Engagement! Man kann Kajaks mieten, um am Strand zu paddeln. Playa Cochaima, das dritte Haus am Strand, Tel. 0293/2310042 und 4162789, €€
●**Posada Los siete Delfines,** eine der ersten Posadas am Strand von Santa Fé, leider etwas ungepflegt, billig. Playa Cochaima, Tel. 0293/ 4167449 und 4314166, €

Essen und Trinken in Santa Fé:
Gut essen kann man im **Restaurante El Nautico** direkt am Fischmarkt, vorne am Strand. Vor der Posada Los siete Delfines befindet sich das urige Strandrestaurant **Los Molinas** (kleine Essensportionen), in dem man tropische Cocktails genießen kann, Tel. 0293/4147136.

Santa Fé wird ab Cumaná von **Por Puestos** angefahren, die Haltestelle liegt ganz in der Nähe der Haltestelle nach Mochima, nahe des „Redoma Nueva Toledo" in der Av. Universidad, auch bekannt als Plaza del Indio. Überlandbusse von Cumaná nach Puerto La Cruz halten in Santa Fé an, man muss dann allerdings zu Fuß durch den gesamten Ort marschieren, was mit Gepäck einem Spießrutenlauf ähnelt ... Von Puerto La Cruz fahren Por Puestos und Busse ab dem Terminal in der C. Juncal.

Nur 8 km hinter Santa Fé erreicht man auf kurviger Straße den Strandort **Playa Colorada,** der bei einem Unwetter im November 2007 ziemlich in Mitleidenschaft gezogen wurde. Nach tagelangen schweren Regenfällen wurde der kleine Ort von Schlammlawinen heimgesucht, Häuser und Straßen wurden zerstört, die Aufräumarbeiten gehen nur langsam voran.

Der sandige Strand trägt seinen Namen wegen des goldenen Sandes. Hier sind besonders atemberaubende

Sonnenuntergänge zu bestaunen. Im Sonnenlicht sind die zwei **Inseln Arapo** und **Arapito** zu sehen. Am Strand, den leider unansehnliche Wellblechhütten verunstalten und an dem man einfache, frisch zubereitete Fischgerichte erstehen kann, kann man Fischerboote zu nahen Stränden mieten. Man sollte den Preis in jedem Fall vorher ausmachen und erst nach Rückkehr bezahlen.

Unterkunft in Playa Colorada:
- Freundliche Aufnahme findet man bei dem Kanadier *Jacques* in der **Posada Quinta Jaly.** Man gehe vom Strand die Straße hoch, die erste rechts und dann gleich wieder links. Dann kommt nach etwa 100 m auf der rechten Seite die Quinta Jaly, Tel. 0416/6818113, €. Man hat die Möglichkeit, selber zu kochen, auf Wunsch wird Frühstück zubereitet, ein großer Garten mit Hängematten lädt zum Entspannen ein, die familiäre Atmosphäre trägt das ihre bei. Die 4 einfachen, klimatisierten Zimmer und ein Bungalow sind extrem günstig, man darf natürlich keine zu hohen Ansprüche stellen.
- Ähnliche Zustände findet man in der **Posada Villa Nirvana** direkt gegenüber, die von der Schweizerin *Rita* geleitet wird. In 5 Zimmern mit der Möglichkeit zur Küchenbenutzung und nettem Garten kann man seine Ruhe finden. Tel. 0414/8245607, nur von 14–18 Uhr erreichbar, €
- Eine weitere, extrem günstige Unterkunft findet man im **Jakera Camp**, einem von *Chris Patterson* gegründeten Sport- und Jugendcamp. Unterkunft in Hängematten, Abenteuertouren und Wassersportmöglichkeiten wie Rafting oder Kajakfahren im Mochima-Nationalpark. Tel. 0293/8087057, mehrmals versuchen, englischsprachig, €

Golfo de Cariaco ♪ VI, A1

Die Küste ist überwiegend steil und felsig, zwischendurch öffnen sich immer wieder **kleine Buchten** mit einladenden Sandstränden: Playa El Peñón, Playa Cali, Playa Güirmar, Playa Guaracagan, Playa Quetepe, Playa Tunartal, Playa Maigualida. Etwa 2 km vor dem kleinen Küstenort **Marigüitar** befindet sich das sehr empfehlenswerte und immer gut besuchte **Fischrestaurant Sol y mar.**

In Marigüitar ist das **Restaurante El Roble** zu empfehlen, die Spezialität des Hauses ist das typische *pabellón criollo*. Eine einfache Unterkunft ist die **Posada El Remanos** am Plaza Sucre, Tel. 0293/8391264, €.

Nach Marigüitar, im Ortsteil **La Chica**, folgt der **Club Hotel Maigualida** mit Restaurant, Pool, Tennisplatz, 12 Zimmern und 12 Apartments, *Karl-Heinz* spricht deutsch, KK; Tel. 0293/8391070, Fax 8391084, €€€.

13 km weiter erreicht man den malerischen Ort **San Antonio del Golfo.** Direkt am Golf von Cariaco schmiegt sich der Ort an die Hänge und bietet vor allem abends mit seinen bunten Laternen einen sehr romantischen Anblick. Ein Stopp lohnt sich auf jeden Fall. San Antonio ist bekannt für den hier frisch zubereiteten Fisch (*catalana, sierra, corocoro* und *huevos de lisa* = Fischroggen). An der Ortseinfahrt achte man auf das in das Meer hinausragende Rohr, aus dem **heißes Schwefelwasser** sprudelt. Viele Venezolaner

besuchen diese Stelle, um ihrer Haut Gutes zu tun und an der Quelle im Meer zu baden. Im Ort selbst sind in den letzten Jahren einige Restaurants und Pensionen entstanden, auch ein Markt, der *mercadito gastronómico*. Der neu gebaute Malecón am Meer ist abends von jungen Leuten bevölkert, die sich hier treffen, auf der Ufermauer sitzen und diskutieren. Ein Blick in den Golf lässt an ein Aquarium denken. Die Zeit vor dem Sonnenuntergang nennen die Bewohner die „Blaue Stunde": Berge, Meer und Himmel, alles erscheint in verschiedenen Blautönen, bis das imposante Abendrot mit postkartenreifen Bildern den Sonnenuntergang anzeigt. Das angenehme Klima und die leichte Brise vom Golf verleihen dem Ort ein angenehmes Flair.

In **Cachamaure** findet sich ein weitläufiger, allerdings recht ungepflegter Sandstrand. In der Ortsmitte sind Ruinen einer ehemaligen Hazienda stumme Zeitzeugen der Familie des Mitbefreiers Lateinamerikas, „El Gran Mariscal de Ayacucho", *Antonio José de Sucre* (1795–1830).

An der *ensenada* (Bucht) von Cachamaure lebt der Heidelberger **Maler Kurt Kirchner,** der sich nach Ausstellungen in Spanien, Deutschland und Venezuela 1998 hier niedergelassen hat, um sich ganz seiner Malerei zu widmen. Für alle Kunstinteressierten ist ein Besuch des gastfreundlichen Künstlers nach Absprache möglich: Tel. 0293/4166732, kygycacique@cantv.net, Carretera Cumaná – Carúpano, km 119, El Faro.

An der Uferstraße kann man ein **Boot mieten,** um einen Angelausflug zu machen oder die gegenüberliegende Südküste der Halbinsel Araya zu besuchen, die wüstenähnliche Landschaften und einsame Strände bietet, z.B. in Guacarapo oder Cachicato. Am Ostzipfel des Golfs, an seinen dicht mit Mangroven bewachsenen Ufern. tummeln sich Scharen von Vögeln.

Busse und Por Puestos:
Die Busse und Por Puestos halten an der Kirche im Ortszentrum von San Antonio.
●**San Antonio del Golfo – Cumaná,** Busse und Por Puestos mehrmals täglich, ca. 1 Euro, Taxi 12 Euro.
●**San Antonio del Golfo – Carúpano,** mit regelmäßiger Por Puesto-Verbindung nach Cariaco, 30 km, 1 Euro, ab Cariaco mit Por Puesto oder Bus weiter nach Carúpano, 2 Euro, ein Taxi kostet etwa 14 Euro.
Man hat Zusteigemöglichkeiten auf die Fernbusse nach Puerto La Cruz, Caracas, Maracay, Valencia oder Carúpano/Güiria.

Unterkunft in San Antonio:
●**Rancho Aurelia,** 3 komplett eingerichtete Apartments für 3–10 Personen, mit direktem Zugang zum Golf, eingerichtete Küche, Terrasse, Parkplatz. Am östlichen Ortsausgang von San Antonio del Golfo, direkt nach dem neuen Markt, *Don Evelio Farinas,* Tel. 0293/8293137, 8293138 und 0416/7933520, posadaurelia@cantv.net , €€

●**Polizei: Comando de Policia,** am Ortsende, Tel. 171.
●**Klinik: Ambulatorío San Antonio,** am Ortsende bei der Polizei, 24 Std. geöffnet, Tel. 171.

Fährt man die Küstenstraße weiter, kommt man an die **Tankstelle/Raststätte Pericantar,** die 24 Std. geöffnet hat. Hier halten alle Busse, die aus Osten kommend nach Caracas weiterfahren oder in umgekehrter Richtung nach Carúpano. Man kann hier nach Absprache mit dem Busfahrer zusteigen. Man findet auch (Not-)Unterkunft, und zwar im **Hotel Cerromar** direkt an der Raststätte, Tel. 0414/7736251, €.

Wer ein eigenes Auto hat, sollte in Betracht ziehen, einen **Abstecher in die Berge** zu unternehmen. Es geht steil hinauf zu dem kleinen Ort **Soledad,** von dem sich ein herrlicher Rundblick über den gesamten Golf von Cariaco bietet (*Humboldt* am 25. Sept. 1799: „Wir verließen den Hof Pericantar erst nach Sonnenuntergang. Die Südküste des Meerbusens in ihrem reichen Pflanzenschmuck bietet den lachendsten Anblick."). In Soledad kann man den hier üblichen Hahnenkämpfen beiwohnen, bei denen oft hohe Summen gewettet werden.

Die Weiterfahrt nach **Paradero** – man folgt der Straße über Limonar und Maturíncito – gibt Einblicke in eine einzigartige, hügelige Landschaft; in den Tälern wird **Zuckerrohr** angebaut. Am Ortsausgang von Paradero findet man rechter Hand eine Zuckerrohrverarbeitung *(trapiche),* in der Campesinos den Zuckerrohrsaft pressen und in antiken Kesseln so lange kochen, bis er karamellisiert und dann als *pabellón* (Zuckerhut) verkauft wird.

Wer es etwas abenteuerlich will, fährt über Maturíncito nach **La Montañita** und **San Cayetano;** die Strecke ist teilweise asphaltiert, teilweise Piste. Fern von allem Tourismus genießt man hier wunderbare Panoramablicke ins Landesinnere, die Menschen sind freundlich und ohne Hast und Eile, es gibt Ananasfelder, Natur pur und saubere Flüsse, die zum Baden einladen. Wer viel Glück hat, kann in den Flusstälern Affen entdecken. Die Moriche-Palme ist hier weit verbreitet, ihre Blätter werden zum Eindecken der *churuatas* (Palmdächer) verwendet. Weitere nette Ortschaften im Gebirge sind **Chorrerón** und **Belén.** Flüsse mit kleinen Wasserfällen und Badebecken fließen inmitten des tropischen Regenwaldes.

Wieder auf der Küstenstraße erreicht man als nächstes den Ort **Cotua.** Dort frage man nach *Señor Orlando Rodriges* oder *Señora Margaret D' Emidio,* sie stellen wunderschöne Ton-Keramiken her (Tel. 0416/8939136).

2 km weiter, beim Ort **La Peña,** findet man die **Quinta Palomar** (Tel. 0293/8084016), eine kleine familiäre Posada (2 sehr schöne und gemütliche Zimmer mit Gemeinschaftsbad, €€€), die von der Deutsch-Venezolanerin *Monika* geführt wird. Fern von jedem Stress kann man sich hier von den Reisestrapazen erholen. Es gibt eine Bibliothek, im Golf kann man angeln gehen.

Cariaco   VI, B1

GPS: N 10°29.86, W 63°33.61

Cariaco ist eine Kleinstadt mit rund **26.000 Einwohnern,** die im Juli 1997 von einem Erdbeben verwüstet wurde, das fast 100 Opfer forderte, tragischerweise hauptsächlich Kinder. Gegenüber der Kirche ist nur noch der Banktresor zu sehen, der wie ein Mahnmal auf dem Gelände steht. Die Stadt gilt als zweitältester Ort Venezuelas, 1817 wurde hier der erste Kongress des Landes einberufen. Sie weist eine Durchschnittstemperatur von 27°C auf. Sehenswert ist die trotz Erdbeben weitgehend intakt gebliebene **Iglesia San Felipe de Asturias.** Das Leben in der Kleinstadt scheint stillgestanden zu sein und hat sich kaum verändert, seit *Alexander von Humboldt* hier zu Besuch war, der meinte: „Wir lernten in der Stadt Cariaco viele Leute kennen, die durch eine gewisse Leichtigkeit des Benehmens, durch umfassenderen Ideenkreis und, darf ich hinzusetzen, durch entschiedene Vorliebe für die Regierungsform der Vereinigten Staaten verrieten, dass sie viel mit dem Auslande in Verkehr standen. Hier hörten wir zum ersten Mal in diesem Himmelsstrich die Namen *Franklin* und *Washington* mit Begeisterung aussprechen. Neben dem Ausdruck dieser Begeisterung bekamen wir Klagen zu hören über den gegenwärtigen Zustand von Neu-Andalusien und leidenschaftliche, ungeduldige Wünsche für eine bessere Zukunft. Wir schifften uns morgens sehr früh ein, in der Hoffnung die Überfahrt über den Meerbusen von Cariaco in einem Tag machen zu können. Als wir die kleine Stadt Cariaco im Rücken hatten, gingen wir westwärts am Flusse Carenicuar hin, der schnurgerade wie ein künstlicher Kanal durch Gärten und Baumwollpflanzungen läuft."

Von Cariaco in Richtung Carúpano befindet sich die **Laguna de Campoma,** in welcher Kaimane leben. Bei Chamariapa Afuera kann man Boote mieten, um die rund 30 km² große Lagune zu befahren. An ihrem Ufer sind einige **archäologische Funde** aus der präkolumbischen Zeit zu sehen. Die Universität von Caracas ist z.Z. mit einem Ausgrabungsprojekt beschäftigt.

Die Weiterreise vom neuen Busterminal in Cariaco ist unproblematisch. Der Terminal befindet sich an der Nationalstraße nach Carúpano. Die Weiterfahrt **von Cariaco nach Carúpano** die Küste entlang führt an vielen schönen Stränden vorbei (z.B. bei Guaca und Güiria), die Strecke ist gut und schnell befahrbar.

● **Vorwahl:** 0294
● **Punto Críollo,** typische Küche, viele Fischgerichte. La Encrucijada.
● **Kunsthandwerk,** die Bewohner leben von Landwirtschaft, Fischfang und vom Kunsthandwerk. Im Ort findet sich entsprechend sehr viel davon: Figuren aus Holz oder Keramik und Musikinstrumente wie die viersaitige Gitarrre, die *cuatro*.

Halbinsel von Araya   VI, A/B1

Ein Ausflug zur Halbinsel von Araya ist sowohl **auf dem Landweg** als auch über Wasser (Fähre von Cumaná) möglich. Mit dem Auto fährt man von Cumaná über San Antonio del Golfo bis Cariaco. Man folgt der neu asphaltierten Straße weiter nach Chacopata (Fähre nach Porlamar). Zu Beginn stehen rechts und links der Straße fruchtbare Fincas mit Zitrusfrüchten und Bananenplantagen, welche von der Wasserleitung nach Margarita profitieren. Fährt man durch das kleine Felsmassiv, sieht man häufig Weißkopf-Seeadler, Fregattvögel, Graureiher, Pelikane und Geier. Etwa 5 km vor Chacopata teilt sich die Straße, geradeaus geht es nach Chacopata, Ausgangspunkt der kürzesten Verbindung vom Festland nach Margarita, links geht es weiter nach Araya.

Auf der nördlichen Seite gibt es einen kilometerlangen einsamen Sandstrand, den **Playa Bravo,** der zum Baden einlädt. Bei klarem Wetter kann man bis Porlamar sehen, daher nennt sich dieser Abschnitt „Vista Porlamar". In der gegenüberliegenden, einige Quadratkilometer großen **Laguna de Chacopata** halten sich Scharen von Flamingos und Graureihern auf. Es empfiehlt sich ein Fernglas, da die Flamingoschwärme manchmal weit in der Lagune ihre Nahrung suchen.

Direkt vor der Küste liegen die kleinen unbewohnten Inseln **Isla de Lobos** und **Isla de Caribe** sowie die bewohnte **Isla de Coche.** Hier wurden im 15./16. Jh. reiche Perlengründe ausgebeutet.

Fährt man weiter in Richtung Araya, passiert man die Orte **Guayacán, Caimancito** und **Taguapire;** häufig sieht man am Straßenrand Halden von Muschelschalen. Muscheln und Krustentiere sind die Haupterwerbsquellen der hiesigen Einwohner. Endlose Kaktuswälder säumen die Landschaft.

HALBINSEL VON ARAYA

Bei der Weiterfahrt sollte man auf die wundervollen Farben achten, welche diese **Wüstenlandschaft** hervorbringt: von braunen Erdtönen über Ocker und unterschiedlichste Rotschattierungen bis zu grünlichen und bläulichen Erdfarben. Durch die starke Hitze und den ständigen Wind ist dieser Landstrich starken Erosionskräften ausgesetzt. Da es in dieser Region manchmal monatelang nicht regnet, entstehen bizarre Konturen.

In den letzten Jahren wurden mehrere Hektar **Aloe-Vera-Kulturen** angelegt. Diese Pflanze bezieht ihre Nährstoffe überwiegend aus der Luft. Französische Kosmetikkonzerne haben mit den Kooperativen Abnahmeverträge geschlossen, weil die Pflanzen besonders für Heilzwecke und Kosmetikanwendungen geeignet sind.

Die nördlichste Spitze der Halbinsel erreicht man am **Punta Araya,** vorher passiert man zahllose künstliche Salinen, die der Salzgewinnung dienen. Die **Salinen** stellen neben dem Fischfang die Haupteinnahmequelle der Halbinsel dar. Im 18. Jh. hatte Salz einen bedeutenden Wert als Konservierungsmittel, die ehemals mächtige Festung von Araya wurde von den Spaniern einzig zum Schutz des Salzes errichtet. Ein Besuch der Salinen ist heutzutage fast unmöglich, da sich die vorher privatisierte Firma nach langem Rechtsstreit nun wieder fest in staatlicher Hand befindet, es aber immer noch Querelen gibt. Mit viel Geduld und Freundlichkeit kann man es (ohne Kamera) bei Salinas de Araya S.A., direkt nach der Siedlung El Rincón, versuchen.

Nur 7 km von Punta Araya entfernt trifft man auf den heißen Hauptort der Insel, **Araya.** Hier stehen die Ruinen des 1665 erbauten Castillo de Santiago de Araya. Einst ein eindrucksvolles Bauwerk, sieht man heute nur noch Reste, sodass man die gewaltigen Ausmaße nicht mehr wahrnehmen kann. Der **Sandstrand** mit kristallklarem Wasser direkt unterhalb der Ruine gehört zu einem der schönsten auf der Halbinsel. Man kann in dem flachen Wasser weit hinaus waten, wo man von bunten Fischen umschwärmt wird. Besonders für Windsurfer ist die Landzunge ein Paradies, da hier ein stetiger Wind garantiert ist.

Fähre:
Gegen Mittag kann man die Autofähre zurück **nach Cumaná** nehmen. Wenn sie bereits ausgebucht ist, wartet man auf die kommende, die am frühen Nachmittag fahren sollte. Preis 10 Euro für ein Auto, 1 Euro pro Person.

Unterkunft in Araya:
● **Posada Araya Wind,** 12 saubere, sehr einfache Zimmer mit Gemeinschaftsbad, nah am Strand und an den Ruinen, Verleih von Windsurfbrettern. C. El Castillo, Sec. Lisboa, Tel. 0293/4371132, 0414/1890717, posada-arayawinds@hotmail.com, €€
● **Posada Helen,** 19 einfache, saubere und klimatisierte Zimmer, geführt von *Señora Helen,* gutes Restaurant, allerdings nur in der Saison. C. El Castillo, Sec. Lisboa, in der Nähe der Festung, Tel. 0293/4371101, 0414/3935422, €

Sardinenfischer

● **Posada Araya Mar,** recht neue Posada mit nur 5 Zimmern, ganz in der Nähe des Strandes, mit gutem Restaurant, sauber und hell. C. El Castillo, Sec. Lisboa, Tel. 0293/4371382, 0414/7773682, €

Carúpano ♪ VI, B1

GPS: N 10°39.60, W 63°15.22

Carúpano ist eine heitere Stadt mit vielen jungen Leuten, einer Fachhochschule und einer Niederlassung der „Universität des Ostens" (UDO). Der **Karneval** von Carúpano ist wegen seiner Vielfalt an Umzügen, den frohen Farben, dem bunten Nachtleben und der Herzlichkeit der Menschen als einer der besten in Venezuela bekannt. In der Karnevalszeit vervielfacht sich die Bevölkerung von Carúpano von normalerweise 180.000 Einwohner auf über 1 Mio. – es sind richtig viele Menschen unterwegs, die gemeinsam fröhlich den Karneval feiern.

Carúpano ist besonders geeignet als Ausgangspunkt für **Touren in die Umgebung:** Vier Nationalparks, die Guácharo-Höhle, die schönsten Strände Venezuelas, Flüsse, heiße Quellen, Thermalbäder, Urwald – alles in unmittelbarer Nachbarschaft und gut zu erreichen. Carúpano hat gute Fährverbindungen ab Güiria nach Trinidad und ab Chacopata zur Isla Margarita.

Stadtgeschichte

Wenn man die heute so ruhige Stadt betrachtet, ist es beeindruckend, etwas mehr über die bewegte Vergangenheit zu erfahren. Nach der Stadtgründung 1647 wurden Schiffsladungen von Sklaven gebracht, die auf den umliegenden **Kakaoplantagen,** die der Stadt ihren Reichtum bescherten, benötigt wurden. Bis weit in die 1970er Jahre hinein wurden immer noch 70% der nationalen Kakaoproduktion über den Hafen von Carúpano exportiert. Carúpano spielte im 19. und 20. Jh. eine wichtige internationale Rolle, Handelsvertretungen aus allen Ländern, allen voran die Franzosen, waren hier vertreten. Die Franzosen waren es auch, die im Jahr 1885 ein **Unterseekabel** von Marseille nach Carúpano verlegten, das erste Kommunikationskabel vom alten zum neuen Kontinent.

Über Jahrzehnte hatten der **Hafen** und die Stadt einen Namen im internationalen Handel, nicht nur im Hinblick auf den Export von Kakao, auch die Kaffeeernten aus weiter Umgebung wurden von hier in die Welt geschickt.

Um 1910 ließen sich deutsche Minenarbeiter bei El Pilar, 20 km südlich von Carúpano, nieder, um die dort reichlich vorkommenden **Schwefelvorkommen** auszubeuten. Sie bauten für den Transport eine Seilbahn über die bewaldeten Täler bis an den Hafen von Carúpano. Im Jahr 1926 kam die gesamte Kolonie bei einem Grubenunglück ums Leben – noch heute sieht man den Menschen in dieser Gegend die fremden Gene an.

Plaza Colón, der Hauptplatz Carúpanos

Lage

Carúpano liegt **an der Nordostküste Venezuelas,** am Beginn der Halbinsel Paria, und bietet sich damit als Pforte nach Paria an. Die Stadt befindet sich knapp 120 km östlich von Cumaná, und fast 500 km von Caracas. Gen Osten kommt der kleine Fischerort Río Caribe nach 20 Min. in Sicht, bis Güiria, der letzten Stadt auf venezolanischem Gebiet, von der man fast nach Trinidad spucken kann, sind es 135 km auf löchriger Landstraße. Dort endet dann die Troncal 9, die Fortsetzung bis Macuro ist nie gelungen. Nach Süden erreicht man in 2,5 Stunden Fahrt durch wunderschöne Wälder Maturín, 2 Stunden später steht man am Orinoco. In nordwestlicher Richtung sieht man bei guter Sicht in knapp 70 km Entfernung die Insel Margarita.

Orientierung

Die Stadt ist wie alle kolonialen Städte im Schachbrettmuster aufgebaut und im Innenstadtbereich sehr übersichtlich. Der Hauptplatz – eine große Ausnahme im Vergleich zu den anderen venezolanischen Städten – ist der **Plaza Colón** und nicht der Plaza Bolívar; er liegt inmitten der Neustadt. An den zwei Avenidas, die als Einbahnstraßen in Nord-Süd-Richtung am Platz vorbeiführen, sind Geschäfte, Banken, Kirchen und Straßenhändler anzutreffen. Die **Av. Carabobo** führt in Richtung Meer, die **Av. Independencia** in Richtung Plaza Bolívar und zum Flughafen. Zwei weitere Avenidas, die parallel verlaufen (Av. Juncal und Av. Libertad), gehören noch zum Zentrum, dann ist auch schon wieder Schluss. Die **historische Altstadt** befindet sich im Norden dieser Avenidas in der Nähe des Strandes, rund um den Plaza Santa Rosa und den Plaza Miranda.

Die **Strandpromenade**, die Av. Rómulo Gallegos, führt in östlicher Richtung zu dem Stadtstrand Tío Pedro, in westlicher Richtung folgen – gut mit öffentlichen Verkehrsmitteln zu erreichen – die nahen **Badestrände** Copey, Los Uveros, Patilla und Manzanillo, die zu den schönsten Stränden des Landes zählen (s.u.).

Sehenswürdigkeiten

Altstadt

Die Altstadt, wenn auch nicht spektakulär, ist doch ganz nett und einen Besuch wert. Hier findet man das **Kabelhaus** *(La Casa del Cable)*, in dem das oben erwähnte Unterseekabel aus Marseille endete. Das schöne Kolonialhaus ist heute Sitz der Stiftungen Thomas Merle und Paria, welche schon mehrfach ausgezeichnet wurden. Die Stiftungen haben die Aufgabe, die Balance zwischen Tourismus, Industrie, Natur und Bevölkerung zu wahren und unterstützen Familien mit niedrigem Einkommen.

Markt

Der **Mercado Municipal** findet täglich am Vormittag statt und ist der größte Fischmarkt in der Region. Es gibt außerdem Früchte und Gemüse, Bekleidung und vieles mehr. Ein sehr quirliger und uriger Markt, der Besuch lohnt sich. Er befindet sich zwischen der C. El Mercadito und der C. Chimborazo, am zweiten Kreisel, wenn man von Westen in die Stadt kommt.

Rumfabriken

Es gibt in der Stadt zwei Rumfabriken, die man besichtigen kann. Empfohlen sei die **Fabrik „El Muco"** im gleichnamigen Stadtteil in der C. Principal El Muco. Die Anfahrt ist leicht mit Por Puesto zu realisieren. Der Eintritt ist frei, manchmal bekommt man sogar ein kleines Fläschchen geschenkt – leider kann man sich aber nicht darauf verlassen, dass die Fabrik auch geöffnet hat.

An- und Abreise

Busse und Por Puestos

Der **Busbahnhof** liegt am Malecón im Norden der Stadt, Av. Perimetral (Rómulo Gallegos) c/ C. Cantaura.

- **Carúpano – Cumaná,** stündlich, 2 Std.
- **Carúpano – Caracas,** mit Stopp in Cumaná und Puerto La Cruz, 15x täglich, am empfehlenswertesten ist es, einen Nachtbus zu wählen (nach 21 Uhr), dann ist man in den frühen Morgenstunden in Caracas.
- **Carúpano – Güiria,** 5x täglich, 3 Std. Fahrzeit, die Strecke wird zusätzlich ständig von Por Puestos bedient.
- **Carúpano – Río Caribe:** 3x täglich, besser mit Por Puesto, s.u.
- **Carúpano – Maturín** (2½ Std.) **– San Félix (Ciudad Guayana),** 4x täglich, alle am Vormittag, 5–6 Std. Fahrzeit.
- **Carúpano – Maracay – Valencia,** 4x täglich, 10 Std. Fahrzeit, 1x mit Rodovias, 3x mit

CARÚPANO

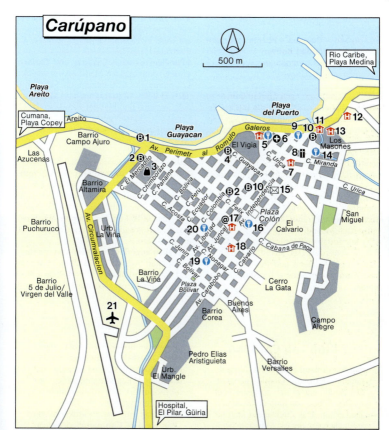

Ⓑ	1	Haltestelle nach Chacopata
Ⓑ	2	Haltestellen nach Playa Copey/Manzanillo
🔒	3	Markt
Ⓑ	4	Busterminal
🏨❶	5	Hotel Euro-Caribe/Restaurant
➕	6	Policlinica Carúpano
🏨	7	Hotel Bologna
⛪	8	Kathedrale
❶	9	Rest. El Fogón de la Petaca
Ⓑ	10	Haltestelle nach Río Caribe
🏨	11	Hotel Victoria
🏨	12	Hotel Maria Victoria
🏨	13	Posada La Colina
❶	14	Rest. Villa Hermuz Café
✉	15	Postamt
❶	16	Rest. Il Spazzio
@	17	CANTV: Telefon und Internet, Hotel San Francisco
🏨	18	Hotel Lilma
❶	19	Rest. El Rincon de Italia (Av. Juncal)
❶	20	Rest. Flor de Oriente (Av. Libertad)
✈	21	Flughafenterminal

Der Nordosten

Aerobuses de Venezuela, Tel. 3321259, mit Buscama.
- **Carúpano – Cumaná – Puerto La Cruz – Barcelona – Ciudad Bolívar,** 1x ganz früh am Morgen, nicht empfehlenswert, da der Bus einen riesigen Umweg fährt.

- Um von Carúpano nach **Ciudad Bolívar** zu fahren, empfiehlt es sich, mit der Buslinie Expresos Maturín (Tel. 3314621) nach San Félix zu fahren, von dort verkehren regelmäßig Anschlussbusse nach Ciudad Bolívar. Man kann auch in Maturín aussteigen und mit einem Por Puesto direkt nach Ciudad Bolívar fahren. Das ist dank der neuen Orinoco-Brücke die schnellste Lösung.

- Um nach **Mérida** zu kommen, sollte man vormittags nach Puerto La Cruz fahren, von dort starten am frühen Nachmittag Direktbusse nach Mérida.

- Die komfortablen Buscama der Linie Rodovias de Venezuela (Tel. 3315455) fahren 6x täglich über Cumaná und Puerto La Cruz nach **Caracas** und einmal bis **Maracay/Valencia.**

- Die **Por Puestos nach Río Caribe** starten von ihren Haltestellen in der Av. Perimetral am Hotel Victoria und in der C. Juncal c/ C. Cantaura.

- **Por Puestos nach Casanay und Cariaco** starten vormittags am Markt, später von der C. Colombia c/ C. Cantaura, die Fahrzeuge nach **El Pilar, Yaguaraparo** und **Güiria** ab dem Terminal und von der Parada in der C. Güiria c/ C. Juncal (gegenüber befindet sich La Mansion del Pan, eine gute Bäckerei).

Flugzeug

Der **Aeropuerto José Francisco Bermúdez** (Tel. 3311154, 7–18 Uhr) befindet sich im Westen der Stadt, hat ein kleines Restaurant und zwei Souvenirshops. Vom Flughafen kann man in 10 Min. ins Zentrum laufen, ein Taxi zu den Posadas am Playa Copey kostet um die 3 Euro.

Täglich angeflogen werden von der Fluggesellschaft Avior (Tel. 3312867) **Caracas** (2x) sowie **Porlamar** (2x) von Rutaca (Tel. 3322646) mit Anschluss nach Caracas und

Der Rum von Carúpano

Das Bundesland Sucre wird „Tierra de Gracia" (Erde der Gnade) genannt. Der Boden eignet sich ausgezeichnet für den Anbau von Kaffee, Kakao und Zuckerrohr. Das **Zuckerrohr** kam ursprünglich von der Isla Margarita herüber, ein Gouverneursdekret von 1568 verpflichtete alle Bauern, Zuckerrohr anzubauen. In erster Linie galt es, die Herstellung von Zucker zu gewährleisten, aber ab 1750 wurde angefangen, Rum zu brennen. 1761 zählte man in Carúpano und Umgebung 26 Zuckerrohr-Haziendas, die über 23 „Trapiches" verfügten, Zuckerrohrpressen, durch die per Hand das Zuckerrohr zweifach durchgeschoben wird. 1782 wurde die Rumproduktion von der Regierung verboten, man wollte damit die spanischen Alkohol-Importe fördern. Nichtsdestotrotz wurde mit wachsender Begeisterung fleißig weiter produziert. Um sich von anderen Rumsorten qualitativ abzuheben, begann man mit der Produktion von **„Rón Viejo de Carúpano"**, dem Jahrgangsprodukt. Dieser hat noch heute einen sehr guten Ruf, er wird bis zu zwölf Jahre in Eichenfässern gelagert, was ihm seine elegante Note verleiht. Daneben werden in den zwei nach wie vor produzierenden Rumfabriken auch andere Sorten hergestellt. Bei der armen Bevölkerung ist vor allem der einfache und billige „Aguardiente" sehr gefragt. Man kann die Rumfabriken besuchen und darf dort gratis Rum degustieren.

Trinidad; Conviasa plant ebenfalls Flugverbindungen nach Carúpano.

Bei der **Ausreise** muss man die nationale Flughafensteuer in Höhe von etwa 4 Euro am Schalter der Fluggesellschaft zahlen und sich anschließend bei der Staatssicherheit (DISIP) in die Passagierliste eintragen.

Touristeninformation

● Die **Cámara de Turismo** befindet sich im 3. Stock des Edf. Fundabermúdez, C. Carabobo, Tel. 6461931. Gute Auskunft auf Deutsch, Stadtpläne und Landkarten bekommt man in der Posada Nena am Playa Copey (s.u.).
● Weitere Informationen über Carúpano findet man unter **www.carupano.org.**

Unterkunft

Hotels

● **Hotel Euro-Caribe Internacional******, relativ neues Businesshotel mit 90 Zimmern, Pool, gutes italienisches Restaurant, ÜF, KK. Av. Perimetral Rómulo Gallegos, Tel. 3313911, Fax 3313651, www.hoteleurocaribe.com.ve, €€€€
● **Hotel La Colina**, koloniale Stadt- und Businessposada auf einem Hügel mit Blick auf die Kathedrale und das Meer, 17 renovierte und klimatisierte Zimmer, sehr gutes Restaurant, Pool in Bau, gehört zur Kette Little Secrets, KK, ÜF. Av. Rómulo Gallegos Nr. 33, Tel. 3322915, 3320527, Fax 3312067, www.littlesecrets.com.ve, €€€€
● **Hotel Victoria*****, Restaurant, Parkplatz, großer Pool, KK. Av. Rómulo Gallegos, Tel. 3311554, 3311789, Fax 3315301, €€€
● **Hotel San Francisco****, Restaurant, Tasca und Parkplatz, KK. Av. Juncal Nr. 87-A, Tel. 3320318 und 3311074, €€€
● **Hotel Lilma,** das älteste Hotel in der Stadt, 44 klimatisierte Zimmer, Restaurant, Bar, kein Parkplatz, Café, Kino, Friseur, KK. Av. Independencia Nr. 161, Tel. 3311361, Fax 3312212, €€
● **Hotel Bologna***, mit Restaurant, etwas heruntergekommen, sehr billig. Av. Independencia Nr. 47, Tel. 3311241, €

● **Hotel Maria Victoria,** sehr einfach und billig, mit Tasca, Av. Rómulo Gallegos, gegenüber der Konzertmuschel *(concha acústica),* Tel. 3311170, €

Posadas in Playa Copey

In Playa Copey, einer ruhigen, stadtnahen (7 km westlich) **Strandsiedlung,** haben sich mittlerweile einige empfehlenswerte Posadas und Restaurants angesiedelt. Ein Taxi dorthin kostet etwa 3 Euro, Por Puestos fahren vormittags am Markt, nachmittags in der Innenstadt an der Parada de Guaca (C. Colombia c/ C. Güiria) ab. Der kilometerlange Sandstrand weist manchmal recht kräftigen Wellengang auf und ist dadurch landesweit bei Surfern beliebt.

Abendstimmung am Playa Copey

CARÚPANO

Playa Copey

- 1 Posada Panda
- 2 Imbiss und Getränke
- 3 Bodega (Minishop)
- 4 Posada Mar Illusiones
- 5 Posada Copey
- 6 Posada Nena
- 7 Polizei
- 8 Posada Mareca

●**Posada Nena,** schöne Anlage mit komfortablen Zimmern, direkter Strandzugang, Organisation von ausgefallenen und günstigen Ausflügen (Mochima, Guácharo-Höhle, Paria, Dschungeltouren, Orinoco-Delta, Canaima etc.), Tipps für Touren auf eigene Faust, Billard, kleiner Pool, kostenloses Internet, WLAN, Wäscherei, Büchertausch, gutes Restaurant, klassische Cocktailbar, bei Reservierung kostenloser Abholservice vom Flughafen, sehr gutes Preis-Leistungsverhältnis, Parkplatz, *Dirk* spricht deutsch und kümmert sich persönlich um seine Gäste, ÜF, KK. C. Ppl. Playa Copey (das ist das Sträßchen, das parallel zum Meer verläuft), Tel. 3317297, 8083602, www.posadanena.de, €€-€€€

●**Posada Mar Illusiones,** relativ neue Posada mit einer sehr interessanten Architektur, kleines Schwimmbecken, 12 klimatisierte Zimmer, Parkplatz, ÜF. C. Ppl. Playa Copey, Tel. 3316791, €€-€€€

●**Posada Panda,** Strandposada mit gemütlichen Zimmern und Restaurant direkt am Strand mit leckeren Pizzas und Fischspezialitäten, Parkplatz, man spricht deutsch. C. Ppl. Playa Copey, am öffentlichen Strand der Playa Copey, Tel. 3315779 und 0414/7824707, www.venezuela-holiday.de, €€-€€€

●**Posada Mareca,** schon etwas in die Jahre gekommene Bungalowanlage mit 3 Pools, Karaoke, bewachter Parkplatz, zwischen Playa Grande und Playa Copey, Av. Luís Mariano Rivera, Sec. Mareca, Tel. 3315769, 3316555, www.cabanasmareca.com, €€€

●**Posada Playa Copey,** sehr einfache, günstige und schlichte Strandposada mit nur 3 Zimmern und Zeltplatz, großer Garten, immense Strandterrasse mit typischer Strandbar. C. Ppl. Playa Copey, schräg gegenüber der Posada Nena, Tel. 0424/8256393 und 0412/8790457, www.copey.info, €-€€

Essen und Trinken

●**Restaurante Dharma,** Spezialitätenrestaurant mit ausgefallener Speisekarte, klimatisiert oder Gartenterrasse, besondere Emp-

CARÚPANO

fehlung ist das Fischfilet in Kapernsauce, täglich geöffnet, KK. In der Posada La Colina, Tel. 3322883.

● **Il Spazzio,** gute Pizzas und ausgefallene italienische Gerichte, teuer, KK. Av. Independencia, CC Olas del Caribe.

● **Villa Hermuz Café,** sehr nett dekoriertes Speiselokal mit ausgefallener Speisekarte, gut, Mo geschlossen, gehobene Preise, KK. C. Santa Rosa Nr. 35, hinter der Kathedrale.

● **Restaurante Nena,** schönes Gartenrestaurant mit abwechslungsreicher Karte, die Spezialität sind Riesengarnelen in Kokos-Curry, wer auf sein Essen wartet, kann den Pool oder das Internet benutzen. Mittlere Preisklasse, KK. C. Ppl. Playa Copey, Tel. 3317297.

● **El Rincón de Italia,** eines der alteingesessenen Restaurants der Stadt mit großem Innenhof, Pizzas, Pasta und Fleisch, mittlere Preisklasse, KK. Av. Juncal c/ C. Junin, 150 m vom Plaza Bolívar, Tel. 3313459.

● **El Fogón de La Petaca,** renommiertes Restaurant, stilvolles Ambiente, Criollo- und internationale Küche, sehr teuer, KK. Av. Perimetral, Tel. 3312555, Fax 3314277.

● **La Madriguera,** italienisches Spezialitätenrestaurant, sehr gemütlich und einladend, gute Pasta, Terrasse mit Blick aufs Meer, KK. Im Hotel Euro-Caribe Internacional.

● **Restaurante Los Molinos,** Pizzeria, Huhn und Fleischgerichte, Salatbar. Redoma Los Molinos (an der Tankstelle).

● **Restaurante Flor de Oriente,** populäre Küche, sehr preiswert und schnell. C. Libertad.

● **Pizzeria Virgen del Valle,** reichlich belegte Pizzas für wenig Geld, Torten und Süßspeisen, gute Sandwiches, einladend zum Frühstücken. Playa Grande, Carretera Nacional.

● **Cachapera dame otra,** landestypische einfache Küche mit cachapas und gebratenem Schwein, sehr günstig. Av. Luís Mariano Rivera, Playa Grande, 100 m von der Bäckerei in Richtung Cumaná.

● An den stadtnahen Stränden Playa Copey, Los Uveros und Playa Patilla befinden sich **direkt am Strand** einfache Restaurants und Essbuden; am Abend öffnen an der **Strandpromenade** und am **Plaza Miranda** Fastfood-Stände sowie Pizzerien und Eisdielen.

● Auf dem **Mercado Municipal,** der riesengroß und einer der authentischsten Märkte in Venezuela ist, kann man typische Gerichte probieren, zum Frühstück bekommt man dort gebratenen Fisch oder Fischsuppe.

Regionaltypisch sind **Fischgerichte** in allen Varianten, besonders sancocho de pescado (Fischsuppe), empanadas con cazón (Teigtaschen gefüllt mit Hai) und viagra natural, eine dickflüssige und würzige Suppe übervoll mit Meeresfrüchten (und die Manneskraft fördernden Proteinen ...), die auch an vielen Imbissbuden und in Schnapsläden angeboten wird.

Eine weitere, landesweit bekannte Spezialität sind die **chorizos carupaneros** und die **morcilla.** Dabei handelt es sich um schmackhaft gewürzte Bratwürstchen bzw. Blutwurst.

Praktische Infos

● **Vorwahl:** 0294

Autovermietung

● **Embassador Rent a Car,** am Flughafen, Tel. 3311924, 3312922, 0414/7807740. Neue Autos zu einem relativ hohen Preis (knapp über 50 Euro/Tag mit Versicherung).

Feste/Veranstaltungen

● **Februar, Karneval** mit farbenprächtigen Umzügen.
● **30. August, Feria de Santa Rosa,** Patronatsfeiern.
● Sucre ist eines der Bundesländer Venezuelas, in denen sich einige **folkloristische Traditionen** noch in ihrer ursprünglichen Form erhalten haben. Die Weihnachtsfeiern werden mit Messen und Umzügen ausgiebig begangen, sie dauern bis zum 21. Januar.

Geldwechsel

● **Banco de Venezuela,** Av. Independencia c/ C. las Margaritas, Geldautomat.
● **Banco Mercantil,** C. Mariño, am Plaza Colón. Am Automaten und in der Bank kann man größere Beträge abheben.

Hafenbehörde

● **Capitanía de Puerto,** Tel. 3311229 und 3310085, Fax 3310085.

Carúpano (Ausflüge)

Internetcafés

In der Innenstadt gibt es zahlreiche Internetcafés, empfehlenswert ist das **Centro Cantv** in der Av. Juncal, gegenüber vom Hotel San Francisco. Im **CC Olas del Caribe** in der Av. Independencia befinden sich mehrere Cybercafés, einige **Hotels und Posadas** bieten diesen Service auch an.

Kliniken

- **Policlínica Carúpano,** Av. Libertad, am Plaza Miranda, fast am Malecón, Tel. 3315145, schnelle Notfallbehandlung, 24 Std., KK.
- **Clínica de Especialidades,** C. Cantaura, gegenüber vom Ateneo, Tel. 3322448.

Kriminalpolizei

- **CICPC,** Módulo de Servicio Playa Grande, Urb. Augusto Malavé Villalba, Tel. 3317021, 3316545.

Museum

- Das kleine **historische Museum** von Carúpano befindet sich in der C. Santa Rosa am Plaza Santa Rosa. Es sind Werke von Künstlern aus Sucre ausgestellt. Täglich außer Mo geöffnet.

Post und Telefon

- **Ipostel,** die Post befindet sich in der Av. Carabobo c/ C. Araure.
- **Cantv,** in der Av. Juncal, gegenüber vom Hotel Victoria, befindet sich das Kommunikationszentrum von Cantv mit Telefon, Fax und Internet.

Reisebüros

- **Pariana Tours,** Playa Copey, in der Posada Nena, Tel. 3317297, 8083602, www.parianatours.com. Hotels, Posadas und Touren in ganz Venezuela, Flugtickets, spezialisiert auf ein- und mehrtägige Touren auf der Halbinsel von Paría.
- **Corpomedina,** im Casa del Cable am Plaza Santa Rosa, Tel. 3315241, geöffnet von 8–12 und 14–18 Uhr. Sehr hilfsbereit, kümmern sich um die Vermarktung der Hotels in Playa Medina und Pui Puy, in denen man nicht ohne Reservierung erscheinen sollte.

Taxis

- **Linea Colón,** Plaza Colón, Tel. 3311883.
- **Linea Terminal,** am Busterminal mit grünem Schild, Tel. 3311791.
- **Taxi Caribe,** Tel. 3319889.

Ausflüge

Strände

Die **schönsten Strände von Venezuela** befinden sich in der Nähe von Carúpano, davon ist der Playa Medina (s.u.) der bekannteste, aber es gibt noch viele weitere idyllische Plätze. Ganz in der Nähe der Stadt befinden sich die Strände **Playa Copey** – hier beachte man die mit Mangroven bewachsenen Salzwasserlagunen, die ein Paradies für Flamingos darstellen –, Playa Copacabana, Playa Los Uveros, Playa Patilla und Playa Manzanillo. Alle diese Strände sind mit der Por Puesto-Linie Guaca bzw. Puerto Martínez zu erreichen.

Bei der **Playa Manzanillo** (ca. 15 Min. von Carúpano entfernt) handelt es sich um einen Militärstrand mit Hotel, den man als Tagesgast besuchen kann. Dort findet man einen sehr gepflegten Sandstrand mit Palmen vor, ruhiges Wasser, sanitäre Anlagen und ein einfaches Restaurant (man kann sich den Tisch an den Strand stellen lassen). Da fast niemand weiß, dass dort jedermann Zutritt hat, ist es selbst in der Hochsaison relativ ruhig, die Re-

Traumstrand Playa Medina

kruten sorgen für Sicherheit, rechen den Sand und gießen die Palmen.

Am **Playa Patilla,** dem meistbesuchten Strand der Gegend, kann man mit den Fischern eine Küstentour verabreden, in deren Verlauf man hervorragend fischen kann.

Von Carúpano nach **Playa Medina** zu gelangen, ist nicht ganz einfach, aber mit öffentlichen Verkehrsmitteln durchaus möglich. Die Verbindung zum nahen **Río Caribe** (20 Min.) ist absolut unproblematisch; ein kurzer Besuch des Ortes lohnt sich ebenfalls. In Río Caribe muss man zum östlichen Ortsausgang bis zur Tankstelle laufen, einmal den Ort hoch. Dort starten die Por Puestos nach **Bohordal.** An der Abzweigung nach Playa Medina lässt man sich absetzen, von dort sind es noch etwa 7 km bis zum Strand. Auch wenn es keinen festen Linientransport auf dieser Strecke gibt, ist es doch sehr wahrscheinlich, dass man eine Mit-

Carúpano (Ausflüge)

fahrgelegenheit bekommt. Die Strände **Chaguaramas** und **Pui Puy** sind ebenfalls dort zu finden und z.B. mit einem Fischerboot ab Playa Medina erreichbar (siehe weiter unten).

Thermalquellen
bei Pantoño und Casanay ⟶ VI, B1

Im nördlichen Bereich der Landstraße, die Cariaco und Casanay miteinander verbindet, befindet sich dieser ganz spezielle Landstrich: die **Laguna de Buena Vista** und etwas darunter gelegen die **Laguna de Campoma**. Hier gibt es Wasser im Überfluss, überall sind Quellen, denn das Grundwasser befindet sich nur wenige Zoll unter der Oberfläche. Von weitem erscheint die Lagune wie eine große, grüne Savanne, selbst in der ärgsten Trockenzeit herrscht hier kein Mangel. Sie ist nur eine halbe Stunde von Carúpano entfernt und gut mit öffentlichen Verkehrsmitteln erreichbar. Vormittags fahren die Por Puestos nach Casanay am Markt ab, nachmittags im Zentrum in der C. Colombia c/ C. Cantaura. Ab Casanay fährt man dann mit dem Taxi weiter (etwa 2 Euro pro Person).

Vor etwa 20 Jahren haben Familien aus dem nahe gelegenen Ort Pantoño damit begonnen, kleine natürliche Pools anzulegen, die sich teilweise mit Quellwasser, teilweise mit Thermalwasser füllen. Diese **Balnearios** sind Naherholungsziele für Familien aus der Umgebung. Nahe den Schwimm-

bädern wurden Grillhütten, Restaurants und Spielplätze errichtet, einigen sind Hotels bzw. einfache Posadas angeschlossen. Meist wird laute Musik gespielt, getanzt und viel getrunken, die Kleinen vergnügen sich im lauwarmen Wasser.

Eine der Pionieranlagen auf diesem Gebiet ist **Poza Cristal,** ein sehr beliebtes Ausflugsziel, das besonders an Wochenenden jede Menge Familien anlockt, die mit der lauten Musik um die Wette lärmen (direkt an der Verbindungsstraße von Cariaco nach Casanay, 4,5 km von Pantoño entfernt, Tel. 0294/4164890). In einem einfachen Restaurant werden Süßwasserfische aus der Lagune oder gebratenes Huhn serviert; wer ins Wasser möchte, muss eine Kleinigkeit bezahlen. Anbei ist eine sehr schlichte Posada, die immerhin 40 Zimmer aufweist, allerdings nicht durch besonders regelmäßige Pflege glänzt, €€.

Viele weitere Balnearios, alle in ähnlichem Stil, befinden sich in der Gegend, z.B. **Balneario Los Cocoteros** (Tel. 0294/3319240), **Oasis Los Hermanos** (Tel. 0294/4174773) und die **Hacienda Kokoland** (Tel. 0294/4166664, 0416/6813146). Kokoland verfügt über ein riesiges betoniertes Schwimmbad mit Riesenrutsche, ein Minizoo und ein sehr hübsches Hotel mit 24 Zimmern runden das Angebot ab, €€€.

Besondere Beachtung verdient die Mammutanlage **Las Aguas de Moises.** Dieses ehrgeizige Projekt, 1995 von Julio Monastero ins Leben gerufen, ist bis heute noch nicht fertiggestellt, man kann es aber größtenteils schon nutzen. Julio verwirklicht hier seinen kostspieligen Lebenstraum und hat eine Anlage mit 17 verschiedenen natürlichen Schwimmbädern aus dem Boden gestampft, darunter eine Riesenlagune von 400 x 80 m und mehrere von Wasserfällen gespeiste natürliche Badebecken. Hinzu kommt ein großflächiger Zoo mit einheimischen Tieren, man kann in den Fischbecken angeln, und es gibt ein einfaches Restaurant mit ultra-luxuriösen Toiletten. Ein Hotel mit 50 Zimmern befindet sich in Bau, ist aber noch nicht fertiggestellt; wer mag, kann auf dem Campingplatz für wenig Geld (ca. 5 Euro pro Zelt) verweilen.

● **Las Aguas de Moises, Centro Turístico Agropecuario,** Pantoño, Campesino Río Azul, Municipio Ribero, Tel. 0294/4164728 und 0414/7802013, www.lasaguasdemoises.com, täglich 8–17 Uhr, Eintritt ca. 10 Euro.
● Auf der nicht asphaltierten Zufahrtsstraße befindet sich das exzellente **Restaurante El Caney de Tato** (Tel. 0294/4165504), jesusperez72@hotmail.com). Unter einer großen *churuata* (Palmendach), die mit viel Kunsthandwerk geschmückt ist, bietet der sehr freundliche *Tato* ein abwechslungsreiches Menü; seine Spezialität sind Wildgerichte, man kann auch gut frühstücken.

Parque Nacional Turuépano VI, B1

Der Nationalpark grenzt im Süden an die Halbinsel Paria und im Norden an den Río San Juan. Der Park wurde 1991 eingeweiht und weist eine Flä-

Thermalbad Aguas de Moises

che von 72.600 ha auf. Namensgebend war die Insel Turuépano, eine immergrüne, dicht mit **Mangroven** bewachsene Landschaft. Der Park weist **viele Kanäle** auf, die wichtigsten sind Caño Guariquén, Caño Ajiés, Caño Turuépano und Caño Aruca. Der **Manatí** (Seekuh) hat hier sein landesweit größtes Revier, allerdings wird man dieses scheue Säugetier nicht zu Gesicht bekommen. Neben Walen und Robben sind Seekühe die dritten größeren Meeressäuger. Mit etwas Glück man kann aber viele andere Tiere beobachten. Bekannt ist der Park für seine Vielzahl an Wasservögeln, darunter der ganz häufig in großen Scharen zu beobachtende Rote Ibiss.

Exklusive **Touren** in die Gegend um El Pilar sowie zum Turuépano-Nationalpark werden von Parianatours in Carúpano angeboten (s.o.).

Verlässt man El Pilar in östlicher Richtung, erreicht man bald den Ort **Los Arroyos**. Hier geht rechter Hand eine Stichstraße ab, sie führt über Guaraúnos bis Ajiés nach Guariquén.

Kurz vor Guaraúnos kommt man zur ansprechenden, mit Sinn für das Nützliche und mit vielen Details ausgestatteten **Finca Vuelta Larga**. Der Besitzer, *Claus Müller*, hat sein Camp nach ökologischen Gesichtspunkten gebaut und widmet sein Leben der Aufforstung von Feuchtsavannen und der Auswilderung bedrohter Tierarten. Wissenschaftler und Biologen sind hier an der richtigen Adresse, die biologischen Wanderwege durch die Feuchtsavanne sind genau das Richtige für Profis. *Daniel Müller*, ein Sohn von *Claus*, ist ein landesweit anerkannter Ornithologe, der Touren für Vogelkenner persönlich führt (Tel. 0294/6669052, 4163649, Zimmer mit Vollpension und einem Ausflug, €€€€).

Etwas weiter südlich, direkt in **Guaraúnos**, hat *Marcus Müller* eine kleine Posada aufgebaut. Die **Posada Noble Madera** ist von dem Zimmermann eigenhändig errichtet worden. Sechs gemütlich eingerichtete Zimmer, die um einen tropischen Garten angeordnet sind, bieten günstige Unterkunft. Es werden spannende Touren in die Umgebung angeboten. C. Bolívar Nr. 18, Guaraúnos, Tel. 0294/6669074, 0414/1940484, 0414/0905714, €€.

Weiterfahrt von Carúpano in Richtung Güiria

Von Carúpano in Richtung Güiria hat man die Wahl zwischen **zwei Routen:** einmal die Küstenstrecke **über Río Caribe** und zum anderen die Route **über El Pilar** im Landesinneren. Beide Straßen treffen bei Bohordal wieder zusammen.

Auf der Küstenstraße erreicht man in etwa einer halben Stunde Río Caribe. Das erhebende Landschaftsbild wird leider ab und zu durch Müllberge am Straßenrand getrübt. Etwa 15 km hinter Carúpano schiebt sich bei **El Morro** eine Landzunge ins Meer hinaus, in deren Bucht dümpeln malerisch die Fischerboote. So schön der **Playa Los Cocos** von oben auch aussieht, auf einen Besuch sollte man lieber verzichten, denn es ist schon häufig von Überfällen und Diebstählen berichtet worden. Zudem hat der Strand eine unberechenbare Strömung, die das Baden sehr gefährlich macht.

Auf der Strecke von Carúpano nach Güiria auf der Troncal 9 erreicht man zuerst den freundlichen Ort **El Pilar** (GPS: N 10°32.89, W 63°09.30). In der Umgebung gibt es noch wilde Urwälder, heiße Quellen, einsame Flüsse mit Wasserfällen und weitere Naturwunder. Die Menschen leben von der Landwirtschaft, in den umliegenden Wäldern wird Kakao angebaut. In El Pilar gibt es keine Unterkünfte, es liegt aber nah genug, um als Tagesausflug von Carúpano angesteuert zu werden.

In unmittelbarer Nähe des Ortes befinden sich interessante **heiße Quellen**. 1926 wurden dort von Deutschen **Schwefelminen** betrieben. Die Minen kann man heute noch besuchen, benötigt dazu allerdings ein gutes Geländefahrzeug oder Wanderschuhe. In den umliegenden Bächen kann man sich hartgekochte Eier zubereiten, die Dorfbewohner bringen gleich ganze Hühner mit, um Feuerholz zu sparen. Im Gebirge sind vielfältige Wanderungen möglich, Flora und Fauna erinnern an ein Gewächshaus.

Weiter Richtung Osten erreicht man nach kurzer Zeit den Ort **Tunapuy**. An der Hauptstraße sind viele Hähnchenbratereien zu sehen, an denen man ein einfaches Mahl einnehmen kann. Auf dem Markt *(mercado municipal)* kann man sich bis zum Mittag ebenfalls mit einfachen, typischen Speisen verpflegen.

Nur wenige Kilometer hinter Tunapuy passiert man rechter Hand die **Hacienda Posada Agua Sana,** auf deren Gelände heiße Quellen *(aguas termales)* sprudeln. Es gibt unterschiedlich warme Wasserbecken, um ein entspannendes Bad zu nehmen und sich mit Schlamm einzureiben. Mit Pool. Tel. 0294/4166359, 4172944, 0414/3045687 *(Jimmy)*, €€€.

Fährt man von hier nochmals einige Kilometer weiter, erreicht man – noch vor der Kreuzung in Bohordal – das **Campamento Río de Agua,** €€€€. Die Anlage verfügt über zehn landestypische Rundbauten *(churuatas)*. Sie befindet sich auf dem Gebiet einer ökologisch ausgerichteten Büffelfarm. Reservierungen unter Tel. 0294/3322915 über die Posada La Colina in Carúpano (siehe dort). Man gelangt von Carúpano auch mit Por Puestos (Richtung Yaguaraparo/Güiria) hierher. Sie starten in Carúpano in der C. Güiria c/ C. Juncal, einige auch am Busterminal.

Der **Parque Nacional Península de Paría** wurde 1978 auf einer Fläche von 37.500 ha gegründet, um die einmalige Flora und Fauna, die man hier in den dichten Nebelwäldern vorfindet, zu schützen. Die Halbinsel ist eine felsige Bergkette, die höchste Erhebung ist der Cerro El Humo mit 1370 m. Die Bergkette ist mit verschiedenartigen Formen von Primärwäldern bewachsen. Den Nationalpark zu bereisen ist wegen fehlender Infrastruktur sehr schwierig. Das ist der Hauptgrund, warum man über die Artenvielfalt seiner Wälder bisher nur sehr wenig weiß. Von Tunapuy kann man auf einer kleinen, neu angelegten Straße in die Bergwelt von Paria fahren, entlang der Straße *(Ruta de Los Cumbres)* wird etwas Kakao angebaut; man kann sehr einfach einen spontanen Kontakt zur Bevölkerung herstellen. Auf den Gipfeln können mehrstündige Spaziergänge durch die Wälder unternommen werden. Es empfiehlt sich die Begleitung durch einen ortskundigen Führer. Informationen dazu geben *Claus Müller* (Finca Vuelta Larga) oder *Marcus Müller* (Posada Noble Madera) (s.o.). Weitere Infos über den Nationalpark Paría unter www.paría.info.

Fährt man weiter nach Osten, wird die Straße zunehmend schlechter und weist viele Schlaglöcher auf. Hinter dem Ort **Yaguaraparo** sieht man am Straßenrand etliche Kakaoplantagen und alte Kokoshaziendas. In **Irapa** (GPS: N 10°34.49, W 62°34.93) stehen einige Häuser, an deren Baustil man sehr schön den Einfluss der Karibikinsel Trinidad ablesen kann. Irapa hat es zu Berühmtheit gebracht, weil „Papillon" im gleichnamigen Roman von *Henri Charrière* hier zum ersten Mal venezolanischen Boden betreten hat und von den Bewohnern freundlich aufgenommen wurde. Am Sonntag finden in Irapa regelmäßig Hahnenkämpfe statt. 40 km nach Irapa endet die Straße in Güiria.

● **Posada Tierra de Gracia,** nette Posada mit einfachen Zimmern. Irapa, am Beginn der C. Bermúdez c/ C. Piar, Sec. El Maco, Tel. 0294/9897863, €€

Río Caribe

♫ VI, B1

GPS: N 10°41.87, W 63°06.70

Nur **22 km von Carúpano** entfernt, ebenfalls direkt am Karibischen Meer, liegt das 1713 gegründete Dorf. Es war die zweite von Spaniern besiedelte Ortschaft des Bundeslandes Sucre. Es gibt sehr viele und schöne Kolonialhäuser zu bestaunen, die 1717 erbaute koloniale Kirche ist einen Besuch wert. Die Menschen leben vor allem vom Fischfang und Tourismus, es gibt einen sehenswerten Fischerhafen. Einen schönen Spaziergang kann man vom Hafen bergauf zum Plaza Bolívar machen. Abends sitzen die Menschen auf Plastikstühlen vor ihren Häusern, die Uhren scheinen stillzustehen. Am 29. und 30. Sept. wird im Dorf das weithin berühmte Fest von San Miguel gefeiert. Por Puestos nach Río Caribe starten in Carúpano am Hotel Victoria und in der Av. Juncal c/ C. Cantaura.

Am Strand von Río Caribe sollte man nicht baden, denn leider fließen sämtliche Abwässer des Städtchens genau dort ins Meer. In der Region östlich der Ortschaft findet man aber **Strände,** die schlicht und einfach zu den schönsten des Landes gehören. Es gibt keine verlässlichen Bustransporte zu den Stränden, besser man sucht sich ein Taxi oder eine private Mitfahrgelegenheit.

Orientierung

Die Orientierung ist nicht sonderlich kompliziert. Der Ort liegt in einem

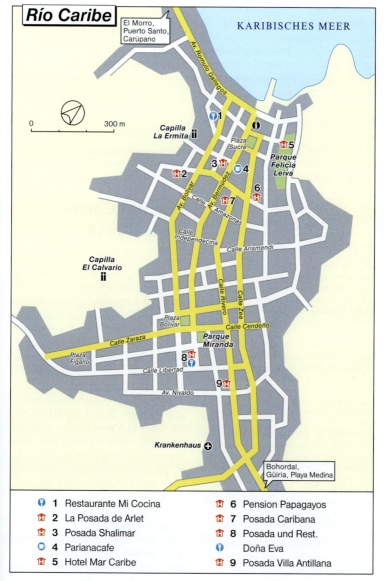

schmalen Tal, das sich vom Hafen in südöstlicher Richtung erstreckt. So führen einige parallele Straßen den Berg hinauf, von denen die **Av. Bermúdez** als Hauptstraße gilt; sie endet am Plaza Bolívar. Will man zu den östlichen Naturattraktionen, so hält man sich vom Plaza Bolívar links und folgt den Avenidas, die aufwärts führen. Die Haltestelle der **Por Puestos,** die in Richtung Playa Medina und Bohordal fahren, befindet sich gegenüber der einzigen Tankstelle am Ortsausgang.

●**Vorwahl:** 0294

Unterkunft

●**Posada Caribana,** Posada in einem mit Stil renovierten Kolonialhaus mit viel Liebe zum Detail, ÜF, KK. Av. Bermúdez Nr. 25, Tel. 4165738, www.caribana.com.ve, €€€€
●**Villa Antillana,** sehr geschmackvoll eingerichtete Posada in einem alten Kolonialhaus, angenehme Atmosphäre, ÜF. C. Rivero Nr. 32, Tel./Fax 6461413, Tel. 0414/7827926, tillana@gmail.com, €€€-€€€€
●**Posada Shalimar,** recht neue, komfortable Posada mit gutem Restaurant in einem schön renovierten Kolonialhaus, englischsprachig, mit Pool. Av. Bermúdez Nr. 54, Tel. 6461135, 0414/8984797, www.posada-shalimar.com, €€€
●**La Posada de Arlet,** sehr saubere Pension im 1. Stock eines kleinen Kolonialhauses, geleitet von der Schweizerin *Arlet Scossa,* Organisation von Touren, ÜF. C. 24 de Julio, Tel. 6461290, €€€
●**Posada Doña Eva,** einfache und nette Zimmer, ein Restaurant befindet sich nebenan. C. Girardot, Tel. 6461465, €€
●**Pension Papagayos,** einfache, angenehme Pension mit Gemeinschaftsbädern, Kochmöglichkeit, Organisation von Touren. C. 14 de Febrero, gegenüber vom Gymnasium, Tel. 6461868, Fax 4146047, €

Essen und Trinken

●**Restaurante Doña Eva,** gute venezolanische Küche, nettes Ambiente (mit Zimmervermietung). C. Girardot.
●**Restaurante Mi Cocina,** regionaltypische Gerichte, die schmecken und günstig sind für die Gegend. C. Juncal, etwas versteckt, das Rolltor ist fast immer geschlossen.

Praktische Infos

●**Geldwechsel:** Banco Caracas mit Geldautomat in der C. Zea c/ C. Arismendi.

Von Río Caribe nach Güiria

Etwa 1 km östlich der Tankstelle am Ortsausgang von Río Caribe biegt nach links eine kleine und gewundene Straße ab. Diese führt zu dem abgelegenen Sandstrand von **Caracolito,** der häufig verschmutzt ist. Am Wochenende machen kleine Strandrestaurants auf, unter der Woche muss man selber etwas mitbringen. In Sichtweite der Playa Caracolito liegt der wunderschöne **Playa El Coco,** nicht zu verwechseln mit dem Strand ähnlichen Namens bei El Morro. El Coco ist mit dem Auto nicht zu erreichen, man kommt zu Fuß von Caracolito in ca. 15 bis 20 Min. dorthin. Schon der Weg lohnt sich, ein ortskundiger Begleiter kann durchaus nützlich sein (in Río Caribe erkundigen oder in der Posada Pariagotos, s.u.).

Die sehr freundliche **Posada Pariagotos** befindet sich an der Kreuzung nach Caracolito. *José,* der Besitzer, ist ein begeisterter Surfer, entsprechend nimmt er gerne Gleichgesinnte in der Posada auf. Man kann hier Wandertouren zur Playa El Coco buchen, er vermietet Surfbretter und hält Kurse. Der Transport zu nahe gelegenen Surfstränden wird organisiert. Die Posada befindet sich im Sektor Las Vegas, Carretera Caracolito, Tel. 4165068 und 0416/3238786; auf Vorbestellung wird für die Gäste gekocht, €€.

Entlang der Straße, die weiter in den Osten führt, sind weitere Posadas angesiedelt, z.B. die **Posada La Ruta de Cacao,** eine ruhig gelegene Anlage, Unterkunft mit Halbpension. 2,6 km nach der Tankstelle, kurz nach dem Nest Guayabero, Tel. 0414/9940115 und 0416/8943171, €€€.

Genau 5,5 km nach der Tankstelle verläuft linker Hand eine halb asphaltierte Straße in Richtung Karibik. Sie führt zu zwei einsamen Stränden, **Playa Chaguaramas** und **Playa de Uva.** An letzterem gibt es die gepflegte **Posada Playa de Uva,** ein sehr schönes, luxuriöses Camp mit kleinem Pool, Privatstrand (auch wenn es so etwas eigentlich in Venezuela gar nicht gibt) sowie luftigen und großzügigen Zimmern, die man nur mit Halbpension buchen kann. Chaguarama de Loero, Playa de Uva, Tel. 0294/4166284, Reservierung in Caracas unter Tel. 0212/2654150, €€€€.

13 km nach der Río-Caribe-Tankstelle, in der Linkskurve vor dem Ort **Chacaracual,** folgt die **Hacienda Bukare,** ein sehr schönes Anwesen in einer bewirtschafteten Kakaoplantage. Die Por Puestos halten ohne Probleme, ein Weiterkommen ist erfahrungsgemäß nicht weiter schwierig. Es wird eine **Kakaotour** angeboten, man bekommt für etwa 4 Euro den ganzen Prozess der Herstellung erklärt, außerdem gibt es eine leckere Verköstigung. Geöffnet Mo bis Sa bis ca. 15.30 Uhr.

Fährt man von Chacaracual weiter in Richtung Bohordal, zweigt nach 4 km links eine Straße zum **Playa Medina** ab. Nach einer runden halben Stunde Fahrt auf einer nur teilweise geteerten Piste, die auch von nicht geländegängigen Fahrzeugen zu bewältigen ist, erreicht man den zauberhaften Strand. Er befindet sich auf dem Gebiet einer ehemaligen Kokosplantage, die Palmen neigen sich zum Meer hin, wie es malerischer nicht sein könnte. Man kann vor Ort Wanderexkursionen auf den Cerro de la Cerbatana sowie Bootstouren zu den nahen Stränden unternehmen.

Am Strand befindet sich eine nette Bungalowanlage mit acht harmonisch in die Umgebung integrierten Strandhäuschen. Die Übernachtung gibt es nur mit Halbpension, vorbezahlte Reservierungen sind notwendig – wer ohne auftaucht, wird nicht aufgenommen, selbst wenn Platz ist. **Corpome-**

dina, Tel. 0294/3315241, Fax 3313021, playamedina@cantv.net, €€€€.

Praktisch unberührt ist der nahe **Playa Pui Puy.** Man erreicht diesen Strand über einen Abzweig vor dem Playa Medina. Hier gibt es einfache Bungalows, die Übernachtung mit Halbpension ist über Corpomedina (s.o.) zu buchen, €€€. Auch ein Restaurant ist vorhanden, das allerdings nicht verlässlich geöffnet hat. Man kann an Pui Puy für ein kleines Entgelt sein Zelt aufschlagen.

Bevor man den Playa Medina erreicht, bei der genannten Abzweigung zur Playa Pui Puy, findet man Unterkunft in der sehr einfachen **Posada Milagros,** geführt von *Señor Nuñez* und seiner Tochter *Milagros,* Tel. 0416/ 7945291. Auch hier wird nur mit Halbpension vermietet, €€€.

1 km vor dieser Posada gibt es im Ort **Medina** eine weitere einfache Posada, **La Posada de Angel,** Tel. 0416/ 7947477, €€. Zum Strand sind es etwa 45 Min. Fußmarsch.

Die Fahrt von Medina **nach Bohordal** ist besonders schön. Man durchquert viele Kakaoplantagen und Regenwälder. Die Vegetation ist einmalig – gigantische Bambusstauden, riesige Kastanienbäume, Bromelien und viele Orchideen. Die Gegend ist bekannt für viel Niederschlag, daher diese Üppigkeit. An der Stelle, wo in Bohordal die nördliche und südliche Strecke aufeinander treffen, befindet sich eine Alcabala der Guardia Nacional, an der manchmal streng kontrolliert wird; Busreisende müssen dann aussteigen und ihr Gepäck herzeigen.

Abstecher nach San Juan de Las Galdonas VI, B1

Der vorletzte mit dem Fahrzeug zu erreichende Ort an der Karibikküste der Paria-Halbinsel ist San Juan de Las Galdonas (GPS: N 10°42.66, W 62° 50.75), wo man sich in den letzten Jahren um die Gunst der Individualreisenden bemüht hat. Die Abfahrt nach San Juan erfolgt kurz vor Bohordal auf der linken Seite in **Santa Isabel.** Man erreicht diesen Ort mit Por Puestos von der Tankstelle in Río Caribe. Die Sammeltaxis fahren nur vormittags und unregelmäßig, der Preis liegt um die 2 Euro für eine einfache Fahrt.

Zwei **Strände** sind zu erwähnen, einer direkt vor San Juan (an dem leider alle Abwässer des Ortes abfließen) mit westlicher Blickrichtung, der andere, recht unberührte, vom Ort weiter entfernte Nordstrand Playa Barlovento, mit kräftigem Wellengang. Hier befindet sich etwas versteckt, direkt hinter der Schule, die **Posada Habitat Paria** mit 12 Zimmern in einer ehemaligen Hazienda: Zimmer mit Bad und Ventilator, Kinderpool, Restaurant, Boots- und Angeltouren, Tel. 0416/4837514, habitatparia@hotmail.com, €€.

Das **Hotel La Pionera** ist eine großzügige Anlage mit Pool und Restaurant. Die Zimmer kann man mit oder ohne Halbpension bekommen. C. Comercio, Playa San Juan de Las Galdonas, Tel. 0294/3315101, Fax 3319908, hotellapionera@cantv.net, €€€€.

Wenige Kilometer vor San Juan erstreckt sich der Traumstrand **Playa Querepare,** an dem sich eine Fischersiedlung und ein französisches Touristencamp gleichen Namens befinden. Hier kommt man mit etwas Glück auch ohne Reservierung unter. Am Strand operiert seit 2002 das Centro de Investigación y Conservación de Tortugas Marinas (CICTMAR), die **Wasserschildkröten** schützen, erforschen und aufziehen. Hier wurden schon Riesenschildkröten mit einer Körperlänge von über 1,70 m gesichtet und markiert. In den Monaten April und Mai ist die Population der „Tortugas" am größten, der gesamte Strand von immerhin 1,5 km Länge steht ihnen dann alleine zur Verfügung.

Güiria

♪ VII, C1

GPS: N 10°34.46, W 62°17.96

Güiria lebt vorwiegend vom Fischfang – für Touristen gibt es nicht viel zu sehen. Der Name stammt aus dem Indianischen und bedeutet nichts anderes als Anakonda, die bis zu 9 m lange Wasserschlange. Neben der Fischerei hat der Ort noch Bedeutung als **Fährhafen nach Trinidad**.

● Vorwahl: 0294

An- und Abreise

Busse und Por Puestos

Der kleine **Busterminal** befindet sich am Ortseingang von Güiria, der Endstation aller Busse und Por Puestos aus dem Westen. Die Buslinien Cruceros de Oriente und Expresos Los Llanos bieten Direktverbindungen nach Caracas an. Expresos Maturín unterhält am frühen Vormittag einen Bus nach San Félix über Carúpano und Maturín. Da **alle Busse** über Carúpano fahren, empfiehlt es sich, mit einem Bus oder Por Puesto dorthin zu fahren; von dort gibt es dann regelmäßige Anschlüsse ins ganze Land.

Fähre nach Trinidad

Von Güiria kann man mit einer regulären Fährverbindung nach Trinidad gelangen, von dort gibt es dann Anschluss zu diversen karibischen Inseln, wie Tobago, Barbados, St. Vincent und St. Lucia. Organisiert wird der Fährverkehr von der Firma **Acosta Acosiados** in einem Schreibwarenladen in der C. Bolívar Nr. 31 (drei Häuser vor der Banco Mercantil), Tel./Fax 9821112, 9820169 und 9820169, grupoacosta@cantv.net, Ticketverkauf nur im Büro: Mo bis Fr 8–18 Uhr.

Die Überfahrt nach **Chaguaramas** (15 km westlich von Port of Spain, der Hauptstadt von Trinidad) mit dem Fährschiff „C/Prowler" vom trinitarischen Unternehmen Pier one Cruises erfolgt jeden Mi am Nachmittag. Man muss spätestens um 11 Uhr in Güiria sein, um sein Ticket zu lösen. Die Reise dauert rund 4 Stunden, der Preis für die Passage beträgt um die 200 Euro für Hin- und Rückfahrt, die Hälfte für die einfache Fahrt (die Tickets haben nach Ausstellungsdatum ein Jahr Gültigkeit). Man sollte, bevor man nach Güiria fährt, unbedingt unter einer der oben genannten Telefonnummern anrufen, um zu erfragen, ob am gewünschten Tag wirklich in See gestochen wird. Per E-Mail bekommt man auf Deutsch unter trinidad@paria.info Auskunft. Die evtl. Weiterfahrt von Trinidad auf eine andere karibische Insel muss man von Trinidad aus organisieren. **Achtung:** Die Fährtickets muss man in Güiria im Büro der Fährgesellschaft kaufen (Adresse oben). Der Weg vom Ort zum Pier 6/7 ist weit; wer dort ohne Ticket ankommt, muss die ganze Strecke wieder zurücklaufen.

Um **nach Trinidad einreisen** zu dürfen, bedarf es eines gültigen Rückflug- oder Weiterreisetickets aus Venezuela oder Trinidad. Das wird im Büro der Fährgesellschaft überprüft, das Gepäck und die Pässe werden an Bord streng kontrolliert. Während der Überfahrt werden kostenlose Softdrinks ausgeschenkt, Essen oder Alkohol gibt es nicht. Die Zollkontrolle in Trinidad ist sehr langwierig und genau; jeder Koffer wird einzeln kontrolliert, Drogenhunde laufen den Pier auf und ab. Man muss sich in Geduld üben – wer sein Gepäck schnell griffbereit hat, kommt als erster raus. Für die Taxifahrt vom Fährhafen Chaguaramas nach Port of Spain muss man mit 20–25 US$ rechnen. In Trinidad herrscht übrigens Linksverkehr.

Manchmal wird in Güiria empfohlen, die Überfahrt nach Trinidad **mit einem Fischerboot** zu unternehmen. Davon wird **dringend abgeraten!** Ganz abgesehen davon, dass man keine gültigen Einreisestempel nach Trinidad bekommt und auch nicht legal aus Venezuela ausreist, sind die Begleiter auf der Überfahrt auch nicht die angenehmsten – im schlimmsten Fall handelt es sich um Drogenschmuggler. Und mitgefangen, mitgehangen.

Unterkunft

- **Hotel Playa Paraiso,** Zimmer und kleine Ferienhäuser, Restaurant und Pool. C. La Salina, neben dem Balneario Municipal, Tel. 9821830, 9821241, Fax 9820033, €€€
- **Hotel Plaza,** nette, ältere Zimmer, einfaches, aber gutes Restaurant und Barbetrieb, KK. Am Plaza Bolívar, Tel. 9820022, €€
- **La Posada de Chuchu,** einfache, saubere Zimmer, Restaurant. C. Bideau Nr. 35, Tel. 9821266, €€

Essen und Trinken

- *Comida pariana,* typische Kost der Halbinsel Paria, gibt es gegenüber vom Plaza Bolívar im **Rincón Criollo.**
- **La Fonda el Limón,** herrliche Spezialitäten aus Trinidad, viele Gerichte werden mit Curry zubereitet. C. Trincheras Nr. 11.

Ausflüge

Macuro ⌕ VII, C1

Ganz ohne schlechtes Gewissen kann man dieses Dorf (GPS: N 10° 39.64, W 61°56.51) als das **Ende der Welt** bezeichnen. Obwohl seit Jahrzehnten an einer Straßenverbindung nach Macuro gebaut wird und auch schon Teilstücke eingeweiht wurden, liegt die Fertigstellung in ferner Zukunft. In Macuro betrat **Kolumbus** im August 1498 zum ersten Mal südamerikanisches Festland; eine Kolumbus-Statue am Fischerhafen erinnert daran. Heute ist Macuro immer noch ein friedlicher Fischerort, in dem weniger als 3000 Menschen leben und der nur mit dem Boot erreichbar ist. Der Transfer mit dem Fischerboot von Güiria bis Macuro beträgt etwas über 2 Stunden, man muss sich auf kräftigen Wellengang gefasst machen. Die Überfahrt geht über das offene Meer des Golfes, in westlicher Richtung, manchmal mit Stopp in Mapire oder Puerto de Hierro. Die Boote starten immer am frühen Morgen, die Rückkehr erfolgt unmittelbar nach Ankunft oder erst am kommenden Tag. Auch die Guardia Nacional bietet manchmal Passagierplätze in ihrem Schnellboot an. Wer hier übernachten möchte bzw. das Boot zurück verpasst hat, der kann es bei einer der einfachen Posadas im Ort versuchen. Auch ein paar ganz einfache Restaurants sind in Hafennähe zu finden.

- **Residencias Amigos de Macuro,** im Zentrum, sehr einfach, saubere Zimmer mit Bad. Man kann im Restaurant gegenüber essen, muss das Essen aber zuvor bestellen. Die Nachtruhe kann etwas beeinträchtigt werden, wenn in diesem Restaurant das Nachtleben in Fahrt kommt, was die träge Atmosphäre des Dorfes tagsüber nicht erwarten lässt.

Von der Küste ins Orinoco-Delta

Von Carúpano gelangt man über Caripito und Maturín auf dem direktesten Wege ins Orinoco-Delta. Die Straße südlich von Casanay ist in einem zufriedenstellenden Zustand, die Landschaft geht allmählich in dichteren Wald über, man muss auf Fußgänger am Straßenrand achtgeben. Bei der Ortschaft Pantoño bei Casanay befinden sich die schönen Thermalquellen der Laguna de Buena Vista (siehe dazu „Carúpano/Ausflüge").

An der Hauptstraße von Pantoño in Richtung Caripito, direkt hinter der Brücke, liegt die einfache und freundliche **Posada El Puente** von *Vicente* und seinem Sohn *Carlito López*. Die Posada verfügt über ein Restaurant, Tel. 0294/3410532, €€.

Als die Ölquellen der Region versiegten, setzte in **Caripito** (GPS: N 10° 06.91, W 63°05.69) der wirtschaftliche Niedergang ein. Der Hafen befindet sich an der Brücke in der Nähe des Marktes. Dort legen die Boote ab, die den Río San Juan befahren und bis in die Laguna de Guanoco gelangen. Sie müssen wegen der Gezeiten sehr früh am Morgen starten. Die Passage dauert eine gute Stunde und kostet für das ganze Boot etwa 50 Euro. Der östlich von Caripito gelegene **Lago de Asfalto de Guanoco** ist das größte Asphaltreservoir der Welt, aber leider von Caripito nicht zu erreichen. Bis 1935 wurde der Asphaltsee ausgebeutet.

In Caripito (Caripito arriba) gibt es nur ein Hotel, das **Hotel Los Hermanos, €€**. Entlang der Straße nach Maturín werden Möbel, Kunsthandwerk, Obst, Gemüse und Orchideen verkauft, die in der feuchten Gegend gut gedeihen. Kurz vor Maturín gibt es viele sehr günstige Landstraßenrestaurants, die *cachapas* und einfache Spezialitäten der Gegend servieren.

Auf dem Weg von Carúpano oder Maturín ins Orinoco-Delta oder auch als Tagesausflug aus einer der Städte lohnt sich ein Besuch der weltweit berühmten Guácharo-Höhle (Cueva del Guácharo) bei Caripe.

Caripe und die Guácharo-Höhle VI, B2

GPS: N 10°10.29, W 63°30.07

Caripe, 1734 von Missionaren gegründet, liegt auf 870 m Höhe, hat eine Durchschnittstemperatur von 21°C und rund 23.000 Einwohner. Caripe liegt in einem fruchtbaren Tal, es werden viel **Gemüse und Früchte** angebaut. Bekannt sind die herrlichen Erdbeeren, mit Sahne verzehrt ein echter Genuss. Caripe wird im Volksmund „Der Garten des Oriente" genannt und das sicher zu Recht: Das angenehme Bergklima und die saubere Luft sind einmalig.

Im **Museo Alejandro de Humboldt** sind viele Bücher und Karten sowie Aufzeichnungen des deutschen Naturforschers zu sehen. Das Museum befindet sich in der Casa de Cultura in der C. Guzmán Blanco Nr. 58 (geöffnet Di bis So 9–12 und 15–17.30 Uhr).

Die **Cueva del Guácharo** 13 km westlich von Caripe ist die größte Tropfsteinhöhle Südamerikas. Innen ist sie mittlerweile über eine Distanz von

Caripe und die Guácharo-Höhle

11 km erforscht, sie reicht aber noch wesentlich tiefer in den Berg hinein. Für Besucher sind nur die ersten 1500 m zugänglich. Ein Besuch ist wirklich ein Ereignis, denn man betritt eine **faszinierende Unterwelt.** Das stetig rinnende Wasser hat riesige Säle und Tunnels aus dem Kalkgestein modelliert, überall kann man bizarr geformte Stalaktiten (hängend) und Stalagmiten (stehend) sehen. Gemäß ihrer Gestalt und ihres Schattenwurfs haben sie Namen erhalten, darunter „Die Palme", „Der Schutzengel" oder „Die Nonne". Einige Guides jedoch interpretieren sämtliche Formen mit sexuellem Hintergrund und simulieren durch Schattenspiele entsprechende Bewegungen – wer's lustig findet ...

Die Höhle durchfließt ein Bach, der an einigen Stellen unterirdische Seen bildet. Die Hauptattraktion sind jedoch die **Guácharo-Vögel.** Diese Vögel haben sich perfekt an die Verhältnisse im Dunkel der Höhle angepasst und orientieren sich, ähnlich wie Fledermäuse, durch das Echo ausgesandter Laute, Laute, die auch vom menschlichen Ohr wahrgenommen werden können. Klock, klock. Am Abend verlassen die Vögel ihre Höhle, um auf Nahrungssuche zu gehen.

Im vorderen Bereich der Höhle ist die **Geräuschkulisse gewaltig.** Nach einem Durchstieg wird es dann unvermittelt still. *Humboldt* schrieb dazu: „Schwer macht man sich einen Begriff vom furchtbaren Lärm, den Tausende

dieser Vögel im dunklen Innern der Höhle machen. Das gellende, durchdringende Geschrei des Guácharo hallt wieder vom Felsgewölbe und aus der Tiefe der Höhle kommt das Echo zurück."

Humboldt berichtete auch vom Brauch der Indianer, die Fettschicht am Bauch der Jungtiere zur Herstellung eines besonders reinen Öls zu verwenden. Einmal pro Jahr gingen die Indianer zur **„Fetternte"** in die Höhle, zerstörten die Nester und weideten unverzüglich die jungen Vögel aus. Der wissenschaftliche Name *Steatornis caripensis* (Fettvogel von Caripe) rührt von dieser Sitte her. *Alfred Hitchcock* schickte für seinen Film „Die Vögel" ein Team nach Venezuela, um Tonaufnahmen machen zu lassen. Wer nach einem Besuch der Höhle den Klassiker wieder einmal anschaut, wird die Geräuschkulisse erkennen.

Die Höhle darf **nur in Begleitung eines Führers** betreten werden, der seine Gruppe mit einer Benzinlampe führt. Die Höhlenwanderung dauert 1–2 Stunden, der Eintrittspreis liegt für Ausländer bei etwa 4 Euro, die Höhle ist zum Schutz der Vögel nur bis 16 Uhr geöffnet. Montags ist sie geschlossen. Es gibt einige englisch- bzw. deutschsprachige Guides, verlassen kann man sich auf ihre Anwesenheit allerdings nicht. Auch wenn nur zwei Personen da sind, startet die Führung nach einer kurzen Wartezeit.

Die Wege in der Höhle sind oft von Vogelkot verschmutzt, und zahlreiche kleine Nager huschen über den Weg. Daher ist es sinnvoll, lange Hosen und abwaschbare Schuhe zu tragen. Im ersten Teil der Höhle ist **Fotografieren** mit Blitzlich absolut verboten, um die Vögel nicht zu stören. Im zweiten Abschnitt darf nach Absprache mit dem Führer fotografiert werden.

Neben der Höhle befinden sich ein kleines **Museum** (Centro de Interpretación Monumento Natural Alejandro de Humboldt) und ein **Restaurant** (von 8–17 Uhr geöffnet). Gegenüber vom Eingang kann man sein Zelt aufschlagen und bezahlt dann eine Kleinigkeit für die Benutzung des WCs.

Gegenüber der Höhle führt ein kleiner Weg in den Wald hinein. Nach knapp 30 Min. erreicht man den 60 m hohen Wasserfall **Salto La Paila.** Man wandert durch intakte Bergregenwälder – allein schon dieser Umstand ist den Spaziergang wert. In den Bäumen tummeln sich Unmengen von **Papageien,** es lohnt sich, einmal nach oben zu schauen.

● **Vorwahl:** 0292

Unterkunft

● **Cabañas Niebla Azul,** gut ausgestattete Häuschen an einem steilen Hang mit schönem Blick auf Caripe. Via Las Delicias, Tel./Fax 4146094, Tel. 0416/7926270, €€€€
● **Pueblo Pequeño Villa Vacacionales,** Ferienanlage mit 20 Häuschen, jeweils mit 1 oder 2 Zimmern, kleiner Pool. Camino Real, Sec. Amanita, Via Cocollar, Tel. 5451843, 5451887 und 5451633, pueblopequeno@cantv.net, €€€

Vogelskulptur in Caripe

CARIPE UND DIE GUÁCHARO-HÖHLE (AUSFLUG)

● **Posada La Floresta,** persönlich betreuter Bungalowkomplex, alle Häuschen haben eine voll ausgestattete Küche, Grill und eigenen Parkplatz; sehr gepflegte Gartenanlage, Naturpool. Im Sektor La Peña, Tel. 4148878, €€€

● **Cabañas Villa del Cafetal,** nett eingerichtete Bungalows mit je 2 Zimmern in bunten Farben, ein Grillplatz steht zur Verfügung. Bei La Peña, zwischen El Guácharo und Caripe, Tel. 5451393, €€

● **Hotel Samán****, etwas in die Jahre gekommenes Hotel im Ortskern von Caripe, laut, manchmal mit beheiztem Pool, Restaurant, kostenloses Internet. Av. Enrique Chaumer, Nr. 29, Tel./Fax 5451183, hotelsaman@cantv.net, €€

● **Hosteria La Mostaza,** sehr einfache, aber freundliche Posada mit kleinem Restaurant. An der Kreuzung im Ort El Guácharo, €.

Essen und Trinken

● **Restaurante Mi Querencia,** *Señora Nelida* bereitet alles frisch aus dem Garten zu, man sitzt in einer freundlichen Umgebung, günstig und gut, auch vegetarische Kost, Mo. geschlossen. In San Agustín, neben der Polizeistation.

● **Restaurante Mogambo,** sehr schön dekoriertes Restaurant mit Kinderspielplatz, unbedingt das Kaninchen in Weinsauce probieren, nicht ganz billig. Im Ortskern von Caripe, neben dem Hotel Samán, Tel. 5451021.

● **Restaurante La Solana,** passable Küche und angegliederter Verkauf von Kunsthandwerk. Im Ort El Guácharo, direkt oberhalb der Kreuzung in Richtung Höhle.

Ausflug

Die Humboldt-Route

Verlässt man Caripe in westlicher Richtung, erreicht man bei und hinter dem Örtchen **El Guácharo** die Strecke der Obst- und Gemüsehändler, die rechts und links der Landstraße ihre frischen Waren zu fairen Preisen feilbieten; häufig ist auch geschmackvolles Kunsthandwerk dabei.

Man folgt dem Tal in seinem westlichen Verlauf und erreicht nach 20 Min. den **Stausee El Guamo,** der Frischwasser bis nach Barcelona liefert. Kurz darauf kommt die Kreuzung mit der Hauptstraße Nr. 1, die durch grüne Bergwälder von Cumaná nach Maturín führt. An dieser Kreuzung haben sich eine Menge einfacher Restaurants angesiedelt, die immer gut besucht sind und dem Reisenden zu neuen Kräften verhelfen. Dies ist ein guter Platz, um auf einen Anschlussbus bzw. Por Puesto zu warten. Man muss nicht Hunger oder Durst leiden, findet Schutz vor der Sonne und Unwettern und ist nicht allein. Alle Busse, die von Caripe oder Cumaná nach Maturín oder umgekehrt fahren, sind bereit, hier anzuhalten, und nehmen gerne Passagiere auf.

Wendet man sich an der Kreuzung nach links in Richtung Maturín, erreicht man nach wenigen Kilometern den historischen Ort **Guanaguana,** der noch heute von seinem Schutzpatron *San Miguel* gesegnet ist. Am Ortseingang auf der rechten Seite findet man ein winziges, sehr freundliches Straßenrestaurant, in dem eine hervorragende Críollo-Suppe und Hähnchen frisch am Grill zubereitet werden. Beachtenswert ist die Kirche von Guanaguana, von der die Einwohner behaupten, der rechte, ältere Teil sei über tausend Jahre alt.

Wenige Kilometer hinter Guanaguana fällt das Gelände schroff ab, man hat einen tollen Blick weit über die östlichen Llanos, die man kurz hinter **Río Chiquito** erreicht.

Wendet man sich am Stausee El Guamo nach rechts in Richtung Küste, überquert man kurz nach der Kreuzung die Staumauer des Sees; von einem **Aussichtspunkt** *(mirador)* bietet sich ein schöner Ausblick.

9 km weiter, an der Spitze des Stausees, erreicht man die Provinzhauptstadt **San Antonio de Maturín,** ein historisch bedeutsamer Ort, der von steilen Bergen eingeschlossen ist. Die Kolonialkirche von San Antonio ist ein eindrucksvolles Gebäude, der Stierkopf, der auf den Altar blickt, scheint ein wenig fehl am Platz. Es gibt eine Alcabala der Guardia Nacional, eine winzige Tankstelle und mehrere einfache Hähnchenbratereien.

Knapp 12 km nach San Antonio de Maturín erreicht man eine Stichstraße, die zu dem fantastischen Naturwunder **La Puerta de Miraflores** führt. Hierbei handelt es sich um einen natürlichen Cañon, der von dem Flüsschen Cocollar in die steilen Felsen eingegraben wurde und beeindruckende Felsformationen aufweist. Von der Hauptstraße bis zur „Puerta", der Eingangstür nach Miraflores, sind es nur knapp 3 km, die leicht zu Fuß zurückgelegt werden können. An Wochenenden, wenn viele Menschen aus der Umgebung diesen Platz aufsuchen, fahren auch Por Puestos bis zur Brücke. Man findet ein Kiosk vor, an dem man Getränke und andere Kleinigkeiten erstehen kann, an gut besuchten Tagen bekommt man typische Spezialitäten vom Grill angeboten. Die Wanderung hinauf in den Cañon ist nicht ganz ungefährlich; venezolanische Besucher werden, je weiter man hinauf klettert, immer rarer. Nur die ersten 2 km sind befestigt, die Schuhe werden dann nass oder müssen ausgezogen werden.

Es gibt zwei einfache Posadas, empfehlenswert ist die **Posada El Encanto** in der Nähe des Baches, liebevoll gestaltet mit nur fünf Zimmern und der Möglichkeit zur Küchenbenutzung. In der Saison sollte man unbedingt vorher reservieren, Tel. 0292/4149281 und 0416/7919091, €.

Folgt man der Landstraße weiter in Richtung Cumaná, passiert man das **Fort Cocollar,** einen wichtigen Stütz- und Ausbildungspunkt des venezolanischen Heeres, und erreicht 10 km vor Cumanacoa das Tal des Río Manzanares. Informationen über die Route entlang des Flusslaufes sind dem Abschnitt „Cumaná/Ausflüge" zu entnehmen.

Das Orinoco-Delta

Das Orinoco-Delta

Das Orinoco-Delta –
ein Paradies für Tierliebhaber

Unterwegs auf einem der zahllosen
Flussarme im Delta

Siedlung der Warao-Indianer

Überblick

Das Orinoco-Delta **im äußersten Osten des Landes** umfasst mit seinen 41.001 km² eine Fläche, die größer als Belgien ist, und stellt ein sehr empfindliches, in ständigem Wechsel befindliches Ökosystem dar. Erst im Jahr 1991 wurde im Mündungsgebiet des Deltas der **Nationalpark Mariusa** mit einer Fläche von 331.000 ha eingerichtet. Das **Feuchtgebiet,** durch das die immensen Wassermassen des Orinoco und anderer Nebenflüsse in den Atlantik geraten, umfasst „Caños" genannte Arme, etliche kleine Inseln liegen im Delta verstreut. Der Orinoco weist insgesamt 60 Seitenarme auf, und zahlreiche Flüsschen verzweigen sich in den dichten Dschungel. Die Gesamtbreite des Sumpfgebietes beträgt 250 km. Das Orinoco-Delta ist Lebensraum der **Warao-Indianer.** In dem Paradies für Tierliebhaber tummeln sich u.a. Ibisse, Fischreiher, Eisvögel, Tukane, Papageien, Flussdelfine, Kaimane, Ozelote und eine Vielzahl an Schlangen. Viele Palmen wie auch Orchideen, Bromelien und unzählige Farne sind zu sehen. Der Orinoco und sein Delta sind auch für ihren unermesslichen Reichtum an **Erdöl** bekannt. Wichtigster Ort und gleichzeitig Hauptstadt des Bundeslandes **Delta Amacuro** ist **Tucupita** – kein schöner Ort, um lange zu verweilen, aber doch Ausgangspunkt zahlreicher Touren ins Delta. Für die 1848 gegründete Stadt am östlichen Ufer des Caño Manamo zählt der Tourismus zu den wichtigsten Einnahmequellen.

Vom Orinoco-Delta, aus dem sie nahtlos übergehen, bis an den Rand der Anden, also über das ganze Land, erstrecken sich die **Llanos.** Dabei handelt es sich um ein äußerst fruchtbares und artenreiches Land, das kaum besiedelt ist. Im östlichen Teil, nur wenige Meter über dem Meer, gibt es sehr viel trockenes Land, durchzogen von großen Flusssystemen. Auf diesen unendlichen Wiesen und Weiden sieht man Herden von Rindern grasen, Erdöl lagert nahe der Oberfläche, was die Förderung recht einfach macht. Die östlichen Llanos haben dem Besucher nicht viel zu bieten, die Petroindustrie um Maturín und El Tigre dominieren. Für interessante Touren mit vielen Möglichkeiten zur Tierbeobachtung kommt viel eher das Delta in Frage.

Um ins Delta zu gelangen, bieten sich **verschiedene Ausgangspunkte** an. Der bekannteste und von Individualreisenden am häufigsten gewählte Ort ist das oben erwähnte Tucupita. Es gibt aber noch weitere Häfen, einige werden gerne von größeren Veranstaltern gewählt, da ihre Camps in entsprechender Nähe zu ihnen liegen. Ganz im Norden, im Bundesland Sucre, am kleinen Delta um den Nationalpark Turuépano gelegen, befinden sich die Ortschaften Ajiés und Yaguaraparo. Der Río San Juan ist von Caripito aus zu erreichen. Diese Ziele ganz im Norden sind auch gut von Carúpano aus anzusteuern (siehe dazu im vorherigen Kapitel „Der Nordosten"). Von Maturín erreicht man sehr gut den Hafen bei dem Örtchen Boca de San José de Buja, ebenso den Mittellauf des Río Morichal Largo, ein Schwarzwasserfluss, der das Delta speist. Von Temblador sind es nur 40 km bis zum Hafen von Boca de Uracoa, der fast direkt am Caño Manamo liegt. In Tucupita kann man unmittelbar an der Uferpromenade, am Paseo Manamo, das Boot besteigen, weitere Häfen sind Puerto Volcán und Los Guires am Caño Macareo. Das Süddelta ist von dem Dorf Piacoa aus zu erkunden, das von Puerto Ordaz gut erreichbar ist und daher als Ausflug von Puerto Ordaz beschrieben wird (siehe im Kapitel „Das Hochland von Guayana").

Maturín ♪ VI, B2

GPS: N 9°44.86, W 63°10.90

Die moderne Stadt kann nicht mit echten Sehenswürdigkeiten aufwarten, sie ist auf dem Weg zur Küste oder in das Delta ein wichtiger **Verkehrsknotenpunkt** und eignet sich für eine Zwischenübernachtung. Man hat eine hervorragende Anbindung mit Bus und Flugzeug an den Rest der Republik. Die Hauptstadt des Bundesstaates Monagas hat in den letzten Jahren durch die Petroindustrie ein immenses Wachstum erfahren und es zu erheblichem Wohlstand gebracht.

Stadtgeschichte

Maturín alias Cacique Chaima wurde von französischen Missionaren auf seinen heutigen Namen getauft. *Maturín* war der große Anführer der karibischen Rebellion Anfang des 18. Jh., die den Spaniern das Leben schwer gemacht hatte. 1718 fiel er im Kampf um die Würde seines Volkes. Im Dezember 1760 gründete *Fray Lucas de Zaragoza* eine **Kapuzinermission** und nannte sie in seinem Andenken Maturín. 50 Jahre später verwüsteten spanische Truppen die Stadt, als Racheakt für den Tod von *José Tomás Boves,* einem wichtigen Feldherrn. Sie wurde jedoch unmittelbar darauf wieder aufgebaut. Maturín ist heute noch Schauplatz wichtiger **Militärparaden** im Gedenken an heldenhafte Schlachten im Unabhängigkeitskrieg, die wichtigste darunter die „Batalla del Alto de Los Godos".

Maturín heute

Das starke Wachstum der **Erdölindustrie** in dieser Region hat Maturín in den letzten Jahren einen Boom beschert, wie ihn Maracaibo in den 1960er Jahren erlebte. Das Wirtschaftszentrum ist in ständiger Bewegung und zählt heute **750.000 Einwohner.** Viele wichtige Firmen haben ihren Sitz nach Maturín verlegt, zur Petroindustrie gesellen sich die Landwirtschaft, die Glasherstellung und sonstige Industrien.

Das **Klima** ist tropisch, die Jahresdurchschnittstemperaturen betragen 27,3 °C bei einem durchschnittlichen Regenfall von 1300 mm.

Lage

Maturín liegt auf 70 m Höhe, knapp 520 km von Caracas entfernt, **an den Ufern des Río Guarapiche.** Die nächste Küste findet man bei Carúpano (knapp drei Fahrstunden auf gut ausgebauten Straßen), südwärts erreicht man nach nur zwei Stunden Fahrt auf schnurgeraden Straßen den Orinoco bei San Félix. Östlich der Stadt liegen die Weiten des Orinoco-Deltas, allerdings gibt es keine Straßenverbindungen. In Richtung Westen gelangt man über Punta de Mata nach Barcelona und Caracas.

Orientierung

Der Río Guarapiche fließt nicht direkt durch die Stadt, sondern nördlich daran vorbei. Die großen Parks und Grünanlagen sind alle östlich der Stadt in Flughafennähe zu finden.

Die **Innenstadt** um die Av. Juncal und die Av. Bolívar ist schachbrettartig angelegt. Das kommerzielle Zentrum zieht sich östlich der Av. Juncal bis zur Calle Chimborazo und die Av. Bolívar entlang. Von Nord nach Süd verlaufen die Carreras, die **Av. Bolívar** ist die achte. Diese bildet die Ost-West-Achse der Stadt: Im Westen liegt der Plaza El Indio, auf dem man ein Standbild des *Cacique Maturín* bewundern kann, im Osten breitet sich der schön angelegte Stadtpark **Parque La Guaricha** aus.

Die östliche **Umgehungsstraße Av. Presidente Raúl Leoni** führt zum Flughafen, der Universität und den Parkanlagen der Stadt. Nach Süden verlässt man die Stadt auf dieser Avenida in Richtung Temblador und San Félix. Nach Norden setzt sich die Straße als

Av. **Ugarte Pelayo** fort. Hier erreicht man die großen Einkaufszentren CC Monagas Plaza, Makro und Petroriente, das Hotel Stauffer und die Ausfahrt in Richtung Cumaná, Carúpano und Caripe. Nach Westen führt die **Umgehungsstraße Av. Perimetral** am Hotel Morichal largo vorbei in Richtung Punta de Mata.

Sehenswürdigkeiten

Plaza Bolívar

Der parkähnliche Plaza Bolívar von Maturín ist das Musterbeispiel eines ruhevollen Platzes inmitten einer hektischen Stadt. Hohe Königspalmen und üppige Vegetation spenden reichlich Schatten, auf der Mitte des Platzes befindet sich – wie erwartet – die Statue des Befreiers. Allerdings erst seit 1930, zuvor trug der Platz die Statue und den Namen des Expräsidenten **José Gregorio Monagas**. *Monagas* leitete 1813 den Widerstand gegen die Spanier in Maturín und führte dabei neun Schlachten. Als venezolanischer Präsident von 1851 bis 1855 schaffte er die Sklaverei in Venezuela ab.

Der Platz ist ein Block nördlich der Av. Bolívar zu finden, zwischen den Carreras 6 und 7. Die östliche Seite des Platzes schmückt die **Iglesia San Simon**, südlich ist das erst 1949 errichtete Regierungsgebäude, **El Palacio de Gobierno**, zu finden. Der von dem bekannten Architekten *Ángel Maria Rousso* errichtete „Palast" befindet sich auf dem Land, wo ursprünglich das Elternhaus von *José Gregorio Monagas* stand. Die großzügige Bauweise, verbunden mit kolonialen Architektur- und vielerlei ästhetischen Elementen, macht aus dem Regierungssitz eines der interessantesten Gebäude der Stadt.

An- und Abreise

Auf dem Landweg/Busse

Auf dem Landweg erreicht man Maturín folgendermaßen: Busse aus Caracas fahren stündlich vom Terminal de Oriente ab, weitere Busse starten in den Privatterminals von Rodovias de Venezuela. Das **Busterminal** von Maturín befindet sich in der Av. Libertador c/ C. Orinoco im westlichen Teil der Stadt, nur wenige 100 m vom Plaza El Indio entfernt. Das Terminal verfügt über ein Restaurant, einen großzügigen, recht gepflegten Wartebereich und Taxi- und Busverbindungen in die Innenstadt.

Buslinien:
- **Rodovias de Venezuela,** Tel. 6518121, sehr neue Busse, empfehlenswert, täglich von 7-23.30 Uhr, fahren über Puerto Píritu 8x täglich zum Privatterminal in Caracas und direkt nach Valencia (2x täglich, morgens und abends, ca. 9 Std.).
- **Expresos Maturín,** bedienen die Route San Félix (3 Std.) – Maturín – Carúpano (3 Std.) in beiden Richtungen, außerdem Cumaná (ca. 3,5 Std.) und Barcelona (ca. 4 Std.).
- **Aeroexpresos Ejecutivos,** Tel. 6513695 und 6519411, www.aeroexpresos.com.ve, sehr gute Fahrzeuge mit Ziel Caracas (4x tgl., ca. 9 Std.) und einmal über Nacht nach Maracay (ca. 11 Std.) und Valencia (12 Std.).
- Des Weiteren fahren **Por Puestos und Minibusse** Ziele in der näheren Umgebung an, immer wenn genügend Passagiere zur Verfügung stehen: Punta de Mata (ca. 1 Std.), Quiriquire (ca. 30 Min.), Temblador (2,5–3 Std.), Tucupita (3,5–4 Std.), Caripe (ca. 3 Std.), Caripito (ca. 1 Std.), Carúpano (2,5–3 Std.), San Félix (ca. 2,5 Std.).

Nach **Ciudad Bolívar** gibt es leider immer noch keine direkte Verbindung, man kann aber versuchen, einen Por Puesto-Fahrer davon zu überzeugen, die Route zu fahren. Ansonsten muss man den Umweg über San Félix in Kauf nehmen.

Flugzeug

Der **Aeropuerto José Gregorio Monagas** befindet sich an der gleichnamigen Straße östlich der Stadt. Es wird dreimal täglich **Caracas** angeflogen, Conviasa fliegt nach Porlamar auf **Margarita**. Ein Restaurant und Läden sind am Flughafen zu finden, ebenso Autovermietungen.

Touristeninformation

Die staatliche **Touristenbehörde Cormotur** befindet sich in dem kolonialen Gebäude der Hacienda Sarrapial, einem Nachbau der Hacienda Santa Marta in Kolumbien, wo Simón Bolívar gestorben ist. Eine Informationsstelle der Behörde ist in der Av. Libertador im Edf. Taguapire, Lokal 2, im Erdgeschoss, Tel. 6437831, www.monagasalnatural.com.

Unterkunft

In Maturín gibt es noch immer **keine Posadas** – da sehr viele Geschäftsleute unterwegs sind, dominieren luxuriöse Hotels.

- **Hotel Stauffer*******, wenn die 240 Zimmer auch kein 5-Sterne-Niveau haben, die Gesamtanlage ist wunderschön, gepflegter tropischer Garten mit großem Pool/Whirlpool, Gourmetcenter mit 4 Restaurants, z.Z. französisch, Büfett, Grill, Tex-Mex und japanisch, Kasino, Reisebüro und Autovermietung, WLAN, ÜF, KK. Av. Ugarte Pelayo, d.h. der Hauptstraße 9 in Richtung Carúpano, neben dem CC Monagas Plaza, Tel. 6430622, 6431111, 6430822, Fax 6431455, €€€€
- **Hotel Morichal Largo*******, Luxushotel mit 212 voll ausgestatteten Zimmern, WLAN, KK. 3 km außerhalb der Stadt, auf der Strecke nach Punta de Mata, Av. Bella Vista, via La Cruz, gegenüber der Polizei, Tel. 6514222 und 6514322, Fax 6515544, €€€€
- **Hotel Luciano jr.******, neues Hotel der gehobenen Kategorie, freundlich, Reservierung sehr empfohlen, Innenstadtlage, KK. Av. Bolívar c/ C. 29, Tel. 6439628, 6438369 und 6439785 Fax 6438761, www.hotel-lucianojr.com, €€€
- **Hotel Best Western CCP,** mit Restaurant, Bar und Diskothek im recht verlassenen Einkaufszentrum CC Petroriente, ÜF, KK. Av. Ugarte Pelayo, gegenüber der PDVSA, Tel. 3145544, €€€
- **Hotel Chaima Inn*****, einfaches 3-Sterne-Hotel mittleren Alters, KK. In der Av. Presidente Raúl Leoni, gegenüber vom „Pedagógico", Tel. 6415111 und 6441842, €€

Essen und Trinken

- **Gitanos Café,** ausgefallene Küche, abends Live-Musik, KK. Carrera 7, gegenüber vom Plaza del Estudiante.
- **Restaurante El Emperador,** typisch spanisches Restaurant, KK. Av. Bicentenario Nr. 274.
- **Restaurante Al Janna,** schmackhafte arabische Küche, KK. Av. Fuerzas Armadas c/ C. Cumaná, Tel. 6424611, 6422725.
- **Restaurante El Paparazzi,** täglich geöffnet, internationale Spezialitäten und Pizzas, auch Schnellgerichte für Angestellte im Einkaufszentrum, daher zur Mittagszeit oft überfüllt, KK. CC Monagas Plaza, im Erdgeschoss.
- **Centro Turístico la gran Pasta,** Pizzas, Pasta und Lasagne, frisch und gut auf venezolanische Art. Av. Cruz Peraza, 500 m vom Club Italo, Tel. 0414/3946853.

Praktische Infos

- **Vorwahl:** 0291

Autovermietung

- **Aro Rent a Car,** am Flughafen, Tel. 6423924 und 6416621, KK.
- **Avis,** am Flughafen, Tel. 6414844, KK.
- **Budget,** am Flughafen, empfehlenswert, Tel. 6429870, KK.
- **Thrifty Car Rental,** im Hotel Morichal Largo, Tel. 6411672 und 6413542, KK.

Internetcafés

Im Innenstadtbereich um die Av. Bolívar finden sich viele kleine **Cybercafés.** Auch in den großen **Einkaufszentren** CC Monagas Plaza und CC La Cascada, die sich außerhalb der Stadt befinden, gibt es die Möglichkeit, online zu gehen, ebenso bieten die **großen Hotels** von Maturín Internet an.

Krankenhaus

- **Centro de Especialidades Médicas,** Av. Andrés Eloy Blanco, Tel. 6411165.

Reisebüro

- Im **Hotel Stauffer** befindet sich eine Filiale der gut organisierten Reisebürokette **Turismo Maso Internacional.** Wer Flugtickets oder eine Hotelreservierung in einer anderen Stadt benötigt, kann sich hier vertrauensvoll an *Maria Gabriela Bolívar* wenden. KK, Tel. 6431461 und 6437108, Fax 6430583, www.turismomaso.com.

Taxis

- **Taxis Aeropuertos,** am Flughafen, Tel. 6433838.
- **Taxi Terminal,** am Busterminal, Tel. 6414890 und 6518109.
- **Teletaxis 94,7,** Tel. 6415125 und 6417534.

Die Umgebung von Maturín

Hato San Andrés

Etwa 45 km südlich von Maturín befindet sich der Hato San Andrés mit angeschlossenem **Hotel** mit 35 Bungalows, Restaurant, kleinem Pool und Minizoo. Von hier kann man **Reitausflüge in die Llanos** unternehmen. Im lebhaften Restaurant mit Bar gibt es täglich Leckereien vom Grill und gute Cocktails. Wer mit dem Auto unterwegs ist, fährt am Restaurante La Antena kurz vor El Blanquero rechts in Richtung Aribi ab. 12 km weiter folgt auf der linken Seite die Farm. Mit öffentlichen Verkehrsmitteln ist der Hato San Andrés nicht zu erreichen, ein Taxi ab Maturín kostet etwa 15 Euro. Tel. 0287/4145660 und 0291/3152523, *Federico:* Tel. 0414/3942959, *Claude:* Tel. 0414/7676114, Fax 0291/6435787, www.lodgeadventure.com, €€€

Guácharo-Höhle ♦ VI, B2

Nordwestlich von Maturín erstreckt sich die wunderschöne **Mittelgebirgskette von Turimiquire,** in der sich die berühmte Guácharo-Höhle befindet. Vom Busterminal in Maturín fahren regelmäßig Por Puestos nach Caripe. Die Fahrt durch die fruchtbaren Wälder lohnt sich sehr. Man verlässt die Stadt in nördlicher Richtung, vorbei an Macro bis zum „Redoma", an dem es rechts nach Carúpano und links nach Cumaná ausgeschildert ist. Hier fährt man links und kommt nach wenigen Kilometern in den netten Ort La Toscana. Man fährt parallel zum Río Aragua und erreicht die Orte Chaguarama, Chaparral und Aragua de Maturín, an dessen Plaza Bolívar eine sehenswerte Kirche steht. Am Stausee El Guamo führt die Straße geradeaus nach Cumaná, wer rechts abbiegt, gelangt nach Caripe. Eine genaue Routenbeschreibung sowie Informationen zur Höhle und zu Ausflügen in dieser Zone findet man im Kapitel „Nordosten/Caripe und die Guácharo-Höhle".

Boca de San José de Buja ♦ VII, C2

Dieser kleine Ort mit Hafen liegt direkt am **Caño Buja,** der wiederum durch den Caño Manamito mit dem Rest des Orinoco-Deltas verbunden ist. Durch die Nähe zu Maturín ist der Ort ein idealer Startplatz für **Touren in**

das nördliche Delta, liegt günstig zu den Camps im Unterlauf des Río Morichal und bei Boca de Tigre. San José de Buja ist auch der nächste Festlandhafen zur Isla de Plata und dem Ort Pedernales.

Im Ort gibt es eine supereinfache **Posada, €**, die nur aus einem mit Palmen gedeckten Schlafsaal besteht. Ideal für Leute, die sehr wenig Geld ausgeben wollen und Interesse an einer abenteuerlichen Tour auf dem Fluss haben. Man frage am Kiosk in der Nähe der Anlegestelle.

Um **Touren** zu unternehmen, erkundige man sich nach **José A. Manzol** alias „Cheo". Er betreibt im Ort die Bodega mit einem kleinen Restaurant

xus. In sechs einfachen Palmhütten, nur mit einem Bett mit Moskitonetz ausgestattet, hat man engen Kontakt zur Natur. Es werden Urwaldwanderungen, Bootsfahrten und Nachtausflüge im Einbaum angeboten. 3 Tage Aufenthalt im Camp bekommt man ab San José de Buja für unter 200 Euro inkl. aller Mahlzeiten, Ausflüge und Unterkunft. Tel. 0414/0914844 *(Hani)*, www.orinocodelta.info.

Vom Busterminal in Maturín fährt ein **Mikrobus** für 50 Cent einmal am Mittag nach San José. Zurück fährt er dann erst am nächsten Morgen in aller Frühe. Aber auch **Por Puestos** fahren auf dieser Route, da muss man etwa 2 Euro pro Person rechnen.

und Bierverkauf und organisiert nach Absprache auch ganz individuelle Delta-Unternehmungen. Für unter 100 Euro p.P. bekommt man ein Boot mit Führer und Verpflegung. Tel. 0287/4146951 und 0424/9147905.

Das neue **Eco-Orinoco Camp** von *Victor* und *Hani* ist ein sehr authentisches Urwaldcamp ohne großen Lu-

Río Morichal Largo

Dieser sehr bekannte Schwarzwasserfluss, der jenseits des Ortes Arenales im Bundesland Anzoátegui entspringt, kreuzt sich am km 68 mit der Landstraße 10 in der Nähe der Siedlung El Silencio. An dieser Kreuzung zwischen Fluss und Hauptstraße befindet sich eine kleine **Warao-Comunidad.** Hier sollte man einen Stopp einlegen. Man kann für ganz wenig Geld ein Boot mieten und den Fluss ein wenig erkunden; Einbäume zum Paddeln werden von Indianerkindern zur Verfügung

Pfahlhütten am Río Morichal Largo

Tucupita ⌕ VII, C3

gestellt. Die Behausungen der Indianer sind die auf Stelzen stehenden **Palafitos,** ohne Zwischenwände oder jede Privatsphäre. Indianerfrauen verkaufen schönes Kunsthandwerk, in einem Kiosk kann man eine Kleinigkeit zu essen bekommen oder eine Erfrischung zu sich nehmen; manchmal stehen so ausgefallene Dinge wie Schlange, Wasserschwein oder Alligator auf der Speisekarte. Dieser Platz ist ein beliebter Ausgangspunkt, um Touren ins Delta zu starten. Der ruhige Flusslauf, an dem es kaum Moskitos gibt, lädt zu Boots- oder Kanufahrten ein. Auf dem Fluss kommt man in Richtung Orinoco-Delta an zwei Touristencamps vorbei.

●**Campamento Bora,** dieses von der Gruppe LTA (die ihre eigene Fluglinie Aerotuy unterhält) betriebene Camp befindet sich unweit der oben genannten Kreuzung. In nur 1,5 Std. ist man im Camp, das direkt am Ufer des Río Morichal Largo liegt. Mit 4 Schlafsälen, in denen insgesamt 32 Betten zu finden sind, ist das Camp sehr rustikal. Es wird nur im Paket mit Flug, Touren und allen Mahlzeiten ab Isla Margarita vermittelt, unter www.tuy.com findet man weitere Informationen und Bilder. Tel. 0294/4155778 und 41557-84 bis -88, Fax 7612272, €€€€

●**Mis Palafitos,** wie der Name schon sagt, ist dieses Camp ganz im Stil der Indianerhütten auf Stelzen errichtet. Auch wenn es seine besten Tage schon hinter sich hat, so werden hier vom Team von *Alexis* interessante Touren angeboten. Da das Camp mit seinen 56 attraktiven Pfahlbauten an den schwarzen Wassern des Unterlaufes des Río Morichal Largo liegt, ist die Belastung durch Moskitos extrem niedrig. Buchung über das Hotel Saxxi in Tucupita, Tel. 7211733, Fax 7215166, www.deltaorinocomispalafitos.com, €€€€

Tucupita ⌕ VII, C3

GPS: N 9°03.61, W 62°02.42

Tucupita liegt am Rande des riesigen Orinoco-Deltas direkt am Caño Manamo, einem der wichtigsten Hauptarme des Wasserlabyrinths. Weitere Städte gibt es in diesem Bundesland nicht, die wenigen Siedlungen, Missionsstationen und Haziendas sind meist nur auf dem Wasserweg erreichbar. Tucupita ist **Hauptstadt** und Regierungssitz **des Bundeslandes Delta Amacuro** und hat etwa **80.000 Einwohner.** 76,5% der Gesamtbevölkerung von Delta Amacuro leben in der Stadt. Die Leute verdienen sich ihr Geld hauptsächlich mit Öl, Tourismus, Landwirtschaft und Verwaltungsaufgaben. Die Stadt liegt nur 5 m über Meereshöhe, weist eine Durchschnittstemperatur von 26,8°C auf und hat jährliche Niederschläge in der Größenordnung von 1645 mm.

Stadtgeschichte

Kolumbus sah wohl als erster die Mündung des **Orinoco** in den Atlantik, es waren aber andere Spanier, welche die **Erforschung** der Mündung und des Flusses in Angriff nahmen. Als erster besuchte *Alonso de Ojeda* im Jahr 1499 die Mündung des Orinoco, gefolgt 1500 von *Vicente Yanéz Pinzón,* der tiefer ins Delta eindrang. *Hernán Cortés* schließlich fuhr 1532 den Orinoco bis zur Einmündung des Río Meta hinauf. Das ganze Gebiet war damals von den Indianern des Warao-

Stammes bewohnt. 1682 wurde die erste Missionsstation unter *Padre Gumilla Jesuita* aufgebaut.

Im Jahr 1848 begann die Besiedlung durch Nichtindianer. Die neuen Siedler kamen in der Mehrzahl von der Insel Margarita und gründeten die **Siedlung „Cuarenta y Ocho"** (48), Vorgängerin des heutigen Tucupita. Sie lebten von Ackerbau, Rinderzucht und dem Handel, was sich bis zum heutigen Tage in der Region erhalten hat. Wer Fahrten durchs Delta unternimmt, sieht an den Ufern oft Rinderherden. Politisches Gewicht bekam das Delta im Jahr 1884, als der damalige Präsident *Guzmán Blanco* die Zone mittels Dekret anerkannte, Hauptort war Pedernales. Nur drei Jahre später zog die Hauptstadt nach „Cuarenta y Ocho" um und die Ortschaft wurde in Tucupita umbenannt. Von 1893 an Teil des Bundeslandes Bolívar, konnte das Deltagebiet schon am 26. April 1901 seine Autonomie zurückerlangen und erhielt den Namen Territorio Federal Delta Amacuro. Ab 1925 entstanden zahlreiche Kapuzinermissionen, viele Indianer sind seitdem zum katholischen Glauben „bekehrt" worden.

Lage

Die Stadt ist nur über eine Straße, jedoch über **viele Wasserwege** erreichbar. Mit dem Auto sind es 215 km nach Puerto Ordaz und 225 km nach Maturín. Luftlinie sind es nur 110 km bis zur Karibikinsel Trinidad. Das Städtchen Pedernales, nördlich direkt am Meer gelegen, ist über 100 km entfernt und nur mit Flugzeug oder Boot erreichbar.

Orientierung

Die Orientierung in dem friedlichen Städtchen ist einfach. Die schachbrettartige **Innenstadt** beginnt direkt nach der Brücke über den Caño Tucupita, kurz vor seinem Zusammenfluss mit dem **Caño Manamo,** der hier alles dominiert. Die Stadt liegt entlang dieses riesigen Wasserlaufs, der an seiner breitesten Stelle bis zu 1 km misst. Der Plaza Bolívar liegt zwei „Quadras" (Straßenblöcke) von der Brücke entfernt, dort befinden sich die Regie-

Fischer im Orinoco-Delta

TUCUPITA

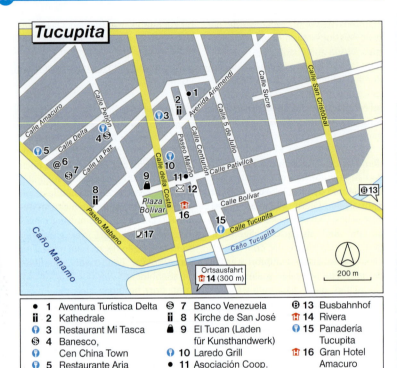

- 1 Aventura Turística Delta
- 2 Kathedrale
- 3 Restaurant Mi Tasca
- 4 Banesco, Cen China Town
- 5 Restaurante Aria Pollo Capri
- 6 La Tortuga Internet
- 7 Banco Venezuela
- 8 Kirche de San José
- 9 El Tucan (Laden für Kunsthandwerk)
- 10 Laredo Grill
- 11 Asociación Coop. OSIBU
- 12 Post
- 13 Busbahnhof
- 14 Rivera
- 15 Panadería Tucupita
- 16 Gran Hotel Amacuro
- 17 CANTV

rungsgebäude. Parallel zum Caño Manamo verläuft der **Paseo Manamo,** an dem die Bootsanlegestellen sind, die Guardia Nacional und einige einfache Kneipen und Restaurants.

Sehenswürdigkeiten

Obwohl die Stadt noch nicht sehr alt ist, gibt es doch ein paar schöne Sehenswürdigkeiten in Tucupita. Zu den wichtigsten gehören sicher:

Iglesia de San José de Tucupita

Diese Kirche wurde von den Kapuzinermönchen erbaut und konnte **1930 eingeweiht** werden; damit ist sie die älteste religiöse Stätte vor Ort. Sie steht am Paseo Manamo c/ Av. Arismendi.

Kathedrale La Divina Pastora

Die Kathedrale wurde **1982** nach sehr langer Bauzeit **eingeweiht.** Angefangen hatten die Bauarbeiten schon im Jahr 1958, der damalige Diktator *Pérez Jiménez* finanzierte sie. Als er gestürzt wurde, versiegte auch der Geldstrom. Erst viel später konnte der Bau fertiggestellt werden. Die Kathedrale steht an der C. Arismendi, zwischen den Straßen Marino und Centurión.

Plaza Bolívar

Der Platz liegt recht schön einen Block vom Fluss entfernt. Man kann in den Bäumen viele Vögel beobachten. Vom Plaza Bolívar zweigt die **Calle della Costa** ab, die Hauptgeschäftsstraße der Stadt.

Das Haus der Indianer, Yakariyene

Dieses traditionelle Indianerhaus der Warao wurde errichtet, um den indianischen Besuchern der Stadt eine Unterkunft bieten zu können. Hier kann man hin und wieder aus erster Hand und zu gutem Preis **Kunsthandwerk** erstehen.

Paseo Manamo

Wer dem lebhaften Treiben am Fluss zuschauen will, ist hier am richtigen Platz. Es gibt viele Sitzmöglichkeiten auf dieser Uferpromenade, und man kann **Boote** für Ausflüge mieten. Hier fährt das Taxiboot (ca. 5 Euro p.P.) nach Pedernales ab.

An- und Abreise

Auf dem Landweg

Tucupita ist über zwei Straßen mit dem Rest der Welt verbunden, beide in Richtung Südwesten. Die **Troncal 15** führt über El Cajón und nahe an Barrancas vorbei nach Temblador, die kleinere Nebenstraße verläuft über Uracoa auch nach Temblador. Tucupita ist quasi eine Sackgasse, nur wenige befestigte Sträßlein führen noch ein Stück in das Delta hinein: eine bis Los Guires, eine andere parallel zum Manamo zu Gehöften, die im Delta liegen.

Der **Busterminal** liegt gegenüber vom Parque Central de Tucupita in der C. San Cristóbal, einen knappen Kilometer von der C. Tucupita und der Brücke entfernt (leicht per pedes zu schaffen). Es gibt regelmäßige Busverbindungen nach Caracas sowie Por Puestos nach Temblador, San Félix und Maturín.

Flugzeug

Der **Flughafen** befindet sich knapp 8 km nordwestlich der Stadt und ist über die Av. Orinoco erreichbar. Meist ist der Flughafen geschlossen, da es z.Z. keinen Linienflugverkehr dorthin gibt. Gruppenreisende kommen häufig mit Charterflugzeugen an, dann erwacht das winzige Flugfeld für ein paar Minuten zu Leben. Die Fluglinie Avior hat die Rechte für die Route Porlamar – Carúpano – Tucupita gekauft, geflogen wird aber noch nicht. Unter www.avior.com.ve kann man nachsehen, ob aktuell Flüge verfügbar sind.

Touristeninformation

- **Coordinación de Turismo**, C. Bolívar, gegenüber dem Regierungssitz des Bundeslandes Delta Amacuro, Edf. Don Juan, 2. Stock, Tel. 7210326.
- Unter **www.orinocodelta.info** findet man auf Englisch viele Informationen zur Delta-Region.

Unterkunft

Posadas gibt es in Tucupita nicht, empfehlenswerte Hotels ebenso wenig. Alle Angebote fallen durch mangelhafte Pflege auf, der Standard ist spürbar niedrig.

- **Hotel Saxxi*****, direkt am Caño Manamo gelegen, mit eigenem Bootssteg, nicht übermäßig teuer, es gibt einen Pool, der allerdings häufig ohne Wasser ist, Restaurant mit lokalen Fischspezialitäten wie *Lau Lau* und

Tucupita

Morocoto, aber kein Frühstück, Diskothek. Gut 8 km außerhalb der Stadt, Zona Industrial Paloma, Tel. 7212112, €€. Der Besitzer des Hotels, *Señor Alexis Marmanidis*, betreibt das Delta-Camp Mis Palafitos am Río Morichal Largo (s.o.) und organisiert Touren ins Delta. Büro-Tel. 7211733, Fax 7215166.

- **Hotel Pequeña Venecia***, ebenfalls weit vor der Stadt, hat seine besten Tage hinter sich, ist aber günstig, Restaurant. San Salvador, Tel. 7211146, €€
- **Gran Hotel Amacuro,** Parkplatz, zentrale Lage, nicht sehr sauber, kein Restaurant. C. Bolívar Nr. 23, Tel. 7210404, €€
- **Hotel Rivera,** extrem einfach, ohne Restaurant, nur mit einfacher Bar. Av. La Rivera, Sec. Cocalito (am Ortseingang), ca. 150 m vor der Brücke, Tel. 7210555, Fax 210558, €

Essen und Trinken

- **Laredo Grill,** sowohl venezolanische als auch internationale Gerichte, Spezialität ist hier *Lau Lau*, ein hervorragender Speisefisch aus dem Orinoco. Am Wochenende gibt es Musik-Liveshows. C. della Costa, Nr. 39, Tel. 7215470 und 0414/8790071.
- **Restaurante Aria Pollo Capri,** gute einheimische Küche in einfachem Ambiente. Am Paseo Manamo.
- **Max Pollo,** Hamburger und Huhn. In der Ecke des Marktes zu finden.
- **Cen China Town,** wer im Dschungel mal chinesisch essen will, ist hier gut beraten. C. Petión.
- **Panadería Tucupita,** Traveller-Treffpunkt mit gutem Frühstück, aber nur mit Stehplätzen. C. Centurión c/ C. Tucupita.
- **Mi Tasca,** einfache spanische Küche. C. della Costa c/ C. La Paz, nahe der Kathedrale.

Die ursprünglichen Bewohner des Orinoco-Deltas sind Warao-Indianer

Praktische Infos

- **Vorwahl:** 0287; die Telefonverbindungen sind schlecht.

Apotheken

Im **Innenstadtbereich** und am **Paseo Manamo** gibt es einige kleine Apotheken, eine davon hat immer über Nacht geöffnet. Erkennbar ist diese am Schild „Turno", an jeder anderen *Farmacia* ist die Adresse der zuständigen Notapotheke angeschrieben.

Einkaufen

- **El Tucán,** dies ist ein bekannter Ort, um an indianisches Kunsthandwerk zu kommen. Die Preise sind fair. Sollte die Türe geschlossen sein, einfach anklopfen und nachfragen, wo *Joséfa* gerade steckt. C. Pativilca Nr. 2, neben der Refrescería Tucán.
- Im **Haus der Indianer** (s.o.) hat man ebenfalls ab und zu Gelegenheit, Kunsthandwerk direkt und günstig einzukaufen.

Feste/Veranstaltungen

- **19. März, San José,** Feiern zu Ehren des Schutzheiligen der Stadt.
- In den Monaten **Mai, Juni und Juli** finden zahlreiche **indianische Feste** religiösen Charakters statt. Man bittet bei den Tänzen auch um genügend Regen, denn die Feiern werden zu Beginn der Regenzeit abgehalten.

Geld

Wechselstuben gibt es keine, Geldautomaten dagegen von der **Banco Caroni** in der C. Tucupita und von den Banken **Banco República** und **Del Sur** in der Nähe vom Plaza Bolívar. Wer Geld tauschen möchte, kann sich mit *Abelardo Lara* (s.u. bei Tourveranstalter) in Verbindung setzen.

Grenze

Auch wenn Tucupita eigentlich Grenzstadt zu **Trinidad** ist – es sind nur 110 km bis zur Insel und der Schmuggel blüht –, so gibt es keine Möglichkeit der legalen Aus-/Einreise. Dies geht nur über die Hafenstadt Güiria auf der Paria-Halbinsel (siehe dazu im Kapitel „Nordosten/ Güiria").

Krankenhäuser

Das **Ambulatorio**, zuständig für kleine Notfälle, befindet sich in der Nähe des Redoma La Entrada neben der Feuerwache. Daneben findet man auch die **Policlínica Delta** an der Av. J. Lara, Tel. 7213935.

Kriminalpolizei

- **CICPC**, Av. Orinoco, gegenüber vom Polideportivo, Tel. 7211282 und 7213160.

Post und Telefon

- **Ipostel**, das Postamt befindet sich in der C. Pativilca in der Nähe des Plaza Bolívar.
- **Cantv**, südwestlich des Plaza Bolívar in der C. Bolívar.

Taxis

- **Taxis La Paz**, Mendoza, Tel. 7211794 und 7210544.
- **Los Profesionales**, C. Mánamo, Tel. 7212551.

Tourveranstalter

- Eine neue, sehr interessante Ausflugsmöglichkeit wird von **Cacao Travel** angeboten: Sie unterhalten inmitten der Natur ein sehr komfortables schwimmendes Hotel als Ausgangsbasis für Deltatouren. Momentan befindet sich das **Flotel Warao** im Caño Madre Vieja, einem tierreichen Seitenarm des breiten Caño Macareo, etwa 1,5 Std. mit dem Boot von El Caigual bei Tucupita. Vom Flotel Warao werden zu sehr anständigen Preisen (3 Tage/2 Nächte für etwa 195 Euro) Touren in das Delta unternommen. Die auf Deutsch oder Englisch geleiteten Touren umfassen auch Nachtausflüge und Pirañafischen, man sieht viele Tiere. Nur mit Reservierung, ab 2 Personen: Tel. 0294/3317297 oder 0414/8072304, www. orinocodelta.info.
- **Asociación Cooperativa OSIBU** (früher Delta Sur), C. Mariño, Tel. 7213840 und 0416/8971288. *Abelardo Lara* ist der Pionier der Touren im Delta Amacuro. Seine Touren umfassen Fahrten durch die Caños, Angeln, Nachtausflüge und Besuche in Indianerdörfern im Süden des Deltas. Das gemütliche, sehr einfache Camp Maraisa befindet sich im Caño San Francisco, gegenüber der typischen Warao-Siedlung San Francisco de Guayo. Das Paket für 3 Tage/2 Nächte kostet etwa 240 Euro. Recht zuverlässig.
- **Tucupita Expeditions**, Tel. 7211953, Tel. im Camp 0414/9890452, Fax 7210801, www.orinocodelta.com. Delta-Touren in das hochwertige Camp Orinoco Delta Lodge im Caño Manamo (2 Tage/1 Nacht für 150 Euro, 3 Tage/2 Nächte für 230 Euro).
- **Aventura Turística Delta**, C. Centurión Nr. 62 (ein kleines Stück hinter der Kathedrale), Tel./Fax 7210835, a_t_d_1973@hotmail.com. Veranstaltet Touren in ein eigenes, sehr rustikales Camp im Caño Manamo, Übernachtung in Hängematten, Verpflegung (pro Tag etwa 65–85 Euro).

Die Umgebung von Tucupita

Boca de Uracoa ⌐ VII, C3

Der kleine unscheinbare Hafen, der zum Ort Uracoa gehört (15 km Entfernung), ist ein günstiger Ausgangspunkt für **Touren in den Caño Manamo** und seine Nebenarme. Viele Veranstalter starten ihre Touren hier, denn der Hafen liegt wesentlich günstiger zu den Camps als der von Tucupita. Der Ort Uracoa hat außer dem Plaza Bolívar nicht viel zu bieten. Ein weiterer kleiner Hafen befindet sich auf halber Strecke zwischen Uracoa und Boca de Uracoa, der **Puerto Amador.**

Uracoa ist von Maturín kommend über Temblador erreichbar. Die Landschaft der **östlichen Llanos** prägen u.a. Moriche-Palmen, man durchquert weite, grüne Savannen, einige Ölpumpen älteren Baujahrs sind am Wegesrand zu sehen. Die Gegend um **Temblador** (GPS: N 9°00.32, W 62°38.20), das erst 1922 gegründet wurde, erlebte in den 1930er Jahren einen Boom, als leicht zu förderndes Erdöl entdeckt wurde. In und um Temblador leben heute etwa 40.000 Menschen. Temblador (Vorwahl: 0287) hat nicht viel zu bieten, es gibt zwei Banken mit Geldautomat (Mi Casa und Banesco) und direkt an der Hauptstraße das kleine, sehr einfache Restaurante La Cascada. Ein richtiges Hotelangebot fehlt, wer übernachten muss, kann sich im Hotel Casa Vieja, €, in der C. Andrés Pérez gegenüber vom Bürgermeisteramt erkundigen.

Caño Manamo
und Pedernales   ↗ VII, C2

Der Caño Manamo gilt als **Hauptflussarm des Orinoco**. Das Wort „Manamo" ist indianischen Ursprungs und bedeutet „2". Der Manamo mündet in den Golf von Paria. *Alonso de Ojeda* war 1499 der erste Europäer, der diese Mündung sah. Der Flussarm wurde im Rahmen eines Regierungsprogrammes aufgestaut, um saisonbedingte Überschwemmungen im Norden zu verhindern und das Land für die Landwirtschaft besser nutzen zu können. Die negativen Folgen: Viele Flüsse sind den Gezeiten des Atlantiks ausgesetzt, sodass der Wasserstand täglich sinkt und steigt. Auch das Salzwasser aus dem Meer fließt nun kilometerweit in die Flüsse hinein, was viele Indianer veranlasste, tiefer in den Dschungel zu ziehen.

Direkt am Hauptarm und versteckt an einigen Nebenarmen befinden sich mehrere **Touristencamps**, die von diversen Veranstaltern betrieben werden. Von Tucupita in Richtung Nordwesten sind folgende erwähnenswert:

● **Orinoco Delta Lodge,** fast schon ein Pionier ist der aus Palästina stammende *Anthony,* der dieses Camp mit 24 einfachen, aber soliden Zimmern betreibt. Viele Kunden kommen direkt in Riesengruppen aus Margarita für 2 Tage und 1 Nacht. Auf dem Programm stehen Besuche bei den Warao, in einer von ihnen errichteten Indianerschule auf dem gegenüberliegenden Ufer des Caño, sowie Tierbeobachtung. Das Camp befindet sich an den Ufern eines breiten Nebencaño, des Caño Guamal, der den Manamo mit dem Río Morichal Largo verbindet. 4 km nach der Siedlung Ubanoco am linken Ufer erreicht man die Abzweigung zum Camp. Tel. 0287/4140238 und 4002871, öfters versuchen, da es sich um ein Satellitentelefon handelt, www.orinocodelta.com, €€€

● **Campamento Abujene,** dieses gelungene neue Camp liegt versteckt in einem Seitenarm des Caño Guacajara. Kurz nach dem Einfluss des Río Morichal Largo auf der westlichen Seite, wo sich die Bodega von Diablo befindet und der Reisende noch eine letzte Einkaufsmöglichkeit hat, geht es nach rechts in den Caño Guacaraja ab, um dann 5 km weiter wieder rechts in einen toten Arm abzubiegen. Das Camp mit 14 hellen Zimmern (6 weitere sind in der Bauphase) mit Balkon zum Fluss bietet Unterkunft mit/ohne Verpflegung, Touren und Getränke an. Tel. 0294/8083602, www.orinocodelta.info, €€€

● **Boca de Tigre,** dieses Camp, das schon sehr viel bessere Tage erlebt hat, verfügt über 30 ganz einfache Zimmer, einen Aufenthaltsraum und die Möglichkeit, Hängematten aufzuspannen. Der nächste Hafen zum Camp ist Boca de San José de Buja, gut von Maturín erreichbar. Tel. 0291/8083402, reservas_bocadetigre@hotmail.com, €€€

● **Atlantic Delta Lodge,** von den gleichen Betreibern wie die Orinoco Delta Lodge, liegt dieses Camp auf der Isla de Plata mit Blick auf den Golf von Paria, direkt am Ende des Caño Manamo. Von 16 sehr angenehmen Zimmern kann man seine Touren starten. Kontakt s.o., €€€

Kurz bevor der Manamo in den Golf von Paria fließt, befindet sich rechter Hand der Ort **Pedernales**. Hier scheint die Zeit stillzustehen, das Leben plätschert vor sich hin. Man zählt rund 3100 Einwohner, davon 700 Indianer – eine seltene Situation: Críollos leben direkt neben den Indianern, welche wie früher in ihren Pfahlbauten wohnen. Die meisten Críollos stammen von der Isla Margarita oder der Halbinsel Paria, daneben gibt es einige Einwanderer aus British Guyana und Trinidad.

Der Ort lebt hauptsächlich vom Fang von Fischen und Krustentieren, aber auch von der Erdölindustrie, welche mehrere Plattformen in der Nähe besitzt. Einige der Warao haben sich auf die Zucht von Rindern spezialisiert. Die Fische werden mehrheitlich in Tucupita verkauft. Touristisch ist der Ort praktisch nicht erschlossen, ab und zu kommt mal ein Segelschiff vorbeigefahren und manchmal ein Boot mit Touristen. Es stehen ein paar kleine Bodegas, Kneipen, ein Billardsalon, ein Nachtklub und ein kleines Hotel zur Verfügung. Das **Hotel Mar y Manglas** ist an der Uferstraße links vor der Indianersiedlung zu suchen, die **Posada Doña Natividad** mit zwölf einfachen, klimatisierten Zimmern direkt neben der Kirche ist sehr häufig von Mitarbeitern der Ölgesellschaften ausgebucht. Pedernales liegt auf einer Insel, entsprechend gibt es kaum Kriminalität, jeder kennt sich und man braucht ein Boot, um hinzukommen oder wegzufahren. Autos gibt es keine, abgesehen von einem Kleinlieferwagen.

Auf einer Nachbarinsel ist eine kleine **Flugpiste** angelegt. Flüge finden nur auf Bestellung statt und gehen in der Regel nach Tucupita.

Mit bis zu 2000 mm Niederschlag pro Jahr ist die Zone sehr regenreich.

Bekannt sind der Manamo und die Mündung in den Golf von Paria für ihre leuchtend roten **Scharlach-Ibisse**, die zu Hunderten in Bäumen und an Flussufern zu sehen sind. Die **roten Mangroven** sind ebenso bekannt und gelten als Symbol des Deltas.

Caño Macareo

Der **längste Seitenarm des Deltas** ist der Caño Macareo, vor langer Zeit sogar einmal der Hauptschiffahrtsweg nach Puerto Ordaz. Erkennbar ist das heute noch an den Bojen, die – verrostet – alle paar Kilometer zu sehen sind. Der Caño liegt jenseits des Staudammes und ist dadurch nicht ganz einfach zu erreichen. Bei gutem Wasserstand kann man ihn von dem kleinen Nest **Los Güires** über eine Lagune und den Caño Tucupita de Macareo erreichen. Bei niedrigem Wasserstand muss man vom Hafen Puerto Volcán starten – dann ist man eine ganze Weile unterwegs. Der Caño ist der einzige, der den Nationalpark Delta de Orinoco durchkreuzt, er mündet direkt gegenüber der Insel Trinidad in den Atlantischen Ozean.

Das einzige Camp in dem Gebiet ist das schwimmende Hotel **Flotel Warao**, ein komfortables Hotel aus Holz auf einer Katamarankonstruktion. Riesige Panoramafenster aus Moskitonetzen gewähren einen herrlichen Blick

Die Moriche-Palme – Der Lebensbaum der Indianer

von *Federico Brugger*

Die Moriche-Palme *(Mauritia flexuosa)* kommt in Venezuela vor allem in den Bundesländern Bolívar, Delta Amacuro, Apure und Guárico vor, ferner wächst sie in Brasilien und Peru. Vor allem für die Warao-Indianer im Orinoco-Delta ist diese Palme der „Lebensbaum". Aus dem Stamm ausgewachsener Palmen gewinnen sie eine Art **Mehl,** das zur Herstellung von Fladenbrot dient. Aus den Palmblättern stellt man in zahlreichen Arbeitsschritten **Hängematten** und **Körbe** her. Aus den Früchten macht man einen ausgezeichneten **Fruchtsaft,** und die Stämme umgefallener Palmen sind Lebensraum und Lieferant der *gusanos de moriche,* einer Art Engerling, die roh, gebraten oder gekocht gegessen werden und einen wichtigen Bestandteil der Ernährung darstellen. Zu dieser traditionellen Verwendung durch die Warao-Indianer kommen weitere Produkte, z.B. ein alkoholisches Getränk nach der Fermentierung der Jungfrüchte und Zucker nach dem Kochen. Aus der reifen Frucht lassen sich ein sehr gutes Speiseöl, Speiseeis, Sonnenschutzcreme und Seife herstellen. Auch **Arzneien** gegen Diabetes, Muskelschmerzen, Fieber und Hepatitis werden gewonnen, aus der Wurzel der Palme sogar ein Mittel gegen Malaria. Das Öl der Moriche-Palme weist 5x mehr Vitamin A auf, als in Karotten enthalten ist!

Eine Palme lässt sich über einen Zeitraum von 40 bis 50 Jahren ernten und liefert im Durchschnitt 190 kg Früchte – ein wahrlich tolles Geschenk der Natur!

über die Deltalandschaften, Delfine und Otter spielen am Abend rund um das Flotel. Natürlich kann man die Fenster auch verschließen. Weitere Informationen zu Tourangeboten unter www.orinocdelta.info, s.a. „Tourveranstalter" bei Tucupita.

Anaco   ⌀ VI, A2

GPS: N 9°25.55, W 64°28.36

Anaco ist eine der Ortschaften in den östlichen Llanos, die an der Troncal 16 liegen, die **von Barcelona nach Ciudad Bolívar** und teilweise als Autobahn durch eine recht eintönige Landschaft führt. Anaco lebt vom Erdöl und hat sonst nichts zu bieten.

● **Vorwahl:** 0282

An- und Abreise

Busse und Por Puestos

Das **Busterminal** in der Av. Francisco de Miranda ist 1 km von der Hauptstraße entfernt. Einige der Überlandbusse auf der Strecke Ciudad Bolívar – Puerto La Cruz/Barcelona halten hier an. Die Linie Rodovias hat einen festen Halt in Anaco eingeplant, Por Puestos fahren nach Maturín, Puerto La Cruz, Barcelona und Ciudad Bolívar.

Unterkunft

● **Hotel Canaima,** Restaurant und Bar, KK. Av. Aeropuerto, Tel. 4222000, 4222071, Fax 4243855, hotelcanaimasuit@cantv.net, €€€

- **Hotel Gran Palace,** Restaurant und Bar, KK. Av. Libertador c/ C. Cuba, Tel. 4242620, 4255701, €€€
- **Hotel Muñiz,** mit Restaurant. Av. Bolívar 1-3, Tel. 4243135, €€

El Tigre ♫ VI, A3

GPS: N 8°53.09, W 64°15.55

El Tigre, ein touristisch unbedeutender Ort, hat **170.000 Einwohner.** Wo die Stadt sich heute ausbreitet, war früher bloß ein einziger Landwirtschaftsbetrieb, der Hato de Los Monagas. Die heutige Stadt wurde 1933 gegründet, ist also sehr jung und hat entsprechend keine (historischen) Sehenswürdigkeiten. Am 16. Juli 1937 wurde die erste Ölförderungsanlage in Betrieb genommen. Die ganze Gegend lebt vom **Erdöl,** es ist heiß mit Temperaturen oft über 30°C, die Stadt muss man also nicht gesehen haben. Wer trotzdem übernachten möchte, findet zahlreiche Unterkünfte. Am besten nimmt man eines der besseren Häuser in guter Lage.

- **Vorwahl:** 0283

An- und Abreise

Busse und Por Puestos

El Tigre ist ein sinnvoller Ort zum **Umsteigen,** da hier die Llanos-Route nach Valle de La Pascua beginnt. Das ist eine gute Alternative, wenn man von Ciudad Bolívar nach Maracay oder Valencia und den Großraum Caracas umgehen möchte. Umgekehrt: Wer aus Westvenezuela über die Llanos kommt und nach Ciudad Bolívar bzw. in die Gran Sabana möchte, steige hier aus dem Bus an die Küste aus und fahre mit einem Por Puesto die Strecke bis Ciudad Bolívar.

Der **Busterminal** liegt an der Av. España, Tel. 2354733; Verbindungen sind:
- **El Tigre – Caracas,** 4x täglich, ca. 7 Std.
- **El Tigre – Valencia,** 2x täglich, ca. 11 Std.
- **El Tigre – Maturín,** 3x täglich, ca. 2 Std.
- **El Tigre – Puerto La Cruz,** 7x täglich, ca. 1,5 Std.
- **El Tigre – Ciudad Bolívar – San Félix,** 3x täglich, ca. 1,5 Std.

Außerdem fahren ständig **Por Puestos** nach Ciudad Bolívar, Maturín und Puerto La Cruz.

Unterkunft

- **Hotel Eurobuilding Express,** modernes Luxushotel, freundlich. Av. Intercomunal El Tigre, El Tigrito, Tel. 2417111, www.eurobuilding.com.ve, €€€€
- **Hotel & Suite Palma Real,** luxuriöses und freundliches Hotel am Stadtrand, Carretera El Tigre – Pariaguán (Richtung Valle de La Pascua), km 3, Tel. 2315458, 5145358, 5145373, Fax 5148004, www.hotelpalmareal.com.ve, €€€

An der Hauptstraße nach Süden befinden sich folgende Hotels:
- **Hotel Internacional Gran Hotel,** Pool, Restaurant, Snackbar, KK. Av. Intercomunal, Tel. 2410883 und 2411732, Fax 2410384, www.granhotel.com.ve, €€€
- **Hotel Tamanaco,** sehr einfach und günstig, für Reisende ohne große Ansprüche, Restaurant, Parkplatz. Av. España c/ 2a Carretera El Tigre, Tel. 0283/2352421, €€

Typisch für das Flusssystem des Deltas: Curiara-Boot

Das Hochland von Guayana

Goldgräbersiedlung Kilómetro 88

Der Auyan Tepui im Morgennebel

Laguna de Canaima

Überblick

Das Hochland von Guayana, auch Guayana-Schild genannt, befindet sich südlich des Río Orinoco. Das Hochland umfasst große Teile der Bundesstaaten Bolívar und Amazonas und **45% der Gesamtfläche Venezuelas.** Während viele Bereiche des Amazonas unzugänglich sind, teilweise sogar zu Sperrgebiet erklärt wurden, sind vor allem der Nationalpark Canaima und die Gran Sabana bekannte und beliebte Reiseziele geworden. Das Hochland von Guayana ist das am dünnsten besiedelte Gebiet Venezuelas, mit einem Durchschnitt von fünf Einwohnern pro Quadratkilometer im Bundesstaat Bolívar und weniger als einem Einwohner im Amazonas.

Das Hochland besteht aus verschiedenen Waldtypen im Tiefland und großen Savannen, vielen Flüssen, Wasserfällen und Tafelbergen in der Gran Sabana. Die Hochebene der **Gran Sabana** mit ihren Tafelbergen – die Indianer nennen sie Tepuis – ist vor Jahrmillionen entstanden. Ungeheure Mengen an Sandsteinmassen wurden über Jahrmillionen abgetragen und formten die Täler und die **Tafelberge** dieser weltweit einmaligen Gegend. Die Tafelberge waren Bestandteil eines Bergsystems des Urkontinents Gondwana. Dieser Teil brach vor schätzungsweise 1800 Millionen Jahren vom Hauptkontinent ab. Durch Wasser und Wind gelangte er an den heutigen Ort. Es gibt 115 Tafelberge, die meisten zwischen 1800 und 2800 m hoch. Der flächenmäßig größte Tafelberg ist der Auyantepui mit 700 km² Fläche, der höchste ist der Roraima mit 2723 m ü. NN. Da

die Tafelberge von den tiefer liegenden Tälern und Regenwäldern gut abgeschirmt sind, hat sich das Leben auf den Bergen endemisch entwickelt. Die Artenvielfalt der Hochlandflora wird auf 9500 Arten geschätzt. Eine sehr gut ausgebaute Landstraße führt bis zur brasilianischen Grenze, die links und rechts abzweigenden Feldwege sind nur mit Geländewagen nutzbar. Es gibt nach wie vor Indianersiedlungen, die ausschließlich per pedes, mit dem Boot oder Flugzeug erreichbar sind.

Auch der **Nationalpark Canaima** ist Teil des Hochlandes von Guayana. Der Park wurde im Jahr 1962 durch ein Dekret des damaligen Präsidenten *Rómulo Betancourt* gegründet und 1994 von der UNESCO zum Weltnaturerbe erklärt. Canaima weist eine Fläche von 30.000 km² auf und gliedert sich in zwei Teile. Da ist zunächst der **Tafelberg Auyan Tepui** mit dem höchsten Wasserfall der Erde, dem **Salto Angel** (978 m). Der Wasserfall wurde bereits 1910 durch einen Venezolaner entdeckt, aber erst in den 1930er Jahren machte ihn der amerikanische Buschpiloten *Jimmy Angel* bekannt. Das Wasser stammt von teils heftigen Gewittern auf der großen Oberfläche des Tafelberges. In der Trockenzeit kann es durchaus vorkommen, dass der Wasserfall beinahe versiegt. Als zweiter Teil des Nationalparks kann die **Lagune von Canaima** mit ihren Wasserfällen und Camps bezeichnet werden. Der Nationalpark weist eine unheimliche Vielfalt in Fauna und Flora auf. Man zählt beispielsweise 495 Vogelarten und 145 Arten Säugetiere, 41% der in Venezuela bekannten Säuger. In Canaima und der Gran Sabana leben an die 20.000 Indianer vom Stamm der Pemón.

Die Gegend ist reich an **Bodenschätzen** wie Gold, Diamanten und Bauxit. Am Unterlauf des Río Caroní gibt es sehr viel Eisenerz, gerade in Puerto Ordaz mit seiner Eisen verarbeitenden Großindustrie sieht man deutlich, wie wohlhabend die Gegend ist. Von sagenhaften Reichtümern träumten schon viele Entdecker Südamerikas, die Legende von El Dorado ist ein Beispiel dafür. Auf dem Weg in die Gran Sabana gibt es zwar ein Dorf namens **El Dorado,** und da wird auch fleißig Gold gesucht und gefunden, es hat aber nichts mit dem sagenumwobenen El Dorado zu tun. Gefunden wurde dieser Ort nie, vielleicht lag er in Nordbrasilien, vielleicht existierte er nur in der Einbildung goldgieriger Eroberer.

Um diese einmalige Gegend zu bereisen, bieten sich drei **Ausgangsorte** an. Wer aus Brasilien anreist, gelangt nach Santa Elena de Uairén, idealer Startpunkt für Trekkingtouren auf die Tafelberge, Jeeptouren in die Gran Sabana oder Ausflüge in die Minen. Nördlich der Gran Sabana befinden sich die zwei Ballungsgebiete Ciudad Guayana und Ciudad Bolívar, beides sinnvolle Ausgangspunkte für Touren in die Gran Sabana, nach Canaima oder zu den Nebenläufen des Orinoco. Diese Städte sind von der Küste über Maturín erreichbar, von Caracas über Barcelona und El Tigre.

Puerto Ordaz und San Félix: Ciudad Guayana ⌕ XIV, B1

GPS: N 8°17.71, W 62°43.84

Puerto Ordaz und San Félix, die gerne unter dem Namen Ciudad Guayana zusammengefasst werden, unterscheiden sich wie Tag und Nacht. Auf der östlichen Seite des Río Caroní befindet sich die **Arbeiterstadt San Félix,** 1724 gegründet, westlich des eindrucksvollen Flusses liegt die moderne und gepflegte Stadt Puerto Ordaz, die erst über 200 Jahre später ihren Anfang nahm. Der Besucher sollte San Félix lieber meiden und sich nicht länger als unbedingt notwendig dort aufhalten. Es gibt dort keine echten Sehenswürdigkeiten, die Straßen sind schmutzig, und jede Menge finsterer Gestalten treiben sich herum.

Die Geburtsstunde von **Puerto Ordaz** war das Jahr 1947 mit der Entdeckung der ertragreichen Eisenerzvorkommen in der Region um Ciudad Piar. Die Orinoco Mining Company erwarb das riesige Grundstück des heutigen Puerto Ordaz, um darauf Produktionsstätten zu bauen und den Hafen für die Schiffe einzurichten. Am 9. Februar 1952 wurde die Stadt offiziell zu Ehren von *Diego de Ordaz* gegründet, einem spanischen Eroberer des Orinoco und Guayanas im Allgemeinen. Im selben Jahr wurde die Brücke über den Río Caroní gebaut und so eine Verbindung zwischen Puerto Ordaz und San Félix hergestellt.

1961 mit San Félix zu Ciudad Guayana verschmolzen, hat sich Puerto Ordaz in kürzester Zeit zum wichtigsten Schwerindustriezentrum in Venezuela entwickelt, ist als Standort der **Eisen-, Stahl- und Aluminiumindustrie** eine der wichtigsten Städte im Land. Durch die günstige Lage am Unterlauf des Orinoco, der hier auch für größte Frachter schiffbar ist, und die Nähe zu den Naturressourcen und dem größten Wasserkraftwerk der Nation wird Ciudad Guayana immer bedeutender für die Entwicklung Venezuelas.

Wichtig ist zu betonen, dass die Städte immer noch als San Félix bzw. Puerto Ordaz bezeichnet werden und der Oberbegriff Ciudad Guayana eigentlich nicht benutzt wird. Busse haben das Fahrtziel San Félix oder Puerto Ordaz, je nachdem aus welcher Richtung sie kommen – fragt man nach einem Bus nach Ciudad Guayana, dann wird man hören, dass es keinen gibt; der Flughafen übrigens gehört zu Puerto Ordaz.

Lage

Ciudad Guayana befindet sich am **Zusammenfluss des Río Caroní mit dem Orinoco** und ist Hauptstadt des Municipio Caroní. Flussaufwärts befinden sich die großen Aluminium – und Stahlhütten, auf die man von der Autobahn, die Puerto Ordaz mit dem ziemlich genau 100 km östlich gelegenen

Am Busterminal von San Félix

Ciudad Bolívar verbindet, einen guten Blick hat. Die im November 2006 fertiggestellte zweite Brücke über den Orinoco, die **Puente Orinoquia,** überspannt den Strom 40 km östlich von der Stadt. Durch diese Verkehrsverbindung hat Puerto Ordaz noch mehr an Bedeutung gewonnen.

Diese jüngste Großbrücke in Venezuela ist nach der 120 km entfernten Hängebrücke in Ciudad Bolívar erst die zweite Brücke über den Orinoco. Sie ist Teil einer 170 km langen Straßen- und Eisenbahnverbindung zwischen Ciudad Guayana und einem in der Planungsphase befindlichen Tiefwasserhafen im Golf von Cariaco. Mit dieser neuen Verbindung wird man auf das angedachte Ausbaggern einer Fahrrinne für Hochseeschiffe im Orinoco unterhalb von Ciudad Guayana verzichten können.

Im Bereich der **Brückentrasse** hat der Orinoco bei Niedrigwasser eine Breite von 1020 m und bei Hochwasser von 1960 m; dabei steigt der Wasserspiegel um bis zu 12,50 m an. Die Wassertiefe erreicht in örtlichen Auskolkungen stellenweise 30 m. Für die Schifffahrt sind zwei Durchfahrtsöffnungen von je 250 x 53 m freizuhalten. Der gesamte Brückenzug hat eine Länge von 3156 m und besteht aus der 1200 m langen Hauptbrücke und zwei Vorlandbrücken. Die Brücke überführt eine eingleisige Eisenbahnstrecke mit Schotterbett, die noch nicht fertiggestellt ist, und zwei zweispurige Richtungsfahrbahnen für den Straßenverkehr. Getrennte Fußwege sind nicht vorgesehen. Die Höhe des Überbaus beträgt auf der gesamten Brückenlänge 5,80 m und überbrückt damit Regelstützweiten von 60 m. Im Bereich der Hauptbrücke ermöglichen 120 m hohe Pylone mit fächerförmigen Seilabspannungen auf die Fahrbahn die beiden großen 300-m-Stützweiten für die Schifffahrt. Die tragende Stahlkonstruktion steht im Verbund mit der Stahlbetonfahrbahnplatte, die sich so an der Tragwirkung beteiligt. Alle Pfeiler und Pylone sind einheitlich auf 2 m dicken Großbohrpfählen gegründet und in Stahlbeton gebaut. Sie bietet besonders bei Nacht einen beeindruckenden Anblick.

Nordwestlich von Ciudad Guayana beginnt das immense **Orinoco-Delta.** Nach Süden kommt man nach 630 km an die brasilianische Grenze. Die nächsten Strände für die Bewohner von Puerto Ordaz befinden sich bei Carúpano und in Paria; die Reisezeit dorthin hat sich dank der Brücke auf 4 bis 5 Stunden reduziert.

Orientierung

Die zwei Städte San Félix und Puerto Ordaz sind **im Stadtbereich** durch **zwei Brücken über den Río Caroní** verbunden. Die nördliche Brücke ist der Beginn der Autobahn nach Ciudad Bolívar und überspannt den Caroní direkt am Zusammenfluss mit dem Orinoco. Das Zusammentreffen der braunen Wassermassen des Orinoco und des Schwarzwassers des Caroní, die sich über Kilometer hinweg nicht vermischen, ist ein faszinierendes Schauspiel, das man von dieser Brücke aus hervorragend beobachten kann. Die **Av. Guayana** überbrückt den Fluss an einer Schmalstelle, wo sich das Hotel Intercontinental befindet, nahe des attraktiven Stadtparks Cachamay. Eine dritte Überquerung des Caroní befindet sich weit östlich der Stadt, bei der man zuerst unterhalb des Staudamms des Wasserkraftwerks Macagua entlanggeführt wird und dann nach dem sehenswerten Stadtpark La Llovizna einen Nebenarm des Flusses auf der Av. Padre Palacios überquert.

Am Ende der Av. Guayana, die als Hauptverkehrsader parallel zum Orinoco San Félix versorgt, liegt linker Hand der Fährhafen der Autofähre über den Orinoco, nach rechts führt die **Av. Manuel Piar** in Richtung Upata und dann weiter nach Brasilien. Auf der Seite von Puerto Ordaz führt die Av. Guayana nach der Brücke südlich am Zentrum der Stadt vorbei, um sich dann westlich der Stadt, jenseits des Flughafens von Puerto Ordaz, mit der Autobahn nach Ciudad Bolívar zu vereinen. Das Zentrum von Puerto Ordaz ist wie fast alle Städte Venezuelas schachbrettartig angelegt.

Sehenswürdigkeiten

Ciudad Guayana ist eine sehr junge Stadt ohne historische Sehenswürdigkeiten. Allerdings findet man in Puerto Ordaz einige sehr schöne, riesengroße **Stadtparks,** die Schatten und Ruhe spenden und teilweise spektakuläre Wasserfälle und Feuchtgebiete aufweisen.

Ecomuseo im Kraftwerk Macagua 2

Das sehr imposante, vier Stockwerke tiefe Museum zeigt die Geschichte der Entstehung der Wasserkraftwerke, aber auch temporäre Ausstellungen. Ein nettes Café, öffentliche WCs und eine behindertenfreundliche Gestaltung zeichnen das Museum aus.

Parque Cachamay und Parque Loefling

Dieser eindrucksvolle Stadtpark liegt gut erreichbar an der Av. Guayana, ganz in der Nähe des Hotel Intercontinental. Der angenehm **schattige Park** grenzt direkt an den Río Caroní, der hier wunderschöne Stromschnellen und **kleine Wasserfälle** bildet. Man kann geruhsam spazieren gehen, an Wochenenden nutzen viele Bewohner der Metropole dieses Ausflugsziel. Man achte auf die zahlreichen, in den Schatten der üppigen Baumriesen lebenden, frechen **Kapuzineraffen** ganz in der Nähe des kleinen Restaurants.

Direkt vom Parque Cachamay zugänglich ist der **Parque Loefling,** benannt nach dem schwedischen Botaniker *Peter Loefling.* Der Zugang zum Park ist rechts vom Parque Cachamay und hat Verbindung bis zum Parque La Llovizna. Hier befinden sich viele naturbelassene **Wälder** mit Wanderwegen zu Wasserfällen und Lagunen, man kann ohne Weiteres einen ganzen Tag in dem riesigen, tierreichen Naturschutzgelände verbringen.

Die Parks sind täglich außer Mo von 5–18 Uhr geöffnet, allerdings sollte man vor 15 Uhr kommen, da man sonst u.U. nicht mehr eingelassen wird. Eintrittskosten fallen nicht an.

Parque La Llovizna

Dieser naturbelassene, über 160 ha große Stadtpark am Río Caroní bietet dem Besucher eine Menge verschiedener **Wanderwege** an, auf denen man an Wasserfälle, Teiche und Stromschnellen gelangt; es gibt Ökolehrpfade und Schutzzonen für Pflanzen und Tiere. Obwohl mitten in der Natur, ist der Park an strategischen Stellen mit den notwendigen Einrichtungen wie Toiletten, Imbissstuben und einfachen Restaurants ausgestattet. Man findet genügend schöne Plätze, um ein selbst mitgebrachtes Picknick zu verzehren.

Neuerdings können Besucher mit einem **Zug** durch einen Großteil des Parks fahren, angehalten wird an neun interessanten Punkten, an denen man aussteigen kann, um die Natur zu genießen – 15 Minuten später kommt das nächste Züglein. Die reine Fahrtzeit beträgt etwa eine halbe Stunde, eine Schutzgebühr von etwa 1 Euro wird erhoben.

An der herrlichen und fischreichen **Laguna El Danto** steht ein Tretboot- und Kajakverleih zur Verfügung – an Wochenenden ist man hier allerdings nicht allein ...

Der gut ausgeschilderte **Zugang** befindet sich gegenüber vom Plaza El Agua an der Av. Leopoldo Sucre Figarella, und zwar in südlicher Fahrtrichtung, kurz bevor man den Staudamm erreicht. Am einfachsten gelangt man mit einem Taxi zum Park.

An- und Abreise

Busse und Por Puestos

Wer mit dem Bus anreist, wird um einen Besuch des **Terminals Monseñor Francisco Zabaleta** in der Av. José Gumilla in **San Félix** meist nicht herumkommen. Der Busterminal von San Félix ist wesentlich größer und mit viel besseren Verbindungen in das ganze Land versorgt, als das weniger frequentierte Terminal von Puerto Ordaz. Alle Überlandbusse von der Küste, aus dem Süden oder der Zentralregion machen Stopp in San Félix, einige zusätzlich noch in Puerto Ordaz. Am Busbahnhof von San Félix befinden sich einige Restaurants, ein Kommunikationszentrum und sogar eine Gepäckaufbewahrung. **Vorsicht:** Die Umgebung des Terminals ist nicht besonders sicher, man sollte auf Spaziergänge außerhalb verzichten. Falls man längere Wartezeiten hat, kann man sich mit einem Taxi nach Puerto Ordaz bringen lassen.

●**Buslinie Expresos La Guayanesa,** San Félix – Tucupita 10x täglich, ca. 3 Std.; San Félix – Ciudad Bolívar – Barcelona – Cumaná 2x täglich, 10–11 Std.; Achtung: Wer nach Cumaná, Carúpano oder Paria möchte, sollte den Direktbus nach Carúpano mit Expresos Maturín wählen und dort umsteigen, diese Route ist wesentlich schneller.
●**Expresos Maturín,** San Félix – Maturín – Carúpano 3x täglich, frühmorgens, 5–6 Std.; El Pilar – Güiria.
●**Buslinie Union Conductores Margarita,** San Félix – Puerto La Cruz, ein Bus am Nachmittag, ca. 6 Std.
●**Expresos Occidente,** San Félix – Barquisimeto – Maracaibo, am frühen Abend, 18–20 Std.; San Félix – Caracas 4x täglich, 8–9 Std.; San Félix – Puerto La Cruz, 1x morgens, ca. 6 Std.; San Félix – Santa Elena de Uairén, Buscama, abends, 10–12 Std.
●**Rodovias de Venezuela,** San Félix – Puerto Ordaz – Caracas, 3x täglich, 8–9 Std.; San Félix – Puerto Ordaz – Ciudad Bolívar – El Tigre – Puerto Piritu, 1x täglich, ca. 7 Std.
●**Buslinie Expresos Guayana,** San Félix – Caracas, 3x täglich, 8–9 Std.
●**Buslinie Expresos Los Llanos** (*Servicio Ejecutivo*) und **Expresos Caribe** (sehr luxuriös, Tel. 0414/8968452), San Félix – Guasipati – Santa Elena de Uairén, 10–12 Std., auch wenn hier tagsüber Busse verkehren, ist es empfehlenswert, einen Nachtbus zu benutzen).

Der **Busbahnhof von Puerto Ordaz** befindet sich ca. 1 km vom Flughafen Puerto Ordaz in östlicher Richtung an der Av. Guayana (am Kreisverkehr rechts hinunter); er bedient Routen nach Ciudad Bolívar (in kurzen Abständen), Santa Elena de Uairén und Caracas. Eine Fahrt nach Ciudad Bolívar dauert von hier aus mit dem Bus etwa 75 Min.

●Die komfortablen Busse der **Linie Aeroexpresos Ejecutivos** (Tel. 9530734) fahren 3x täglich abends mit verschiedenen Zwischenstopps via Caracas nach Maracay und Valencia.
●Die sehr luxuriösen Buscama der **Buslinie Expresos Caribe** (Tel. 0414/8968451) fahren 2x vormittags über Ciudad Bolívar und Puerto La Cruz nach Cumaná und 2x am Abend nach Santa Elena de Uairén, mit Anschluss nach Brasilien (Boa Vista und Manaus).

Der **private Busterminal** der zuverlässigen **Buslinie Rodovias de Venezuela** mit Verbindungen nach Ciudad Bolívar, El Tigre, Puerto La Cruz, Puerto Píritu, Caracas, Maracay und Valencia befindet sich direkt gegenüber vom Terminal von Puerto Ordaz am Redoma de Macro westlich der Stadt.

Außerdem fahren von beiden Terminals ständig **Por Puestos** nach Ciudad Bolívar, Barrancas/Tucupita, Maturín, Caicara del Orinoco, Km 88. Sie fahren wie üblich los, wenn sie voll sind oder jemand alle Plätze bezahlt.

Fähre

●**San Félix – Los Barrancos,** dieser Fährbetrieb zum gegenüberliegenden Ort Los Barrancos arbeitet täglich rund um die Uhr. Die Fähren, genannt „Chalanas del Orinoco"

CIUDAD GUAYANA

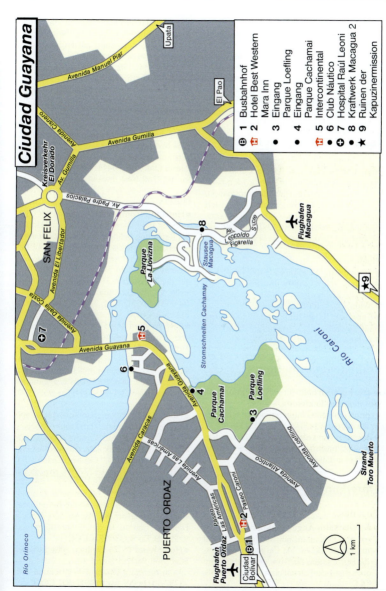

Das Hochland von Guayana

Puerto Ordaz und San Félix: Ciudad Guayana

(Preis ca. 2 Euro für ein Auto, Passagiere bezahlen nicht), haben ihre beste Zeit hinter sich. Durch den Bau der neuen Orinoco-Brücke Orinoquia 40 km von Puerto Ordaz entfernt ist der Bedarf für diese Verbindung drastisch zurückgegangen. Von Los Barrancos kann man in 2 Std. nach Maturín gelangen und von dort weiter an die Karibikküste. In Richtung Osten kommt man über Barrancas nach Tucupita ins Orinoco-Delta.

Flugzeug

Der komplett renovierte **Aeropuerto Manuel Carlos Piar** von Puerto Ordaz liegt rechts an der Av. Guayana, etwa 1 km nach dem Redoma Macro. Flughafeninformation, Tel. 9519937. Täglich Flugverbindungen nach Barcelona (4x), Canaima (2x), Caracas (12x), Maracaibo (3x), Porlamar (2x), San Antonio de Táchira (1x) und Valencia (1x).

Fluglinien:
- **Aeropostal,** Tel. 9511147, Fax 9516621, KK.
- **Aserca,** Tel. 9525809 und 9520787, Fax 9520787, KK.
- **Avior,** Tel. 9530064, KK.
- **Conviasa,** Tel. 9526148 und 9520975, Fax 9520975, KK.
- **Rutaca,** Tel. 9516904, 9516790, KK.

Touristeninformation

- Am Flughafen befindet sich eine **Informationsstelle der Regierung,** ebenso an der Rezeption des Hotel Intercontinental Guayana in der Av. Guayana (s.u.), Tel. 7131244.
- Bei *Lobo* von **Lobo Tours** kann man viele sinnvolle Informationen bekommen (siehe „Tourveranstalter").

Unterkunft

Posadas

- **Posada Salto Angel,** nette Posada mit 17 Zimmern, Restaurant nur mit Frühstück und Mittagstisch, KK. Av. Via Caracas, Campo A-2 de Ferrominera Nr. 108, gegenüber vom Comisariato de Ferrominera, Tel. 9236948, €€€€
- **Residencias Tore,** die erste Posada in Puerto Ordaz, mittlerweile mit 52 Zimmern, gepflegt, gutes Restaurant mit Frühstücksservice, Reservierung notwendig, KK. C. San Cristobal c/ C. Los Andes, Urb. Campo A-2 de Ferrominera, Tel. 9230679, 9231389, 0414/8676896, tore@cantv.net, €€€
- **Posada Casa del Lobo,** 5 nette Zimmer mit Privatbad und Ventilator, Posada von *Wolfgang Löffler*, der auf Wunsch lecker für seine Gäste kocht, Abholdienst, sehr hilfsbereit, Wäschereiservice, Travellertreffpunkt, WLAN. Villa Africana, Manzana 39, C. Zambia No. 2, Puerto Ordaz, Tel. 0414/8719339, 9616286, Fax 9617708, lobo_travel@yahoo.de, €€

Hotels

- **Hotel Intercontinental Guayana*****, Luxushotel, das sich mittlerweile in den Händen der Regierung befindet, Restaurant mit internationaler Küche bis 23 Uhr, großer Pool, Kasino, es werden Bootsausflüge zum Salto Cachamay angeboten, es gibt Zimmer mit Blick auf die Wasserfälle, Touristinformationsstelle, KK. Av. Guayana, Parque Punta Vista, Tel. 7131000, 7131001, 222244, 230722, Fax 7131002, €€€€
- **Best Western Mara Inn****,** funktionelles und sehr angenehmes Luxushotel mit 93 Zimmern und 5 Restaurants, leider ohne Pool, Internet, ganz in der Nähe vom Flughafen, Flughafentransfer möglich, ÜF, KK. Centro Industrial C. Neveri, Unare 2, gegenüber vom Flughafen, Tel. 9530111, Fax 9520550, €€€€
- **Hotel Rasil****,** angenehmes Hotel mit 305 Zimmern, Minibar, gutes internationales Restaurant mit 24-Std.-Zimmerservice, großer Pool mit Bar, Parkplatz, Autovermietung, KK. Via Venezuela, Centro Cívico, Tel. 9201600, 9201611, Fax 9227703, www.hotelrasilpzo.com, €€€€
- **Hotel Dos Ríos***,** 60 einfache Zimmer, Restaurant, mittlerweile etwas heruntergekommen, Parkplatz, KK. Av. México, Esquina Ecuador, Campo B, Tel. 924220679 und 9229188, Fax 9233092, €€€€
- **Hotel Tepui***,** 75 Zimmer, außerhalb der Stadt, mit Parkplatz und Restaurant. Carretera in Richtung Upata, Edf. Arichuna, Tel. 71737-50 bis -53, Fax 9240111KK, €€€€

Atlas XIV, Stadtplan S. 325

PUERTO ORDAZ UND SAN FÉLIX

- **Hotel Embajador*****, Hotel in sehr guter Lage, man spricht englisch, angenehmes Restaurant, kostenloses Internet, Abholdienst am Flughafen, ÜF, KK. Urb. Castillito, Av. Principal, Tel. 9225511, 9225591, Fax 9226123, www.embajadorhotel.com, €€€
- **Hotel La Guayana***, einfaches Hotel mit 33 Zimmern, teilweise ohne Fenster, Bar und Restaurant. Av. Las Américas, Tel. 9227375, 9234866, €€

Essen und Trinken

Puerto Ordaz ist bekannt für geräucherten **Lau Lau** – das ist ein leckerer Flusswels aus dem Orinoco.

- **El Portal Grill,** gutes Freiluftrestaurant mit Grillspezialitäten, nicht billig. Carrera Guri c/ C. Ventuari, Sec. Altavista.
- **El Bigote del Abuelo,** gutes Steak House mit gehobenem Preisniveau, KK. Av. Las Américas, Tel. 9228131, gegenüber vom Hotel Dos Ríos, geöffnet von 11.30–24 Uhr.
- **El Churrasco,** gutes Grillfleisch und Pizzas, für Puerto Ordaz günstig. Edf. Morimar, Carrera Upata, Tel. 9225939, geöffnet ab 16.30 Uhr bis Mitternacht.
- **La Romanina,** köstliche italienische Küche, die Spezialität ist das Carpaccio vom geräucherten Lau Lau, KK. Auf der westlichen Seite der Carrera Ciudad Piar, neben der Banco Caracas.
- **Restaurante Mario,** gutes italienisches Essen mit hervorragendem Preis-Leistungsverhältnis. Gegenüber von La Romanina.
- **Café del Ecomuseo,** leichte Kost und gute Sandwiches. Neben dem Plaza del Agua, im Kraftwerk Macagua 2 (s.o.).
- **Club Campestre Mi Rinconcito,** mit Kinderspielplatz und Minizoo, Grillhähnchen und Pizzas, KK. Av. Las Américas, Sec. Alta Vista.
- **Restaurante Rincón de Bavaria** (Bayrisches Eck), deutsches Essen mit deutscher Speisekarte, aber ohne deutsche Geschäftsführung, sehenswert. Av. Las Américas, gegenüber der Tankstelle.
- **Restaurant Elisa,** in dem wunderschönen Parque Cachamay liegt dieses eher einfache und günstige Restaurant mit Blick auf die eindrucksvollen Wasserfälle und vielen frechen Affen in den Bäumen. Av. Guayana, im Parque Cachamay, Tel. 9238504, von 6–17.30 Uhr geöffnet, Mo geschlossen.

Praktische Infos

- **Vorwahl: 0286**

Apotheken

In Puerto Ordaz und in San Félix gibt es im **Innenstadtbereich** zahlreiche Apotheken (farmacia). In den großen **Einkaufszentren** findet man gut sortierte Apotheken vor, für Notfälle gibt es die 24 Stunden geöffnete **Farmatodo** am Paseo Caroní, ganz in der Nähe der Toyota-Niederlassung.

Autovermietung

Wenn möglich, sollte man einen Wagen schon einen oder mehrere Tage vorher reservieren lassen.

- **Am Flughafen** von Puerto Ordaz gibt es mehrere Anbieter, alle Büros sind geöffnet von 8–12 und 14–18 Uhr: **Budget,** Tel. 9518782, KK; **Caroní Rental,** Tel. 9512598, KK; **Hertz,** Tel. 951247/7173699, auch So 11–18 Uhr, KK.
- **In der Stadt: Budget,** Via Villa Colombia, Tel. 9235094, 9238885, So geschlossen, KK.

Einkaufen

Puerto Ordaz besitzt eine Vielzahl an Einkaufszentren, streng nach US-amerikanischem Vorbild. Diese **Centros Comerciales** (CC) bieten in klimatisierter Umgebung viele brauchbare Läden auf kleinem Raum. So findet man Kunsthandwerk, Musik und natürlich jede Menge Bekleidung, die für europäische Verhältnisse relativ günstig ist. Es gibt Banken, Reisebüros und Restaurants, wer Lust hat, kann auch ins Kino gehen. Die drei bekanntesten Zentren sind **Orinokia Mall, CC Altavista** und **CC Atlantico Family.**

Geldwechsel

- **Italcambio,** am Flughafen, Tel. 9517777, Mo bis Sa 8–12 und 14–17 Uhr, So 8–12 Uhr;

Das Hochland von Guayana

Puerto Ordaz (Ausflüge)

Altavista, CC Hotel Babilonia Mall, Mezzanina 1, Local 1, Puerto Ordaz Tel. 9622011.
- **Am Flughafen** befinden sich etliche Geldautomaten, große Beträge erhält man an den Automaten der Banco Mercantil.

Kriminalpolizei

- **CICPC,** Av. Angostura c/ Av. Centurión, Tel. 9316173, 9311502.

Tourveranstalter

- **Canaima Tours,** Urb. Aribana, Manzana 17, C. 8, Quinta Raulera, Alta Vista, Tel. 9620559, 9625560, 625560, www.canaimatours.com. Der Name verrät's: Spezialist für Touren nach Canaima, KK.
- **Ivarkarima Expeditions,** Villa Alianza II, C. Toronto, Casa Nr. 43, Tel./Fax 9231750, 7180020, Tel. 0414/8681537, 3864913, www.ivarka.com. *Diego* ist Spezialist für Touren in die Gran Sabana, Mountainbikes, Camping, Touren auf Englisch, Flughafenassistenz; auch einfache Übernachtungsmöglichkeiten in Puerto Ordaz; Infos in Deutschland über *Ingrid Anders,* Tel. 09104/2436 (Touren ca. 70 Euro pro Tag).
- **Piraña Tours,** Lobby des Hotel Intercontinental Guayana, Parque Punta Vista, Tel. 9227748, 9233650, 9236178, www.piranatours.com, ein zweites Büro am Flughafen. Piraña Tours veranstaltet Bootstouren auf dem Río Caroní und Orinoco und bietet Tagesausflüge von Puerto Ordaz an, KK.

Ausflüge von Puerto Ordaz

Puerto Ordaz – Ciudad Piar

Auf der Strecke, die nahe am **Guri-Staudamm** vorbeiführt, kann man den **Piedra del Elefante** und die dazugehörige **Cueva del Elefante** besuchen. Der etwa 60 m hohe Fels erinnert an einen Elefanten, in den Höhlen gibt es Wandmalereien zu bestaunen. Diese stammen von Indianern und sollen an die 2400 Jahre alt sein. Die abstrakten Malereien zeigen u.a. figürliche Darstellungen, Waffen, Körbe und vieles mehr. Der bemalte Teil der Höhle hat eine Fläche von 40 m Länge und 3 m Breite. Die Malereien werden nur einmal am Tag natürlich illuminiert, bei Sonnenuntergang. Man erreicht den Felsen und die Höhle am besten mit einem Taxi, oder man frage in einem Reisebüro nach der Möglichkeit einer individuellen Tour dorthin. Weitere Informationen über die Weiterreise nach Ciudad Piar, das Wasserkraftwerk und Paragua stehen im Kapitel „Ausflüge von Ciudad Bolívar".

Innovativer Brückenbau in Ciudad Guayana

Die Stadt Ciudad Guayana am Zusammenfluss von Caroní und Orinoco wurde in den letzten 60 Jahren zum Schwerindustriezentrum Venezuelas ausgebaut. Stahl- und Aluminiumwerke verarbeiten das in der Nähe vorkommende Eisenerz und Bauxit, dazu kommen Stahlbaufirmen, verarbeitende Industrie und ein leistungsfähiges Wasserkraftwerk. Die Industriegebiete liegen im Wesentlichen im Stadtteil Puerto Ordaz am westlichen Ufer des Caroní, die Wohngebiete im Stadtteil San Félix am östlichen Ufer. Beide Stadtteile waren zunächst nur durch Fähren über den Caroní miteinander verbunden.

1961 wurde ein internationaler Wettbewerb für eine rund 500 m lange zweispurige **Straßenbrücke über den Río Caroní** ausgeschrieben. Eine Stahlbrücke wurde nicht ernsthaft erwogen, da der Bauherr die Verwendung anderer Baustoffe wünschte. Andererseits kam der Bau einer Stahlbetonbrücke auf üblichen Lehrgerüsten wegen der Hochwasserverhältnisse des Caroní kaum infrage. Bei Hochwasser steigt der Wasserspiegel im Bereich der Brückentrasse um bis zu 12 m an und erreicht dabei Geschwindigkeiten von 4–5 m/sec. Ein Bauen im Fluss ist daher während mehrerer Monate im Jahr außerordentlich erschwert, wenn nicht gar unmöglich.

Den Zuschlag erhielt ein Entwurf des namhaften deutschen Ingenieurs **Prof. Leonhardt,** der vorsah, den rund 500 m langen Überbau an Land aus 9,20 m langen Fertigteilen herzustellen, diese insgesamt mittig zusammenzuspannen und so als Ganzes in Längsrichtung über den Fluss hinweg auf den inzwischen hergestellten Pfeilern und Hilfspfeilern in seine endgültige Lage zu verschieben. Der Überbau konnte so unbeeinflusst durch Witterung und Hochwasser hergestellt und die Pfeiler alle zu gleicher Zeit gebaut werden.

Die **Pfeiler** sind auf Granitfels in rund 8 m Tiefe unter Normalwasser flach gegründet und mit vorgespannten Felsankern zusätzlich nach unten verankert. Der Bereich über Wasser besteht aus Stahlbeton.

Die innovative Neuerung dieses Brückenentwurfs ist der Längsverschub eines gesamten Überbaus über die Pfeilerköpfe hinweg mit einem Verschubweg von 500 m. Diese Brücke war damals die Geburtsstunde des **Taktschiebeverfahrens,** welches *Prof. Leonhardt* nach weiterer Vervollkommnung patentiert wurde. Inzwischen sind weltweit Hunderte, meist große Spannbetonbrücken nach diesem Verfahren gebaut worden. Die Brücke wurde im Mai 1964 dem Verkehr übergeben.

1977 wurde dann direkt neben der ersten Brücke eine **zweite Brücke** mit gleichen Abmessungen, ebenfalls in dem zu dieser Zeit bereits klassischen Taktschiebeverfahren gebaut.

Der ständig wachsende Verkehr machte um 1990 den **Bau einer dritten Brücke** an der Stromenge (Angosturita) des Caroní erforderlich. Der Fluss wird hier durch eine Basaltformation auf etwa 250 m Breite eingeengt. Die Brücke bietet neben einer Straße mit zwei dreispurigen Richtungsfahrbahnen auch einer eingleisigen Schienenverbindung Platz, die u.a. Erz vom Cerro Bolívar zu dem Stahlwerk und den Verladeanlagen in Puerto Ordaz bringt. Sie ist weltweit die erste Großbrücke mit Doppelverbund und einer Rekordspannweite von 214 m.

Castillos de Guayana ⌂ XIV, B1
GPS: N 8°30.79, W 62°24.44

Im 17./18. Jh. wurden die Siedlungen am Mittellauf des Orinoco häufig Opfer von Piratenangriffen. Um sie zu schützen, errichteten die Spanier Befestigungsanlagen. Der Fluss ist bei den Castillos de Guayana nur 1,5 km breit, eine der schmalsten Stellen des Unterlaufes, und konnte von den zwei Forts komplett kontrolliert werden. Die zwei Festungen, **Castillo de San Francisco** und das auf einem Hügel gelegene **Castillo de San Diego de Alcalá**, wurden vor 30 Jahren komplett renoviert und sind einen Besuch wert.

Man erreicht die Castillos über eine recht gut asphaltierte Straße, die parallel zum Orinoco in das südliche Delta nach Piacoa führt. Fährt man die Av. Manuel Piar in San Félix vom Orinoco in Richtung Upata, muss man sich an der zweiten Ampel, gegenüber der Bäckerei, links halten. An dieser Kreuzung befindet sich die Haltestelle der Por Puestos, ein Taxi vom Busterminal von San Félix bis zur Parada del Delta kostet unter 2 Euro.

Kurz vor den Festungen passiert man linker Hand die sehr empfehlenswerte **Orinoco Discovery Lodge,** die inmitten eines über 500 ha großen Parks liegt. Das unter französischer Leitung stehende Camp verfügt über einen großen Pool und neun sehr komfortable Zimmer mit einem fantastischen Blick über das umgebende Schwemmland; vielfältige Touren zu Pferd, mit dem Jeep oder mit dem Boot in das nahe Delta werden angeboten. Übernachtung inkl. Mahlzeiten und Touren pro Person, €€€. Bei einem Aufenthalt von zwei oder mehr Tagen ist der Transfer von und bis Puerto Ordaz im Preis inbegriffen. Reservierungen empfohlen: orinocodiscovery@gmail.com, Tel. 0414/8613501, *Gerard:* Tel. 0414/8964647.

Eine halbe Stunde ostwärts kommt man in den Ort **Piacoa** im südlichen Orinoco-Delta. *Roger* und *Ninoska* betreiben dort das einfache **Campamento Sacoroco** und bieten Touren an; Zimmer mit Gemeinschaftsbad, Kontakt: Tel. 0287/4149206 und 0414/8682121.

Gran Sabana

Puerto Ordaz ist Ausgangspunkt für Touren in die Gran Sabana und die Welt der Tepuis. Eine detaillierte Routenbeschreibung findet man weiter hinten in diesem Kapitel: „Auf dem Weg in die Gran Sabana".

Castillo de San Francisco

Ciudad Bolívar ⌕ XIV, A1

GPS: N 8°08.63, W 63°33.09

Stadtgeschichte

Ciudad Bolívar, im Jahr 1595 von *Antonio Berrios* gegründet, hieß zunächst **Santo Tomé de Guayana.** Die Stadt litt unter den Angriffen der Indianer des Caribe-Stammes, aber auch europäische Piraten mussten abgewehrt werden. Aus diesem Grunde wurde das Stadtgebiet mehrmals verschoben und erst 1764 fand die Stadt ihren endgültigen Standort und nannte sich fortan Nueva Guayana de la Angostura del Orinoco oder kurz und bündig **Angostura.** Angostura kommt von dem spanischen Wort „angosto", das „eng" bedeutet, und bezieht sich auf die engste Stelle am Mittellauf des Orinoco, wo die Stadt ihren endgültigen Standort gefunden hatte.

1818 wurde die Stadt von **Simón Bolívar** zur provisorischen Hauptstadt der Republik ernannt. Im selben Jahr erschien die erste Tageszeitung Venezuelas, der „Orinoco-Kurier". Am 15. Februar 1819 hielt *Bolívar* seine berühmte Rede auf dem Kongress von Angostura, wo er auf die ihm angebotene Alleinherrschaft verzichtete und die Republik Großkolumbien ausrief, die aus Venezuela, Kolumbien, Panama und Ecuador bestand.

1864 wurde die Stadt in Ciudad Bolívar umbenannt. An den Ufern des Río Orinoco herrschte ein reger Handelsverkehr, **Fracht- und Passagierschiffe aus der ganzen Welt** legten an, auch Raddampfer verkehrten auf dem Orinoco. Diese Zeiten sind passé, sie leben nur noch auf alten Fotos fort (Bilder der Dampfschiffe wie auch der Altstadt können am Paseo Orinoco im Haus der Passbehörde Onidex betrachtet werden; es befindet sich gegenüber dem Mirador Angostura zwischen den Straßen Igualdad und Libertador; die Fotos sieht man nach dem Eintreten in das Gebäude auf der rechten und linken Seite). Produkte aus dem Landesinneren wurden mit Dampfschiffen vor allem nach Europa und zu den Antillen gefahren. Es waren namhafte Kaufleute wie die *Blohms* aus Norddeutschland, die diese Geschäfte kontrollierten. Übrig geblieben aus dieser Zeit sind der größte Militärhafen des Staates Bolívar und der Fährverkehr nach Soledad auf der anderen Seite des Río Orinoco.

Ciudad Bolívar heute

Ciudad Bolívar, eine lebendige Stadt mit rund **330.000 Einwohnern,** lebt von Handel, Landwirtschaft, Fischfang und Tourismus, aber auch von Gold, Diamanten und dem Abbau von Eisenerz und Aluminium. Die Stadt ist eine **Drehscheibe für Reisende** in den Nationalpark Canaima, in die Gran Sabana, zum Amazonas, ins Orinoco-Delta und ins Zentrum des Landes.

Lage

Ciudad Bolívar liegt **am Mittellauf des Orinoco,** an der Stelle, wo der Fluss am schmalsten ist. Die nächste große

Stadt ist Puerto Ordaz, die etwas über 100 km östlich liegt und über eine vierspurige Autobahn angeschlossen ist. Caracas befindet sich 580 km nordwestlich, über El Tigre und Barcelona zu erreichen. Nach Süden gibt es nur eine Straße, die über Ciudad Piar führt und in La Paragua am gleichnamigen Fluss endet. In Richtung Westen erreicht man über Maripa und Caicara de Orinoco nach 670 km die Hauptstadt des Bundeslandes Amazonas, Puerto Ayacucho. Eine Verbindung zum nördlichen Teil des Landes wird über zwei Brücken hergestellt: die **Puente Angostura** direkt bei Ciudad Bolívar und die 80 km östlich gelegene neue **Puente Orinoquia,** über die man Maturín und die nordöstlichen Strände bei Carúpano erreichen kann.

Sehenswürdigkeiten

Mirador Angostura

Am Paseo Orinoco gelegen, genießt man von diesem Aussichtspunkt einen herrlichen Ausblick auf den Fluss und die **Angostura-Brücke,** welche die Stadt mit dem Bundesstaat Anzoátegui verbindet. Die 1967 fertiggestellte Hängebrücke über den Orinoco bei Ciudad Bolívar war nach der Maracaibo-Brücke (1962) die zweite Großbrücke in Venezuela. Mit einer Mittelöffnung von 712 m und 120 m hohen Pylonen reiht sie sich ein unter die großartigen Hängebrücken in den USA und Europa. Als reine Stahlkonstruktion „trägt" sie eine 16,60 m breite Straße über den an dieser Stelle 1270 m breiten Fluss. Für die erforderliche Fahrbahnstabilität sorgt ein Fachwerkhohlkasten mit 17,90 m Breite und 7,60 m Höhe. Die Pylone und Widerlager sind auf Fels flach gegründet.

Der Mirador verfügt über ein Restaurant, wo man sich kulinarisch verwöhnen lassen kann. Nebenan fahren kleine **Passagierboote nach Soledad** am anderen Ufer des Río Orinoco.

Vom Mirador aus zu sehen ist mitten im Fluss auch das sogenannte „**Orinocometer**", mit welchem der Flusspegel abgelesen werden kann. Es handelt sich dabei um einen Felsen, der in der Trockenzeit bis zu 18 m aus dem Wasser ragen kann.

Altstadt

Absolut sehenswert ist die zum größten Teil renovierte Altstadt von Ciudad Bolívar. Die alten Kolonialhäuser wurden liebevoll neu bemalt. Die **Plaza Bolívar** ist ein lauschiger Platz zum Verweilen, daneben die Kathedrale Nuestra Señora de las Nieves, wo der ehemalige General *Manuel Piar* als angeblicher Verräter erschossen wurde. Die Kirche wurde teilweise mit einer speziell eingeführten Steuer auf die damals wie heue beliebten Hahnenkämpe und eine weitere auf Schnaps finanziert. Weitere Sehenswürdigkeiten: der Sitz des Gouverneurs *(La Casa Piar),* der ehemalige Kongress von Angostura und viele an-

Über den Dächern von Ciudad Bolívar

dere historische Gebäude. In der Altstadt sind viele Büros und Ämter der Regierung untergebracht, daher ist sie nachts wie ausgestorben.

Casa San Isidro

In diesem in der Av. Táchira gelegenen Kolonialhaus schrieb *Simón Bolívar* seine berühmte Rede von Angostura (s.o.). Das Haus ist in Privatbesitz, kann aber besucht werden. Es liegt in einer schönen Grünanlage und hat ein kleines **Museum,** das einen Einblick ins damalige Leben in Ciudad Bolívar vermittelt. Geöffnet Di bis Sa von 9–12.30 und 14.30–17.30 Uhr, So von 9–12 Uhr, der Eintritt ist frei.

Museum Jesús Soto

Der venezolanische Künstler **Jesús Rafael Soto** wurde 1923 in Ciudad Bolívar geboren. Er studierte Bildende Künste an der Hochschule in Caracas. 1950 zog er nach Paris, wo bis 1960 zahlreiche Kunstwerke entstanden, die heute zu den wichtigsten Werken gehören, die im Museum zu sehen sind. *Soto* kehrte 1960 nach Venezuela zurück und nahm an vielen Ausstellungen teil, ebenso war er Dozent an verschiedenen Hochschulen. *Soto* starb 2005 in Paris. Das Museum befindet sich an der Av. Germania. Geöffnet Di bis Fr von 9.30–17 Uhr, Sa/So geschlossen, der Eintritt beträgt 12 Bs.F.

Das Hochland von Guayana

Ciudad Bolívar

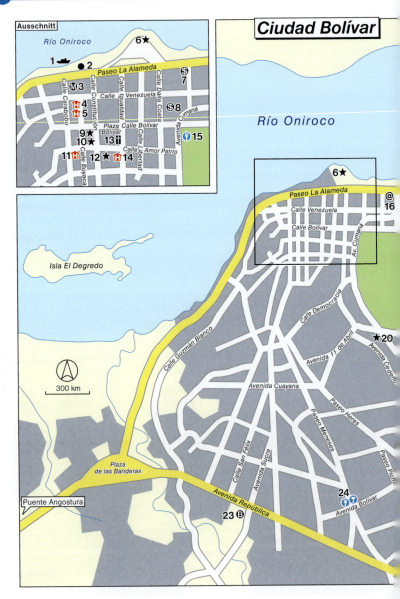

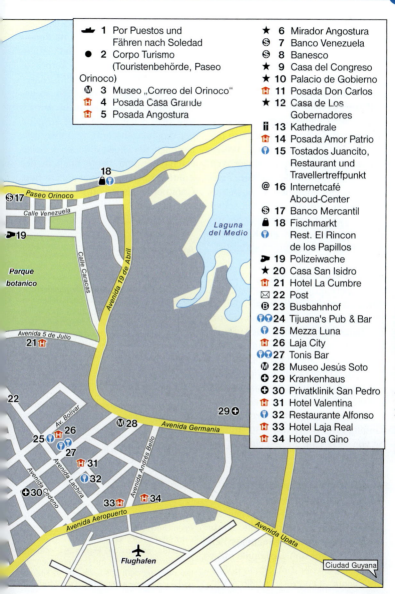

Ciudad Bolívar

Das **Museum** entstand auf Wunsch des Künstlers und wurde 1972 eingeweiht. Der Entwurf stammt von dem Architekten *Carlo Raúl Villanueva* (1900–75), dem es großartig gelungen ist, aus architektonischen Formen und Kunstwerken, aus Skulpturen und Gärten eine harmonische Einheit zu schaffen, die von den Besuchern begeistert aufgenommen wird. Werke von über 130 Künstlern aus aller Welt können hier bewundert werden. Zwei Pavillons enthalten nur Arbeiten von *Soto* selbst, der vor allem mit seiner Optical-Art bekannt wurde, in der mit dem Blickwinkel auf ein Kunstwerk auch dessen Wirkung eine andere ist.

Geologisches Museum

Das geologische Museum ist Teil der *Universidad del Oriente (UDO)* und befindet sich in der Av. Principal im Stadtteil La Sabanita. Das Museum gehört zur einzigen Diamantenschleifer-Schule im Land. Man bekommt einen guten Einblick in die Vielzahl der Gesteine Venezuelas. Auf Anfrage und mit etwas Glück kann man einen Blick in die **Diamantenschleiferei** werfen. Geöffnet Mo bis Fr von 8.30–16 Uhr, Sa von 9–12 Uhr, So geschlossen, der Eintritt ist frei.

Museum von Ciudad Bolívar – Museo Correo Oricoco

In diesem altehrwürdigen Haus am Paseo Orinoco wurde die **erste Wochenzeitschrift Venezuelas** hergestellt. Initiator war, wie könnte es anders sein zu jener Zeit, *Simón Bolívar*, der meinte: „Die Presse ist die Artillerie des Denkens". Es ist also nicht erstaunlich, dass viele bekannte Reden *Bolívars* im „Orinoco-Kurier" abgedruckt wurden. Die Druckerpresse kam wohl 1817 mit dem Schiff „Mary" von Jamaika oder Trinidad an, so genau weiß man das aber nicht. Am 27. Juni 1818 erschien die erste Ausgabe der Wochenzeitschrift, verantwortlich zeichnete der Direktor *Roderick*. Seine Nachfolger sind heute noch in der Zunft der Schreiberlinge anzutreffen. Geöffnet Di bis Fr von 9–12 und 15–18 Uhr, Sa/So von 9–12 Uhr, der Eintritt ist frei.

An- und Abreise

Busse und Por Puestos

Der Busbahnhof **Terminal de pasajeros** in der Av. República bietet Verkaufsstellen vieler Busgesellschaften, Restaurants, Kioske, Telefon, WC und eine Polizeidienststelle. Wer mit Sammeltaxis fahren möchte, sollte nur Taxis nehmen, welche innerhalb des Terminals abfahren und gelbe Nummernschilder aufweisen.

Verbindungen:
- **Caicara del Orinoco,** ganztags, stündlich ab 6 Uhr morgens.
- **Caracas,** zahlreiche Verbindungen morgens und nachts, Fahrtzeit 8–9 Std.
- **Carúpano,** mit dem Bus oder Taxi nach San Félix und dann weiter mit dem Bus (sehr früh) oder mit Por Puesto nach Maturín und dort mit einem Bus oder Sammeltaxi weiter bis an die Küste; nach **Cumaná** sollte man die gleiche Route wählen, auch wenn es am Abend einen Direktbus gibt, der allerdings einen riesigen Umweg über Barcelona und Puerto La Cruz fährt.
- **Mérida,** abends mit Expresos Occidente bis Barinas und weiter mit Bus oder Sammeltaxi oder mit dem Bus nach Puerto La Cruz und dann mit dem Direktbus nach Mérida.

CIUDAD BOLÍVAR

- **Barinas,** am Abend mit Expresos Occidente, ca. 14 Std.
- **Puerto Ayacucho,** 5x täglich, ca. 11 Std.
- **Puerto La Cruz,** mehrmals täglich in 4–5 Std. erreichbar, auch mit Sammeltaxis.
- **Puerto Ordaz,** mehrmals täglich in 1,5 Std. erreichbar, auch mit Sammeltaxis.
- **Santa Elena de Uairén,** vormittags mit Turcar (hält überall an, normalerweise ohne Klimaanlage), abends mit Expresos Occidente, Caribe, Los Llanos und San Cristóbal, Fahrzeit rund 12 Std.
- **Valencia,** 2x täglich, ca. 12,5 Std.

Flugzeug

Der Flughafen von Ciudad Bolívar, der **Aeropuerto Tomás de Heres,** liegt gut erreichbar in der Av. Jesús Soto, Tel. 6324978. Am Flughafen gibt es einige Reisebüros und eine kleine Cafeteria.

Fluglinien:
- **Conviasa,** Tel. 6325777 und 6326778, Fax 6326766.
- **Rutaca,** Tel. 6324465 und 6328426.

Flugverbindungen:
- **Canaima,** mehrmals täglich mit diversen Anbietern, es ist aber empfehlenswert, ein Paket mit Tour und Flug zu erwerben.
- **Caracas,** 2x täglich außer Sa mit Rutaca oder Conviasa.
- **Porlamar,** 1x freitags mit Rutaca.
- **Puerto Ordaz,** 1x täglich außer Sa mit Rutaca.
- **Santa Elena de Uairén,** 1x täglich mit Rutaca, bei Schlechtwetter oder zu wenigen Passagieren kann der Flug gestrichen werden.
- **Taxiflüge,** am Flughafen können Taxiflüge zu einem beliebigen Ziel gekauft werden. Es gibt zahlreiche Anbieter, wie z.B. Sundance, zu buchen bei Gekko Tours am Flughafen, La Montaña oder Rutaca. Preise auf Anfrage.

Unterkunft

Posadas

- **Posada Casa Grande de Angostura,** anspruchsvoll gestaltete Luxusposada mit Hunderten einfallsreicher Details, 14 Zimmer, alles in bester Qualität, mit Restaurant, Pool und Whirlpool auf dem Dach mit Blick über die Altstadt von Ciudad Bolívar, betrieben von Cacao Travel (casa tropical), ÜF. C. Boyacá c/ C. Venezuela, im casco historico, Tel. 6324639 und 0414/8512295, Reservierungen direkt über angostura@cacaotravel.com oder über das Büro in Caracas, Tel. 9771234, Fax 9770110, www.cacaotravel.com, €€€€
- **Posada Angostura,** Posada in einem historischen Kolonialhaus nahe des Plaza Bolívar, 7 kleine, aber gut ausgestattete Zimmer, Frühstück inklusive, betrieben von der Cacao Travel Group (casa tropical), ÜF. Reservierungen direkt über angostura@cacaotravel.com oder über das Büro in Caracas, Tel. 9771234, Fax 9770110, www.cacaotravel.com, €€€
- **Posada La Casita,** etwa 20 Min. außerhalb der Stadt in einem riesigen, sehr gepflegten Garten liegt diese freundliche Posada mit 14 Zimmern, die teilweise als originelle Bungalows, teilweise als klimatisierte Zimmer konstruiert sind. Ein renovierter Pool lädt zum Relaxen ein, gute und günstige Verpflegung wird angeboten. Ein regelmäßiger Shuttleservice in die Innenstadt, sowie die Abholung am Busbahnhof oder Flughafen sind im Preis inbegriffen. Wer es gerne günstiger mag, kann in der Hängematte übernachten – aber Vorsicht vor Hunden, und wenn einer der Kapuzineraffen aus dem Minizoo ausbricht, gibt es schon mal Hektik und Geschrei ... Waschservice, Touren mit dem Reiseveranstalter Gekko Tours nach Canaima, Kavac, zum Río Caura und zu weiteren Zielen. Av. Ligia Pulido, Urb. 24 de Julio, Tel. 6170832, 0414/8562925, 8545146, 8562925, www.posada-la-casita.com, €€
- **Posada Don Carlos,** gemütliche Posada in einem Kolonialhaus mit 8 Zimmern, teilweise mit Klimaanlage, Bar und günstige Verpflegung für Gäste, kostenloser Internetzugang, günstige Übernachtung in Hängematten möglich, die Küchenbenutzung ist erlaubt, geführt von Martin und Yourleni Haars. Man kann hier Touren nach Canaima und zum Río Caura buchen. C. Boyacá Nr. 26 c/ C. Amor Patrio, 30 m vom Plaza Bolívar entfernt, Tel. 6326017 und 0414/8546616, €€
- **Posada Amor y Patrio,** sehr einfache Posada mit nur 5 Zimmern in guter Lage direkt

CIUDAD BOLÍVAR

am Plaza Bolívar, Zimmer mit Gemeinschaftsbad, Übernachtung in Hängematten möglich, Küchenbenutzung. C. Amor Patrio Nr. 30, Tel. 0414/8544925, plazabolivar@hotmail.com, €

Hotels

● **Hotel Laja Real****, das einzige 4-Sterne-Hotel der Stadt, die es allerdings nicht ganz verdient hat, 75 klimatisierte Zimmer, netter Pool mit Cafeteria, Restaurant, Parkplatz, ein Kasino befindet sich nebenan, direkt gegenüber vom Flughafen, KK. Av. Andrés Bello c/ Av. Jesús Soto, Tel. 6170100, 6327955, Fax 6327944, www.lajareal.com, €€€

● **Hotel Laja City***, von den gleichen Betreibern wie das Laja Real, 3-Sterne-Haus aus Beton mit lauten Klimaanlagen, Parkplatz und kostenloser Internetservice, mit dem Restaurant La Posada, einem der exklusivsten der Stadt, im Stile einer spanischen Tasca, häufig mit Live-Musik, KK. Av. Táchira c/ Av. Bolívar, Tel. 6329920, 6329910, www.lajacity.com, €€€

● **Hotel Valentina***, Mittelklassehotel mit 45 Zimmern und gutem Restaurant, Parkplatz, recht gute Lage, ÜF, KK. Av. Maracay Nr. 55, Tel. 6326491, 6327253 Fax 6324607, €€€

● **Hotel La Cumbre**, oberhalb der Stadt gelegenes stilvolles Hotel, gutes orientalisches Restaurant, toller Blick über die Stadt und den Orinoco, KK. Av. 5 de Julio, Cerro La Esperanza, Tel. 6327709, 6327558, lacumbre@cantv.net, €€€

● **Hotel Da Gino****, einfaches Hotel mit relativ gehobenen Preisen, 31 Zimmer, Parkplatz, Restaurant, KK. Av. Jesús Soto c/ C. Andrés Bello, Edf. Mapinal, gegenüber vom Flughafen, Tel. 6320313, 6328367, Fax 6325454, €€

Essen und Trinken

Die typischen regionalen Spezialitäten kommen aus dem Orinoco – Süßwasserfische wie Lau Lau (ein hässlicher Wels), Rayado und Coromoto. Am Paseo Orinoco findet man kleine, günstige Restaurants, bei denen man günstig gebratenen Orinoco – Fisch probieren kann. Von dem einfachem Restaurant „El Rincon de los Papillos". am östlichen Ende des Paseo Orinocos und weiteren, die allerdings nur über tags geöffnet haben hat man einen fantastischen Ausblick über den Fluss.

● **Toni's Bar & Restaurante,** sehr gute internationale Küche, große Speisekarte vom Frühstück bis in die Nacht, Pizzas, KK. Av. Táchira, 200 m vom Hotel Laja City entfernt.
● **Tijuana's Pub & Bar,** sehr gut besuchtes mexikanisches Restaurant, es gibt viele internationale Spezialitäten, außerdem Holzofenpizzas, KK. CC Meneses, Paseo Meneses, Tel. 6322097 und 6329942, ganztägig geöffnet.
● **Restaurante Alfonso,** Gartenrestaurant mit viel Ambiente und ausgezeichneten Fleischspezialitäten vom Grill, KK. Av. Maracay c/ C. El Asilo, Tel. 6322034.

Von Ciudad Bolívar gut zu erreichen: der Salto Angel

- **Restaurant im Hotel Da Gino,** günstiges und schnelles Restaurant, das auch als Kantine für das Flughafenpersonal dient, ganztägig, KK. Av. Jesús Soto c/ C. Andrés Bello, Edf. Mapinal, gegenüber vom Flughafen, Tel. 6320313, 6328367, Fax 6325454.
- **La Posada,** gute spanische Tasca mit Live-Musik und allerlei (teuren) Leckereien, KK. Im Hotel Laja City, Av. Táchira c/ Av. Bolívar.

Praktische Infos

- **Vorwahl:** 0285

Apotheke

In der **Innenstadt** und am **Paseo Orinoco** sind viele kleine Apotheken zu finden. Ein gutes Angebot mit Selbstbedienung hat **Farmatodo** in der Av. 17 de Diciembre, nahe der Kreuzung von der Av. República mit der Av. Maracay.

Autovermietung

In Ciudad Bolívar gibt es keine Autovermietung. Wer gerne einen Wagen mieten möchte, kann das am Flughafen des **nahe gelegenen Puerto Ordaz** tun.

Einkaufen

Supermärkte sind über die ganze Stadt verteilt, zwei gute Adressen sind **El Diamante** an der Av. Germania c/ Andrés Bello und **Koma**, ebenfalls in der Av. Germania, gegenüber dem Krankenhaus Ruiz y Paéz.

Feste/Veranstaltungen

- **La Feria de la Sapoara,** diese Feier findet jeweils im Monat **August** statt. Der im Orinoco vorkommende Fisch Sapoara kann nur im August gefischt werden und ist der Grund für dieses Großevent, eine Mischung aus Kultur, Musik und Gastronomie am Paseo Orinoco. Man sagt, dass wer als Fremder in die Stadt komme und einen Sapoara mitsamt Kopf und allem Drum und Dran esse, würde sich in der Folge mit einer hübschen Einheimischen verheiraten und in der Stadt bleiben ...
- Am **15. Februar** findet alljährlich eine Feier zum Gedenken an den Kongress von Angostura (s.o.) statt.

Geldwechsel

Es gibt **zahlreiche Banken** über die ganze Stadt verteilt, viele am Paseo Orinoco, wie Banco Caroní im Aboud-Center, Banco de Venezuela und Banco Mercantil. Es sei davor gewarnt, sich auf der Straße mit Geldwechslern einzulassen, darüber hört man wahre Horrorgeschichten ... Wer wechseln möchte, sollte dies im Hotel oder der Posada tun oder einen der Reiseveranstalter ansprechen.

Internetcafés

- **Aboud-Center,** Paseo Orinoco, nettes und modernes Internetcafé mit 20 Computern im Erdgeschoss des Einkaufszentrums Aboud zwischen dem Paseo Orinoco und der C. Venezuela.
- **E-Café,** in der Altstadt gelegenes Internetcafé mit 15 Computern. C. Libertad, Quinta La Esperanza, Tel. 9874444.
- Unter **www.ciudadbolivaronline.com** sind viele Informationen über Ciudad Bolívar nachzulesen, allerdings nur auf Spanisch.

Krankenhaus

- **Clínica San Pedro,** Av. Maracay, Tel. 6321951, in der Nähe des Flughafens, Privatklinik mit guten Ärzten, gegen Entgelt, KK.

Kriminalpolizei

- **CICPC,** Av. Libertador, Urb. La Paragua, Ciudad Bolívar, Tel. 6546545.

Post

- **Ipostel,** Av. Táchira, in der Nähe der Av. Cruz verde.

Reisebüro

- **Auyantepui C.A.,** internationale und nationale Flüge, Reisen in alle Welt. Av. Bolívar, Einkaufszentrum Roques Center, Local 8, Tel. 6320748, 0416/6852465, KK.

Taxis

Offizielle Taxis haben **gelbe Nummernschilder** und finden sich in der ganzen Stadt, speziell aber am Busterminal, dem Flughafen und auf dem Paseo Orinoco. Daneben gibt es viele sogenannte „Piratas", also Taxifahrer ohne Lizenz, die man besser meiden sollte.

Ciudad Bolívar (Ausflüge)

Der Angostura-Bitter

von *Federico Brugger*

Viele kennen den ausgezeichneten **Kräuterbitter**, wissen aber nicht, wo und wie er eigentlich entstanden ist – ja, richtig, in Venezuela, in Ciudad Bolívar.

Man schrieb das Jahr 1820, als der junge deutsche Arzt *Johann Gottlieb Siegert* nach Venezuela auswanderte, wo er in die Dienste *Simón Bolívars* trat, welcher gegen die spanischen Eroberer kämpfte. Dank seiner großen Fähigkeiten beförderte ihn *Bolívar* zum Generalstabsarzt im damaligen Angostura. Hier ließ er sich auch nieder und verheiratete sich zweimal. 1824 entwickelte er den Kräuterbitter, um damit den Soldaten zu helfen, die an Tropenkrankheiten litten. Angostura war damals ein schmutziges Nest aus Lehmhütten und Schlamm. Der Kräuterbitter fand sehr schnell bei Seeleuten und Soldaten Anklang als **Beigabe zu Rum und Gin.** Dank der Seefahrer fand der Kräuterbitter seinen Weg um die Welt. 1830 begann *Dr. Siegert* das Produkt nach England und Trinidad zu exportieren, wo es positiv aufgenommen wurde.

Als *Dr. Siegert* 1870 starb, übernahmen seine Söhne den Betrieb. Doch politische Unruhen machten es den Nachfolgern schwer, die Produktion in Venezuela weiterzuführen. So zog die Firma 1875 nach Trinidad um, wo bis zum heutigen Tage der Angostura-Bitter in Port of Spain produziert wird.

Als Kunde in einem Hotel oder in einer Posada kann man sich ein seriöses Taxi rufen lassen.

Tourveranstalter

●**Gekko Tours,** von *Peter Rothfuss*, Spezialist für Touren nach Canaima und Kavac, mit eigenen Kleinflugzeugen, 1- bis 3-tägige Touren mit Bootstour zum Salto Angel, Expeditionen zum Auyan Tepui, Bootstour auf dem Río Caura. Av. Jesús Soto, am Flughafen, neben dem Rutaca-Schalter, Tel. 6323223, 0414/8545146, www.gekkotours-venezuela.de.

●**Sapito Tours,** von *Walter Bernal*, der in Canaima auf der Insel Anatoly das attraktive Camp Tomás Bernal leitet und 2- bis 4-tägige Touren nach Canaima organisiert. Touren mit Bootsfahrt zum Salto Angel und Übernachtung in Hängematten mit Blick auf den Wasserfall, Tagestouren. Am Flughafen, Av. Jesús Soto, Tel. 6327989 und 0414/8548234, www.bernaltours.com.

●**Turis Express,** von *Guillermo Rodriguez*, vermittelt Ausflüge nach Canaima und in die Gran Sabana, Transportservice in luxuriösen Jeeps für etwa 100 Euro am Tag, Tagesausflüge von Ciudad Bolívar. Am Flughafen, Av. Jesús Soto, Tel. 6327086, 6170166, 0414/8939576, www.turiexpressdorado.com.

Wäscherei

Hotels und Posadas verfügen in der Regel über einen Wäscheservice, wenn nicht, findet man zahlreiche „Lavanderías" in der ganzen Stadt.

Ausflüge von Ciudad Bolívar

Über den Orinoco

Man kann mit einer der zahlreichen Fähren vom Paseo Orinoco nach Soledad fahren, das am anderen Ufer des Flusses zu finden ist. **Soledad** gehört zum Bundesland Anzoátegui und zählt zu den ältesten Gemeinden. Gegründet wurde der Ort im Jahr 1764, also praktisch zur selben Zeit wie auf der gegenüberliegenden Seite des Orinoco Angostura. Soledad heißt übersetzt „Einsamkeit" – es war der letzte bewohnte Ort des Bundeslandes, sozusagen am Ende der Welt. Das Dorf wurde im Laufe seiner Geschichte mehrmals in kriegerische Handlungen verstrickt, Folge der zahlreichen Angriffe von Spaniern gegen Angostura. Auch *Simón Bolívar* war im Oktober 1818 im Ort zu sehen, auf der Durchreise nach Maturín. Der recht kleine und beschauliche Ort ist vor allem um den Hafen herum interessant, aber auch der Plaza Bolívar ist ein lauschiger Platz und die Kirche ist nett anzuschauen. Am Hafen gibt es mehrere Fischrestaurants, wo man preiswert guten Fisch bekommt und eine schöne Aussicht auf die Altstadt von Ciudad Bolívar hat. Die Überfahrt mit der Fähre ist extrem billig.

Guri-Stausee ♪ XIV, A2

Der Guri-Stausee liegt 130 km **südöstlich** von Ciudad Bolívar und 90 km südwestlich von Puerto Ordaz; er ist leicht mit einem Taxi erreichbar.

Der Stausee wurde in drei Etappen zwischen 1963 und 1986 erbaut und ist das **drittgrößte Wasserkraftwerk der Welt.** Die Staumauer ist 162 m hoch und 1300 m lang. Der Stausee weist eine Fläche von 3919 km² auf, er ist 175 km lang, an seiner breitesten Stelle misst er 48 km. Der Speicherinhalt beträgt 138 Milliarden m³; damit werden 10.300 MW produziert, was etwa 70% des gesamten Energiebedarfs von Venezuela entspricht. Strom wird nach Boa Vista in Brasilien und nach Kolumbien exportiert.

Der Stausee wird von den Flüssen **Río Paragua** und **Río Caroní** gespeist. Während der Regenzeit von Mai bis November fließen bis zu 25.500 m³ pro Sekunde in den Stausee. Mittels drei Hochwasserentlastungen wird das überflüssige Wasser abgeführt.

Der Stausee ist ein Freizeitparadies für Wassersportler, aber auch für **Fischer.** Der bekannteste Fisch ist der *pavón* (Pfauenaugenbarsch), er gilt als Nationalfisch und kann bis zu 12 kg wiegen.

Das Wasserkraftwerk kann im Rahmen von Führungen besucht werden. Diese dauern ca. 1½ Stunden.

Touren zum Río Caura

Der Río Caura, der drittgrößte Fluss Venezuelas, ist ein wichtiger Zubringerfluss des Orinoco. Dank seines mineralhaltigen Schwarzwassers gibt es praktisch keine Moskitos. Der Fluss zählt zu den saubersten des Landes, das **Dschungelgebiet** mit einer Fläche von 30.000 km² ist praktisch unberührt. Allerdings gab es in einigen Gegenden Probleme mit Gold- und Diamantensuchern, die Regierung konnte diese illegalen Invasionen aber beenden. Die Indianer der Stämme Ye'kuana und Maquiritare sind die Bewohner dieser einmalig schönen und vom Massentourismus noch weitgehend verschonten Gegend. Gestartet werden Touren zum Río Caura, die in der Regel fünf Tage dauern, in Ciudad Bolívar, die Anfahrt zum Dorf **Las Trincheras** dauert rund 4½ Stunden im

CIUDAD BOLÍVAR (AUSFLÜGE)

Dichter Dschungel
am Ufer des Río Caura

Geländewagen. Die Fahrt führt mit dem Einbaum flussaufwärts bis zum Playón, einem sehr idyllischen Lagerplatz mit schönem Sandstrand und dann zu Fuß zum mächtigen Wasserfall Salto Para. Der Fluss ist relativ ruhig, teilweise weist er aber recht beachtliche Stromschnellen auf. Fauna und Flora in dieser Urwaldumgebung sind schlichtweg einzigartig.

Ein sehr schönes Camp, die **Caura Lodge,** wird von Cacao Travel in Las Trincheras betrieben. Die Anlage besteht aus einem Kolonialhaus, indianischen Rundhütten mit Hängematten und Moskitonetzen, zehn Zimmern mit Privatbad und Ventilator, Restaurant und Aufenthaltsraum. Speziell zur Vogelbeobachtung gibt es ein Baumhaus. Tel. 0212/9771234, Fax 9770110, www.cacaotravel.com, €€€€.

Günstigere und abenteuerliche Río-Caura-Touren mit Übernachtung ausschließlich in Hängematten kann man bei Gekko Tours (s.o.) oder bei Pariana Tours in Carúpano (www.parianatours.com) buchen.

Ciudad Piar ⇗ XIV, A2

GPS: N 7°27.26, W 63°19.66

Ciudad Piar liegt 110 km südlich von Ciudad Bolívar und ist mit Linienbussen der Gesellschaft Trocaderos oder mit Sammeltaxis in knapp 2 Stunden erreichbar.

Die Hinfahrt ist abwechslungsreich, Steppenlandschaften wechseln ab mit hügeligem Gelände, und vor allem rechts der Straße sieht man immense Pflanzungen von „Mereys", roten und gelben Früchten, bei uns als Cashew-Nüsse bekannt. Die Anpflanzung gehört dem größten venezolanischen Schokoladehersteller.

Ciudad Piar, 1952 gegründet, hat rund **32.000 Einwohner** und ist eine der größten Abbaustellen von **Eisenerz** weltweit. Der bedeutendste erzhaltige Berg, der **Cerro Bolívar**, ist insgesamt 11 km lang, 3 km breit und weist eine durchschnittliche Höhe von 600 m auf. Pro Jahr werden an die 30 Millionen Tonnen Eisenerz mit einer speziell dafür gebauten Eisenbahnlinie von Ciudad Piar nach Matanzas (Puerto Ordaz) gefahren.

Alleine die **Eisenbahn** ist für Fans eine Reise wert. Die Strecke von Ciudad Piar bis Puerto Ordaz hat eine Länge von 130 km. Die Zugkompositionen werden immer von drei Loks gezogen. Der gesamte Fuhrpark besteht aus 38 Loks und 1784 Güterwagen. Die Geschwindigkeit eines voll beladenen Zuges beträgt 45 km/h. Die Züge werden zentral von Puerto Ordaz aus überwacht.

Bei der Abbaugesellschaft kann man vor Ort eine Besichtigungstour ausmachen. Ciudad Piar (Vorwahl: 0285) ist eine nette, kleine Industrieschlafstadt nach amerikanischem Muster. Es gibt ein paar Restaurants, Bodegas etc., ein Hotel für Touristen ist bisher nicht vorhanden.

Nach weiteren 105 km durch abwechslungsreiche Landschaften erreicht man südlich von Ciudad Piar La Paragua.

Paragua ⇗ XIV, A3

GPS: N 6°49.74, W 63°19.87

La Paragua am Ufer des gleichnamigen Flusses ist eine Ortschaft, die schon wesentlich bessere Zeiten gesehen hat. Die Haupteinnahmequellen waren stets die unzähligen **Gold- und Diamantenminen,** die von La Paragua mittels Booten oder Kleinflugzeugen zu erreichen waren. Mittlerweile wurden die Minen von der Regierung verboten, die „Mineros" haben der Umwelt sehr viel Schaden zugefügt und auch oft mit Quecksilber das Gold gebunden, das in der Folge in die Flüsse gelangte und das Trinkwasser verschmutzte. Trotzdem arbeiten noch immer einige (illegale) Minen.

Neben den Minen lebt das Dorf von der **Landwirtschaft,** aber auch die Fischerei hat ihren Stellenwert. Angebaut werden vor allem Mais, Kochbananen, Tomaten und Peperoni sowie Früchte wie die Guayaba, die Parchita (Maracuja), Orangen, Mandarinen und Zitronen. Es ist vorgesehen, in Zukunft mit Hilfe der Regierung auch im Tourismus etwas zu unternehmen, z.B. durch den Bau von Posadas. Der Río Paragua erstreckt sich bis zur brasilianischen Grenze und ist touristisch noch weitgehend unerschlossen.

Das Ortszentrum des heute an die 20.000 Einwohner zählenden Ortes ist relativ **schmutzig und laut.** Es gibt viele kleine Kneipen, in denen man einigermaßen essen kann, Bodegas, Straßenhändler und einige Hotels, die sich für Touristen aber kaum eignen. La Paragua verfügt über einen Busterminal und einen kleinen Flughafen.

● Vorwahl: 0285

Unterkunft

● Für eine Nacht bietet sich das **Hotel Parahiba** an, das im Dorfzentrum leicht zu finden ist. Die 30 Zimmer haben Klimaanlage, Kabel-TV (nur wenige Programme) und Privatbad. Tel. 8811130, €
● Eine andere ordentliche Adresse ist das **Hotel El Caney del Chef** direkt gegenüber des Flughafens. Die 6 Zimmer sind mit Klimaanlage und Kabelfernsehen ausgestattet und verfügen über Privatbad. Kein Telefon, €€
● Unter Anglern ist das **Camp Uraima** sehr bekannt. Es liegt 2½ Stunden Bootsfahrt und 80 km den Río Paragua hinauf. Boote können am Hafen gemietet werden. Uraima hat auch eine kleine Naturflugpiste, und man kann per Charter hinfliegen. Der Preis ist am Flughafen La Paragua zu verhandeln und hängt von der Anzahl der Teilnehmer ab. Im Camp kann man vor allem Pajaras fischen, bisher wurden hier 14 Weltrekorde bzgl. der Größe der Fische aufgestellt. Die 7 Indianerrundhütten haben Betten mit Bad. Es gibt ein Restaurant mit Bar direkt am Río Paragua. Das Camp kann nur als Paket gebucht werden. Tel. 6326443 oder 6544427, €€€€

Essen und Trinken

In den zahlreichen Restaurants gibt es die typisch lokalen Gerichte, meist Huhn mit Reis, Salat, schwarzen Bohnen und Kochbananen. **El Caney del Chef** gegenüber vom Flughafen gilt als Restaurant mit guter Speisekarte und lecker zubereiteten Speisen; kein Telefon.

Canaima ⌕ XIV, A3

GPS: N 6°14.76, W 62°51.34

Einleitung

Ein unbestrittenes **Highlight** in Venezuela und fast schon ein Muss für jeden Reisenden ist der Besuch von Canaima und dem nahen **Salto Angel,** der mit fast 1000 m Fallhöhe der **höchste Wasserfall der Erde** ist. Canaima selber ist eine Pemón-Siedlung in wunderschöner Lage an einer Schwarzwasserlagune des Río Carrao, in die fünf selten schöne Wasserfälle stürzen. Ein reiner Sandstrand bietet direkt an der Siedlung Bademöglichkeiten, und so ist es kein Wunder, dass dieses friedliche Fleckchen Erde mit einer Menge Touristencamps ausgestattet ist. Vom nahen Hafen Ucaima starten die abenteuerlichen Touren zum Angelfall, weitere Ausflugsmöglichkeiten sind gegeben.

Lage

Canaima liegt **am Ufer des Río Carrao,** dort, wo er eine große natürliche Lagune bildet, nur wenige Kilometer oberhalb des Zusammenflusses von

Río Carrao und Río Caroní. Bis Puerto Ordaz sind es genau 218 km Luftlinie in nördlicher Richtung.

Orientierung

Sich in Canaima zurechtzufinden, ist nicht weiter schwierig, da die Siedlung **parallel zum Strand** gebaut ist. Am östlichen Ende führt der Weg zum Bootshafen Ucaima, der Flughafen befindet sich zentral im südwestlichen Teil des Ortes. Alle Strecken sind leicht zu Fuß zu bewältigen, auch wenn es wenige eingeflogene Autos gibt, die für den Transport von Besuchern und Lebensmitteln genutzt werden.

An- und Abreise

Auf dem Landweg

Canaima ist eigentlich nicht auf dem Landweg erreichbar, nur als **abenteuerliche Expedition** mit zahlreichen Flussüberquerungen auf selbst gebauten Flößen. Dazu muss man sich bei Spezialanbietern erkundigen, da man diese Tour auf keinen Fall auf eigene Faust durchführen kann. Bei La Paragua muss man sich über den Río Paragua bringen lassen und dann südlich des Flusses im Schwemmland eine Piste in Richtung Süden suchen. Das geht natürlich nur in der Trockenzeit, da bei Regen der Río Paragua und der Río Chiguao, der weiter östlich überquert werden muss, über ihre Ufer treten. Dann geht es durch dichten Urwald bis an die Ufer des Río Caroní, wo bei der Indianersiedlung Candelaria dann endgültig Schluss ist. Hier kann man sich von den freundlichen Pemón über den Fluss rudern lassen, zu Fuß ist man innerhalb von 1-2 Stunden in Canaima.

Es ist immer wieder im Gespräch, eine befestigte **Straße zu bauen**, die derzeitige Regierung plant die Route von El Manteco nach Canaima und will das Projekt auch durchsetzen. Viele der indianischen Bewohner befürchten, dass dieses Vorhaben den Flair des Ortes zerstören wird.

Flugzeug

Die Qual der Wahl gibt es im Fall Canaima nicht. Man reist mit dem Flugzeug an. Linienflüge aus Caracas gibt es z.Z. nicht. Um nach Canaima zu fliegen, nimmt man einen **Charterflug** von Puerto Ordaz oder Ciudad Bolívar. Für den etwa 75 Min. dauernden spektakulären Flug gibt es verschiedene Anbieter. Empfehlenswert ist auf jeden Fall ein **Komplettpaket mit Flug und Tour.** Man kann natürlich auch die Option „Nur Flug" wählen, steht dann aber in Canaima und muss dort die Tour für wesentlich mehr Geld erwerben, als sie im Paket erhältlich ware. Die starken Preisunterschiede bei den verschiedenen Angeboten (250-600 Euro) hängen in erster Linie davon ab, welches Camp in Canaima genutzt wird.

Sehr gute Adressen professioneller **Anbieter** für die Planung/Durchführung der „normalen" Tour mit Übernachtungen in Mittelklasse-Camps sind Parianatours (www.parianatours.com, Tel. 0294/3317297) und Gekko Tours (www.gekkotours-venezuela.de, Tel. 0285/6323223). Hier bekommt man dann auch kombinierte Touren mit Weiterflug nach Kavac oder Santa Elena de Uairén und Expeditionen auf den Auyan Tepui. Für den ganz anspruchsvollen Gast kommt der Anbieter Canaima Tours mit der Waku Lodge (Kontakt s.u.) in Frage.

Es gibt noch weitere Anbieter in ganz Venezuela, eigentlich jeder namhafte Veranstalter. Man sollte aber vorher genau nachfragen, welches Camp am Angelfall genutzt wird, und Abstand davon nehmen, Touren auf der Straße oder am Busterminal verkaufen zu lassen. Grundsätzlich sollte man sich bewusst machen, dass Canaima ein weltweit einmaliges Ziel darstellt und dementsprechend auch bei allen Pauschalveranstaltern im Programm ist. Dadurch kann es, auch in der Nebensaison, zu Engpässen bei Betten oder Tourplätzen kommen. Es empfiehlt sich eine rechtzeitige Buchung.

Es gibt eine noch günstigere Möglichkeit, nach Canaima zu kommen, und zwar in der Kombination mit einem **Flug von La Para-**

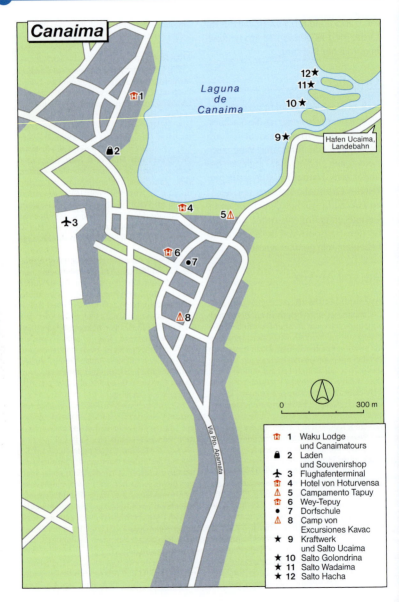

gua. Einige Billiganbieter in Ciudad Bolívar haben eine Anreise über La Paragua im Angebot. Dann wird das gesamte Paket zwar günstiger, man sollte dabei aber bedenken, dass man das Erlebnis des eindrucksvollen Fluges von Ciudad Bolívar nach Canaima verpasst und dafür nur einen 20-minütigen Flug bekommt, und zudem zwei halbe Tage im Bus verbringt und damit die eigentliche Tour in Canaima kürzer ausfällt.

Boot

Mit dem Boot ist Canaima **nicht erreichbar,** da der Río Caroní in seinem Mittel- und Oberlauf zu viele unbezwingbare Stromschnellen aufweist.

Unterkunft

- **Campamento Ucaima,** eine der traditionellsten Unterkünfte, im Jahr 1952 von „Jungle Rudi" gegründet und heute von seinen Töchtern im bekannten Stil weitergeführt. Das Camp befindet sich am Ufer des Río Carrao, wenige Meter oberhalb vom Hafen Ucaima, außerhalb von Canaima. In einem harmonischen Ambiente mit riesigem Park und eigener Landepiste gibt es 14 erstklassige Zimmer mit allen Serviceleistungen und feinem Restaurant und Bar. Für eine Übernachtung im Ucaima Camp muss man im DZ mit Vollpension etwa 150 Euro p.P. bezahlen. Die Zweitagestour (s.u.) ab Camp (ohne Flug) zum Angelfall kostet ca. 300 Euro. Es stehen Kajaks und Mountainbikes zur Verfügung. WLAN, KK. Kontakt in Caracas: Tel. 0212/6930618, in Puerto Ordaz: Tel. 0286/9622359, www.junglerudy.com, €€€€
- **Tapuy Lodge,** diese neue Lodge der Cacao Travel Group *(casa tropical)* liegt direkt an der Lagune und bietet einen grandiosen Blick auf drei Wasserfälle. Eine gepflegte Grünanlage umgibt das komfortable Camp mit 16 Zimmern, die alle klimatisiert sind und eigenes Bad haben. Bar und Restaurant für Gäste sind vorhanden, angeboten wird das Camp nur mit VP. Tel. 0212/9771234, Fax 9770110, info@cacaotravel.com, €€€€
- **Hoturvensa,** dies ist das größte Hotel vor Ort, das eine privilegierte Lage direkt am Hauptstrand besitzt. Das Hotel ist ein guter Referenzpunkt, um sich in Canaima zu orientieren, die Anlage selber ist leider ein wenig ungepflegt, obwohl die Indianer, die das Camp jetzt leiten, die Renovierung Stück für Stück vorantreiben. Die Übernachtung in einem der 115 Zimmer kostet mit Vollpension knapp 130 Euro p.P., Touren werden optional angeboten. Nur mit Reservierung: Tel. 0212/9760530, Fax 9764984, www.hoturvensa.com.ve, €€€€
- Ein erstklassiges Camp ist die **Waku Lodge,** die gut zu Fuß vom Ort erreichbar ist und einen direkten Ausblick auf die Lagune und die Wasserfälle dort bietet. Die sehr gepflegte Anlage mit großem Garten und Privatstrand erfüllt alle Wünsche. In sehr komfortablen Zimmern mit großer Terrasse und Hängematte und im guten Restaurant wird man verwöhnt. Zum Camp gehört der Reiseveranstalter Canaima Tours, der außer Full-day-Angeboten auch alle anderen, unten beschriebenen Exkursionen für gehobenere Ansprüche im Programm hat, z.B. den Salto Angel 3 Tage/2 Nächte ohne Flug für 250 Euro, KK. Tel. 0286/9625560 und 9628658, www.geocities.com/canaimatours/qui_ing.html, €€€€
- **Campamento Tomás Bernal,** wunderschön gelegenes Camp auf der Halbinsel Anatoly gegenüber dem Hacha-Wasserfall, von Canaima nur mit dem Boot zu erreichen. Gegründet wurde es von *Tomás Bernal* als erstes ökologisches Hängemattencamp. Das Camp hat Platz für 30 Hängematten und verfügt zudem über 2 Zimmer mit Privatbad. Ein kleines Restaurant mit großem Speisesaal, Toiletten und Waschmöglichkeiten runden das Angebot ab. Herrlich angelegte Spazierwege und exotische Gärten zum Wohlfühlen. Isla Anatoly, Tel. 0285/6327989, www.bernaltours.com, €€
- Mittlerweile gibt es in Canaima auch einige günstige Posadas, z.B. das **Campamento Wey-Tepui,** 3 Min. von der Lagune, hinter dem Hoturvensa Hotel, gegenüber der Dorfschule. *José* und sein Sohn *Gabriel* betreuen ihre Gäste persönlich und bieten einfache, aber saubere Zimmer und großzügiges Essen an. Sie haben auch die Angelfall-Tour mit dem Boot (s.u.) für 3 Tage/2 Nächte im Pro-

CANAIMA (AUSFLÜGE)

gramm. Hier kann man auch nachfragen, sollte man ohne Reservierung in Canaima stranden. Tel. 0289/4145466 und 0414/8840524 (öfters versuchen, da die Telefonverbindungen nach Canaima sehr schlecht funktionieren), €€

● Eine weitere Posada der gleichen Art ist das **Camp Churum** von Excursiones Kavac, geführt von *Bonifacia Manrique,* 100 m oberhalb von Wey-Tepui. Bei dem in Vergrößerung befindlichen Camp werden einfache Zimmer oder Übernachtungen in Hängematten zu einem guten Preis-Leistungsverhältnis geboten. Tel. 0414/8840511, www.churumtours.com, €€

Praktische Infos

Einkaufen

● **Claudio's,** die Bodega von *Claudio* zwischen dem Flugplatz und dem Strand ist der Laden, den man am ehesten als Supermarkt bezeichnen kann. Nicht gerade preisgünstig, aber gut sortiert; neben Lebensmitteln auch Kunsthandwerk und Souvenirs.

Geldwechsel

Lieber sollte man in Canaima anreisen und vorher schon sein Geld getauscht haben, obwohl US-Dollar und Euro für die Leute in Canaima keine unbekannte Währung darstellen. Eine Wechselstube gibt es nicht, wer dringend tauschen möchte/muss, kann dies bei *Claudio* in der Bodega oder in einem Camp versuchen.

Internetcafés

● Hinter der Ortskirche befindet sich ein kleines **Internetcafé** mit neun Rechnern. Eine weitere Möglichkeit, mit dem Internet Verbindung aufzunehmen, wird in der **Waku Lodge** von Canaima Tours geboten; der Rechner, der über Satellit ins Netz geht, wird für einen nicht ganz unerheblichen Betrag auch Gästen aus anderen Camps zur Verfügung gestellt.

● Unter **www.canaima.backpacker.cc** findet man jede Menge Informationen zu Canaima und dem Nationalpark.

Krankenhaus

In Canaima gibt es eine kleine **Krankenstation,** in der im Notfall auch Touristen behandelt werden. Alle **Camps** sind für Erste-Hilfe-Notfälle ausgerüstet, eine Apotheke gibt es nicht.

Ausflüge von Canaima

Salto Angel   ↗XXI, C1

Die **eindrucksvollste Tour, die** eigentlich ein Muss darstellt, ist die Mehrtagestour zum Fuße des Salto Angel, für die man ab Canaima mindestens zwei Tage einplanen sollte.

Man startet am **Puerto Ucaima** oberhalb des Salto Ucaima, der in die Laguna de Canaima hinunterstürzt. Mit lang gestreckten *curiaras,* den typischen Einbaumbooten, die von den aus dieser Gegend stammenden Pemón-Indianern mühsam gebaut werden, geht es vor einer mysteriösen Kulisse den **Río Carrao** hinauf. Schon nach einer halben Stunde Fahrt wird man an einer Stromschnelle, den **Rápidos de Mayupa,** zum Aussteigen aufgefordert – die Indianer fahren mit dem Einbaum hinauf, für Besucher ist es zu gefährlich und auch verboten, seitdem es einen tödlichen Unfall gab. Man erreicht wenig später auf der linken Seite einen Wasserfall, **El Pozo de la Felicidad,** an dem die Gruppen gerne zum Mittagessen stoppen.

Salto Angel: mit fast 1000 m Fallhöhe der höchste Wasserfall der Erde

Canaima (Ausflüge)

Das Hochland von Guayana

ven09_035 Foto: va

Wer gab dem Wasserfall seinen Namen?

von *Federico Brugger*

James Crawford Angel kam 1899 in Missouri auf die Welt. Als Mitentdecker des Tafelberges Auyan Tepui und des zum Berg gehörenden Wasserfalles mit fast 1 km freiem Fall wurde *James* als *Jimmy Angel* bekannt und gab dem Wasserfall seinen Namen.

Jimmy war ein begnadeter Pilot und zugleich Abenteurer. 1921 wurde er von *Mr. Cracken,* einem Geologen aus Alaska gefragt, ob er ihn nach Südamerika fliegen könne, zu einem Berg, der aus lauter Gold bestehen würde. Jimmy überlegte nicht lange und nannte die für die damalige Zeit sehr stolze Summe von 3000 US-Dollar als Preis. Mr. Cracken willigte ein, zahlte ihm auf der Stelle 1000 $ und bei Tourbeginn wie versprochen die restlichen 2000 $. Die Abmachung war klar: Jimmy bekam 3000 Dollar, das Gold sollte dem Geologen gehören. Jimmy kaufte sich mit dem Geld die achtsitzige „Flamingo Río Caroní". Der Trip konnte nach vielen Vorbereitungen 1923 beginnen. Die beiden Männer flogen nach Venezuela und landeten in Ciudad Bolívar. Von da wurde Jimmy vom Geologen per Handzeichen zur Indianersiedlung Kamarata geführt und der Flug zum Tafelberg gestartet. Jimmy gelang eine Landung am Berg, und der Geologe soll in kürzester Zeit 75 Pfund Gold zusammengerafft haben. Mehr war aus Zeitgründen nicht möglich, denn das Flugzeug musste Ciudad Bolívar noch bei Tageslicht erreichen. Auch Jimmy hatte das Goldfieber gepackt, und in der Folge verbrachte er viele Jahre in Venezuela. 1930 baute er am Río Carrao ein Basiscamp auf, das wahrscheinlich erste Camp von Ausländern. Er nutzte es als Schlafplatz und als Lager für Ersatzteile und Lebensmittel.

Nachdem er in Amerika geheiratet hatte, kam er 1937 mit seiner Frau *Marie,* einer Nachtklubbesitzerin aus Arizona, und dem venezolanischen Ingenieur *Gustavo* zurück. Jimmy schaffte es, das Flugzeug auf dem Auyan Tepui zu landen. Die Oberfläche war aber dermaßen schlecht, dass das Flugzeug stecken blieb. Elf Tage dauerte der Fußmarsch vom Berg hinunter nach Kamarata, ein gefährlicher Weg, den aber alle weitgehend unbeschadet überstanden. Das zurückgelassene Flugzeug wurde 1970 von der venezolanischen Armee vom Berg geflogen, renoviert und nach Caracas ins Museum verfrachtet. Im Jahr 1980 fand das Flugzeug seinen endgültigen Standort, man kann es vor dem Flughafengebäude in Ciudad Bolívar bestaunen.

Jimmy Angel flog mit einem anderen Flugzeug noch mehrmals den Tafelberg an. Bei einem dieser Flüge verschwand er für längere Zeit – viele Kleinflugzeuge machten sich im undurchdringlichen Dschungel auf die Suche nach ihm. Einige stürzten ab, es gab Todesopfer zu beklagen. Als Jimmy nach längerer Zeit unbeschadet auftauchte, wurde ihm das Visum entzogen, und er wurde des Landes verwiesen. Er starb nach einem Flugunfall 1956 in Panama.

„Dschungel-Rudi" und Tomás Bernal – Abenteurer und Entdecker von Canaima

Robert Truffino alias „Jungle Rudi" wurde 1928 als Sohn eines Bankiers mit italienischen Wurzeln in Den Haag geboren. Rudi wuchs in großem Luxus auf, sein Vater wollte ihn als Nachfolger einsetzen. Rudi jedoch liebte die Natur und das einfache Leben. So suchte er einen Platz, wo praktisch noch niemand zuvor seinen Fuß hingesetzt hatte – und fand Canaima. 1952 ließ er sich nieder und baute mit viel Arbeit sein weltbekanntes **Ucaima Camp** auf. Rudi war offiziell der erste, der mit einem Boot den Río Carrao bis unterhalb des Salto Angel hinauf fuhr. 1956 konnte das Camp eröffnet werden und bis zum heutigen Tage eine illustre Gästeschar begrüßen, darunter Prominente wie *Prinz Bernhard der Niederlande, Prinz Charles von England* und der Astronaut *Neil Armstrong*. Rudi, ein ausgezeichneter Kenner von Flora und Fauna, ein exzellenter Guide und als Nachahmer von Vogelstimmen berühmt, wurde nach seinem Tod von seinen Töchtern beerbt.

Tomás Bernal, ein gebürtiger Peruaner, kam 1983 nach Canaima, wo er als Flugzeugmechaniker arbeitete. Von 1984 an war Tomás als Reiseführer im Nationalpark tätig und begann mit dem Aufbau seines ökologischen Camps auf der **Insel Anatoly.** In zwei Jahren harter Arbeit baute er einen Weg hinter dem **Salto Sapo.** Die Hinterquerung dieses Wasserfalls gehört heute zu den Highlights in Canaima. Tomás Bernal starb 1998 bei einem tragischen Unfall auf dem Río Carrao, dessen Hintergründe nie geklärt werden konnten.

Nachdem man die **Isla de Orquideas** hinter sich gelassen hat, kommt man auf der rechten Seite zum kleinen **Río Churún,** der auch von den Wassern des Salto Angel gespeist wird. Seinen Ursprung hat der Fluss aber auf dem **Auyan Tepui,** wo er schon als stattlicher Fluss zu bewundern ist. Die überaus spannende und auch nicht ganz risikofreie Art, mit einem motorisierten Einbaum Stromschnellen hinaufzufahren, wurde wohl von den hiesigen Indianern erfunden und wird zur Perfektion praktiziert. Eine unglaubliche Leistung, die eine harmonische Kommunikation zwischen Kapitän und Ruderführer voraussetzt. Die mindestens vierstündige Bootsfahrt endet an einem Lager am Ufer des Río Churún, wo in Hängematten übernachtet wird und das Abendessen von den sympathischen indianischen Begleitern auf dem Grill zubereitet wird. Wenn man das Glück hat und freien Blick auf den höchsten Wasserfall der Welt genießen kann, fühlt man sich jetzt schon für die Strapazen der Reise entlohnt.

Am kommenden Tag startet man nach Überquerung des Flusses die **Wanderung** direkt **zum Fuß des Salto Angel.** Über Wurzeln und andere Hindernisse steigt man etwa eine Stunde an, bis man an einem wunderschönen Aussichtspunkt den Wasserfall in seiner vollen Pracht genießen kann. Nach einem kurzen Abstieg gelangt man an das Becken, in den der Wasserfall stürzt. Hier kann man sich im Wasser erfrischen. Erfahrungsgemäß ziehen die Wolken im Laufe des

CANAIMA (AUSFLÜGE)

Vormittags ab, sodass man mit ein wenig Glück einen freien Blick auf den Wasserfall und die golden strahlenden Felsen des Tepui genießen kann.

● Weitere Informationen zu dieser Tour unter **www.venezuela.li/tours/canaima.php.**

Salto Sapo

Dies ist die **kürzeste Tour** (½ Tag), die in Canaima angeboten wird, deswegen aber nicht minder spektakulär.

Mit einem motorisierten Einbaum wird die Lagune von Canaima überquert, man kommt ganz nah an die Wasserfälle Ucaima, Golondrina, Wadaima und Hacha heran (von rechts nach links). Die Wassermassen des Río Carrao stürzen hier 40–50 m hohe Felsstufen hinunter. Das Boot legt dann an der **Isla Anatoly** an, wo der Fußweg beginnt. Der Weg führt hinter dem Salto Sapo entlang, bei gutem Wasserstand wird man bei der Hinterquerung

klatschnass. Es empfiehlt sich die Mitnahme eines Handtuchs, die Kamera ist wasserdicht zu verpacken. Man muss **sehr vorsichtig** sein und nicht zu nahe an den Vorhang aus Wasser treten, der Sog ist extrem stark. Unbedingt den Anweisungen der indianischen Begleiter Folge leisten, es sind leider schon tödliche Unfälle passiert. Ein weiterer Wasserfall, der **Salto Sapito,** kann besucht werden, anschließend wird noch an einem Badestrand Halt gemacht.

Dieser Ausflug ist im Standardprogramm bei allen Touren nach Canaima enthalten – ob Full-Day oder bei der 3-Tagetour, der Salto Sapo darf zu Recht nicht fehlen. Wer im Bernal-Camp übernachtet, der gelangt zu Fuß zum Wasserfall.

Salto Yurí

Halbtagestouren zu dem etwas flussabwärts gelegenen Yurí-Wasserfall werden in den meisten Camps in Canaima angeboten und sind empfehlenswert, wenn man noch einen zusätzlichen Ruhetag in Canaima verbringen möchte.

Full-Day Canaima

Alle Anbieter haben einen „Full-Day Canaima" im Programm. **Von Isla Margarita** wird mit einer recht großen Maschine morgens gestartet und zuerst der Salto Angel aus der Luft besucht. Nach dem spannenden Überflug wird in Canaima zur Landung angesetzt. An die Tour zum Salto Sapo und Salto Sapito schließt sich ein Mittagessen an – wie üblich, gibt es hier das mit einfachsten Mitteln lecker zubereitete Hähnchen „estilo Pemón". Am Nachmittag geht es dann schon wieder zurück zur Insel. Die Tour wird auch als Kombination mit dem Orinoco-Delta oder dem Arekuna Camp (s.u.) angeboten.

Von Ciudad Bolívar wird das Full-Day-Programm ähnlich gestaltet. Der Vorteil besteht im Transportmittel. Fliegen von Margarita relativ große Flugzeuge, so genießt man hier den Überflug über den Angelfall aus einer fünfsitzigen Cessna. Da kommt man natürlich viel näher heran, das Gefühl, etwas ganz besonderes zu machen, verstärkt sich entsprechend.

Wareipa

Wareipa ist eine kleine, harmonische Indianersiedlung **am Río Kukurital.** Um dorthin zu gelangen, muss man in Canaima (z.B. in der Bodega von *Claudio*) eine Tagestour buchen, die mit einer Jeepsafari über die Savanne beginnt. Man kommt zum Caño Apamata, an dem man in einen Einbaum umsteigen muss, um bis zum Kukurital zu gelangen. Bei Wareipa gibt es **einsame Strände und Wasserfälle,** die man ganz für sich alleine hat. Eine kurze Dschungelwanderung endet an der Laguna de Wareipita.

Arekuna Camp

Der Veranstalter Aerotuy unterhält ein eigenes, sehr gepflegtes und wunderschön gelegenes Camp **am Ufer des Río Caroní,** nur 8 Flugminuten von Canaima entfernt. Das sehr gepflegte Arekuna Camp mit 24 Zim-

Abenteuer Trekkingtour auf den Auyan Tepui

von *Martin Blach*

Am Vormittag des ersten Tages starten wir **von Ciudad Bolívar mit einer Cessna nach Kavac,** einem kleinen Dorf der Pemón-Indios, in dem für Touristen sogar Zimmer mit eigener Toilette verfügbar sind.

Kurz nach dem Start überfliegen wir den Cerro Bolívar, eine der größten Erzlagerstätten der Welt. Nach der Überquerung des Guri-Stausees, der von oben wie ein riesiges Binnenmeer erscheint, sehen wir kurz darauf die ersten Tafelberge. Nach einer Flugzeit von ca. 1 Std. türmt sich vor uns der Ayuan Tepui auf. Der Pilot setzt zur Landung an und bringt das Flugzeug auf der Naturlandepiste sicher zum Stehen. Nach der sehr freundlichen Begrüßung durch die Pemón-Indianer und dem Auspacken unseres Gepäcks einschließlich des Proviants werden wir in das Gemeinschaftshaus geführt. Dort verstauen unser Guide und unsere Träger den Proviant und die Zelte in ihre handgemachten Rückentragen aus Bambus und Liane. Jede der Tragen wiegt hinterher zwischen 15 und 20 kg. Nach einem köstlichen Mittagessen machen wir uns auf den Weg. Die Trekkingtour inmitten einer fast unberührten Natur beginnt.

Wir marschieren am Fuße des Ayuan Tepui durch die Savanne, vorbei an brennenden Feldern. Unter der heißen Sonne erreichen wir nach 4 Std. den Anfang unseres Aufstiegs, eine der ersten von drei Stufen, die zu überwinden sind, um das Plateau zu erreichen. Es geht ganz steil über Gras und Steine. Zur Erreichung des ersten Plateaus müssen wir zum Schluss größere Felsen mit Hilfe unserer Hände überwinden. Auf der ersten Terrasse angekommen geht es flach über Felsen und weißen Sand zu unserem **Camp Guyaraca.** Dort finden wir nach 7 Std. ein mit Palmen überdachtes offenes Gebäude vor, in dem im Dunkeln von unseren Trägern die Zelte aufgeschlagen werden. Während wir uns ein Bad im frischen Bach genehmigen, zaubert unser Guide *José* ein leckeres Hühnchengericht, wovon wir in der Wildnis nicht zu träumen wagten. Der sehr anstrengende erste Tag geht mit einem tobenden Gewitter zu Ende, welches wir dank des Daches trocken überstehen.

Am nächsten Morgen nach einem deftigen Frühstück mit frischen, in Fett ausgebackenen Arepas und Rühreiern starten wir in Richtung zweiter Terrasse. Wieder durchqueren wir eine Savanne, die durch den nächtlichen Regen knöcheltief unter Wasser steht. Am Ende folgt ein subtropischer Regenwald, in dem es sehr steil über rutschige Wurzeln und Steine **hoch zum zweiten Camp** geht. Die tropische Wärme und der unberechenbare rutschige Untergrund machen den Aufstieg sehr beschwerlich. Nach 8 Std., inkl. ausgiebiger Mittagspause, kommen wir im Camp, einem mit einem riesigen Felsen überdachten Nachtlager, an. Während unser Guide wieder für uns kocht, schauen wir die Inschriften unserer Vorgänger im Felsen genauer an.

Um 6 Uhr morgens werde ich wach und kann dann unter einem wunderbaren blauen Himmel mit einer grandiosen Fernsicht hinunter ins Tal bis zum gegenüberliegenden Tepui Aprada blicken. An diesem Tag begann der **schwierigste und gefährlichste Teil des Aufstiegs.** Wieder geht es über rutschige, jetzt aber viel größere Wurzeln und Felsen, bis hin zum Fuß des El Libertador. Unter einer überhängenden Felsenwand rasten wir am **Camp Paloma. El Libertador** – übersetzt „Der Befreier" – ist der einzige Zugang hinauf zum Auyan Tepui. Wir klettern steil nach oben und an mehre-

TREKKINGTOUR AUF DEN AUYAN TEPUI

ren Stellen, an denen unsere Hände und Füße keinen Halt mehr finden, benötigen wir verknotete Seile, um die glatten Felsblöcke zu überwinden. Umso bewundernswerter *José*, der seit Beginn der Trekkingtour in der linken Hand seine Machete und unsere Frühstückseier nach oben trägt – obwohl wir sehr gefährliche Felsspalten überspringen und schmale, kantige Felsbrocken überqueren. Total kaputt, aber glücklich erreichen wir nach der Durchquerung einer Höhle die dritte Terrasse, das **Plateau des Tepui**. Jetzt sehen wir eine zerklüftete, endlose Landschaft aus Sandstein mit Bergen und tiefen Schluchten. Insgeheim haben wir uns hier eine gerade Oberfläche vorgestellt, finden jedoch das Gegenteil.

Unser nächstes **Camp El Oso** sieht wie zum Greifen nahe aus, aber wir benötigen noch 3 Std., da tiefe Schluchten den Weg versperren. Auch dieser Weg ist sehr beschwerlich, wir gehen unter der brennenden Sonne durch kleine Sumpflandschaften und überwinden wieder Schluchten mit verknoteten Seilen. Belohnt werden wir durch das tolle Gefühl, an einem Punkt auf der Erde zu sein, wo die Zivilisation nicht Fuß fassen kann. Die Natur, das Wasser, der Wind, die Sonne, die Pflanzen und die bizarren Sandsteinfelsen bestimmen unser Verhalten und zeigen uns auf, dass der Mensch nur ein kleiner Teil der Erde ist. Hier trinken wir das Wasser direkt aus den Bächen und es schmeckt herrlich erfrischend. Es hat die Farbe von Eistee,

ABENTEUER TREKKINGTOUR AUF DEN AUYAN TEPUI

ven09_037 Foto: mb

bedingt durch die Mineralien des Sandsteines. Kurz vor der Abenddämmerung erreichen wir das Basiscamp El Oso.

Am nächsten Tag ist **Erholung** angesagt, wir machen eine kurze Wanderung zum Río Churún, mit einem schönen, kleinen Wasserfall, an dem wir baden und relaxen. Heute lassen wir die idyllische Natur mit ihren endemischen Pflanzen auf uns wirken. Ich setze mich auf einen Felsblock neben dem Eingang unseres Camps und habe eine grandiose Landschaft im Blick. Es ist unfassbar, das alles, was man sieht, der Ayuan Tepui sein soll. Erst jetzt glaubt man, dass dieser Tepui eine Fläche von 700 km² hat. Das Spiel der Wolken und des Nebels ist einfach faszinierend.

Am fünften Tag beginnt der **Rückweg.** Wir starten sehr früh in Richtung El Libertador. Es hatte die ganze Nacht geregnet, der Weg ist nass und glitschig. Es fängt wieder an, und der steile Abstieg über die großen Felsbrocken wird zu einer gefährlichen Rutschpartie. Dank unseres fürsorglichen und vorausschauenden Guide und den ebenso hilfsbereiten Trägern kommen wir langsam, aber sicher am Camp Paloma am Fuße des El Libertador an.

Auch der weitere Abstieg ist viel beschwerlicher als der Aufstieg, da der Regen den Boden schlammig und rutschig macht. Das Gehen erfordert volle Konzentration, jeder Schritt will genau überlegt sein. Am siebten Tag kommen wir mittags verschwitzt und abgekämpft in Kavac an. Es erwarten uns ein Mittagessen und eine Unterkunft mit Bett und WC. Aus Gewohnheit gehen wir im Fluss baden.

Vor dem Heimflug am nächsten Morgen schwimmen wir noch in die Höhle **Cueva de Kavac.** Da wir nachts wieder einmal ein heftiges Gewitter hatten, ist aus dem lieblichen ein tosender Wasserfall geworden. Sehr beeindruckend!

Mittags starten wir **mit dem Flugzeug nach Ciudad Bolívar.** Nach einem kurzen, heftigen Steilflug zieht unser Pilot plötzlich nach links und steuert auf den Ayuan Tepui zu. Wir fliegen in einer dichten Wolke in die Teufelsschlucht hinein. Der Nebel lichtet sich und wir blicken auf die Oberfläche „unseres" Tafelbergs. Über die stark zerklüftete Landschaft fliegen wir direkt zum Salto Angel. Wir sehen den höchsten Wasserfall der Erde aus der Luft, da er zu Fuß über den Tepui innerhalb unserer achttägigen Trekkingtour nicht zu erreichen war. Vom Campo El Oso wären es noch vier Tagesmärsche bis zum Salto Angel gewesen.

Wir blicken zurück auf eine anstrengende, beeindruckende und abenteuerliche Trekkingtour. Zu empfehlen jedem, der körperliche Fitness, Ausdauer und Naturverbundenheit mitbringt.

Tourteilnehmer: *Martin* und *Ute Blach,* *Otmar Walter,* Guide *José* und die Träger *Demetrio* („Chicklet Chewing Gum"), *Christian* und *Elesanto* (Nov. 2007, gebucht bei Pariana Tours, www.parianatours.com).

mern und einem fantastischen Rundumblick wird im Rahmen vieler Pauschalreisen angeflogen; von dort wird dann der Ausflug zur Lagune von Canaima gestartet. Im DZ 2 Tage/1 Nacht mit Ausflügen und kompletter Verpflegung 250 Euro inkl. Flug, der Zusatztag kostet etwa 100 Euro. www.tuy.com, €€€€.

Kavac und Kamarata ⌖ XXI, C1

Das **Kavac Camp** in fantastischer Lage an einem kleinen Bach südlich des Auyan-Massivs bietet idyllische Ruhe, Ausflugsmöglichkeiten und nachts meist einen spektakulären Sternenhimmel, der über Hunderte von Kilometern durch keine Lichtquelle getrübt wird. Die Unterkunft erfolgt in einfachen Rundhütten, gegessen wird im Haupthaus. Das Camp wird streng nur von Indianern betreut und betrieben, die aus der nahen Siedlung Kamarata (s.u.) stammen. Der nahe vorbeifließende Bach lädt zum Baden ein, die Kulisse mit dem senkrecht aufragenden Tafelberg verfehlt ihre Wirkung nicht.

Man kann zu **Wanderungen** am Fuße des Auyan Tepui starten, natürlich nur in Begleitung, da hier immer noch die Regeln des Nationalparks gelten. Sehr empfehlenswert ist der Ausflug zur **Cueva de Kavac**, einem natürlichen Cañon, durch den ein eisiger Bach strömt. Nur schwimmend kann man hier eindringen – zur Hilfe haben die Pemón Seile montiert, sie transportieren auch die Kameras trocken in die Schlucht.

Weitere Ausflüge werden angeboten, dabei eine kleine Bergwanderung zur „toma", an der man auch einen kleinen Wasserfall bewundern kann, und einen Ausflug zu der sehr authentischen Pemón-Siedlung Santa Marta.

Der Ort **Kamarata** ist etwa 2 Stunden zu Fuß entfernt, dabei handelt es sich um eine der wichtigsten „comunidades" der Zone. Auch wenn der Ort mit seinen Wellblechdächern am Ufer des Río Akanán nicht sehr attraktiv wirkt, so funktioniert hier das Zusammenleben der Pemón noch ohne negative Beeinflussung durch Außenstehende. 1954 als Missionsstation von katalanischen Kapuzinerorden gegründet, bestehen heute hervorragende Schul- und Gesundheitseinrichtungen. Wer Zeit hat und sich in Kavac befindet, der hat nach Absprache im Camp dort bestimmt die Möglichkeit für einen Besuch in Kamarata.

Man kann auch direkt von Ciudad Bolívar oder Canaima bis Kamarata fliegen, eine Landepiste ist vorhanden. Von Kamarata kann man eine spannende **3-Tagetour bis nach Canaima** starten. Zuerst geht es über viele Stromschnellen den Río Akanán bis zum Río Carrao hinunter, auf dem man dann bis zur Isla Orquidea gelangt. Eine üppige und wilde Natur sind der Lohn für diese recht strapaziöse Tour, bei der man einen fantastischen Blick auf die Ostwand des Auyan Tepui hat. Übernachtet wird in einfachen Camps in Hängematten am

Flussufer. Zu buchen ist diese Tour z.B. über Otto Tours in Puerto La Cruz (www.ottotours.com).

● **Filmtipp**, der Schwabe *Samuel Elsäßer* hat einen professionellen Reisebericht über Venezuela gedreht, in dem fantastische Bilder von diesem einmaligen Fleckchen Erde zu sehen sind. Videoproduktion Elsaesser, Praelat-Lutz-Str. 24, 88048 Friedrichshafen, Tel. 07541/584572, www.ihr-videofilm.de.

An- und Abreise

Nach Kavac gelangt man nur mit dem Flugzeug. Leider gibt es keine regelmäßigen Linienflüge, sobald man aber eine kleine Gruppe zusammen hat, kann man ein **Flugzeug chartern**. Die Flugzeit von Canaima beträgt etwa 45 Min., eine Reservierung für Flug und Camp ist unbedingt notwendig.

Ein **Full-Day-Arrangement** mit Ausflug zur Cueva de Kavac und Mittagessen kostet etwa 20 Euro, dazu kommt noch eine kleine Gebühr für die indianische Gemeinschaft. Für die Übernachtung muss man 20 Euro p.P. rechnen, pro Mahlzeit fallen ca. 10 Euro an.

Uruyén

Nur 5 Flugminuten oder 3 Stunden zu Fuß von Kavac kommt man an das Uruyén Camp, eingebettet in die weite Savanne mit einem fantastischen Blick auf das gesamte Massiv des Auyan Tepui. Von hier kann man eine zweistündige **Wandertour zur Höhle von Uruyén** starten, einer natürlichen Grotte, in die ein kleiner Wasserfall stürzt, den man nur kletternd und schwimmend erreicht.

Kavac und das Uruyén Camp sind Ausgangspunkt für Expeditionen auf den größten Tepui der gesamten Gran Sabana, den Auyan Tepui.

Auf dem Weg in die Gran Sabana

Upata XIV, B2

GPS: N 8°01.77, W 62°24.56

Upata liegt 50 km von Puerto Ordaz entfernt in Richtung Gran Sabana. Es führt eine gut ausgebaute Autobahn dorthin. Direkt nach Verlassen von San Félix am km 9 befindet sich ein netter Souvenirshop, der sich **El Rincón de La Artesania** nennt und Kunsthandwerk aus ganz Venezuela führt.

Upata hat an die **150.000 Einwohner** und ist Hauptort des Municipio Piar. Die Stadt ist indianischen Ursprungs (vom Stamm der Kamaracoto), ihr Name heißt übersetzt „Rose der Berge". „Offiziell" gegründet wurde sie im Jahr 1739 von Kanaren, welche sich in der fruchtbaren Umgebung mit dem Anbau von Kaffee und Mais beschäftigten. Die ganze Gegend ist ein Zentrum der **Landwirtschaft und Viehzucht.** Viele gute **Käsesorten** stammen aus Upata und Umgebung, es gibt zahlreiche Milch verarbeitende Betriebe in der Stadt.

Für den Besucher aus dem Ausland hat die Stadt an sich keine speziellen Sehenswürdigkeiten zu bieten. Wer trotzdem bleiben möchte, findet Hotels und Restaurants mit typischen Gerichten aus der Gegend. Nennenswert

Uruyén Camp

AUF DEM WEG IN DIE GRAN SABANA

in der Umgebung sind der Piedra de Santa Maria und die Berge El Torre und Guacarapo. Der **Piedra de Santa Maria** ist ein Aussichtspunkt, der einen fantastischen Blick über die Stadt gewährt. Es handelt sich um einen gigantischen Felsen, auf dessen Spitze ein Kreuz steht.

●**Vorwahl:** 0288

Unterkunft

●Eine sehr schöne Unterkunft ist die **Posada Villa Nela**. Man kann auswählen zwischen 10 Apartments und 35 schönen Zimmern mit Kabel-TV. Die Anlage verfügt über Parkplatz und Restaurant-Tasca; KK. An der Ausfallstraße nach Guasipati, gegenüber der Autohändler, Tel. 2215666, €€€

●**Hotel Andrea*****, das renommierteste Haus im Ort ist schon bedenklich in die Tage gekommen, klimatisierte Zimmer, Restaurant, Parkplatz, KK. Av. Raúl Leoni (das ist die Hauptstraße durch den Ort in Richtung Guasipati), am Plaza Miranda, Tel. 2213656, Fax 2213736, €€€

●Das **Hotel-Restaurant Colonial Yocoima** verfügt über Klimaanlage, Kabelfernsehen, Parkplatz und Restaurant; KK. C. Ayacucho 14, Tel. 2211236, €€

●**Hotel Roraima***, mit 63 klimatisierten Zimmern, relativ laut. C. Miranda c/ C. Monagas, Tel. 2212206, €€

Busse

●**Upata – El Dorado – Kilómetro 88,** 4x täglich

●**Upata – Santa Elena de Uairén,** 5x täglich (1x morgens, 1x mittags, 3x abends)

●**Upata – Puerto Ordaz – Ciudad Bolívar – El Tigre – Caracas,** 10x täglich

Das Hochland von Guayana

Ausflüge

In einer Entfernung von 82 km befindet sich der Ort **El Manteco,** dessen berühmtester Bürger der ehemalige Präsident *Raúl Leoni* war (1964–69). Es gibt ein paar einfache Unterkünfte vor Ort und das Campamento Saranda, neuerdings **Sarandas Resort** genannt. Das Resort, von Kanadiern geleitet, richtet sich an betuchte Sportfischer und ist nur als Komplettpaket mit Vollpension und Angeltouren buchbar. Auf einem riesigen Grundstück mit uralten Bäumen und einem eindrucksvollen tropischen Garten, der sich bis zum Guri-Stausee ausdehnt, befinden sich 15 luxuriöse Zimmer und 14 Luxusapartments sowie ein schöner Swimmingpool; hervorragende Verpflegung, in der Süßwasserfische aus dem Guri-Stausee im Vordergrund stehen (allen voran der berühmte *pavón,* der Pfauenaugenbarsch). Tel. 0288/5251144 und 5251137, www.saranda-resort.com, €€€€.

Sehenswert ist die Ortschaft **El Palmar,** 60 km von Upata entfernt. Die Fahrt führt teilweise durch dichten Busch, in der Gegend lebt man zu einem großen Teil von der Holzwirtschaft. Es gibt einen netten Badeplatz, das Balneario Río Grande und den Wasserfall La Sirena.

Sowohl nach El Manteco wie nach El Palmar fahren täglich mehrere Busse und Sammeltaxis ab dem Busterminal in Upata.

Guasipati XIV, B2

GPS: N 7°28.43, W 61°53.87

Guasipati ist Hauptort des Municipio Roscio und liegt zwischen den Flüssen Guarichapo und Macorumo. Der Ort wurde 1757 von Kapuzinern gegründet. Im Dialekt der Caribe heißt Guasipati „Schöne Erde". Tatsächlich aber ist der Boden hier recht sauer und die Einwohner hatten viel Mühe mit Anpflanzungen, es gab sogar eine Zeit, als nicht ausreichend Nahrung für alle Bewohner da war. 1853 wurden Goldadern gefunden und fortan hatten die Bewohner reichlich Arbeit und ein Ein-

Landschaft auf dem Weg in die Gran Sabana

AUF DEM WEG IN DIE GRAN SABANA

kommen. Noch heute lebt man von den **Goldminen** und von der Landwirtschaft und Holzindustrie.

● **Vorwahl:** 0288

Unterkünfte

● Ganz nett übernachten kann man im **Hotel La Reina.** Die 37 Zimmer verfügen über Klimaanlage, Kabel-TV, Privatbad, Waschservice, Telefonzentrale sowie Restaurant-Tasca. Av. Orinoco, Tel. 7671357, €€
● Im **Hotel Ritz** haben die Zimmer Klimaanlage und Kabelfernsehen; es gibt ein Restaurant. C. Ricaurte 4, Tel. 7620730, €€

Essen und Trinken

● Wenn man von Upata nach Guasipati fährt, findet man beim Ortsschild El Cintillo das **Restaurante La Gran Parada Maria Lionza.** Das Restaurant bietet die typischen Spezialitäten der Region in guter Qualität an, darunter Fleisch vom Holzkohlengrill, frittiertes Schwein und Huhn, cachapas, Fleischsuppe. Aber auch Käsespezialitäten und Süßigkeiten stehen auf der Karte. Tel. 0416/5863737.

El Callao ⌕ XIV, B2

GPS: N 7°21.29, W 61°49.11

Nur 15 km von Guasipati entfernt liegt dieser bekannte Ort in schöner Umgebung. El Callao wurde bekannt durch seinen Reichtum an Gold. Es ist eines der wichtigsten Zentren für die Gewinnung von **Gold,** damit verdient der Großteil der Bevölkerung sein Geld. Die Minen wurden 1853 gegründet und können auf Anfrage und mit Bewilligung auch besucht werden. Viele Goldsucher kamen von den Antillen, aus Trinidad und Tobago nach El Callao. Daher auch die vielen **schwarzen Einwohner,** die ihre Traditionen und Musik mitbrachten. Es ist nicht weiter erstaunlich, dass in El Callao mit der typischen Calypso-Musik ein heißer Karneval gefeiert wird – Lebensfreude ist dann das Motto!

El Callao weist eine Durchschnittstemperatur von 26°C auf, das Klima ist tropisch. Am Río Yuruari befindet sich der kleine Wasserfall **Salto Caratal.**

● **Vorwahl:** 0288

Unterkunft

El Callao verfügt über einige nette Unterkünfte und zahlreiche Restaurants. Trotzdem fahren die meisten Touristen hier durch.

● Wer eine Nacht in El Callao verbringen möchte, kann dies z.B. im **Hotel El Arte Dorado.** Zimmer mit Klimaanlage und Kabelfernsehen, Privatparkplätze und Restaurant. C. Roscio, Tel. 7620151 und 7620535, €€
● Als Alternative sei das **Hotel Milenium** gegenüber vom Plaza Bolívar genannt. Zimmer mit Klimaanlage und Kabel-TV. Tel. 7620448 oder 7620611, €€

Essen und Trinken

An der Hauptstraße befinden sich einige **billige Restaurants und Hühnerbratereien,** im Ortskern findet man das recht empfehlenswerte **Restaurante Churuata de Santa Barbara.**

Tumeremo ⌕ XV, C2

GPS: N 7°18.05, W 61°30.31

Tumeremo, 1784 von spanischen Kapuzinern gegründet, hat heute mehr als **5000 Einwohner.** Der Ort wird auch als **„Tor zur Savanne"** bezeichnet. Tumeremo liegt in einem Tal; dank der guten Luftzirkulation ist das Klima angenehm. Die Leute leben auch hier vorwiegend von den umliegenden Goldminen. Daneben betreiben sie etwas Landwirtschaft.

• **Vorwahl:** 0288

Unterkunft/ Essen und Trinken

• Es gibt einige kleinere Hotels und Restaurants, z.B. das **Hotel Sifontes.** Die Zimmer haben Klimaanlage und Kabel-TV. Av. El Dorado c/ C. Miranda 26, Tel. 7710739, €€
• Außerhalb von Tumeremo findet man das sehr rustikale **Campamento Falcon Crest** mit 4 sehr einfachen Zimmern in landestypischer Atmosphäre. Das recht ungepflegte Schwimmbecken, Churuatas mit Hängematten und ein Kiosk, an dem Bier verkauft und getrunken wird, sind eher für den venezolanischen Tagesgast geeignet. 3 km nach dem Ortsende von Tumeremo in Richtung Gran Sabana, Tel. 0414/0988051, €€

El Dorado ⌲ XV, C3

GPS: N 6°42.66, W 61°38.09

Den Ort El Dorado stellt man sich anders vor. Der Name verspricht etwas Besonderes, in vergangenen Zeiten stand er oft für einen Traum, für Reichtum, für das unerreichbare Ziel. Doch El Dorado, 100 km südlich von El Callao **am Río Cuyuní** gelegen, wirkt auf den ersten und auf den zweiten Blick überhaupt nicht wie ein unerreichbares Ziel – lieber möchte man so schnell wie möglich wieder von hier verschwinden. Ein vor Schmutz starrender Straßenzug **ohne jede Ausstrahlung,** zwei extrem heruntergekommene Hotels, ein paar schäbige Restaurants mit einäugigen Kellnern – das ist die ganze Pracht von El Dorado. Die Tankstelle mitten im Ort hat nur selten Sprit – wer sich hierher verirrt, muss damit rechnen, eindringlich begutachtet zu werden.

Der Ort wurde früher auch **Puerto al vapor** genannt, Dampfschiffhafen. Das lag daran, dass mit dem Beginn des Goldbooms viele Frachtschiffe von Georgetown in British Guyana bis zur Einmündung des Río Cuyuní fuhren und dort ihre Fracht auf kleinere Boote umluden und nach El Dorado weitertransportierten!

An der Stelle, an der die Zubringerstraße nach El Dorado von der Hauptstraße 10 nach rechts abbiegt, befindet sich ein sehr einfaches, aber zuverlässig arbeitendes **Restaurant** – die Spezialität, wie überall in dieser Gegend: gebratenes Huhn. An diesem Punkt wurde vor einigen Jahren eine neue Kilometerzählung begonnen – die Kilometer der Gran Sabana. Hier sieht man ein großes Schild, dass den Besucher auf den km 0 aufmerksam macht, **„El Kilometro Cero".** Mittlerweile werden wieder fast ausschließlich die „alten" Kilometer benutzt. Alle neuen Schilder mit Kilometerangaben tragen die Originalzählung. Bei Kilometerangaben muss man nun ein wenig rechnen: „Kilometro Cero" ist nach der Originalzählung schon km 625, gerechnet vom Anfang der Troncal 10 in Casanay bei Carúpano.

Der Río Cuyuní

Wunderschön ist der majestätisch dahinfließende Río Cuyuní. Die Quellflüsse entspringen weit oben in der Gran Sabana zwischen den Tepuis, für

Abenteurer ein tolles Ziel. Nach 6 bis 8 Stunden Fahrt erreicht man den Fuß des **Parawan Tepui,** an dem sich ein kleiner Rastplatz direkt am Wasser als Basislager für Expeditionen ideal eignet. Nur 45 Min. flussabwärts erreicht man auf dem Fluss die Grenze nach Guyana. Daher kann man regelmäßig Schmugglerboote den Fluss hinabfahren sehen, die das in Venezuela spottbillige Benzin zu den grenznahen Minen in Guyana bringen. Der Río Cuyuní ist noch immer ein wahrer „Gold-Fluss" – es gibt glaubwürdige Berichte von Hobby-Goldsuchern, nach denen selbst unerfahrene Goldsammler mindestens 2 g Goldstaub am Tag zusammenklauben können.

Direkt neben der neuen Brücke, auf der man den Fluss überquert, kann man ein architektonisches Denkmal besichtigen, die von *Alexandre Gustave Eiffel* (1831–1923) konstruierte **Stahlhängebrücke.** Sie wird nicht mehr benutzt, steht aber noch in voller Pracht. Ursprünglich wurde die Brücke 1956 unter dem Diktator *Pérez Jiménez* bei El Sombrero über den Río Guarico gebaut. Da die Brücke aber den dort sehr heftigen Verkehrsbelastungen nicht gewachsen war, wurde sie noch im selben Jahr in den Süden nach El Dorado verlegt. Dies war einer der ersten Schritte, um den 1953 unterschriebenen Vertrag zum Bau einer Asphaltstraße vom Orinoco bis nach Santa Elena de Uairén zu realisieren.

Am Nordufer des Río Cuyuní – mit einem Badestrand mit Blick auf die zwei Brücken – liegt das **Campamento Encanto Cuyuní.** Man kann hier campen oder eines der einfachen, aber freundlich eingerichteten Zimmer für wenig Geld mieten. Grillplätze stehen zur Verfügung, man bekommt aber auch leckere Fleischgerichte serviert. Eine gut sortierte Bar lädt zu langen Abenden mit dem legendären Schweizer *Bruno* und seiner Frau *Vanessa* ein, die eine bekannte Sängerin ist und gerne einmal einen Song zum Besten gibt. Der Morgen wird mit dem Alphorn begrüßt, so wie sich das für einen echten Schweizer gehört. Eine Reservierung ist sinnvoll: elencantocuyuni@gmail.com oder Tel. 0288/8083845, 0416/1418641 und 0416/1448733. Man bekommt auch jede Menge Informationen zu abenteuerlichen Touren in den Dschungel und hat die Möglichkeit, Gold zu suchen, um damit seinen Aufenthalt zu finanzieren ... Es werden Jagdausflüge angeboten, wer mag, geht direkt am Camp fischen und bereitet seinen Fang am Abend auf dem Grill zu.

Die Überlandbusse, die von Ciudad Guayana kommend nach Santa Elena de Uairén brausen, fahren nicht nach El Dorado hinein, ein Busterminal ist ganz in der Nähe des km 0 geplant. Wer zu *Bruno* möchte, lasse sich am Fluss absetzen und laufe den halben Kilometer bis zum Camp. Oder man fährt 1,6 km weiter bis zur Alcabala jenseits des Río Cuyuní und steigt dort aus; die Nationalgarden rufen dann im Camp an oder fahren einen mit dem Militärjeep dorthin. Die strenge Kontrollstation befindet sich direkt am Eingang des berüchtigten und gut „besuchten" Gefängnisses El Dorado.

Auf dem Weg in die Gran Sabana

Von El Dorado nach Las Claritas ⟶ XV, C3

Wieder **in Richtung Gran Sabana** unterwegs, durchfährt man **dichten Regenwald,** der die enge, gut ausgebaute Straße zeitweilig zuzuwachsen scheint. Die Gegend ist zersiedelt, man kommt häufig an einzelnen Häusern und Gehöften vorbei, ehemalige Goldsucher haben sich neben den Indianersiedlungen niedergelassen; hin und wieder wird der Blick auf ein fruchtbares Feld frei. Nach 16 km fährt man an der Siedlung **San José** vorbei, anschließend folgt **Santa Teresita,** in der man eine kleine Bodega zum Einkaufen vorfindet. Immer mehr sieht man bei den Menschen, die an der Straße leben, den Einschlag der indigenen Stämme, bei km 705 erreicht man die **Comunidad Paraimatepui,** eine rein indianische Siedlung, in der man die ursprüngliche Lebensweise sehr gut beobachten kann.

Kurz bevor man den berühmt-berüchtigten Goldgräberort **Kilómetro 88** erreicht, folgt linker Hand das **Campamento Las Manacas** (9 Zimmer, sehr gepflegt und schön, leider noch ohne Restaurant, Tel. 0288/4407340, €€). Wenig später, auch auf der rechten Seite, liegt das alteingesessene **Camp Barquilla de Fresa.** Das 35-ha-Gelände, das sich weit ins Hinterland zieht und sogar eine Lagune umfasst, ist ein wahres Paradies für anspruchsvolle Ornithologen. Es gibt hier verschiedene Vogelarten der Cotinga-Familie, die sich sehr gut beobachten lassen. Durch die Kolibri-Trinkfläschchen werden ganz spezielle Kolibris, wie der Crimson Topaz, angelockt. Ordentliche Wanderwege, die nur für Gäste zugänglich sind, durchkreuzen das Gelände. *Henry* kennt seinen Besitz sehr gut und kann professionelle Ratschläge geben. Die Unterkünfte in einem sehr gepflegten Garten sind einfach, aber sehr liebevoll. Im Preis für die Übernachtung sind alle Mahlzeiten inklusive. Eine Vorreservierung in Caracas unter Tel. 0212/2564162 oder 0416/7097205 ist unbedingt notwendig; www.strawberrybirds.com, €€€€. Wer fachliche Auskunft benötigt, erhält diese direkt im Camp auf Spanisch und Englisch unter Tel. 0288/8088710 oder 0426/9919919.

Im Ort **Las Claritas** (GPS: N 6°11.02, W 61°23.38), einer Goldgräbersiedlung wie aus dem Bilderbuch, mit lauter Wellblechhütten und schmutzigen Verkaufsständen, die zu überteuerten Preisen Lebensmittel und andere Waren feilbieten, hat man noch ein paar Unterkunftsmöglichkeiten. Das **Campamento Anaconda** ist in der Ortsmitte auf der rechten Seite zu finden. In 13 angenehmen Bungalows, einer neben dem anderen in etwas ungepflegter Umgebung, kommen meist Gruppenreisende unter. Ohne Reservierung über das Büro in Puerto Ordaz (Tel. 0286/9327449, €€) sollte man hier nicht vorbeischauen, da nicht direkt vermietet wird. Die zwei anderen Optionen im Ort sind das **Chalet Raymond** (Tel. 0286/9617407, 0414/2120707, €€) und die freundlichen **Residencias Ayita** (Tel. 0288/

Atlas XXI, Karte S. 366

GRAN SABANA

4406618, 4406633, 4407144 und bei *Señora Ayita* direkt auf dem Handy: 0416/5912963, zu Hause in San Félix: 0286/9321009, mattyromero@hotmail.com, €), beides extrem einfache Unterkünfte mit Parkplatz, cher für venezolanische Fernfahrer gedacht. Das Wichtigste sind die Klimaanlage und der Fernseher – der Lärm aus den angrenzenden Häusern geht dabei unter.

Der An- und Verkauf von **Gold** ist allgegenwärtig, die Minen sind ein wenig im Hinterland zu finden; von einer Besichtigung ohne zuverlässigen Guide sollte man absehen. In Las Claritas befindet sich auch die letzte zuverlässige **Tankstelle** vor der Gran Sabana. Wer mit dem Auto unterwegs ist, sollte hier unbedingt volltanken.

attraktive Wasserfälle bilden und von Galeriewäldern gesäumt sind. Im Hintergrund erheben sich die Tafelberge in wolkige Höhen, von ihren Flanken stürzen unzählbare Wasserfälle hinunter. Die **Tafelberge** werden von den hier ansässigen Pemón-Indianern als „Häuser der Götter" = Tepui bezeichnet. Sie sind Überreste eines mächtigen Sandsteinplateaus, das vor 70 Millionen Jahren das Granit-Urgestein im Südosten des Landes bedeckte. Durch Erosion wurde das Plateau im Laufe der Erdgeschichte abgetragen. Die 115 Tepuis, die sich in der Gran Sabana und im Grenzgebiet zu Brasilien und Guayana befinden, sind von der Erosion verschonte Inselberge.

Gran Sabana

♪ XXI, C/D1/2

Einleitung

Die Gran Sabana ist eine mystische, **dünn besiedelte Hochfläche** mit einer Ausdehnung über **500.000 km²** – eine weltweit einmalige Landschaft, die grenzenlose Freiheit symbolisiert.

Die Gran Sabana präsentiert sich als eine **sanft gewellte Savanne** mit Moriche-Palmen, durchzogen von etlichen Wasserläufen, die auf ihrem Weg durch das zerklüftete Gestein häufig

Das Hochland von Guayana

Grenzenlose Weite in der Gran Sabana

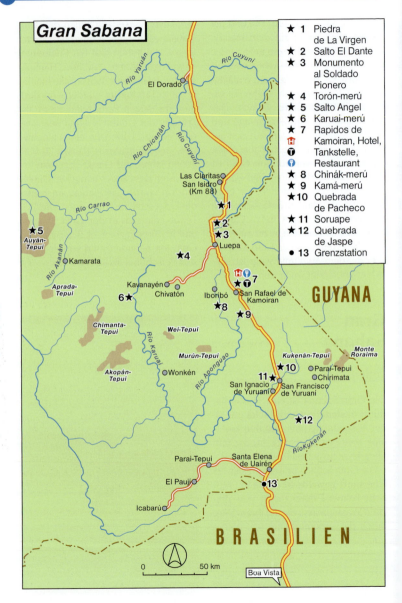

Die Gran Sabana ist das **Land der Pemón,** und die Indianer kümmern sich sehr um den Erhalt ihrer Welt. Eine Bitte an jeden Besucher: Helfen Sie den Bewohnern dieser Gegend, ihre **Natur** zu **schützen** und zu bewahren! Hier ist es extrem wichtig, dass man keinen Müll zurücklässt, keine Pflanzen achtlos zertritt oder gar ausreißt, Graffitis anbringt oder Kristalle entwendet. Man halte sich auf den ausgewiesenen Wegen, um eine Zerstörung der Vegetation zu vermeiden, und unterstütze die Pemón und ihre Arbeit, indem man ihnen für ihre freundlichen Dienste den gewünschten Betrag ohne Diskussionen bezahlt.

An Ostern, Karneval und über die Weihnachtsfesttage ist die Gran Sabana hoffnungslos überlaufen. Man bekommt keine Unterkunft, alle Zeltplätze sind dicht belegt und verunreinigt; an diesen Tagen hält man sich besser in anderen Bereichen des Landes auf.

Im Parque Nacional Canaima

Der Aufstieg zur Gran Sabana beginnt im grünen Urwald knapp 10 km nach dem Ort **San Isidro/Kilómetro 88.** Die Straße wird kurviger und windet sich in die Höhe; man klettert von 180 m auf über 1400 m an der oberen Kante der **Sierra de Lema.** Diese Serpentinenstrecke zur Savanne wird „la escalera" genannt, die Treppe. Zu Beginn erreicht man in 480 m Höhe in einer Haarnadelkurve die **Piedra de La Virgen,** einen glatten Fels, unter dem quellfrisches Trinkwasser sprudelt; mit Fantasie sieht er aus wie die Silhouette einer Jungfrau (virgen) ... Angelockt vom Ruf des heiligen Wassers und dem Jungfrauenkult im Allgemeinen, legen hier fast alle venezolanischen Familien einen Halt ein. Die Piedra de La Virgen bildet auch die **Grenze zum Parque Nacional Canaima,** mit einer Fläche von 30.000 km² nach dem Parima-Tapirapeco-Park im Amazonasgebiet der zweitgrößte Nationalpark in Venezuela, 1994 von der UNESCO zum Weltnaturerbe ausgerufen. Der Umstand, dass sich die Gran Sabana im Nationalpark Canaima befindet, trägt zum Schutz der einmaligen Natur bei, denn es gelten die strengen Regeln für Nationalparks. Die wichtigste im Falle Canaimas, die schon seit Jahrzehnten in Kraft ist und genau eingehalten wird, besagt, dass nur Pemón-Indianer im Nationalpark leben und arbeiten dürfen. Daher werden alle Unterkünfte, Restaurants, Badeplätze von den Indianern betrieben, wer Träger oder Guides benötigt, wird immer an einen Pemón geraten. Auch die vom Staat bezahlten Parkwächter der Parkbehörde Inparques sind ausschließlich Pemón.

Bei km 727 findet der aufmerksame Besucher einen kurzen Fußweg, der zu einem herrlichen **Aussichtsplatz,** dem **Abismo de Sierra de Lema,** führt. Von diesem natürlichen Balkon hat man einen tollen Ausblick über den dunkelgrünen Urwald und den Río Cuyuní.

Nur 17 km weiter, schon auf 1220 m Höhe, befindet sich auf der linken Seite der gut ausgeschilderte Weg zum **Salto El Danto** mit einer Höhe von knapp 40 m. Dies ist der erste von etlichen Wasserfällen der Gran Sabana. An diesem Punkt befindet man sich nur noch knapp 4 km Luftlinie von der Grenze nach Guyana entfernt.

Kurz nach dem Abstecher zum Wasserfall erreicht man einen recht strengen **Kontrollposten** der Guardia Nacional, an dem häufig sämtliche Fahrgäste im Bus zum Aussteigen aufgefordert und einer strengen Kontrolle unterzogen werden.

Bei der letzten Steigung sollte man besonders auf die gigantischen Bromelien und üppigen Farne achten, dann ist man endlich **auf dem Hochplateau** angelangt. Man wird von einem Holzschild begrüßt: „Bienvenidos a la Gran Sabana, Altitud 1440 m, Parque Nacional Canaima". Die Strecke von hier bis Santa Elena de Uairén gehört zu den landschaftlich schönsten in Venezuela, besonders wenn das Wetter die Sicht auf die Weiten der Savanne und die Tafelberge zulässt.

2 km nach dem Begrüßungsschild befindet sich linker Hand das **Monumento del Soldado Pionero,** gewidmet den jungen Pionieren, die 1973 die Straße von El Dorado nach Santa Elena angelegt haben. Von dem nicht sonderlich beeindruckenden Denkmal hat man einen schönen Panoramablick über die Savanne.

4 km weiter südlich erreicht man den Badeplatz **Aponwao 1,** einen geschützten und empfehlenswerten Campingplatz direkt am Ufer des **Río Aponwao,** der sich 180 km weiter südlich mit dem Río Kukenan vereint, um gemeinsam den Río Caroní zu bilden, und den man später noch mehrfach kreuzt. Der Campingplatz befindet sich direkt am Fluss, an dem es mehrere Bademöglichkeiten gibt.

Wenig später erreicht man die Garnison der Infanterie von Luepa, eine als **La Ciudadela** bekannte Militärstation, an der es auch eine Tankstelle gibt, die allerdings bei normaler Versorgungssituation nicht für Normalsterbliche zur Verfügung steht.

Bei km 772 folgt rechter Hand die Abzweigung zur Missionsstation Kavanayén, linker Hand der Weg zu einem kleinen Wasserfall, dem **Salto Tarotá** mit 25 m Fallhöhe. Um ihn zu besichtigen, benötigt man eine Genehmigung der Militärs, da man auf dem Weg zum Wasserfall durch Sperrgebiet muss. Der Wasserfall befindet sich ganz in der Nähe des Zusammenflusses von **Río Tarotá** und Río Aponwao, einem der eindrucksvollsten Flussläufe der Gran Sabana.

Abstecher nach Kavanayén

Die unbefestigte Straße nach Kavanayén, die anfangs parallel zum Río Aponwao verläuft, ist die einzige Möglichkeit, mit dem Auto in das Herz der Gran Sabana vorzudringen. Die ersten 3 km bis zum Flughafen von **Luepa,** der vorzugsweise von Militärmaschinen genutzt wird, sind asphaltiert. Hin und wieder landen hier auch Charterflugzeuge von Reiseveranstaltern, die diesen Flughafen nutzen, um Touren von Gran Sabana und Canaima sinnvoll zu verbinden. Nach Luepa wird die Fahrrinne immer schlechter, häufig

verzweigt sich der Weg, da einzelne Fahrbahnen zu holprig sind; in der Regenzeit benötigt man unbedingt ein geländetaugliches Fahrzeug, manchmal muss man sich eine eigene neue Piste suchen, wenn die Originalstrecke unbefahrbar ist. Man passiert kleine Indianersiedlungen und einzelne Gehöfte, im Hintergrund sind die Tafelberge Sororopán, Ptari, Uamú und Aparaman stets im Blickfeld. Ungefähr bei km 17 erreicht man **San Luís de Avarkay** auf der linken Seite mit einem einfachen Restaurant, Bäckerei, Campingmöglichkeit und einigen Hütten, in denen man Hängematten aufhängen kann. 4 km weiter befinden sich die Ruinen der Mission von Luepa, die 1934 von Kapuzinermönchen gegründet und später nach Kavanayén verlegt wurde, wo sie noch heute aktiv ist.

4 km weiter geht rechts ein sehr schlechter Weg ab, an dem das hölzerne Hinweisschild „Salto Torón merú" steht. Das ist eine verdoppelte Aussage, da Merú in der Sprache der Pemón Wasserfall bedeutet, Salto das Gleiche auf Spanisch. Hier muss man

Willkommen in der Gran Sabana

sich 17 km über eine üble Piste quälen und bei der Durchquerung von Bächen fahrerisches Geschick beweisen; schließlich gelangt man an die Oberkante des imposanten **Torón merú,** der von dort 70 m in die Tiefe stürzt.

Zurück auf der Hauptpiste nach Kavanayén gelangt man wenig später zu dem **Campamento der CVG,** einer biologischen Forschungsstelle der Regierung. Zu einem weiteren und noch spektakuläreren Wasserfall geht es, wenn man bei km 32 nach links zu der **Pemón-Siedlung Iboribó** abzweigt. Nach 11 km Piste gelangt man zu dieser Siedlung am Ufer des Aponwao, wo die freundlichen Indianer ganz einfache Übernachtungsmöglichkeiten zur Verfügung stellen und man gegen ein geringes Entgelt Hängematten aufspannen oder im Zelt schlafen kann. Zwei einfache Restaurants stehen zur Verfügung. Die Indianer organisieren Trips zum **Chinak merú.** Zunächst muss der Río Aponwao mit einer Curiara, den typischen Einbäumen aus dieser Gegend, überquert werden. Bei der anschließenden halbstündigen Wanderung kann man eine einmalige Natur beobachten, viele fleischfressende Pflanzen kämpfen um ihren Lebensraum. Der Chinak merú ergießt sich über 105 m über schwarze Felsen in die Tiefe, ein schmaler Pfad führt hinunter zum Auffangbecken. Baden ist wegen der starken Strömung verboten, 15 Min. flussabwärts gelangt man aber zu einem wunderschönen Badeplatz, dem **Pozo escondido,** einem mitten im Wald gelegenen natürlichen Schwimmbecken mit eigenem Wasserfall. Die Indianer, die zu diesem Ausflug begleiten – alleine lassen sie niemanden dorthin –, kochen auf Vorbestellung ein typisches Mittagessen, das, aus einfachsten Zutaten zubereitet, hervorragend schmeckt.

Bei km 48 führt links eine Abzweigung nach **Chivatón** (GPS: N 5°35.68, W 61°38.12), ein kleines, rustikales Camp inmitten der großen Savanne ((Tel. 0289/8081002, *Señora Romelia,* chivaton@cantv.net, nur als Paket mit Abendessen und Frühstück zu buchen, Reservierung empfohlen, €€).

Kurz bevor man Kavanayén erreicht, weist rechts ein Schild zum Camp von **Mantopai,** welches sich am Fuß des Sororopán Tepui und vor dem Río Karuay befindet. Für die kurze Strecke über 6 km muss man eine gute Stunde Fahrtzeit einrechnen und einen guten Geländewagen zur Verfügung haben. Der steinige Weg ist anstrengend, aber man erlebt eine einzigartige Natur, wie man sie sonst nur auf den Hochplateaus der Tafelberge vorfindet. Das Camp verfügt über zwölf rustikale Bungalows mit Bad und Terrasse. Wer unangemeldet ankommt, muss in Kavanayén nach *Mario* oder *Feliciano,* den Besitzern des Camps, fragen; besser ist die Reservierung im Voraus (Tel. 0289/9951524, 0414/8867227, €€).

Kavanayén ⌕ XXI, C1

Nach 70 holprigen Kilometern ab Luepa ist dann endlich die **Missionsstation** Kavanayén (GPS: N 5°35.12, W 61°52.56) erreicht, ein auffällig sauberer Ort – sämtliche Häuser sind ge-

GRAN SABANA

- ● 1 Sportplatz und
- 🎵 2 Dorfdisco
- 🔒 3 Bodega Farfán
- 🏨 4 Posada Kawaidak
- ⚠ 5 Area de Carpas (Zeltplatz)
- ❶ 6 Rest. Guadalupe
- ❶◪ 7 Information
- ❶ 8 Kleines Restaurant
- ● 9 Missionsstation

schmackvoll aus Natursteinen errichtet, die in dieser Umgebung reichlich zu finden sind. Die Bewohner sind ausnehmend freundlich und hilfsbereit, man sieht sehr viele Kinder. Die Mission wurde im Juli 1942 von den Kapuzinern gegründet, der Grundstein wurde allerdings schon 1940 gelegt, als die Kapuziner einen neuen Standort für ihre Mission aus Luepa suchten. Unter Aufsicht von Bruder *Victor de Carbajal* wurde die Mission errichtet und der gleiche Baustil für die Wohnhäuser seiner Schäfchen verwendet. Am 5. August 1943 als Centro Misional de Santa Teresita de Kavanayén offiziell eingeweiht, waren schon einen Monat vorher die Ordensbrüder und Nonnen von Luepa umgezogen. In den folgenden Jahren wurde die Siedlung mit großem Enthusiasmus ausgebaut, das Internat errichtet, eine Landepiste angelegt, eine Windmühle konstruiert und der erste Stromgenerator angeschlossen. Ab 1949 kamen die ersten Wohnhäuser für die Bewohner dazu, bis eine Straße den Anschluss an die „Zivilisation" brachte, dauerte es nochmals acht Jahre.

In der Missionsstation wird den Kindern **Unterricht bis zum Abitur** angeboten, seit 1958 werden alle Kinder der Region akzeptiert; eine Vorschule für die ganz Kleinen befindet sich am

Ortseingang. Jeden Morgen kann man beobachten, wie die Kinder sich nach Klassen geordnet in ihren Schuluniformen vor dem lang gestreckten Missionsgebäude neben der Kirche versammeln.

Es leben heutzutage etwa 350 getaufte Pemón in der Siedlung, die Versorgung der Grundbedürfnisse ist gut. Eine **medizinische Station,** die sogar einen Krankenwagen hat, ein Sportplatz mit Flutlicht, wo abends zu nicht ganz indianischen Rhythmen aus der Miniteca Fußball gespielt wird, Werkstätten und Bodegas runden das Stadtbild ab.

Die **Stromversorgung** ist immer noch mangelhaft, obwohl Kavanayén seit 1955 ein eigenes **Wasserkraftwerk** besitzt, das man auch besichtigen kann: Hinter der Mission rechts vorbei führt ein Weg zur Estación Hidrológica Edelca.

An- und Abreise nach Kavanayén:

Leider gibt es keinen Linientransport, der Besucher nach Kavanayén bringt. Am besten erreicht man den Ort mit einem eigenen **Geländewagen** oder einer geführten Tour. Wenn man als Gruppe unterwegs ist, kann man u.U. auch ein **Flugzeug** von Canaima chartern. Das etwa 180 km entfernte Canaima ist der nächste Flughafen, der kommerziell angeflogen wird. In Santa Elena de Uairén kann man **Pick-ups** mieten, die eine Gruppe bis Kavanayén bringen, ebenso besteht diese Möglichkeit auch für die Rückweg. Man muss sich dabei im Klaren sein, dass man als ausländischer Besucher von den Pemón andere Tarife angeboten bekommt als Mitfahrer aus der gleichen Gemeinde. Diskutieren ist zwecklos ... und wenn in das gemietete Fahrzeug noch weitere zahlende Gäste einsteigen, dann ist das so und man zahlt trotzdem den vorher ausgehandelten Preis.

Unterkunft in Kavanayén:

- **Mission Kavanayén,** in der Mission stehen Schlafsäle mit Duschmöglichkeit zur Verfügung, die von dem Leiter der Mission auf höfliche Anfrage für wenig Geld vermietet werden; zu hohe Ansprüche darf man natürlich nicht haben. Tel. 0286/9603763, €
- **Posada Kavanaru den,** genau 1 km vor dem Ortseingang sieht man auf der linken Seite diese Posada; einfach, aber recht geräumig. Falls niemand anwesend sein sollte, muss man im Ort nach den Besitzern fragen, die dann gerne mitkommen und die Unterkunft zur Verfügung stellen.
- **Posada Kawaidak,** gleich den ersten Weg im Ort rechts in Richtung Flugplatz, nach dem Fußballplatz die erste Möglichkeit nach links; mit nur 4 Zimmern und sehr niedrigen Preisen ist diese freundliche Posada häufig ausgebucht. Auch hier darf man keine zu großen Ansprüche stellen.

Essen und Trinken:

- **Restaurante Guadalupe,** die zweite Straße links, nach etwa 50 m auf der linken Seite; frisch zubereitetes und sehr schmackhaftes Tagesmenü, meist auf der Basis von Huhn, es ist sinnvoll, sich rechtzeitig anzumelden, gegenüber befindet sich eine Art Touristeninformationsstelle, wo man Karten des Umlands erwerben und sich nach lokalen Guides erkundigen kann, wenn man Touren in die Umgebung plant.
- Ein weiteres **kleines Restaurant** mit dem üblichen Angebot an Hühnchen findet man, wenn man nach dem Guadalupe den nächsten Weg nach rechts abbiegt und dann am Ende auf der rechten Seite die Augen offen hält oder nachfragt – das Lokal hat keinen Namen.
- Falls einmal beide Restaurants geschlossen haben oder das Essen ausgegangen sein sollte, kann man in der kleinen **Bodega Farfán** am Ortseingang Lebensmittel, Refrescos, Bier und haltbare Waren kaufen.

Ausflug von Kavanayén zum Karuay merú

Dieser Wasserfall **am Río Karuay** kann mit einem geländetauglichen

Fahrzeug mit geübtem Fahrer angesteuert werden. Bei Regen sollte man diese Strecke eher meiden, es besteht die Gefahr, steckenzubleiben. Mit dem Auto muss man für die knapp 20 km etwa 2 Stunden rechnen, zu Fuß mehr als das Doppelte. Zu diesem Ausflug empfiehlt es sich, jemanden aus dem Ort mitzunehmen, der den Weg und die besten Badestellen im Fluss kennt und im Notfall Hilfe holen kann. Die Piste beginnt am Flughafen, etwa auf halber Höhe der nach Süden gerichteten Seite, und endet am Ufer des Río Karuay. Früher ging die Piste noch etwa 10 km weiter, die Fahrt durch den Fluss verhindern aber mittlerweile große Gesteinsbrocken. Vom Fluss bis zum Karuay merú ist es dann nicht mehr weit. Der Wasserfall hat eine Falltiefe von 35 m, es gibt fantastische Badeplätze, man kann campen. Pemón-Indianer, die hier siedeln, bieten Einbaumtouren zum nahen **Salto El Hueso** an, der eine Dreiviertelstunde flussaufwärts am **Río Yuanwá** zu bestaunen ist.

Wieder auf der Hauptstraße nach Santa Elena de Uairén

Nur 25 km nach der Abzweigung nach Kavanayén kommt man an eine Tankstelle bei Km 797, **Los Rápidos de Kamoiran.** Da es sich um die einzige relativ zuverlässige Tankstelle weit und breit handelt, ein Gasthof mit Restaurant angeschlossen und ein recht gut ausgestatteter Minimarkt vorhanden ist und außerdem die Stromschnellen des Kamoiran nahebei zu betrachten sind, hält hier so gut wie jeder Reisende an. Die Posada €€ verfügt über 34 recht einfache Zimmer, dazu noch ein paar „Hundehütten", die auch vermietet werden. Das Restaurant hat einen guten Ruf – ab 21 Uhr ist hier aber alles geschlossen. Reservierungen sind empfehlenswert, in der Hochsaison ist meist alles von organisierten Gruppen belegt. Tel. 0289/8081505, öfters versuchen.

Von Rápidos de Kamoiran nach Santa Elena de Uairén

Salto La Golondrina

Kurz nach Los Rápidos de Kamoiran, bei km 810, geht eine unbefestigte Straße nach links ab, die nur mit Geländefahrzeugen zu befahren ist. Nach kurzer Anfahrt erreicht man **inmitten der Savanne** den Wasserfall La Golondrina, der mit seinen 12 m Fallhöhe bei 20 m Breite nicht der riesigste ist, aber dennoch sehenswert.

Salto Kawi

Bei km 820 folgt der Wasserfall Kawi, etwa 8 m hoch, mit einer tiefen Lagune. Mutige wagen den Sprung von einer Felsplatte hinunter in die Lagune. Ein herrlicher Platz zum Verweilen mit **Sitzmöglichkeiten und Grillplätzen.** Man kann bei den hier ansässigen Indianern auch **campen.** Diese stellen nettes Kunsthandwerk her, das vor Ort preiswert zu erstehen ist. Vorsicht, wenn man auf dem Flussbett wandern will: Die Steine sind extrem glitschig. Den besten Halt hat man, wenn man mit Socken durchs Flussbett watet.

Die Pemón-Indianer

Im Nationalpark Canaima leben die Stämme der Pemón. Es handelt sich um ein freundliches, sympathisches und offenes Volk, das sich die „Unschuld" eines Urvolkes bewahrt hat. Trotzdem haben sich die Menschen in gewisser Weise dem modernen Leben angepasst, neugierig geworden durch den Einfluss der Touristen, die aus allen Ländern dieser Welt ihre Naturwunder besuchen kommen. Die Pemón sind von Natur aus, aber auch per Gesetz, die **„Parkwächter"** des Nationalparks Canaima und haben dadurch auch weitreichende Befugnisse.

Niemand außer ihnen darf sich **im Nationalpark dauerhaft ansiedeln**, mit Ausnahme der Orte Canaima und Santa Elena de Uairén. „Normale" Venezolaner oder Immigranten haben hier weniger Rechte als die „echten" Venezolaner, die seit Generationen dieses Land bevölkern. Nur wer einheiratet, kann sich hier niederlassen, und das sind ganz seltene Fälle. Daher werden sämtliche Camps, Campingplätze, Hotels, Restaurants, Souvenirläden entlang der Gran Sabana ausschließlich von Pemón-Indianern betrieben und sind ihr alleiniger Besitz. Dies sind uralte Gesetze, die noch auf Einflüsse von *Alexander von Humboldt* zurückgehen.

Das Wort „Pemón" wird seit Mitte des 20. Jh. benutzt, um einige **Volksgruppen mit ähnlicher Kultur und Sprache** zusammenzufassen. Man könnte das Wort mit „Leute" oder „Menschen" übersetzen. Trotzdem haben die verschiedenen Gruppen unterschiedliche Bräuche und Dialekte, je nachdem aus welcher Gegend sie stammen. Sie sind über den gesamten Nationalpark verteilt und gliedern sich in drei Gruppen: die **Kamaracotos,** die in der Gegend um Canaima, La Paragua und Kamarata zu Hause sind, die **Arekunas,** die man in Kavanayén und Umgebung trifft, und die **Taurepanes,** die im Süden der Gran Sabana bei Santa Elena de Uairén und San Francisco de Yuruani zu Hause sind. Trotz der verschiedenen Dialekte ihrer Sprache, des „Caribe", können sie sich untereinander problemlos verständigen, ebenso wie ein Bayer sich auch in Norddeutschland ein Bier bestellen kann.

Die Pemón standen seit Mitte des 18. Jh. unter dem starken Einfluss von **Missionaren,** schon 1779 waren über 20 Gemeinden gegründet, die meist einträgliche Landwirtschaft betrieben. Durch den Bau der Landstraße nach Brasilien, quer durch das Land der Pemón, wurden die Kontakte intensiviert und die Indianer „zivilisiert"; sie passten sich den neuen Gegebenheiten, sowohl in religiöser Hinsicht als auch im Sozialverhalten, an. Man trifft wenige Venezolaner, die ein so fehlerfreies Spanisch sprechen, dabei aber ihre eigene Sprache und Kultur pflegen.

Die Bevölkerung wird heute auf etwa knapp **20.000 Menschen** geschätzt, meist wohnen sie in typischen Rundbauten mit Palmdächern und Lehmwänden *(waipa)* und leben von der Landwirtschaft, der Jagd, dem Kunsthandwerk und natürlich dem Tourismus. Sämtliche Einnahmen, die ein Mitglied einer Kommune hat, z.B. als Guide auf den Roraima, kommen theoretisch der gesamten Gemeinde zugute.

Die Pemón bezeichnen sich selbst als **Savannenmenschen,** und obwohl sie in den Wald ziehen, um zu jagen, bevorzugen sie als Lebensraum die Gran Sabana. Ihre Siedlungen sind relativ permanent, mit großer Sorgfalt wird der zukünftige Wohnort auf einer freien Fläche, nahe an einem ruhigen Wasserlauf zum Schwimmen und Fischen, ausgesucht und dann über Jahrzehnte gehalten. Die typische Bauweise, die in der Gran Sabana seit ewigen Zeiten vorherrscht, findet heutzutage bei fast allen Camps in der Gran Sabana Verwendung – ein Beweis für ihre Qualität.

Mittlerweile hat die Regierung **neue Häuser** für die Bewohner errichten lassen, die aber anfänglich keine große Freude an den Behausungen hatten, da sie nicht ganz stilgerecht aussahen. Inzwischen aber haben sich die Indianer an die neuen Häuser gewöhnt. Siedlungen davon kann man auf dem Weg von Santa Elena de Uairén nach El Pauji sehen und im Indianerdorf Chirikayén.

Salto Kama

Der Salto Kama gehört mit 55 m freiem Fall zu den größten der Gran Sabana und befindet sich bei km 827. In Begleitung eines Indianer-Guide kann man zu Fuß unter den Wasserfall wandern. Beim Salto Kama besteht die Möglichkeit, in einem **Touristencamp** zu nächtigen. Die Zimmer sind einfach und sauber, die sanitären Anlagen haben schon bessere Zeiten erlebt. Das Essen im **Restaurant** ist regionaltypisch und schmackhaft. Es gibt zahlreiche **Souvenirstände** und einen kleinen Kiosk.

Pacheco

Wer gerne badet, macht Halt in Pacheco bei km 862. Ein Fluss mit kleinen Stromschnellen und mehreren Lagunen in herrlicher Umgebung lädt zum Baden ein. Eine Möglichkeit zum Grillen ist vorhanden, übernachten kann man in Zelten. Dieser **Badeplatz** ist wie alle anderen auch in der Hochsaison völlig übervölkert (Karneval, Ostern, August, Weihnachten).

Soruape

Auch Soruape bietet sich an für ein erfrischendes **Bad im Fluss.** Stromschnellen und eine recht tiefe Lagune sind die Hauptattraktionen. Es gibt zahlreiche Kioske, man kann sich vor Ort bei den Indianern auch verpflegen, Campen und Grillen ist möglich.

Salto La Cortina

Kurz bevor man das Indianerdorf San Francisco de Yuruani erreicht, biegt man von der Hauptstraße links ab und gelangt nach kurzer Fahrt zum Wasserfall La Cortina. Der Wasserfall ist nicht sehr hoch, aber sehr breit! Der **Río Yuruani** entspringt dem gleichnamigen Tafelberg und führt in der Regenzeit Unmengen Wasser mit sich. Je nach Wasserstand kann man hinter dem Wasserfall von einer Seite zur anderen wandern, für gute Schwimmer ein einmaliges Erlebnis. Bei geführten Touren entscheidet der Guide, ob die Querung gefahrlos möglich ist. Unweit des Wasserfalls kann man sein Zelt gegen ein kleines Entgelt bei den Indianern aufstellen. Die Anlage ist sehr einfach und weist keinerlei Komfort auf.

San Francisco de Yuruani XXI, D2
GPS: N 5°04.31, W 61°05.12

San Francisco de Yuruani, die **größte Indianersiedlung in der Gran Sabana,** liegt bei km 873 und hat sich als Ausgangspunkt für Expeditionen auf den bekannten Tafelberg Roraima einen Namen gemacht. Der Ort ist ein beliebter Platz zum Mittagessen, es gibt zahlreiche Restaurants, in denen man sich ganz gut verpflegen kann. Daneben kann man an Grillständen Hähnchen verzehren. Es gibt viele Souvenirläden, die Spezialität von San Francisco ist eine scharfe Sauce der Indianer, die **„Gumache".** Diese Sauce wird unter Verwendung von Termiten hergestellt und knackt beim Zerkauen. Wenn man das nicht weiß, genießt man den leckeren, nicht übertrieben scharfen Geschmack. Bei den Indianern der Gran Sabana gilt das Sprichwort, dass nur behaupten kann, vor Ort gewesen zu sein, wer mindestens eins dieser Tierchen gegessen hat ...

Im Ort lassen sich auch Guides und Träger sowie der Transport im Geländewagen für den Aufstieg zum **Tafelberg Roraima** organisieren. Lebensmittel kauft man aber besser in Santa Elena de Uairén ein, die dort etwas billiger sind.

Unterkunft:
- **Hospedaje Minina,** 23 kleine, aber sauberen Zimmer mit Bad. Das Restaurant hat nur in der Hochsaison offen. Es gibt eine Bodega und ein Telefon. €
- **Kumarakapay-Lodge,** nettes Haus mit 10 Zimmern, Ventilator, Restaurant. Tel. 0416/2892413, €
- **Gästehaus Arapena,** 12 Zimmer mit Privatbad, Ventilator. Tel. 0241/8664339, nach *Marlene* fragen, €
- **Caney de Yuruani,** 12 Zimmer mit Bad, €

San Ignacio de Yuruani XXI, D2
GPS: N 5°00.13, W 61°08.08

Kurz nach San Francisco de Yuruani folgt bei km 884 die Indianersiedlung San Ignacio de Yuruani. Hier befindet sich einer der zahlreichen **Militärkontrollposten,** wo in der Regel vor allem Busreisende aussteigen müssen und das Gepäck durchsucht wird. Vor allem nach Drogen wird gesucht, gilt doch die Straße nach Brasilien als Transitroute. In San Ignacio de Yuruani gibt es einen Hubschrauberlandeplatz und eine kleine Flugpiste. Beide werden vorwiegend von den hier ansässigen Behörden benutzt. Übernachtungsmöglichkeiten für Touristen sind bisher nicht vorhanden.

Die **Indianersiedlung** weist ein paar Bodegas auf und ist auch Sitz der Parkbehörde und der Parkfeuerwehr. Den Feuerwehrleuten kann man einen Besuch abstatten, sie haben eine schöne Sammlung aller in der Gran Sabana vorkommenden Schlangenarten und erklären gerne mehr. Die Schlangen sind allerdings tot und in Formalin eingelegt.

Quebrada de Jaspe

Kurz nach San Ignacio de Yuruani passiert man eine kleine Indianersiedlung. Nach einem kurzen Spaziergang von etwa 15 Min. kommt man bei der Quebrada de Jaspe an, welche inmitten eines kleinen Waldes liegt. *Jaspe =* **Jaspis** ist ein Halbedelstein, der hier vorwiegend in roter Farbe vorkommt. Über eine Länge von etwa 300 m ist das Flussbett voll mit den Steinen. Der Wasserstand beträgt max. 5 cm, was bei entsprechender Sonneneinstrahlung zu einem herrlichen Farbschauspiel führt. An kleinen Wasserfällen kann man sich erfrischen. Jaspis werden auch Heilwirkungen nachgesagt. So soll er Harmonie befördern und ein gutes Mittel gegen Übelkeit darstellen. Es ist allerdings streng verboten, Halbedelsteine mitzunehmen, der Aufseher der Parkbehörde ist meist vor Ort und kann jederzeit Kontrollen durchführen. In der Indianersiedlung gibt es ein paar kleine Kioske und Souvenirstände.

„Jurassic Park"

Nur wenige Kilometer weiter in Richtung Santa Elena de Uairén gibt es einen Ausstellplatz mit einem **unvergesslichen Blick über einen der schönsten Abschnitte der Gran Sabana,** auch „Jurassic Park" genannt. Für den gleichnamigen Film von *Steven Spielberg* wurden einige Szenen in dieser Landschaft gedreht. Der Blick schweift über Täler und Hügel, Tausende von Moriche-Palmen und zahlreiche Galerie-Regenwälder.

Salto Agua fria und Puerta del Cielo

Auf der Weiterfahrt können der Wasserfall Agua fria und die Puerta del Cielo, die „Tür zum Himmel", besucht werden. Die Anfahrt ist allerdings **nur im Geländewagen** möglich, die Piste ist in einem erbärmlichen Zustand. Der Wasserfall lohnt die Strapazen aber jederzeit, er fällt über mehrere Stufen hinab, und es gibt mehrere Lagunen zum Baden. Die Puerta del Cielo ist ein **herrlicher Panoramablick** in die Gran Sabana. Eine Tour zu diesen beiden Attraktionen bucht man am besten in Santa Elena bei einem der zahlreichen Touranbieter.

Santa Elena de Uairén ⚓ XXI, D2

GPS: N 4°36.19, W 61°06.73

Santa Elena de Uairén ist die **Hauptstadt der Gran Sabana** und nur eine Viertelstunde von der brasilianischen Grenze im Süden entfernt.

Stadtgeschichte

Santa Elena de Uairén, offiziell im Jahr 1931 von den Franziskanern als Mission gegründet, wurde in Wirklichkeit schon 1923 von *Lucas Fernández Peña* „angelegt", der, angezogen von **Diamantenfunden,** eine Siedlung gründete. Er nannte die Niederlassung nach seiner Tochter *Elena,* eine seiner 23 direkten Nachfahren. Sie lebt noch heute als betagte Frau in der Nähe der Stadt. Das **Goldfieber** kam gleich nach der Siedlungsgründung – auf dem Trampelpfad zum heutigen Minenort Icabarú waren nach kräftigem Regen Goldnuggets im Schlamm sichtbar geworden.

Der **größte Diamant der venezolanischen Geschichte** wurde 1949 etwa 60 km westlich der Stadt in der Mine El Polaco gefunden. Der Glücksritter, ein *Señor Barabas,* taufte den 154 Karat schweren faustgroßen Edelstein auf den Namen „El Libertador" und veräußerte ihn für den für die damalige Zeit stolzen Betrag von 40.000 Dollar. Angeblich ist der Stein später in den Besitz der britischen Königin übergegangen. Nachdem er sein Geld erhalten hatte, zog *Barabas* nach Caracas, mietete sich in dem damals besten Haus der Stadt, dem Hotel Avila, ein, und „investierte" sein gesamtes Geld in teuren Whisky und schöne Frauen – nur wenige Monate später stand er wieder in der Mine. Im Jahr 2005 starb er als armer Mann in Tumeremo.

Nach dem Monsterfund brach das Gold- und Edelsteinfieber in der südlichen Region der Gran Sabana aus und hält durch zahlreiche Ausbeute genährt bis zum heutigen Tag an. Zahlreiche Minen, viele davon illegal, locken alljährlich Abenteurer aus der gesamten Welt an.

In den letzten zehn Jahren ist Santa Elena als Tipp für internationale **Traveller** bekannt geworden, insbesondere als Ausgangspunkt für eine Besteigung des höchsten Tafelberges der Welt, des Roraima, der sich im Dreiländereck von Venezuela, Brasilien und Guyana erhebt.

Santa Elena de Uairén heute

Der Ort hat heute knapp **25.000 Einwohner.** Der Mix aus internationalem Flair, bedingt durch die Nähe zu Brasilien und Guyana, Abenteurertum und Travellerszene mit vielfältigem Tourangebot und Ausflugsmöglichkeiten macht die recht umständliche Anreise schnell vergessen. Wenn man durch die nicht sehr attraktiven Gassen schlendert, hat man das Gefühl, dass nicht wenige ehemalige Touristen hier hängen geblieben sind. Von preiswerten Juwelieren werden schöne Schmuckstücke mit Rohmaterial aus erster Hand hergestellt – es lohnt sich, in einer „Joyería" ein wenig herumzustöbern.

Wer mit dem eigenen Auto oder Mietwagen reist, sollte wissen, dass die **Versorgung mit Benzin** nicht immer gewährleistet ist und man sich evtl. auf lange Wartezeiten einstellen muss. Das ist in erster Linie dem extremen Preisunterschied zwischen venezolanischem und brasilianischem Sprit zuzuschreiben, der Schmuggel zu einem einträglichen Geschäft macht. Es gibt in Grenznähe eine Tankstelle, die nur für Fahrzeuge aus dem Nachbarland geöffnet hat und in der das venezolanische Benzin das Zwanzigfache wie sonst im Land kostet. Trotzdem bilden sich hier kilometerlange Schlangen mit mehrtägigen Wartezeiten – so krass ist immer noch der Unterschied zu den Preisen jenseits der Grenze. Für Fahrzeuge mit nationalem Kennzeichen gibt es am Ortsausgang zwei Tankstellen, die allerdings nicht immer Sprit haben. Auch hier bilden sich längere Schlangen, die von Militärs geregelt werden, aber man steht keine Tage lang. Falls einmal nichts zu bekommen sein sollte, erkundige man sich privat nach Benzin. Ein Schwarzmarkt existiert, und auch wenn man dann den zehnfachen Preis bezahlt, man kommt wenigstens weiter.

Lage

Santa Elena liegt **ganz im Südosten des Landes,** nur 15 km von der Grenze zu **Brasilien** entfernt. Die nächste Metropole, 615 km nördlich, ist Ciudad Guayana. Zur Grenze nach **Guyana** sind es Luftlinie 80 km, Straßenverbindungen gibt es keine. Wer nach Guyana reisen möchte, kann dies über die brasilianische Stadt Boa Vista tun.

Orientierung

Von Norden führt die Troncal 10 aus der Gran Sabana kommend in das Städtchen, verläuft als **Hauptstraße** einmal durch den Ort und geht dann in Richtung Süden bis zur Grenze nach Brasilien. Gleich am Ortseingang, an dem sich auch die genannten zwei Tankstellen, eine Touristeninformation und ein Minikreisverkehr rund um eine Statue befinden, geht nach links die **Av. Perimetral** ab, die gemeinsam mit der Hauptstraße die eigentliche **Innenstadt** umschließt. In diesem Bereich, rund um die Av. Urdaneta, befinden sich sämtliche Geschäfte, Juweliere, einfache Restaurants, Reiseveranstalter, Hotels und Posadas.

Wenn man die Stadt **südwärts** verlässt, sieht man linker Hand den Río Uairén auftauchen und erreicht nach 15 km die Grenze.

Sehenswürdigkeiten

An historischen Monumenten ist nicht viel geboten – egal, denn die Umgebung zählt viele Naturwunder von erdgeschichtlicher Bedeutung, und deswegen kommen die Besucher.

Die **Missionsstation** und Kathedrale aus dem Jahr 1922, heute einfach als **Iglesia de Santa Elena** bekannt, liegt 1 km in westlicher Richtung, an

SANTA ELENA DE UAIRÉN

der C. Manakru in Richtung Urb. Los Apamates, und ist aus unbearbeiteten rotbraunen Steinquadern errichtet. Besichtigungen und Messen finden täglich statt, am Sonntag doppelt. Jeden ersten und dritten Samstag werden Kinder der ganzen Umgebung in Massentaufen dem Christentum zugeführt – die Taufe ist für die Öffentlichkeit zugänglich und einen Besuch wert.

Das **Casa de los Cristales** in der C. Roscio ist ein privates Museum, in dem riesengroße Bergkristalle zu bewundern und natürlich auch käuflich zu erwerben sind. Auf Infotafeln findet man Hinweise zu Anwendungen und reellen oder als Legenden überlieferten Wunderwirkungen der Kristalle.

An- und Abreise

Auf dem Landweg/Busse

Santa Elena de Uairén liegt 615 Straßenkilometer von San Félix, fast 1200 km von Caracas und 1040 km vom Meer bei Carúpano entfernt. Mit dem Bus kann man täglich anreisen und muss ab San Félix bzw. Puerto Ordaz mit 10–12 Std. Fahrtzeit rechnen. Obwohl die Busfahrt durch eine Traumlandschaft führt, sollte man zumindest eine Strecke **über Nacht** durchführen. Tagsüber ist es in den luxuriösen Bussen oft nicht gestattet, die Vorhänge aufzuziehen, außerdem werden die Busse manchmal an jedem Kontrollpunkt der Guardia National angehalten und gründlich durchsucht. Das erhöht die Reisezeit um ein Vielfaches und macht wenig Spaß. In der Nacht ist die Überwachung an den Kontrollposten weniger streng.

Empfehlenswert sind die **Luxusliner** der Linien Expresos Caribe, Los Llanos oder Occidente. Der Preisunterschied ist minimal im Vergleich zu den anderen Buslinien, dafür sind der Komfort und die Wahrscheinlichkeit, ohne Panne durchzukommen, wesentlich höher.

Der **Busterminal** befindet sich 2,5 km vor den Toren der Stadt und ist im gleichen Gebäude wie die Zollbehörde untergebracht. Bustickets kann man im Voraus erstehen und sollte davon Gebrauch machen.

Wer mit dem **eigenen Fahrzeug** anreist, sollte aus der Reise eine Tour machen (weitere Informationen zu diesem Ablauf findet man im Kapitel zur Gran Sabana).

Flugzeug

Der **Flughafen** befindet sich knapp 9 km südwestlich von Santa Elena und ist über die gleiche Straße wie die Grenze erreichbar, ein Taxi dorthin kostet etwa 5 Euro. An der letzten Militärkontrollstelle beim Fuerte Roraima geht es nach rechts ab. Der Flughafen wird z.Z. umgebaut (größere Landebahn und ein neuer Terminal).

Die **Fluglinie Rutaca** (Tel. 0414/8866263) unterhält Linienflüge nach Icabarú, Canaima, Kavac und manchmal auch nach Ciudad Bolívar und Puerto Ordaz.

Am Flughafen hat das sehr freundliche **Reisebüro Rumbo Sur** seinen Sitz, geleitet von dem hervorragenden Piloten *Rafael Arias*, der Charterflüge in die gesamte Gran Sabana anbietet: Canaima, Kavac, die Minen, Rundflug über den Roraima u.v.m. Tel. 0414/8866779, Fax 9951771, rumbosur_ve@cantv. net.

Wer mit dem Flugzeug anreisen möchte, hat es nicht ganz einfach. Es gibt theoretisch mit der Fluglinie Rutaca in ihren fünfsitzigen Cessnas Linienverbindungen **Santa Elena – Canaima – Ciudad Bolívar**. Aber auch mit gekauftem Ticket besteht keine Garantie, dass das Flugzeug wirklich fliegt, das bleibt immer ein etwas riskantes Spiel – wer sichergehen will, sollte lieber dem Bus den Vorrang geben.

Unterkunft

In Santa Elena de Uairén

● **Cabañas Familiares Friedenau,** noch in Ortsnähe, sehr große, grüne gepflegte Anlage mit 14 Ferienhäuschen, von denen jedes den Namen einer hier zu findenden Blume hat, Klimaanlage, TV, attraktiver Pool, Restaurantservice nur in der Saison. Av. Principal de

Santa Elena de Uairén

- ℹ️ 1 Kathedrale
- 💲 2 Banco Guyana
- ✉ 3 Post
- @ 4 Internetcafés
- Ⓑ 5 Haltestelle nach Brasilien
- 🏠 6 Station Guardia Nacional
- 🔒 7 Markt
- 🚌 8 Panaderia Gran Café
- Ⓑ 9 Haltestelle nach El Pauji und Ikabaru
- 🏨 10 Tres Naciones
- ● 11 Kamadac Travel
- ● 12 Backpackers Tours und
- 🏨 Posada Backpacker
- 🚌 13 Restaurante China Tommy Town
- 🏨 14 Posada und Hotel Michelle
- 🚌 15 Café Goldrausch
- 🏨 16 Lucrecia
- 🚌 17 Venezuela primero
- 🚌 18 Alfredos
- ⛽ 19 Tankstelle
- Ⓑ 20 Terminal de Autobusses
- 🛩 21 Policia
- 💲 22 Banco Industrial
- 🏨 23 Cabañas Roraima
- 🏨 24 Posada Los Pinos

Das Hochland von Guayana

Santa Elena de Uairén

Cielo Azul, Tel. 9951353, bei *Richard* unter Tel. 0414/8775500, friedenau@cantv.net, DZ €€€, Bungalows für 8 Pers. €€€€
● **Hotel Lucrecia,** tropischer Innenhof in zentraler Lage, 15 recht kleine, saubere und klimatisierte Zimmer mit Kabel-TV, Verpflegung im freundlichen Restaurant, nur in der Saison, Pool, Wäscheservice, gutes Preis-Leistungsverhältnis, KK. Av. Perimetral, Urb. Los Apamates, Tel. 9951105 und 0414/ 7723365, €€
● **Posada Backpacker,** in sehr guter Lage, dort, wo etwas los ist, 12 einfache, große Zimmer mit Ventilator, Internetcafé, Reiseveranstalter, Restaurant mit sympathischem Ambiente, Av. Urdaneta, Tel. 9951524, 0414/ 8867227, info@backpacker-tours.com, €€
● **Posada Michelle,** das älteste Travellerhotel im Ort, vom Chinesen *Tommy,* 23 einfache Zimmer mit Ventilator, Privatbad, Wäscheservice. C. Urdaneta, Tel. 4160792, €

La Gran Sabana:
Ausflugsziel auch ab Santa Elena

● **Posada Tres Naciones,** 11 einfache, saubere Zimmer mit Klimaanlage und TV. C. Zea, zwischen C. Icabarú und Av. Perimetral neben der Kirche San Francisco, Tel. 9951190, 0414/8861893, €€€
● **Cabañas Roraima,** 25 Zimmer mit Klimaanlage, einige mit TV, Kühlschrank, 5 Ferienhäuser, Pool, Grillplatz und schöne Grünanlagen. Urb. Akurima, Tel. 9951164 und 9951724, Zimmer €€, Ferienhäuser €€€
● **Posada Los Pinos,** Posada mit vielen schönen Details und komfortablen Zimmern, großer Aufenthaltsraum mit Bar, Pool mit Rutsche, geführt von *Eric* und *Yaritza,* gratis Pick-up-Service, Wäscheservice. Urb. Akurima, Sec. Los Pinos, Tel. 8088817, 0414/8867227, info@backpacker-tours.com, €€€
● **Banana Tours Hospedaje,** recht einfaches, aber angenehmes Camp im Grünen außerhalb, 31 Zimmer, gutes Essen, Billardtisch. Colinas de La Laguna, Zugang von der C. Icabarú (Richtung Flughafen), Tel. u. Fax 9951511, 0414/8866610, bananatours@hotmail.com, HP, €€€

● Weitere **einfache und günstige Hotels** befinden sich im Innenstadtbereich, gut zu Fuß zu erreichen; man sollte sich die Zimmer vor dem Bezug gründlich ansehen.

Knapp 3 km östlich der Stadt, hoch gelegen und in der Regenzeit nur mit geländegängigen Fahrzeugen erreichbar, liegen folgende sehr empfehlenswerte Camps:
● **Posada de Angela**, von der sehr freundlichen *Angela* und ihrem spanischem Mann *Javier*, der nebenbei ein hervorragender Hobbykoch ist, geführte Eco-Posada inmitten der Natur. Auf 2 ha wild bewachsenem Grundstück, durch das sich ein Bach schlängelt, haben sie schöne, mit Orchideen bepflanzte Gärten angelegt und 6 rustikale, gemütliche Zimmer, alle mit eigenem Bad/WC eingerichtet, auch eine Grillhütte steht den Kunden zur Verfügung. Via Sampai, Urb. Lomas de Piedra Canaima, Tel. 4160838, 8088175, 0416/3987209, posangela@yahoo.com, €€€
● **Yakoo – Campamento de Selva**, ein sehr liebevoll gestaltetes, gepflegtes Camp in ruhiger Umgebung mit tollem Ausblick auf die Savanne. Um einen großzügig dimensionierten Aufenthaltsraum mit Palmdach gruppieren sich 6 Häuschen mit je 2 originell eingerichteten Zimmern, Naturpool, HP, nur mit Reservierung. Via Sampay, Urb. Lomas de Piedra Canaima, gut ausgeschildert, Tel. 9951742, 9951332, www.ya-koo.com, €€€
● **Campamaneto Petoi**, 12 neue, sehr schöne Zimmer in einem im spanischen Stil erbauten Landhaus mit tropisch bewachsenem Innenhof, bei schönem Wetter hat man einen atemberaubenden Blick auf die Tepuis, nette Atmosphäre, gute Küche. Via Sampay, Urb. Lomas de Piedra Canaima, Tel. 4160725, Tel u. Fax 8088634, Tel. 0414/8869769, 0414/8866845, www.petoitours.com, €€€
● **Campamento Venezuela Explorer**, dieses Camp liegt noch vor der Urb. Lomas de Piedra Canaima und ist mit jedem normalen Fahrzeug erreichbar, 5 rustikale Bungalows mit guten Matratzen inmitten eines gepflegten Gartens, der an eine Obstplantage erinnert, Reiseveranstalter Venezuela Explorer im Haus. Centro Fruticola Cielo Azul, Tel. 9951832 und 0414/7723291, Fax 9951832, www.venezuela-explorer.com, €€€

● **Villa Salvaje**, 8 hübsche, recht kleine Zimmer, rustikale Dekoration, Reservierungen über den Tourveranstalter Ruta Salvaje. Via Sampay, kurz vor dem Campamento Petoi, Urb. Lomas de Piedra Canaima, Tel. u. Fax 9951134, 4145316, www.rutasalvaje.com, €€€

Außerhalb von Santa Elena de Uairén

Knapp 4 km von Santa Elena de Uairén, in Richtung Flughafen und brasilianischer Grenze, befinden sich die besseren Häuser:
● **Hotel Anaconda*****, neues funktionelles Luxushotel, 58 bequeme und helle Zimmer, hübscher Poolbereich mit Wasserfall, großes Kasino, ÜF, KK. Troncal 10, via Brasil, Tel. 9951011 und 9951459, Fax 9951835, anaconda@lagransabana.com, €€€€
● **Hotel Gran Sabana****, einfallsreiche Dekoration, ruhiges Hotel der oberen Preisklasse, 56 großzügige Zimmer, Snackbar am Pool, Churrascaria im brasilianischen Stil, hier befindet sich das Büro von Raúl Helicopter's, ÜF, KK. Troncal 10, C. Icabarú, via Brasil, Tel. 9951810, 9951811, 9951812, Fax 9951835, www.hotelgransabana.com, €€€€

Etwas außerhalb in Richtung Norden findet man folgendes Camp:
● **Campamento Caliope Wuari**, sehr einfache, in der typischen Bauweise der Pemón gebaute Bungalows mit einer Kapazität von bis zu 5 Personen, Campingplatz, natürliches Spa, im Camp gibt es einen kleinen Wasserfall, Restaurant nur in der Hochsaison, genau 9 km vom Ortsausgang von Santa Elena de Uairén in Richtung San Félix bei km 932, direkt am Río Wuari, der dem Camp seinen Namen gibt. Tel. 9951479, 0414/8869918, 0212/2657777, caliopewari@cantv.net, €€

Essen und Trinken

Der brasilianische Einfluss ist in den Restaurants des Ortes durchaus zu spüren, es gibt viele Fleischrestaurants, die Menge ist wichtiger als die Qualität. Folgende Restaurants kann man empfehlen:

- **Pizzeria Kamadac,** sehr gute und günstige Pizzas, Travellertreffpunkt, deutschsprachig. C. Urdaneta, gegenüber vom Café Goldrausch, Tel. 9951408.
- **Café Goldrausch,** riesige Hamburger und leckere Steaks in guter Atmosphäre, Internetcafé. C. Urdaneta, Tel. 9951524.
- **Restaurante Venezuela primero,** anständige internationale Küche mit einer sehr großen Speisekarte, selbst Meeresfrüchte sind hier erhältlich. Av. Perimetral c/ C. Urdaneta, Tel. 9951149, KK.
- **Restaurante Alfredos,** gute Steaks, Fisch und Pizzas vom Holzofen. Av. Perimetral, neben dem Restaurant Venezuela primero, Tel. 9951628, KK.
- **Restaurante China Tommy Town,** chinesische und internationale Küche, sehr preiswert, alteingesessen und vom Chef persönlich geführt. C. Urdaneta, Tel. 9951415.
- **Churrascaria Do Careca,** nach dem brasilianischen Vorbild, für einen festen, sehr günstigen Preis gibt es so viel vom Grill, wie man essen kann. Av. Perimetral.
- **Serve Kilo Nova Opçao,** kaltes und warmes Büfett mit Self-Service, auch für Vegetarier geeignet, der Teller wird gewogen und übers Gewicht abgerechnet, nur Mittagstisch, sehr günstig. Am Plaza Bolívar, Tel. 9951013.
- Im Zentrum gibt es zahlreiche typische **Críollo-Restaurants,** in denen man einfach und günstig speisen kann.

Praktische Infos

- **Vorwahl:** 0289, die Telefonverbindungen sind häufig überlastet, mehrfach versuchen.

Apotheke

Es gibt einige Apotheken im Ort, die am besten ausgestatteten sind in der Nähe des Krankenhauses zu finden.

Fest

Beim **Karneval** in Santa Elena spürt man die Nähe und Verbundenheit mit Brasilien, Samba-Rhythmen dominieren das Fest, das traditionsgemäß zur gleichen Zeit wie in Europa gefeiert wird.

Geldwechsel

Geld wechseln in Banken ist schwierig, **Geldautomaten** findet man in der Banco Industrial in der C. Bolívar oder der Banco de Guayana am Plaza Bolívar.

Die **Schwarzwechsler,** hier immer noch geduldet und mit recht guten Kursen, befinden sich an der Kreuzung „Cuatro esquinas" (Av. Bolívar c/ C. Urdaneta). Man erkennt sie an den Koala-Taschen, die sie tragen.

Grenze

Nur 15 km vom Zentrum entfernt befindet sich die Grenze **nach Brasilien.** Der Grenzübertritt für Fußgänger ist denkbar einfach, alle Formalitäten werden direkt an der Grenzstation abgewickelt. Zur Einreise nach Brasilien ist eine gültige Gelbfieberimpfung vorgeschrieben, die schon mindestens zehn Tage alt sein muss. Zuerst besorgt man sich bei den venezolanischen Behörden im Gebäude des SENIAT den Stempel, direkt gegenüber vom brasilianischen Gesundheitsamt bekommt man von der Policia Federal die Einreiseformalitäten nach Brasilien gelöst. Viele Langzeitreisende nutzen die Möglichkeit der Ein- und Ausreise, um ihr Touristenvisum zu verlängern. Busse verkehren zweimal täglich vom Busterminal nach Boa Vista und halten an der Grenze, damit die Fahrgäste, die einen Stempel benötigen – und dazu gehören alle Nicht-Andinos – sich ihren bei den zuständigen Behörden abholen können. Eine wirkliche Kontrolle der Pässe, evtl. der Papiere für mitgebrachte Fahrzeuge und der Gelbfieberimpfung findet erst einige Kilometer nach der Grenze bei einer strengen Kontrollstation der Policia Federal statt. Auch Benzinschmuggler kriegen hier ernsthafte Probleme, selbst der Besitz eines Ersatzkanisters ist untersagt.

Wer nur einen kurzen Abstecher in den **Grenzort La Linea** machen möchte, braucht sich nicht mit Formalitäten aufzuhalten – man kann die Grenze einfach überqueren, muss aber den Gelbfieberausweis dabeihaben und den Reisepass. In La Linea gibt es zahlreiche Geschäfte mit brasilianischen Produkten, darunter besonders schöne und recht günstige Hängematten. Im Ort befinden sich einige sehr typische brasilianische Restaurants, durchaus eine kulinarische Abwechslung. Vorsicht: Die Portionen sind häufig immens. Auch einige sehr einfache Hotels und Posadas gibt es, diese sind allerdings verglichen mit Venezuela recht teuer.

Hubschrauber

Der legendäre Hubschrauberpilot **Raúl Arias** fliegt seine Gäste auf beeindruckenden Rundflügen zum Roraima, Kukenán und Chimantá, auch Flüge bis zum Salto Angel sind möglich. Natürlich muss man dafür tief in die Tasche greifen, ca. 400 Euro pro Flugstunde für bis zu 4 Personen sind sein Preis. Auch dann, wenn es einmal bei einer Bergtour Probleme geben sollte, kommt *Raúl* ins Spiel. Büro im Hotel Gran Sabana, Troncal 10, via Brasil, Tel./Fax 9951711, 9951912, 0414/ 8867174, www.raulhelicopteros.com.

Internetcafés

● Die Internetverbindung hier ist für gewöhnlich **sehr langsam**, da die staatliche Telefongesellschaft bisher noch keine Breitbandverbindung zur Verfügung stellt und die Funknetze unzureichend sind. Trotzdem findet der geduldige Mensch mehrere Internetcafés **im Innenstadtbereich** rund um die C. Urdaneta.

● Unter www.lagransabana.com sind viele Informationen zur Gran Sabana und Santa Elena nachzulesen.

Krankenhäuser

● Private Kliniken gibt es leider nicht, das **Krankenhaus** *(hospital)* liegt relativ stadtnah an der C. Icabarú und ist einfach zu finden. Hier bekommt man auch seine **kostenlose Gelbfieberimpfung**, an der Grenze gibt es eine weitere Station dafür.

● In Akurima, nordwestlich der Stadt, gibt es ein **Centro Integral** mit kubanischen Ärzten. Dieses Zentrum hat eine sehr moderne und komplette Ausstattung und ist im Falle eines Notfalles empfehlenswert und außerdem kostenlos.

Post

In der C. Urdaneta befindet sich das Büro von **Ipostel**, der staatlichen Postbehörde. Für Ansichtskarten ist es okay, wer etwas Wichtiges verschicken möchte, kann einen Abstecher in den Grenzort La Linea unternehmen, denn das brasilianische Postsystem ist wesentlich zuverlässiger.

Tourveranstalter

In Santa Elena de Uairén gibt es eine große Anzahl seriöser Anbieter für vielfältige Touren in die gesamte Umgebung, allen voran die Trekkingtour zum Roraima. Aber leider sind auch einige **schwarze Schafe** zu beklagen, die zwar häufig sehr günstige Tourangebote haben, dann aber mit unzureichender Ausrüstung und fehlenden Sicherheitsmaßnahmen das Leben und die Gesundheit ihrer Kunden aufs Spiel setzen. Man muss bedenken, dass man sich bei einer Tour zum Roraima für mind. sechs Tage weit weg von der Zivilisation bewegt und ein einfacher Knochenbruch schon zu einem schwerwiegenden Problem werden kann, wenn man ohne professionelle Unterstützung unterwegs ist. Auch sollte man ein wenig an die Umwelt denken: Das Roraima-Massiv ist ein sehr komplexes Ökosystem, das durch die vielen Besucher schon sehr leidet. Die professionellen Anbieter bringen tragbare Toiletten mit und entsorgen alle Fäkalien, sie kümmern sich um den Rücktransport jedes Papierschnipselchens und passen auf, dass Besucher die Regeln einhalten.

● **Backpacker Tours**, Gran-Sabana-Touren bis Mantopai, Roraima, El Pauji, Chirikayén, deutsch, englisch und spanisch. C. Urdaneta, in der Posada Backpacker bzw. im Café Goldrausch, Tel. 8088817, 4160602, 0414/ 8867227, www.backpacker-tours.com.

● **Kamadac Travel**, Roraima, Chirikayén, Gran Sabana, Expeditionen und Extremtouren, deutschsprachig, von *Andreas Hauer*. C. Urdaneta, in der Pizzeria Kamadac, Tel. 9951408, 0414/8866526, www.abenteuervenezuela.de.

● **Adventure Tours**, das von Frank Khazen geführte Reisebüro besteht seit 25 Jahren, *Frank* ist der dienstälteste Guide der Gran Sabana und bietet Touren in die Gran Sabana, zum „Aussteigerdorf" El Pauji und in die umliegenden Gold- und Diamantenminen an. Als

Das Hochland von Guayana

gelernter Fotograf kann er auch spezielle Fototrips veranstalten. C. Perimetral, neben dem Restaurante Alfredos, Tel. 9951861, 0414/8537903, www.adventuretours.com.ve.
- **Mount Roraima,** Touren auf Englisch und Spanisch, Gran Sabana und Roraima. Av. Principal Cielo Azul, Quinta Walkirias, Tel. 9951826, 9951135 und 0414/8867038 www.mountroraima.com.
- **Ruta Salvaje Tours,** Spezialist für Rafting und Kajaking in der Gran Sabana, Mountainbikes, eigenes Camp Villa Salvaje. Av. Mariscal Sucre, gegenüber der PDV-Tankstelle, Tel. 9951134, rutasalvaje@cantv.net.
- **Turö – Sen Tour,** günstige Gran-Sabana- und Roraima-Touren auf Spanisch, organisiert von *Orlando Alder,* genannt „El Gato". C. Urdaneta, Tel. 9951072, 0414/8868845, rorinaka@hotmail.com.
- **Venezuela Explorer,** von *Edyta* und *Sergio* betriebenes Büro mit eigenem Camp in Stadtnähe, Expeditionen und Touren. Centro Fruticola Cielo Azul, Tel. 9951832 und 0414/7723291, Fax 9951832, www.venezuela-explorer.com.

Ausflüge von Santa Elena de Uairén

Gran Sabana

Von Santa Elena kann man natürlich tolle Touren in die Gran Sabana unternehmen. Genaue Beschreibungen zu allen Attraktionen und Wasserfällen sind dem Abschnitt „Gran Sabana" zu entnehmen.

El Pauji ♫ XXI, C2

El Pauji ist mehr eine Ansammlung von Häusern und Gehöften als ein Dorf und wurde erst im Jahr 1960 von jungen Aussteigern aus Caracas gegründet, die in Ruhe und idyllischer Abgeschiedenheit am Ende der Welt leben wollten. Heute wohnen hier nur rund **170 Menschen,** und wenn man im Dorf ankommt, denkt man wirklich, man sei am Ende der Welt: im Norden die Tafelberge am Horizont, nach Süden der steile Abbruch der Gran Sabana hinunter bis zur grünen Hölle des brasilianischen Urwaldes. Mittlerweile leben hier **Aussteiger** aus aller Welt, ein sehr internationales Bild, verstärkt durch die Anwesenheit vieler illegaler „Mineros" aus Brasilien. Auch viele (Lebens-)Künstler gehen hier ihrem Handwerk nach, einige bieten Kurse in Esoterik an, andere wiederum stellen Honig oder kunstvolle Schnitzereien her, alle sind sehr nett.

Die **Straße,** die El Pauji mit Santa Elena verbindet und dann weiter bis zu den Minen von Icabarú (s.u.) führt, ist in erbärmlichem Zustand, besonders im letzten Drittel; sie verläuft parallel zur Grenzlinie. Für die 70 km muss man gut 3 Std. einplanen, was schon wesentlich schneller ist als noch vor wenigen Jahren. Die Straße beginnt nahe des Flughafens von Santa Elena, bei km 57 befindet sich ein Kontrollposten der Guardia Nacional beim Ort **Parai Tepui,** von dem man einen netten Wasserfall – und den Roraima (s.u.) – besuchen kann.

Wer mit dem eigenen Wagen unterwegs ist, muss besonders bei Regen fahrerisches Geschick aufbieten. Von Santa Elena fahren sehr früh am Morgen **Por Puestos** ab, die Rückfahrt findet am frühen Nachmittag statt. Man sollte sich unbedingt einen Tag vorher über die genauen Abfahrtszeiten informieren, diese wechseln fast täglich. Auch auf dem Luftweg kann man El Pauji erreichen, die Fluglinie Rutaca bietet ab dem Flughafen Santa Elena Linienflüge an, allerdings nur bei genügend Nachfrage. Auch hier ist Geduld notwendig.

Ausflugsmöglichkeiten gibt es von hier jede Menge, der Klassiker ist eine Wanderung zum etwa 2 Std. entfernten Mini-Tafelberg **El Abismo**. Von ihm hat man einen umwerfenden Blick auf den brasilianischen Regenwald und tief in die Gran Sabana.

Die **Saltos de Pauji** sind nur eine knappe ½ Std. vom Ort entfernt und umfassen drei wunderschöne Wasserfälle, in denen man baden kann.

Eine weitere Attraktion ist der **Pozo de Esmeralda**, ein Naturschwimmbecken noch fast in El Pauji.

In der Umgebung der Siedlung, in der fast immer ein herrliches Klima herrscht, stehen mehrere Naturcamps zur Verfügung. Im Ort selber existieren einige sehr einfache Restaurants und ganz bescheidene Unterkünfte, die meisten arbeiten aber nur saisonal und mit vorheriger Reservierung.

Unterkunft:
- Das ganze Jahr über wird man in der **Posada Maripak Tepui** nett empfangen; sie befindet sich direkt im Ort, 200 m von der Landepiste entfernt. Neben drei einfachen, niedlichen bungalowartigen Häuschen bietet *Mariely Gil* ein Restaurant, einen Tante-Emma-Laden, einen Campingplatz und das örtliche Tanzlokal. Es ist besser, vorher zu reservieren, damit man wirklich alles vorbereitet findet. Tel. 0289/8081033, 0414/8867144, öfters versuchen, das Telefon funktioniert nur abends, wenn der Generator läuft; chimantamaripakTepui@cantv.nethotmail.com.
- In El Pauji (an der Bodega links abbiegen) leben *Marco* und *Elba Leutzinger*. Ihre **Posada Marco** ist eine angenehme private Unterkunft mit Kochmöglichkeit. *Marco* organisiert Touren zum Abismo-Tafelberg, zum Goldwaschen und zum Beobachten von Vögeln.
- Etwas östlich von El Pauji befindet sich das attraktive **Campamento Manao** mit 8 gut ausgestatteten Bungalows. Eine Reservierung ist erforderlich und kann nur über Caracas unter Tel. 0212/2343661 getätigt werden.
- Schon weit außerhalb, bei km 98 an der Straße nach Icabarú, bei der Siedlung Cantarana, befindet sich das großzügige Camp von *Alfonso* und *Sabine*, die auch deutsch sprechen. Das **Fundo Cantarana** liegt an einem Wasserfall, dessen topasfarbenes trinkbares Quellwasser sich in einem recht großen Becken *(pozo)* sammelt, um dahinter als 5 m breiter Río Cantarana über die Zufahrtsstraße zu laufen und schließlich weiter unten in den Urwaldfluss Uaiparú zu münden. In einfachen und gemütlichen Mehrbettzimmern können 25 Gäste untergebracht werden. Außerdem gibt es reichlich überdachten Platz für Hängematten. Geräumige luftige Aufenthaltsräume und eine großzügige Gartenanlage laden zum Entspannen ein, sei es bei einer Siesta, beim Lesen eines guten Buches oder bei Yogaübungen. Auf Vorbestellung wird sehr gutes, mit frischesten Zutaten aus eigenem Anbau zubereitetes Essen serviert. Tel. 0415/2120662 – auch hier muss man es öfters versuchen, die Verbindungen sind sehr schwer aufzubauen. Mehr Infos über das Camp findet man im Internet unter www.gran-sabana.de.

Die Minen von Icabarú ⌁XXI, C2

Die **ältesten Gold- und Diamantenminen des Landes** geben bei weitem nicht mehr so viel her wie noch in den 1940er Jahren, als Tausende von Mineros aus dem In- und Ausland die Gegend unsicher machten. Heute leben noch ein paar hundert Leute in dem heruntergekommenen Ort. Es gibt ein paar Kneipen und Bodegas und auch ein paar ganz einfache Pensionen. Die Straßen sind staubig und verwandeln sich bei Regenfällen in

Schlammpisten. Die Anfahrt ab El Pauji erfolgt auf holpriger Straße. Nach Icabarú fahren täglich mehrere Toyota-Jeeps (ab 7 Uhr morgens von der Bäckerei Gran Café in der C. Icabarú in Santa Elena de Uairén). Icabarú ist definitiv kein touristisches Muss!

Roraima ⟶ XXI, D2
GPS: N 5°01.56, W 60°46.69

Der Roraima, mit 2810 m der **höchste Tafelberg der Welt,** liegt im Dreiländereck Venezuela, Brasilien und Guyana. Mit seinen senkrechten Felswänden schreckt er Eindringlinge ab. In Wirklichkeit ist der Roraima aber relativ einfach zu besteigen und lockt daher eine große Zahl von Abenteuerlustigen aus aller Welt an. Die Pemón-Indianer, die diesen Landstrich bewohnen, nennen den Berg auch La madre de todas las aguas – „Die Mutter aller Wasser" –, eine Bezeichnung, die in der Regenzeit verständlich wird.

1912 brachte der Sherlock-Holmes-Erfinder **Sir Arthur Conan Doyle** ein Buch mit dem Titel **„The Lost World"** heraus. In diesem spannenden Fantasy-Abenteuerroman wird die Geschichte einer Reise nach Südamerika erzählt, in der ein Team von Wissenschaftlern und Reportern der Legende von lebenden Dinosauriern nachgeht, die sie am Ende ihrer beschwerlichen Reise auf einem Hochplateau in der verlorenen Welt auch wirklich finden. Jeder Besucher, der heute den Roraima besteigt und das Buch gelesen hat, wundert sich, wie sehr *Doyles* Fiktion einer prähistorischen Welt hier noch immer eine Entsprechung in der Realität findet – ohne die Riesenechsen natürlich. Inspiriert wurde *Doyle* zu seinem Roman auch durch Berichte des deutschen Forschungsreisenden und Geografen *Robert H. Schomburgk* (1804–65), der schon 1840 die Grenzgebiete zwischen Venezuela und Guyana erkundet hatte.

Als Ausgangspunkt für Expeditionen und Touren auf das Roraima-Massiv wird die indianische Gemeinde von **Parai Tepui** angefahren. Sie liegt 30 mühsame Fahrkilometer von San Francisco de Yuruani entfernt, die Anfahrt ist allerdings wunderschön! Die Gemeinde auf rund 1400 m Höhe ist die dem Berg am nächsten gelegene Siedlung, welche noch mit dem Geländewagen erreicht werden kann. 4 km südlich befindet sich die Gemeinde **Chirima-Ta.**

Von Parai Tepui geht es zu Fuß bis zum ersten Nachtlager am Río Tök. Am zweiten Tag müssen die **Flüsse Tök und Kukenan durchquert** werden. Die Steine sind sehr glitschig, bei Regen führen die Flüsse Hochwasser. Nach einem tödlichen Unfall im Jahr 2007, als ein indianischer Träger im Fluss ertrank, bringen nun Schlauchboote die Touristen bei Hochwasser sicher zum anderen Flussufer. Bei niedrigem Wasserstand quert man die Flüsse zu Fuß, am besten in Socken, und kann spezielle Seile als Gehhilfe benutzen. Die zweite Nacht verbringt man dann im Basislager unterhalb des Roraima.

Am dritten Tag beginnt der **Aufstieg.** Zuerst durchquert man einen

Bergregenwald, in dem man mit etwas Glück auch mal einen Ameisenbär sehen kann. Der Aufstieg ist recht beschwerlich, speziell bei Regenwetter ist der Untergrund rutschig. Der Bergregenwald endet am Fuße des Tafelbergs, die Oberkante liegt rund 1000 m höher. Eine Rampe, manchmal bloß ein schmaler Sims, oftmals nicht breiter als ein ½ m, schlängelt sich an der Südwestkante des Roraima hinauf, der Einstieg in eine mystische Welt. Auf der einen Seite der senkrechte Abgrund, auf der anderen Seite die Felswand, benötigt man rund 4 Std. für den Aufstieg. Kleine Wasserfälle und Kaskaden plätschern über den Weg, aus Felslöchern spritzt Wasser. Von ferne sieht man unzählige Wasserfälle die Felswände herunterstürzen, auf dem Weg zum Gipfel manchmal echte Hindernisse.

Das „Dach" des Roraima ist eine Welt für sich, und es fehlen wirklich nur noch Dinosaurier, um das Bild zu komplettieren. Eine Vielzahl von **Hotels** ist zwischen den Felsblöcken, Zinnen, Kratern und Wasserlöchern auf der unebenen Hochfläche zu finden. Als „Hotels" werden hier natürliche Überhänge und Felshöhlen für Zelte bezeichnet, die in der Hochsaison früh ausgebucht sind – dann muss man sein Zelt auf der windgepeitschten, freien Oberfläche des Roraima aufstellen.

Guides vom Indianerstamm der Pemón

Die Fläche des Roraima beträgt nur **34,38 km²** und ist damit wesentlich kleiner als bei anderen Tepuis. Der Auyan Tepui zum Beispiel ist mit seinen 700 km² mehr als 20 Mal größer.

Das Leben in der Roraima-Felswüste reduziert sich auf Symbiosen überlebensfähiger **Pflanzenarten**. Man sieht endemische Bromeliengewächse, fleischfressende Pflanzen und unbekannte Moose, die teilweise wie Korallen wachsen. Ein eigenes Mikroklima hat im Laufe der Jahrtausende etliche endemische Tier- und Pflanzenarten hervorgebracht, selbst in den Steilwänden haben sich Pflanzen angesiedelt.

Unzählige **Bergkristalle** durchsetzen die Steine auf dem Hochplateau. Für viele Touristen lockende Souvenirs, die Mitnahme ist aber verboten! Die unzähligen Gesteinsformationen erinnern an Gesichter, Tiere und Fantasiegestalten. Besonders bei Nebel entsteht so eine mystische Stimmung, die kaum beschrieben werden kann.

Vom Roraima genießt man fantastische **Panoramablicke**, oben scheint die Sonne, unten regnet es – das Wetter auf dem Berg ändert sich von einer Sekunde auf die nächste. Im Westen, nur wenige Kilometer entfernt, sieht man den **Tafelberg Kukenan**, die steilen Felswände in der Regenzeit von zahlreichen Wasserfällen geschmückt. Der Kukenan-Wasserfall ist der viertgrößte weltweit mit einem freien Fall über 610 m. Der Kukenan kann nur mit einer Spezialbewilligung bestiegen werden, die in der Regel nur noch Forscher bekommen. Der Aufstieg auf diesen Berg ist gefährlich und erfordert Kletterkenntnisse. Bei guter Weitsicht blickt man bis zum Amazonas, der größten zusammenhängenden Urwaldregion des Planeten. Auch den Urwald von Guyana sieht man bei gutem Wetter!

Im Normalfall bleiben die Gruppen zwei Nächte und einen kompletten Tag auf dem Roraima. Gut trainierte Wanderer können bis zum Dreiländereck, dem **Triple Point**, gehen! Wer bis zur anderen Seite des Tafelberges wandern will, braucht mindestens einen Zusatztag auf dem Berg.

Am fünften Tag beginnt der **Abstieg** vom Roraima, die längste Etappe der Tour; geschlafen wird am Río Tök. Am sechsten Tag schließlich gelangen die Leute wieder nach Parai Tepui und mit dem Geländewagen schlussendlich zurück in die Zivilisation.

Die in den letzten Jahren stark gestiegenen Besucherzahlen und die Bedrohung der Natur durch die Touristen haben sehr **strenge Regeln** nach sich gezogen, die von der Nationalparkbehörde Inparques und der Guardia Nacional überwacht werden. So ist es verboten, den Roraima ohne einheimischen und registrierten Führer zu besteigen, alle Abfälle müssen vom Berg runtergebracht werden inkl. der Fäkalien. Es ist verboten, Pflanzen und Bergkristalle mitzunehmen, die Touristen werden bei der Rückkehr in Parai Tepui eingehend durchsucht. Das sollte alles selbstverständlich sein, denn das ist man der Natur und anderen Besuchern schuldig.

Die beste Möglichkeit, das Roraima-Erlebnis zu genießen, ist eine **organi-**

sierte Tour. In Santa Elena gibt es namhafte Veranstalter, auch im Internet findet man gute Adressen, eine Buchung im Voraus ist vorteilhaft, besonders dann, wenn man nicht viel Zeit hat und die Tour zu einem bestimmten Zeitpunkt starten soll, damit sie in die sonstige Reiseplanung passt. Zu bedenken ist, dass die Veranstalter für so eine Tour viele Vorbereitungen treffen müssen, die Guides und Träger müssen verfügbar sein, Verpflegung muss eingekauft werden, die Transporte sind zu organisieren.

Wer die Tour auf eigene Faust machen möchte, kann sicher etwas Geld einsparen, allerdings muss man seine gesamte Ausrüstung selbst mitbringen, die Verpflegung selbst besorgen und – das Wichtigste – einen guten Guide suchen und finden (in San Francisco de Yuruani und im Indianerdorf Paraitepui).

Dringend abgeraten wird von Tourverkäufern, die auf der Straße Kunden suchen. Diese Guides sind meistens illegal unterwegs und entsprechend miserabel ausgerüstet. Dies kann vor allem bei einem Notfall zu großen Problemen führen. Die Reisebüros hingegen geben den Gruppen Funkgeräte und auch Erste-Hilfe-Koffer mit.

Eine andere und sehr angenehme Art, den Roraima zu erleben, ermöglicht der **Helikopterpilot Raúl Arias.** Zwar ist der Flug nicht ganz billig, aber ein tolles Erlebnis. Bei gutem Wetter wird auch gelandet auf dem Roraima, um ein paar schöne Erinnerungsbilder machen zu können. Ferner wird der Kukenan überflogen, und auf dem Rückweg nach Santa Elena de Uairén fliegt *Raúl* zu einem wunderschönen Wasserfall, wo man sonst nie hinkommen würde.

Chirikayén

Der Chirikayén erscheint mit seinen 1510 m Höhe im Vergleich zu seinem großen Bruder Roraima relativ klein. Er gilt aber unter Naturfreunden als **„Geheimtipp".** Während die Mehrheit auf den Roraima steigt, sind es nur sehr wenige „Kenner", welche dem Chirikayén einen Besuch abstatten. Meist bewegt sich eine Gruppe allein in herrlicher Natur. Die Besteigung wird als 3-Tagetour in Santa Elena de Uairén angeboten.

Am ersten Tag führt eine 1½-stündige Fahrt im Geländewagen zum gleichnamigen Indianerdorf Chirikayén. Das Dorf bietet einen herrlichen Blick auf den Tafelberg und liegt in schönster Umgebung. Es wird von ungefähr 400 Pemón-Indianern bewohnt. Von hier führt der Weg durch Savanne an den Rand des Tafelbergs, wo man die erste Nacht verbringt, um am zweiten Tag den Berg zu besteigen. Bei gutem Wetter hat man einen umwerfenden Blick auf die Gran Sabana und die anderen Tafelberge. Was viele nicht wissen, ist, dass der Chirikayén auch eine 90 m lange **Höhle** aufweist, die von einer Fledermauskolonie, Spinnen und Grillen bewohnt wird. Nach der Übernachtung auf dem Hochplateau geht es am dritten Tag zu Fuß zurück bis nach Santa Elena de Uairén. Mit viel Glück kann man auch einen Ameisenbär sehen.

DAS AMAZONASGEBIET

Das Amazonasgebiet

Der Orinoco bei Puerto Ayacucho

Hutverkäuferin auf der Fähre

Modegeschäft in Caicara del Orinoco

Überblick

Nur wenige Kilometer nach Puerto Páez erreicht man das Bundesland Amazonas, den venezolanischen Anteil an der riesigen und für die Ökologie des ganzen Planeten so wichtigen **Regenwaldregion** im Herzen des südamerikanischen Kontinents. Großteile des Amazonas sind bis heute noch unerschlossen und entsprechend auch nur dünn besiedelt. In den kaum zugänglichen Urwäldern am Oberlauf des Río Orinoco leben viele Indianerstämme zurückgezogen wie zu Vorzeiten. Hier finden sich vor allem die Stämme der **Yanomami,** der **Makiritare** und der **Baniba.** Der Anteil der indianischen Bevölkerung an der Gesamtzahl der Bevölkerung des Bundeslandes beträgt 40%, nirgendwo sonst ist er so hoch. Eine intensive Besiedlung wurde durch die schweren Lebensbedingungen, das **heiße und feuchte Klima** und die im ganzen Gebiet des Orinoco vorherrschende **Mückenplage** verhindert. Das kommt natürlich der Schutzbedürftigkeit der Gegend zugute. Begehrlichkeiten wecken die zahlreichen **Bodenschätze** der Region, wie Diamanten, Gold, Bauxit und Quarz, wodurch es immer wieder zu wenig erfreulichen Begegnungen zwischen indianischer Bevölkerung und weißen „Schatzsuchern" kommt.

Individualtouristen haben es nicht leicht in diesen abgelegenen Gegenden. Es gibt nur ganz wenige Straßen bzw. Pisten. Ohne behördliche Genehmigung kann man jenseits von **Puerto Ayacucho** nur bis **Samariapo** oder **El Venado** gelangen. Wer auf Schotterpisten weiterfahren möchte,

kann dies nur mit einer Bewilligung durch die Distriktverwaltung in Puerto Ayacucho. Die weiter südlich liegenden Orte **San Fernando de Atabapo** und **San Carlos de Río Negro** werden regelmäßig von Puerto Ayacucho mit kleinen Flugzeugen angeflogen. Soll die Reise von hier weiter die Flüsse hinaufgehen, ist eine Spezialbewilligung z.B. von der Indianerbehörde ORAI notwendig (Kultusministerium Caracas), und auch vom Innenministerium in Caracas ist meist eine Erlaubnis nötig. Diese wird Privatpersonen in der Regel nicht erteilt. Es gibt sowohl in Deutschland als auch in Venezuela spezialisierte Reiseagenturen, die Touren **in den Dschungel** anbieten und hierfür auch über die notwendigen Bewilligungen verfügen. Man muss sich vor so einer Tour darüber im Klaren sein, dass gute körperliche Verfassung, Ausdauer und die Bereitschaft zum Komfortverzicht unabdingbare Voraussetzungen sind. Oft übernachtet man in Hängematten mitten im Busch, es gibt weder Toiletten noch Duschen.

Von Puerto Páez nach Puerto Ayacucho

Fährt man von Puerto Páez rund 50 km südwärts auf der asphaltierten und parallel zum Río Orinoco verlaufenden Straße, gelangt man auf der linken Seite zum **Pozo Azul**. Es handelt sich um einen mittlerweile etwas heruntergekommenen Rastplatz mit mehreren Churuatas, in denen man Hängematten aufspannen kann (das Hinweisschild ist kaum zu übersehen). In einem klaren, herrlich grünen Bach kann man gefahrlos ein Bad nehmen. Allerdings gibt es sie auch hier: die kleinen und lästigen **jejenes,** Sandfliegen, die geradezu auf Touristen zu warten scheinen. Speziell in der Regenzeit sind diese Viecher sehr aktiv. Bei starken Regenfällen kann es vorkommen, dass der ganze Rastplatz unter den Wassermassen versinkt.

Fährt man vom Rastplatz 30 km weiter südlich, erreicht man Puerto Ayacucho, die Hauptstadt des Bundeslandes Amazonas.

Von Ciudad Bolívar nach Puerto Ayacucho

Zwischen dem östlichen Teil des Guayana-Hochlands und dem Bundesland Amazonas besteht eine direkte Straßenverbindung **parallel zum Río Orinoco.** So müssen Reisende, die beide Regionen kennen lernen wollen, nicht mehr wie früher große Umwege über den Norden machen. Von Ciudad Bolívar bis Puerto Ayacucho sind es rund 740 km; mit dem Auto kann die Strecke an einem Reisetag bewältigt werden, Busse benötigen mind. 12 Std. Die Straße führt durch grüne Savannenlandschaften, in der Trockenzeit achte man auf Kaimane in den Wasserlöchern nahe der Trasse.

Maripa ⌕XII, B2

GPS: N 7°24.89, W 65°11.29

Nach ungefähr 214 km Fahrt erreicht man Maripa. Um die kleine Ortschaft mit gut **5000 Einwohnern** sollte man aber besser einen Bogen machen. In und um Maripa kam es schon öfters zu **bewaffneten Raubüberfällen** auf Touristen, und die Polizei scheint machtlos zu sein. Viele Bewohner leben von den nahebei im Dschungel liegenden Gold- und Diamantenminen, immer wieder kommt es zu Zwischenfällen mit der Armee, welche die illegalen Minen räumen muss.

Kurz vor Maripa geht linker Hand eine asphaltierte Straße in Richtung **Puerto Cabello del Caura** ab; nach etwa 25 km kommt man auf eine kleine Piste, die durch dichten Urwald führt. Nach weiteren 25 km erreicht man den Ort Las Trincheras del Caura.

Las Trincheras del Caura ⌕XIII, C3

GPS: N 7°04.49, W 64°59.75

Dieser kleine Ort wird vorwiegend von Evangelisten bewohnt, daher muss man auf alkoholische Getränke verzichten. Das Dorf liegt wunderschön direkt am Río Caura, auf dem man interessante Bootstouren unternehmen kann. Die gemütliche **Caura Lodge** am Rande des Ortes wird von Cacao Travel betrieben, es werden Tagesausflüge und mehrtägige Expeditionen auf dem Río Caura organisiert.

Nähere Angaben und Tipps zu Touren findet man im Abschnitt „Ausflüge von Ciudad Bolívar".

Fährt man auf der Hauptstraße von Maripa weiter, so erreicht man nach 120 km die Abfahrt nach Caicara del Orinoco. Von der Abzweigung sind es noch 12 km bis zum Städtchen.

Caicara del Orinoco ⌕XII, A2

GPS: N 7°38.55, W 66°10.46

Für Touristen ist Caicara del Orinoco nicht speziell sehenswert. Für die Region hingegen ist Caicara ein wichtiger Handels- und Einkaufsort. Wer in den venezolanischen Norden will, nimmt von hier aus die **Fähre über den Orinoco** nach Cabruta. In absehbarer Zeit soll die dritte Brücke über den Río Orinoco nach Cabruta führen. Das 1,3 Milliarden Dollar teure Projekt sieht eine 2400 m lange Brücke vor mit Pfeilern, die einen Durchmesser von 3 m und eine Höhe von 137 m erreichen sollen. Am Ufer des Río Orinoco und auch im Ort, unmittelbar neben der Tankstelle, findet man eine recht große Anzahl von **Petroglyphen,** Felszeichnungen. Diejenige bei der Tankstelle wird als „Mond und Sonne" bezeichnet. Der Ort ist auch bekannt für seine alljährlich im Mai stattfindende **Feria de la Coroba** zu Ehren der Schutzheiligen der Stadt, *Nuestra Señora de la Luz.*

CAICARA DEL ORINOCO

●**Vorwahl:** 0284

An- und Abreise

Busse und Por Puestos
●**Caicara del Orinoco – Puerto Ayacucho,** ganztägig Abfahrten.
●**Caicara del Orinoco – Valle de La Pascua – San Juan de Los Morros – Villa de Cura – La Encrucijada – Valencia,** eine Busverbindung am Nachmittag.
●**Caicara del Orinoco – Ciudad Bolívar,** Busse fahren mehrmals täglich, jeweils wenn sie voll sind.
●**Por Puestos** fahren ständig nach **Ciudad Bolívar** und **Puerto Ayacucho.**

Fähre
Von Caicara del Orinoco kann man mit der Fähre **nach Cabruta** übersetzen, das dauert je nach Jahreszeit und Wasserstand zwischen 1 und 2 Std. Ab morgens 5 Uhr kann man im 2-Stunden-Takt den Fluss überqueren, die letzte Fähre startet gegen 19 Uhr abends. Der Transport eines Pkw kostet um die 5 Euro.

Unterkunft

●**Hotel Gran Venezia,** einfaches Hotel mit Restaurant. C. 23 de Enero, Tel. 6667560, €€€
●**Hotel Tamanaco,** Carretera Nacional in Richtung Ciudad Bolívar, gegenüber der Einfahrt zum Busterminal, Tel. 6667285 und 0416/8985310, €€
●**Hotel Miami,** Av. Carabobo c/ C. Guayana, gegenüber der Arepera Caicara, Tel. 6667885, €€

Essen und Trinken

●**Parador Turístico El Bisonte,** dieses preiswerte Restaurant ist täglich geöffnet, als Spezialität wird hier Wasserschwein zubereitet. Troncal Nr. 19, Carretera Nacional.
●**La Popular,** lokale Speisen in der Av. Carabobo.

Einkaufen

Vor Ort kann man schöne **Korbwaren** und andere Gebrauchsgegenstände direkt von den Panare-Indianern erstehen. Typisch für ihre Kunst sind die **guapas,** runde und flache Körbe, die sich als Obstschalen hervorragend eignen. Die Indianer findet man in den Straßen und auch am Markt an, daneben gibt es aber auch ein kleines Geschäft in der C. Juncal Nr. 12.

Fährt man von Caicara del Orinoco weiter Richtung Puerto Ayacucho, erreicht man nach ungefähr 11 km einen Abzweig nach links ins **Minengebiet von Guaniamo.** Die schlechte Piste führt teilweise durch Urwald, ein Geländewagen ist zwingend erforderlich, in der Regenzeit gibt es kaum ein Durchkommen mehr. Für Touristen ist diese Fahrt nicht empfehlenswert. Die Gegend zählt zu den reichsten an Bodenschätzen wie Gold und Diamanten und entsprechend rau sind die Sitten. Immer wieder kommt es zu Auseinandersetzungen mit der Armee, da die meisten Gold- und Diamantenminen von der Regierung verboten wurden.

Weiter auf der Hauptstraße folgt nach 150 km Fahrt die Ortschaft **Los Pijiguaos.** Man befindet sich hier im Stammesgebiet der **Panare-Indianer** und kann sie manchmal im Ort sehen. Die meisten gehen wie vor ewigen Zeiten nur leicht beschürzt, der rote Lendenschurz nennt sich *guayuco*. Oft kommen die halb nackten Indianer mit modernen Motorrädern an, der Kontrast könnte nicht krasser ausfallen ... In Los Pijiguaos wird seit 1987 mit Erfolg Bauxit abgebaut. Bauxit ist das Grundmaterial zur Erzeugung von Aluminium. Pro Jahr werden im Schnitt an die 5000 metrischen Tonnen davon abgebaut und meist auf dem Seeweg via Orinoco nach Puerto Ordaz gefahren. Man kann in der Gegend auch **übernachten,** einige Restaurants sind ebenso vorhanden (Posada Turística Taguapire, einfache Zimmer, Sec. Morichalito, €€; Motel-Residencia Morichalito, einfache Zimmer, Restaurant, ummauerter Parkplatz, €€).

Weiter geht die Fahrt über Parguaza und Parhuena nach Puerto Ayacucho.

Puerto Ayacucho *XVIII, A1*

GPS: N 5°39.78, W 67°37.68

Die einzige nennenswerte Stadt im venezolanischen Amazonasgebiet ist die heiße und feuchte **Hauptstadt des Bundesstaates Amazonas.** Die Stadt mit über 35% indigener Bevölkerung wächst ständig und zählt mittlerweile über **120.000 Einwohner,** mehr als doppel so viel wie noch vor zehn Jahren. Die Stadt erstreckt sich parallel zum Orinoco und ist lebhaft, fröhlich und laut. Weitab von der Hauptstadt sind in Puerto Ayacucho nur lokale Angelegenheiten von Bedeutung. Für ein wildes Nachtleben ist Puerto Ayacucho nicht gerade berühmt, zwischen 7 und 9 Uhr abends werden die Bürgersteige hochgeklappt.

In der **Regenzeit** erlebt man wahre Unwetter und lauwarme Wolkenbrüche wie sonst nirgendwo. Wenn es einmal richtig losgeht, ist man innerhalb von Sekunden bis auf die Knochen durchnässt. In der **Trockenzeit** ist es dann allerdings auch schon einmal so trocken, dass man selbst nach dem fünften Bier noch eine staubige Kehle verspürt.

Stadtgeschichte

Auf Drängen der Administration des Diktators *Juan Vicente Gómez* wurde im Jahr 1924 damit angefangen, zwei Siedlungen an strategisch wichtigen Stellen am Orinoco zu errichten. Eine ist das heutige Puerto Ayacucho, die andere der Hafen Samariapo, gut 60 km südlich. Diese beiden Punkte, durch eine Straße miteinander verbunden, haben dafür gesorgt, die für Schiffe unpassierbaren Stromschnellen Raudales de Atures und Raudales de Maipures zu überbrücken und so den Warentransport über die ganze Länge des Orinoco möglich zu machen. Offiziell **1928 gegründet,** hat Puerto Ayacucho seit Anbeginn den Rang der Landeshauptstadt erhalten und damit das fast 300 km weiter südlich liegende San Fernado de Atabapo abgelöst.

Lage

Puerto Ayacucho liegt **am venezolanischen Ufer des Orinoco-Oberlaufs** (auf der anderen Seite verläuft die Grenze zu Kolumbien). Auf der Landstraße, über den 320 km nördlich gelegenen Ort San Fernando de Apure, gelangt man in etwa 12 Std. Fahrtzeit nach Caracas. Nach Süden erreicht

Atlas XVIII, Stadtplan S. 401

PUERTO AYACUCHO

man über eine asphaltierte Straße den tristen Hafen **Samariapo** (ca. 65 km), nach weiteren 10 km den Hafen **El Venado**. Das ist der meistgenutzte Anlegeplatz für Boote, die den oberen Orinoco befahren, nur in der Regenzeit wird von Samariapo gestartet.

Orientierung

Es gibt zwei wesentliche Verkehrsadern in der Stadt. Auf der **Av. 23 de Enero** verlässt man die Stadt in östlicher Richtung; am Kreisverkehr, nahe des Mercado Municipal, führt die Bundesstraße 10 nach Norden. Die **Av. Orinoco,** die in etwa 250 m Entfernung parallel zum Orinoco verläuft, ist die zweite wichtige Orientierungshilfe und bildet das kommerzielle Zentrum der Stadt. Sie beginnt im Norden am Hafen, wo die Boote nach Kolumbien übersetzen, und führt in südlicher Richtung aus der Stadt hinaus.

Sehenswürdigkeiten

Im Gegensatz zu den meisten Städten in Venezuela ist in Puerto Ayacucho der Plaza Bolívar nicht der Hauptplatz und Treffpunkt der Stadt. Diesen Rang hat der nahe gelegene Plaza del Indí-

Im Zentrum von Puerto Ayacucho

gena, ehemals Plaza Rómulo Betancourt, übernommen. Trotzdem gehört der Besuch des weiträumigen **Plaza Bolívar** zu einem Stadtrundgang. Die Reiterstatue des Befreiers auf der Mitte des Platzes ist eine exakte Kopie des Standbildes, das in Caracas steht. Die nördliche Flanke nimmt der Regierungspalast ein. Die Kathedrale Maria Auxiliadora, in der man einen riesengroßen, in Öl gemalten Christus am Kreuz betrachten kann, ist an der östlichen Flanke zu finden. Das Bild ist einzigartig: Wo immer man sich befindet, in welche Richtung man sich auch bewegt, immer hat man das Gefühl, der Gekreuzigte schaue einen an.

Schon direkt hinter der Schule fängt der **Plaza del Indígena** an, ein schön bepflanzter Platz, auf dem täglich ein großer Markt, der **Mercado de los Indígenas,** aufgebaut wird. Hier findet man neben herkömmlichen Industriewaren viel Kunsthandwerk, das ganz häufig vom Verkäufer und seiner Familie selbst hergestellt wird. Alle in der Region vertretenen Stämme sind hier zu finden, auch „críollos", die ihre Waren feilbieten. Leckere, aus Blattschneiderameisen *(bachacos)* hergestellte scharfe Saucen versprechen „Viagra"-Effekte, typische Musikinstrumente, Schmuck, Holzschnitzereien und Flechtarbeiten suchen Abnehmer.

An der Westseite des Platzes befindet sich das sehr empfehlenswerte **Ethnologische Museum,** in dem ein gründlicher Überblick über die wichtigsten indigenen Kulturen des Amazonasgebietes geboten wird. Jeder Stamm hat seinen eigenen Saal, es werden Gebrauchsgegenstände und Kunsthandwerk ausgestellt, Waffen und Schmuck, aber auch Fotos dokumentieren die Lebensweisen.

● **Museo Etnológico Enzo Caccarelli,** Av. Río Negro, Tel. 5212842 und 5216165, Di bis Fr 9–11.30 und 14–17 Uhr geöffnet, Sa/So nur vormittags, Eintritt frei.

Besonders empfehlenswert ist ein Aufstieg zum **Mirador,** einem einzigartigen Aussichtspunkt. Dazu geht man die Av. Orinoco in Richtung Flughafen und biegt dann an der Kreuzung nach dem Supermarkt Mercatradona II rechts ab. Er bietet einen weiten Ausblick über die seltsam anmutende Schönheit der wilden Natur, die positive Ausstrahlung dieses Platzes ist überwältigend. Der Sonnenuntergang, der hier am Nachmittag zu genießen ist, zieht wohl jeden Betrachter in seinen Bann.

An- und Abreise

Auf dem Landweg/Busse

Wer auf dem Landweg anreist, hat die Wahl zwischen zwei Strecken. Die kürzeste Route aus Caracas führt **über San Fernando de Apure** über 710 km durch die Llanos. Flüsse, die die Straße ohne Brücke kreuzen, halten den Reisenden auf, da man auf Fähren warten muss. Einzelne Brücken befinden sich in Bau, die Planung der dritten Orinoco-Brücke bei El Burro ist im Gange. Die Route **über Caicara de Orinoco** führt über Straßen in sehr schlechtem Zustand. Diese Strecke fahren auch die Busse, die aus Ciudad Bolívar kommen; für die 680 km muss man mit mindestens 14 Std. Fahrtzeit rechnen.

Der **Busbahnhof** befindet sich ein gutes Stück südöstlich der Stadt an der Av. Perimetral und ist mit Por Puestos oder Taxis aus der

Innenstadt gut erreichbar. Die einzige Buslinie, die ab dem Hauptterminal Überlandbusse anbietet, ist Caicabo.

● **Puerto Ayacucho – San Fernando de Apure – Calabozo – San Juan de Los Morros – Villa de Cura – La Encrucijada – Caracas,** 14 Std., Ankunft morgens, Abfahrt abends.
● **Puerto Ayacucho – San Fernando de Apure – Calabozo – San Juan de Los Morros – Villa de Cura – La Encrucijada – Maracay – Valencia,** 12 Std., 2x täglich.
● **Puerto Ayacucho – Ciudad Bolívar,** ca. 14 Std., 3x täglich.

● **Minibusse und Por Puestos** fahren ständig in das 80 km entfernte **El Burro** zur Fähre nach Puerto Páez auf der anderen Orinocoseite. Hier starten Por Puestos nach San Fernando de Apure. Minibusse fahren auch bis **Caicara de Orinoco** mit Anschluss nach Ciudad Bolívar und San Fernando de Apure.

Boote

Bootsverbindungen gibt es als Linienverkehr regelmäßig bis **San Fernando de Atabapo** am Oberlauf des Orinoco bei der Einmündung des Río Atabapo, dort, wo der Orinoco nach Osten abknickt. Die Boote legen

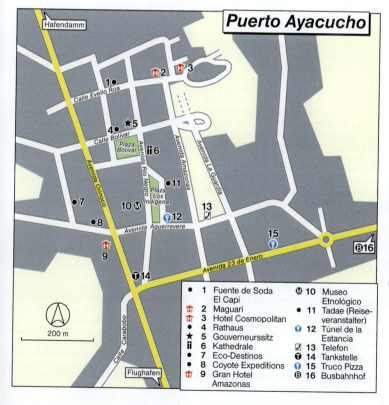

Puerto Ayacucho

- 1 Fuente de Soda El Capi
- 2 Maguari
- 3 Hotel Cosmopolitan
- 4 Rathaus
- ★ 5 Gouverneurssitz
- ⅱ 6 Kathedrale
- 7 Eco-Destinos
- 8 Coyote Expeditions
- 9 Gran Hotel Amazonas
- Ⓜ 10 Museo Etnológico
- 11 Tadae (Reiseveranstalter)
- 12 Túnel de la Estancia
- 13 Telefon
- 14 Tankstelle
- 15 Truco Pizza
- Ⓑ 16 Busbahnhof

am Hafen **El Venado** ab und benötigen etwa 4 Std. für die 160 km Flussfahrt. Die Bootsfahrscheine löst man bei einem Händler in Puerto Ayacucho, die Busfahrt bis zum Hafen ist im Fahrpreis enthalten. Von San Fernando de Atabapo kann man auf kolumbianischer Seite den Río Guainia bis Puerto Inírida, einem Smaragdsucherort, hinauffahren.

Flugzeug

● Der **Aeropuerto Cacique Aramare** liegt etwas über 5 km südlich der Stadt und ist gut mit Por Puesto oder Taxi erreichbar. Die Landebahn ist mittlerweile gut ausgebaut und würde auch größeren Maschinen eine Landung erlauben – der meiste Verkehr wird jedoch von den ganz Kleinen verursacht. Im Terminal befinden sich ein Internetcafé, ein Souvenirgeschäft und ein sehr empfehlenswertes Restaurant, das **Restaurante Aeropuerto.** Hier finden sogar manchmal Live-Konzerte und Veranstaltungen statt.

● Die staatliche Fluglinie Conviasa fliegt als einzige Linienverbindung von **Caracas** einmal täglich am Vormittag (außer Sa) Puerto Ayacucho an. Tel. 5213337, 5214980 und 5212244, www.conviasa.com.

● Die kleinen Fluglinien Aguaysa (Tel. 8090227) und Wayumi (Tel. 4147118) fliegen mit kleinen Flugzeugen nach **San Juan de Manapiare, San Carlos de Río Negro** und **San Fernando de Atabapo,** der früheren Hauptstadt der Region. Wer rechtzeitig bucht, kann ab ca. 60 Euro one-way einen Platz auf einem Linienflug ergattern, wenn man ein ganzes Flugzeug chartert, wird es entsprechend teurer.

Informationen

Im Internet findet man – allerdings nur auf Spanisch – Informationen über Puerto Ayacucho und den Staat Amazonas:

● www.une.edu.ve/amazonas/turismo.htm
Nicht sehr aktuell.
● www.gobiernoenlinea.ve/venezuela/perfil_amazonas.html
Seite der venezolanischen Regierung für den Staat Amazonas.

Unterkunft

Posadas

● **Posada Manapiare,** freundliche Aufnahme findet man in dieser gepflegten Posada von *Yesenia Rodriguez,* gemütliches Restaurant, 14 große, liebevoll eingerichtete Zimmer, klimatisiert, was hier auch notwendig ist – sehr empfehlenswert, allerdings etwas außerhalb vom Zentrum. Unbedingt reservieren, da die Posada sehr gut besucht ist. Urb. Alto Parima, 2. Etapa Nr. 1, Tel. 8090067, Fax 5213954, carmenyr@cantv. net, €€
● **Residencia Río Siapa,** sehr einfach, aber freundlich. Av. Orinoco c/ C. Carabobo, Tel. 5210138, €
● **Residencias Internacional,** 30 extrem einfache Zimmer, die um einen Innenhof angeordnet sind, sauber und billig. Av. Aguerrevere Nr. 18, Tel. 5210242, €
● **Knapp 20 km südlich von Puerto Ayacucho,** an der Straße nach Samariapo, führt rechts ein ausgeschilderter Weg zum **Campamento Orinoquia** von Cacao Travel. Das Camp thront auf einem mächtigen Felsplateau direkt oberhalb des Orinoco zwischen den Stromschnellen Atures und Maipures – der Blick auf den Fluss ist atemberaubend! Die sehr gepflegte Anlage besteht aus 12 runden, palmgedeckten Bungalows für jeweils 2 Personen. Das Badezimmer befindet sich im unteren Bereich, oben ist das moskitogeschützte Schlafzimmer mit Blick auf den Orinoco. Eine Reservierung ist notwendig, die Übernachtung ist inkl. Verpflegung, optional werden Bootstouren und Ausflüge angeboten. Reservierung über das Büro in Caracas, Tel. 0212/9771234, Fax 9770110, www.cacaotravel.com, €€€€

Hotels

● **Gran Hotel Amazonas,** großes, schönes, renoviertes Hotel mit Pool, auch gutes Restaurant, Bar. Tel. 8090099, €€€
● **Hotel Cosmopolitan,** ganz neues Hotel in guter Innenstadtlage, klimatisierte Zimmer mit Kabel-TV, ausgezeichnetes Restaurant im Haus, Bar und Parkplätze. Av. Orinoco c/ Aguerrevere, Tel. 4145153, 5213037, www.amazonascosmopolitanhotel.com, €€€

PUERTO AYACUCHO

- **Hotel Mi Jardin,** Parkplatz, Restaurant, sauber. Av. Orinoco, Edf. Gran Hotel Mi Jardin, Tel. 5210658, Fax 5214647, €€
- **Hotel Apure,** mit Restaurant-Tasca, einfach und sauber. Av. Orinoco Nr. 28, Tel. 5210049, 5214443, 5210516, €€
- **Hotel Cristalina,** sauber und gepflegt, Parkplatz. Av. Perimetral Guaicapuro 1, in der Nähe des Busterminals, Tel. 5214216, €€
- **Hotel Maguari,** sehr einfach. C. Evelio Roa, Tel. 5213189, €€

Essen und Trinken

Die Spezialität der Region ist **palometa frita,** ein Orinocofisch, der gebraten wird. Berühmt ist auch die **Catara-Sauce,** eine aus Ameisen zubereitete scharfe Sauce.

- **Truco Pizza,** gute italienische Küche, exquisite Pizzas. Av. 23 de Enero, CC Maniglia, ganz in der Nähe vom Krankenhaus, Tel. 5214721, nur am Abend geöffnet.
- **Restaurant im Gran Hotel Amazonas** (s.o.), gut und günstig, der Service könnte besser sein, Orinocofischspezialitäten.
- **Restaurante Manapiare,** gutes landestypisches Essen für wenig Geld, in der Posada Manapiare.
- **Asadero Restaurante Punto Fresco,** saftiges Fleisch vom Holzgrill (carne en vara), typische Suppen und Huhn vom Spieß. Av. Constitución, Sec. Aramare.
- **Tunel de La Estancia,** sehr gute regionale Küche zu zivilen Preisen. Av. Aguerrevere c/ C. Río Negro, Tel. 5216234.
- **La Pusana,** ein Tipp für alle, die Gerichte aus erlaubter Jagd und Fischfang essen möchten. Im traditionellen Indianerstil werden die Speisen in authentischem Geschirr serviert, begleitet von Salaten und Gemüse mit Amazonas-Geschmacksnote. Typische Getränke aus Früchten des Regenwaldes gehören auch zum Sortiment. Abendessen nur nach Reservierung. Av. Aeropuerto, Sec. Los Lirios, in einer Indianer-Rundhütte mit dem Namen Organización de los Pueblos Indígenas de Amazonas, Tel. 4863276 und 0416/7478842.

Praktische Reiseinfos

- **Vorwahl:** 0248
- **Notruf:** 5210411

Apotheken

Im Innenstadtbereich **an der Av. Orinoco** gibt es gut ausgestattete Apotheken.

Einkaufen

- Es gibt zwei gut sortierte Supermärkte, die **Supermercados Mercatradona I und II,** einer im Zentrum, der andere auf der Av. Orinoco in Richtung Flughafen.
- Souvenirs und Kunsthandwerk kann man gut auf dem **Mercado de los Indígenas** kaufen, in der Stadt gibt es zudem jede Menge Straßenhändler, die auch interessante Waren feilbieten.
- Ein Grenzübertritt nach Kolumbien in das leicht mit einer Fähre (täglich 8–18 Uhr, ca. 2 Euro) erreichbare **Casuarito** bietet die Möglichkeit, **Lederwaren, Hängematten und Kunsthandwerk** aus dem Nachbarland zu erstehen – allerdings nicht besonders günstig. Man muss sich bei der Guardia Nacional am Anlegeplatz melden und seinen Pass vorzeigen; einen Ausreisestempel erhält man nicht.

Feste/Veranstaltungen

In den Monaten **Mai, Juni und Juli** werden in der Umgebung **traditionelle Tänze** der verschiedenen Indianerstämme aufgeführt, um die Regenzeit zu begrüßen.

Geldwechsel

Die Chance, hier Travellerschecks tauschen zu können, ist sehr gering. **Bargeld** kann man am ehesten bei lokalen Reiseveranstaltern wechseln. Auf den Banken kann Bargeld mit der **Kreditkarte** abgehoben werden.

Internetcafés

- Es gibt in der Av. Orinoco zwei **Centros de Comunicación** von Movilnet, die beide Internetzugang und günstige Telefongespräche anbieten.

Krankenhaus

- **Centro Clínico Médico Pedro Zerpa,** Tel. 5212815.

Kriminalpolizei

- **CICPC,** Av. El Ejército, Urb. Simón Bolívar, Tel. 5210286.

Post

- **Ipostel,** in der Av. Aguerreve.

Tourveranstalter

In Puerto Ayacucho, wie in anderen Städten, von denen attraktive Touren starten, gibt es leider viele unseriöse Anbieter. Schon bei der Ankunft am Flughafen oder Busterminal wird man von Schleppern oder Piraten angesprochen, die natürlich wunderschöne und extrem billige Touren anbieten. Nicht alle sind wirklich schlecht, man sollte sich aber lieber an **seriöse Anbieter** wenden, da es sich im Falle des Amazonas um ein Extremgebiet handelt: Man bucht hier keinen Kurparkspaziergang, sondern mehrtägige Urwaldtouren mit Expeditionscharakter. Da sollte ein Minimum an Sicherheit gewährleistet sein – man sollte also nicht am falschen Platz sparen. Folgende Anbieter seien empfohlen:

- **Tadae, Turismo Alternativo de Aventura,** früher Aguas Bravas, von *Javier* und *Ruth,* spezialisiert auf Orinoco-Wildwasserrafting und expeditionsartige Touren auf den Spuren von *Humboldt*. Sie verleihen zudem Fahrräder und vermitteln den Aufenthalt im Orinoquia-Camp (s.o.). Av. Río Negro, am Plaza del Indígena, Tel. 5214882 und 0414/4865923, tadaevenezuela@hotmail.com.
- **Coyote Expeditions,** sehr spezielle Touren in kleinen Gruppen zum Cerro Autana und Expeditionen zum Río Casiquiare und Río Negro. Av. Aguerrevere Nr. 75, Fax 5214583, Tel. 5213750, 0414/4862500 und 0416/4487125, coyotexpedition@cantv.net.
- Der deutsche Aussteiger **Axel Kelemen** bietet individuelle mehrwöchige Touren zum Río Casiquari und zu den Yanomami an. *Axel* verfügt bei sich zu Hause über drei einfache Zimmer mit Abholdienst, wer mit ihm auf Tour geht, kann davor und auch anschließend kostenlos einige Tage bei ihm wohnen. Triángulo de Guaicaipuro, Sec. Valle Verde, Tel. 0416/7855033, 4142909, www.axel-expedition.com. Man muss u.U. recht lange auf eine Antwort warten, denn wenn *Axel* im Busch ist, kann er sich nicht melden.

Die Umgebung von Puerto Ayacucho

Weitaus attraktiver als der Ort selbst sind die vielfältigen Möglichkeiten, Ausflüge und Touren in die wilde Landschaft des Amazonasgebiets zu unternehmen.

Cerro Pintado

Schon ganz in der Nähe der Stadt sind zahlreiche **präkolumbische Petroglyphen** zu finden, allesamt indianischer Herkunft. Die bekanntesten sind die vom Cerro Pintado, die wohl ältesten in Stein gemeißelten Bilder in Venezuela. Um sie zu sehen, fährt man in den Ort **Cataniapo** am gleichnamigen Fluss und biegt dort links zur Gemeinde Sabaneta de Pintado ab. Schon auf diesem Weg sind linker Hand mehrere Felsmalereien zu sehen.

Parque El Tobogán de la Selva

Eine klassische Attraktion in der Nähe von Puerto Ayacucho ist der Parque El Tobogán de la Selva. Etwa 35 km südlich an der Straße nach Samariapo geht links eine etwa 1 km lange Stichstraße ab und führt zu diesem **Balneario/Badeplatz.** Es handelt sich um eines der beliebtesten Ausflugsziele für die Bewohner der Umgebung und ist an Wochenenden entsprechend gut besucht. Über eine 100 m lange, stark geneigte spiegelglatte Granitplatte fließt das Flusswasser und bildet eine überdimensionale natürliche Wasserrutsche. Die hübschen Becken am Ende der Rutschbahn laden zum Baden, Churuatas mit Grillplätzen zum Verweilen ein. Es gibt ein einfaches Restaurant und Bierverkauf – man kann auf dem Gelände sein Zelt aufschlagen, allerdings fehlen Einkaufsmöglichkeiten.

San Juan de Manapiare   ⊘ XVIII, B2

Ein ganz besonderes Ziel in der weiteren Umgebung ist der **entlegene Urwaldort** San Juan de Manapiare, in dem sich unzählige Möglichkeiten für spannende Ausflüge bieten. Nur mit einer ein- oder zweimotorigen Propellermaschine erreichbar, liegt San Juan de Manapiare 200 km östlich von Puerto Ayacucho in der Nähe des Río Manapiare, der zu spannenden Bootsfahrten einlädt. Auch der **Río Ventuari** ist von hier erreichbar, berühmt für attraktive Touren. Etliche **Indianersiedlungen der Piaroa** sind in der näheren Umgebung zu finden, in unmittelbarer Nähe die Comunidad Guara und Terecay. Hier bietet sich die ganz besondere Gelegenheit, bei Wanderungen mit indianischen Begleitern Pflanzenwelt, Lebensweise und Anbaumethoden der Gemeinden kennen zu lernen.

Ein empfehlenswertes Hotel gibt es nicht, allerdings hat man die Möglichkeit, seine Hängematte aufzuhängen oder sonst privat unterzukommen. Die Anbieter dieser **Privatunterkünfte** organisieren gerne ein- oder mehrtägige Ausflüge in die Umgebung, ein Top-Guide für Dschungeltouren ist *Luís Level* – man frage im Ort nach ihm.

Gut mit „repelente" (Mittel gegen Moskitos) versorgen, denn vor allem die **jejenes** (Sandfliegen) geben keine Ruhe. Sie bilden sich aus dem Atem des Teufels, nachdem er eine Nacht lang schlechten Aguardiente getrunken hat, so die Legende ...

Cerro Autana

Die klassische Tour, die man von Puerto Ayacucho startet, ist eine drei- bis fünftägige Boots- und Wandertour zum 1208 m hohen Cerro Autana, der für die Piaroa ein mythenumwobener heiliger Berg ist. Nach einer Bootsfahrt auf dem **Río Sipapo** und dem **Río Autana** nähert man sich zu Fuß den Tafelbergen. Vom **Cerro Guajari** hat man einen wunderschönen Blick auf den hoch aus dem dichten Regenwald emporragenden Autana Tepui.

Von Puerto Ayacucho zum Río Negro

Jenseits von Puerto Ayacucho ist es dann endgültig mit der „Zivilisation" vorbei. Die einzigen Zugangsmöglichkeiten zu der endlosen grünen Hölle stellen die Flusssysteme dar. Bis **San Fernando de Atabapo** gibt es regelmäßige Linien-Bootsverbindungen, alles, was darüber hinausgeht, hat eindeutig Expeditionscharakter und muss professionell vorbereitet werden.

Von Puerto Ayacucho zum Río Negro

Nicht jedermann kann und darf die Flüsse befahren, regelmäßige Kontrollen der Guardia Nacional stehen auf der Tagesordnung. Um eine Expedition zu unternehmen, muss man vorher eine Menge Genehmigungen einholen, die Vorschriften sind sehr streng und werden gründlich überwacht.

San Fernando de Atabapo XVIII, A3

Die frühere Hauptstadt des Territoriums Amazonas scheint in einen Dornröschenschlaf gefallen zu sein – der großzügig angelegte Plaza Bolívar ist ein Hinweis auf bewegtere Zeiten. Es gibt eine Landepiste, Bodegas, Empanada-Stände und den Hafen. Direkt am „Flughafen" befindet sich die **Posada Saul Silva**, wo man anständige klimatisierte Zimmer für wenig Geld mieten kann; Tel. 0248/8081033. Das **Hotel la Punta** liegt romantisch im Urwald direkt am Fluss am Dorfende; hier muss man seine eigene Hängematte mitbringen.

Im Ort befindet sich auch ein kolumbianisches Konsulat; für einen Abstecher nach **Kolumbien** (nicht zu empfehlen!) kann man sich hier mit dem Linienboot nach **Puerto Inírida**, einer Siedlung von Smaragdsuchern, bringen lassen. Dies ist schon Niemandsland, es gilt das Gesetz des Stärkeren. Puerto Inírida hat auch eine Landepiste, es besteht Anschluss an das innerkolumbianische Flugnetz.

Schon **Alexander von Humboldt** hat vor über 200 Jahren dieses Land unter größten Strapazen bereist, Strapazen, auf die sich auch heute noch jeder Reisende gefasst machen muss. *Humboldt schreibt in seinem Reisebericht: „Wir hatten in der Nacht fast unbemerkt die Gewässer des Orinoco verlassen und sahen uns bei Sonnenaufgang wie in ein anderes Land versetzt am Ufer eines Flusses, dessen Namen wir fast noch nie hatten aussprechen hören und auf dem wir über den Trageplatz am Pimichin zum Río Negro an der Grenze Brasiliens gelangen sollten. Sie müssen, sagte uns der Präsident der Missionen, der in San Fernando seinen Sitz hat, zuerst den Atabo, dann den Temi, endlich den Tuamini hinauffahren. Können Sie bei der starken Strömung der Wasser nicht mehr weiterkommen, so führt man Sie vom Flussbett weg durch die Wälder, die Sie unter Wasser finden werden. Auf diesem wüsten Landstrich zwischen Orinoco und Río Negro leben nur zwei Mönche, aber in Javita finden Sie die Mittel, um ihre Piroge vier Tagesreisen weit über Land zum Caño Pimichin ziehen zu lassen. Zerbricht sie nicht, so fahren Sie ohne Anstand den Río Negro hinunter bis zur Schanze San Carlos, sodann den Casiquiare herauf und kommen in Monatsfrist über den oberen Orinoco wieder nach San Fernando."* Eine ähnliche und fast genauso abenteuerliche Reiseroute kommt auch heute noch in Frage, allerdings steht heute recht gutes Kartenmaterial zur Verfügung, auf das *Humboldt* noch nicht zurückgreifen konnte. *Humboldt* hatte heftige Kämpfe mit Insekten auszutragen – das ist heute nicht anders. Nur an den Schwarzwasserflüssen, von denen der **Río Negro** wohl der bekannteste ist, ist es wesentlich erträglicher. Warum „Schwarzwasser"? Die gelösten Humin- und Fulvosäuren färben das Wasser schwarz ein; da sie nährstoffarm sind, gibt es im Fluss keine Mückenlarven. Gefahren drohen von Kaimanen und Stachelrochen, die sich im Sand verborgen halten. Die berüchtigten Pirañas *(caribe)* sind dagegen eher harmlos, da sie bei ausreichendem Wasserstand genügend Nahrung finden und Menschen gegenüber nicht aggressiv werden. Übernachten muss man in Hängematten oder bei gastfreundlichen Indianern. Wenn es regnet, was häufig und heftig geschieht, verschmelzen die Fluten vom Himmel mit den Wassern der Flüsse.

Wer aus den oberen Orinocogefilden weiter in ein Nachbarland reisen will, der muss daran denken, sich unbedingt seinen venezolanischen Ausreisestempel schon in Puerto Ayacucho zu besorgen. Es mussten schon komplette Reisepläne über den Haufen geschmissen werden, nur aufgrund eines fehlenden Stempels.

Fähre (chalana) im Amazonasgebiet

Von Puerto Ayacucho nach San Fernando de Apure

Puerto Carreño (Kolumbien)

Von Puerto Ayacucho erreicht man nach 80 km die Fährstation über den Río Orinoco, auch **Paso El Burro** genannt. Die Strecke wird von Taxis und Por Puestos bedient. Von hier aus kann man einen Abstecher nach Kolumbien machen und den Grenzort **Puerto Carreño** am anderen Ufer besuchen. Man melde sich beim Posten der Militärpolizei in der Nähe der Fährstation, wo die persönlichen Daten in einem Buch festgehalten und bei der Rückkehr erneut penibel kontrolliert werden. Unterlässt man dies, gilt man bei der Rückkehr als Neuankömmling und kann Schwierigkeiten bekommen. Mit dem Fährmann, der den Transport nach Kolumbien durchführt, kann man auch gleich eine Rückfahrtszeit aushandeln, damit man wieder abgeholt wird. Puerto Carreño ist vor allem für seine Lederwaren bekannt.

Puerto Páez   ⌲ XVII, C2

Mit einer regelmäßig verkehrenden Chalana (Fähre) erreicht man von El Burro auch den kleinen Ort Puerto Páez, wenig attraktiv, ohne Restaurant und Tankstelle. Benzin kann man aus Fässern kaufen. In Puerto Páez kann man den **Zusammenfluss von Río Meta und Río Orinoco** bestaunen. Schon *Alexander von Humboldt* war an diesem einmaligen Aussichtspunkt mit herrlichem Blick auf die Flusslandschaft und schrieb: „Die Vereinigung beider Ströme gewährt einen äußerst großartigen Anblick. Am östlichen Ufer steigen einzelne Felsen empor und aufeinander getürmte Granitblöcke sehen von Ferne wie verfallene Burgen aus. Breite, sandige Ufer legen sich zwischen den Strom und den Saum der Wälder, aber mitten in diesen sieht man am Horizont auf den Berggipfeln einzelne Palmen sich vom Himmel abheben".

Von Puerto Páez fahren regelmäßig Por Puestos nach San Fernando de Apure, ein wenig Geduld muss man allerdings schon mitbringen.

Weiter nach San Fernando de Apure

Fährt man von Puerto Páez auf der neu asphaltierten Straße in Richtung Norden, erreicht man nach 44 km die Fährstation, wo man den **Río Cinaruco** überqueren muss. Hier ist guter Mückenschutz Pflicht, es wimmelt von winzigen „jejenes", die einem das Leben schwer machen können. In der Trockenzeit fährt die Fähre *(chalana)* rund um die Uhr, ansonsten nur bis Sonnenuntergang. Die Passage mit einem Personenwagen ist mehr als preiswert, man rechne ca. 1,50 Euro. Die Fähre wird von einem seitlich angebundenen Kanu mit Außenbordmotor angetrieben.

Nach 35 km auf der Straße nach Norden erreicht man eine zweite Fähre, welche über den **Río La Pica** führt, nach weiteren 20 km gelangt man nach **Santa Juana** mit einer weiteren Fährstation über den **Río Capanaparo**. An allen drei Flüssen sind Brücken geplant bzw. angefangen worden, Fortschritte sind allerdings kaum zu sehen. In Santa Juana verlässt man den **Nationalpark Santos Luzardo (Cinaruco-Capanaparo)**. Der 580.000 ha große Park wurde erst 1988 zum Schutzgebiet erklärt, da in dieser Zone 4% aller Vögel der Welt leben. Es gibt eine Kontrollstelle der Militärpolizei und eine medizinische Station. Ab und zu sieht man auch kleine Gruppen von Indianern des Stammes Guahibo. Sie verkaufen Amulette aus „Azabache" (Gagat), einer tiefschwarzen Pechkohle, welche sehr gut zu polieren ist.

Nach der Überquerung des Flusses erreicht man nach 69 km bei der Abzweigung nach **Cunaviche** die **Raststätte La Yé**. Hier kann man sich einigermaßen gut verpflegen. Ein wenig von diesem Abzweig entfernt, kann man auf der rechten Seite ein Denkmal mit der Statue der Marisela betrachten. Ihr Name soll an die Figur aus dem Roman „Doña Barbara" von *Rómulo Gallegos* erinnern.

Auf der Weiterfahrt ins 21 km entfernte **San Juan de Payara** sieht man viele frei grasende Rinder und Pferde, die zum **Hato La Candelaría** gehören. An vielen Wasserstellen, die je nach Jahreszeit unterschiedliche Wasserstände aufweisen, kann man nicht nur eine Vielzahl von Vögeln, sondern auch Kaimane beobachten. Die größten Exemplare erreichen eine Länge von bis zu 3 m. Mit etwas Glück kann es auch passieren, dass ein Ameisenbär die Straße überquert. Die vielen Kanäle verlocken zum Baden, aber das sollte tunlichst vermieden werden, denn sie sind voll mit „Caribe", den allseits bekannten Pirañas.

Kurz vor dem Ort San Juan de Payara überquert man den **Río Arauca**, einen wichtigen Nebenfluss des Río Orinoco. Die Brücke Marisela wurde erst vor ein paar Jahren erbaut, auch ihr Name bezieht sich auf die Gallegos-Romanfigur. Von hier hat man eine herrliche Aussicht auf die **Llanos Bajos** mit ihren flachen und tiefen Ebenen südlich des Río Apure. **San Juan de Payara** wurde vor allem bekannt, weil sich hier *Simón Bolívar* und General *José Antonio Páez* 1818 zum ersten Mal begegnet sind. Im Ort kann man den Tank füllen lassen und einen Imbiss zu sich nehmen.

Nach 26 km erreicht man die Ortschaft **Biruaca**, an der sich die Abzweigung westwärts nach Mantecal und Barinas befindet (siehe Abschnitt „Von San Fernando de Apure bis Barinas"). Nach der Ausfahrt aus Biruaca folgt eine Alcabala der Militärpolizei, nach 8 km Fahrt erreicht man San Fernando de Apure.

Die Llanos

Die Llanos

Rinderzucht: Haupterwerb in den Llanos

Reitausflug in den Llanos Bajos

Krokodil (Caiman del Orinoco)

Überblick

Die Llanos, was übersetzt einfach nur Flachland heißt, dehnen sich über eine Länge von 1200 km aus und sind zwischen 100 und 400 km breit. Das gesamte Gebiet ist mit **300.000 km²** fast so groß wie Deutschland und besteht vorwiegend aus flachen Weideebenen; Hügel oder gar Berge sind die Ausnahme. Die Llanos gehören zu den Bundesländern von Barinas, Portuguesa, Cojedes, Guárico, Anzoátegui, Monagas und **Apure,** das als das **Herz der Llanos** bezeichnet werden kann. Die Llanos zählen zu den größten Steppengebieten Südamerikas. „Der Himmel ist weiter, der Horizont ferner als anderswo", meinte schon *Alexander von Humboldt* nach einem Besuch im Jahr 1800.

In den Llanos lebt man vorwiegend von der **Viehzucht.** Auch die Erdölindustrie hat Einzug gehalten, vor allem im Osten der Llanos (siehe dazu im Kapitel „Das Orinoco-Delta"). Die *Llaneros*, die „Cowboys der Llanos", kann man mit den Cowboys aus Nordamerika oder den argentinischen Gauchos vergleichen. Es gibt Millionen von Rindern, rund ein Drittel des gesamten Landes wird von ihnen in Anspruch genommen. Betreut werden die Rinder von den Cowboys, welche hoch zu Pferde ihre Herden abreiten und wie in früheren Zeiten ihre Mahlzeiten auf Holzfeuerstellen zubereiten. Die meisten Cowboys schlafen in selbst gemachten Hängematten, sie haben oft noch nie in einem Bett genächtigt und sogar Angst davor, da sie da rausfallen könnten. Abends, nach einem anstrengenden Tag, hat man noch Zeit für romantische Lieder. Diese Balladen, meist mit der viersaitigen Gitarre *(cuatro)* begleitet, handeln oft wie im Wilden Westen von Schlägereien, von den Pferden, die zugeritten werden, oder den Rinderherden, die während der Regenzeit hin- und hergetrieben werden müssen. Aber auch die Savannen finden Platz in den Balladen, wilde Tiere wie der Kaiman und das Reh und – nicht zu vergessen – die Eroberung einer dicken = gesunden Frau.

Man unterscheidet die Llanos in drei Teile: die Llanos Occidentales, die Llanos Meridionales und die Llanos Centro-Orientales. Die Llanos werden von vielen Wasserläufen durchzogen, die meisten davon münden in den Orinoco, der sich sehr gut für Tier- und Vogelbeobachtungen eignet. Die meisten **Tiere** in den tiefen Llanos kommen aber im Bundesland Apure vor, hier sieht man Kaimane, Wasserschweine, Ameisenbären und Anakondas. Es gibt auch Affen und Gürteltiere, Hirsche und Jaguare. In den flachen, wasserreichen Landschaften finden die Tiere beste Lebensverhältnisse vor. Außerdem sind die Llanos ein vogelreiches Gebiet. Es gibt unter vielen anderen Arten Enten, Löffler, scharlachrote und weiße Ibisse, den seltenen und an das Leben in den Bäumen bestens angepassten Hoatzin (Schopfhuhn), Eulen, Falken und Geier – auch der Königsgeier ist zu bestaunen. Es ist kein Geheimnis mehr, dass es die tiefen Llanos sind, wo am meisten Tiere in Venezuela beobachtet werden können.

Die **Fortbewegung** in den Llanos ist nicht immer einfach. Die Flüsse sind zwar in der Regel schiffbar, aber ein organisierter Personentransport fehlt oft. Straßen gibt es nicht allzu viele, die wenigen sind häufig in einem bedauernswerten Zustand; zu überquerende Flüsse stellen oft mühsame Hindernisse dar. Nicht zu vergessen ist auch, dass in den tief gelegenen Llanos, den Llanos Bajos, in der Regenzeit weite Flächen des Landes überschwemmt sein können und sich ganze Landschaften in große Seen verwandeln.

Bei einer Tour in die Llanos gesellt sich immer ein Hauch von Abenteuer dazu, und man tut gut daran, eine **organisierte Tour** zu wählen, so kann man sich vieler Probleme entledigen. Wer trotzdem auf eigene Faust mit einem Mietwagen die Llanos erkunden möchte, sollte dies immer mit mindestens zwei Wagen tun. So hat man die Gewähr, dass man auch in entlegenen Gebieten nicht allein auf sich gestellt ist. Die Hauptstraße sollte man auch dann nur verlassen, wenn man ortskundige Begleiter dabeihat.

San Fernando de Apure ⌕ XI, C2

GPS: N 7°53.53, W 67°28.55

Wie es der Name schon andeutet, ist San Fernando de Apure **Hauptstadt des Bundeslandes Apure** und liegt direkt am **Río Apure**. Dieser Fluss entsteht in den Kordilleren der Anden und hat eine Länge von 819 km, 480 davon sind schiffbar. Im Fluss leben Flussdelfine, Pirañas und Wasserschildkröten. Die Stadt ist ein wichtiges Handels- und Verkaufszentrum. Es gibt viel Rinder- und Schweinezucht, in der Landwirtschaft werden vor allem Gemüse, Bananen, Mais und Maniok angebaut. Ebenso ist die Milch- und Käseproduktion ein wichtiger Bestandteil für die Lebensmittelversorgung des Landes. Der Ort, Ende des 18. Jh. von Kapuzinern als vorgeschobener Posten für die Missionsarbeit gegründet, ist zu einer Stadt mit mittlerweile über **170.000 Einwohnern** herangewachsen und kann als sympathisch und provinziell bezeichnet werden.

Überquert man die Brücke über den Río Apure, kommt man zur **Plaza Camejo,** auf der sich seitlich eines großen Brunnens ein Reiterdenkmal erhebt. Das Denkmal erinnert an *Pedro Camejo,* der als „Negro Primero" in die venezolanische Geschichte eingegangen ist. *Pedro* war treuer Begleiter des aus den Llanos stammenden Generals *Páez*, von dem zwei Häuserblocks weiter südlich auf dem **Plaza Páez** ein sehr dynamisch gestaltetes Reiterstandbild zu sehen ist. In der C. Bolívar steht die **Casa de Los Barbaritos.** Das 1880 gebaute Jagdschloss gehört heute der Banco Italiano-Venezolano.

An- und Abreise

Busse und Por Puestos

Am nördlichen Eingang des Ortes befindet sich der **Busterminal** nach der Puente Miranda auf der rechten Seite, Tel. 3414029.

- **San Fernando – Puerto Ayacucho,** mehrmals täglich, Fahrzeit ca. 8 Std.
- **San Fernando – Caracas,** 3x täglich.
- **San Fernando – Calabozo – Valle de La Pascua – Barcelona – Puerto La Cruz,** früh am Morgen.
- **San Fernando – Apurito – Achaguas – Mantecal – Bruzual – Sabaneta – Libertad – Barinas – Socopo – Santa Bárbara – Guasdalito,** 3x täglich (bis Barinas 9–10 Std. Fahrzeit).
- **San Fernando – PuertoAyacucho,** 2x täglich, ein Bus früh am Morgen, einer über Nacht.
- **Minibusse** fahren **in alle Richtungen,** sie fahren den ganzen Tag über, sobald sie voll sind.

Unterkunft

Die Unterkünfte sind in der Regel bescheiden, aber sauber.

- **Gran Hotel Plaza****, nette Zimmer, kein Restaurant, Parkplätze vorhanden, KK. C. Bolívar c/ C. Negro Primero, am Plaza Bolívar, Tel. 3421504, 3421746 und 3421255, €€€
- **Nuevo Hotel Apure,** 25 nette Zimmer, das renovierte Haus ist eine gute Option, mit gutem Restaurant, Parkplätze, KK. Av. María Nieves, Tel. 3410119 und 3423214, €€€
- **Hotel Trinacria,** saubere und günstige Zimmer, Parkplätze vorhanden. Av. Miranda, CC Trinacria, Tel. 3423578 und 3423778, €€
- **Hotel La Torraca,** sehr einfache Zimmer. Restaurant, jedoch gibt es keine Parkplätze. Av. Boulevard c/ Paseo Libertador, Tel. 3422777
- **Hotel La Fuente,** einfaches Haus mit sauberen Zimmern, Parkplätze sind vorhanden. Av. Miranda, Tel. 3423233, €€

Essen und Trinken

- **El Rey de las Sopas,** hausgemachte Suppen, Spezialitäten vom Holzkohlengrill und gute *cachapas,* Maispfannkuchen. Vía Cumaguán – San Fernando, vor dem Caserío La Negra.

- **Pizza Gilda,** gute Pizzas. Via Aeropuerto, Mo geschlossen.
- **Restaurante Mango Café,** typisch einheimische Kost in sehr sauberem Ambiente. Av. Miranda, täglich 8–20 Uhr.
- **Detsy,** wer Lust hat auf Süßes, speziell Torten, ist hier an der richtigen Adresse. Av. Carabobo Nr. 51, Tel. 5149422.

Praktische Reiseinfos

- **Vorwahl:** 0247

Geldwechsel

Devisen und Travellerschecks kann man vor Ort nicht tauschen, aber mit Kredit- oder Maestro-Karte bei folgenden Banken Barbezüge machen:

- **Corp Banca,** Av. Miranda, Edf. Chang, Erdgeschoss, Tel. 3411686.
- **Banesco,** im Stadtzentrum, Av. Boulevard c/ C. Sucre y Muñoz, Tel. 3414743.

Post

- **Ipostel,** C. 24 de Julio, Tel. 3422476.

Feste/Veranstaltungen

- **28. bis 31. Mai,** Patronatsfeiern und Florentino de Oro (Gesangsfestival der Llanos), neben den Tanzfesten gibt es auch die traditionellen **Toros Coleados** und **Peleas de Gallos** (Hahnenkämpfe).
- Die **Volksmusik der Llanos,** im speziellen der **Joropo,** erfreut sich im ganzen Lande wachsender Beliebtheit. Jedes Wochenende von Fr bis So gibt es zahlreiche Bars und Tanzstätten, wo man eine herrliche Llanosnacht verbringen kann. Tanzlokale, teils mit großem Freigelände, findet man in der Av. 1 de Mayo: **Bar El Samán, Cervecería El Apureño, Bar Europa,** wo auch Salsa getanzt wird, und **Bar Aerorio,** gegenüber vom Flughafen.

Von San Fernando de Apure nach Barinas

Wer die Llanos mit den Anden kombinieren möchte oder eine Tour durch die westlichen Llanos unternehmen will, kann dies ab San Fernando tun. 8 km südlich von San Fernando, bei der PDV-Tankstelle in **Biruaca,** zweigt die Straße nach Puerto Páez in den Süden ab. Wenn man hier geradeaus, also nach Westen, fährt, kommt man in die unermesslichen Ebenen der **Llanos von Apure und Barinas** mit ihren riesigen Viehherden. Hier erstrecken sich viele große Haziendas, welche einen Großteil des Rindfleisches von Venezuela produzieren und ins ganze Land liefern. Im Abschnitt südlich des Río Apure beginnt ein wahres Paradies für Liebhaber von Vögeln und Kaimanen. Die Straße ist weitgehend gut ausgebaut, auch mit einem normalen Wagen oder mit dem Bus kommt man gut voran.

Achaguas X, B2

GPS: N 7°46.79, W 68°13.70

84 km nach Biruaca, kurz vor der Ortschaft Achaguas, gibt es an einer Kreuzung eine Tankstelle und etwas weiter das **Restaurante Brisas de Apure** mit guten einheimischen Spezialitäten. Auch das **Café Restaurante La Romerena** darf erwähnt werden, denn es hat vor allem Wildspezialitäten wie das Chigüire im Angebot. Das

Von San Fernando de Apure nach Barinas

Schulkinder in San Fernando de Apure

Restaurant befindet sich in der C. Páez Nr. 29, Sec. El Puente. Achaguas weist einen kleinen historischen Kern auf, das Dorf selbst war in den Jahren 1816 bis 1821 Sitz des Generalkartells der Armee. Bekannt ist es für sein Patronatsfest (**El Nazareno de Achaguas**), das in der Karwoche gefeiert wird. *El Nazareno* steht für den Schutzpatron des Ortes. Es wird ein Gesangsfestival veranstaltet, daneben gibt es Toros Coleados, Musik und Tanz und vieles mehr, was zu einer „Fiesta Llanera" gehört.

Apurito X, B2

30 km nach Achaguas folgt dieser kleine Ort an den Ufern des **Río Apure**. Viele Fischer bieten sich für eine kleine Bootstour an. Mit diesen Touren und Taxifahrten zum anderen Ufer verdienen sie sich ein Zubrot. Vom anderen Ufer gelangt man über Arismendi und El Baúl zum **Hato Piñero** (vgl. weiter unten nach San Carlos). Wer diese Nebenroute nutzen möchte, muss allerdings zwingend über einen guten Geländewagen verfügen, denn der Feldweg ist in schlechtem Zustand und verwandelt sich bei Regen in eine Schlammpiste. Sobald die Regenzeit einsetzt, wird der Fährbetrieb in Apurito meist eingestellt.

Hato El Frío
⌐ X, B2

GPS: N 7°48.08, W 68°53.48

15 km westlich vom Dorf **El Samán de Apure** erreicht man eine der größten Haziendas von Venezuela: Der Hato El Frío weist eine Fläche von 80.000 ha auf. Seit 1994 wird auf der Farm Ökotourismus betrieben, es gibt einen Gästetrakt mit zehn Doppelzimmern, der Aufenthalt schließt Exkursionen ein. Man erreicht den Hato El Frío von San Fernando de Apure mit Bus, Por Puesto oder Taxi. Sollte das Tor am Eingang geschlossen sein, geht man einfach zu Fuß weiter. Das Gästehaus ist etwa 25 Min. Fußmarsch entfernt.

●**Estación Biológica El Frío,** Tel. 0414/ 7419115, hatoelfrio@gmail.com, Preis p.P. und Tag für Übernachtung, Verpflegung und zwei Ausflüge 100–130 Euro je nach Saison. Je nach Jahreszeit kann man den Typ der Expedition auswählen: Die Trockenzeit ist ideal für Tierbeobachtungen aller Art (es wird vorwiegend mit dem Geländefahrzeug gefahren), die Regenzeit eignet sich vor allem für Bootsausflüge, man hat gute Chancen, viele Flussdelfine zu sehen. Die Preise der Touren werden jeweils exakt für einen ganzen Tag berechnet. Die Abfahrten finden um 8.30 und 15.30 Uhr statt, wer zu spät kommt, dem entgeht eine Exkursion, also unbedingt auf die Zeit achten, auch wenn das sonst in Venezuela nicht so üblich ist.

Mantecal und Elorza
⌐ X, A/B3

GPS: N 7°33.23, W 69°11.79

Die **größere Stadt Mantecal** liegt 78 km hinter El Samán de Apure und verfügt über einen kleinen Flughafen (keine kommerziellen Flüge), eine Busstation und einige kleine, einfache Hotels wie das Hotel El Pescador. Es gibt auch einige Restaurants, in denen man sich verpflegen kann.

Sollte man Mitte März hier sein, bietet sich unbedingt ein Abstecher in den südlich gelegenen Ort **Elorza** an, wo jedes Jahr am 19. März die **Fiestas de San José** stattfinden, ein typisches Llanos-Fest mit allem Drumherum wie Gesangswettbewerben, Toros Coleados und vielen Joropo-Tänzen. An diesem Tag versammeln sich hier alle traditionsbewussten Familienclans der Llanos, um ausgiebig zu feiern.

Es gibt noch ein weiteres, sehr interessantes Ziel in der Gegend, der **Hato El Cedral** (GPS: N 7°26.15, W 69° 19.42). Hier werden Unterkünfte und spannende Ausflüge angeboten, Reservierung in Caracas: Tel. 0212/ 7818995 und 7811826, Fax 0212/ 7936082, www.hatocedral.com; Tel. im Camp, aber nicht für Reservierungen: 0240/4145327; ab 120 Euro pro Tag alles inklusive. Im Hato El Cedral sind mehr Tiere auf kleinem Raum zu sehen, als auf sonst einer Farm in Venezuela, die Unterkünfte sind komfortabel, sogar ein Pool ist vorhanden.

Kurz nach der Abzweigung Richtung Elorza macht die Straße einen Knick gen Norden. Nach 59 km und der Überquerung des Río Apure erreicht man die Ortschaft **Bruzual.** Von hier führt die Straße durch eine sehr schöne Landschaft, bis Barinas sind noch 134 Kilometer zurückzulegen.

Etwa 20 Min. nach Bruzual erreicht man bei **Dolores** eine Tankstelle, an der man das empfehlenswerte **Restaurante Las Delicias del Llano** von *William Martínez* findet. In dem sympathischen Laden gibt es typische, leckere Llanos-Spezialitäten zu einem fairen Preis.

Von Elorza nach San Cristóbal

Diese Strecke auf teils guten, teils schlechten Straßen ist landschaftlich nicht als schön zu bezeichnen, aber es ist eine relativ **schnelle Verbindung ins Bundesland Táchira,** von wo man in Kürze die Anden oder den Maracaibo-See erreichen kann. Die Strecke verläuft nahe der kolumbianischen Grenze, man sollte in dieser Gegend auf alle Fälle achtsam sein und auf keinen Fall die Hauptstraße verlassen und Feldwege „testen". Zunächst geht die Fahrt durch die Dörfer **La Trinidad de Arichuna** und **Miraflores** nach Guasdualito.

Guasdualito ♂ IX, C3

GPS: N 7°14.71, W 70°43.84

Guasdualito liegt 125 m ü. NN und weist eine Bevölkerung von **105.000 Einwohnern** auf. Die Stadt gilt als wichtiger Grenzort, liegt aber nicht direkt an der Grenze: Auf einem Abzweig nach Süden kommt man nach wenigen Kilometern in die kolumbianische Grenzstadt Arauca. Es besteht ein reger Handelsverkehr zwischen beiden Orten. Guasdualito ist die zweitgrößte Stadt des Bundeslandes Apure und wurde zu einem wesentlichen Erdölzentrum der Region.

Guasdualito wird erstmals 1750 erwähnt, in den Aufzeichnungen eines landwirtschaftlichen Gutes in der Nähe der heutigen Stadt. Ab 1765 wird der Ort zunehmend besiedelt. Man weiß bis heute nicht, welche Pioniere diesen Ort **gegründet** haben, es ist nur bekannt, dass **1771** *Don José Ignacio del Pumar* eine erneute Stadtgründung vornahm. Kriege und Seuchen ließen viele Einwohner im Lauf der Zeiten das Weite suchen, um z.B. an die Ufer des Río Sarare zu ziehen.

Ein schlimmes Problem im heutigen Guasdualito stellen **Entführungen** dar. Wegen der Grenznähe und dem freien Transit zwischen Kolumbien und Venezuela kommt es immer wieder zu unliebsamen Begegnungen mit Guerilleros der FARC, aber auch der venezolanischen *Fuerza Bolívariana de Liberación*. Entführt werden vor allem Besitzer landwirtschaftlicher Güter und Geschäftsleute. Diese werden in der Regel gegen Bezahlung eines hohen Lösegeldes freigelassen.

Sehenswert in der Stadt sind sicher der **Plaza Bolívar** und die **Iglesia Nuestra Señora del Carmen.** In der **Casa de la Cultura Herminia Pérez** finden regelmäßig kulturelle Veranstaltungen statt.

Aus Sicherheitsgründen abgeraten werden muss von einem Besuch des Grenzorts **El Amparo de Apure.** Dieses Nest an den Ufern des **Río Arauca** treibt lebhaften Handel mit dem gegenüberliegenden Arauca in Kolumbien, die Länder sind durch eine Brücke verbunden. Es gibt hier sogar ein zweitklassiges Zollamt. Viele Einwohner leben auch vom Fischfang. Der Ort mit rund 15.000 Einwohnern ist wegen der Grenznähe alles andere als sicher. In den 1990er Jahren war hier die Basis der Guerillabewegung MBR-200 unter der Leitung des heutigen Präsidenten Venezuelas. Zu trauriger Berühmtheit gelangte der Ort 1988, als 14 Fischer irrtümlich von der Polizei erschossen wurden, da man sie für Guerilleros hielt. Von El Amparo de Apure kann man auch eine Nebenstraße nach El Piñal und weiter nach San Cristóbal nehmen. Es wird aber dringend abgeraten, die Straße führt teilweise nur ein paar Meter neben der Grenze entlang und gilt als sehr gefährlich.

An- und Abreise

Busse und Por Puestos

Busse und Por Puestos starten vom **Busterminal** in der C. Cedeño. Es gibt Verbindungen nach San Fernando de Apure, Barinas und San Cristóbal.

Flugzeug

Guasdualito verfügt über einen kleinen Flughafen, den **Aeropuerto Nacional.** Zeitweise gab es Flüge mit Conviasa via Barinas oder Elorza nach Caracas, 2008 wurden jedoch keine Flüge angeboten.

Unterkunft

- **Hotel Cuibas****, sehr schöne Zimmer mit Klimaanlage und Kabel-TV. Das First-Class-Hotel verfügt über Restaurant, Bar, Pool, Jacuzzi und Parkplätze; KK. C. Sucre c/ Carrera Páez, Edf. Centro Aponte, gegenüber vom Plaza Bolívar, Tel. 3321231, €€€€
- **Hotel Anarú***, nette Zimmer mit Klimaanlage, Kabelfernsehen und Bad. Es gibt ein Restaurant und Parkplätze; KK. Av. El Estudiante, Tel. 3321961 und 3321200, €€€
- **Hotel Anauco**, saubere Zimmer mit Klimaanlage und Kabelfernsehen. Restaurant, Parkplätze, KK. C. Cedeño, CC Mariño, Tel. 3321441 und 3321339, €€
- **Hotel El Padrino**, auch hier sind die Zimmer sauber und haben Klimaanlage und Kabelfernsehen. Restaurant, Parkplätze. C. Bolívar, Tel. 3321216, €€

Essen und Trinken

- **El Refugio del Conejo,** einheimische Spezialitäten und – wie der Name sagt – manchmal Kaninchen. C. El Cementerio.
- **Los Compadres,** vor allem einheimische Köstlichkeiten. C. Mariño.

Praktische Reiseinfos

- **Vorwahl: 0278**

Krankenhaus

- **Centro Clínico Divino Niño**, Las Carpas, Tel. 3321239.

Polizei

- **CICPC,** C. Rivas, Tel. 3321031, 3321160.

Die **Weiterfahrt nach San Cristóbal** führt durch die Ortschaften **El Trompillo** und **El Cantón**. Ein paar Kilometer nach El Cantón folgt rechter Hand ein Abzweig nach Barinas. Wählt man diese Strecke, durchfährt man den Ort **Socopo**. Dort an der Hauptstraße befindet sich das günstige **Hotel Villa Paraiso, €€**, in dem man komfortable, klimatisierte Zimmer vorfindet. Fährt man geradeaus weiter, gelangt man in den Ort **El Piñal**; hier mündet linker

Hand die grenznahe Parallelstraße von Guasdualito und El Amparo de Apure in die Hauptstraße ein. Über **Santo Domingo** erreicht man schlussendlich San Cristóbal (siehe im Kapitel „Die Anden").

goni werden kultiviert. Auch die Erdölindustrie hat Einzug gehalten.

Sehenswürdigkeiten

Während des Unabhängigkeitskrieges verlor die Stadt viele historische Gebäude, darunter auch einige Kirchen und die meisten kolonialen Häuser. Trotzdem sind noch ein paar schöne Gebäude zu sehen.

Barinas ⌒ IX, D2

GPS: N 8°37.91, W 70°12.61

Die ruhige **Hauptstadt des gleichnamigen Bundesstaates** wurde am 30. Juni 1577 durch *Capitán Juan Andrés Varela* gegründet, und zwar unter dem Namen Altamira de Cáceres. Die Stadt wie auch das Bundesland Barinas galten damals als eine florierende Gegend, und so kam es immer wieder zu Angriffen durch Piraten, die über den Orinoco in die Gegend eindrangen. Das war der eigentliche Grund, warum die Ufer des Orinoco viel weiter im Osten bei Ciudad Bolívar besiedelt wurden und man überall Festungen hinstellte. 1762 wurde Barinas zur Provinz erklärt und gleichzeitig Hauptstadt. 1862 wurde der Name der Stadt in Zamora geändert, seit 1937 heißt sie wieder Barinas. Aus der Stadt stammte der erste Präsident Venezuelas, *Cristóbal Mendoza*. Heute hat Barinas **290.000 Einwohner** und ist eine lebhafte Stadt. Die Bevölkerung lebt von der Landwirtschaft: Man baut u.a. Mais, Reis, Zuckerrohr, Baumwolle, Kaffee und Kakao an. Daneben wird viel Viehzucht betrieben, auch tropische Edelhölzer wie Teak und Maha-

Kathedrale Nuestra Señora del Pilar de Zaragoza

Die Kathedrale **am Plaza Bolívar** ist der Schutzheiligen der Stadt gewidmet. Es ist eine sehr schöne koloniale Kirche mit einer Vielzahl religiöser und historischer Schätze. Zwischen 1760 und 1780 erbaut, ist sie die einzige von insgesamt dreien in der Stadt, die den Unabhängigkeitskrieg fast unversehrt überstanden hat.

Museo Alberto Arvelo Torrealba

In einem schönen Kolonialhaus ist seit 1981 dieses Museum mit einer permanenten Ausstellung zum **Leben der Menschen in den Llanos** untergebracht. Es befindet sich an der C. 5 de Julio c/ Av. Jiménez, nur einen Häuserblock vom Plaza Bolívar entfernt, Tel. 5520505. Geöffnet Mo bis Fr von 9-17 Uhr, Sa von 9-15 Uhr, So von 9-14 Uhr, der Eintritt ist frei.

Llaneros sind die venezolanischen Cowboys

Botanischer Garten

Dieser Botanische Garten mit einer Fläche von **400 ha** ist Teil der Universität der Llanos. Man sieht schön angelegte Gärten, in denen verschiedenste Pflanzen und Blumen wachsen, es gibt einen Aussichtspunkt, ein Café, eine kleine Ausstellung und einen winzigen zoologischen Park. Alto Barinas, Tel. 5331579, der Garten ist Mo bis Fr von 8–15 Uhr geöffnet.

An- und Abreise

Busse und Por Puestos

Der **Busbahnhof** befindet sich rechts von der Carretera Cuatricentenaria, einen ½ km nördlich des innerstädtischen Verteilers in der Nähe des Einkaufszentrums CADA. Es gibt ein paar einfache Restaurants, ein paar Geschäfte und ein Telefonzentrum.

- **Barinas – Mérida,** im Buscama, früh am Morgen, die Minibusse verkehren ab 6 Uhr stündlich, Fahrzeit 5 Std.
- **Barinas – San Cristóbal,** 12x täglich, Fahrzeit 6 Std.
- **Barinas – Guanare – Barquisimeto,** stündlich ab 6.30 Uhr.
- **Barinas – Acarigua – Barquisimeto,** stündlich.
- **Barinas – Guanare – Acarigua – Valencia – Caracas,** ab 6 Uhr stündlich bis 20 Uhr.
- **Barinas – Valencia – Maracay – Caracas,** 9x täglich, auch nachts.
- **Barinas – San Fernando de Apure,** unregelmäßig mit alten Autobussen, die viele Stopps einlegen, nur tagsüber.
- **Barinas – Caracas,** 2x täglich mit Expresos Occidente mit Ankunft im privaten Terminal in Caracas; Nachtbusse/Buscama.

BARINAS

- **Barinas – Ciudad Bolívar,** 1x täglich mit Expresos Occidente, der Bus kommt aus San Cristóbal, man kann die Tickets nicht im Voraus kaufen.
- **Barinas – Puerto La Cruz,** 3x täglich, Nachtbus wird empfohlen, mit Anschluss zu weiteren Zielen im Osten, mit Expresos Occidente (Privatterminal in Puerto La Cruz).
- **Por Puestos und Minibusse** verkehren vom Busterminal aus regelmäßig nach **Barinitas, Acarigua, Mérida, Barquisimeto** und **Valencia.**

Flugzeug

Der **Flughafen** befindet sich im Süden der Stadt an der Av. Adonay Parra. Es gibt zwar kein Restaurant, aber ein paar kleine Geschäfte, und man kann sich die Zeit in einem Internetcafé vertreiben. Es gibt auch ein kleines Reisebüro, das beim Kauf von Flugtickets behilflich sein kann (Adytur Viajes y Turismo CA., Tel. 5444219).

AVIOR Airlines fliegt 3x täglich nach **Caracas,** Tel. 5320990.

Touristeninformation

- **Corporación Barinesa de Turismo CORBATUR,** Av. Marqués del Pumar, Palacio del Marquéz, gegenüber vom Plaza Bolívar, Tel. 5528162, corba003@telcel.net.ve.

Unterkunft

- **Hato Cristero,** 28 km außerhalb von Barinas befindet sich diese äußerst interessante, fast 3000 ha große Rinderfarm, die über super ausgestattete Zimmer mit Vollpension und herzlicher Betreuung verfügt. Dazu werden Halbtagesausflüge in die Llanos angeboten (zu Pferd, zu Fuß oder als Jeepsafari), bei denen man eine Menge der einheimischen Fauna zu Gesicht bekommt. Nur mit Reservierung. Via Torunos San Silvestre, km 28, Kontakt: *Humberto J. Concha,* Tel. 5522695 und 0414/4544193, hatocristero@yahoo.es, Übernachtung, AI (und das wirklich, selbst die Minibar ist inkl.) und 2 Ausflüge, €€€
- **Posada El Torreño,** moderne, sehr gut ausgestattete Posada mit schönem Pool, Restaurant mit Tasca (Mo geschlossen), empfehlenswert, KK. Carretera Vieja San Silvestre, Sec. Los Lirios, in der Nähe der Fabrik von Parmalat, Tel. 5330529, Fax 5331670, www.elcorral.com.ve, €€€
- **Hotel Bristol***,** anständiges Restaurant, Parkplatz, KK. Av. 23 de Enero, Tel. 5325207, 5325213, Fax 5520229, hotelbristol@cantv.net, €€€
- **Hotel Valle Hondo***,** Restaurant, Parkplatz, KK. Av. 23 de Enero, Tel. 5335877, 5335177, Fax 5335532, €€€
- **Hotel Internacional***,** gutes Restaurant, Parkplatz, KK. In der Altstadt, C. Arzobispo Méndez, gegenüber der Plaza Zamora, Tel. 5522343, €€€
- **Hotel Barinas,** KK. Av. López c/ Av. Andrés Bello, Alto Barinas, gegenüber von McDonald's, Tel. 5331198, hotelaltobarina@hotmail.com, €€€
- **Hotel Varyna***,** Bar, Restaurant, Wäscherei, Parkplatz, KK. Av. 23 de Enero, nahe des Flughafens, Tel. 5333984, 5332477 und 5335094, hotelvarynat@cantv.net, €€€
- **Hotel Comercio**,** Restaurant, Parkplatz, KK. Av. El Marquéz del Pumar c/ C. Coromoto, Tel. 5320782, €€€
- **Hostería Los Guasimitos,** mit gutem Restaurant, KK. Hauptstraße Richtung Guanare, Tel. 5461546, 5460002, Fax 5460249, €€

Essen und Trinken

Typisch für die Region ist **Paloapique,** ein Gericht mit Fleisch, Bohnen und Reis.

- **Del Carajo,** sehr gute Fleischgerichte, oft Live-Musik, empfehlenswert, KK. Av. Alberto Arvelo, bei der Ausfahrt in Richeung San Cristóbal, Alto Barinas.
- **Restaurante El Mastranto,** gute internationale Küche, KK. Av. Cuatricentenaria, 200 m von McDonald's entfernt.
- **Restaurante El Estribo,** Fleischgerichte. C. Apure, 100 m von der Av. Dominga Ortiz.
- **Asociación de Ganaderos,** fantastisches Fleisch. Parque de Ferias, schräg gegenüber vom Manga de Coleo.
- **Restaurante El Garcero,** Av. Agustín Codazzi, einen Häuserblock von der Fundación

del Niño entfernt, gute Fleischgerichte, typisch für die Region.
- **La Cantina de Luis,** international. Av. Elias Cordero, 300 m von der Banco Provincial.

Praktische Reiseinfos

- **Vorwahl:** 0273

Autovermietung
- **Thrifty Car Rental,** Av. 23 de Enero, Tel. 0800/8474389, 5332780.

Einkaufen
- **Artesanía Bahareque,** große Auswahl an traditionellem Kunsthandwerk. C. Cedeño, Nr. 4-48, zwischen Av. Libertad und Av. Montilla.
- **El Sol del Llano,** Av. El Marquéz del Pumar, Nr. 6-74, Tel. 5524704. Wer gute, günstige Lederstiefel sucht, wird in diesem Laden fündig. Daneben gibt es Hängematten, Moskitonetze und Sombreros. Die berühmteste Marke ist „Piel de Guama" – jeder, der was auf sich hält, trägt einen Sombrero dieser Fabrik.

Fest/Veranstaltung
- Vom **9. bis 17. Oktober** findet jedes Jahr die sehr bekannte Landwirtschaftsausstellung **La Feria del Pilar** statt. Hier trifft sich die gesamte Bevölkerung, vor allem Viehzüchter und Landwirte. Es gibt Toros coleados, Spiele mit Rindern, die typische Musik der Llanos und viele Tänze.

Geldwechsel
Nur Geld mit der Kreditkarte abheben ist möglich:

- **Banco de Venezuela,** Av. Marquéz del Pumar c/ C. Plaza, Nr. 2-16, Edf. Triasi, Tel. 5525137.
- **Banco Mercantil,** Av. Cuatricentenaria, CC Barinas, Tel. 5332221 und 5332487.

Krankenhäuser
- **Centro Médico Barinas,** C. Cedeno c / C. Mijágua, Tel. 5523702.
- **Hospital Luis Razetti,** C. Cedeno, Tel. 5523623.

Kriminalpolizei
- **CICPC,** Tel. 5339686.

Post/Telefon
- **Ipostel,** C. Carvajal, Edf. Miquez II, Nr. 4-40, Tel. 5522390.
- **Cantv,** die Telefongesellschaft findet man an der Av. 8 c/ C. 4, am Plaza Bolívar.

Reisebüro
- **Aurea Viajes y Turismo,** Av. 23 de Enero, CC Central, Erdgeschoss, oficina 4, Tel. 5335037, aureatoursol@cantv.net.

Weiterfahrt von Barinas in die Anden nach Mérida

Von Barinas führt über Barinitas eine landschaftlich reizvolle Strecke **nach Westen** in die Anden, in nördlicher Richtung gibt es über Guanare und Acarigua gute Verbindungen nach Barquisimeto und Valencia. Die Route **über Barinitas und Santo Domingo** nach Mérida gehört zu den schönsten Strecken in ganz Venezuela. Vom Llanos-Bundesland Barinas bis zum Andendorf Apartaderos sind **unglaubliche Höhenunterschiede** zu bewältigen, insgesamt nicht weniger als 3300 m. Die Straße folgt in vielen Kurven weitgehend dem Lauf des **Río Santo Domingo.** Weitere Infos zu den interessantesten Punkten dieser Strecke findet man im entsprechenden Abschnitt im Kapitel zu den Anden.

Unterkunft in Barinitas:
- **Posada Colibri,** Carretera Nacional, gegenüber vom Grupo Escolar Orinoco, schöne Zimmer in großzügiger neuer Posada mit sehenswertem Garten. Küchenbenutzung, Wäscheservice und Tourangebote. Tel. 0414/7157514, €€

Von Barinas in Richtung Valencia

- **Hotel Río Fresco,** Carretera Nacional, 100 m oberhalb der Posada Colibri. Gepflegte Zimmer in sehr freundlichem, empfehlenswertem Hotel zu guten Preisen. Tel. 8713578, hotelriofresco@cantv.net, €€€

Weiterfahrt von Barinas in Richtung San Cristóbal

In südwestlicher Richtung kann man die Fahrt nach San Cristóbal fortsetzen, das sind rund 300 km. Links und rechts der Straße sieht man vor allem Savannen mit zahlreichen Moriche-Palmen, dem Nationalbaum Araguaney und Ceibas. Die Savannen sind Heimat vieler Vögel und ein Paradies für Vogelliebhaber. Man kann z.B. Reiher, Enten, Coro-Coros und Stelzvögel sehen. Auch Hirsche, Affen, Jaguare, Ameisenbären und Gürteltiere bewohnen die Savannen. In den vielen kleinen Flüssen, die man auf der Fahrt überquert, tummeln sich zahlreiche Fischarten. Wenn man die **Kreuzung La Pedrera** erreicht, biegt man nach rechts in Richtung San Cristóbal ab. Diese Strecke ist wegen der Grenznähe zu Kolumbien relativ unsicher, es empfiehlt sich, nur bei Tageslicht zu fahren und auf keinen Fall die Hauptstraße zu verlassen.

Von Barinas in Richtung Valencia

Nach Nordosten, in Richtung Guanare, ist die Straße in sehr gutem Zustand; vor allem am Wochenende kann man sich entlang der Strecke an vielen Imbissständen gut verpflegen, hauptsächlich gegrilltes Fleisch steht auf dem Programm – kein Wunder in den Llanos, dem Land der Rinder und Cowboys.

Verlässt man Barinas, kommt man nach 35 km an eine **Abzweigung:** Nach rechts geht die Straße ab, die **in südöstlicher Richtung** über Sabaneta und Ciudad de Nutrias durch die Llanos Bajos nach San Fernando de Apure führt.

Fährt man geradeaus weiter nach Norden, erreicht man die Ortschaft **Boconito.** 26 km danach führt rechts eine vierspurige Straße zum Wallfahrtsort der Jungfrau von Coromoto, der Nationalheiligen von Venezuela (**Santuario Nacional de Coromoto**). Hier steht eine kurz vor dem Papstbesuch im Jahr 1996 fertiggestellte monumentale Kirche. An diesen für die Region und das Land sehr wichtigen Papstbesuch erinnert eine große Tafel an der Hauptstraße, welche das Konterfei von *Johannes Paul II.* zeigt.

6 km nach der Abfahrt nach Coromoto folgt Guanare.

Guanare

↗ IX, D1

GPS: N 9°02.71, W 69°45.05

Die **Hauptstadt des Bundeslandes Portuguesa** hat rund **115.000 Einwohner** und ist wegen der unglaublichen Hitze gefürchtet. Die Stadt wurde am 3. November 1591 von *Juan Fernando de León* gegründet. Für Touristen bietet sie nicht allzu viel Sehenswertes. Wie vielerorts ist sicher die **Basilica de La Virgen de Coromoto** einen Besuch wert. Man findet sie an der Plaza Bolívar (C. 15 c /Carrera 4). Zwischen 1788 und 1790 erbaut, wurde die Kirche 1949 renoviert. Die Fassade ist neoklassizistisch, der reich verzierte Altar stammt aus der ersten Hälfte des 18. Jh. Geweiht ist die Basilika der Jungfrau von Coromoto, der Nationalheiligen von Venezuela. Jedes Jahr am 2. Januar und am 8. September kommen viele Gläubige aus dem ganzen Land nach Guanare, um der Heiligen zu gedenken. An diesen Tagen soll dem Häuptling des Stammes der Coromoto die Jungfrau Maria erschienen sein.

- **Vorwahl:** 0257

An- und Abreise

Busse und Por Puestos
- **Guanare – Barinas – Mérida,** 3x täglich, am besten am frühen Morgen.
- **Guanare – Barinas – San Cristóbal,** 2x täglich.
- **Guanare – Acarigua – Barquisimeto,** stündlich bis ca. 20 Uhr.
- **Guanare – Acarigua – Valencia – Maracay – Caracas,** 4x täglich.
- Von 6 Uhr morgens bis 21 Uhr fahren **Por Puestos in alle Richtungen.**

Unterkunft

- **Hotel La Sultana,** gute Zimmer mit Klimaanlage und Kabel-TV, Restaurant, Pool, Jacuzzi und Parkplätze, KK. Av. Simón Bolívar, 500 m vom Flughafen entfernt, Tel. 2531723, €€€
- **Hotel Italia,** saubere Zimmer, Restaurant. Carrera 5a c/ C. 20, im Zentrum, Tel. 2514277 und 2531213, €€€
- **Motel Portuguesa,** nette, saubere Zimmer, Restaurant und Parkplätze. Av. 23 de Enero c/ Av. Simón Bolívar, am Ortseingang, Tel. 2511102, €€€

Essen und Trinken

- **Doña Parrilla,** typisches Fleischrestaurant mit Fleisch vom Holzkohlenfeuer. Kein besonders schönes Lokal, aber man wird satt. Av. Simón Bolívar, in Richtung Acarigua.

Von Guanare geht die Fahrt **weiter nach Acarigua.** Die Straße führt durch intensiv landwirtschaftlich genutzte Gegenden, entsprechend begegnet man hier vielen Lastwagen. Es gibt aber trotzdem noch einige Gebiete, die weitgehend unberührt geblieben sind. In ihnen fühlen sich Honigbären, Jaguare, Nadelschweine und viele Vogelarten wohl. Es gibt zur Freude aller Vogelliebhaber auch das bekannte blaue Huhn zu sehen. In den Flüssen sind Flussdelfine zu Hause, auch Toninos genannt, aber auch Kaimane und Anakondas leben in den Gewässern.

Acarigua   ♢ X, B1

GPS: N 9°33.46, W 69°12.31

Der aufstrebende Handelsort hat ca. **250.000 Einwohner** und weist eine Durchschnittstemperatur von 28°C auf. Bevor der Ort von Criollos besiedelt wurde, waren hier Indianer des Aruak-Stammes ansässig.

An- und Abreise

Busse und Por Puestos

Der **Busterminal** befindet sich in der Av. Eduardo Cholet, fast an der Kreuzung mit der Av. Paéz.

- **Acarigua – Guanare – Barinas – Mérida**, 5x täglich.
- **Acarigua – Guanare – Barinas – San Cristóbal**, 4x täglich.
- **Acarigua – Valencia – Maracay – Caracas**, 7x täglich, auch einige Nachtbusse.
- **Por Puestos** und lokale Autobusse verkehren ständig **in alle Richtungen**.

Eisenbahn

Früher gab es von Acarigua eine Eisenbahnverbindung nach Barquisimeto, San Félipe und Puerto Cabello, leider werden seit Jahren keine Passagiere mehr befördert.

Flugzeug

Der **Aeropuerto General Oswaldo Guevara** befindet sich 5 km außerhalb der Stadt. Es gibt von Mo bis Fr einen Flug mit Avior nach **Caracas.**

Unterkunft

- **Hotel San Cono Suites,** gute Zimmer, Restaurant im Haus, KK. Av. 30 c/ C. San Cono, Tel. 6229211 und 6223223, sanconosuite@cantv.net, €€€
- **Hotel Parigua****, schlichte, saubere Zimmer, Restaurant und Parkplätze. C. 30 zwischen Av. 29 und 30, Tel. 6210949 und 6211053, €€
- **Hotel Miraflores****, nette Zimmer, Restaurant, KK. Prolongación Av. Páez, Straße nach San Carlos, Tel. 6227863 und 6227949, €€
- **Hotel Las Majaguas****, saubere Zimmer, Restaurant und Parkplätze. C. 28 c/ Av. Libertador, Tel. 6215331, Fax 6213470, €€
- **Motel Payara**, gute Zimmer, Restaurant und Parkplätze, Pool. Av. Los Pioneros, an der Straße nach Guanare, Tel. 6214611 und 6214979, Fax 6213008, €€
- **Hotel Rancho Grande**, einfache Zimmer, Restaurant. Am Ende der Av. Páez, an der Straße nach San Carlos, Tel. 6227850, €€

Essen und Trinken

- **Mi Cocina,** kleines Restaurant mit nur vier Tischen. Hier bekommt man typische Hausmannskost von *María* gekocht. Fleisch- und Hühnerspezialitäten, aber auch leckere Teigwarengerichte. Mo Ruhetag. Av. Rómulo Gallegos, Qta. Yeyas, Tel. 6213578.
- **Mediterráneo**, ein neuer Platz in Acarigua. Frühstück, Mittagessen, viele Süßspeisen. C. 32, zwischen Av. 25 und 26, Verlängerung der Av. Páez.

Praktische Reiseinfos

- **Vorwahl: 0255**

Geldwechsel

- **Mit Kredit- oder Maestro-Karte** kann man Geld bei der **Banco Mercantil** beziehen, Av. Alianza, Ecke C. 28 und 29, Urb. Av. Alianza, Tel. 6214191 und 6212655.

Krankenhaus

- **Clínica San José,** Av. Las Lagrimas c/ C. 27, Tel. 6218789.

Kriminalpolizei

- **CICPC,** Tel. 623511.

Von Acarigua führt eine Straße nordwärts nach Barquisimeto, das im Kapitel „Der Nordwesten" näher behandelt wird, **in östlicher Richtung** erreicht man nach 18 km den kleinen Ort **Agua Blanca**. Wer Anhänger des Kultes um *María Lionza* ist, kann diesen Wallfahrtsort besuchen, der ihr zu Ehren erbaut wurde. 50 km weiter folgt San Carlos.

San Carlos ♪ IV, A3

GPS: N 9°39.66, W 68°35.46

Die **Hauptstadt des Bundeslandes Cojedes** wurde 1678 von Kapuzinern gegründet. Heute noch stehen einige recht gut erhaltene Kolonialhäuser, und auch die **Iglesia de Santo Domingo** ist sehenswert, die seit dem 18. Jh. praktisch keine Veränderungen erfahren hat. Zu finden ist sie am Plaza Figueredo (Carrera 10 an der Ecke der C. 13). Auch die **Casa de La Blanquera** lohnt einen Besuch. Das Gebäude im Barockstil stammt aus dem Jahr 1770 (Carrera 9, Ecke C. 7).

San Carlos lebt heute vorwiegend von der Landwirtschaft; jedes Jahr vom 8. bis 11. November findet eine große **Agrarmesse** statt. Da gibt es nicht nur die traditionellen Joropo-Tänze zu sehen, sondern natürlich auch die so beliebten Hahnenkämpfe und Toros Coleados, Reiterspiele mit Rindern. Im Ort werden auch sehr gute **Lederwaren** und **Musikinstrumente** hergestellt.

Unterkunft

- **Hotel San Carlos,** 48 nette Zimmer mit Privatbad, TV, Restaurant, kleines Café, Spielsalon und Parkplätze, KK. Av. José Laureano Silva c/ C. Manrique, Tel. 4330298, €€€
- **Hotel Paternopoli,** 44 Zimmer mit TV, Restaurant und Parkplätze. Am Ende der Av. Bolívar, am Ortseingang von San Carlos, Tel. 4338045 und 4337831, €€
- **Hotel Central,** 52 saubere Zimmer, Restaurant und Parkplätze. Av. Bolívar, zwischen Av. Ricaurte und C. Ayacucho, Tel. 4333173, €€

15 km **östlich von San Carlos** erreicht man bei **Tinaco** eine wichtige **Straßenkreuzung.** Hier gibt es ein bescheidenes Hotel mit Restaurant und Parkplatz. Nach Norden führt die Straße nach Valencia, nach Osten kommt

Eine Anakonda, die größte Würgeschlange der Erde

man in die mittleren Llanos. Auf der Strecke nach Valencia durchfährt man die größere Ortschaft **Tinaquillo**, ein Zentrum der Viehzucht und Landwirtschaft. Der Ort liegt bereits auf 739 m Höhe, die Temperaturen sind entsprechend angenehm.

Wählt man die Route in die mittleren Llanos, erreicht man nach 36 km, kurz nach dem Örtchen La Galera, die Abzweigung nach rechts zum Hato Piñero. Man fährt Richtung El Baúl bis zu dem 60 km entfernten Dorf **Barbasco**. Hier hält man Ausschau nach der blau-weiß gestrichenen Landschule (1 km nach der Ortschaft). Bei der Schule beginnt ein ungeteerter Weg, auf dem man immer geradeaus bis zu einem rosafarbenen Häuschen fährt. Jenseits der Schranke beginnt der **Hato Piñero,** eine der größten Viehfarmen im ganzen Land. Bis man zu den Gästehäusern mit einer kleinen Landepiste kommt, muss man nochmals drei Tore passieren (ca. 25 km). Hier kann man schöne Zimmer mieten und an Bootsfahrten und Fotosafaris teilnehmen – eine gute Möglichkeit, die Tierwelt der Llanos kennen zu lernen, und ein idealer Platz für Tierbeobachtungen aller Art. Für die Übernachtung sollte man in der Nebensaison mit rund 100 Euro rechnen, in der Hochsaison mit 130 Euro; die Preise umfassen sämtliche Leistungen. Man muss unbedingt vorher reservieren und bezahlen. Kommt man spontan vorbei, wird man in aller Regel an der Einfahrt abgewiesen. Kontakt in Caracas: Tel. 0212/9918935 und 9910079, Fax 9916668, www.hatopinero.com.

Los Dos Caminos IV, B3

Bleibt man auf der Troncal 13 **in östlicher Richtung,** erreicht man genau 100 km nach La Galera **zwei große Straßenkreuzungen** im Abstand von etwas mehr als 1 km. Die Kreuzungen werden **Los Dos Caminos** genannt. Hier gibt es eine der vielen berüchtigten Alcabalas der Militärpolizei, wo in der Regel sehr strenge Kontrollen durchgeführt werden.

Nach Norden führt eine Straße über San Juan de Los Morros zur Küste, nach Süden über Calabozo nach San Fernando de Apure und nach Osten über El Sombrero nach Valle de La Pascua in die östlichen Llanos.

Von Los Dos Caminos nach Norden

Der erste Ort, nur 6 km von der Kreuzung entfernt, ist **Ortiz**. Kurz nach dem Nest folgt auf der rechten Seite der Landstraße das empfehlenswerte **Restaurante Casa Tirol**, geführt von *Rita* und ihren Töchtern, die viele Spezialitäten aus der Colonia Tovar (siehe im Abschnitt „Ausflüge von Caracas") auf der Speisekarte haben. Sollte Schweinebraten auf der Tageskarte stehen, muss man den unbedingt probieren! Das Restaurant ist täglich, aber nur über Mittag, geöffnet.

Fährt man weiter gen Norden, passiert man **Parapara,** wo sich einfache Unterkünfte finden. 42 km nach Ortiz ist San Juan de Los Morros erreicht.

San Juan de Los Morros

IV, B2

GPS: N 9°54.78, W 67°21.26

San Juan de Los Morros wurde 1780 als Pfarrei von San Juan gegründet. Den Zusatz „Morros", auf Deutsch „Felskuppen", verdankt die Stadt den hügeligen Bergen in der Nähe. Die ganze Hügelregion in der Umgebung steht seit 1949 als **Monument Natural Arístides Rojas** unter Naturschutz. Um die Stadt herum liegen bekannte Thermalquellen, die auch vom ehemaligen Präsidenten *Guzmán Blanco* und dem Diktator *Juan Vicente Gómez* aufgesucht wurden. San Juan de Los Morros, **Hauptstadt des Bundeslandes Guaríco,** hat über **100.000 Einwohner,** darunter viele Studenten, denn die Universität Rómulo Gallegos ist eine der größten des Landes.

Sehenswürdigkeiten

Monument von San Juan Bautista

Es ist gar nicht zu übersehen, das fast 20 m hohe Monument auf dem Plaza Bolívar, genannt **„El Sanjuanote".** 1933 von General *Juan Vicente Gómez* in Auftrag gegeben, war es ein Geschenk an die neu erkorene Provinzhauptstadt. Hergestellt wurde die Statue in Calabozo, an ihrem heutigen Standort steht sie seit 1935.

Plaza Bolívar

Auch der schöne Plaza Bolívar wurde 1933 von General *Gómez* in Auftrag gegeben. Viele **Kolonialhäuser,** teils noch aus dem 15. Jh., gruppieren sich um den Platz, auch der Regierungssitz ist an diesem parkähnlichen Platz zu finden. In den umliegenden Gassen sind die **Iglesia Santa Catalina de Siena** aus dem Jahr 1664 oder die **Iglesia San José de Tiznados** von 1780 einen Blick wert.

● **Vorwahl:** 0246

An- und Abreise

Busse und Por Puestos

Der **Busterminal** von San Juan liegt 3 km außerhalb der Stadt in Richtung Villa de Cura, kurz bevor man das Gran Hotel Los Morros erreicht.

● **San Juan de Los Morros – Calabozo – San Fernando de Apure,** 5x täglich.
● **San Juan de Los Morros – El Sombrero – Valle de la Pascua – Caicara – Puerto Ayacucho,** 3x täglich.
● **San Juan de Los Morros – El Sombrero – Valle de la Pascua – El Tigre – Ciudad Bolívar – Ciudad Guayana,** 5x täglich.
● **San Juan de Los Morros – Villa de Cura – La Encrucijada – Caracas,** von 6–21 Uhr stündlich.

Unterkunft

● **Hotel Baños Termales*****, nette Zimmer mit Klimaanlage und Kabel-TV, Restaurant, Pool, Sauna und Parkplätze, KK. Av. Rómulo Gallegos, Tel. 4318220, €€€
● **Hotel Ana,** saubere Zimmer, Restaurant und Tasca. Av. Los Puentes Nr. 43, Tel. 4315134, €€€
● **Hotel Excelsior,** nette klimatisierte Zimmer. C. Mariño c/ Av. Bolívar, Tel. 4313141, €€
● **Motel Santa Mónica,** Zimmer mit Klimaanlage, Restaurant und Parkplätze, KK. Av. Miranda c/ C. Fermín Toro, Tel. 4311376, Fax 4316460, €€

Villa de Cura, Von Los Dos Caminos nach Süden

- **Gran Hotel Los Morros,** gute Zimmer, Restaurant, Pool, KK. Carretera Nacional, Ausfahrt Richtung Villa de Cura, Tel. 4314623 und 4314774, Fax 4318232, €€

Essen und Trinken

- **Dulce y Salado,** ein idealer Platz, um einen leckeren Salatteller zu verzehren oder ein Sandwich zu essen. Av. Bolívar Nr. 45, neben der öffentlichen Bibliothek (Biblioteca Publica). Di ist Ruhetag, Tel. 4319882.
- **El Cerrito,** dieses typisch einheimische Restaurant liegt etwas außerhalb der Stadt und bietet gute Spezialitäten vom Grill, aber auch viele Gerichte aus der Jagd landen hier auf den Tellern. An der Straße in Richtung Balneario El Castrero, Tel. 4157059.

Von San Juan führen **zwei Straßen an die Küste:** eine über Villa de Cura und Cagua nach Maracay, die andere über Altagracia de Orituco nach Clarines an der Ostküste.

Villa de Cura IV, B2

GPS: N 10°02.15, W 67°29.17

Die Ortschaft wurde 1717 gegründet, ihren Namen erhielt sie fünf Jahre später: „Villa" gebrauchte man damals als Kosenamen für den spanischen Thronfolger, „Cura" heißt im indianischen Idiom nichts anderes als Avocado, die in der Gegend zuhauf wachsen. Die Kleinstadt in 556 m Höhe war bis in die 1940er Jahre das wichtigste Handelszentrum für Rinder aus den Llanos. Auch heute noch betreibt man Viehzucht, hinzu kommen der Anbau von Früchten und Gemüse und Metall verarbeitende Industrie.

Als **Sehenswürdigkeit** kann die Kirche aus dem 18. Jh. bezeichnet werden. Innen ist das Bildnis von *Nuestra Señora de Los Valencianos* zu sehen. Auf dem Plaza Miranda steht eine Bronzestatue von *Francisco de Miranda,* Wegbereiter der Unabhängigkeit.

Unterkunft/ Essen und Trinken

- **Parador Español,** 24 saubere Zimmer, Restaurant. C. L. Hernandéz, Tel. 3863891, €€
- **Villa España,** 21 nette Zimmer, Restaurant-Tasca mit einheimischen Spezialitäten, Parkplätze, KK. C. Ruiz Pineda, Tel. 3861138, €€
- Es gibt zahlreiche **Restaurants und Imbissstuben,** wo man meist preiswert essen kann.

Praktische Reiseinfos

- **Vorwahl:** 0244
- **Klinik:** Policlínica Villa de Cura, Los Coloraditos, Tel. 3862753, KK.

Von Los Dos Caminos nach Süden

Folgt man der Straße in den Süden, erreicht man nach 81 km Calabozo. Auf den letzten 20 km führt die Straße direkt am **Stausee von Guárico** vorbei. Dehnten sich hier früher weite Flächen mit dürrem Land aus, können heute dank des Stausees große Gebiete kultiviert werden. Es werden vorwiegend Reis und Baumwolle angepflanzt.

Calabozo

⌀ XI, C1

GPS: N 8°56.03, W 67°25.70

Calabozo heißt übersetzt **Kerker**. Das erinnert an die unrühmlichen Anfänge dieser Stadt: Im 18. Jh. hatten Verurteilte die Wahl, entweder die Strafe im Verlies einer Festung zu verbüßen oder aber in das damals abgeschiedene Calabozo abgeschoben zu werden. Der berüchtigte *José Tomás Boves* war einer der Sträflinge. Nach seiner Deportierung nach Calabozo machte er sich schnell einen Namen. Nach Ausbruch des Unabhängigkeitskrieges zog er die ersten Reiterverbände der Llaneros zusammen, um in der Folgezeit die von der spanischen Krone abgefallenen Siedlungen zu terrorisieren.

In der heute an die **100.000 Einwohner** zählenden Stadt stehen immer noch ein paar sehr schöne Kolonialhäuser. Sehenswert ist vor allem die Kathedrale mit einer reichen Barockfassade, die Ende des 18. Jh. gebaut wurde. Insgesamt aber strahlt Calabozo eine unangenehme Atmosphäre aus und ist einen Besuch nicht wirklich wert.

An- und Abreise

Busse und Por Puestos

Der **Busterminal Angel Custodia Loyola** befindet sich hinter dem Flughafen (keine kommerziellen Flüge), vier Straßenblöcke von der Hauptstraße entfernt, gegenüber vom Markt. Der Terminal ist nach dem Joropo-Sänger *Loyola* benannt, der als Pionier dieser Musikrichtung gilt und 1985 verstorben ist.

- **Calabozo – San Fernando – Achaguas – Mantecal,** mehrmals täglich.
- **Calabozo – San Fernando – Puerto Ayacucho,** 2x am Vormittag.
- **Calabozo – Maracay – Valencia,** 4x täglich.
- **Calabozo – Caracas,** 3x täglich, alle gegen Mittag.
- **Calabozo – Puerto La Cruz,** 1x früh am Morgen und 1x spät in der Nacht.
- **Por Puestos** fahren ununterbrochen **in alle Richtungen.**

Unterkunft

- **Hotel La Vega****, nette Zimmer, Restaurant und Parkplätze. Am Ortsausgang an der Straße Richtung San Fernando, Tel. 8712263 und 8712349, €€€
- **Hotel Italia***, einfache und saubere Zimmer, Restaurant und Parkplätze vorhanden. Carrera 12, Esq. c/ C. 9, Tel. 8711982, €€
- **Hotel Aristón***, saubere Zimmer. Carrera 11 c/ C. 11, Tel. 8712547 und 8713847, €€

Essen und Trinken

Populäre Restaurants befinden sich im Zentrum, preiswerte Snacks bekommt man gegenüber vom Busterminal. **Mi Tasca** an der Straße zum Flughafen und das **Restaurante Criollito** gegenüber vom Flughafen können empfohlen werden.

Praktische Reiseinfos

- **Vorwahl:** 0246
- **25. bis 29. November, Feria Agropecuaria e Industrial,** Landwirtschafts- und Industriemesse mit begleitendem Unterhaltungsprogramm.

Die Straße **von Calabozo nach San Fernando de Apure** im Süden ist in gutem Zustand, sodass man für die 134 km lange Strecke nur 2–3 Stunden braucht. Man fährt durch fast menschenleere Gebiete, nur selten kommt man durch ein Dorf. In **Corozopando**, 58 km nach Calabozo, übernachteten früher die Llaneros, die mit riesigen Rinderherden unterwegs nach Calabozo waren. Heute findet man in der Ortschaft einen Kontrollposten der Militärpolizei, ein Restaurant mit gutem, lokaltypischem Essen und den schönen **Tourismuskomplex Centro Recreacional Hato La Fé** in landestypischem Stil mit Restaurant und Pool (neben der Militärpolizei), der allerdings ein wenig besser gepflegt sein könnte. Tel. 0247/5146263 und 0414/3254188, campamentocargaydescarga@hotmail.com, für 2 Tage inkl. einer Übernachtung, einem Ausflug und der Verpflegung muss man mit ca. 100 Euro pro Person rechnen. Von hier aus können auch Tierbeobachtungen und Reiterausflüge gebucht werden.

Nur 27 km südlich von Corozopando erreicht man das Tierschutzgebiet **Esteros de Camaguán,** das 2000 zur Schutzzone für bedrohte Tierarten erklärt wurde – ein wahres Paradies für seltene Vögel, kleine Nagetiere und Fische. Ein Halt lohnt in jedem Fall. Die einmalige Landschaft spiegelt auf kleinstem Raum die Vielfältigkeit der Llanos. Das Schutzgebiet wird nach Süden vom **Río Portuguesa** begrenzt, auf dem man eine Bootstour unternehmen kann, auf der man mit großer Wahrscheinlichkeit Flussdelfine *(toninas)* beobachten kann. Als Ausgangspunkt bietet sich der Ort Camaguán an, man verhandle mit den Fischern am Hafen. Nur 30 km weiter erreicht man die Provinzhauptstadt San Fernando de Apure.

Von Los Dos Caminos nach Osten

Von der Kreuzung Los Dos Caminos gelangt man auch in den **östlichen Teil der Llanos.** Auf dieser Strecke sollte man Vorsicht walten lassen, denn die Straße weist streckenweise sehr viele Schlaglöcher auf, da sie von vielen Lastern befahren wird. Nach 160 km ist Valle de La Pascua erreicht.

Valle de La Pascua ♂ V, C3

GPS: N 9°12.76, W 66°00.25

Die nette Provinzstadt zählt mit knapp **100.000 Einwohnern** zum wirtschaftlichen Zentrum des Bundeslandes Guárico. Man lebt vorwiegend von der Industrie und der Landwirtschaft. Einige der größten Getränkeabfüller haben hier ihren Sitz, und die Möbel aus der Gegend sind sehr beliebt. Sehenswert sind die Kathedrale Nuestra Señora de la Candelaría und die Casa de Cultura. Wer eine **Zwischenübernachtung** in den östlichen Llanos machen möchte, dem sei dieser moderne, saubere und freundliche Ort empfohlen. Die Stadt verfügt auch über einen Flughafen (Aeropuerto Tomás Montilla), allerdings gab es 2008 keinen kommerziellen Flugverkehr.

- **Vorwahl:** 0235
- **Notfall:** 3416634

Unterkunft

- **Hotel San Marco,** sehr angenehmes und günstiges Apartmenthotel mit gut besuchtem Restaurant und Pool, sehr empfehlenswert. Av. Las Indústrias, Ausfahrt in Richtung El Socorro, Sec. 12 de Octubre, Tel. 3413734, Fax 3412434, hotel_sanmarco@cantv.net, €€€
- **Hotel El Triunfo,** schöne Zimmer und gutes Restaurant im Hause. Av. Rómulo Gallegos Oeste Nr. 129, Tel. 3414023, 3413940 und 3413954, Fax 3413945, €€€
- **Hotel Palace,** nette Zimmer mit Klimaanlage. Av. Rómulo Gallegos Oeste c/ C. Shettino, Tel. 3422073, 3422339 und 3422440, palace@cantv.net, €€€
- **Hotel Boa Vista,** einfache, saubere Zimmer. Av. Rómulo Gallegos, gegenüber der Banco Provincial, Tel. 3422262, €€

Essen und Trinken

- **Casa de Piedras,** vornehmes Fleischrestaurant mit sehr gutem Service. Av. Rómulo Gallegos, neben dem Hotel El Triunfo, Tel. 3422154.
- **Restaurant im Hotel San Marco** (s.o.), sehr gute spanische Küche.

Verlässt man Valle de La Pascua in östlicher Richtung, fährt man durch hügeliges, fruchtbares Land, in dem vor allem Viehzucht betrieben wird, aber auch Mais und Futterpflanzen werden angebaut. Es führen zwei Straßen weiter, eine **nach Nordosten** (über Zaraza nach Barcelona, siehe im Kapitel „Der Nordosten"), die andere **nach Südosten** (über El Venado nach El Tigre, siehe im Kapitel „Das Orinoco-Delta").

Zaraza, etwas mehr als 80 km östlich von Valle de La Pasqua, ist ein kleiner Verkehrsknotenpunkt. Der Name der Kleinstadt stammt vom ehemaligen General *Pedro Zaraza,* der an der Seite von *Simón Bolívar* im Unabhängigkeitskrieg kämpfte. Vorher hieß der Ort Chaguaramal del Peral. Die Stadt liegt auf nur 60 m Höhe und weist durchschnittliche Temperaturen zwischen 28 und 35°C auf, sie ist bekannt für ihre zahlreichen Mücken. Die Stadt wuchs in den vergangenen Jahren unglaublich schnell. Zählte man 1990 10.370 Einwohner, waren es 2007 bereits über 70.000. Haupteinnahmequellen sind Rinderzucht und Landwirtschaft, Handel und auch ein wenig Tourismus. Der Staat förderte in dieser Gegend die Milch- und Getreideproduktion, es wird viel Käse hergestellt. Sehenswert ist die Plaza Bolívar mit der Kathedrale San Gabriel Arcangel aus dem 18. Jh. Daneben kann man noch zahlreiche Kolonialhäuser bestaunen. Vor Ort findet man mehrere Hotels und Pensionen, in denen man recht preiswert übernachten kann, auch zahlreiche Restaurants. Zu den Spezialitäten gehören hier Fleisch oder gar Hirsch vom Holzkohlengrill, frittiertes Schwein mit Maistaschen *(cachapas)* und handgemachter Käse *(queso de mano).*

Die Anden

Gipfelstürmer

Typisches Dorf in den Anden

Páramo-Landschaft

Überblick

Nicht nur für ausländische Besucher, sondern gerade für die einheimischen Touristen stellen die Anden **eine der größten Attraktionen** dar. Während es in den meisten Teilen Venezuelas warm oder gar heiß ist und vielerorts kaum Berge zu sehen sind, geht es in den Anden bis in Höhen über 5000 m, wo das ganze Jahr über Schnee liegt. Fruchtbare Täler, klare Bergseen mit Forellen, Gletscher und Hochmoore sowie nette Andendörfer machen den Reiz der Region aus. Die **Bevölkerung** der Anden gilt als ausgesprochen fleißig; nicht selten liest man in Großstädten Stellenanzeigen, in denen gezielt Hausangestellte aus den Anden gesucht werden. Die Andinos sind nicht nur arbeitsam, sondern auch ehrlich und die meisten nach wie vor sehr gläubig. Die **Gastfreundschaft** ist groß, man wird in den meisten Fällen sehr herzlich empfangen. Die wichtigste Ansiedlung der Anden ist Mérida, eine sehr junge und lebhafte Stadt – 40.000 Studenten tragen ihren Teil dazu bei. Hier wohnt ein beachtlicher Teil der Bevölkerung der Anden, der Rest lebt weit verstreut in vielen Dörfern und Weilern. Man verdient sein Geld mit der Landwirtschaft und der Forellenzucht und natürlich mit Tourismus. Die **Infrastruktur** kann als gut bezeichnet werden, wenn auch nicht alle Straßen – einschließlich der Transandina, der ältesten Straße durch die Anden – in bestem Zustand sind. Es gibt zahlreiche Unterkunftsmöglichkeiten wie Hotels, Posadas und auch einfache Pensionen. Die Anden sind bekannt für ihre religiösen Feierlichkei-

ten, für ihre typische Küche mit vielen Spezialitäten, z.B. Forellen, und auch für ihre Musik und Tänze und die **ruhige Gangart**. Man kennt hier, abgesehen von der Hauptstadt, keine Eile. Das **Klima** ist so unterschiedlich wie die Anden selbst. Tagsüber und in unteren Höhenlagen kann man es als angenehm bezeichnen, nachts und in den hohen Lagen kann es sehr kalt werden – entsprechende Kleidung muss im Reisegepäck dabei sein.

Anfahrtswege

Es gibt mehrere An- bzw. Abfahrtswege zwischen der Zentralregion und den Anden, doch am meisten genutzt werden zwei davon, die **Llanos-Route** über Barinas und die **Westroute** über Coro und Maracaibo; die großen Busunternehmen nutzen eine dieser zwei Alternativen.

Die meisten Touristen reisen mit dem Autobus an; für sie empfiehlt sich die Route über die Llanos, die direkteste Verbindung zwischen der Zentralregion und den Anden, die auch für die Augen etwas zu bieten hat. Vor allem der Streckenabschnitt **von Barinas nach Apartaderos** ist mehr als eindrucksvoll, die zu bewältigende Steigung atemberaubend. Die Westroute ist landschaftlich nicht so fesselnd, man bewegt sich auf viel befahrenen Landstraßen im Tiefland und steigt erst ab El Vigia in die Anden hinauf. Wer über Nacht mit dem Bus reist, kann jede der Routen wählen. Wer mit dem Mietwagen fährt, kann auch die Panamericana über Valera in Betracht ziehen. Diese Alternative hat viele schöne Ausblicke und gute Fotomotive zu bieten. Wer aus dem Amazonasgebiet, den Llanos oder dem Hochland von Guayana in die Anden kommt, der fährt zwangsläufig über Barinas nach Mérida.

Mérida ♪ IX, C2

GPS: N 8°36.17, W 71°08.31

Einleitung

Mérida liegt im Westen des Landes etwa 680 km von Caracas entfernt. Die **Hauptstadt des gleichnamigen Bundesstaates** breitet sich in einem Andental auf 1640 m Höhe aus. Man bezeichnet die Stadt auch als „Stadt mit dem Klima des ewigen Frühlings", denn die jährliche Durchschnittstemperatur beträgt 19°C. Mérida hat an die **320.000 Einwohner,** darunter viele junge Menschen, bedingt durch die bekannte Universität der Anden (ULA). 40.000 Studenten sorgen für Lebensfreude. **Kultur** wird großgeschrieben, es gibt viele Künstler wie Maler, Musiker oder Schauspieler in der Stadt. Kulturzentren, Ausstellungen, Konzerte, Theater und die zahlreichen Plätze, Boulevards und öffentlichen Parks verleihen der Stadt ihren ganz eigenen Charme. Kurz: Mérida ist einen Besuch wert!

Stadtgeschichte

Santiago de Los Caballeros de Mérida, wie sich Mérida mit vollem Namen nennt, wurde am 9. Oktober **1558** durch den spanischen Kapitän **Juan Rodriguez Suárez gegründet,** der mit 59 Männern an dem damals San Juan de Lagunillas genannten Platz angekommen war. Er gab dem Ort den Namen Mérida in Erinnerung an seinen Herkunftsort in der spanischen Extremadura. Dem Offizier der Stadt Pamplona in Nueva Granada, heute Kolumbien, war die Expedition bewilligt worden, um in den Anden nach Gold zu suchen. Allerdings war er nicht berechtigt gewesen, Orte zu besiedeln. Doch *Suárez* verliebte sich in die Gegend mit den drei Flüssen Mucujún im Norden, Albarreagas im Westen und dem Chama im Osten.

Die Seilbahnstation Loma Redonda bei Mérida

Ein Jahr später, 1559, wurde die Stadt dann rechtmäßig durch **Juan de Maldonado** an ihrem heutigen Standort gegründet. Es war auch dieser *Maldonado*, der *Juan Rodriguez Suárez* am 23. Februar 1559 wegen der unerlaubten Besiedlung zur Verurteilung nach Santa Fé de Bogotá schickte. Dieser wurde dort zum Tode verurteilt und sollte am Schwanz seines Pferdes so lange durch die Gassen gezogen werden bis er tot war. Mit Hilfe des Erzbischofes von Bogotá gelang ihm aber die Flucht; er ließ sich in Trujillo nieder, wo er von *Don Diego de Paredes* verteidigt und versteckt wurde. *Juan Rodriguez Suárez* war somit quasi der erste politische Flüchtling in Südamerika.

1777 gehörte Mérida zum Generalkapitanat Venezuela, 1810 war es eine unabhängige Provinz, 1881 wurde es Teil des neuen **Andenstaates,** dem Mérida, Trujillo und Táchira angehörten. Dieser Zusammenschluss funktionierte allerdings nicht allzu lange. 1899 erlangte die Provinz wieder ihre Unabhängigkeit, zehn Jahre später wurde sie ein venezolanisches Bundesland.

Lage/Orientierung

Mérida liegt in dem langen, von Südwest- nach Nordost verlaufenden **Tal des Río Chama** und ist von hohen Bergen umgeben. Nach Südwesten

verlässt man die Stadt auf der Av. Andrés Bello durch den Ort Ejido in Richtung El Vigia. Folgt man dem Río Chama in die andere Richtung, erklimmt man mit der Transandina die Höhen der Anden und erreicht nach den Orten Tabay und San Rafael den Nationalpark Sierra Nevada.

Die **Innenstadt** von Mérida ist streng nach dem Schachbrettmuster aufgebaut. In Talrichtung verlaufen die Avenidas, im Innenstadtbereich die Av. 2 (nördlich) und die Av. 6 (südlich), quer dazu sind die Calles angeordnet – die Innenstadt liegt im Bereich der C. 15 und C. 30.

Sehenswürdigkeiten

Die Stadt weist unzählige Sehenswürdigkeiten auf; die nachfolgende Aufstellung beschäftigt sich nur mit den absoluten Highlights.

Kathedrale von Mérida

Die Kathedrale zählt zu den schönsten historischen Gebäuden der Anden und befindet sich gegenüber der Plaza Bolívar an der Av. 4 zwischen C. 22 und C. 23. Sie wurde in dem langen Zeitraum zwischen 1803 und 1960 in Anlehnung an Baupläne der Kathedrale von Toledo in Spanien erbaut. Papst *Johannes Paul II.* weihte sie zu einer **Basilika.** Im Inneren der Kathedrale sieht man die in Deutschland in Stein gemeißelte Heilige Manzana.

Haus der Gouverneure

In diesem **eleganten Haus** erfährt man viel über die Geschichte von Persönlichkeiten aus dem akademischen und öffentlichen Leben des Bundeslandes Mérida. Es werden regelmäßig kulturelle Veranstaltungen durchgeführt (Konzerte, Ausstellungen). Av. 3 c/ C. 20. Geöffnet Mo bis Fr von 9–12 und 14–18 Uhr, Sa 9–12 Uhr, der Eintritt ist frei.

Zoologischer Park Chorros de Milla

Der Park befindet sich auf 1850 m Höhe **am Río Milla.** Über 160 Tiere sind in dem Zoo zu bewundern. Der südamerikanische Brillenbär *(Ursus ornatus)* gehört hier sicher zu den Stars, aber auch Affen, Bären, Pumas und Jaguare aller Art sind zu sehen. Daneben viele Vögel, darunter der Kondor, und Reptilien. Der kleine **Wasserfall Tibisay** ist wunderschön, im Park gedeihen über 2000 verschiedene Pflanzenarten. Geöffnet ist die Anlage von 8–18 Uhr, Sec. Los Chorros de Milla.

Park der Konquistadoren (La Burra)

Aus Anlass der Erstbesteigung (1935) des Pico Bolívar angelegt, befindet sich der Park z.Z. im **Umbau,** da der neue Trolebus dort entlangfahren wird. Paseo Domingo Peña, Av. 8 c/ Av. Don Tulio.

Hauptmarkt von Mérida

Einer der von Touristen am meisten besuchten Orte ist das mehrstöckige Marktgebäude. Hier kann man sämtliche landwirtschaftlichen Produkte der Region kaufen, aber auch Kunsthandwerk, handgestickte Decken, Blumen und vieles mehr lassen die Herzen der Kauflustigen höher schlagen. Hier ist

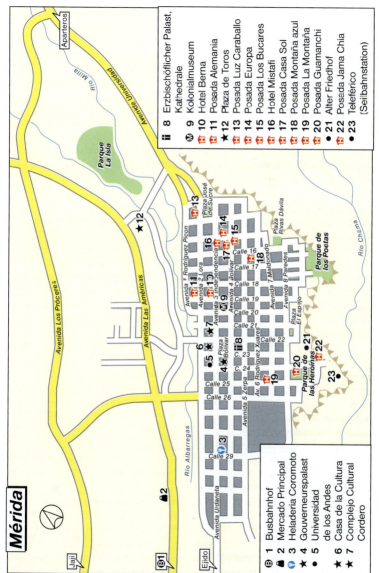

man auch genau richtig, um typische Gerichte der Anden kennen zu lernen. Diese werden in verschiedenen **Restaurants** mit viel Liebe zubereitet. Der Mark ist sehr sauber und gut organisiert. Man findet ihn in der Av. Las Américas c/ Viaducto Miranda. Er ist am Dienstagnachmittag geschlossen.

Seilbahn Teleférico de Mérida

Die Seilbahn (seit 2008 geschlossen) **auf den Pico Espejo** hat fünf Stationen bei einer **Gesamtlänge von 12.500 m.** Die Talstation am Plaza Las Héroinas heißt „Barinitas" und liegt auf 1577 m Höhe. Die Endstation „Pico Espejo" auf einer Höhe von 4765 m erreicht(e) man nach etwa 50 Min. Fahrzeit. Der Höhenunterschied beträgt also 3188 m (weitere Informationen unten im Abschnitt „Ausflüge/Pico Espejo").

Museo de Arte Colonial

Das Museum wurde 1963 gegründet und befindet sich im Haus des ehemaligen Generals *Paredes,* eines Helden des Unabhängigkeitskrieges. Man findet hier viele **Informationen zur venezolanischen Geschichte:** Koloniale Möbelstücke, Bilder, religiöse Gegenstände, Textilien und Goldschmiedekunst sind anzutreffen. Auch Peru, Ecuador, Bolivien, Mexiko und Portugal sind vertreten. Das Museum zwischen Av. 3 und 4 c/ C. 20 ist täglich ab 9 Uhr geöffnet.

Museo de Arqueología

Das im Juni 1977 eingeweihte Museum zeigt eine Vielzahl von Funden aus den Andenländern **Mérida und Trujillo.** Die Funde, darunter alte Werkzeuge, sind zwischen 500 und 2500 Jahre alt. Av. 3 c/ C. 23, nahe Plaza Bolívar. Geöffnet in der Hochsaison von Di bis So, in der Nachsaison von Di bis Fr.

Museo de Apicultura

In den Anden wird herrlicher **Honig** hergestellt, und so gibt es auch ein Museum zum Thema. Es befindet sich im Parque La Isla, Eingang von der Av. La Universidad. Geöffnet Mo bis Fr von 9–12 Uhr, Eintritt 1 Bs.F.

Museo de Ciencia y Tecnología

Man trifft auf prähistorische Figuren, man lernt etwas über die Zusammenhänge von Fauna und Flora, und es gibt eine permanente Ausstellung über **Erdbeben** zu sehen. Urb. Las Tapias, Laguna La Rosa, Boulevard 5, Aguilas Blancas. Täglich geöffnet.

An- und Abreise

Auf dem Landweg/ Busse und Por Puestos

Der **Busbahnhof** liegt an der Av. Las Américas an der westlichen Talseite, 400 m vom Markt entfernt. Zum Zentrum bestehen regelmäßige Verbindungen mit Minibussen (Haltestelle im Zentrum: C. 25 zwischen Av. 2 und Av. 3). Alle Busunternehmen bieten Buscama an, zum Teil haben sie sogar doppelstöckige Busse im Einsatz.

Die **Tagesbusse** sind Bummelbusse, die in allen Dörfern halten. Die Fahrt wird dadurch sehr lang. Auch haben die Tagesbusse meist keine Klimatisierung.

Wenn man eine Verbindung **nach Kolumbien** benötigt, ist es empfehlenswert, einen Nachtbus zu benutzen. Die Weiterfahrt nach Santa Marta oder Cartagena ab Maracaibo

Atlas IX, Stadtplan S. 441

MÉRIDA

geht nur im Morgengrauen. Wenn man diese Anschlüsse verpasst, bleibt man 24 Stunden in Maracaibo hängen.

- **Mérida – Coro,** 2x am Abend, Buscama, ca. 12 Std.; Expresos Mérida und Expresos Occidente, beide mit Abfahrt spät am Abend.
- **Mérida – Maracaibo** (über Caja Seca, 8 Std.), 4x täglich.

Folgende Buslinien fahren über Nacht und starten in der Regel zwischen 21 und 23 Uhr am Terminal von Mérida: Expresos Alianza, Expresos Mérida, Expresos Flamingo, Expresos Occidente, Expresos Los Llanos, Expresos San Cristóbal.

- **Mérida – Táchira,** 2x täglich mit Expresos Mérida.
- **Mérida – Barinas,** diese Busse starten stündlich ab 5 Uhr bis 19 Uhr. Wenn alle Busse nach Caracas, Maracay oder Valencia ausgebucht sind, empfiehlt es sich, nach Barinas zu fahren, da man dort meistens auch tagsüber Anschluss bekommt. Diese Busse sind häufig ohne Klimaanlage, die Strecke ist wunderschön und spannend und sollte wenn möglich über Tag gefahren werden.
- **Mérida – Barquisimeto** (über die Panamericana und die Llanos), 6x täglich. Verschiedene Buslinien bieten diesen Service an. Empfehlenswert sind die klimatisierten Buscama. Fahrzeit ca. 8 Stunden.
- Expresos Mérida, am Vormittag.
- Expresos Táchira, am späten Abend.
- Expresos Flamingo, 2x täglich, mittags und abends.
- Expresos Occidente, am Abend.
- Expresos Mérida-Táchira, am Abend.
- **Mérida – Valencia** (ca. 10 Std.) – **Maracay** (ca. 11 Std.) – **Caracas** (12–13 Std.), 18x täglich, meist nachmittags und nachts.
- **Valencia,** Expresos Alianza, einer abends; Expresos Mérida, drei in den Abendstunden; Expresos Flamingo, am Abend; Expresos Los Llanos, über Nacht; Expresos Occidente, ein Bus am Abend; Expresos Mérida-Táchira, ein Bus am Abend
- Viele Busse der folgenden Linien fahren auch weiter bis **Maracay,** man frage am Schalter nach: 7x täglich mit Expresos Alianza, Expresos Mérida, Expresos Flamingo und Expresos Occidente.
- **Caracas,** 7x täglich; wenn die Busse die gleichen Abfahrtszeiten haben wie Valencia und Maracay, ist es der gleiche Bus: Expresos Alianza, Expresos Mérida, Expresos Flamingo, Expresos Los Llanos, Expresos Occidente, Expresos Mérida-Táchira.
- **Mérida – Puerto la Cruz,** 3x täglich mit Direktbussen, ca. 20 Std. Fahrzeit. Mit Expresos Mérida: Die Abfahrt findet am Vormittag bzw. am frühen Nachmittag statt. Diese Verbindung ist empfehlenswert für jedermann, der auf die östliche Seite des Landes (Barcelona, Cumaná, Carúpano, Paria, Puerto Ordaz, Ciudad Bolívar, Orinoco-Delta) will und sich den Stress des Umsteigens in Caracas ersparen möchte.
- **Mérida – Cumaná,** 1x täglich Direktbus, 22 Std. Fahrzeit mit Stopp in Puerto La Cruz mit Expresos Mérida.

**Telefonnummern
der wichtigsten Buslinien:**
- **Expresos Alianza,** Tel. 2631193, in Caracas: 0212/6935126.
- **Expresos Mérida,** Tel. 2662057, in Caracas: 0212/6935539.
- **Expresos Flamingo,** Tel. 2633607, in Caracas: 0212/2399058.
- **Expresos Los Llanos,** Tel. 2639927.
- **Expresos Occidente,** Tel. 2635844, in Caracas: 0212/6310951.

Flugzeug

Der **Aeropuerto Alberto Carnevalli** befindet sich etwas außerhalb des Stadtzentrums, in der Av. Urdaneta, Tel. 2621530. Der Flughafen wird z.Z. nicht angeflogen. Im Moment muss man nach El Vigia fliegen und von dort auf dem Landweg nach Mérida reisen.

Trolebus

Eine ganz neue Einrichtung für den Nahverkehr in Mérida ist der sogenannte Trolebus. Dabei handelt es sich um **elektrobetriebene Busse** mit einer Kapazität von bis zu 150 Passagieren, die eigene Fahrspuren zur Verfügung gestellt bekommen und daher nicht den alltäglichen Staus zum Opfer fallen.

MÉRIDA

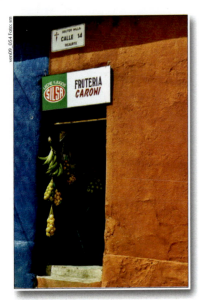

Bisher ist die Trasse **Ejido – Mérida** in Betrieb, zwei weitere Linien sollen bis 2010 fertiggestellt sein, sodass auch die Innenstadt erreichbar ist.

Touristeninformation

- In Mérida gibt es mehrere Auskunftsstellen der staatlichen **Tourismusorganisation Cormetur: am Flughafen,** Av. Urdaneta, Tel. 2639330 und 2634352; **am Busterminal,** Av. Las Américas, Tel. 2633952; **beim zoologischen Park,** Chorros de Milla, Tel. 2443864
- Informationen im Internet zu Mérida unter **www.meridapreciosa.com** (auf Spanisch und ein wenig Englisch) und **www.merida24.com** (auch auf Deutsch).

Früchteladen in der Innenstadt

Unterkunft

Posadas

- **Posada Casa Sol,** neue und wunderschöne Unterkunft mit hohem Standard, 14 Doppelzimmer, Frühstück, Wäscheservice, Parkplatz, kostenloses Internet und WLAN, Reiseagentur Natoura, sehr gutes Preis-Leistungsverhältnis, ÜF, KK. Av. 4, zwischen C. 15 und C. 16, Tel. 2524164, www.posadacasasol.com, €€€
- **Posada La Montaña,** schön gestaltetes Haus mit täglich geöffnetem Restaurant und Bar, zentrale Lage, Wäscheservice, 19 Zimmer für bis zu 6 Personen, Dachterrasse, empfehlenswert, man spricht englisch, KK, WLAN. C. 24 Nr. 6-47, zwischen Av. 6 und Av. 7, Tel. 2525977, Fax 2527055, www.posadalamontana.com, €€€
- **Posada Los Bucares,** 16 sehr angenehme und komfortable Räume, um einen zentralen, schön bepflanzten Innenhof gruppiert, gut gepflegt, freundlich, Parkplatz, Tourangebote. Av. 4 Nr. 15-5 c/ C. 15, Tel./Fax 2522841, 2510566, www.losbucares.com, €€€
- **Casa Alemana-Suiza,** 12 sehr solide Zimmer, reichhaltiges Frühstück, Wäscheservice, Touren, kostenloses Internet. Av. 2 c/ C. 38 Nr. 130, nahe Flughafen, Tel. 2636503, Fax 2639629, www.casa-alemana.com, €€€
- **Posada Luz Caraballo,** in zentraler Lage, sauber und preiswert, mit Restaurant. Av. 2 Nr. 13-80, zwischen C. 13 und C. 14, an der Plaza Sucre (Milla), Tel. 2525441, www.andes.net/luzcaraballo, €€
- **Posada Alemania,** 10 saubere, einfache Zimmer, Küche, schöner Innenhof, Organisation von Touren, der freundliche *Ricardo* spricht ausgezeichnet deutsch, günstige Übernachtung in Hängematten möglich, gutes Frühstück, Wäscherei, WLAN. Av. 2 c/ C. 17 und C. 18 (nahe Plaza Bolívar), Tel. 2524067, Fax 2525775, www.posadaalemania.com, €
- **Posada Guamanchi Expeditions,** sehr einfache Posada nahe des Plaza Las Heroínas, einige der schön eingerichteten Zimmer haben ein eigenes Bad. C. 24 c/ Av. 8, No. 8-86, Tel. 2522080, www.guamanchi.com, €
- **Posada Europa,** zentrale Lage, freundlicher Service, 7 bescheidene Zimmer mit Gemein-

schaftsbad, auch Spanischunterricht und Tourangebote. C. 15, zwischen Av. 3 und Av. 4, Tel. 2524875, www.angelfire.com/pe/europa. €
- **Posada Montaña azul,** sehr einfach, aber sauber und freundlich. C. 16 Nr. 5-88, zwischen Av. 5 und Av. 6, Tel. 2524685, €
- **Posada Jama Chia,** extrem einfache, aber saubere Zimmer mit Gemeinschaftsbad, sehr günstig, gute Lage, gegenüber von der Baustelle der Seilbahn. Plaza Las Heroínas, Tel. 2525767, €

Hotels

- **Park Hotel****,** in die Tage gekommen, Restaurant und (dunkle) Bar, Reisebüro, KK. C. 37, Parque Glorias Patrias, Tel. 2634866, 2637014, Fax 2634582, www.parkhotel.com.ve, €€€
- **Hotel Belensate***,** angenehmes, freundliches, 2008 komplett renoviertes Haus mit 84 Zimmern, Pool, gutes Restaurant mit italienischer Küche, Wäscherei, 10 Minuten vom Zentrum, KK. Av. Principal, Urb. La Hacienda, Tel. 2663722, 2667596, Fax 2661255. €€€
- **Hotel Mistafi***,** das 3-Sterne-Haus liegt ideal im Zentrum von Mérida, 84 Zimmer, Kabelfernsehen und Telefon im Zimmer; das Hotel verfügt über ein Restaurant und liegt in einer Zone, in der das Nachtleben brodelt, KK. Av. 3 c/ C. 18, Tel. 2510864, 2510729, €€€
- **Hotel San Rafael*,** nettes, einfaches und sauberes Hotel, die Zimmer verfügen über Privatbad und Kabelfernsehen. Av. 5 c/ C. 24, Tel. 2521731, €€
- **Hotel Berna*,** sehr einfache Zimmer, günstig und nett, Innenstadtlage, Küchenbenutzung ist erlaubt, Wäscheservice. Av. 3 zwischen C. 18 und C. 19, Nr. 18-66, Tel. 2526728, €

Nördlich der Stadt, schon ganz im Grünen gelegen, befindet sich das **Tal La Pedregosa,** eine ruhige Wohngegend, in der man einige angenehme Unterkünfte findet. Im Tal fängt der subtropische Nebelwald an, am Ende der Straße im Tal beginnt der Nationalpark Sierra La Culata. Das Klima ist hier noch ein wenig frischer als in der Stadt.

- **Die Posada Spa La Sevillana** bietet mit ihren 9 Zimmern eine gute Option für Leute, die Ruhe suchen und sich verwöhnen lassen wollen. Pedregosa Alta, Tel. 2663095, Fax 2662810, sevillana@telcel.net.ve, €€€€
- **Posada Cara del Sol,** nette Zimmer mit Kabelfernsehen, Restaurant und Parkplätze. Pedregosa Alta, C. Boconó Nr. 1, Tel. 6356501, posadacaradelsol@gmail.com, €€

Essen und Trinken

Die typische Spezialität der Anden sind **Forellen** in allen nur erdenklichen Variationen. In einigen Restaurants kann sich der Gast seine Forelle eigenhändig angeln.

- **Sushite,** sehr gutes japanisches Restaurant. Av. Alberto Carnevalli, CC La Hechicera.
- **La Casa del Salmón,** wie der Name schon verspricht: allerlei Leckereien rund um den Lachs, sehr gut. Av. Alberto Carnevalli, CC La Hechicera.
- **Panaderia El Llano,** Büfetservice, gutes bürgerliches Essen zu einem fairen Preis, nur Mittagstisch. Av. 3 zwischen C. 28 und C. 29.
- **Luz Caraballo,** leckere Forellen in Knoblauchsauce und Anden-Arepas mit Sauercreme. Av. 2 zwischen C. 13 und C. 14, direkt am Plaza Milla.
- **La Abadia,** leckere Fleischgerichte und Suppen zum Abendessen, mittags auch Kaffee und Kuchen. Internet, sehr nettes koloniales Haus. Service und Essen sind empfehlenswert. Eines der wenigen Internetcafés, wo man seine Kamera anschließen und CDs brennen kann. Av. 3 zwischen C. 17 und C. 18, Tel. 2510555, 2527419, Fax 2527419.
- **La Abadia del Angel,** gute internationale Küche, am Wochenende mit Live-Musik. C. 21 zwischen Av. 5 und Av. 6, Tel. 2528013.
- **El Vegetariano,** einfache vegetarische Gerichte, Av. 4 zwischen C. 18 und C. 19.
- **La Chistorra,** Marisqueria, Bar y Restaurante, sehr gutes internationales Essen, gute Fischgerichte. Av. Alberto Carnevalli, CC La Hechicera, Nivel Mezzanina, F-4.
- **Luncheria Joseph,** *menu popular,* gute Hausmannskost, billig und üppig. Am Plaza Bolívar, C. 23 zwischen Av. 4 und Av. 5.

- **Mogambo,** mexikanisches Essen und Jazzbar, super Essen, am Wochenende Live-Musik. C. 29 zwischen Av. 4 und Av. 5.
- **Feria de Comida,** CC Yuan Lin, Av. Las Américas an der Ecke des ersten Viaduktes (Verlängerung der C. 26). Einkaufszentrum mit Fastfood, z.B. chinesisch, mexikanisch und italienisch, Grill, Salate, Kaffee usw. Es gibt auch einen Büfettservice mit internationalen Gerichten.

Praktische Reiseinfos

- **Vorwahl:** 0274

Apotheken

Natürlich gibt es in einer Großstadt wie Mérida eine Unmenge an Apotheken. Auch am Wochenende tun einige ihren Dienst, einfach auf einen roten Hinweis achten, der „Turno" blinkt. Medikamente sind wesentlich preiswerter als in Europa.

- **Farmacia Cristo Rey,** Av. Universidad, Tel. 2441525.
- **Farmacia Alto Chama,** Alto Chama, Tel. 2711670.
- **Farmacia El Rodeo,** Av. Las Américas, Tel. 2620546.

Autovermietung

- Das Büro von **Budget** befindet sich am Flughafen Alberto Carnevalli, Av. Urdaneta, Tel. 2622728, tgl. 8–12 und 14–18 Uhr.
- Am Flughafen gibt es zudem noch einige lokale Anbieter, darunter z.B. **Davila Tours,** Tel. 2634510.

Diskotheken und Bars

- **Hoyo del Queque,** der Studenten-, Guide- und Touristentreff schlechthin, unter französischer Leitung, Bistroambiente. Av. 4 c/ C. 19.
- **Alfredos,** eine Art Pub, beliebter Treff von jungen Leuten und Touristen, billiges Bier. Av. 4 zwischen C. 18 und C. 19.
- **El Bodegón,** Saisondiskothek mit älterem Publikum, CC Mamayeya, Av. Las Américas.
- **Racing,** CC Alto Prado, Av. Los Próceres, Disco mit zwei Dancefloors. Im 1. Stock wird zwischen Techno und Raggaton gewechselt, im 2. Stock werden guter Salsa, Merengue und Vallenato gespielt.
- **La Cucaracha,** Disco mit zwei Dancefloors. Ab 25 Jahren. Man muss relativ gut gekleidet sein. CC Las Tapias, Av. Andrés Bello.
- **Gradas Sportsbar,** mit Riesenleinwand für Fußball- und Baseball-Livespiele, wilde Kundschaft. Av. 4 c/ C. 19.
- **Calypso,** Techno-Klub mit kleiner Gartenwirtschaft, deutsche Leitung, gute Stimmung und gute Cocktails. Erstes Viadukt zwischen Av. Las Américas und Av. Los Próceres.
- **Mogambo,** am Wochenende Live-Musik, eher feiner Laden mit gutem mexikanischen Essen, Jazzbar. C. 29 zwischen Av. 4 und Av. 5.

Eisdiele

- Eisdielen gibt es zahlreiche in der Stadt, aber keine ist so wie die **Heladeria Coromoto,** die Eingang gefunden hat ins Guinnessbuch der Rekorde. Man hat bisher über 800 verschiedene Eissorten kreiert, 60 davon sind durchschnittlich jeden Tag erhältlich. Wer mag, auch mit Knoblauchgeschmack. Av. 3 gegenüber vom Plaza El Llano, Tel. 2523525.

Feste/Veranstaltungen

- **1./2. Januar, Paradura del Niño Jesús,** jedes Jahr findet dieses traditionelle Fest in den ganzen Anden statt. Übersetzt heißt das Fest „Raub des Jesuskindes", der Brauch ist alt: Eine Figur des kleinen Jesus wird in jeder Stadt und jedem Ort der Anden versteckt und – gesucht. Wo die Jesusfigur auftaucht, werden die Finder mit Musik bewirtet. Es gibt zahlreiche Prozessionen.
- **Anfang Februar, Virgen de la Candelaría,** jedes Jahres wird in Mérida und Umgebung der *Virgen de la Candelaría* in einem aufwendigen Volksfest gehuldigt. Kulturelle und religiöse Aktivitäten begleiten diese für viele Gläubige sehr wichtigen Veranstaltungen, die mit einem großen Tanzfest zu Ehren der Schutzheiligen enden.

Geldwechsel und Banken

Geld wechseln kann man in den besseren **Hotels** und auch in **Posadas** oder bei **Italcambio** am Flughafen Alberto Carnevalli, Tel. 2632977 und 2633643.

Geldautomaten:
- **Banco Mercantil, Av**. 5 C./C. 18, Edf. Torre de los Andes, Tel. 2528656.
- **Banco de Venezuela,** Av. Andrés Bello, Tel. 2664558.
- **Banco Provincial,** Av. Cdnal. Quintero, Tel. 2442784.

Internetcafés

In dieser von Tausenden Studenten bevölkerten Stadt gibt es viele Internetcafés und Kommunikationszentren.

- **Espresso Café de Anibal Díaz,** Av. 4 zwischen C. 23 und C. 24, Edf. Guillén, P-1, Loc. 2-A, Tel. 2512388.
- **Jardin Cyber Café,** Av. Los Próceres a Fundem, Tel. 2521368.
- **La Abadia del Angel,** s.o.

Kino

Ein guter Kinofilm – bei Schlechtwetter eine echte Alternative!

- **Multicine Las Tapias,** CC Las Tapias, Piso 2, Tel. 2660349.
- **Multicinema Viaducto,** CC El Viaducto, Tel. 2448961.

Krankenhäuser

Die genannten Privatkliniken haben gute Ärzte und sind gut ausgestattet.

- **Centro Médico La Trinidad,** Av. Urdaneta, Tel. 2639216.
- **Clínica Mérida,** Urb. El Encanto, Tel. 2636395.
- **Centro Dental Coronado,** C. 25, Tel. 2526530. Wer sich mit Zahnschmerzen herumplagt, ruft am besten hier an.

Kriminalpolizei

- **CICPC,** Delegación estadal, Av. Las Américas c/ Viaducto Francisco de Miranda, Sec. Los Sausales, Edf. Sede Mérida, Tel. 2620343, 2620813 und 2630462.

Sport

- **Schwimmen** kann man z.B. in der Piscina San Eduardo im Sektor El Campito, Res. San Eduardo, Tel. 7450865 oder 0414/7454168.
- **Canyoning:** Wer Hochspannung und Abenteuer sucht, kommt bei dieser Sportart voll auf seine Rechnung. Einem Flusslauf folgend muss man Steilwände und Wasserfälle überwinden. Einmal am Ziel angekommen, folgt nach dem anstrengenden Teil der Plausch, das Hinabgleiten über natürliche Wasserrutschen durch den Flusslauf. Canyoning wird von fast allen weiter unten genannten Agenturen angeboten.
- **Riverrafting:** Von Mérida werden zahlreiche Raftingtouren in der näheren und weiteren Umgebung angeboten. Diese Wildwassertouren durch schöne Landschaften sind ein einmaliges Erlebnis. Schäumendes Wasser, starke Strömungen und Strudel sorgen für Kurzweile. Die Sicherheit wird wichtig genommen, alle Teilnehmer müssen Schwimmweste und Helm benutzen. River-Rafting wird von fast allen weiter unten genannten Agenturen angeboten.
- **Mountainbike:** Man kann die unberührte Natur ganz eigenständig mit dem Mountainbike erkunden, durch Täler fahren, oft auf Naturstraßen, und kleine Dörfer besuchen. Die Reiseveranstalter, aber auch viele Posadas vermieten Räder.
- **Wandern:** Viele Wanderungen können auf eigene Faust unternommen werden. Informationen dazu findet man bei den weiter unten geschilderten Ausflügen. Es werden auch organisierte Wander- und Bergtouren angeboten, z.B. die Trekkingtour zum Pan de Azúcar, dem Zuckerbrotberg. Diese dauert in der Regel drei Tage. Einer der Höhepunkte dürfte sicherlich die Wanderung auf den höchsten Andengipfel Venezuelas sein, den Pico Bolívar mit über 5000 m.

Sprachkurse

- **Iowa-Institut,** Av. 4 c/C. 18, Tel. 2526404, Fax 2449064, www.iowainstitute.com. Gruppen- und Einzelunterricht, es werden Gastfamilien vermittelt.
- **Jakera,** diese 1996 gegründete Sprachschule befindet sich in einer Villa am Plaza Las Heroínas, im alten Stadtteil von Mérida. Gruppen- und Einzelunterricht, auf Wunsch Vermittlung privater Unterkünfte. C. 24 Nr. 8-205, Plaza Las Heroínas, Tel. 2529577, Fax 2524732, www.jakera.com.

Supermärkte

- **Supermercardo Garzón,** neuer moderner Supermarkt, in dem man alles bekommt. Täglich rund um die Uhr geöffnet. Es gibt zusätzlich ein großes Angebot an Fastfood. Av. Las Américas, unterhalb vom Busterminal.
- **Centro Comercial Alto Prado,** Av. Los Próceres. Das Einkaufszentrum verfügt über ein gutes Kino. Wer Wander- oder Sportschuhe braucht, ist hier an der richtigen Adresse.

Post und Telefon

- **Ipostel,** C. 21 zwischen Av. 4 und Av. 5.
- Telefonieren kann man bei **Cantv,** C. 21, neben Ipostel.

Reisebüros und Tourveranstalter

Trekkingtouren, Ausflüge mit dem Mountainbike, Canyoning, Rafting, Pferdeausritte, Vogelbeobachtungs- und viele weitere Ausflüge in den Anden kann man bei den nachstehend aufgeführten Agenturen buchen, in denen auch Deutsch gesprochen wird:

- **Caiman Tours,** Posada Casa Vieja (s.o.), *Joe Klaiber,* Tel. 4171489, 0414/1798541 (24 Std.), www.caimantours.com.
- **Colibri Tours,** Posada Alemania (s.o.), Tel. 2524067, info@colibritours.com.
- **Arassari-Trek,** C. 24 Nr. 8-301, Transversal Teleférico de Mérida, Tel. 2525879, 0414/7165572, Fax 2525879, www.arassari.com.
- **Natoura Adventures Tours,** Av. Don Tulio Febres c/ C. 31, Tel. 2524216, Fax 2524075, www.natoura.com.
- **Revis Travel,** am Flughafen (Eingang zur Abflughalle), Av. Urdaneta, Tel. 2635485, Fax 2631879, www.revistravel.com. Hier kann man sich über nationale und internationale Flüge erkundigen und solche auch kaufen. Ebenso gibt es Urlaubsangebote z.B. für die Karibikinseln Aruba und Curacao. Nette Beratung auch bzgl. Fragen, die den touristischen Alltag betreffen, hier kann man sich auf Spanisch und Englisch unterhalten.

Taxis

Taxis gibt es wie Sand am Meer, aber auch hier sollte die Regel gelten: Nur in Fahrzeuge der offiziellen Taxilinien einsteigen.

- **Ejecutivos El Parque,** El Campito, Tel. 2441595.
- **Línea de Taxis El Paseo,** Santa Elena, Tel. 2639874.
- **Línea de Taxis Turismo,** Belén, Tel. 2524005.
- **Línea de Taxis Los Andes,** Santa Juana, Tel. 2662935.

Wäschereien

Die meisten Hotels und Posadas verfügen über einen Wäschereiservice, was für Touristen die einfachste und angenehmste Art ist, um an saubere Kleidung zu kommen. Ansonsten gibt es sehr viele Wäschereien, die nennen sich entweder *Lavandería* oder *Tintorería* (chemische Reinigung).

- **Lavandería La Reina,** El Campito, Tel. 2444431.
- **Lavandería Ricol,** Santa Elena, Tel. 2637758.

Ausflüge von Mérida

Pico Espejo

Anmerkung: Im August 2008 wurden bei einer Routineuntersuchung der **Seilbahn** auf den Hausberg Méridas Mängel festgestellt und die Bahn auf unbestimmte Zeit geschlossen (die Rede ist von zwei Jahren oder länger). Trotzdem werden hier die Seilbahnstationen beschrieben, da diese auch bei Wandertouren Anhaltspunkte darstellen. Die Seilbahn hat fünf Stationen und geht über eine Distanz von 12.500 m; dabei werden in 50 Min. Fahrzeit 3188 m Höhenunterschied überwunden – kein Wunder also, dass auf der obersten Station immer wieder Sauerstoffgeräte für angeschlagene Fahrgäste zum Einsatz kommen.

Der erste Abschnitt führt von der Talstation **„Barinitas"** (1577 m) zur

NATIONALPARK SIERRA NEVADA

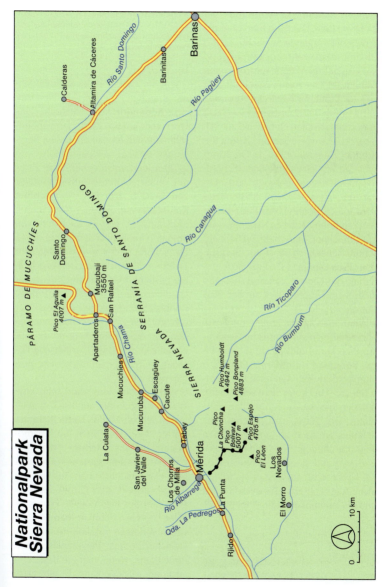

zweiten Station **„La Montaña"** auf 2444 m Höhe. Die Fahrt führt über die schwindelerregende Schlucht des Río Chama, man sieht Zuckerrohr- und Kaffeeplantagen und subtropischen Nebelwald. Der zweite Abschnitt geht von La Montaña nach **„La Aguada"** auf 3450 m. Die Landschaft wechselt vom subtropischen Nebelwald zum Elfenwald. Die vierte Station, **„Loma Redonda"**, liegt auf 4045 m. Die Landschaft ist von vielen *frailejónes* (Schopfrosettenpflanzen) geprägt, und man hat zum ersten Mal Sicht auf den Pico Bolívar. Die Station Loma Redonda ist als Wanderung von Los Nevados (s.u.) gut erreichbar. Der letzte Seilbahnabschnitt schließlich führt zur Bergstation **„Pico Espejo"** (4765 m) direkt unterhalb des Gipfels. Von oben hat man einen wunderbaren Blick auf den Pico Bolívar.

Wenn man auf die andere Bergseite blickt, hat man eine herrliche Aussicht auf **Pico Humboldt** (4940 m) und **Pico Bonpland** (4880 m). Der Pico Humboldt weist den größten Gletscher auf – bei guter Sicht schaut man auf die fast waagerechte Gletscherplatte. Die Statue der Jungfrau des Schnees ist auch zu sehen; Schnee liegt vor allem in den Monaten April und Mai und August bis November. Bei klarer Sicht, am besten am frühen Vormittag, sieht man bis in die Llanos und die kolumbianischen Anden.

● **Teleférico de Mérida,** Tel. 2521997 und 25110270, www.telefericodemerida.com, hier gelangt man auf Spanisch an Informationen zum Betrieb der Seilbahn.

Los Nevados

Von der Talstation der Seilbahn fahren abenteuerliche Jeeps zu dem kleinen **Andendorf** Los Nevados. Das Dorf mit knapp 2000 Einwohnern schmiegt sich eng an die steilen Berghänge. Es liegt auf einer Höhe von 2700 m und entsprechend kalt ist es mit einer Durchschnittstemperatur von 8–10°C. Der Ort weist **schöne Kolonialhäuser** im spanischen Stil auf, und natürlich gibt es auch hier wie überall in Venezuela den Plaza Bolívar. Die schöne Kirche wird von den sehr gastfreundlichen Menschen regelmäßig besucht. Man lebt im Ort von der Landwirtschaft, speziell Kartoffeln, Knoblauch und Getreide wachsen hier sehr gut. Die umliegenden Lagunen laden zum Forellenfischen ein. Es gibt einige sehr günstige spartanische Posadas, in denen man freundliche Aufnahme findet.

Von Los Nevados kann man eine **Wanderung** zu der auf 4045 m gelegenen Seilbahnstation **Loma Redonda** starten. Dort kann man die Páramo-Vegetation aus nächster Nähe betrachten, auf dem gesamten Weg hat man einen fantastischen Ausblick auf die Nordwand, den Gipfel und den Gletscher des Pico Bolívar. Etwa eine halbe Stunde, nachdem man Los Nevados verlassen hat, kommt man zur kleinsten Bodega Venezuelas. Diese öffnet dann, wenn man die Besitzerin ausfindig machen kann. Es gibt Erfri-

Die kleinste Bodega Venezuelas (in der Nähe von Los Nevados)

schungsgetränke, Kakao und auch den heiß begehrten Kautabak für die Bergbewohner. Dann führt der Weg beständig aufwärts, bis man bei 4200 m **Alto de La Cruz** erreicht, von wo sich ein spektakulärer Blick über die Anden bietet. Die Strapazen des Aufstiegs werden zudem durch die einmalige Landschaft mit *frailejónes* und Poli-Lepis-Bäumchen belohnt. Diese märchenhaften Bäume wachsen in Höhen, die kein anderer Baum verträgt. Überall sieht man Höfe mit traditionellen Patios, kleinen Innenhöfen mit Garten. Auf einem steilen Abstieg geht es von Alto de La Cruz nach Loma Redonda. Da die Seilbahn momentan nicht in Betrieb ist, muss man von Loma Redonda ca. 2,5 Stunden absteigen und entweder im Haus von *Pedro Peña* oder bei der Familie *Calderón* übernachten. Dort bekommt man auch Abendessen und Frühstück. Am nächsten Morgen geht der Abstieg dann weiter nach **Mucunután** (in der Nähe von Tabay). Es wird dringend empfohlen, dieses Trekking nicht ohne Guide durchzuführen.

Chiquará

Chiquará liegt 40 Autominuten von Mérida entfernt. Der Ort ist vor allem durch den **„Berg der Träume"** bekannt: Auf 8 ha sieht man eine Mi-

schung aus traditionellen Bauten und Art déco. Das Museum und die Anlage wurden von *Alexis Montilla* ins Leben gerufen. Alles dreht sich um die Themen Radio, Fernsehen, Kino, Fotografie und Musik. Man darf als Besucher bei der Herstellung einer Telenovela mitwirken oder kann zuschauen, wie Werbefilme gedreht werden. Das Museum und die wirklich sehenswerte Anlage sind von 17 Uhr bis Mitternacht geöffnet, Eintritt ca. 10 Euro, Tel. 2621557.

Venezuela de Antier

Wenn man diesen **Park** besucht, tritt man eine **Reise in vergangene Zeiten** an. Der Besucher bekommt einen guten Einblick in das Leben der Venezolaner von den Frühzeiten bis zur Ära des Diktators *Juan Vicente Gómez*. Es sind bisher 15 Bundesländer vertreten. Von jedem Bundesland ist viel über Traditionen, Folklore, Musik, Gastronomie und Architektur zu erfahren. Der Park befindet sich etwas außerhalb von Mérida in Richtung Jají, bei km 5 der Carretera Panamericana. Geöffnet ist täglich von 9–19 Uhr, der Schalter für die Eintrittskarten von 9–15 Uhr. Tel. 0274/2639757, amfilms@telcel.net.ve.

Jají   IX, C2

GPS: N 8°34.28, W 71°20.67

Jají, eine kleine Gemeinde 38 km westlich von Mérida, liegt auf 1781 m Höhe und hat eine Durchschnittstemperatur von 19°C. Man erreicht die Gemeinde am einfachsten mit dem Bus ab Mérida. Der Ort wurde 1580 durch *Bartolomé Gil Naranjo* erstmals gegründet, ein weiteres Mal 1610 von *García Varela* mit dem Namen San Miguel de Jají. Der **koloniale Ortskern** wurde Ende der 1960er Jahre renoviert und gilt heute als eines der schönsten Kolonialensembles des Landes überhaupt. Die Architektur der Häuser passt sich hier auf schönste Art und Weise der Topografie und der Landschaft an. Die Bevölkerung ist sehr gastfreundlich und religiös. Die Messen in der schönen Kirche werden regelmäßig gut besucht. Lohnenswert ist die Wanderung zur Kaffeefinca El Carmen, das Fischen von Forellen verspricht guten Ertrag. Am Wochenende ist der Ort oft von Touristen überlaufen, es empfiehlt sich ein Besuch unter der Woche. Der schöne Plaza Bolívar ist vor allem interessant, weil es in unmittelbarer Umgebung vielfältiges **Kunsthandwerk** zu kaufen gibt. Auch Erdbeeren mit Schlagrahm und typische Süßspeisen werden angeboten.

● **Vorwahl:** 0274

Unterkunft:
● **Hacienda El Carmen,** sehr schön in einem gut erhaltenen Kolonialhaus untergebracht, großzügige Zimmer, die meisten auf zwei Etagen, großer Innenhof, Verpflegungsmöglichkeit. Ausstellung von Kaffeemühlen und Zuckerrohrpressen. Aldea de la Playa, 2 km vor dem Dorf, Tel. 0414/6392701, www.haciendadelcarmen.com.ve, €€€€
● **Hacienda Santa Filomena,** schöne Zimmer in einem altehrwürdigen, 1986 vollständig renovierten Haus, wo man sich auch bestens verpflegen kann. Am Dorfausgang von Jají, Tel. 0414/2479020, www.santafilomena.com, €€€ (inkl. 3 Mahlzeiten)

●**Posada Turística Aldea Vieja,** schöne Posada mit netten Zimmern und Restaurant. C. Transversal, hinter dem Bogen, Tel. 2660072, €€€

Essen und Trinken:
●**Fonda Doña Carmen,** hier werden Forellen auf verschiedenste Art lecker zubereitet, hinzu kommen ausgezeichnete Huhn- und Fleischsuppen und viele weitere lokale Spezialitäten. In der Nähe des Plaza Bolívar, in einer kleinen Gasse, die bergaufwärts führt, Tel. 4166125.
●**El Palacio,** auch hier stehen lokale Speisen auf der Karte. Av. 3 c/ C. 3, La Azulita.

La Azulita VIII, B2
GPS: N 8°42.89, W 71°26.72

Von Jají erreicht man nach rund 40 km die Ortschaft La Azulita. Hier wohnen viele Künstler, aber auch Menschen, die einfach nur Ruhe suchen. Der Ort liegt auf 1150 m, am Plaza Bolívar befindet sich ein kleines Restaurant. Von La Azulita kann man abwärts, über eine teils sehr enge Straße, bis zur Hauptstraße Maracaibo – El Vigia gelangen. Bei starkem Regen ist die Straße allerdings häufig überschwemmt und ein Weiterfahren ist manchmal unmöglich. Die Fahrt ist landschaftlich sehr schön und endet bei der Ortschaft Santa Elena.

Catatumbo-Delta VIII, B1
Das Catatumbo-Delta (**Ciénagas de Catatumbo**) befindet sich im Süden des Maracaibo-Sees. Der Río Catatumbo entspringt im Norden von Santander in Kolumbien, um schließlich in den Maracaibo-See zu fließen, für den er 60% des Wassers liefert. Im Delta wachsen viele Mangroven, es ist ein Paradies für Vogelliebhaber. Aber auch Schmetterlinge, Brüllaffen, Süßwasserdelfine und viele andere Tiere sind Bewohner dieses einmaligen Lebensraumes. Bekannt ist das Delta aber vor allem für meteorologische Phänomene, **Blitze und Wetterleuchten.** Wetterleuchten ist an mehr als 300 Tagen im Jahr zu sehen, das Spektakel spielt sich meist über 2–3 Stunden in der Nacht ab, allerdings gibt es dafür keine feste Zeit. Jährlich entladen sich an die 1.176.000 Blitze, welche aus einer Entfernung von bis zu 400 km sichtbar sein können. Die Blitze springen von Wolke zu Wolke, man vermutet, dass Methangas, das aus dem 300.000 ha umfassenden Sumpfgebiet aufsteigt, mit für die Blitze verantwortlich ist.

Von den einfachen Unterkünften auf den Pfahlbauten kann man häufig einen wunderschönen Sternenhimmel beobachten. Auch die Bewohner des Deltas wohnen in diesen typischen „Palafitos" (Pfahlbauten). Die **Dörfer** sind meist an den Mündungen der Flüsse zu finden, allerdings gibt es auch Orte, etwa Congo, die sich im südlichen Teil des Sees im freiem Wasser befinden. Die Einwohner ernähren sich vom Fisch- und Krebsfang.

Touren in das Delta können bei allen oben genannten Reiseagenturen in Mérida gebucht werden, die Tour auf eigene Faust durchzuführen, ist nicht empfehlenswert.

Valle Grande
Wenn man Mérida gen Norden verlässt, erreicht man kurz nach dem Pla-

za Beethoven eine Alcabala. Kurz darauf geht nach links bei der Vuelta de La Lola die Abzweigung in das Valle Grande ab, ein ruhiges, wenig bewohntes **Hochtal,** von dem man fantastische Ausblicke auf die umliegende Bergwelt hat. An Unterkunftsmöglichkeiten herrscht hier kein Mangel, allerdings sind in der Nebensaison viele Posadas häufig komplett geschlossen, in der Hochsaison empfiehlt sich eine rechtzeitige Reservierung.

Im Tal liegen auch der Eingang zum **Parque Sueños del Abuelo** und zum **Parque Páramo de La Culata,** die sich hervorragend zum Wandern eignen. Man kann auch sehr gut von Mérida einen **Halbtagesausflug** dorthin unternehmen. Die Por Puestos in das Valle Grande, in Richtung San Javier del Valle, starten am Plaza Bolívar, gegenüber der Kirche.

● **Vorwahl:** 0274

Unterkunft:
Folgende Hotels und Posadas und viele mehr bieten ihre Dienste an:

● **Estancia San Francisco,** auf 2300 m gelegene, sehr exklusive Bungalowanlage mit 32 Einheiten, die alle als Suiten ausgelegt sind, große Gärten mit Wandermöglichkeiten, es werden Pferde und Mountainbikes vermietet und Wandertouren organisiert, Restaurant und Bar, Kinderspielplatz, Tischtennis, behindertengerecht, Kunsthandwerk, man muss allerdings sich um eine in voller Produktion befindliche Ranch, die als Abenteuerpark funktioniert, gemütliche Zimmer mit gutem Restaurant, Ausflugsmöglichkeiten, Minizoo, viele Aktivitäten für Kinder. In der Hacienda La Culata, Tel. 4160372 und 4169095, www.ecowild.net, €€€€
● **Hotel Valle Grande*****, schöne Anlage mit Bungalows und Zimmern. Via El Valle, km 10, Tel. 2443011, Fax 2443153, €€€
● **Posada El Parador Los Pinos,** sehr schöne Zimmer mit Kabelfernsehen, ein Restaurant befindet sich im Haus. Via El Valle, Zona Pintao, Tel. 8083264, €€€
● **Hospedería San Javier,** schöne Anlage mit guten Zimmern, Reiten und Wandern ist vor Ort möglich. San Javier del Valle, Tel. 2440585, €€€
● **Posada Las Aguas Lindas de Alto Viento,** eine Option nur wenige Meter weiter von der Estancia San Francisco auf der linken Seite, nur 7 Zimmer, alle einfach und nett eingerichtet, Restaurant und Parkplatz. Tel. 0414/7410062, €€

Tabay ♪ IX, C2

GPS: N 8°37.90, W 71°04.74

Der erste Ort, wenn man sich auf der Transandina von Mérida 12 km in Richtung Páramo bewegt, ist Tabay, ein idealer Ausgangspunkt für Touren auf eigene Faust in die Anden, z.B. zu Wandertouren ins **Valle La Poderosa,** wo man auch Pferde mieten kann. Lohnend ist ein Besuch der heißen Quellen **Aguas termales Tabay.** Man kann ohne Begleitung Tagestouren durch den subtropischen Nebelwald bis zur **Laguna Coromoto** unternehmen. Die Tour startet in 2000 m Höhe; es geht erst durch den von Bromelien, Orchideen und Bambusgewächsen geprägten Nebelwald und dann durch einen intakten Elfenwald, eine weltweit sehr selten anzutreffende Vegetationsform, bis zur Lagune auf 3000 m. Hier beginnt die für die hohen Anden typische Páramo-Vegetation. Tabay ist auch Ausgangspunkt für sämtliche Trekkingtouren im **Nationalpark Sierra Nevada** (der zweitälteste Nationalpark von Venezuela), wie z.B. die Besteigung des Pico Humboldt oder des Pico Bolívar.

Die Ortschaft ist nach dem Indianerstamm benannt, der in früheren Zeiten hier lebte. Der Ort wurde 1689 durch *Bartolomé Gil Naranjo* gegründet, schon früh baute man Kaffee an. Mit der Zeit wurde der Ort zu einem wichtigen Zentrum für **Kaffee**. Man sagt zu dem Ort auch „La Puerta de entrada a Mérida", das „Eintrittstor zu Mérida". Südlich fließt der **Río Chama**, nördlich findet man die Thermalquellen. Tabay war Schauplatz vieler Ereignisse, die wichtig waren für die Freiheit und die Entwicklung Venezuelas. Heute leben die Menschen von der Landwirtschaft (Getreide, Kaffee und Früchte), dem Kunsthandwerk und den Touristen.

Unterkunft

● **Cabañas Xinia y Peter,** wunderschöne Bergposada im Grünen, alles nur vom Feinsten, mit Feinschmeckerrestaurant, geführt von *Peter* und *Xinia Lauterbach,* die auch eine eigene Gourmettour in die Anden und ein Honeymoon-Paket anbieten. Reservierung ist zu empfehlen. La Mucuy Baja, Qta. Xinia, Tabay, Tel./Fax 2830214, Tel. 0416/8747698, www.andes.net/cabanasxiniaypeter, €€€
● **Finca Espíritu Santo,** schöne Bungalowanlage mit komplett ausgestatteten Häuschen, es besteht die Möglichkeit zum Grillen und zu schönen Spaziergängen in der Umgebung, Bungalows für 6 Personen, die Anlage verfügt über Pool und Bar. 2 km von Tabay in Richtung Mérida, Sec. Aldea Turística Mucunután, Tel. 2830178, 0414/1112973, www.posadaturistica.com, €€€.
● **Parador Turístico el Paramito,** geräumige, komplett eingerichtete einfache Bungalows mit schönem Garten, tagsüber ist ein einfaches Restaurant in Betrieb. Transandina, San Rafael de Tabay, Tel. 2830429, €€€
● **Posada Casa Vieja,** schönes Kolonialhaus mit tropischem Palmengarten und Hangematten. Die deutschsprachige *Alejandra* berät mit gutem Kartenmaterial und gibt Informationen zu Wanderrouten und Ausflügen in die Anden. Komfortable Zimmer, gute Verpflegung, einmal die Woche Grillabend, leckeres Frühstück, Wäscheservice, kostenloser Abholservice aus Mérida, Internet, Reservierung empfohlen. Im Haus befindet sich das Reisebüro **Caiman Tours** des Ornithologen *Joe Klaiber,* das täglich deutschsprachige Touren in die Anden und Llanos anbietet. Transandina, San Rafael de Tabay, innerhalb des Parador Turístico El Paramito (s.u.), Tel. 4171489, 0414/1798541 und 0414/3748334, www.casa-vieja-merida. com, €€

Essen und Trinken

● **Fogón de la Cachapa,** die berühmten Maispfannkuchen in allen nur erdenklichen Variationen, in der Nebensaison nur am Wochenende geöffnet, empfehlenswert und günstig. Am Plaza Bolívar.
● **La Mama Due,** italienische Küche, Pasta und Pizzas, aber auch Fleisch, Suppen und Fischgerichte. Im Zentrum am Plaza Bolívar.
● **El Rincón Colombiano,** gute kolumbianische Küche am Plaza Bolívar.

Praktische Reiseinfos

● **Vorwahl:** 0274
● **Notruf:** 2830068
● **Post: Ipostel,** Av. Bolívar, gegenüber vom Plaza Bolívar.
● **Reisebüro,** in der Posada Casa Vieja (s.o.) befindet sich das Reisebüro **Caiman Tours** (www.caimantours.com) des Ornithologen *Joe Klaiber,* das deutschsprachige Touren in die Anden und Llanos anbietet sowie Mountainbike- und Reittouren.

Von Tabay nach Apartaderos

Wenn man sich von Tabay **weiter auf der Transandina** in Richtung Páramo bewegt, so durchquert man viele kleine Andendörfer, in denen es jede Menge Unterkünfte gibt, wo man tolle Wanderungen unternehmen kann, gute Restaurants findet, Andenhonig und Früchte an kleinen Verkaufsständen kaufen und in Kunsthandwerksläden bei einer Tasse heißem Kakao stöbern kann. **Busse und Por Puestos** fahren ständig die Transandina hoch und hinunter, sodass die Fortbewegung von einem zum nächsten Nest keine Probleme bereiten sollte.

Bei dem Ort **Pedregal** zwischen Tabay und Los Aleros, etwa 200 m von der Transandina entfernt, liegt das **Chalet Bosque Encantado,** mit viel Liebe zum Detail und fantastischen Grünanlagen angelegte zweistöckige Bungalows für bis zu 8 Personen. Kinderspielplatz und Parkplätze, *Helga* spricht deutsch und kümmert sich persönlich um ihre Gäste. Tel. 0274/4160146 und 0416/0798202, 0414/7488121, www.andes.net/chaletbosquencantado, €€€.

Im **Restaurante El Aledano** an der Nationalstraße zwischen Tabay und Los Aleros mit herrlichem Blick auf das Tal des Río Chama ist die Spezialität wie so häufig Forelle.

Los Aleros ist ein Freilichtmuseum und liegt nur 25 km außerhalb von Mérida. Es wurde 1984 von *Alexis Montilla* gegründet, einem unermüdlichen Förderer der Kultur Méridas. Der Ort im Stil der 1930er Jahre liegt auf 2150 m Höhe und hat gerade einmal 80 Einwohner auf einer Fläche von insgesamt 8 ha. Die Durchschnittstemperatur liegt bei 15°C. Wer durch die Pflastersteinstraßen spazieren geht, sieht nicht nur pittoreske Häuser mit typischen Ziegeldächern, sondern auch historisch gekleidete Leute. Das Dorf gruppiert sich um den Plaza Bolívar, es gibt einen Friseur, eine Bäckerei, ein Postamt, eine kleine Kapelle und sogar einen Friedhof. Es werden Konzerte und Theatervorführungen veranstaltet, typische Regionalspezialitäten stehen zum Verzehr bereit. Los Aleros kann täglich von 9–18 Uhr besucht werden, Eintritt für Erwachsene 70 Bs.F., für Kinder ab 3 Jahren 45 Bs.F., Tel. 2639757.

An der Transandina, gegenüber vom Eingang zu Los Aleros, befindet sich das **Restaurante El Caney** mit exzellenter typischer Andenküche; man kann sich seine Forelle selber angeln. Geöffnet von 8.30–18 Uhr.

Die **Hacienda Escagüey** im gleichnamigen Dorf 5 km vor Mucurubá ist über eine Abzweigung linker Hand zu erreichen. Auf einer Zementstraße fährt man bis zu dem Hinweisschild „Venta de Miel" (Verkauf von Bienenhonig). Die Anlage befindet sich in einem wunderschönen Tal, die Gärten und Blumen sind eine wahre Pracht. Die Hazienda verfügt über nette Gasthäuser (komplett eingerichtet) und ein Restaurant mit exquisiter Gastronomie; man ist familienfreundlich. Eine Reservierung ist vor allem während

der Ferienzeit empfehlenswert. Tel. 0414/9743062 und 0414/1294308, escaguey@telcel.net, €€€€.

Mucurubá ⌕ IX, C2

GPS: N 8°42.52, W 70°59.53

Die Ortschaft liegt auf 2407 m Höhe und hat eine Durchschnittstemperatur von 16°C. Schon 1597 wohnten 120 Indianer an diesem Ort, die eigentliche Siedlungsgründung geht auf das Jahr 1744 zurück. Damals lebten hier 470 Indianer, die sich erstaunlich friedlich verhielten, als die neuen Siedler ankamen. Im Ort gibt es eine schöne Kirche mit einer kleinen Sammlung der wohl schönsten Heiligenbilder der Anden. Auch der heiligen Jungfrau Maria gedenkt man hier. Alljährlich am 8. Dezember wird die **Fiesta de las Velas** („Fest der Kerzen") gefeiert. Punkt 7 Uhr abends wird die Stromversorgung unterbrochen, und die zahlreichen Besucher aus dem ganzen Bundesland zünden ein Meer von Kerzen an, das die Hauptstraße und den Plaza Bolívar während des Umzugs hell erleuchtet.

In andinen Höhenlagen prägen sie die Landschaft: frailejónes (Schopfrosettenpflanzen)

Von Tabay nach Apartaderos

Unterkunft:
- **Posada Colonial,** nette Posada in schönem Kolonialhaus. C. Páez, Tel. 0274/2713829 und 8885068, €€
- **Hospedaje Mucurubá,** einfache Unterkunft, C. Bolívar, Tel. 0274/8885063, €€

Essen und Trinken:
- **Génesis,** lokale Spezialitäten. C. Bolívar, Tel. 0274/8885033.
- **El Rincón del Sabor,** typische Gerichte aus der Region. Carretera Transandina.

Das **Hotel Balcónes de la Musui** „klebt" an einem steilen Berghang. Wer von Tabay Richtung Mucuchíes unterwegs ist, muss rund 3 km vor Mucuchíes links abbiegen. Die schmale Straße ist kurvenreich und eng. Das Klima ist kühl und immer wieder ziehen Nebelschwaden vorbei. Das Hotel bietet Zimmer, Suiten und Bungalows mit allen Annehmlichkeiten. Vom Hotel lassen sich zahlreiche Ausflüge unternehmen, z.B. Ausritte mit dem Pferd. Die Ruhe ist einmalig und man kann die ausgezeichnete Infrastruktur, darunter Salon, Bar und Spielräume, in vollen Zügen genießen. Das Restaurant bietet Spezialitäten der Region. Bei der Ankunft wird der Willkommenstrunk „Calentao frío con hielo" gereicht. Tel. 0274/4160832, 0274/4160861, balconesmusui@cantv.net, €€€€.

Mucuchíes IX, C2

GPS: N 8°44.95, W 70°55.17

Das Andendorf Mucuchíes ist eine etwas größere Siedlung im Vergleich zu all den kleinen Dörfern. Es gibt außer den zwei Hauptstraßen (eine nach Norden, eine nach Süden), noch vier weitere Parallelgassen, den Plaza Bolívar, eine Krankenstation, eine Schule und jede Menge Unterkunftsmöglichkeiten.

Auf dem Plaza Bolívar befindet sich ein **Denkmal des Volkshelden Simón Bolívar,** das ihn zusammen mit einem Hund zeigt. Im Juni 1813 war *Simón Bolívar* im Ort zu Besuch, als plötzlich ein sehr großer und kräftiger **Hund** inmitten der Pferde seiner Armee auftauchte und diese anknurrte und bedrohte. *Bolívar* sagte seinen Soldaten, sie dürften dem Hund nichts antun, er habe noch nie ein so herrliches Tier gesehen. Der Besitzer des Tieres schenkte *Bolívar* den Hund, *Bolívar* seinerseits beauftragte den Indianer *Tinjacá* mit der Betreuung. In der Folge begleiteten der Indianer und der Hund *Bolívar* acht Jahre lang auf Schritt und Tritt, bis das Tier am 24. Juni 1821 in der Schlacht von Carabobo von der Lanze eines Royalisten getötet wurde. Daher genießt der Hund vor allem in Mérida und Umgebung praktisch einen Märtyrerstatus. Die entsprechende Hunderasse ist heute noch als Mucuchíes bekannt.

- **Vorwahl:** 0274

Unterkunft/Essen und Trinken:
- Am Ortseingang aus Richtung Mérida in der C. Bolívar 11 liegt das **Centro El Convite** mit 9 einfachen, aber großzügigen und sauberen Zimmern, die sehr günstig vermietet werden, kein Restaurant. Tel. 0274/8720710 und 4170503, €
- **Posada Luís Lobo,** 5 einfache, gepflegte und saubere Zimmer, sehr günstig, es gibt

auch kleine Bungalows mit Küche. Knapp 2 km vor Mucuchíes (bei der Schule El Vergel), Tel. 0416/9754731, €
● In der C. Independencia – das ist die Hauptstraße, die den Berg hinaufführt – findet man rechter Hand die supergünstige traditionelle **Posada Los Andes**. Hier wird man sehr freundlich empfangen, die Posada verfügt über 5 simple Zimmer mit Gemeinschaftsbad und ein typisches, sehr günstiges Restaurant, €
● **Posada El Attilo**, nette Zimmer, Restaurant. C. Independencia, Tel. 8720523, €€
● Das **Hotel Castillo San Ignacio** ist allein schon wegen seiner auffälligen Architektur den Besuch wert. In einem Schloss sind 30 Zimmer für 2–4 Personen zu finden, ausgestattet mit Heizung und Kabel-TV, Restaurant mit typischer Andenküche und internationalen Speisen, Tasca. In der Av. Carabobo am nördlichen Ortsausgang, Tel. 0274/8720021 und 8720751, www.hotelcastillosanignazio.com, €€€
● **Hotel-Restaurante Carillón****, 20 Zimmer mit allen Annehmlichkeiten eines Erstklassehotels, mit Restaurant, Jacuzzi. Av. Carabobo, Sec. Llano Balsa, Tel. 8720160 und 8720650, €€€€
● Zum Essen ist die Tasca/Restaurante **El Mesón de Jaime** zu empfehlen. Es gibt *cachapas* mit Andenkäse, gebratenes Schwein und weitere typische Teller. Av. Carabobo 1-A.

Die **Weiterfahrt von Mucuchíes** ist voller Eindrücke, die Landschaften sind einmalig. Die Straße führt stetig aufwärts und über viele Kurven durch das Tal des Río Chama, zu beiden Seiten die **Páramos**. Diese werden in den unteren Partien durch Terrassenfelder abgestuft. Die Straße passiert mehrere kleine Ortschaften und viele kleine und einsame Bauernhöfe. Man erreicht die Ortschaft **San Rafael**, in der eine vom venezolanischen Künstler *Juan Félix Sanchez* erstellte Steinkirche zu sehen ist. Sie wurde 1983 gebaut und erfreut sich – vor allem als Fotomotiv – großer Beliebtheit.

Nach dem Verlassen von San Rafael kann man auf den Hügeln links des Weges die Kuppeln des **Observatorio Francisco Duarte** sehen. Das astrophysikalische Institut kann nachmittags besichtigt werden.

Auf dieser Höhe beginnt die typische Vegetation des Hochgebirges. Das Landschaftsbild prägen Schopfrosettenpflanzen (**frailejónes**). Dabei handelt es sich um Espeletien, welche der Gattung der Korbblütler zuzuordnen sind, mit ganz weich behaarten Blättern. Die Bergbewohner bereiten aus den Blüten einen Bronchial-Tee und benutzen die Blätter als Füllmaterial für ihre Matratzen. Die Hauptblütezeit ist im Oktober und November, dann sind die Berghänge von einer gelben Blütenpracht übersät.

Apartaderos IX, C1/2

GPS: N 8°47.84, W 70°51.41

Apartaderos ist eher eine Ansammlung von Ferienhäusern, Chalets, Posadas, Gasthäusern und Hotels, als ein Dorf im eigentlichen Sinne.

Im Ort steht das **Denkmal La Loca Luz Caraballo**. Die Statue zeigt eine Frau mit ausgestreckter Hand in Richtung Himmel. *Luz Caraballo* soll der Legende nach ihre fünf Söhne aus verschiedenen Gründen verloren haben. Sie war von Sinnen und irrte in dieser Gegend alleine umher. Der Schriftsteller *Andrés Eloy Blanco* hat sie in einem seiner Werke verewigt.

Unterkunft:

Viele der Posadas und Hotels in dieser Gegend öffnen nur in der Hochsaison (am besten vorher reservieren).

●**Residencias Parque San Isidro,** sehr einfallsreich dekorierte Bungalows mit Kochgelegenheit, viele künstlerische Details, Parkplatz, empfehlenswert. In Apartaderos, ist einfach zu finden, Tel. 0274/8880264 und 8880012, €€

●**Posada Indio Tinjacá,** 9 sehr angenehme Zimmer, schön dekoriert und liebevoll gepflegt, toller Ausblick auf die Bergwelt, gutes Restaurant, ausnahmsweise einmal Pizza, Tourangebote. An der Transandina, auf der rechten Seite, in Richtung Mérida, Tel. 0274/8880250, €€

Oberhalb von Apartaderos, in einer Höhe von 3470 m, **gabelt sich die Straße:** Rechter Hand führt die Gebirgsstraße über Santo Domingo nach Barinas, nach links, in Richtung Valera, kommt man zu dem 4007 m hohen Adlerpass, den Pico El Aguila, den höchsten Punkt, den eine Straße in Venezuela erreicht.

Von Apartaderos über Santo Domingo nach Barinas

Auf der Strecke von Apartaderos nach Santo Domingo ist ein großes Angebot an Hotels vorhanden, außerdem befindet sich hier bei der **Laguna de Mucubaji** (GPS: N 8°48.16, W 70°49.60) einer der Eingänge in den **Nationalpark Sierra Nevada.** Die Lagune ist der größte der insgesamt fast 200 Gletscherseen in der Region. Direkt an der Lagune befindet sich ein sehr gut ausgestattetes Museum, in dem interessante Informationen über Fauna und Flora, Geschichte und Entstehung der Anden zu finden sind. Ein Kontrollposten der Nationalparkbehörde bewacht den Zugang, in einem kleinen Souvenirgeschäft kann man heiße Getränke zu sich nehmen.

Im Nationalpark Sierra Nevada darf man mit einer Spezialbewilligung der Parkbehörde Inparques sein Zelt auf-

Bergnebel in den Anden

schlagen. Man kann Pferde mit Führer mieten, um die herrliche Umgebung, die nahe liegenden Seen und Lagunen zu entdecken. Über ausgeschilderte Pfade kann man so z.B. die **Laguna Negra** oder die **Laguna Victoria** erreichen, die Gehdistanz beträgt in etwa 1½ Stunden, wobei man für den Rückweg etwas länger braucht, weil es dann bergauf geht. Wenn das Wetter mitmacht, spiegelt sich die Umgebung in den Lagunen auf eindrucksvolle Art und Weise. Man kann am Ufer sein Zelt aufschlagen. Wer noch weiter will, kann bis zur **Laguna Los Patos** gelangen, dafür benötigt man nochmals 1½ Stunden. Dieser Weg verläuft westlich des Sees. Bei den Kaskaden muss man links abbiegen. In den Hotels von Santo Domingo oder Mucubaji kann man nach Führern fragen, wenn man längere Touren in dieser wunderschönen Gegend plant.

Das nette **Hotel Sierra Nevada** mit einfachen, schön eingerichteten Zimmern befindet sich an der Nationalstraße gegenüber vom Eingang zum Nationalpark, Tel. 0274/8880075, €€.

Nach 12 km in Richtung Santo Domingo folgt auf der linken Seite, mit einer gepflasterten Zufahrt, das klassische und vielgerühmte **Hotel Los Frailes**. Das Hotel ist in einem ehemaligen Kloster von 1642 untergebracht, das über einen großen weißen Kirchturm verfügt. In guter Lage zu den nahen

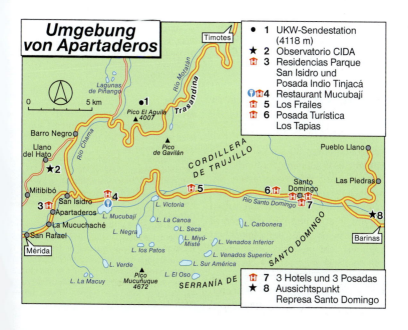

Lagunen im Nationalpark ist das Hotel ein idealer Ausgangspunkt für Andenwanderungen. Aber Vorsicht: Nicht jeder verträgt die dünne Luft auf fast 3500 m Höhe. Alle 44 Zimmer in dem antiken Gebäude haben Zentralheizung und bieten einen fantastischen Ausblick auf die Gebirgswelt der Anden. Ein Gourmet-Restaurant steht den Gästen zur Verfügung, man kann Forellen fischen und Pferde mieten. Die Reservierungen finden über das Büro von Hoturvensa in Caracas statt, Tel. 0212/9760530, Fax 9764984, Hotel: Tel. 0274/4173440, www.hoturvensa.com.ve, €€€.

Die **Posada Turística Los Tapias** befindet sich 10 km vor Santo Domingo abseits der Straße (gut ausgeschildert). An der Straße findet man das zugehörige Restaurant mit Souvenirverkauf. 6 nette Zimmer, Tel. 0274/449849 und 0414/7419989, €€€.

Santo Domingo IX, C1

GPS: N 8°51.55, W 70°41.84

Santo Domingo, 80 km von Mérida entfernt, liegt auf einer der für die Anden typischen Schotterterrassen, die beiderseits von Flüssen scharf abgekantet werden. Umgeben von hohen Bergen, imposanten Páramos, enorm vielen Frailejónes und den zahlreichen Lagunen, lebt man hier vorwiegend von der Landwirtschaft, der Zucht von Champignons, dem Kunsthandwerk und – nicht zu vergessen – der Forellenzucht. Nur 4 km vom Dorf entfernt, in **El Baho,** gibt es eine große **Forellenzucht,** in der Besucher alles über diese Fische erfahren können. Die Bewohner sind sehr gastfreundlich, es gibt eine Vielzahl guter Hotels, Posadas und Restaurants. Vom Ort lassen sich in kurzer Zeit einige Sehenswürdigkeiten erreichen, etwa die Cascada El Vela de la Novia und der Pico Mucunuque.

● **Vorwahl:** 0274

Unterkunft

Posadas

● **Posada Casa Erika,** einfache und saubere Apartments und Zimmer, deutschsprachig, Restaurant. Im Ortskern, neben dem La Sierra Resort, Tel. 0274/8988480, €€
● **Posada Turística La Casa de Mis Viejos,** nette Zimmer mit Kabelfernsehen. C. Independencia, einen halben Straßenblock vom Plaza Santo Domingo, Tel. 8988268, €€
● **Posada Turística Mit Sueño Andino,** schöne Zimmer mit Kabelfernsehen. Av. Principal, Tel. 8988087, €€

Hotels

● **Hotel Trucha Azul Internacional******, ein anspruchsvolles und teures Resort mit absolut gemütlichen Zimmern, die alle über einen offenen Kamin verfügen, mehrere Restaurants, eigene Forellenteiche, Minigolfplatz, KK. An der Hauptstraße rechts, Tel. 8988111, 8988140, 8988066, Fax 8988067, www.latruchaazul.com, €€€€. In der **Tienda Mara** neben dem Hotel kann man Kunsthandwerk einkaufen.
● **Hotel Resort La Sierra*****, sehr schöne Zimmer mit Kabel-TV, Restaurant und Sauna, KK. C. San Gerónimo, gegenüber der Tourismusauskunft, www.hotellasierra.net, €€€
● **Hotel Santo Domingo*****, sehr nettes Hotel mit schönen Zimmern, Kabelfernsehen. Via Nacional Santo Domingo – Mérida, Tel. 8988144, €€€

Essen und Trinken

Alle Restaurants bieten **Forellen** an.

- **Restaurante Halcón de Oro,** einfaches, aber sehr nettes Lokal mit gutbürgerlicher Küche. C. San Gerónimo, Tel. 8988044.
- **Restaurante El Baho,** hier bekommt man vor allem Spezialitäten von der Forelle, wie Forellenpastete. Caserío El Baho, gegenüber der Forellenzucht.
- **Restaurante Las Tapias,** andine Küche am Páramo de Santo Domingo Richtung Mérida.
- **Restaurante La Floresta,** nettes Lokal mit typischer Kost. C. San Gerónimo.
- **Restaurante Mi Fogoncito,** hier findet man alles, was die Anden für die Küche liefern. Das Restaurant befindet sich neben dem Hotel Trucha Azul.

Eine der schönsten Strecken in Venezuela ist die **Transandina von Santo Domingo über Barinitas bis Barinas.** Unglaubliche Höhenunterschiede sind zu bewältigen, insgesamt nicht weniger als 3300 m. Die Straße folgt in vielen Kurven weitgehend dem Río Santo Domingo.

Etwa 15 km vor Barinitas zweigt eine Straße nach links ab und führt nach **Altamira de Cáceres** (GPS: N 8°49.85, W 70°30.16) und dann weiter nach **Caldera** (ca. 30 km von der Hauptstraße entfernt, GPS: N 8°54.76, W 70°26.90). Hier endet die asphaltierte Straße; man kann in beiden Dörfern gut übernachten. Das koloniale, sehr gut erhaltene Altamira ist das älteste Dorf im Land Barinas, es wurde 1577 von *Juan Andrés Varela* gegründet. Der zentrale Plaza Bolívar ist mit Mangobäumen bewachsen, die Umgebung eignet sich gut für Dschungelwanderungen, Mountainbiking und Canyoning. Die zahlreichen Flüsse mit Wasserfällen laden zum Baden ein. Bei Ornithologen ist Altamira für die Artenvielfalt in der Vogelwelt bekannt, beispielsweise ist der Anden-Felsenhahn zu beobachten.

Unterkunft in Altamira de Cáceres:

- **Posada Cáceres,** eine Posada in einem renovierten Kolonialhaus, mit geräumigen Zimmern, schönem Innenhof und angenehmem Service etwas von der traditionellen Wohnkultur Venezuelas vermittelt. Die Posada wird von Caiman Tours in Mérida betrieben. Kontakt: Tel. 0274/4171489 oder 0414/1798541), www.casa-vieja-merida.com, Reservierung empfohlen. C. Augusto Rivas, am Plaza Bolívar, direkt neben der Kirche, €€€
- **Posada Casa Vieja Altamira,** ein altes Kolonialhaus, das zu einer wunderschönen Posada umgebaut wurde, mit großräumigen Zimmern, die liebevoll eingerichtet sind. Ein Innenhof mit tropischem Garten und Hängematten lädt zur Entspannung ein. Empfehlenswert. Dschungel und Flusswanderungen werden vor Ort mit lokalen, spanisch sprechenden Guides angeboten. Die Posada wird von der Casa Vieja in Mérida betrieben, Kontakt s. Posada Cáceres. C. Augusto Rivas, gleich neben der Schule, €€€

Unterkunft in Caldera:

- **Posada Cielito Lindo,** liebevoll eingerichtetes Haus mit familiärer Atmosphäre, stilvoll und empfehlenswert. Die Posada verfügt über ein Restaurant. Reservierung wird empfohlen. Unweit vom Plaza Bolívar, Tel. 0273/8860250 und 8860242, €€€

Tourveranstalter in Altamira de Cáceres:

- **Grado Alto Aventura,** hier kann man tolle, allerdings nicht ganz billige Wandertouren in die Umgebung buchen. Kontakt unter Tel. 0414/7408512, www.grados.com.ve.

Apartaderos – Adlerpass – Timotes – La Puerta

Wenn man in Apartaderos die nach links führende Gebirgsstraße fährt, dann wird es richtig kalt und man befindet sich ganz häufig in dichtem Nebel. Nach 5 km folgt auf der linken Seite, im **Valle Mifafi,** eine **Aufzuchtstation für Kondore,** diese riesigen, ungelenken Vögel, die in Venezuela fast ausgestorben sind. In der Station werden in einer riesigen Voliere zwei Exemplare zur Zucht gehalten. Dies ist aber nicht allzu einfach, da die Kondorweibchen nur alle zwei Jahre ein Ei legen. Die jungen Kondore werden dann im Tal ausgesetzt, sodass man hin und wieder in der freien Natur einen Kondor beobachten kann. Über dem Tal kreisen regelmäßig Andenadler. Weit oben an den Berghängen werden Knoblauch und Kartoffeln angebaut, die noch traditionell mit dem Esel zum Markt gebracht werden.

Weiter geht die Fahrt immer bergauf, die Temperaturen sinken immer weiter. Man gelangt in Höhen, die man in den Alpen nur zu Fuß oder kletternd erreichen würde. Knapp 16 km nach Apartaderos folgt schließlich der höchste Punkt des venezolanischen Straßennetzes, der Adlerpass, **Pico El Aguila,** auf 4007 m. Meist ist der Pass von dichten Nebelschwaden eingehüllt, manchmal und mit etwas Glück kann es passieren, dass sie aufreißen und man herrliche Ausblicke genießt. Die besten Chancen dazu bestehen am Vormittag. Der Wind bläst hier eiskalt und stark, da ist es eine Wohltat, im Bergrestaurant einen heißen Kakao oder Kaffee zu schlürfen. Ein Denkmal in Form eines Adlers erinnert an *Simón Bolívar,* der 1813 von Kolumbien kommend über diesen Pass schritt. Wer mit einem Mietwagen unterwegs ist, sollte nur tagsüber fahren und Vorsicht walten lassen.

Die kleine **Posada Lobo** mit sehr schönen Zimmern und freundlichem Service befindet sich direkt an der Straße vom Pico El Aguila auf der linken Seite und wird von *Olga* und *Ilio* geführt. Tel. 0271/8583189 und 0414/7299438.

Richtung Timotes folgt bald auf der rechten Straßenseite kurz vor La Venta die **Finca Santa Barbara,** wo man eines der sieben kleinen Ferienhäuser mieten kann. Diese sind mit kompletter Küche, Heizung und offenem Kamin ausgestattet. Die Posada wird von der seit Jahrzehnten in Venezuela lebenden Süddeutschen *Theresia de Schwarzkopf* geführt. Die Finca verfügt über ein kleines Restaurant, in dem z.B. eine herzhafte Gulaschsuppe serviert wird. Tel. 0414/9747938.

Viele kleine Dörfer säumen den Weg, und man bekommt einen Eindruck von all den Gemüsen und Früchten, welche in dieser Gegend angepflanzt werden. Nur 8 km weiter erreicht man den Ort **Chachopo,** der „nur" noch auf 2601 m liegt. In einem antiken Haus in der Av. Bolívar Nr. 19 befindet sich die Posada Chachopo. Die Posada mit sechs Zimmern ist preiswert, die Spezialität des hauseige-

Atlas IX, Karte S. 472

APARTADEROS – TIMOTES – LA PUERTA

nen Restaurants sind Artischocken. Tel. 0271/8583114, 0416/2710711.

Nur 10 km weiter folgt dann die Ortschaft Timotes.

Timotes ⌕ IX, C1

GPS: N 8°59.04, W 70°44.33

Timotes wurde im Jahr 1619 von *Fray Pedro Carnejo* gegründet und hieß zunächst Santa Lucia de Mucurujún. Auf dieser Erde wohnten die Indianer des Stammes Timotes. 1881 wurde Timotes als Stadt des Andenstaates anerkannt. Der auf 2000 m liegende Ort ist bekannt für seine herrliche Umgebung und seine **typische andine Architektur.** Unbedingt sollte man hier die Kapelle von Santa Martír de Siracusa, kurz Lucia, besuchen. Im Ort leb(t)en bekannte venezolanische Schriftsteller wie *Andrés Eloy Blanco* und *Manuel Felipe Rugeles*.

Sehr bekannt im ganzen Land sind die jährlich stattfindenden **Giros de San Benito.** Dabei handelt es sich um die Verehrung des heiligen Schwarzen. Frauen und Männer, alle weiß gekleidet, zeigen tänzerische Figuren, dazu spielt man die Gaita, die traditionelle Weihnachtsmusik.

● **Vorwahl:** 0271

Unterkunft:
● **Posada Mendez,** geräumige Zimmer mit Kabel-TV, sehr schöne, teils antike Möbel. Zur Posada gehört das Restaurante El Brasero, wochenends ist eine Tasca in Betrieb (laut). 1932 schreib hier der venezolanische Schriftsteller *Andrés Eloy Blanco* seine Memoiren. Av. Miranda, Tel. 8289064, €€€€

● **Posada Doña Emilia,** schöne Zimmer, sehr gepflegte Posada. Av. Bolívar c/ C. Rangel, Tel. 8289267, €€€
● **Hotel Las Truchas****, Bungalows mit Kabelfernsehen, sehr schöne Anlage mit gutem Restaurant. Carretera Transandina, 500 m nach Timotes, Tel. 8080500, €€€
● **Hotel 5 Aguilas****, saubere Zimmer mit Kabelfernsehen, Restaurant im Hause C. Arismendi zwischen Av. Bolívar und Av. Guaicaipuro, Tel. 8289357, €€€
● **Hotel Las Hadas***, einfache, aber saubere Zimmer, gutes Restaurant, das nur am Wochenende geöffnet ist. Carretera Transandina, direkt neben dem Hotel Las Truchas, Tel. 0416/2705921, €€

Nur 9 km weiter erreicht man, etwas unterhalb der Straße, La Mesa de Esnujaque.

La Mesa de Esnujaque ⌕ IX, C1

GPS: N 9°02.09, W 70°42.97

In La Mesa de Esnujaque teilt sich die Straße: Die Hauptstraße verläuft direkt über La Puerta in das 35 km entfernte Valera, die landschaftlich sehr reizvolle Nebenstrecke führt über einen kleinen Umweg ebenfalls dorthin.

Über den Ort ist nicht viel zu sagen: Die Menschen aus der Gegend von Maracaibo schätzen das angenehme Klima und verbringen hier gern ein paar Tage.

● **Vorwahl:** 0271

Unterkunft:
● **Hotel Tibisay*****, saubere und nette Zimmer mit Kabelfernsehen, KK. Prolongación Av. Bolívar, Tel. 8860034, Fax 8860331, €€€
● **Hotel Miraflores***, einfaches Hotel mit sauberen Zimmern, alle mit Kabel-TV, Restaurant. Av. Bolívar, Tel. 8860045, €€

Apartaderos – Adlerpass – Timotes – La Puerta

Essen und Trinken:
- Verpflegen kann man sich in einigen kleinen **Restaurants.**
- Eine Spezialität ist **chunjete**, eine deftige Bohnensuppe. Sehr bekannt sind das hier hergestellte Süßbrot, das **pan dulce,** und die Fruchtgelees, wie z.B. Quittengelee.

Auf der sehr kurvenreichen und zum Teil sehr schmalen Nebenstrecke ab La Mesa de Esnujaque kommt man nach gut 20 km **nach La Puerta.** Unterwegs kann man den typischen Terrassenfeldbau bestaunen, der schon von den Ureinwohnern so betrieben wurde und nicht erst durch die Spanier ins Land kam. Häufig ist es hier sehr neblig, der Nebel lichtet sich, wenn überhaupt, nur über die Mittagsstunden. Reißt es aber auf, hat man herrliche Blicke auf die Täler und Berge der Anden.

La Puerta IX, C1

GPS: N 9°08.06, W 70°42.27

Puerta bedeutet auf Deutsch „Türe" oder „Eingang", und man kann das Dorf in 1700 m Höhe in der Tat als nördlichen Eingang zum Hochgebirge der Anden bezeichnen.

La Puerta liegt malerisch im **Valle Momboy** und wurde bereits 1624 gegründet. Sein koloniales Flair, das angenehme Klima und die sehr freundlichen Bewohner lohnen einen Besuch.

Atlas IX, Karte S. 472

VALERA

Der Ort ist genau wie La Mesa de Esnujaque ein beliebtes Ausflugsziel für die Bewohner von Maracaibo und Umgebung. Wenn in Venezuela Urlaubszeit ist, an Weihnachten, Ostern oder im Juli/August, ist es ratsam, eine Unterkunft im Voraus zu reservieren.

● **Vorwahl:** 0271

Unterkunft:
● **Posada Castillo San Isidro,** Schlossposada mit auf antik getrimmten Gebäuden und großen, gepflegten Grünanlagen. Das Ganze wirkt ein wenig übertrieben, die Posada wird häufig für Hochzeiten genutzt, nette Zimmer. Das Haus hat ein kleines Restaurant und eine Eisdiele mit Kaffeebar. KK. Av. Principal, via La Flecha, am Ortseingang einige 100 m links rauf, Tel. 8783639, €€€
● **Posada Portachuelo,** schöne Zimmer, die Posada verfügt über ein Restaurant. Gegenüber vom Plaza Bolívar, Tel. 8783479, €€€
● **Posada Campamento San José,** nette und saubere Zimmer mit Kabel-TV. Av. Bolívar, 50 m vom Plaza Bolívar, Tel. 8783337, €€€
● **Hotel Guadelupe***,** angenehme Zimmer mit Kabelfernsehen, nett, aber unpersönlich und unübersichtliches Restaurant, Fitnesscenter und Kinderspielplatz, KK. Am Ortsausgang in Richtung Valera, Tel. 8783825 und 8783314, €€€
● **Hotel Las Montañas,** Zimmer mit Kabelfernsehen. Sec. El Viso, Quinta Lugareña, Tel. 8783335, €€€
● **Hotel Los Andes,** schöne Zimmer mit Kabel-TV, Restaurant. Av. Bolívar, Tel. 8783525, €€€
● **Posada El Vergel,** einfache, saubere Zimmer. Sec. Visa, via La Flecha, Tel. 8783977, €€
● **Pension Familia Espinoza,** einfache und saubere Zimmer. Av. Bolívar Nr. 22, Tel. 8783419, €€

Beschaulichkeit in den Bergen

Nach La Puerta kann man zum letzten Mal einen Blick auf die **Cordillera de Mérida** werfen, anschließend geht es nach Valera ständig bergab, und man spürt, wie die Temperaturen allmählich steigen.

Die Anden

Valera ⚜ IX, C1

GPS: N 9°18.90, W 70°36.50

Man ist sich noch heute nicht ganz einig, wann die Stadt genau gegründet wurde. Man geht aber mehrheitlich davon aus, dass es am 25. August 1811 durch *Marcos Valera* geschah. Am 15. Februar 1820 wurde der Ort dann von der Kirche anerkannt. Die erste Tageszeitung erschien 1900 als „Diario de Valera". Heute gilt die Stadt als eines der wichtigen Handelszentren der Region, zählt an die **130.000 Einwohner** und hat viele moderne Gebäude und Annehmlichkeiten aller Art. Für den Besucher bietet sie allerdings keine nennenswerten Sehenswürdigkeiten. Valera liegt auf 547 m und weist eine Durchschnittstemperatur von 25°C auf. Die jährliche Niederschlagsmenge beläuft sich auf durchschnittlich 1010 mm.

Sehenswürdigkeiten

Museo Tulene Bertoni

In diesem **Privatmuseum** sieht man Bodenproben der verschiedenen venezolanischen Bodenarten, aber auch präkolumbische Keramik und Haushaltsgegenstände, Gemälde und alte Fotografien. Das Museum befindet sich schräg gegenüber vom Hospital Central de Valera. Geöffnet Mo bis Fr von 8-12 und 14-17.30 Uhr, Sa/So von 9-15 Uhr, der Eintritt ist frei.

Iglesia San Juan Bautista

Diese im gotischen Stil erbaute Kirche wurde vom Jesuitenpriester *Luís Yogorza* geplant. Die Bauarbeiten begannen im Jahr 1927, aber erst 1953 konnte die Kirche schließlich eingeweiht werden. Es handelt sich um die **höchste Kirche der venezolanischen Anden,** ihre Türme erreichen eine Höhe von 50 m.

Casa de la Carmania

In der Hazienda des ehemaligen *Padre Rosario* übernachtete vom 12. auf den 13. Juni 1813 der „Befreier" *Simón Bolívar*. In dieser Nacht soll *Bolívar* sein Dekret über **„Guerra a Muerte"** geschrieben haben, die Kriegserklärung an die spanische Krone, die er zwei Tage später in Trujillo (s.u.) verkündete. Das Haus wurde 1963 zum historischen Monument erklärt. Heute befindet sich hier ein Zentrum zur Rettung und zum Erhalt der Kulturen des Bundeslandes Trujillo. Man findet die Casa de la Carmania an der Transandina, 4 km in Richtung Mérida.

An- und Abreise

Busse und Por Puestos

Zwei Blocks östlich der Av. Bolívar befindet sich der **Busterminal** von Valera; vom Zentrum erreicht man ihn schnell mit einem der zahlreich verkehrenden Sammeltaxis.

- **Valera - Puente Torres - Barquisimeto - Caracas,** 10x täglich, am besten nachts, 8-10 Std.
- **Valera - Barquisimeto - Valencia - Maracay - Caracas,** über die Panamericana knappe 10 Std., 5x täglich.
- **Valera - Trujillo,** mit Kleinbussen ab 7 Uhr morgens bis 18 Uhr.
- **Valera - Timotes,** tagsüber stündlich.
- **Zu kleineren Orten der Umgebung** fahren **Por Puestos und Kleinbusse,** Taxis bieten einen 24-Stunden-Service an.

Flugzeug

Der **Aeropuerto Antonio Nicolás Briceño** liegt 5 km nordöstlich der Stadt und ist über die Av. 4 erreichbar. Der Flughafen verfügt über ein Restaurant, ein paar Geschäfte (Kunsthandwerk, Bücher, Modeartikel) und ein Telefonzentrum. Valera wird nur von Avior Airlines angeflogen und zwar 1x täglich aus **Caracas** mit Anschluss nach Mérida. Tel. 2440055 und 2442331.

Touristeninformation

- **Módulo de Información Turística,** am Flughafen, aber ohne Informationsmaterial und fast nie besetzt.

Unterkunft

- **Hotel Plaza Las Acacias*****, gehört zu dem anderen Hotel Plaza, 69 Zimmer mit Klimaanlage, Kabelfernsehen, Restaurant, Jacuzzi, KK. C. 23 c/ Av. 4, Sec. Las Acacias, Edf. Hotel Plaza, Tel. 2315836, gerencia@hotelplaza.com.ve, €€€€
- **Hotel Plaza La Plata,** 36 relativ komfortable und saubere Zimmer mit Klimaanlage, TV, Telefon. Internet, großer Parkplatz, Restaurant, KK. Av. Bolívar, Sec. La Plata, Edf. Alberico, auf der Höhe der Banco Mercantil, Tel. 2211371, www.hotelplaza.com.ve, €€€
- **Hotel Camino Real*****, alle 60 Zimmer mit Klimaanlage, Kabelfernsehen. Restaurant. Av. Independencia, Sec. La Plata, Tel. 2252815, caminoreal@trujillonet.com, €€€
- **Hotel Country Valera*****, 55 schöne Zimmer mit Klimaanlage und Kabel-TV. Restau-

rant, Parkplatz, KK. Am Ende der Av. Bolívar, Sec. El Country, Tel. 2316377, 2314366 und 2315612, www.hotelcountry.com.ve, €€€
- **Hotel El Palacio*****, alle 50 Zimmer haben Klimaanlage und Kabelfernsehen, das freundliche Hotel verfügt über Restaurant und Jacuzzi, KK. Av. Díaz c/ C. 12, CC Miami Center, Tel. 2252923 und 2257708, hotelpalacio@hotmail.com, €€€
- **Hotel Mocotíes****, nette, einfache, saubere Zimmer mit Klimaanlage und Kabel-TV. Av. 9 zwischen C. 8 und C. 9, Tel. 2215793, €€
- **Posada La Montaña**, nette, einfache Posada mit ganz schlichtem Restaurant auf der Nationalstraße von Valera in Richtung La Puerta, 6 km hinter Valera auf der rechten Seite, Tel. 2311515 und 0414/7265805, €€
- **Hotel Aurora***, 36 einfache Zimmer mit Ventilator und Kabelfernsehen, ohne Restaurant. Av. Bolívar zwischen C. 9 und C. 10, Tel. 2315675 und 2315967, €

Essen und Trinken

- **Restaurante Cilantros**, regionaltypische Gerichte in der Av. Bolívar.
- **Barbacoa**, typische Kneipe mit regionalem Essensangebot, oft mit lauter Musik. Av. Bolívar c/ C. 22.
- **El Chef**, das ganz passable Restaurant befindet sich gegenüber vom Busterminal.
- **El Establo**, Rindfleisch vom Holzkohlengrill. Sec. Santa Maria, via Carmania, Tel. 2313466.
- **La Pimienta**, typische nationale Küche, es gibt auch internationale Spezialitäten, KK. C. 9 zwischen Av. 9 und Av. 10, Tel. 2255546.
- **Jardin de la Salud**, sehr gute vegetarische Küche. Av. 11 Nr. 11-624, zwischen C. 6 und C. 8, Tel. 2215539.

Praktische Reiseinfos

- **Vorwahl: 0271**

Geldwechsel

- **Banco de Venezuela**, Av. 10 Nr. 7- 23, gegenüber vom Plaza Bolívar.
- **Banco Mercantil**, Av. Bolívar, Tel. 2213902, 2212034 und 2252585.

Krankenhaus

- **Hospital Central de Valera**, Final C. 6, Tel. 2258976.

Kriminalpolizei

- **CICPC**, Av. Bolívar c/ C. 29, Tel. 2315943 und 2314410.

Post

- **Ipostel**, Av. 11, Tel. 2255017.

Reisebüro

- **Avelina Viajes**, Av. Bolívar, Tel. 2319606, kümmern sich um Flugtickets.

Taxis

- 24-Stunden-Service **am Busterminal**, Tel. 2254227.

Ausflüge von Valera

Isnotú

Jeder in Venezuela kennt **José Gregorio Hernández,** der 1864 in diesem Ort 15 km westlich von Valera auf die Welt kam. *Hernández,* von Beruf Arzt und Bakteriologe, wurde durch zahlreiche Wunderheilungen bekannt, und entsprechend wird er vielerorts wie ein Heiliger verehrt. Die katholische Kirche hat sich jedoch immer geweigert, den Mann heiligzusprechen. Noch heute sieht man landauf, landab viele Geschäfte mit dem Namen des Wunderarztes, speziell solche, die Naturheilmittel verkaufen.

Im Ort steht eine kleine **Kapelle,** zu der jährlich Tausende von Menschen pilgern, um des Arztes zu gedenken, speziell an seinem Geburtstag, dem 26. Oktober, ist der Ansturm gewaltig. Der Mann wurde 1919 von einem Auto überfahren und starb an den Folgen seiner schweren Verletzungen.

Betijoque

Nur ein paar Kilometer von Isnotú entfernt liegt dieser kleine und verschlafene Ort, der nur während der Feier seines Schutzpatrons so richtig zum Leben erwacht. **San Benito,** wie der Heilige genannt wird, feiert man alljährlich um den 25. Dezember. Von Betijoque genießt man einen wunderbaren Ausblick auf das Maracaibo-Tiefland.

Nur 35 km von Valera entfernt, erreichbar über eine gut ausgebaute Autobahn, die ständig von Por Puestos und Linienbussen befahren wird, liegt Trujillo.

Trujillo ♪ IX, C1

GPS: N 9°21.94, W 70°26.17

Stadtgeschichte

Die **Hauptstadt des gleichnamigen Bundeslandes** wurde 1558 durch *Diego Garcia de Paredes* gegründet. Der Name sollte ihn an sein kleines Dorf in der Extremadura in Spanien erinnern. Da der Ort schon früh zu Wohlstand gelangte, war er nicht selten Opfer von Piraten wie dem Franzosen *Gramont,* der vom Maracaibo-See her einen Raubzug unternahm. Trujillo wurde insgesamt elfmal an einen neuen Standort versetzt, bis die Stadt am 27. Oktober 1570 „zur Ruhe" kam – damals war schon die Rede von der *ciudad portatil,* der „tragbaren Stadt". Die vor der spanischen Stadtgründung ansässigen Indianer des Cuicas-Stammes konnten 1575 endgültig gebändigt werden und waren fortan Mitbewohner des Ortes und machten sich vor allem in der Landwirtschaft einen Namen. Am 15. Juni 1813 proklamierte *Simón Bolívar* hier sein berühmtes Dekret **„Guerra a Muerte"** – wer sich im nachfolgenden Unabhängigkeitskrieg nicht daran hielt, musste mit der Todesstrafe rechnen.

Nach dem Ende der Ära *Juan Vicente Gómez* im Jahr 1935 begann eine erfolgreiche **wirtschaftliche Entwicklung.** Kaffee und Zuckerrohr wurden angepflanzt, Kochbananen, Kartoffeln, Karotten, Kohl, Weizen etc. folgten. Weizen und Früchte wurden erfolgreich auf die Antillen verkauft, der Ort wurde bekannt für den Export von Lederwaren. Wichtig wurden aber auch die Rinder- und Schweinezucht und der Abbau verschiedenster Mineralien. Zudem war die Stadt ein Knotenpunkt für den Transitverkehr mit dem Bundesland Zulia, vor allem Tabak und Kakao wurden über diese Straße transportiert.

Die Stadt weist heute eine Bevölkerung von etwas mehr als **50.000 Einwohnern** auf und hat eine Durchschnittstemperatur von 22°C.

Sehenswürdigkeiten

Historisches Museum

In diesem **restaurierten Kolonialhaus** gibt es Ausstellungen über alte Landkarten, Waffen, koloniale Möbel und präkolumbische Keramik. Hier unterzeichnete *Simón Bolívar* sein Dekret

"Guerra a Muerte". Av. Independencia Nr. 5-29, zwei Häuserblocks oberhalb vom Plaza Bolívar. Geöffnet Di bis Fr von 8-12 und 14-17.30 Uhr, Sa/So von 8-12 Uhr, der Eintritt ist frei.

Kathedrale von Trujillo

Dieser wunderschöne Bau aus dem Jahr 1662 lässt klare Einflüsse von Barock und Romantik erkennen. Für den Bau der Kathedrale wurde ausschließlich Zedernholz aus der Gegend verwendet. Innen kann man die Schutzheilige des Bundeslandes Trujillo bestaunen, **Nuestra Señora de la Paz.** Man geht davon aus, dass die Statue von spanischen Eroberern mitgebracht wurde. Der Altar wird kolonialem Barock zugeordnet. Seit 1960 ist die Kathedrale am Plaza Bolívar ein historisches Nationalmonument, 1970 wurde sie renoviert.

Altstadt und Plaza Bolívar

Der Plaza Bolívar ist das **historische Herz** und das Zentrum der heutigen Stadt. In seiner Umgebung gibt es einige schöne Kolonialhäuser zu sehen. Die Altstadt ist sehr lang gezogen, die Straßen winden sich steil einen Hügel hinauf.

Monumento Virgen de La Paz

Die Statue aus dem Jahr 1983 weist eine Höhe von 46,72 m auf, konstruiert wurde sie vom Architekten *Manuel de la Fuente*. In ihrem Inneren gelangt man mittels einer Treppe auf verschiedene **Aussichtsplattformen;** bei gutem Wetter und klarer Sicht kann man den Maracaibo-See und die Sierra Nevada sehen. In der Umgebung des Monuments wird Kunsthandwerk verkauft. Geöffnet ist es täglich von 9-17 Uhr. Man gelangt am einfachsten mit einem Taxi hin, vom Hotel Country fahren auch Por Puestos.

An- und Abreise

Busse und Por Puestos

Der **Busterminal** von Trujillo befindet sich in der Av. La Paz, etwas außerhalb des Zentrums. Vom Plaza Bolívar oder der Puente Machado erreicht man den Terminal mit Por Puestos (äußerst preiswert). Die meisten Busse fahren zuerst nach Valera, wo man in andere Busse umsteigen muss, welche die Fernstrecken bedienen. Beide Städte sind mit einer hervorragenden vierspurigen Autobahn verbunden. Die Fahrt dauert keine 30 Min.

- **Trujillo – Valera – Barquisimeto – Valencia – Maracay – Caracas,** 3x täglich abends.
- **Trujillo – Valencia – Maracay,** 1x täglich.
- **Trujillo – Valera – Mérida,** 1x täglich.
- **Trujillo – Caracas,** 1x abends mit Expresos Occidente, Ankunft in Caracas im Privatterminal.
- Auf der Transandina verkehren **Por Puestos** *(carritos)* bis **Mérida** und **San Cristóbal.**

Touristeninformation

- Eine Informationsstelle befindet sich in der Av. Andrés Bello.

Unterkunft

- **Hotel Country Trujillo*****, gute Zimmer, einfaches Restaurant, großer Pool (der allerdings häufig von den Leuten des Ortes überfüllt ist), Parkplätze. Av. Carmona, gegenüber vom Parque Los Illustres, Tel. 2363646, 2363942 und 2363576, www.hotelcountry-trujillo.com.ve, €€€
- **Posada Turística La Troja,** einfache Zimmer in schöner Berglage auf dem Weg zum

TRUJILLO

Monument, sehr nett dekoriertes Restaurant, Parkplatz. Av. Carmona via Monumento, Tel. 2360292, €€
- **Hotel Tabiskey****, saubere Zimmer in guter Lage am Plaza Bolívar. Tel. 2366404 und 2366689, €€
- **Hotel Los Gallegos****, nette Zimmer mit Klimaanlage in zentraler Lage und trotzdem ruhig. Ein Restaurant befindet sich in der Nähe. Av. Independencia Nr. 5-65, Tel./Fax 2363193 und 0416/6720337, €€

Essen und Trinken

- **Los Fogones**, leckere Pizzas vom Holzofen, spezialisiert ist man außerdem auf *parrillas*, Fleisch und Huhn vom Grill. Av. García de Paredes, Sec. San Jacinto.
- **Bella Vista**, nettes, im typischen Landstil gehaltenes Haus mit gutem Fleisch und Huhn vom Grill. Av. La Paz, nahe dem Busterminal.
- **El Solunto**, hier bekommt man typisch italienische Spezialitäten wie Pizza, Lasagne

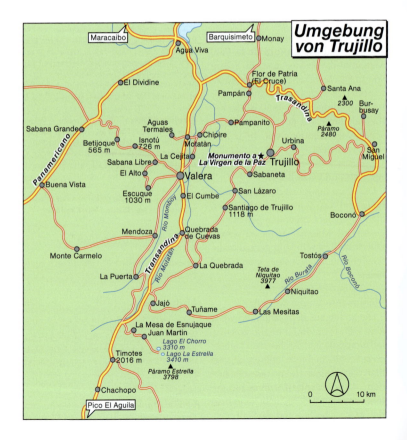

BOCONÓ

und Teigwaren, aber auch Fleisch, Huhn und Fisch. Av. Bolívar.
●**Aroma de Campo,** hier schwingt *Rafaela* den Kochlöffel, typische Küche des Landes. Av. Carmona, in Richtung des Monuments ziemlich weit oben, Tel. 2360191.
●**La Gran City,** wer aufs Geld achten muss, kann sich hier preiswert verpflegen, typische Kost. Av. Independencia c/ C. Carillo.

Praktische Reiseinfos

●**Vorwahl:** 0272

Geldwechsel
●Mit der Kredit- oder der Maestro-Karte kann man Geld bei der **Banco de Venezuela** abheben, Av. Bolívar Nr. 4-96, Edf. Katherine.

Krankenhaus
●**Policlínica Trujillo,** C. Candelaría, La Candelaría, Tel. 2361933.

Polizei
Die örtliche Polizei kann über die Nummer 171 erreicht werden, der Hauptsitz befindet sich in der **C. Miranda,** gegenüber der Kathedrale.

Post
●**Ipostel,** das Postamt findet man in der Av. Independencia, am Plaza Bolívar.

Taxis
●**Linea Cruz Carillo,** Tel. 2364368.

Boconó ⌖ IX, D1

GPS: N 9°14.65, W 70°16.19

Stadtgeschichte

45 km östlich von Trujillo befindet sich ganz **in der Nähe des Nationalparks Guaramacal** (s.u.) der Ort Boconó. Vor langer Zeit von Indianern besiedelt, trug er einst den Namen Komboc. Eingang in die Geschichtsbücher findet der Ort ab 1548, als *Diego Ruiz de Vallejo* in die Gegend kam, um das Gebiet zu besetzen – die Spanier vermuteten in der Gegend viel Gold, was aber nicht der Fall war. 1813, Im Unabhängigkeitskrieg, sammelte *Simón Bolívar* hier seine Truppen, bevor sie in die Llanos ritten.

Boconó heute

Bolívar soll die Gegend als **„Garten Venezuelas"** bezeichnet haben. Boconó liegt 1225 m hoch in einer sehr fruchtbaren Gegend, die Durchschnittstemperatur beträgt 19°C. Die Ortschaft umfasst ein Gebiet von insgesamt 210 km². Neben Kaffee und Weizen wird auch viel Gemüse angepflanzt. Die hier hergestellten Süßigkeiten aus Zucker und Milch *(dulce de leche)* sind weithin bekannt, sehr schönes Kunsthandwerk kann direkt in den Werkstätten gekauft werden. Die Bewohner von Boconó gelten als sehr gastfreundlich – man kann hier sehr gut ein paar Nächte verbringen.

Sehenswürdigkeiten

Iglesia San Miguel de Boconó
Die Kirche wurde von Franziskanern 1660 in der Form eines Kreuztempels erbaut. Im Innern der Kirche kann eine Taufkerze aus dem Jahr 1617 bestaunt werden. Der Altar stammt aus dem Erbauungsjahr, die Kirchenglocken wurden 1770 in Betrieb genommen. Teilweise weist die Kirche Spuren präko-

lumbischer Architektur auf. 1960 wurde sie zum historischen Nationalmonument erklärt.

Zuckerrohrmuseum

In diesem Museum kann man den gesamten Weg des Zuckerrohrs vom Anbau bis zur Zucker- bzw. Schnapsherstellung verfolgen. Eine Degustation erfolgt im **Restaurante Trapiche de Los Clavo** (auch Verkauf von Kunsthandwerk). Sec. El Borzalito, zwischen Av. Rotaria und Av. Cuatricentaria, Tel. 6523655. Geöffnet Di bis So von 9–17 Uhr, es wird kein Eintritt verlangt.

An- und Abreise

Busse und Por Puestos

Der **Busbahnhof** liegt nördlich des Plaza Bolívar an der Av. 3 zwischen C. 1 und C. 2.

- Boconó – Guanare – Acarigua – Valencia – Caracas, 3x täglich.
- Boconó – Biscucuy – El Tocuyo – Barquisimeto – Caracas, 3x täglich.
- Boconó – Barquisimeto, mehrfach täglich, unregelmäßig mit Minibussen (wenn genügend Passagiere vorhanden sind).
- Nach **San Miguel** fährt 2x am Tag ein Bus.
- Außerdem verkehren mehrmals täglich **in allen Richtungen Por Puestos** und lokale Autobusse (keine festen Fahrpläne).

Unterkunft

Posadas

- **Posada Turística Jardín Boconés,** nette, bescheidene Zimmer in relativ neuer Posada mit angenehmem Ambiente, man spricht englisch und bekommt Hilfe bei der Planung von Touren in die Umgebung. C. Girardot Nr. 3-5 c/ C. Miranda, Tel. 6520171, €€€
- **Posada El Mimo,** nettes Haus mit einfachen Zimmern, Parkplätze sind vorhanden. C. Higuerón, via Trinidad, Tel. 6523769, €€

Hotels

- **Hotel Vega del Río***, gutes Haus mit nett eingerichteten Zimmern, schöne Gartenanlage, Kinderspielplatz, freundliches Restaurant und Parkplatz, KK. An der Straße Boconó – Trujillo, Urb. Samán, Tel. 6522992, Fax 6522493, €€€
- **Hotel Campestre La Colina,** Zimmer und Bungalows, Restaurant, großer Garten und Kinderspielplatz, Parkplatz, KK. Carretera Boconó, via Los Guayabitos, Tel. 6522695, Fax 6522310, www.hotellacolina.com, €€€
- **Hotel Tiguani,** nette Zimmer in gutem Hotel mit Restaurant. Av. Emilio Cordonez, Urb. Santa Cecilia, Tel. 6524470, €€€
- **Hotel Casa Blanca,** gute Zimmer, Bar und Restaurant im Hause, Parkplätze. Av. Gran Colombia, Parte Alta Redoma La Sabanita, Tel. 6520202, €€€
- **Hotel Colonial,** einfache und saubere Zimmer, zentrale Lage, Restaurant. C. Miranda, am Plaza Bolívar, Tel. 6522750, €€

Essen und Trinken

- **Restaurante y Museo La Vieja Casa,** inmitten eines Sammelsuriums alter Gegenstände bekommt man hier sehr gute Speisen vorgesetzt. Av. Miranda de Boconó, geöffnet von 12–22 Uhr.
- **El Samán,** hier fühlt man sich wie in einem kolonialen Saal, internationale und nationale Küche mit Spezialitäten aus den Anden (Forelle). Av. El Samán, Edf. El Samán, gegenüber vom Stadion José Antonio Maldonado.
- **Tacos Café,** im Stil der 1960er Jahre eingerichtet, mexikanische Spezialitäten. C. Andrés Bello.

Praktische Reiseinfos

- **Vorwahl:** 0272

Einkaufen

- **Mercado de Tisachic,** vor allem an Samstagen lohnt es sich, hier vorbeizuschauen, dann sind der ganze Ort und die Leute der Umgebung anzutreffen – ein Markt mit vielfältigem Angebot und viel Kunsthandwerk.

Feste/Veranstaltungen

●**4.–7. Januar, San Miguel,** Prozession der Schäfer und der Clowns.

●**Februar,** wie überall im Lande wird auch hier der **Karneval** gefeiert. Man baut schöne Wagen für den bunten Umzug, verkleidete „Mamarrachos" springen in den Gassen umher und treiben ihre Späße. Der Karneval ist eine touristische Attraktion, jedes Jahr kommen viele auswärtige Besucher.

●**Ostern** gilt als wichtigstes Fest in Boconó und fällt meist in den Beginn der Regenzeit, wenn die ganze Landschaft in voller Pracht erstrahlt. Die zahlreichen Besucher lassen sich kulinarisch verwöhnen, es gibt unzählige Osterspezialitäten wie die Süßspeise *cabello de angel*, „Engelshaare".

Geldwechsel

Mit der Kredit- oder der Maestro-Karte kann man bei den Banken Geld beziehen. Es gibt Filialen mehrerer bekannter Banken, u.a. die Banco de Venezuela und die Banco Provincial.

Krankenhaus

●**Centro Médico Boconó,** C. Andrés Bello, zwischen Av. 5 de Julio und Av. Independencia, Tel. 6521155.

Polizei

●C. Paéz, Tel. 6522508.

Post und Telefon

●**Ipostel,** das Postamt befindet sich in der C. Bolívar.
●**Cantv,** telefonieren kann man in der Nähe des Plaza Bolívar.

Die Umgebung von Boconó

Unweit von Boconó, nur wenige Kilometer östlich des Ortes, beginnt der 1988 zum **Nationalpark** erklärte **Guaramacal.** Das Gebiet hat eine Fläche von **21.491 km²** und gehört zu den Bundesländern Trujillo und Portuguesa. Auf rund 1800 m Höhe gelegen, sind die Temperaturen mit 9–18°C recht angenehm. Flora und Fauna im Nebelwald sind prächtig, die Ruhe einmalig.

Die Hauptstraße, die von Boconó in höhere Andengefilde führt, verläuft zunächst nordwärts, um sich dann nach knapp 30 km gen Westen zu wenden. Dort liegt der einsame Ort **San Miguel** (GPS: N 9°22.11, W 70° 14.38) etwa 2 km rechts der Hauptstraße. Hier findet man neben Coro und Clarines die dritte Kolonialkirche des Landes, die mit einem kreuzförmi-

Annäherung an die Anden aus dem Norden

gen Grundriss erbaut wurde. Der schöne Sakralbau konnte 1760 vollendet werden. Die Kirche hat massive Mauern und sieht dadurch etwas gedrungen aus, sehenswert sind vor allem die reich verzierten Altaraufsätze.

Nach weiteren 55 km Fahrt erreicht man bei **Flor de Patria** (GPS: N 9°27.84, W 70°28.27) eine Straßenkreuzung, man achte auf das Ortsschild „Tabor". Der Name steht für eine bekannte Kaffeemarke in Venezuela, und es liegt auf der Hand, dass man hier ideale Verhältnisse vorfindet, um Kaffee anzubauen.

Im weiteren Verlauf führt die Transandina geradeaus weiter, macht dann einen Bogen nach Süden und verläuft direkt nach Valera. Will man Trujillo besuchen, muss man links abbiegen und kommt zuerst in die Ortschaft **Pampán.** Anschließend erreicht man eine Weggabelung, an der man sich links halten muss, um nach 11 km in Trujillo anzukommen.

Nebenroute Boconó – Jajó

Wer von hier in die hohen Anden möchte, kann anstelle der Transandina eine sehr schöne Alternativroute von Boconó in südlicher Richtung wählen und fährt **über Tostós, Niquitao und Tuname nach Jajó.** Auf dieser Strecke existiert kein regelmäßiger Busverkehr mehr, aber es gibt Geländewagen, welche als Por Puestos bei Bedarf die Strecke befahren. Ein Geländewagen ist nötig, denn die Straße ist teilweise in schlechtem Zustand und bereits kurz nach Boconó muss man ein paar Bachläufe überqueren. Sehr wichtig ist es, den Tank vor der Abfahrt zu füllen, denn es gibt nur wenige Tankmöglichkeiten unterwegs. Wenn auch etwas strapaziös, die Fahrt entschädigt mit herrlichen Panoramaansichten der Höhenzüge der Anden.

Ab Boconó muss man sich zunächst in **Richtung Tostós** halten. In südwestlicher Richtung zweigt die Piste bei der Brücke über den Río Boconó ab und verläuft neben dem Flussbett. Die Straße wird dann langsam wieder besser und ist durchgehend asphaltiert, allerdings gibt es immer wieder mal ein paar Löcher. Unterwegs kann man sich im akzeptablen **Restaurante Tamatuz** stärken.

Nur 12 km nach Boconó erreicht man **Tostós** (GPS: N 9°11.56, W 70°19.82). Der Ort liegt 1374 m hoch in wunderschöner Umgebung, bewohnt von sehr freundlichen Menschen. Jährlich strömen viele Besucher während der Osterwoche in die Ortschaft, das Osterfest **La Pasión Viviente de Cristo** ist landesweit bekannt. Das ganze Dorf macht mit, um Leben, Wirken und Sterben von Jesus Christus darzustellen. Bereits am Mittwoch vor Ostern beginnen die Feierlichkeiten, wenn ein als Christus Verkleideter auf einem Esel zur Kirche reitet, gefolgt von den zwölf Aposteln. In einem großen Umzug werden Stationen aus dem Leben des Heilands nachgestellt.

Nach Tostós führt die Straße durch landschaftlich sehr schöne Gegenden, es wird immer steiler. Nach rund 30 km erreicht man **Niquitao** (GPS: N 9°06.66, W 70°24.19) auf 1900 m Höhe. Das friedliche Dorf wurde 1626 gegründet, und bis heute haben sich die meisten der kolonialen Häuser gut erhalten. Die äußerst gastfreundlichen Einwohner öffnen Besuchern gerne einmal die Türe, damit sie ein Kolonialhaus von innen sehen. Der Ort ist bekannt für seinen Himbeer-Likör und die gezuckerten Brote (mantecadas). In der Umgebung wird ein wenig Kaffee angebaut. Wenn nicht gerade dichter Nebel über dem Ort liegt, hat man einen herrlichen Blick auf den Andengipfel **Teta de Niquitao** mit einer Höhe von 4006 m.

Niquitao ist durch **Busse** mit verschiedenen Ortschaften wie Timotes, Valera und Barinas verbunden. Es gibt keinen festen Fahrplan, die Busse fahren morgens und mittags ab, man erkundige sich direkt vor Ort nach der ungefähren Abfahrtszeit. Einen halben Block vom Plaza Bolívar entfernt befindet sich eine kleine **Touristenauskunft,** mehrere Kunsthandwerksläden sind zu finden.

Unterkunft/
Essen und Trinken in Niquitao:
● **Posada Turística de Niquitao,** sehr schöne Posada in guter Lage, an der südwestlichen Ecke des Plaza Bolívar, italienisches Restaurant, Parkplätze, Touranbebote. Tel. 0271/8852042, €€€
● **Posada-Hotel Guiriguay,** einfache, sehr saubere Posada, Bar und Restaurant mit typischer Küche aus den Anden, schöner Innenhof und Parkplätze. C. Bolívar c/ C. Elimenas Rojo, Tel. 0271/8852149, €€
● Zu essen bekommt man in der Gegend vor allem die typischen Spezialitäten der Anden, wie zum Frühstück die **arepa andina**, oft mit Käse, gezupftem Fleisch oder Eiern gefüllt. Dazu schmeckt an einem neblig-kalten Morgen ein heißer Kakao. Oft serviert werden auch *truchas,* Forellen, und eine Suppe, ge-
nannt **pizca andina;** diese ist sehr nahrhaft, besteht aus Kartoffeln, Milch und Eiern und schmeckt sehr gut – wer mit Verdauungsproblemen zu kämpfen hat, sollte aber lieber darauf verzichten.
● **La Casa de las Mantecadas,** dieses Haus sollte man unbedingt besuchen, denn die allseits bekannte *Isabel Teresa Moreno* stellt hier Süßigkeiten wie Torten aus Mais und Eiern her, aber auch Liköre und Weine sind erhältlich. C. Rivas, Tel. 8852090.

Die **Weiterfahrt nach Tuname,** ca. 33 km von Niquitao entfernt, führt über teils schlechte Schotterpisten. Dass man immer höher kommt, merkt man auch an den zahlreichen *frailejónes,* welche mannshoch wachsen können; es wird immer kühler. Viele landwirtschaftliche Betriebe benutzen immer noch Rinder, um die Pflüge zu ziehen; wenn man die Augen offenhält, kann man solche Gespanne sehen. Unterwegs gibt es nur eine einzige Ortschaft namens **Las Mesitas.** Eingebettet zwischen den Bergen hat das Dorf viele kleine, weiße Häuser, schöne Straßenzüge und gastfreundliche Bewohner. Von hier sind es noch gute 1½ Stunden Fahrzeit bis **Tuname.** Der Ort lebt vorwiegend von der Blumenzucht, speziell Nelken. Die großen Nelkenfelder sind von der Straße aus zu sehen.

Die Fahrt führt weiter auf geteerter Straße, zunächst steil bergabwärts. In vielen Serpentinen windet sich die Straße immer tiefer, die Sicht auf die westlichen Andenrücken ist schlichtweg fantastisch. Nach einem Anstieg erreicht man den größeren Ort **Jajó** (GPS: N 9°04.73, W 70°39.47). Seine Entstehung geht auf das Jahr 1611 zurück, er liegt auf 1800 m und zählt zu den schönsten Orten in ganz Venezuela. Die Umgebung setzt sich zusammen aus den majestätischen Bergen der Anden, spektakulären Bäumen und kultivierten Landwirtschaftszonen. Die weiß getünchten Kolonialhäuser sind sehr gut erhalten, haben Dächer aus roten Ziegelsteinen und attraktive Holzbalkone. Die Gassen sind mit Steinen gepflastert, das Zentrum des Stadtlebens ist der Plaza Bolívar. Die Einwohner verehren die Heilige von Talquito, nachdem diese 1936 einem Mädchen erschienen sein soll. Die größte Sehenswürdigkeit ist die schöne Kirche San Pedro Apóstol. Auch interessant ist ein Besuch im Museo Pedro Sánchez, wo allerlei zur Geschichte des Ortes zu erfahren ist. Jajó – wirklich ein schöner Ort, um eine Zwischenübernachtung einzulegen.

Unterkunft/Essen und Trinken in Jajó:
● **Posada Turística Marysabel,** schöne Zimmer und Restaurant mit typischen Andengerichten, Parkplatz. Geführt wird die Posada von *Marysabel* und *Jesús Mendoza*. C. Páez Nr. 26, Tel. 0416/8713233 und 0414/7349446, €€
● **Posada de Jajó,** einfache Zimmer am Plaza Bolívar. Auf Vorbestellung kann man auch etwas zu essen bekommen. C. Bolívar, Tel. 0271/2252977, €€
● **Balcón de la Abuela,** gute Hausmannskost, bekannt ist das Restaurant für seine Forellen. Av. Bolívar Nr. 15, vor der Kirche stehend die rechte Straße nehmen.

Fährt man von Jajó **weiter in Richtung Timotes,** muss man bei der Kreuzung beim Río Motatán links abbiegen, um auf die Transandina zu gelangen; wer nach Valera möchte, fährt rechts.

Von Mérida nach Süden

Endpunkt dieser Route über La Vigia (im Westen, knapp 80 km) und dann weiter **über La Fria** (Straßenkreuzung: nordwärts nach Maracaibo, in südlicher Richtung nach San Cristóbal) ist die kolumbianische Grenze bzw. kurz davor San Antonio del Táchira (knapp 300 km).

El Vigia VIII, B2

GPS: N 8°36.96, W 71°39.08

El Vigia ist mit rund **70.000 Einwohnern** nach Mérida die zweitgrößte Stadt im Bundesland Mérida, und die jüngste dazu, denn sie wurde erst vor etwa 100 Jahren gegründet. El Vigia liegt 70 km westlich von Mérida **am Ufer des Río Chama** auf einer Höhe von nur 130 m. Die Durchschnittstemperatur beträgt heiße 32°C. Der Ort lebt hauptsächlich von der Viehzucht und dem Anbau von Früchten. Auf einer Fläche von 40.000 ha werden Kochbananen angepflanzt, daneben findet man aber auch die Passionsfrucht, Guayabas, Papayas und Avocados, hinzu kommen Kaffeeplantagen. Durch den Flughafen der Stadt kam auch immer mehr Industrie in den Ort.

Sehenswürdigkeiten

Zu den Sehenswürdigkeiten zählen das Ateneo Dr. Alberto Adriani mit

EL VIGIA

Ausstellungen über Kunst und Kulturen, der Plaza Bolívar sowie die Kirche Nuestra Señora del Perpetuo Socorro.

Beim Ateneo Dr. Alberto Adriani gibt es einen kleinen Platz mit dem Namen **La Plaza del Ferrocarril.** Dieser erinnert an die Zeiten, als eine Eisenbahn El Vigia mit Santa Barbara verband. Die Bahnlinie sollte den Abtransport des Andenkaffees erleichtern. 1887 in Auftrag gegeben, wurden die Arbeiten von der französischen Firma Lefayette ausgeführt. 1888 wurde mit den Bauarbeiten begonnen, am 28. Juli 1892 erfolgte die Jungfernfahrt. Die Strecke war 145 km lang und wies 15 Brücken auf. Es gab in der Folgezeit Probleme mit dem Río Chama, der in der Regenzeit oft über die Ufer trat und die Gleise unterspülte. Die Strecke war bis 1952 in Betrieb, wurde dann eingestellt und geriet in Vergessenheit.

Die **Kapelle Santa Cruz** etwas außerhalb der Stadt in Richtung Mérida hat einen vergoldeten Altar im Barockstil aufzuweisen; er war ein Geschenk von König *Carlos III.* an *Doña María Ramírez de Urbina.*

An- und Abreise

Auf dem Landweg/Busse

El Vigia ist ein Durchgangsort auf der viel befahrenen Strecke **Maracaibo – Mérida – San Cristóbal.** Die Stadt ist ein wichtiger **Verkehrsknotenpunkt,** der sich zum Umsteigen eignet. Die autobahnähnliche Bundesstraße nach Mérida im Tal des Río Chama führt durch zahlreiche Tunnels, die bei schlechtem Wetter oft gesperrt werden. Es gibt eine Alternativroute, die aber sehr mühsam ist.

Die Überlandbusse, die die Strecke **Mérida – Maracaibo – Caracas** bedienen, fahren ebenfalls durch El Vigia, aber die wenigsten halten auch an.

- **Terminal de Pasajeros El Vigia,** via San Cristóbal, Tel. 8813709, Por Puestos und Busse nach **Mérida,** Busverbindungen nach **La Fria, San Cristóbal** und **Maracaibo.**

Flughafen

Der **Aeropuerto Internacional Juan Pablo Pérez Alfonso** liegt nur 1 km nordwestlich der Stadt, in der Urb. Bubuqui. Auf der langen Piste könnten sogar Jumbo-Jets landen, es gibt aber bloß einige Flüge mit Santa Barbara Airlines, www.santabarbaraairlines.com. Alle Flugreisenden, die nach **Mérida** wollen, müssen z.Z. über den Flughafen in El Vigia anreisen. Mit einem Taxi benötigt man etwa 1 Std. nach Mérida.

Unterkunft

Grundsätzlich sollte man von einer Übernachtung in El Vigia absehen, denn das schönere Mérida ist nicht weit und die Taxifahrt nach Mérida nicht übermäßig teuer und auch sicher.

- **Hosteria El Vigia*****, alle Zimmer mit Klimaanlage und Kabel-TV, Restaurant, Pool, KK. Av. Don Pepe Rojas, das ist die Umgehungsstraße, gegenüber von der Lagerhalle von Procría, Tel. 8811334, 8812304, €€€
- **Hotel Gran Sasso****, alle Zimmer mit Ventilator, Pizzeria im Hause (nur abends). Am Anfang der Av. Bolívar, Tel. 8811979, €€
- **Hotel Dinastía****, alle Zimmer verfügen über Klimaanlage und Kabel-TV. Av. 10 zwischen C. 1 und C. 3, gegenüber vom Plaza Alberto Adriani, Tel. 8812111, €€

Essen und Trinken

- **La Tinaja,** Restaurant am Flughafen mit internationalen und nationalen Gerichten.
- **La Nueva Imagen,** bekannt für Fleischspezialitäten vom Grill. Av. José Antonio Páez.

SAN CRISTÓBAL

• **Centro Turístico Las Fuentes,** typische Küche. Barrio La Vega, C. Principal.

Praktische Reiseinfos

• **Vorwahl:** 0275

Geldwechsel

In den genannten Banken kann man Geld am Automat abheben und Abhebungen mit Kreditkarte tätigen.

• **Banco de Venezuela,** Av. Bolívar c/ C. Indulac, Tel. 8818120.
• **Banco Mercantil,** Av. Bolívar, Edf. Mercantil, Tel. 8815615.

Krankenhaus

• **Centro Médico Panamericano,** Urb. Buenos Aires, Tel. 8810107.

Krimimalpolizei

• **CICPC,** C. 9 Nr. 13-40, Barrio La Inmaculada, Tel. 8810640 und 8811685.

Post

• **Ipostel,** Av. 16 c/ C. Don Jacintoi.

Reisebüro

• **Davila Tours,** Av. Bubuqui, Tel. 8816055.

Taxis

• **Linea de Taxis Unidos,** Av. 15, Plaza Mama Santos, Tel. 8812995 und 8812040.

San Cristóbal VIII, B3

GPS: N 7°45.98, W 72°14.05

Die Stadt mit rund **480.000 Einwohnern** wurde 1561 von *Juan de Maldonado* gegründet und hat sich – obwohl erst 1925 mit der Fertigstellung der Transandina ans Straßennetz Venezuelas angeschlossen – zu einer der lebhaftesten Städte der Anden entwickelt. Auch die Grenznähe war ein wichtiger Faktor des Wachstums, man ist grundsätzlich nach Kolumbien ausgerichtet. Ebenso verhalf die sehr gute Bewirtschaftung der Böden zum Erfolg; es werden viel Gemüse, Früchte und Kaffee angebaut, es gibt riesige Rinderherden. Überdies wurde 1878 in der Hacienda Alquitrana das erste Rohöl Venezuelas gefördert. Die Bewohner gelten als sehr freundliche und arbeitsame Menschen. Die Stadt ist zu einem großen Teil an steile Hänge gebaut. Sie liegt auf 860 m Höhe, die Temperaturen sind entsprechend angenehm.

Lage

Das malerische San Cristóbal liegt in den südlichen venezolanischen Anden im Tal des **Río Torbes.** Bis zum Grenzübergang bei San Antonio nach Kolumbien sind es nur knapp 40 km, der nächste nennenswerte Ort auf venezolanischem Territorium ist La Fria 80 km nördlich. Über La Fria erreicht man nach 250 km Mérida. In östlicher Richtung, parallel zum Grenzverlauf, gelangt man in die Llanos und das Land Apure, der Ort Guasdalito ist in einer Entfernung von 220 km zu finden, Elorza erreicht man nach 385 km.

Orientierung

Die Innenstadt von San Cristóbal ist wie die der meisten Städte, die von Spaniern gegründet wurden, nach dem Schachbrettmuster angelegt. Der **Plaza Bolívar,** an der Av. Presidente

Medina c/ C. 8 und C. 9 gelegen, ist der Hauptplatz der Stadt. Das **Barrio Obrero,** der kulturelle und gastronomische Mittelpunkt der Stadt, ist westlich der Av. 19. de Abril, zwischen den Straßen 11 und 15 und rund um den Plaza Los Mangos, zu finden.

Sehenswürdigkeiten

Monumento Jesucristo

Das Monument etwas außerhalb der Stadt zeigt Jesus Christus mit offenen Armen und ist ein **schöner Aussichtspunkt** mit herrlicher Sicht auf den Ort Capacho und Teile der Stadt San Cristóbal. Um das Monument zu besuchen, nimmt man am besten ein Taxi und fährt nach Capacho.

Museo General Cipriano Castro

Im Haus der Kultur befindet sich dieses Museum; in einem großen Saal werden Leben und Wirken des Generals präsentiert, man sieht viele persönliche Gegenstände von ihm, alte Bekleidung und viele Dokumente. *Cipriano Castro* war von 1899 bis 1908 Präsident von Venezuela .

Museum von Táchira

Seit 1984 gibt es dieses bekannte Museum in der **Hacienda Paramillo.** Schwerpunkt sind Geschichte und Ethnologie des Bundeslandes Táchira, die in insgesamt zehn Sälen erklärt werden. Zu sehen sind steinalte Fossilien (man schätzt einige auf ein Alter von 2.000.000 Jahren), informiert wird über die Geschichte der Indianerstämme Venezuelas, über Kultur und Musik und vieles mehr. Das Museum besitzt eine Bibliothek und ein kunsthandwerkliches Atelier, in dem Steingut hergestellt wird. Oft finden Konzerte statt. Man kann eine Führung durchs Museum in Anspruch nehmen. Das Museum liegt in der Av. Universidad, Tel. 2565764. Geöffnet Di bis Fr von 9–17.30 Uhr, Sa/So von 10–18 Uhr, der Eintritt ist frei.

Parque La Petrolia

Es handelt sich hier um einen der Orte, wo im Jahr 1881 erstmalig Rohöl in Venezuela gefördert wurde. Es gibt ein kleines Museum, in dem viel Wissenswertes über **Erdöl** zu erfahren ist. Der Park liegt in wunderschöner Landschaft und wird durchzogen von der Quebrada La Alquitrana. Man fährt von San Cristóbal eine gute halbe Stunde bis nach El Rubio, von dort führt eine kleine Landstraße über Río Chicito nach Betania, dem kolumbianischen Grenzdorf. Gleich zu Beginn dieser Strecke erreicht man den Park.

Puente del Libertador

Dieses Prachtstück des Brückenbaus stammt aus der Zeit von Präsident *Juan Vicente Gómez*. Die **Eisenbrücke** führt **über den Río Torbes** und ist Teil des gleichnamigen Parks – ein idealer Platz, um zu entspannen oder den Leuchtturm anzuschauen. Es heißt ja, der Leuchtturm sei dazu da, um die Forellen im Fluss vor dem Zusammenstoß mit Felsen zu warnen, in Wirklichkeit aber gehört er zu einem kleinen Imbiss, wo Essen und Getränke verkauft werden.

Palacio de los Leones

Gemeint ist der **Gouverneurspalast,** auf dessen Dach Löwenplastiken zu sehen sind, daher sein Name „Palast der Löwen" – gemeint sind also nicht die Regierenden ... Plaza Sucre, Carrera 10 c/ C. 4 und C. 5.

Kathedrale

Die eindrucksvolle Kathedrale, die zu den wichtigsten historischen Sehenswürdigkeiten der Stadt zählt, wurde **1561 erbaut** und musste mehrmals renoviert werden, weil Erdbeben erhebliche Schäden angerichtet hatten. Die koloniale Kathedrale beinhaltet Bildnisse der Heiligen San Cristóbal und San Sebastián sowie ein Bildnis vom Cristo del Limoncito.

Plaza de Toros

In der zweitgrößten Stierkampfarena des Landes werden auch heute noch gelegentlich Kämpfe ausgetragen. Die Arena befindet sich im Osten der Stadt.

An- und Abreise

Busse

Im Stadtteil La Concordia, in der C. 8 c/ Carrera 9, südlich des Zentrums, befindet sich der **Busterminal.** Er verfügt über Cafeterias, ein Restaurant und einige Läden mit Kunsthandwerk. Tel. 3473301 und 3471485.

- **San Cristóbal – Rubio – San Antonio,** stündlich ab 5.30 Uhr.
- **San Cristóbal – Maracaibo,** 4x täglich.
- **San Cristóbal – Maracaibo – Coro – Punto Fijo,** 3x täglich.

- **San Cristóbal – Valencia – Maracay – Caracas,** 18x täglich.
- **San Cristóbal – Acarigua – Barquisimeto,** 2x täglich.
- **San Cristóbal – San Fernando,** ein Bus am frühen Morgen.
- **San Cristóbal – Puerto La Cruz,** 3x täglich mit Anschluss nach Ciudad Bolívar, Cumaná und Carúpano.
- **San Cristóbal – Ciudad Bolívar,** ein Bus nachts, Buscama mit Schlafsitzen.

Flugzeug

San Cristóbal selbst hat keinen Flughafen, es gibt aber die **Flughäfen Juan Vicente Goméz** in San Antonio del Táchira (Tel. 7712692, Fax 7714123), 1 Std. von San Cristóbal entfernt, und **Santo Domingo,** 40 Min. östlich von San Cristóbal in Richtung Barinas.

Von San Antonio del Táchira fliegen Santa Barbara Airlines (Tel. 7717111), Aserca (Tel. 7715551, 7715580) und Aeropostal (Tel. 7713955, 7712078) je 1x täglich nach **Caracas**, ab Santo Domingo (Tel. 3410070) fliegt nur Aserca 4x täglich nach Caracas und 1x täglich nach **Maracaibo.**

Für den Transfer steht ein privater **Flughafentransport** zur Verfügung. Da es in Grenznähe nicht ganz ungefährlich ist, sollte man diesen Service in Anspruch nehmen. **Transporte Ovalles,** Av. Ferrero Tamayo, C. 1, Paraíso, Pueblo Nuevo, Tel. 3442459 und 3442804.

Touristeninformation

- **Corporación Táchirense de Turismo,** Av. España c/ Av. Carabobo, Tel. 3579655.
- **Inparques El Tamá,** Parque Metropolitano, Av. 19 de Abril, gegenüber von der Policlinica Táchira, Tel. 3447153.
- Unter www.cotatur.gov.ve findet man die offizielle Tourismusseite der Bundesregierung von Táchira mit einigen Informationen, allerdings nur auf Spanisch.

Zeltlager in den Anden

Unterkunft

Posadas

- **Posada Pirineos,** Spitzenposada mit sehr gemütlichen Zimmern, Frühstück, WLAN, Internet, Wäscheservice, deutschsprachig, ÜF, KK. Quinta El Cerrito Nr. 16-38, Urb. Los Pirineos, Tel. 3556528, 3559293, Fax 3558368, posadapirineos@cantv.net, €€€
- **Posada El Remanso,** gemütliche und freundlich geführte Posada. Av. Principal de Pueblo Nuevo Nr. P-70, Sec. Las Pilas, Tel. 3421587 und 3420085, posadaelremanso12@cantv.net, €€€
- **Posada de Rojas,** 26 Zimmer mit Klimaanlage, Kabel-TV, kleinem Kühlschrank und Föhn. Die Posada verfügt über Restaurant, Pool, Jacuzzi, Cybercafé, Spielzimmer, Tasca und eine kleine Kapelle. Av. Rotaria c/ C. Libertad Nr. 1-56, Urb. Táchira, Tel. 3471496, 3472563, www.laposadaderojas.com, €€€
- **Posada Turística La Fuente,** kleine Posada mit 6 Zimmern, alle mit Klimaanlage und Kabelfernsehen. Die Posada hat eine Wäscherei, einen Frisörladen, Kinder können beaufsichtigt werden. Av. Principal Pueblo Nuevo Nr. 3-46, Qta. Doña Lola, Sec. El Paraíso, Tel. 3444626, www.posadaturisticalafuente.com, €€€
- **Posada Turística La Aragüeña,** familiäre Posada, 13 Zimmer mit Klimaanlage und Kabel-TV. Av. España, Urb. Campo Alegre Nr. 0-90, Tel. 3564786, 3563255, Fax 3564353, €€
- **Posada Turística Don Manuel,** einfache, aber saubere Zimmer mit Ventilator und Kabelfernsehen. Carrera 10 c/ C. 1 und C. 19 de Abril, La Concordia, Puerta Alta, Tel. 3478082, €€

Hotels

- **Hotel Castillo de la Fantasia****,** sehr interessante Architektur, alle Zimmer sind mit Klimaanlage und Kabel-TV ausgestattet, haben sonst aber eine komplett andere Einrichtung, das Hotel verfügt über 2 Restaurants und Bar, KK. Av. España, via Plaza de Toros, Pueblo Nuevo, Tel. 3530848, 3531933 und 3532575, Fax 3532032, castillodelafantasiahotel@yahoo.es, €€€€

SAN CRISTÓBAL

- **Hotel Las Lomas*****, 65 Zimmer mit Klimaanlage und Kabelfernsehen, Restaurant, Bar, Pool. Av. Libertador, Sec. Las Lomas, Tel. 3435733, hotellaslomas@telcel.net.ve, €€€€
- **Hotel Dinastía*****, Zimmer mit Klimaanlage und Kabelfernsehen, das Hotel besitzt Restaurant und Bar. Zentrale Lage an der Av. 7a c/ C. 14, Tel. 3421110, hoteldinastia@cantv.net, €€€
- **Hotel del Rey*****, 40 Zimmer mit Klimaanlage und Kabelfernsehen, Internetcafé. Av. Ferrero Tamayo, Paraíso, Pueblo Nuevo, Tel. 3430561, sagitaliano@hotmail.com, €€€
- **Hotel Horizonte****, 67 Zimmer mit Ventilator und Kabelfernsehen. C. 7 c/ Carrera 4a und Av. 5a, Tel. 3419077 und 5168748, €€€
- **Hotel Hamburgo****, 49 Zimmer mit Klimaanlage und Kabelfernsehen, das Hotel verfügt über ein Restaurant, KK. Av. Libertador Nr. B-03, Tel. 3435504 und 3432922, €€€
- **Hotel Valle de Santiago****, 27 Zimmer mit Klimaanlage, teilweise mit Kabel-TV. Restaurant, Bar, Internet, WLAN, KK. Av. Principal, Urb. Santa Inés, Tel. 3425090, Fax 3424767, www.hotelvalledesantiago.com.ve, €€€
- **Hotel Valle Hondo****, alle Zimmer mit Klimaanlage und Kabelfernsehen. Sauna und Jacuzzi, KK. Carretera Nacional via El Llano, km 1, Sec. Chucurí, Tel. 3479036, €€€
- **Suite Ejecutivo Dinastía****, Zimmer mit Klimaanlage, Kabelfernsehen, KK. Av. 7a c/ C. 13, Tel. 3439530, €€€
- **Hotel Las Delicias****, 63 Zimmer mit Klimaanlage und Kabelfernsehen, das Hotel verfügt über Restaurant und Jacuzzi, KK. Final Av. Libertador, Barrio El Lago, Sec. La Machirí, Tel. 3414745, €€€
- **Hotel Pirineos****, 39 Zimmer mit Klimaanlage und Kabelfernsehen. Restaurant und Bar, KK. Av. España via Plaza de Toros Nr. J-90, Tel. 3564033, www.hotelpirineos.net.ve, €€€
- **Hotel Jardín****, 76 Zimmer mit Klimaanlage und Kabelfernsehen. Restaurant, Bar, Wäscherei und Internet, KK. Av. Libertador, hinter dem Casa Sindical, Tel. 3431555 und 3434293, €€€
- **Hotel Incret****, 24 Zimmer mit Ventilator. Restaurant, Bar, Wäscherei und Taxilinie. Av. Libertador, ebenfalls hinter dem Casa Sindical, Tel. 3431794, hotelincret@cantv.net, €€

Essen und Trinken

Typische Teller der Region sind die **pizca andina**, eine schmackhafte, cremige Suppe, und die **arepas andinas**, die mit Weizenmehl hergestellt werden und verschiedene Füllungen haben. Die Küche ist stark kolumbianisch beeinflusst.

Die beste Gegend, um auszugehen, ist das **Barrio Obrero**, wo sich die meisten Restaurants, gute Kneipen und Discos befinden.

- **La Bougainville**, sehr empfehlenswertes Lokal mit guten Risottos. Carrera 22 c/ C. 8, Barrio Obrero, Tel. 3552725, KK.
- **La Vaquera**, vor allem Fleischspezialitäten. Av. Libertador, Sec. Las Lomas, Tel. 3436769.
- **Rancho Llanero**, hervorragendes Rind vom Grill (carne de vara), KK. Carrera 23 zwischen C. 11 und C. 12, in der Nähe vom Plaza Los Mangos, Barrio Obrero, Tel. 0414/0739783.
- **Asados El Botalón**, für Fleischliebhaber. Av. Ferrero Tamayo, Pueblo Nuevo, Richtung Plaza de Toros.
- **Rancho Juancho**, einheimische Küche, Av. Libertador, gegenüber vom CC Las Lomas.
- **Mi Vaquita Gourmet**, ein historisches Lokal mit ausgezeichneter Küche: Spieße mit Rinderfilet, Salatteller, Maistortillas mit verschiedensten Füllungen, leckere Hamburger u.v.m. Das Lokal ist täglich von 12–23 Uhr geöffnet, KK. C. 11 kurz vor der Carrera 21 am Plaza Los Mangos, Barrio Obrero.
- **Los Olivos**, wer vegetarisch essen will, ist hier an der richtigen Adresse. C. 3 c/ Av. Principal Las Delias, Tel. 3479883.
- **Rocamar**, hier sind Liebhaber von Fisch und Meeresfrüchten goldrichtig. C. 14 c/ Carrera 20, Esquina Nr. 20-32, Barrio Obrero, Tel. 3560782 und 3533040.
- **Pizza Leña**, Pizza vom Holzofen. Zona Industrial Paramillo, CC Bepca, Tel. 3565284.

Praktische Reiseinfos

- **Vorwahl:** 0276

Autovermietung

- **Auto Rental Carena**, Pueblo Nuevo, Tel. 3421648, KK.

Fest/Veranstaltung

- **12.–27. Januar, Feria Internacional de San Sebastian,** zu Ehren des Schutzheiligen *San Sebastian* findet diese überregionale Landwirtschafts- und Industriemesse statt. Mit Musik-, Sportveranstaltungen und Stierkämpfen sowie der Wahl einer Schönheitskönigin.

Geldwechsel

- **Banco Mercantil,** Av. Las Lomas c/ Av. Libertador, Las Lomas, Tel. 3431156; Av. 8 c/ Av. 19 de Abril, La Concordia, Tel. 3472622.

Honorarkonsul

- **Klaus Margeit** ist sehr hilfsbereit, man sollte ihn aber wirklich nur in dringenden Notfällen anrufen. Carrera 3 c/ C. 4, Centro Colonial Dr. Toto González, Planta Baja, Oficina 4, Tel. 3436218, Fax 3441906.

Krankenhaus

- **Centro Clínico San Cristóbal,** Av. Las Pilas c/ Av. Guayana, Santa Inés, Tel. 3406100.

Kriminalpolizei

- **CICPC,** Av. Marginal de Torbes, Tel. 3470914.

Post

- **Ipostel,** Edf. Nacional, C. 5 c/Carrera 2 und Carrera 3, Tel. 3434698.

Reisebüro

- **Realca Viajes y Turismo,** Av. 7, Centro Cívico, Planta 2, Local 85, Carrera 23, Barrio Obrero, Tel. 3442478 und 3448442.

Taxis

- **Linea Lucky,** Barrio Obrero, Tel. 3556718.
- **Linea Monterrey,** El Milagro, Tel. 3431314.
- **Linea Olimpica,** Pirineos, Tel. 3555045.

Ausflüge und Umgebung von San Cristóbal

Balneario El Tambo

11 km außerhalb der Stadt in Richtung Santa Ana befindet sich dieser schöne Badeplatz. Der **Río Quinimarí** fließt hier durch, die Lagune eignet sich gut, um hier einen ganzen Tag zu verbringen.

Thermalquellen

Nur 8 km südwestlich der Stadt befinden sich die Thermalquellen **El Corozo, La Azufrada** und **La Caliente.**

Parque Nacional Chorro El Indio

Dieser einmalige Nationalpark beginnt direkt an der östlichen Stadtgrenze und hat eine Ausdehnung von **16.000 ha.** Den sehr gebirgigen Park durchschneiden zahllose Schluchten und Wasserläufe, kleine Wasserfälle und Kaskaden, allen voran der kräftige, namensgebende Chorro El Indio, runden das Bild ab. Der Park ist für **Wanderungen** gut geeignet, nähere Informationen kann man bei Inparques in San Cristóbal einholen (s.o.).

Palmira

Nur 10 km nördlich der Hauptstadt befindet sich dieser beschauliche Ort. An der Landstraße werden kunstvoll hergestelltes Kunsthandwerk und die für die Region typische Blutwurst zum Verkauf angeboten

San Pedro del Río

Dieser beschauliche Ort, 1840 gegründet, 770 m hoch über dem Meer und ganz in der Nähe der Metropole, fristet ein vergessenes Dasein. Das Dorf hat seinen traditionellen Charakter bewahrt und zählt heute zu den schönsten Dörfern der Andenregion. Der Ort mit Kopfsteinpflastergassen,

San Antonio del Táchira ♪ VIII, A2

GPS: N 7°48.81, W 72°26.79

San Antonio del Táchira ist die Hauptstadt des Bezirkes Bolívar und liegt im Bundesland Táchira **an der Grenze zu Kolumbien.** Die Stadt hat 50.000 Einwohner, liegt auf einer Höhe zwischen 310 und 430 m und weist eine Durchschnittstemperatur von 26°C auf. Die Kleinstadt hat ausgeweitete Handelsbeziehungen zu Kolumbien, vor allem Lebensmittel und Autos werden aus dem Nachbarland importiert. Daneben werden sehr viele illegale Geschäfte getätigt, bedingt z.B. durch das in Venezuela 20 Mal billigere Benzin, aber auch die billigeren Getränke und Lebensmittel. Dies führt zu einem regen Schwarzmarkt. Der kommerzielle wie der kulturelle Austausch sind enorm, es ist daher nicht verwunderlich, dass die Grenze hier als die meistfrequentierte in ganz Südamerika gilt.

Stadtgeschichte

Gegründet wurde die Stadt **1561** durch *Juan Maldonado Ordónez y Villaquirán* am Ufer des Río Torbes. Am 2. Oktober 1724 übergab der Einheimische *Eugenio Sánchez Osorio* dem damaligen Bürgermeister des kleinen Ortes Villa de San Cristóbal eine stattliche Anzahl Rinder. Diese Gabe sollte es ermöglichen, eine größere Gemeinde zu gründen. Es gab genügend Holz zum Bau von Häusern, und die Erde

---

typischen Restaurants, netten Cafés und **renovierten Kolonialhäusern** ist mittlerweile auf Fremdenverkehr eingestellt, sodass man Kunsthandwerk erstehen kann und typische Speisen aus der Region erhält. Man erreicht dieses reizvolle Ziel nach 42 km Fahrt in Richtung Norden, links von der Hauptstraße nach La Fria. Por Puestos fahren regelmäßig ab dem nahen Ort San Juan de Colón, der wiederum sehr gut mit öffentlichen Verkehrsmitteln aus San Cristóbal erreichbar ist.

Unterkunft:
● **Posada La Chiriri,** kleine, sehr familiäre Posada mit Verkauf von Kunsthandwerk, 8 einfache Zimmer, Parkplatz, Cafeteria mit Frühstücksservice. C. Los Morales Nr. 1-27, Tel. 0277/2910157, Fax 2915204, €
● **Posada La vieja Escuela,** wie der Name vermuten lässt, ist diese kleine Posada in dem ehemaligen Schulgebäude untergebracht. 7 sehr einfache Zimmer, teilweise mit Gemeinschaftsbad, schöner Innengarten. C. Real Nr. 3- 61, Tel. 0277/2913720, €

Essen und Trinken:
In der C. Real und Umgebung gibt es einige Restaurants, teilweise riesig, sodass man erkennt, mit was für Besuchermengen in der Saison zu rechnen ist: **Casona de los Abuelos** (Tel. 0277/2914830), **El Fogón de la Posada, El Refugio de San Pedro** (am Plaza Bolívar), **El Balcón** (das angeblich älteste Haus des Ortes) und **Río de la Casa** mit typischen Leckereien der Umgebung.

Parque Nacional El Tamá

Dieser Nationalpark, der venezolanisches und kolumbianisches Territorium umfasst und traumhaft schön ist, **kann nicht besucht werden,** denn er ist ein Gebiet mit Guerillaaktivitäten der kolumbianischen FARC auch auf venezolanischem Gebiet.

war gut, um Rinderzucht zu betreiben und anzupflanzen. Der Ort wurde umbenannt in San Antonio de Padua. Am 1. Juli 1781 übernahmen die Bürger der Ortschaft die Kontrolle über die Geschäfte und bestimmten neue Amtspersonen, unter ihnen **sechs Frauen,** die in die Geschichte eingehen sollten: *Jordania González, Rafaela Pineda, Bernardina Alarcón, Salvadora Chacón, Ignacia Chacón* und *Antonia González* standen an vorderster Front im Kampf gegen die spanische Krone. 1810, mit der Erlangung der Unabhängigkeit, wurde auch San Antonio in die Freiheit entlassen.

Sehenswürdigkeiten

Parque de la Confraternidad

Eingeweiht wurde dieser **schöne Park** im Jahr 1927. Viele Büsten ehemaliger Helden sind zu bestaunen: Die venezolanischen blicken nach Kolumbien, die kolumbianischen nach Venezuela. Der Park befindet sich in Richtung Grenze.

Plaza Miranda

Auf diesem Platz wurden am 1. März 1813 zwei wichtige Reden gehalten, eine ans Volk, die andere an die Unionsarmee. Ein **Monolith** erinnert an das Ereignis. Er ist 12 m hoch und stellt Venezuela, Kolumbien und Ecuador dar. C. 4 und C. 5, zwischen den Carreras 12 und 13.

Iglesia San Antonio de Padua

Die Kirche aus dem Jahr 1911 ist im romanischen Stil erbaut worden. Im Innern sieht man ein imposantes Gemälde der *Virgen de la Luz* und eine Holzskulptur, die die *Virgen de la Asunción* darstellt. Letzteres Werk wurde in Europa hergestellt. Carreras 10 und 11, zwischen C. 3 und C. 4.

Plaza Bolívar

Die hier zu sehende **Statue von Simón Bolívar** ist eine exakte Kopie der Statue, die auf dem Plaza Bolívar in Caracas steht. Carreras 9 und 10, zwischen C. 3 und C. 4.

Museo Ángel Albino Chacón

Früher war hier das Gefängnis untergebracht. Heute sieht man eine interessante **Fotoausstellung über das Leben von Simón Bolívar,** von seiner Kindheit bis zu seinem Tode. Daneben sind alte Folterinstrumente, welche der General und spätere Präsident *Juan Vicente Gómez* benutzt haben soll, ausgestellt. Carrera 11 c/ C. 3 und C. 4.

An- und Abreise

Busse und Por Puestos

● **San Antonio – San Cristóbal – Barinas – Guanare – Acarigua – Barquisimeto,** 5x täglich, ca. 10 Std.
● **San Antonio – San Cristóbal – Barinas – Guanare – Acarigua – Valencia – Maracay – Caracas,** 5x täglich, am besten nimmt man einen Nachtbus, ca. 14 Std.
● **San Antonio – San Cristóbal – Maracaibo,** ein Bus abends (über Machiques), ca. 8 Std.
● **San Antonio – Rubio – San Cristóbal – Barinas – Valencia – Caracas,** 4x täglich, ca. 14 Std.
● Von San Antonio del Táchira nach **San Cristóbal** fahren stündlich Minibusse.
● **Por Puestos** verkehren ständig **in alle Richtungen.**

San Antonio del Táchira

Flugzeug

- **Aeropuerto Internacional San Antonio del Táchira**, C. Urena, Tel. 7714484, 7714123 und 7712692. Es gibt täglich vier Flüge nach **Caracas;** Fluglinien: Santa Barbara Airlines, www.santabarbaraairlines.com, Aserca Airlines, www.asercaairlines.com.

Unterkunft

- **Hotel Palmeras Country Club*****, eine herrliche Anlage etwas außerhalb der Stadt, Zimmer mit Klimaanlage und Kabelfernsehen, Bar, Restaurant, Pool und Jacuzzi, KK. Aldea Tienditas Nr. 1-166, via Urena, Tel. 5176561, €€€
- **Hostería Paraíso Suite*****, schönes Hotel, alle Zimmer mit Klimaanlage und Kabelfernsehen, Restaurant, Bar, Jacuzzi, KK. Palotal, via Urena, Tel. 7711645, €€€
- **Hotel Adriatico*****, nette Anlage, die Zimmer verfügen über Klimaanlage und Kabelfernsehen, Restaurant, KK. C. 6 c/ Carrera 6, Tel. 7715757 und 7713896, hoteladriatico@hotmail.com, €€€
- **Hotel Don Jorge****, dieses einfachere, aber saubere Hotel bietet Zimmer mit Klimaanlage und Kabel-TV, Pool. C. 5 c/ Carrera 9, Tel. 7711932, €€€
- **Hospedaje La Felicidad****, einfache, saubere Zimmer mit Klimaanlage, die Anlage verfügt über ein Restaurant. Carrera 2 Nr. 8-33, Barrio Ocuman, Tel. 7714685, €€
- **Hotel El Gran Neverí***, einfache Zimmer mit Klimaanlage und Kabelfernsehen, Restaurant. C. 3 c/ Carrera 13, Tel. 7715702, €€

Essen und Trinken

- **El Criollito,** typisch einheimische Speisen. Pueblo Nuevo, Tel. 7714002.
- **Abruzzo,** gutes Restaurant im Hotel Adriatico (s.o.), KK.
- **Portón de la Frontera,** internationale Küche, Plaza Miranda, Tel. 7715310.

Praktische Reiseinfos

- **Vorwahl:** 0276

Fest/Veranstaltung

- Jedes Jahr im **Februar** findet in San Antonio ein **binationaler Karneval** statt. Die Menschen aus Kolumbien und Venezuela feiern um die Wette.

Geldwechsel

- **Bancaribe,** Carreras 9 und 10 Nr. 9-2, Tel. 7711411 und 7712089.
- **Banco de Venezuela,** C. 3, am Plaza Bolívar, Edf. Banco de Venezuela, Tel. 7711195.
- Im Ort gibt es zahlreiche **Wechselstuben,** in denen man – oft zu einem vorteilhaften Kurs – Geld umtauschen kann.

Grenzübertritt nach Kolumbien

Der Grenzübertritt erfolgt über die **Puente Internacional Bolívar.** Wichtig ist, dass man sich zuerst den Ausreisestempel von Venezuela holt *(sello de salida)* und danach den Einreisestempel für Kolumbien *(sello de entrada).* Das Büro der Ausländerbehörde (DIEX) befindet sich in der Stadt und nicht an der Grenze: Carrera 9A, zwischen C. 5 und C. 6. Gegenüber der DIEX ist ein kleiner Kiosk, der ältere Herr verkauft die notwendigen Briefmarken (Ende 2008: 40 Bs.). Dann muss man noch ein Formular ausfüllen, die Marken draufkleben und schon bekommt man seinen Stempel. Danach geht es über die Brücke über den Río Tachira; am Ende der Brücke befindet sich rechter Hand das DAS-Büro der Kolumbianer. Hier muss man sich den Einreisestempel holen. Man wird gefragt, wie lange man bleiben möchte, und muss eine Unterkunft in Kolumbien angeben. Direkt vor dem DAS-Büro fahren ständig Kleinbusse/Por Puestos preiswert nach Cúcuta, der ersten größeren Stadt in Kolumbien.

Für die **Rückreise** (frühestens 24 Std. nach der Einreise) gilt das gleiche Procedere, nur umgekehrt: Ausreisestempel im DAS-Büro holen und danach den Einreisestempel bei der venezolanischen DIEX-Behörde. Man muss wieder ein Formular ausfüllen, das dann einbehalten wird.

In **Cúcuta** kann man sich anhand der Schilder „Aeropuerto" orientieren, bis man auf der linken Seite das Hotel Cavalier sieht. In dem ganzen Viertel rund um die C. 6 befinden sich zahlreiche kleinere Mittelklassehotels. Ins Zentrum sind es knapp 10 Min. Am Plaza Santander befinden sich viele Banken mit Geldautomat. Man muss allerdings ein wenig aufpassen: Vor dem Abschluss des Geldtransfers wird man gefragt, ob man etwas spenden möchte. Wer mit „si" bestätigt, bekommt einen nicht unerheblichen Betrag zur Endabrechnung hinzugefügt, man merkt das erst zu Hause. Direkt neben den Banken und in den Seitenstraßen befinden sich überall Wechselstuben, in denen man Pesos in Bs. oder umgekehrt tauschen kann. Die jeweiligen Tageskurse sind deutlich sichtbar angeschrieben. In Cúcuta selbst kann man überall auch mit Bs. zahlen. In der Nähe des Plaza Santander gibt es das CC Maximo; in der zweiten Etage findet man preiswerte Speiselokale, wo man fast im Freien sitzt.

Wer **mit dem eigenen Auto** Venezuela verlassen und in Kolumbien weiterreisen möchte, muss Folgendes beachten: In der Zona Industrial, DPTO, Norte Santander, Av. 7 Nr. 19-21, befindet sich die **Administración Especial de Aduanas de Cúcuta, DIAN.** Hier muss man sich in die Autowarteschlange einreihen und im Edf. Aduana (Tel. 5781227 und 5780852) die notwendigen Formulare holen und ausfüllen. Man benötigt Kopien aller Fahrzeugpapiere sowie der Versicherung.

Krankenhaus

● **Centro Clínico Divino Niño,** A.J. de Sucre, Tel. 7715902.

Kriminalpolizei

● **CICPC,** Av. Venezuela zwischen Carreras 9 und 10, Barrio La Popa, Tel. 7711402 und 7711002.

Post

Ipostel, Carrera 9.

Reisebüro

● **Agencia de Viajes Turismo Internacional,** C. 4 Nr. 4-04 c/ Av. Venezuela, Tel. 7715555.

Taxis

● **Autos y Libres Frontera,** Carrera 9, Tel. 7712478.
● **Linea Andina,** Carrera 12, Tel. 7710510.

Urena

Nur 15 Autominuten von San Antonio del Táchira entfernt befindet sich die **Grenzstadt** Urena. Die Kleinstadt mit 38.000 Einwohnern liegt 310 m hoch, die Durchschnittstemperatur beträgt 26°C. Durch die Nähe zu Kolumbien ist auch hier ein reger Handel anzutreffen. Bekannt ist der Ort für seine schönen Holzmöbel und die **Thermalquellen.** Diese befinden sich etwas außerhalb, beim Hotel Aguas Calientes. Das heilsame Wasser weist Temperaturen zwischen 20 und 61°C auf.

Die Straße von Urena nach **San Juan de Colón** direkt an der Grenze zu fahren, ist nicht ratsam: Erstens ist die Straße in einem erbärmlichen Zustand, zweitens wird das einsame Gebiet von **Guerilleros** heimgesucht, was Risiken für Leib und Leben bedeutet.

Unterkunft in Urena:
● **Hotel Aguas Calientes*****, nette Zimmer mit Klimaanlage und Kabelfernsehen, das Hotel verfügt über Restaurant, Bar, Pool und gar über eine Landepiste für Kleinflugzeuge, KK. Av. Aguas Calientes, Tel. 7872450.

Der Nordwesten

Choroní: Fischverkauf am Strand

Unheimlich: Nebel im Nationalpark Henri Pittier

Salinen auf der Halbinsel Paraguaná

Überblick

Dieser Teil Venezuelas besteht aus verschiedensten Landschaftsformen: der von Kokosplantagen und grünem Weideland geprägten **Küstenzone im Osten** des Bundeslandes Falcón, dem breiten, trockenen **Küstenstreifen im Nordteil** und dem feucht-tropischen **Bergland der Sierra von Falcón,** die in Richtung Süden nach Lara hin immer trockener wird und als Ausläufer der Anden betrachtet werden kann. Beeindruckend sind die **Kontraste** – von der Sandwüstenlandschaft um Coro zum tropischen Bergwald der Sierra von San Luís ist es nur eine halbe Stunde Fahrt.

Am interessantesten für Besucher ist sicher die **Küstenroute,** auf der man nicht nur den Nationalpark Morrocoy erreicht, sondern auch die Landeshauptstadt Coro. **Coro** weist viele Kolonialhäuser auf und wurde zum Weltkulturerbe der UNESCO erklärt. Die Gegend ist bisher touristisch nicht überlaufen, die kahlen Landschaften, Sanddünen und Dornensträucher haben wohl eine abschreckende Wirkung. Zudem ist gerade Coro für seine unerträgliche Hitze bekannt. Die Strände der Inseln im **Morrocoy-Nationalpark** hingegen sind wunderschön und lohnen definitiv einen Besuch.

Im **Bundesland Falcón** spielt die Petrochemie eine wichtige Rolle, die größten Erdölraffinerien befinden sich bei Punto Fijo auf der Halbinsel von Paraguaná. Die Fortbewegung in diesem Bundesland ist einfach, die Straßen sind weitgehend in gutem Zustand und mit dem Flugzeug erreicht

man Coro, Punto Fijo und Barquisimeto täglich von Caracas und Maracaibo. Es gibt regelmäßige Busverbindungen in den Westen nach Maracaibo und in alle anderen Teile des Landes. Maracaibo ist eine der modernsten Städte der Republik: reich und – heiß.

Von den Anden bis Maracaibo

Wenn man aus den Anden an die Küste will, so führt die Westroute über Maracaibo, die Hauptstadt des Bundeslandes Zulia. Die Strecke von Mérida nach Maracaibo **auf der östlichen Seite des Maracaibo-Sees** ist nicht besonders spannend; schnell verlässt man das Bergland der Anden und kommt bei El Vigia auf die Hauptroute 1 von San Cristóbal nach Maracaibo. Von El Vigia bis Maracaibo sind es dann noch 365 km auf einer gut ausgebauten Landstraße mit viel Verkehr und häufigen Staus, alles in brütender Hitze. Da sollte man für die Strecke durchaus über die Nutzung eines Nachtbusses oder Flugzeuges nachdenken, da landschaftlich nicht viel geboten ist.

Auf der westlichen Seite des Maracaibo-Sees kommt man nach El Vigia durch heißes Land und durchfährt Guayabones, Santa Elena, El Pinar und San Pedro. Diese Orte sind wie auch die nächsten auf der Weiterfahrt touristisch ohne Belang. Zwischen **San Pedro** und **Playa Grande** gibt es eine empfehlenswerte Unterkunft, das **Hotel Piscina La Reina.** Es verfügt über einen bewachten Parkplatz und ein Restaurant mit sehr gutem Grillfleisch und Yuca als Beilage. Im Verlauf des weiteren Weges durchfährt man unbedeutende Orte, die Namen Caja Seca („Trockene Kiste") oder Río Perdido („Verlorener Fluss") sprechen für sich.

Von **Caja Seca** aus kann man die Ortschaft **Bobures** am Maracaibo-See besuchen. Zu diesem Zweck verlässt man in Caja Seca die Hauptstraße und fährt in Richtung Westen. Nach etwa 10 km erreicht man diesen Ort, der 1591 gegründet wurde und in kolonialen Zeiten ein recht bedeutender Hafen war. Der damals vor Ort angepflanzte Kakao gehörte dank seiner weißen Farbe zu den besten und wurde „Porcelana", Porzellan, genannt. Die Bevölkerung von Bobures ist stark von Schwarzen geprägt, die ihre Traditionen und Tänze aus Afrika mitbrachten. Alljährlich zwischen dem 27. Dezember und dem 1. Januar kann man die **Chimbángules de San Benito** miterleben, ein weithin bekanntes Fest mit Tänzen, Gesang und rhythmisch vorgetragenen Lobreden auf *San Benito,* den Schutzheiligen der Schwarzen. Während dieses Festes verkehren zwischen den Dörfern und Maracaibo viele zusätzliche Busse.

Die Straße von Caja Seca nach **Agua Viva** führt fast bis an den Maracaibo-See heran. Von Agua Viva verläuft die Fahrt vorbei am ältesten Ölfeld des Bundeslandes Zulia, Zumaque Nr. 1. Es wurde 1914 erschlossen und läutete eine neue Epoche für ganz Venezuela ein. Die Ortschaft hier heißt **Mene Grande** und liegt rund 70 km von Ciudad Ojeda entfernt. Auf der Weiterfahrt kommt man zunächst nach **Bachaquero,** das bereits am See liegt, und in der Folge erreicht man **Lagunillas,** wo Ölgesellschaften ihren Sitz haben. Der Ort liegt unterhalb der Meereshöhe und wurde schon mehrfach durch Brände zerstört. Kurz nach Lagunillas folgt **Ciudad Ojeda.** Diese künstliche Erdölstadt wurde nach dem spanischen Seefahrer benannt, der 1499 als erster Europäer mit seiner Flotte in diesen Gewässern kreuzte. Die Stadt besitzt einige gute Restaurants und ein Hotel mit allem Komfort, in dem die Chefs der großen Erdölgesellschaften residieren.

Unterkunft in Ciudad Ojeda:
● **Hotel América*****, sehr schöne Zimmer und gutes Restaurant. C. Trujillo, Ecke C. Bolívar, Tel. 0265/6315933, reservas_america @cantv.net, €€€€
● **Apart Hotel Ojeda Suite,** komplett eingerichtete Suiten mit Klimaanlage und Kabelfernsehen, Parkplätze vorhanden. Av. Bolívar c/ C. San Mateo, Tel. 0265/6312523 und 0265/6315182, www.ojedasuite.com, €€€€

Reisebüro in Ciudad Ojeda:
● **Agencia de Viajes Giogio,** C. Guasdalito, Tel. 0265/6313039.

Nach weiteren 31 km Fahrt erreicht man die nächste Erdölstadt, **Cabimas.** Am östlichen Ufer des Maracaibo-Sees ist es die größte Stadt mit über 220.000 Einwohnern. Sie entstand infolge des Erdölbooms und kann folglich keine historisch interessanten Sehenswürdigkeiten aufweisen. Rund 5 km außerhalb der Stadt sieht man **Bohrtürme** aus dem Wasser ragen. Der **Maracaibo-See** ist mit Bohrtürmen regelrecht gespickt. Speziell bei Sonnenuntergang ergibt sich am See ein beeindruckendes Bild. Insgesamt gibt es in dieser Zone an die 7000 Förderstellen für Erdöl.

Unterkunft in Cabimas:
● **Hotel Cabimas Internacional******, Zimmer mit allem Komfort, anspruchsvolles und entsprechend teures Hotel mit gutem Restaurant. Av. Andrés Bello, Sec. Ambrosio, Tel. 0264/2413597, €€€€
● **Hotel Paradise*****, gut eingerichtete Zimmer, Carretera H, Tel. 0264/2513332, €€€
● **Hotel de Maio,** einfache, saubere Zimmer mit Klimaanlage und Kabelfernsehen, Restaurant im Hause. Av. Intercomunal de Cabimas, Sec. Divedive c/ Carretera J. Cabimas, Tel. 0264/3713162, €€

Von Cabimas nach **Santa Rita** weiter im Norden sind es 24 km. Dieser kleine und verschlafen wirkende Ort scheint vom Ölrausch vergessen worden zu sein. Von hier kommt man weiter zu einem Abzweig beim **Puente Rafael Urdaneta:** Ostwärts geht es über die Brücke nach Maracaibo am anderen Ufer, gen Westen an die Küste und nach Barquisimeto im Landesinneren.

Zwischen den erwähnten Orten Cabimas, Ciudad Ojeda, Lagunillas, Bachaquero und Mene Grande besteht eine regelmäßige Verbindung mit **Bussen und Sammeltaxis.** Die Straßen Richtung Maracaibo sind bedingt durch die Erdölindustrie teilweise mehrspurig und stark befahren.

Maracaibo

♁ II, B2

GPS: N 10°40.64, W 71°37.82

Maracaibo mit über **2 Mio. Einwohnern** ist nach Caracas und vor La Havanna die zweitgrößte Stadt in der Karibik. Sie gilt als **heißeste Stadt des Kontinents,** die Temperaturen können über 40°C erreichen. Der Verkehr ist heftig, und manche behaupten, die Hitze habe den „Maracucho", wie die Einwohner von Maracaibo genannt werden, zu den aggressiven Autofahrern gemacht, die sie sind.

Stadtgeschichte

1499 erreichten der italienische Kapitän **Amerigo Vespucci,** sein Kartograf *Juan de la Cosa* und der spanische Eroberer *Alonso de Ojeda* (1468–1515) erstmals den südamerikanischen Kontinent. Nach Erkundung des Golfes von Paria, von Trinidad und Margarita, der Halbinseln Paria und Araya gelangten sie über die ABC-Inseln und Paraguaná in den Golfo de Venezuela. Im Golf waren die Häuser auf Stelzen über dem Wasser gebaut; das erinnerte die Seeleute an Venedig. So kam es zu dem Namen Venezuela = Klein-Venedig. Die Seefahrer segelten bis an die Meerenge, die den Golf vom Lago de Maracaibo trennt, und nannten diesen San Bartolomé – es war der 24. August, der Tag des heiligen Bartolomé. Den Golf tauften sie Coquibacoa, ein Name, der heute noch für eines der nördlichen Municipios in Gebrauch ist. Der Name von Maracaibo geht auf den gleichnamigen Häuptling der Stämme der Coquibacoa-Region zurück.

Der Ort Maracaibo wurde am 8. September **1529** vom damaligen Gouverneur von Venezuela **Ambrosius Alfinger** gegründet, Abgeordneter des Handelshauses der **Welser,** das von Kaiser *Karl V.* das Gebiet als Siedlungsplatz zugeteilt bekommen hatte. Dass Maracaibo nicht erst im Jahr 1571 gegründet wurde, wie es zuweilen hieß, bewiesen Dokumente aus dem Jahr 1555, die von dem damaligen Priester *Juan de Robledo* stammten.

Lage

Maracaibo liegt **an den Ufern des Maracaibo-Sees** (Lago de Maracaibo), an der Engstelle, die den See mit dem Golf von Venezuela verbindet. Zur kolumbianischen Grenze im Westen sind es auf der Troncal 6 130 km bis zum Grenzposten Paraguachón. In östlicher Richtung erreicht man nach 260 km die Stadt Coro und nach 525 Valencia. Bis Caracas muss man schon fast 700 km zurücklegen. In südlicher Richtung kommt man in die Anden nach Trujillo, Mérida und Táchira, die Stadt Mérida ist nach 440 km erreicht.

Orientierung

Die Calles in Maracaibo erstrecken sich von Ost nach West, die Avenidas von Nord nach Süd. Der Plaza Bolívar ist wie üblich der Hauptplatz im **historischen Viertel,** an dem sich auch die Kathedrale befindet. Er liegt nur drei

Blocks westlich der Uferpromenade Av. 2/El Milagro und vier Blocks nördlich der Uferpromenade Calle 100/Libertador; an Letzterer befindet sich auch der große Markt von Maracaibo. Die Calle 93 schließt das historische Viertel in Richtung Norden ab.

Sehenswürdigkeiten

Altstadt

Die Altstadt rund um den **Gouverneurspalast** ist zweifellos einen Besuch wert. Der Palast selber kann besichtigt werden, direkt nebenan befindet sich der **Palacio de Unidad,** in dem einst *Simón Bolívar* und *Rafael Urdaneta* zusammensaßen. **Rafael Urdaneta** kam 1788 in Maracaibo zur Welt, studierte dort und in Bogotá und entwickelte sich zu einem angesehenen Politiker. Er wurde Präsident der Republik Kolumbien und ein geachteter Militär, der bis in den Generalsrang aufstieg. *Urdaneta* war einer der treuesten Anhänger von *Bolívar* und stand diesem in zahlreichen Schlachten zur Seite. Er starb während eines Paris-Aufnethaltes im Jahr 1845. Am Palast liegt auch das sehr schöne Theater (s.u.).

Die im 19. Jh. erbaute **Basilica de Nuestra Señora de Chiquinquirá** (die Heilige wird vom Volk liebevoll „La Chinita" genannt), kann dem Neoklassizismus zugeordnet werden. Jedes Jahr am 18. November wird La Chinita gebührend gefeiert. 1917 wurde sie von Papst *Benedikt XV.* heiliggesprochen. Gemäß der **Legende** kam die Heilige mit den Wellen über den See von Maracaibo. 1749 war eine einfache Wäscherin dabei, am See ihrer Arbeit nachzugehen, als eine feine Holztafel vor ihr auftauchte. Die Wäscherin nahm sie aus dem Wasser, um damit ihr Wasserfass daheim abzudecken. Am nächsten Morgen – die Wäscherin war gerade beim Kaffeekochen – hörte sie Geräusche, als ob jemand rufen würde. Sie sah sich um und siehe da: Die Tafel erstrahlte in hellem Glanz und das Gesicht der Heiligen erschien. Die Wäscherin begann zu schreien: „Ein Wunder, ein Wunder", auf Spanisch *un milagro* (daher stammt der Name der Straße am See, wo das Haus der Wäscherin stand). Viele Menschen strömten herbei, um das Wunder mitzuerleben.

Teatro Basalt

Dieses **wunderschön gestaltete Theater** gehört zu den wichtigsten Kulturstätten der Stadt. Die Bauarbeiten, 1932 begonnen, konnten nach Jahrzehnten des Stillstands erst Ende der 1980er Jahre zum Abschluss gebracht werden. Bei Renovierungsarbeiten stieß man auf Überreste des alten Theaters aus der Ära *Guzman*. Das Theater wurde zum architektonischen Nationalmonument erklärt. Es finden natürlich regelmäßig Theaterveranstaltungen statt. C. 95 c/ Av. 5.

Centro Cultural Lya Bermúdez

Auf dem ehemaligen Gelände des Stadtmarktes wurde 1993 diese Kulturstätte eingerichtet. Der heute zu bestaunende Bau stammt aus dem Jahr 1928. Die Bauteile wurden aus London importiert und vor Ort zusam-

MARACAIBO ZENTRUM

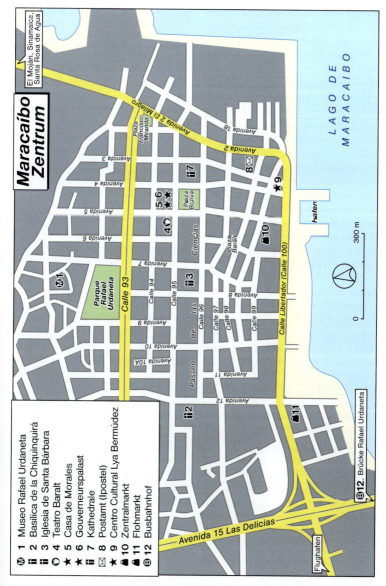

Der Nordwesten

mengesetzt. Das Kulturhaus besitzt zahlreiche Ausstellungsräume und viel Platz für künstlerische Aktivitäten. C. 100 zwischen Av. 5 und Av. 6.

Lago de Maracaibo

Ein schöner Tag kann verbracht werden, wenn man **mit der Fähre** über den Maracaibo-See fährt. Die Fähre bringt die Arbeiter der Erdölindustrie zu ihren Arbeitsplätzen auf der anderen Seite des Sees; dabei kann man als Besucher einfach mitfahren. Vom Hafen von Maracaibo starten auch Boote der Ölgesellschaft PDVSA, die Interessierte für ein geringes Entgelt auf die Bohrinseln bringen.

An- und Abreise

Busse und Por Puestos

Der offizielle **Busterminal** befindet sich an der Av. 17. Täglich Abfahrten nach **Mérida** (4x, 9 Std.), **Coro/Puerto Fijo** (8x, 5 Std.), **San Cristóbal** (2x, 8 Std.), **San Antonio del Táchira** (3x, 8 Std.), **Maracay** (4x, 8 Std.), **Caracas** (10x, 10 Std.), **Barquisimeto** (2x, 5 Std.) und zur **Lagune Sinamaica** (1 Std.). Die Nahziele werden auch von Sammeltaxis angefahren. Diese sind etwas teurer als Busse, aber auch schneller am Ziel.

Busverbindungen **nach Kolumbien** über den Grenzübergang bei Paraguachón über Maicao nach Santa Marta und dann weiter bis Cartagena sind verfügbar. Der Bus wird an der Grenze gewechselt. Bis Santa Marta sind es gut 8 Std. Fahrzeit plus die Wartezeit an den unzähligen Kontrollposten.

Wie in allen anderen großen Städten in Venezuela gibt es auch in Maracaibo **Privatterminals** der großen, renommierten Buslinien.

● **Aeroexpresos Ejecutivos,** das Terminal befindet sich in der Av. 15 c/ C. 90, am Distribuidor „Las Delicias", Tel. 7830620, 7830732 und 7830987. Es fahren 6 Busse tagsüber nach Caracas, zwei über Nacht nach Valencia, einer weiter bis Maracay, einer über Tag nach Barquisimeto.
● **Rodovias de Venezuela,** man kann Busfahrkarten bis 15 Tage vor Abfahrt kaufen, sehr gute Bedienung. Die Fahrtkartenschalter sind von 6–21 Uhr geöffnet. Av. 17, Los Haticos, Terminal de Pasajeros de La Chinita, Pasillo Nr. 1, Tel. 7230203.

Flugzeug

Der **Aeropuerto La Chinita** – wie könnte er hier auch anders heißen – befindet sich am Ende der Av. Manuel Belloso, 20 Min. südwestlich der Innenstadt. WLAN. Es gibt Direktflüge nach **Caracas, Valencia, Margarita** und **Mérida**, internationale Verbindungen bestehen nach Aruba, Curacao und recht preiswert direkt nach Cartagena (Kolumbien).

Fluglinien:

● **Avior,** nach Mérida, Valencia und Caracas, Tel. 2621530, gerentemar@avior.com.ve.
● **Aeropostal,** Tel. 04897883.
● **Aserca,** nach Caracas und Porlamar, Tel. 7353607, Fax 7355143.
● **Conviasa,** Tel. 0500/2668427.
● **Santa Barbara,** Tel. 7351193, 7351157.

Touristeninformation

● Das offizielle Fremdenverkehrsamt der Regierung, **Oficina Municipal de Turismo,** befindet sich an der Av. El Milagro, Vereda del Lago, Estación central Tranvía de Maracaibo, Tel. 7186013.
● Im Internet findet man unter **www.visitemaracaibo.gob.ve** die Seite der Regierung, unter **www.tuguia.com.ve** einen Gastronomieführer der Stadt, beide allerdings nur auf Spanisch.

Leben im Bundesland Zulia – Yukpa-Indianer

MARACAIBO

Unterkunft

Unzählige Unterkunftsmöglichkeiten, die allerdings häufig ausgebucht sind und meist in die **höhere Preisklasse** fallen, bieten sich an. Hier eine kleine Auswahl:

● **Hotel del Lago Intercontinental*******, das mittlerweile verstaatlichte Luxushotel von Maracaibo bietet allen Komfort in 368 Zimmern. Restaurants, Bar, Pool, Sauna, Aerobic-Center und Kasino. Die Lage am See verschönert den Aufenthalt zusätzlich. WLAN, KK. Av. 2, El Milagro, Tel. 7944222, €€€€

● **Best Western El Paseo******, 54 Zimmer, sehr gute Lage in Gehdistanz zum Nautikklub. Die Zimmer haben Sat-TV, Internetanschluss, Telefon, Klimaanlage, Privatbad mit Badewanne oder Dusche, Haartrockner etc. Restaurant und Bar, Parkplätze, Hotelsafe, WLAN, KK. Av. 1B c/ C. 74, Sec. Cotorrera, El Milagro, Tel. 7924422, Fax 7921929, €€€€

● **Hotel Kristoff******, relativ zentral, Businesshotel mit 300 großzügigen Zimmern, 2 Restaurants, Spa, Pool, WLAN, behindertengerecht, KK. Av. 8 c/ C. 68 Nr. 68-48, Sec. Santa Rita, Tel. 7961000, 2004000, Fax 7980796, www.hotelkristoff.com, €€€€

● **Hotel Aeropuerto*****, 62 klimatisierte Zimmer, Restaurant, Bar, Tasca und Pool, KK. C. 100 Sabaneta Nr. 49 A-62, 18 km vom Flughafen entfernt, Tel. 7875881, www.hotelaeropuerto.com.ve, €€€

● **Hotel Sol Zuliano*****, 44 Zimmer mit Klimaanlage und Kabel-TV, Restaurant, Bar-Tasca und Wäscheservice, KK. Av. 28, La Limpia Nr. 5-39, Tel. 7593136 und 7594268, €€€

● **Hotel Doral****, nettes, familiäres Hotel, die Zimmer sind hell und sauber und verfügen über Klimaanlage und Kabel-TV. Restaurant. C. 75 c/ Av. 14A, Tel. 7175796, €€€

● **Gran Hotel Delicias,** große Zimmer mit Bad und Kabel-TV, Parkplatz. Av. 15 (Las Delicias) c/ C. 70, Tel. 79761-11 bis -14 und 7972361, Fax 7973037, €€

Der Nordwesten

Die Brücke über den Maracaibo-See

Die größte und bedeutendste Brücke in Venezuela, die **Puente Urdaneta,** wurde in dreijähriger Bauzeit von einer venezolanisch-deutschen Firmengruppe nach einem Entwurf von Prof. Ing. Morandi aus Rom gebaut und 1962 dem Verkehr übergeben. Mit einer **Länge von 8,7 km** verbindet sie die beiden Ufer der Meerenge zwischen Golf von Maracaibo und Maracaibo-See an ihrer schmalsten Stelle. Venezuelas Regierung bevorzugte seinerzeit den Bau einer Spannbetonbrücke, um überwiegend einheimische Baustoffe einsetzen zu können.

Da die ergiebigsten Ölvorkommen südlich von Maracaibo liegen, müssen große **Tankschiffe unter der Brücke** durchfahren können. Der Bauherr forderte dafür fünf Schifffahrtsöffnungen von 200 m Weite und 45 m Höhe im Bereich der natürlichen Schifffahrtsrinne, die dort eine Wassertiefe von 15–18 m hat. Für die Konstruktion und die Baukosten waren diese Vorgaben von ausschlaggebender Bedeutung.

Die Gründungsverhältnisse legten es nahe, die Brücke als „Tausendfüßler" zu konstruieren. Tragfähige Tonböden liegen auf mehr als halber Brückenlänge erst 30–40 m unterhalb des Wasserspiegels, darüber lagert 20 m dick sandiger Schlamm. Alle **135 Brückenpfeiler** mussten daher über Spannbetonpfähle in der tragfähigen Tonschicht gegründet werden.

Die meisten Schwierigkeiten traten bei der **Gründung der Pylonpfeiler** im Bereich der Schifffahrtsöffnungen auf, weil dort jeweils die Lasten von 135 m Brückenlänge in den Untergrund abgetragen werden mussten. Dafür wurden je 68 Pfähle mit über 1 m Durchmesser benötigt, zumal auch Katastrophenlastfälle zu berücksichtigen waren, wie z.B. der Ausfall eines Brückenfeldes durch Schiffsaufprall.

Das markante Kennzeichen der Maracaibo-Brücke ist die Brückenkonstruktion über den **fünf Schifffahrtsöffnungen** mit Gesamtfeldweiten von jeweils 235 m. Über den Brückenpfeilern sind Pylone errichtet, von deren Spitze vorgespannte Betonbalken als symmetrische Schrägabspannungen auf die Fahrbahn reichen. Dadurch wird in den Drittelpunkten jedes Feldes die Brückenfahrbahn von oben gehalten und damit sonst notwendige Pfeiler ersetzt. In den Mittelbereichen sind in die Fahrbahn Fertigteil-Einhängeträger eingefügt.

Der Bau dieser Brücke in den 1960er Jahren basierte auf den Erfahrungen, die in Europa mit der damals noch jungen Spannbetontechnik gemacht worden waren. Ihre Umsetzung in Kombination mit dem genialen Morandi-Entwurf und deutscher Ingenieurskunst führten im „Entwicklungsland" Venezuela zu einem **überzeugenden und kostengünstigen Bauwerk,** wie es in dieser Größenordnung damals weltweit ohne Beispiel war. Die zu überwindenden Probleme stießen eine Vielzahl neuer technischer Weiterentwicklungen an, die wiederum auch in Europa Neuland erschlossen. Insofern sind der damalige Mut und das Vertrauen der venezolanischen Auftraggeber sehr hoch einzuschätzen.

Atlas II, Stadtplan S. 497

MARACAIBO

Essen und Trinken

Die meisten guten Restaurants befinden sich im neuen Zentrum, rund um den Plaza de República.

- **El Gaucho,** typisches Fleischrestaurant, besonders gut sind die verschiedenen *parrillas* (Fleisch vom Grill), KK. Av. 3Y zwischen C. 5 de Julio und C. 78.
- **Ciaos,** gehobene italienische Küche, sehr gut, KK. C. 78 c/ Av. 3G, Tel. 7982354.
- **Los Soles,** sehr gutes mexikanisches Restaurant mit angrenzender Bar Nuvio. Ein netter Treffpunkt für junge Leute mit guter Musik, KK. C. 77 c/ Av. 3H, Tel. 7933966, lossoles@cantv.net.
- **Koto Sushi,** wer gerne gutes japanisches Essen mag, ist hier richtig, Mo Ruhetag, KK. Av. 11 zwischen C. 75 und C. 76, Urb. Tierra negra, Tel. 7988954.
- **Antica,** elegant, anspruchsvolle mediterrane Küche und Pizzeria, besonders empfehlenswert sind die Risottos, KK. Av. 3F, Quinta Noleti, Sec. Plaza de la República, Tel. 7936117 und 7936000, anticarestaurant@hotmail.com.
- **Da Vinci,** von den gleichen Besitzern wie das Antica mit ähnlich überzeugender Qualität und sehr gut besucht, interessante Salate, täglich geöffnet, Reservierung empfohlen, KK. Av. 11 zwischen C. 75 und C. 76, gegenüber von Koto Sushi, Tel. 7988934, 7987108, 7989159, davincirist@cantv.net.
- **Fein Café,** wie der Name schon verrät, ein Café/Bistro der deutschstämmigen *Astrid* mit etwa 20 Tischen, gutes Büfett, leckere Sandwiches und die Möglichkeit, feinste Wurstwaren zu erstehen. C. 78 c/ Av. 3F, Tel. 7914250, 7914246, charcuteriafina@cantv.net.

Praktische Reiseinfos

- **Vorwahl:** 0261

Apotheken

Apotheken sind im gesamten Stadtgebiet zu finden. Die Selbstbedienungsapotheke **Farmatodo** befindet sich an der Kreuzung der Av. 20 mit der C. 66.

Autovermietung

Es gibt zahlreiche Autovermietungen in der Stadt, die meisten sind zusätzlich am Flughafen vertreten. Nachfolgend eine kleine Auswahl:

- **Budget Rent a Car,** in der Stadt: C. 76 c/ Av. 13, Tel. 7970107, maracaibo@budget.com.ve, am Flughafen: Tel. 7351256, KK.
- **Hertz Rent a Motor C.A.,** am Flughafen, Tel. 7350832, KK.
- **Good Car Rentals,** Hotel Maruma, Tel. 7360914, KK.

Einkaufen

Maracaibo ist nach Caracas die zweitwichtigste Einkaufsstadt in Venezuela und bietet wenn auch nicht gerade zu niedrigen Preisen – viele Möglichkeiten, Geld auszugeben, darunter zahlreiche große Einkaufszentren.

- Wer auf der Suche nach dem typischen Schmuck der Guajiro-Indianer ist, sollte den Laden **Turismo del Tropico** besuchen. Er ist von Mo bis Sa 8–18 Uhr geöffnet und befindet sich in der Av. 2 Nr. 93-25.
- Lohnenswert ist ein Besuch des Flohmarktes **Mercado de las Pulgas,** der täglich am Hafen stattfindet. Viele der Verkäufer gehören den Guajiro an, sodass man viele ihrer typischen Produkte direkt einkaufen kann.

Fest

- **Weihnachten,** ab der ersten Dezemberwoche wird die Av. Bella Vista in weihnachtlichen Lichterglanz getaucht – wahrlich ein erleuchteter Anblick, die über 6 km lange Straße in ein Lichtermeer verwandelt zu sehen.

Geldwechsel

Geld tauschen kann man am Flughafen an den Schaltern diverser **Wechselstuben,** aber auch bei **Italcambio,** das über zwei Stadtbüros verfügt: Av. 2, El Milagro, CC Lago Mall, Tel. 7932983 und 7934013, und Av. 20 c/ C. 72, CC Montielco, Tel. 7832040.

Grenze

Der Grenzübergang **nach Kolumbien** ist nur knappe 130 km von Maracaibo entfernt,

Der Nordwesten

Maracaibo (Ausflüge und Umgebung)

allerdings ist dies ein nicht ganz ungefährlicher Weg. Die Halbinsel Perija ist für ihre **strengen Militärkontrollen** bekannt. Busse fahren ab dem Busterminal in Maracaibo bis Santa Marta und Cartagena an der kolumbianischen Karibikküste. Zur Aus- und Wiedereinreise nach Venezuela wird von Europäern kein Visum verlangt.

Internetcafé

● Mit acht Computern ist das Internetcafé **Cyberestudio** an der Av. 10 Nr. 66-110 ausgerüstet. Es gibt auch leckeren Kaffee.

Krankenhaus

● **Centro Clínico del Lago,** Av. 3D c/ C. 72, Tel. 7920311, KK.

Kriminalpolizei

● Wer überfallen oder bestohlen wurde, bekommt unter der nachfolgenden Rufnummer Hilfe: **CICPC,** Tel. 7864633.

Post

● Auch ein Postamt darf nicht fehlen, die Zustellung der Post dauert allerdings ihre Zeit: **Ipostel,** C. 98 c/Av. 2 und Av. 3, Nr. 2A-18, Tel. 7227235.

Reisebüro

● Im Einkaufszentrum CC Primavera, Local 6 befindet sich das freundliche Reisebüro **Turismo Maso Internacional.** Es gibt Tagesausflüge zur Laguna de Sinamaica, man kümmern sich um Flugtickets und Hotelreservierungen. Tel. 7985770, 7984286, 7984834, Fax 7985942, KK.

Taxis

Wie üblich gilt: Nur offizielle Taxis besteigen, diese haben gelbe Nummernschilder.

● **Autos La Chinita,** Sabaneta, Tel. 7292015.
● **Asociación de Taxis El Jazmin,** La Limpia, Tel. 7540896.
● **Cooperativa de Transporte Taxi Popular,** Tel. 7433677.

Wäscherei

Es gibt unzählige Wäschereien, und auch die Hotels bieten diesen Service i.d.R. an.

● **Lavandería El Sol,** El Pilar, Av. 12 Nr. 58-19, Tel. 7413176.
● **Lavandería Olivos,** Panamericano, Av. 69, C. 70, Tel. 7549284.

Ausflüge und Umgebung von Maracaibo

Lago de Maracaibo

Von der Muelle de la propela Sur kann man mit zwei **Katamaranen** zu **Tagesausflügen** auf dem Maracaibo-See starten. Es handelt sich um die Boote „La Fiesta" und „El Holiday", die als eine Art Partyboot mit Speis', Trank und Musik eine Besichtigung des Maracaibo-Sees in lockerer Atmosphäre möglich machen. Man beginnt mit der Besichtigung einiger Bohrinseln und der Pfahlbauten von El Tablazo, überquert den See und fährt an dessen Ostufer in Richtung Brücke. Diese erreicht man zum Sonnenuntergang, zu dem sie einen spektakulären Anblick bietet; hier verweilt man für eine gute halbe Stunde, bis es dunkel wird. Dann erfolgt die Rückfahrt entlang des Malecón der erleuchteten Großstadt. Reservierungen sind unter Tel. 7543393 oder 0414/6121142 bei Empresa Navetur, dem Eigner der zwei Schiffe, zu machen (KK).

Laguna de Sinamaica

Die berühmteste Sehenswürdigkeit bei Maracaibo ist wohl die Laguna de Sinamaica, jener Ort, an dem im August 1499 *Alonso de Ojeda* und *Amerigo Vespucci* auf ihrer ersten Südamerikareise Land gesichtet haben. Die **Pfahlbauten** (*palafitos*) der Indianer vom Stamm der Añu-Paraujana vermitteln den Eindruck, in eine andere Epoche zurückversetzt zu sein. Aufgrund dieses Anblicks taufte *Vespucci* das Land **„Klein-Venedig"** = Venezuela. *Vespucci* erkannte – anders als *Kolumbus* –, dass das entdeckte Land nicht ein Teil Indiens, sondern der eines neuen, eigenständigen Kontinents war, der erstmals 1507 nach seinem Vornamen „America" genannt wurde.

In der Lagune taucht man ein in ein natürliches Paradies von Mangrovenwäldern und Kokospalmen, die **Añu** leben dort in Einklang mit der Natur und bewahren und pflegen die Traditionen ihrer Vorfahren. Sie leben hauptsächlich vom Fischfang und dem Kunsthandwerk, dessen Produkte sie an Besucher verkaufen.

Ausgangspunkt für einen Besuch der Laguna de Sinamaica sind der kleine Ort **Puerto Cuervito** oder der **Río Limón,** wo man für gemäßigte Preise Fährdienste in offenen Motorbooten in Anspruch nehmen kann. Für die knapp 60 km von Maracaibo bis Puerto Cuervito sollte man im Taxi mindestens 1 Std. einplanen, mit dem Nahverkehrsbus, der sämtliche Ortschaften auf dem Weg ansteuert, muss man mit mindestens 2 Std. Fahrzeit rechnen.

Man verlässt Maracaibo auf der nördlichen Route über **Santa Cruz de Mara,** Ausgangspunkt des geplanten Tunnels unter dem Maracaibo-See, um die Urdaneta-Brücke zu entlasten. Weiter nördlich, direkt am Meer, erreicht man **San Rafael de Moján,** wo der renovierte Templo de San Rafael

Arcángel aus dem Jahr 1866 einen Besuch lohnt. Von San Rafael hat man einen guten Blick auf den Golf von Venezuela, man sieht klar die nur 6 km entfernte **Halbinsel San Carlos.** Einen Ausflug zu der Halbinsel kann man vom Hafen gegenüber vom Marktplatz von San Rafael organisieren. Linienboote fahren ständig zu dem kleinen Dorf San Carlos auf der Südostspitze der Halbinsel. Dort stehen auch die kürzlich restaurierten Ruinen der Festung Castillo San Carlos, hinter denen man unerwarteterweise einen weißen Sandstrand entdeckt. Wer

Añu-Mädchen in der Sinamaica-Lagune

über Nacht bleiben möchte, findet – nur in der Hochsaison – in den Posadas San Carlos (6 Zimmer mit Gemeinschaftsbad, kein Telefon, €) oder El Castillo (6 Zimmer mit Bad, Tel. 0416/3638952, €) sehr einfache Unterkunft. Auch die Nachbarinseln Isla de Toas, Isla de Pájaros, Isla Zapara und viele weitere Inselchen sind attraktive Ziele – die Boote starten vom gleichen Hafen in San Rafael. Die **Isla de Toas** eignet sich ausgezeichnet zum Angeln, die schönen Strände laden zum Baden ein, bei der kleinen Siedlung El Toro legen die Boote an. Die **Isla de Pájaros** ist ein mangrovengesäumtes Vogelparadies. Die **Isla de Zapara,** die strategisch günstig weit in den Golf von Venezuela hineinragt, beherbergte in der Kolonialzeit eine mächtige Festung, die heute nicht mehr steht. Von einsamen Stränden kann man die Supertanker beobachten, die sich auf den Weg um die halbe Welt machen. Auf keiner der zuletzt genannten Inseln gibt es Übernachtungsmöglichkeiten, man muss sich also sehr genau erkundigen, wann das letzte Boot zurückfährt.

10 km nördlich von San Rafael überquert man den **Río Limón,** der an dieser Stelle schon die immense Breite von über 600 m aufweist. Links der Brücke erspäht man am Flussufer die indianische Siedlung Villa Marina, rechts – die Zufahrtsstraße befindet sich 1200 m vor dem Fluss – liegt das **Restaurante El Trompo,** in dem man mit Blick auf den Río Limón und die Brücke regionaltypische Leckereien probieren kann. Im Puerto Guerrero vor dem Restaurant suche man **Benito.** Er bietet mit seinem kleinen Boot **Ausflüge nach Sinamaica** in das Gebiet der Añu an, die Preise sind fair, sollten aber vor der Abfahrt ausgehandelt werden. Die Tour in das stille Flusslabyrinth dauert etwa 2 Stunden, die viel zu schnell vorübergehen. Vom Boot kann man mit etwas Glück Brillenkaimane und diverse Vögel beobachten, man sieht die indianischen Fischer in Booten ohne Motor auf dem Fluss treiben – die Zeit scheint stehen geblieben zu sein.

Nur 11 km vom Río Limón in Richtung Guajira-Halbinsel erreicht man die Siedlung **Sinamaica,** Por Puestos fahren regelmäßig von San Rafael dorthin. Dann ist es nicht mehr weit nach **Puerto Cuervito,** einer Indianersiedlung direkt an der Lagune, von der zahlreiche Möglichkeiten zu Bootsausflügen bestehen. Für die Standardtour von knapp 2 Stunden muss man 15–20 Euro rechnen (pro Boot für 6–8 Personen und nicht pro Kopf!). In Puerto Cuervito gibt es eine einsame Tankstelle, einen Kiosk, ein Fischrestaurant und Verkauf von Kunsthandwerk unter Obhut der Cooperativa de Artesanos. Empfehlenswert ist es, sich gut vor den allgegenwärtigen Moskitos zu schützen.

Fast alle großen Reiseveranstalter haben die Laguna de Sinamaica in ihrem Programm, trotzdem spürt man von touristischen Aktivitäten herzlich wenig. Die Lagune ist noch ein idyllisches Paradies, Ufer mit wuchernder tropischer Vegetation begrenzen die Kanäle. Die dörflichen Siedlungen der

Añu sind allgegenwärtig, ihre Pfahlbauten sind durch Holzstege verbunden, selbst die Kirche von **El Barro**, mit etwa 140 Häusern und knapp 1000 Bewohnern die größte Siedlung des Stammes, steht auf Pfählen. Gegenüber der Kirche ist ein – nach dem Konsum von zu viel Bier schwankendes – Restaurant auf Stelzen zu finden. Wer Zeit hat und die umherschwirrenden Mücken erträgt, sollte hier zu einem Mittagessen stoppen.

Von Maracaibo nach Coro

Von Maracaibo nach Coro sind es insgesamt 254 km; für die Strecke, die sich in gutem Zustand befindet, benötigt man gut 3½ Stunden.

Die Fahrt geht durch sehr heiße und trockene Landstriche. In diesem Klima wachsen Wassermelonen, Zwiebeln, Tomaten und Paprika. In den Monaten Februar und März streuen die blühenden **Araguaney-Bäume** kräftige gelbe Tupfer in die sonst karge Landschaft. Parallel zur Straße verläuft eine Ölpipeline, die Erdöl vom Maracaibo-See zu den riesigen Raffinerien auf der Halbinsel Paraguaná leitet.

Produkte des **lokalen Kunsthandwerks** werden häufig am Straßenrand feilgeboten: Hängematten, Sombreros, Textilien, Sandalen und einfache Möbel aus dem Holz des Curari-Baums oder aus Kakteen namens *cardón*.

170 km nach der Urdaneta-Brücke kommt man zur Kreuzung von **Urumaco.** Hier wurden wichtige paläontologische Funde gemacht. Unter anderem fand man das Skelett des größten Krokodiles weltweit (Länge 12 m), den größten Schildkrötenpanzer und Knochenreste eines Nagetieres, das ein Lebendgewicht von über 600 kg gehabt haben muss. Vor mehr als 30 Mio. Jahren mündete hier der Orinoco ins Meer. Durch tektonische Bewegungen hob sich die Küstenregion all-

Die Añu-Indianer

Die Añu, auch Paraujana genannt, gehören zum **Stamm der Guajiro,** die mit Abstand den größten Volksstamm in Venezuela darstellen. Añu übersetzt heißt **„Leute des Wassers"** – ein stimmiger Name, wenn man sieht, wie die Menschen am, im und vom Wasser leben.

Früher siedelten die Añu vorwiegend an der Ostküste des Maracaibo-Sees und auf den Inseln Bahía und Tablazo. Heute konzentrieren sie sich im Nordwesten des Sees im Bundesstaat Zulia. Sie wohnen nach wie vor in althergebrachten **Pfahlbauten** *(palafitos)*, zum Teil aber auch in Blocksteinhäusern.

Die Añu sind bekannt als exzellente Fischer und Bootsbauer. Diesen Berufen gehen auch heute noch zahlreiche Stammesmitglieder nach, nur wenige leben vom Tourismus, speziell in der Lagune von Sinamaica, andere verdienen ihr Geld in der Erdölindustrie. Der **Bootsbau** und der **Fischfang** sind die wichtigsten Einnahmequellen, viele Menschen der Gegend sind auf die Fische der Añu angewiesen. Die Frauen stellen kunstvolle Matten und Gefäße aus Marishy *(enea)* her. Von wenigen Ausnahmen abgesehen, sprechen die meisten Indianer heute nur noch spanisch.

mählich, sodass der Orinoco heute viel weiter östlich im Delta Amacuro in den Atlantik mündet. Die Funde von Urumaco sind im dortigen Parque Paleontologico zu sehen.

Nördlich der Straße Richtung Küste liegen vereinzelt Dörfer mit netten Kolonialhäusern. **Casigua,** das sogar einmal kurz die Hauptstadt des Bundeslandes Falcón war, erreicht man an der Abzweigung nach Los Pedros, 72 km nach der Brücke. Um nach **Capatarida,** einem weiteren Dorf mit Kolonialcharakter, zu gelangen, nimmt man die Abzweigung in Dabajuro, das etwa auf halber Strecke zwischen Coro und Maracaibo liegt.

Coro

III, D1

GPS: N 11°24.46, W 69°40.69

Coro besitzt ohne Zweifel eines der schönsten historischen Zentren des Landes – die Altstadt wurde zum Weltkulturerbe der UNESCO erklärt. Mit viel Liebe zum Detail unterhält man die alten Gebäude. Die Stadt zählt an die **150.000 Einwohner** und gilt mit einer Durchschnittstemperatur von fast 29°C als eine der heißesten Städte des Landes.

Stadtgeschichte

Santa Ana de Coro wurde **1527** von *Juan de Ampíes* **gegründet.** Coro bedeutet in der Sprache der Arawak-Indianer nichts anderes als „Wind", ein Wind, der in der Stadt beständig bläst und die elendige Hitze etwas erträglicher macht. Das Verhältnis zwischen dem Gründer der Stadt, *Juan de Ampíes,* und dem Häuptling der vor Ort lebenden Indianer war außergewöhnlich gut. Von Santa Ana de Cora aus wurden viele Expeditionen gestartet, um neue Siedlungen zu gründen wie etwa Barquisimeto, Carora, Tocuyo oder Guanare. Ein Jahr nach der Gründung des Ortes wurde die Ruhe allerdings durch die Übergabe an die Welser zerstört. *Ampíes* wurde hingerichtet, der Häuptling *Manaure* erlitt dasselbe Schicksal. Der Machthunger

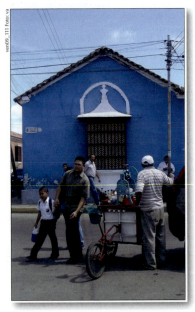

Straßenhändler in Coro

des deutschen Welsers *Ambrosio Alfinger* war Schuld an diesen Morden. Nach dem Tod *Alfingers* im Jahr 1533 übernahmen die Einwohner die Macht und übergaben sie den gewählten Bürgermeistern *Francisco Gallegos* und *Pedro de San Martin*. Diese führten den Ort in die Freiheit. Ab und zu sorgten Piratenangriffe für Unruhe. Im 18. Jh. lebte man auch hier, wie fast überall in der Nähe, von einem regen Schmuggel mit den Antillen-Inseln. Viele noble Kolonialhäuser stammen aus dieser Zeit, in der viele Leute sehr viel Geld verdienten. Man kann auch Elemente von holländischem Barock erkennen, das Resultat der intensiven Beziehungen mit den Inseln Aruba, Bonaire und Curacao.

Sehenswürdigkeiten

Viele Sehenswürdigkeiten befinden sich in der Altstadt, die man leicht zu Fuß erkunden kann. Was auffällt, sind die satten Farben der Häuser, die in blauen, roten und ockergelben Tönen gestrichen sind.

Kathedrale

Die 1636 nach 53 Jahren Bauzeit eingeweihte Kathedrale steht gegenüber der Plaza Bolívar. Sie gehört zusammen mit der Kathedrale auf der Isla Margarita zu den **ersten Sakralbauten in Venezuela.** Die Kirche ist schlicht gehalten ohne Seitenkapellen oder Schmuckelemente. Von außen erkennt man Schießscharten, die das Gebäude massiv und wehrhaft wirken lassen. Im Verlauf von Renovierungsarbeiten wurden starke Veränderungen vorgenommen, die aber bei der Renovierung im Jahr 1957 wieder weitgehend rückgängig gemacht wurden.

Plaza de San Clemente – Capilla de San Clemente

Die neu angelegte Passage **Paseo Alameda** führt von der Kathedrale zur **C. Zamora**. Hier befinden sich einige der schönsten Kolonialhäuser Venezuelas. Zunächst aber kommt man zur Plaza de San Clemente, wo in einem Pavillon ein Kreuz sichtbar ist, **La Cruz de San Clemente.** Das Kreuz soll angeblich schon vom Gründer der Stadt, *Juan de Ampiés,* an dieser Stelle aufgestellt worden sein. Das Holz soll nach alten Überlieferungen von dem Baum stammen, an dem sich *Ampiés* und der Häuptling *Manaure* erstmals getroffen haben sollen. Auch soll am Kreuz die erste Messe der neu gegründeten Siedlung stattgefunden haben. Nebenan sieht man die Capilla de San Clemente. Sie ist eine von nur drei in Venezuela anzutreffenden Kirchen, deren Grundriss in Kreuzform gebaut wurde.

Iglesia de San Francisco

Auf der anderen Seite der Av. Miranda erhebt sich der Turm der Ende des 19. Jh. im neogotischen Stil erbauten Kirche von San Francisco. Angeschlossen an diese Kirche ist das **Diözesanmuseum,** untergebracht im Gebäude eines ehemaligen Franziskanerklosters aus dem 17. Jh. In einigen im 18. und 19. Jh. eingerichteten Räumen kann man einige sehr wertvolle Schätze betrachten, wie eine 800 Jahre alte Statue des heiligen Petrus aus der byzantinischen Schule und eine Monstranz, die *Johanna die Wahnsinnige* zu Beginn des 16. Jh. der Kathedrale vermachte. Das Museum kann Di bis Sa von 9-12 und 15-18 Uhr, So von 9-15 Uhr besucht werden, der Eintritt ist frei.

Casa de Los Arcaya

Auf der westlichen Seite der Kapelle von San Clemente steht die Casa de Los Arcaya. Das mächtige Gebäude wurde im 18. Jh. errichtet und hat viele Balkone, die das ganze Haus umlaufen. Die Familie *Arcaya* war bis ins 20. Jh. Eigentümerin des Riesenhauses. Heute befindet sich ein **Keramikmuseum** im Haus, das der Öffentlichkeit zugänglich ist. Neben präkolumbischen Töpferwaren bekommt man Fossilien zu sehen, die in der Umgebung gefunden wurden. Das Museum kann Di bis Sa von 9-12 und 15-18 Uhr sowie So von 9-13 Uhr besichtigt werden, der Eintritt ist frei.

Casa de Las Ventanas de Hierro

Eines der mit Abstand schönsten Kolonialhäuser befindet sich weiter links auf der Seite des Arcaya-Hauses. Das lang gestreckte, weiße **„Haus mit den eisernen Fenstern"** wurde in der zweiten Hälfte des 18. Jh. von dem reichen Kaufmann *Don José Garcés y Colina* in Auftrag gegeben. Normalerweise kam im Hausbau Holz zur Anwendung, da es sich aber um einen reichen Mann handelte, bestellte er sich in Sevilla hergestellte Fenster aus Eisen. Diese erwarb der Bauherr in Santo Domingo im Tausch gegen ein paar Säcke Kakao. Auch das Eingangstor gehört zu den venezolanischen Prunkstücken barocker Kolonialbaukunst. Holländischer Einfluss ist auch an den sich nach hinten verdickenden Zierpfeilern im Innenhof erkennbar. Das Haus gehört in der heutigen Zeit einer Familienstiftung und beherbergt ein Privatmuseum, das besichtigt werden kann. Für die Führung durch die möblierten Zimmer, in denen viele Details der damaligen Zeit bewundert werden können, wird ein kleiner Eintritt erhoben. Geöffnet ist das Museum Mo bis Fr von 9-12 und 15-18 Uhr, Sa von 9-13 und 15-18 Uhr, So von 9-13 Uhr.

Casa del Tesoro

Der Geistliche und spätere Bischof von Guayana, *Mariano de Talavera y Garcés*, wohnte zu Beginn des 18. Jh. auf der gegenüberliegenden Straßenseite des Casa de Las Ventanas de Hierro. Den Namen Casa del Tesoro erhielt das Haus, weil man lange Zeit der Meinung war, dass in einem Labyrinth unterhalb des Hauses ein Schatz versteckt sei. Den Schatz fand man nie, allerdings einen **Tunnel,** welcher als Fluchtweg zum Schutz vor Piratenangriffen angelegt worden war.

Casa de Los Senior

An der Ecke Paseo Talavera und C. Hernandéz ist ein für Coro typisches Kolonialhaus zu sehen, die Casa de Los Senior. Das Untergeschoss diente früher als Kontor, im oberen Stockwerk waren die Wohnräume unterge-

CORO, KOLONIALES ZENTRUM

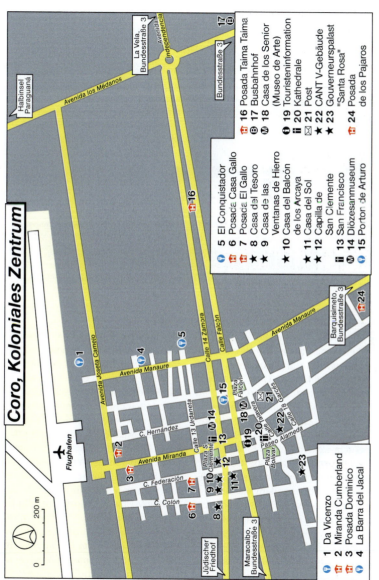

Coro, Koloniales Zentrum

1 Da Vicenzo
2 Miranda Cumberland
3 Posada Dominico
4 La Barra del Jacal
5 El Conquistador
6 Posada Casa Gallo
7 Posada El Gallo
8 Casa del Tesoro
9 Casa de las Ventanas de Hierro
10 Casa del Balcón de los Arcaya
11 Casa del Sol
12 Capilla de San Clemente
13 San Francisco
14 Diözesanmuseum
15 Portón de Arturo
16 Posada Taima Taima
17 Busbahnhof
18 Casa de los Senior (Museo de Arte)
19 Touristeninformation
20 Kathedrale
21 Post
22 CANTV-Gebäude
23 Gouverneurspalast "Santa Rosa"
24 Posada de los Pajaros

Der Nordwesten

bracht. Das Haus gehörte der jüdischen Familie *Senior,* die als erste Einwanderer aus Curacao kamen, nachdem man ihnen gleiche Rechte wie den Christen zugesichert hatte. Im Haus befindet sich ein **Kunstmuseum,** es kann Di bis Sa von 9–12.30 und 15–19.30 Uhr sowie So von 9–16 Uhr besucht werden, Tel. 2515658.

Die Unabhängigkeitsbestrebungen in Venezuela wurden von holländischen Juden aus dem karibischen Raum seit dem Jahr 1818 unterstützt. So entstand eine recht ansehnliche jüdische Gemeinde in Coro. Diese war jedoch ab 1831 immer wieder Verfolgungen ausgesetzt. Geht man von der C. Zamora in westlicher Richtung weiter, kommt man an der C. 43B zum **jüdischen Friedhof,** dem ältesten jüdische Friedhof in ganz Südamerika.

Die Sanddünen – Parque Nacional Médanos de Coro

Am Ende der Av. Los Médanos, etwas außerhalb der Stadt, beginnt die weite Dünenlandschaft des Nationalparks Médanos de Coro. Diese weltweit bekannte Dünenlandschaft sieht **der Sahara sehr ähnlich.** Durch die konstante Brise ist diese Landschaft in ständiger Bewegung. Der Sand wird vom Meer geliefert, der beständige Wind trägt ihn in die Dünen. Durch die bis zu 20 m hohen Sanddünen führt die nach Punto Fijo verlaufende

Autobahn. Die Formen der Dünenlandschaft ändern sich ständig, und es kommt immer wieder mal vor, dass die Straße beinahe vom Sand zugeweht wird. Das Dünengebiet ist über 30 km lang und 5 km breit. Wer in den Dünen wandern will, tut gut daran, sein Gesicht, die Augen, aber auch die Fotoausrüstung vor den feinen Sandkörnern zu schützen. Der **92.000 ha** große Nationalpark umfasst außer den Sanddünen auch den Küstenstreifen um den Isthmus der Halbinsel.

Der Park kann am Monumento de las Madres oder aber zu Beginn der Autobahn nach Punto Fijo besucht werden. Am besten nimmt man ein **Taxi,** das man warten lässt und erst bezahlt, wenn man wieder zurückfährt. Mit dem **Bus** fährt man in Richtung der Siedlung Independencia oder La Vela de Coro und sagt dem Fahrer, er möge einen am Parque Ferial aussteigen lassen. Nach einem kurzen Spaziergang von 500 m durch den Paseo Iturriza gelangt man zur Plaza de las Madres, wo die Sanddünen beginnen. Wer etwas für Schlangen übrig hat, kann ganz viele dieser Tiere in einem zum Ausstellungsraum umfunktionierten Bus sehen.

An- und Abreise

Busse und Por Puestos

Der **Busbahnhof** befindet sich an der Av. Tirso Talaveria c/ Callejon Mi Cabaña, ganz in der Nähe des neuen Marktes.

- **Coro – Punto Fijo,** ab 5 Uhr stündlich bis 21 Uhr, ca. 60 Min.
- **Coro – Maracaibo,** ab 6 Uhr stündlich bis 21 Uhr, 3–4 Std.
- **Coro – Maracaibo – Agua Viva – El Vigía – Mérida,** empfohlen sei der Nachtbus ab 20 Uhr, 10–12 Std.
- **Coro – Maracaibo – San Cristóbal,** Nachtbus ab 20 Uhr, 12–14 Std.
- **Coro – Valencia – Maracay – Caracas,** täglich mehrmals über die Küstenstraße, 6–7 Std.
- Wer von Coro nach **Ciudad Bolívar** reisen will, sollte den Bus nach Puerto La Cruz benutzen und in El Tigre aussteigen. Von dort dann mit Por Puesto nach Ciudad Bolívar.
- **Por Puestos** und lokale Autobusse fahren mehrmals täglich vom Busbahnhof in Richtung **Adícora, Punto Fijo** und **Amuay.**
- Die Busse zur **Sierra San Luís** fahren einen halben Straßenzug vom neuen Markt entfernt von einem kleinen Busterminal ab (Cabure, Crimagua, San Luís).

Flugzeug

Der **Aeropuerto José Leonardo Chirinos** liegt an der Av. Joséfa Camejo (Zugang über die Av. Miranda). Im Flughafen gibt es ein einfaches Restaurant, einen Geldautomaten und Souvenirshops.

Nur Avior (Tel. 2531689) bedient Coro und fliegt 2x täglich nach **Caracas.** Weitere Flüge nach Caracas oder auf die Isla Margarita starten von Punto Fijo, vom Flughafen in Las Piedras. Von dort gibt es auch Flüge nach Aruba, Bonaire und Curacao.

Touristeninformation

- **CORFALTUR (Corporación Falconiana de Turismo),** Paseo Alameda Ramón Antonio Medina, zwischen C. Falcón und C. Palmasola, Tel. 2624198 und 2530260, corfaltur@hotmail.com.

Im historischen Stadtkern von Coro

- Fondo Mixto Falcón, Av. Independencia, CC Costa Azul, 1. Stock, Tel. 2529250.
- www.visitfalcon.com

Unterkunft

Posadas

- **Posada Estancia Da Domenico,** saubere und günstige Posada in ruhiger Lage, gutes Restaurant, freundlich, KK. Av. Miranda, gegenüber vom Flughafen, Tel. 2527703, 0414/6876874, da_domenico@hotmail.com, €€€
- **Posada La Casa de los Pajaros,** sehr schöne kleine Posada in einem alten Kolonialhaus, liebevoll restauriert vom Besitzer *Roberto Stiuv* und seiner Frau, kostenloses Internet, Reservierung empfohlen. C. Monzón Nr. 74, zwischen C. Ampíes und C. Comercio, Tel. 2528215, 0416/6681566, www.casadelospajaros.com.ve, €€€
- **Posada Turística El Gallo,** einfache, geräumige Zimmer, Küchenbenutzung möglich, Wäscheservice, *Eric* bietet günstige Touren in die Sierra de San Luís und auf die Halbinsel Paraguaná an. Sehr empfehlenswert. C. Federación Nr. 26 (in der Nähe des Flughafens und zentrumsnah, Seitenstraße hinter dem Rathaus), Tel. 2529481, posadaelgallo2001@hotmail.com, €€
- **Posada Casa Gallo,** neue Posada mit einfachen, aber gemütlichen Zimmern, alle mit eigenem Bad, Parkplatz, Reservierungen über Posada El Gallo, die nur zwei Straßenzüge entfernt ist. C. Colón, Tel. 2529481, posadaelgallo2001@hotmail.com, €€
- **Posada Taima Taima,** schöne, günstige Posada, freundlich, Internet. C. Falcón, gegenüber dem Denkmal vom Indio Manaure, Tel. 2521215, taima_taima@Cantv.net, €€
- **Posada Don Antonio,** schönes Kolonialhaus, Internetcafé. Paseo Talavera Nr. 11 (Kolonialzone), Tel. 2539578, posadatdonantonio@hotmail.com, €€

Hotels

- **Hotel Miranda Cumberland****,** mit Restaurant und Parkplatz, gutes und zuverlässiges Reisebüro, ÜF, KK. Av. Joséfa Camejo, gegenüber vom Flughafen, Tel. 2523311, 2523344, 2523022, Fax 2513096, €€€
- **Hotel Federal***,** 124 schöne und gut eingerichtete Zimmer, Restaurant-Tasca, Wäscheservice, KK. Final Av. Los Médanos, Tel. 2511321 und 2518011, €€€
- **Hotel La Morada,** einfache und preiswerte Zimmer, auch Mehrbettzimmer erhältlich. C. Zamora, Tel. 2516005, €€€

Essen und Trinken

Zu den **regionalen Spezialitäten** zählen in Coro natürlich Fischgerichte, eingelegt z.B. in Zwiebeln und Zitronensaft *(carite en escabeche)* und Speisen aus Ziegenfleisch. *Dulce de leche de cabra,* aus Ziegenmilch hergestellt, ist eine sehr bekannte Nachspeise.

- **La Barra del Jacal,** Pizzeria in Innenhof, im eigentlichen Restaurant gibt es gute Fleischgerichte. C. Union c/ Av. Manaure, Tel. 2527350.
- **El Chivo de Oro,** gute typische Küche, KK. C. Comercio.
- **La Tasca Española,** spanische Küche zu fairen Preisen, KK. CC Miranda, C. Ciencias, gegenüber der Kathedrale.
- **Da Vicenzo,** gute italienische Küche, KK. Av. Joséfa Camejo, gegenüber vom Hotel Miranda Cumberland, Tel. 2524808.
- **Balalaika,** gute landestypische Gerichte, speziell empfehlenswert sind die Fleischgerichte. Av. Independencia.
- **El Portón de Arturo,** Criollo- und internationale Küche mit Live-Musik, teuer, KK. C. Toledo zwischen C. Falcón und C. Zamora.
- **El Conquistador,** einheimische und internationale Gerichte, KK. C. Urdaneta, Tel. 2526794.
- **El Palacio del Chivo,** typische Küche, hier gibt es das für die Gegend bekannte Ziegenfleisch. Straße Richtung Maracaibo, ca. 7 km hinter Coro.

Praktische Reiseinfos

- **Vorwahl:** 0268

Autovermietung

- Am Flughafen findet man **Dayco Motors,** Tel. 2528829, daycomotors@cantv.net, KK.

Einkaufen

- In der Fußgängerzone La Alameda befindet sich ein kleiner **Kiosk mit Kunsthandwerk**.
- **Dulce Katty**, C. Colón Nr. 10, Süßigkeiten nicht weit vom Haus der Eisernen Fenster, sehr gute *dulce de leche*.

Feste/Veranstaltungen

- **26. Juli, Tag der Schutzheiligen Santa Ana de Coro**, Fest in der Innenstadt mit Musik und Tanz.
- **30. November, Repique de Tambor**, Fest mit Trommeln und Tänzen afrikanischer Abstammung.

Geldwechsel

- **Corp Banca**, C. Zamora c/ C. Iturbe, Tel. 2513034.
- **Banco de Venezuela**, Paseo Talavera c/ Pasaje Curiel Abanatar. Geld abheben nur mit Kredit- oder Maestro-Karte, Tel. 2512090.

Krankenhäuser

- **Clínica San Juan Bosco**, Av. Los Médanos, Tel. 2514068.
- **Clínica Guadalupe**, Paseo Talavera, gegenüber vom Busbahnhof, Tel. 2526422 und 2516961.

Kriminalpolizei

- **CICPC**, Tel. 2539845 und 2539856.

Post

- **Ipostel**, Edf. Santa Rosa, schräg gegenüber vom Plaza Bolívar.

Taxis

- Am Flughafen befindet sich **Taxi Guadalupara Tours**, Tel. 2526058, 0416/7688801.

  Wer den Nationalpark Médanos de Coro besuchen will, sollte am besten ein Taxi nehmen und dieses warten lassen.

Tourveranstalter

- **Ombra Tours**, Hotel Miranda Cumberland, Av. Joséfa Camejo, Tel. 2526612. Organisation von Trips auf die Halbinsel Paraguaná.
- **Kuriana Viajes**, C. Zamora c/ C. Hernandéz, schräg gegenüber vom Diözesanmuseum, Tel. 2513035.

Ausflug von Coro

La Vela de Coro III, D1
GPS: N 11°27.57, W 69°34.16

Nur 15 km östlich von Coro liegt La Vela de Coro. Der Name „Vela" hat seinen Ursprung in dem spanischen Wort *velar* (bewachen) – die Hafenstadt sollte Coro vor den häufigen Einfällen von Piraten warnen, damit dort die Wertsachen rechtzeitig versteckt werden konnten. Die Ortschaft wurde am 23. Januar 1528 gegründet, und es war genau hier, wo erstmals die venezolanische Nationalflagge durch den damaligen General *Francisco de Miranda* gehisst wurde. An dieses Ereignis erinnert auf dem renovierten **Plaza Miranda** das „Monument der Fahne". Der Ort lebte lange vom Schmuggel mit den Antillen, und der Einfluss dieser Inseln ist deutlich zu spüren. La Vela de Coro ist ebenfalls Weltkulturerbe der UNESCO.

- **Vorwahl:** 0268

An- und Abreise:
- **Zwischen La Vela de Coro und Coro** verkehren von 6–21 Uhr ständig **Minibusse und Sammeltaxis**.
- **Fähren:** Die Fähre „Lusitiana Express" fährt vom Hafen Muaco **nach Aruba, Bonaire** und **Curacao**. Da der Betrieb immer wieder eingestellt wird, sollte man sich unbedingt vorher erkundigen, ob die Fähre geht. Über Abfahrtszeiten und Preise informiert die Tourismusdirektion, Tel. 2518033 und 2530714.

Unterkunft:
- **Posada Turística Corocororico**, nette Zimmer mit Klimaanlage, man kann sich im hauseigenen Restaurant verpflegen, KK. Sabana Larga, Tel. 2778517, €€

- **Posada Barigua,** einfache Zimmer, Grillmöglichkeit, Kneipe mit viel Musik. Direkt am Meer, C. Sucre (Uferpromenade), Tel. 0414/6827575, €–€€
- **Hotel Sabana Larga***, 64 nette Zimmer mit Klimaanlage und Kabelfernsehen, KK. Av. Intercomunal, Tel. 2778726, €€€

Essen und Trinken:
- **Restaurante Havanna,** am Hafen, gutes typisches Essen, abends Dorfdisco.
- **La Fuente,** typische Küche und Meeresfrüchte. Sec. La Ciénaga, Cumarebo, Tel, 7472141.
- **Bariga,** Criollo-Küche im Casco Histórico.
- **Am Hafen** gibt es weitere einfache und günstige **Fischrestaurants.**

Von Coro bis Tucacas

Von Coro führt die Troncal 3 ostwärts, bis Tocópero verläuft sie parallel zum Meer. Es geht durch eine karge Küstenlandschaft bis zur Ortschaft **Taratara.** Hier lohnt sich der Besuch der **Ausgrabungsstätten von Taima.** Funde von Mammutknochen und Jagdutensilien von indianischen Ureinwohnern des Kontinents lassen darauf schließen, dass dieser Teil Südamerikas viel früher besiedelt wurde als ursprünglich angenommen. Eine Ausstellung im Dorf zeigt die Funde (man biegt von der Hauptstraße in der ersten Nebenstraße links ab). Lohnend ist auch ein Besuch des Künstlers *Ostermann,* der seine Bilder in seinem Haus an der Hauptstraße ausstellt und verkauft.

20 km weiter östlich folgt das alte Hafenstädtchen **Puerto Cumarebo,** wo noch ein paar alte Kolonialhäuser zu bestaunen sind. Die größte Sehenswürdigkeit dürfte aber **El Balcón de Jurado** sein. Der Bau stellt die Macht der einst bedeutenden Familie *Zamora* zur Schau; die *Zamoras* waren wichtig für die Geschichte der Region, entsprechend gut wird dieses Gebäude besucht.

In **Tocópero** nur wenige Kilometer weiter gibt es eine tolle Unterkunftsmöglichkeit, direkt an einem kilometerlangen, einsamen Sandstrand.

Unterkunft:
- **Posada Granja El Ojito,** 13 sehr gut ausgestattete Zimmer, Restaurant, Pool, Tennisplatz und Konferenzraum. Die von *Dirk Demant* geführte Posada organisiert auch Touren und veranstaltet Workshops. Auf Wunsch werden die Gäste von den Flughäfen Caracas, Maracaibo oder Coro abgeholt. Wer auf eigene Faust mit dem Bus anreist, steigt in Tocópero an der Hauptstraße bei der Bodega Santo Cristo aus. Nach einem Anruf in der Posada wird man dann bei der Bodega abgeholt. Tel. 0268/7741050, 0268/8085209, Fax 0268/7741130, www.granjaelojito.com, €€€

Ab Tocópero führt die Straße ein wenig von der Küste weg, nach weiteren 140 km erreicht man Tucacas, eine mittelgroße Stadt und Ausgangspunkt zur Erkundung des Morrocoy-Nationalparks. Man fährt durch Weideland und das Tal Tocuyo. Die Vegetation ändert sich, die Landschaft wird wieder grüner. Zum Nationalpark Morrocoy siehe das entsprechende Kapitel.

Die Halbinsel Paraguaná

Die Halbinsel ist durch einen schmalen Landstreifen mit dem Festland verbunden. Der **Istmo de Los Médanos** ist weitgehend mit Kakteen und Dornensträuchern bewachsen, nur an den regenreicheren Hängen der Hügel im Norden und des Cerro Santa Ana im Zentrum der Halbinsel konnte sich etwas mehr Vegetation bilden, man sieht sogar ein paar kleine Wälder. Es bläst praktisch permanent ein **warmer Wind** über die Halbinsel, was einerseits die Mücken fernhält, andererseits aber einen längeren Aufenthalt im Freien verleidet. Ein Kurzausflug auf die Halbinsel ist aber durchaus von Interesse. Zum einen wegen der schönen Sanddünen, dann aber auch wegen der sehenswerten Kolonialkirchen. Für längere Aufenthalte eignet sich die Insel vor allem für **Windsurfer.** Diese finden an der Ostküste ideale Bedingungen, um ihrem Sport zu frönen.

In der Verlängerung der Av. Los Médanos in Coro beginnt die **Autobahn nach Punto Fijo,** die zuerst die Dünen passiert und dann nach der Kontrollstation der Nationalgarde auf dem Isthmus entlangführt. Im westlich liegenden Golf von Coro befindet sich eines der größten Salzreservoirs der Erde. Rund 30 km von Coro entfernt gabelt sich die Straße bei **El Olivo.** Fährt man von der Autobahn nach rechts ab, erreicht man nach 29 km Adícora.

Adícora   ⇗ III, D1

GPS: N 11°56.45, W 69°48.33

Adícora lebt seit Urzeiten eigentlich vom Fischfang und war auch ein bekannter Umschlagplatz für Salz, mittlerweile hat es sich aber auch einen guten Ruf im Tourismus gemacht. Speziell in Ferienzeiten und an Wochenenden ist der Ort sehr gut von Venezolanern frequentiert. Unter der Woche geht es aber doch noch sehr gemächlich zu, und dann bleiben auch viele Restaurants geschlossen. Wer vom Nationalpark Morrocoy und seinen wunderschönen Stränden kommt, wird von den Stränden hier enttäuscht sein, dafür freuen sich Wind- und Kitesurfer über die Verhältnisse. Die Kolonialhäuser im Ort weisen teilweise holländischen Einfluss auf. Da auch immer mehr ausländische Touristen vorbeikommen, gibt es mittlerweile eine ganz nette Anzahl an Unterkunftsmöglichkeiten.

●**Vorwahl:** 0269

An- und Abreise:
  Vom Busbahnhof in Coro gibt es oft Transporte nach Adícora und zu anderen Orten auf der Halbinsel.

Unterkunft:
●**Campamento Vacacional La Troja,** 14 nett eingerichtete Zimmer und zwei große Schlafsäle. Sehr großzügige und gepflegte Anlage mit Restaurant, Pool und Konferenzsaal, zuvorkommende Betreuung, ÜF. C. Santa Ana Nr. 72, Tel. 9888048 und 4155030, 0414/6966440, la_troja@hotmail.com, €€€
●**Posada Adícora Kitesurfing,** Posada am Strand, direkt neben Archie's, Tel. 0414/

6975457, Kitesurf-Kurse mit *Carlos Cornieles,* adicorart@yahoo.com, €€€
- **Archie's Surf und Kite Posada,** Apartmentanlage direkt am Strand, Tel. 9888285, www.archies-surf-posada.com, €€
- **Posada La Casa Rosada,** familiäre Pension mit 9 Zimmern (mit Ventilator) und Restaurant, geführt von Fam. *Kitzberger,* moderate Preise. C. Malecón, Boulevard Adícora, Tel. 9888004, €€
- **Windsurfing Adícora Sailing Center and Hotel,** einfache und saubere Zimmer. Playa Sur, Tel. 9588224, 0414/6938731, www.adicora.com, €€

Essen und Trinken:
- **El Abuelo,** typische Spezialitäten am Dorfeingang von Adícora.
- **Pimienta Café,** Fisch und Meeresfrüchte. C. Colonial, Boulevard Adícora.
- Im Ort und am Hauptstrand findet man **weitere schlichte Restaurants** mit Fischgerichten oder auch italienischen Speisen. Viele sind an der Strandpromenade zu finden.

Windsurfen:
Adícora gilt als ausgezeichnetes Windsurfrevier, da es von drei Seiten vom Meer umspült wird. Geboten sind sowohl Flachwasserspeedstrecken als auch Brandungsabschnitte mit bis zu 4 m hohen Wellen. In der Starkwindsaison von Dezember bis Juni betragen die Windstärken zwischen 4 und 9.

- **Archie's Surf und Kite Posada und Adícora Sailing Center,** Ausrüstung und Unterkunftsmöglichkeiten (s.o.), *Joachim Wicher* gibt Kurse im Kitesurfen.
- **Carlos Windsurf Place,** Playa Sur, Tel. 0414/9680660, adicorart@yahoo.com.
- **La Carantona,** Boulevard Adícora, www.adicora.com.

Ausflüge von Adícora:
Nach Moruy,
Santa Ana und Los Taques

Von Moruy und Santa Ana aus kann man die höchste Erhebung der Halbinsel, den **Cerro Santa Ana,** besteigen. Der Berg weist eine Höhe von 815 m auf, der Aufstieg dauert rund 3 Std., zum Schluss muss man regelrecht klettern, im Felsen eingelassene Seile helfen dabei. Die Tour kann mit Guide oder alleine unternommen werden. In beiden Ortschaften stehen Führer zur Verfügung.

Im Inneren der Halbinsel gibt es auch heute noch ruhige Orte, die kolonialen Charme versprühen. Man kann die „**koloniale Route**" fahren (Adícora – Pueblo Nuevo – Buena Vista – Moruy – Santa Ana) oder umgekehrt von der neuen Straße Richtung Punto Fijo einen Abstecher nach Norden machen. Kurz hinter Pueblo Nuevo auf der Straße nach Moruy geht eine kleine Straße nach **Sacuragua** ab, die einen herrlichen Ausblick auf die Halbinsel freigibt und zur Posada de Los Vientos (s.u.) führt.

Sehenswert sind speziell die kolonialen Kirchen von **Moruy** (GPS: N 11° 49.32, W 69°58.94) und **Santa Ana** (GPS: N 11°46.99, W 69°56.82), beides beeindruckende Beispiele der frühen Sakralarchitektur Venezuelas. Besonders die Kirche von Santa Ana – das Dorf war bereits 1546 auf einer alten Landkarte eingetragen – zeigt deutlich die Doppelfunktion, welche viele Kirchen in unruhigen Zeiten zu bewältigen hatten: eine religiöse und eine militärische. Die Kirche von Santa Ana stammt aus dem 17. Jh., der Turm

Los Médanos de Coro – Sahara am Karibischen Meer

DIE HALBINSEL PARAGUANÁ

Der Nordwesten

kam erst Mitte des 18. Jh. dazu. Wer die Kirche besichtigen möchte, kann den Priester oder die Nachbarn fragen. Sie wohnen nördlich des Platzes.

Unterkunft:
●**Posada de Luís,** einfache, sympathische Posada. Touren mit dem eigenen Omnibus „La Chiva Loca" werden organisiert. Santa Ana, C. Falcón Nr. 23, Tel. 0269/9881072, €€€
●**Posada de los Vientos,** kleine Posada mit wunderschöner Aussicht und exzellenter französischer Küche. Sacuragua, Richtung La Montañita, Tel. 0369/8085000, €€€

In den Westen der Halbinsel führt von Moruy eine passable Straße Richtung Punto Fijo. Kurz vor **Judibana,** einem Stadtteil von Punto Fijo, erreicht man einen Kreisverkehr, von dem die Straße zum Flughafen und weiter nach Los Taques abgeht.

Los Taques ist ein altes Fischerdorf, in welchem seit einigen Jahren eine interessante touristische Entwicklung begonnen hat. Die Strände sind passabel, einige kleine Posadas und ein 5-Sterne-Hotel ermöglichen einen (kurzen) Aufenthalt.

Unterkunft:
●**Hotel Eurobuilding Villa Caribe,** sehr schön gelegenes Luxushotel direkt am privaten Strand, sehr interessante Sonderangebote, KK. Los Taques, Malecón, Tel. 0269/2509211, 2509200, €€€€
●**Posada de las tres Ventanas,** in einem alten Kolonialhaus mit schönem Innenhof, sehr gute Küche. Los Taques, C. Principal, Tel. 0269/2770627, lastresventanas@cantv.net, €€€

DIE HALBINSEL PARAGUANÁ

Der nördlichste Punkt Venezuelas befindet sich auf der Halbinsel und ist der **Cabo San Román,** an dem ein stählener Sendemast steht.

Judibana ⌖ III, C1

GPS: N 11°45.49, W 70°10.83

Dieser Ort wurde erst in den 1950er Jahren gegründet, dort war vorher nichts als ein trockenes Stück Land, auf dem Ziegen grasten. Die Ölgesellschaften, die damals noch in der Hand der Amerikaner waren, ließen Palmen und andere Bäume pflanzen, um ein einigermaßen erträgliches Ambiente zu schaffen.

Unterkunft:
- **Hotel Luigi*****, nette Zimmer, Restaurant und Parkplätze, KK. C. Oeste 10, Tel. 0269/ 2407872, Fax 2460970, €€€

Nördlich von Judibana stehen in **Amuay** die größten **Erdölraffinerien** Venezuelas. Die Anlagen gehören der einheimischen Firma Lagoven, sie wurden der amerikanischen Firma Creole Petroleum Corporation bei der Verstaatlichung enteignet.

Punto Fijo ⌖ III, C1

GPS: N 11°41.64, W 70°11.88

Punto Fijo liegt an der Westküste der Halbinsel Paraguaná, 116 km von Coro entfernt. Zur nahen Antillen-Insel Aruba sind es 90 km, zum venezolanischen Festland 26 km (Luftlinie). Punto Fijo, anfänglich nur ein kleines Arbeitercamp, wuchs mit dem Erdölboom ständig an. Heute ist Punto Fijo neben Coro die größte und in wirtschaftlicher Hinsicht bedeutendste Stadt im Bundesland Falcón. Hier wurde nach dem Sturz des Diktators *Pérez Jiménez* 1958 auch der Grundstein für eine neue Demokratie gelegt, der **Pacto de Punto Fijo** ist heute noch ein Begriff.

**An- und Abreise
mit Bussen und Por Puestos:**
Der **Busterminal** befindet sich beim Mercado Municipal. Vom Terminal fahren ständig Por Puestos nach Coro und zu allen Orten auf der Halbinsel.

- **Punto Fijo – Coro,** ab 5 Uhr alle 30 Min. bis 21 Uhr, 1 Std. Fahrzeit.
- **Punto Fijo – Maracaibo,** 6x täglich über Coro, 5–6 Std. Fahrzeit.
- **Punto Fijo – Coro – Maracaibo – Agua Viva – El Vigía – Mérida,** 3x täglich, 10–12 Std. Fahrzeit.
- **Punto Fijo – Coro – Valencia – Maracay – Caracas,** 12x täglich, 8–9 Std. Fahrzeit.

An- und Abreise mit dem Flugzeug:
Der **Aeropuerto Joséfa Camejo** befindet sich ca. 12 km von Punto Fijo entfernt in Las Piedras, Tel. 2474580. Santa Barbara Airlines fliegt 2x täglich nach **Caracas,** außerdem gibt es 3x täglich einen Flug nach **Aruba** und 1x täglich einen nach **Curacao.**

Unterkunft:
- **Hotel Las Brisas Paraguaná******, Zimmer mit allem Komfort, Restaurant und Parkplätze, KK. Av. Raúl Leoni c/ C. San Luís, Tel. 2467011 und 2457290, Fax 2466015, €€€€
- **Hotel Villa Mar Suites*****, sehr schöne Zimmer, Restaurant im Haus, ÜF, KK. Av. Coro Nr. 75, Tel. 2470211, Fax 2473210, €€€€
- **Hotel La Peninsula,** komfortable Zimmer, Restaurant im Haus, KK. C. Calatayud, neben dem Club Centro Híspano, Tel. 2466708, €€€

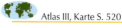

Atlas III, Karte S. 520

SIERRA DE SAN LUÍS

- **Hotel Gran Caraibi***, einfache, saubere Zimmer, Restaurant im Haus, Parkplatz, KK. Av. Bolívar zwischen C. Penínsular und C. Ayacucho, Tel. 2464174 und 2470227, €€
- **Hotel America***, einfache, saubere und günstige Zimmer. Av. Bolívar, Ecke C. Artigas, Tel. 2465430, €€

Essen und Trinken:
- **Wilmore**, sehr schönes Lokal mit Klimaanlage, das Restaurant ist bekannt für seine Spezialitäten aus dem Meer, Fleisch und Teigwarengerichte, KK. CC Las Virtudes.
- **Pa'que Carlos**, typische Küche, bekannt für Spezialitäten vom Huhn zu günstigen Preisen, KK. Av. 8, Urb. Fedepetrol, Comunidad Cardón.
- **Pizzeria Castello de Faría**, gute Pizzas in der Av. Jacinto Lara.

Praktische Reiseinfos:
- **Vorwahl:** 0269
- **Autovermietung: Budget**, am Flughafen, Tel. 2460159, täglich 6.30–20 Uhr; Prolongación Este von der C. Giralot, gegenüber vom Torre Alfa, Tel. 2464665, Fax 2464663, normale Burozeiten, KK; **Thrifty Rent a Car (Auto 727)**, am Flughafen, Tel. 2460281, KK.
- **Geldwechsel: Italcambio**, am Flughafen, hier kann man Bargeld und Travellerschecks wechseln; **Banco Mercantil**, Av. Bolívar c/ C. Girardot, Edf. Banco Mercantil, Tel. 2458223, 2454821, 2455656, 2643821, Fax 2454756.
- **Krankenhaus: Clínica Punto Fijo**, La Pirmamide, Tel. 2456854.
- **Kriminalpolizei: CICPC**, Tel. 2502373 und 2455312.
- **Post: Ipostel**, C. Páez c/ C. Panamá Nr. 17.

Sierra de San Luís ♙ III, D2

Man fährt südlich aus Coro hinaus. Kurz nach einer Stahlbrücke geht links die Straße über Caujarao nach Barquisimeto ab. Vor dem Stausee El Isiro zweigt rechter Hand ein Sträßlein in Richtung **La Negrita** ab – das Dorf ist für sehr gute *dulce de leche* bekannt. Hier beginnt der kurvenreiche Anstieg zur Sierra de San Luís. Auch die feuchten Winde des Meeres steigen an und bringen viel Regen mit, der eine tropische Bergwaldvegetation gedeihen lässt. Seit 1987 ist ein Teil des Gebirges (20.000 ha) **Nationalpark.**

Im **Valle Curimagua** werden die hohen Niederschläge in vielen kleinen vertikalen Schluchten *(haitónes)* in ein System von unterirdischen Flüssen, Höhlen und Galerien geleitet, in die man zum Teil vordringen kann (z.B. Cueva de Acarite und Cueva de Zárraga). In den Tälern wird Zuckerrohr angebaut, in den höheren, kühlen Lagen gedeihen Kaffee und Orangen. In scharfem Kontrast zur dürren Dornsavanne und der Wüste an der Küste ist hier, nach wenigen Kilometern Fahrt, ein tropischer Bergwald anzutreffen.

Unterkunft:
- **Posada Turística Monte Alto**, knapp 5 km hinter Curimagua, Richtung La Tabla, Sec. Ojo de Agua, Tel. 0414/6850476. Restaurant. Vermietet werden Zimmer und Ferienhäuschen, ÜF, €€€–€€€€
- **Finca El Monte**, zwischen Uria und Curimagua (GPS: N 11°11.915, W 69°38.425) gelegen, geführt von den Schweizern *Ursula* und *Ernst*, Tel. 0268/4040564, 4160622, fincaelmonte@yahoo.com. Sie bauen Kaffee und Obst biologisch an und bieten in ihrer Küche reichhaltige (auch vegetarische) Mahlzeiten. Organisation von Wanderungen und Exkursionen zu Höhlen, Wasserfällen und sonstigen Sehenswürdigkeiten, €€€
- **Hotel Apolo**, einfache Unterkunft mit 15 Zimmern, Pool und Restaurant (nur am Wochenende geöffnet). An der Hauptstraße in Curimagua, Tel. 0268/517634 und 0414/6226855, €€€

Der Nordwesten

SIERRA DE SAN LUÍS

• **Posada El Duende,** schöne, sehr ruhig gelegene Posada mit komfortablen Zimmern und Restaurant, Möglichkeit für Exkursionen zu Fuß, Pferd und im Auto, empfehlenswert. Cabure, Weg nach Bucaral, €€–€€€

Von Curimagua können sehr schöne Exkursionen auf dem **Camino de Los Españoles** (alter spanischer Handelsweg) zu den Höhlen von Acarite oder zum **Haitón de Guarataro,** einer Schlucht von 15 m Breite und einer beeindruckenden Tiefe von 305 m (auf dem Weg nach San Luís), unternommen werden.

Nach Churuguara gelangt man von San Luís über die alte Straße und von Cabure über die neue (62 km südwärts). **Churuguara** (GPS: N 10°48.75, W 69°32.28) ist ein Ort der Viehhalter, die modernen Cowboys sind mit Toyota-Jeeps unterwegs.

In **Mapararí,** einem Ort kurz hinter Churuguara auf dem Weg nach Barquisimeto, sind alte indianische Traditionen wie der Tura-Tanz noch lebendig, der am Ende der Trockenzeit den Regen herbeiführen soll.

Weiter auf der Hauptstraße gen Süden gelangt man zum Abzweig nach **Santa Cruz de Bucaral,** in dessen Nähe sich ein weiterer, kleiner Nationalpark (**Parque Nacional Cueva de la Quebrada de El Toro**) befindet, der nach einer kilometerlangen Höhle benannt ist, die zu einem großen Teil nur mit dem Boot erkundet werden kann. In dieser Höhle nisten, wie in der weit bekannteren Höhle bei Caripe, Guá-

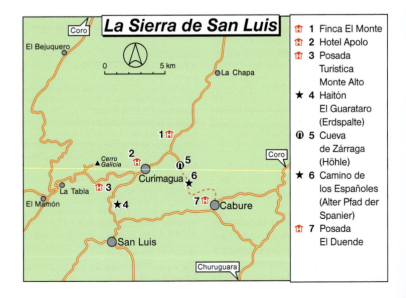

charo-Vögel. Der Weg zur Höhle via El Charal ist nur mit vierradgetriebenen Fahrzeugen zu empfehlen.

Unterkunft in Churuguara:
- **Posada El Pájaro Azul,** mit Restaurant. Mapararí, C. Comercio Nr. 100, Tel. 0268/9931017, €€
- **Hotel Las Turas,** mit Restaurant. Am Ende der C. Porto Carreño, Tel. 0268/9921338, €€
- **Hotel Italia,** mit Restaurant. In der Nähe des Hauptplatzes, Tel. 0268/9921236, €

Nach der Überquerung des **Río Tocuyo** befindet man sich im Bundesland Lara, eine der wichtigsten Landwirtschaftsregionen des Landes. Je näher man Barquisimeto kommt, umso trockener wird das Gebiet.

Barquisimeto   _{III, D3}

GPS: N 10°03.80, W 69°18.98

Barquisimeto, mit rund **900.000 Einwohnern** die viertgrößte Stadt der Nation, ist ein bedeutendes Handelszentrum im mittleren Westen. Die **Hauptstadt des Bundeslandes Lara** lebt von der Lebensmittelindustrie und der Landwirtschaft, aber auch von der Produktion von Bier und Spirituosen. Barquisimeto gilt zudem als musikalische Hauptstadt des Landes, als Folklorezentrum und als Ort des Kunsthandwerks. Die *quatro,* eine winzige viersaitige Gitarre, typisch für die venezolanische Volksmusik, wird in bester Qualität hergestellt, und auch die geschnitzten Holzfrüchte sind weit über Venezuela hinaus bekannt geworden.

Die Durchschnittstemperatur liegt bei 28°C, die jährliche Niederschlagsmenge bei 464 mm, es ist also ziemlich heiß und trocken.

Stadtgeschichte

Barquisimeto wurde **1552** von dem Spanier *Juan de Villegas* **gegründet** – die umliegenden Ländereien sollten kontrolliert werden, da man in der Gegend reiche Goldvorkommen vermutete – ein Trugschluss. Der Ort hieß in präkolumbischer Zeit Variquisimeto, was übersetzt „Wasser in der Farbe von Asche" bedeutet. Die Spanier wählten den Namen Nueva Segovia de Barquisimeto. Der erste Standort war 1552 unmittelbar an den Ufern des Río Buría. 1556 musste aber umgezogen werden, da die Siedlung dauernd überschwemmt wurde (was den indianischen Ortsnamen erklärt). Man ließ sich im Tal des Río Turbio nieder, bis 1561 der Tyrann *Lope de Aguirre* den Ort niederbrannte. Nach einem weiteren Umzug war 1563 endlich Schluss: Die Menschen wurden nördlich vom Río Turbio sesshaft.

1812 erschütterte ein heftiges **Erdbeben** die Stadt und zerstörte sämtliche Gebäude, sodass heutzutage keine kolonialen Häuser mehr zu sehen sind. Barquisimeto ist eine moderne, lebhafte Stadt geworden. Sie wird auch als die **„Stadt der Abenddämmerung"** bezeichnet – und in der Tat: Die Sonnenuntergänge vor Ort sind eine echte Sehenswürdigkeit!

BARQUISIMETO

Lage

Barquisimeto liegt **350 km südwestlich von Caracas**. Die Stadt grenzt südlich an die Anden, im Westen an ein Trockengebiet, im Osten herrscht subtropisches Klima. Südlich fließt der Río Turbio, die Stadt ist von Zuckerplantagen umgeben. Mit einer Eisenbahnlinie ist die Stadt mit Puerto Cabello am Meer verbunden.

Sehenswürdigkeiten

Museum von Barquisimeto

Als das alte Krankenhaus der Stadt, das **Hospital Antonio Maria Pineda,** nicht mehr benutzt werden konnte, baute man es kurzerhand zu einem Museum um. Die riesigen Säle mit ihren hohen, wunderschönen Decken und den Türen und Fenstern aus Holz strahlen eine große Ruhe aus. Mitten im Museum hat man auch die alte Hospitalkapelle erhalten; hier finden immer wieder mal Konzerte und Kulturveranstaltungen statt. Die Ausstellungen sind hauptsächlich archäologischer und anthropologischer Natur. Carrera 15 c/ C. 26, das Museum ist Mo bis Fr von 8.30–11.30 und 14.30–17.30 Uhr geöffnet, der Eintritt ist frei.

Kathedrale

Mit dem Bau der Kathedrale wurde 1950 begonnen, die Einweihung fand am 14. Januar 1969 statt. Federführend war der Architekt *Leopoldo Jahn*. Das Gotteshaus gilt auch heute noch als eines der modernsten in ganz Lateinamerika. 1998 wurde die Kathedrale renoviert und im Beisein des damaligen Präsidenten *Rafael Caldera* nochmals eingeweiht. Sie kann täglich besucht werden und liegt zwischen C. 29 und C. 30.

El Obelisco

„Der Obelisk" ist ein Aussichtsturm, der 1952 zum 400. Jubiläum des Bundeslandes Lara erbaut wurde. Der Turm weist eine Höhe von 75 m auf, mit einem Lift kann man auf eine **Aussichtsplattform** fahren und einen herrlichen Blick auf fast die gesamte Stadt genießen. Kennzeichen des Turms ist die gut sichtbare Uhr.

Parque Ayacucho

Den schönen Park ließ der Diktator General *Gómez* anlegen, er befindet sich auf einem **4 ha** großen Gelände. Hier steht ein Denkmal zu Ehren von *Mariscal Antonio José de Sucre*. Der Park kann von allen Seiten mit dem Wagen erreicht werden, er war der erste Park mit Zugang für Autos in ganz Lateinamerika. Die Adresse ist Carrera 14-16.

Zoologischer Garten

In diesem ganz netten, leider aber zu wenig gepflegten Zoo sind über **200** verschiedene **Tierarten** zu sehen, daneben auch viele Pflanzen und eine künstlich angelegte Lagune. Ein Kinderpark und Verpflegungsmöglichkeiten runden das Angebot ab. Av. Morán c/ Av. de los Abogados y Libertador, geöffnet Di bis So von 8–18 Uhr, der Eintritt beträgt 18 Bs.F. für Erwachsene, 10 Bs.F. für Kinder.

Monumento El Sol

Die moderne Plastik gegenüber vom CC La Trinidad ist ein **beliebter Treffpunkt** nach Feierabend – hier kommt man zusammen und plaudert über Gott und die Welt.

An- und Abreise

Busse und Por Puestos

Der **Busterminal** liegt an der Carrera 24, an der Kreuzung mit der C. 43, direkt hinter dem alten Friedhof. Am Terminal gibt es ein Telefonzentrum, Internetzugang, eine Cafeteria und einen Bankautomaten der Banco Mercantil. Folgende Routen werden regelmäßig befahren:

- **Barquisimeto – Ciudad Ojeda – Cabimas – Maracaibo,** 6x täglich, am besten fährt man am Vormittag, 6–7 Std.
- **Barquisimeto – Mérida,** 2x am Vormittag, 2x am Abend, 8–9 Std.
- **Barquisimeto – Acarigua – Guanare – Barinas – San Cristóbal – San Antonio del Táchira,** 3x täglich.
- **Barquisimeto – Valencia – Maracay – Caracas,** ab frühmorgens stündlich, 6 Std.
- **Barquisimeto – San Felipe,** 10x täglich.
- Zusätzlich fahren **Por Puestos** den ganzen Tag über **zu allen Zielen in der Umgebung.** Die Por Puestos für Nahziele starten am Plaza Bolívar.

Die Buslinie **Aeroexpresos Ejecutivos C.A.** gilt als besonders zuverlässig und nutzt neuwertige Fahrzeuge. Diese starten von einem Privatterminal, das sich in der Av. Hernán Garmendia, via El Ujano befindet, schräg gegenüber vom CC Las Trinitarias im östlichen Teil der Stadt, Tel. 2546809, 2548245 und 2547907, www.aeroexpresos.com.ve (aktuelle Fahrpläne). Folgende Routen werden von hier angeboten:

- **Barquisimeto – Caracas,** 10x am Tag.
- **Barquisimeto – Maracaibo,** 2x täglich, einer davon mitten in der Nacht.
- **Barquisimeto – Puerto La Cruz,** ein Nachtbus.
- **Barquisimeto – Valencia,** 2x, einer am Morgen, einer über Nacht, 3 Std. Fahrzeit.

Flugzeug

Der **Aeropuerto Internacional Jacinto Lara** liegt südwestlich, ganz in Stadtnähe, und ist direkt über die Av. Rotaria oder die Av. La Salle erreichbar, Av. Vicente Gil, Tel. 2421721. Im Flughafen gibt es ein Restaurant, eine Tasca, Internetzugang mit WLAN und eine Bank. Ein Taxi aus der Innenstadt sollte nicht mehr als 4 Euro kosten.

Täglich Flüge nach **Caracas** (wochentags 5x), **Barcelona** und **Maracaibo** (2x), **Maturín** und **Puerto Ordaz** (1x).

Touristeninformation

- **Dirección de Turismo Estado Lara,** Av. Libertador, Edf. Funda Lara, Tel. 2557544 und 2554777.
- **www.barquisimeto.com**

Unterkunft

Posada

- **Posada La Segoviana,** die einzige Posada in Barquisimeto ist eine angenehme Überraschung: 16 gut ausgestattete Zimmer mit Klimaanlage, sehr freundlich, Restaurant, WLAN, ruhige Lage, relativ zentrumsnah, Parkplatz, Reservierung empfohlen, KK. C. 7 zwischen Carreras 2 und 3, Urb. Nueva Segovia, Tel. 2524841, 2528669, www.posadalasegoviana.com.ve, €€€

Hotels

- **Hotel Barquisimeto Jirajara*****, vormals das Hilton, extrem teures Luxushotel in guter Lage, KK. Carrera 5 zwischen C. 5 und C. 6, Urb. Nueva Segovia, Tel. 2536022, 7106111, Fax 2518404, €€€€
- **Gran Hotel Barquisimeto***, nettes Hotel, Zimmer mit Klimaanlage und Kabel-TV, schon etwas in die Jahre gekommen. Carrera 19 c/C. 59, Av. Pedro Léon Torre, Tel. 4420511, €€€

- **Hotel Tiffany***, große und komfortable Zimmer, freundlich, WLAN, Parkplatz, Restaurant, KK. C. 2 zwischen Carrera 1 und Av. Lara, Nueva Segovia, Tel. 2525555, htiffany @cantv.net, €€€
- **Hotel Las Cabañas***, viel Beton, Taxiservice rund um die Uhr, 58 Zimmer, die sich im Circulo Militar befinden, Restaurants und Bars, günstig, KK. Av. Morán c/ Av. Los Abogados, Tel. 2515201, 2522755, 2523147, Fax 2514673, www.circulobqto.mil.ve, €€
- **Hotel Milenium**, Tasca, Restaurant, Internetzugang, KK. C. 30 zwischen Carreras 23 und 24, Tel. 2323481, Fax 2324489, €€
- **Hotel Jolly**, Restaurant, Parkplatz, Internetcafé nebenan, Wäscherei gegenüber. Av. Morán, zwischen Carreras 23 und 24, Tel. 2519823 und 2520421, €€

Essen und Trinken

- **Restaurante D'el Punto**, kreative Karte mit vielen ausgefallenen Speisen, z.B. Carpaccio vom Wasserschwein, es ist sinnvoll zu reservieren, KK. C. 4 c/ Carrera 1, Nueva Segovia, Tel. 2548367.
- **Restaurante El Circulo**, klein, aber fein, So geschlossen, KK. Centro Empresarial Proa, Urb. El Parral, Carrera 2.
- **Restaurante Doña Pica Tierra**, schön dekoriertes Restaurant mit vielen leckeren regionaltypischen Spezialitäten, günstig. Carrera 25 c/ C. 10.
- **Pizzeria La Zarina**, ein netter Ort mit leckeren Pizzakreationen. Av. Lara, CC Churum Merú.
- **El Portal del Chivo**, angenehmes Lokal mit typischen Gerichten und Ziegenfleisch als Spezialität. C. 50 zwischen Carreras 13 und 14, Tel. 4450759.
- **Café 90**, dieses Restaurant hat einen sehr guten Ruf für seine Küche und Sandwiches, KK. Zu finden ist es im CC Paseo, Av. Caracas c/ C. Los Leones.
- **Restaurante Tiuna**, ein sehr bekanntes Lokal, vor allem Spezialitäten aus Ziegenfleisch, aber auch sehr gutes Rind vom Grill, KK. Av. Lara, Tel. 2541864.
- **Restaurante El Araguaney**, stadtbekanntes Restaurant mit nationalen und internationalen Spezialitäten, Meeresfrüchte. Av. F. Jiménez, Tel. 2667868 und 2667368.

Praktische Reiseinfos

- **Vorwahl:** 0251

Apotheken

Im Innenstadtbereich finden sich zahlreiche Apotheken, die gut sortierte **Farmatodo** befindet sich in der Carrera 20 (Av. Pedro León Torres) an der Kreuzung zur C. 54, KK.

Autovermietung

- Am Flughafen kann man sich einen Wagen mieten bei **Aco Rent a Car,** täglich geöffnet, Tel. 4422321, KK.
- Ebenso am Flughafen befindet sich das Büro von **Budget,** Tel. 4450283, KK.
- **Hertz** hat eine Niederlassung im CC Arca, Tel. 4420290, KK.

Einkaufen

- Die Gegend von Lara rund um Barquisimeto ist ein Einkaufsparadies für alle, denen echtes venezolanisches **Kunsthandwerk** gefällt. Westlich von Barquisimeto gibt es ganze Ortschaften, die sich fast ausschließlich kunsthandwerklichem Schaffen widmen, mit ihren Produkten das gesamte Land beliefern und beste Qualität bei sehr guten Preisen bieten.
- In Barquisimeto gibt es natürlich auch jede Menge großer **Einkaufszentren,** das bekannteste, modernste und größte davon ist das CC Ciudad Las Trinitarias, Av. Libertador c/ Av. Los Leones.
- Sehenswert ist der **Mercado Terepaima.** Hier findet man alles, was das Bundesland herzugeben hat, auch ausgezeichneten Käse. Der Markt ist ein echter Treffpunkt, oft sind auch Musiker da, um aufzuspielen, und mit etwas Glück lassen sich hier auch die Preise ein bisschen verhandeln. C. 29 zwischen C. 35 und C. 36.

Feste/Veranstaltungen

- Am **14. Januar** wird für die Schutzheilige der Stadt, die **Virgen de la Divina Pastora,** eine großartige Prozession durchgeführt. Hunderttausende Gläubige aus dem ganzen

Land strömen herbei, um ihrem Glauben an diese Jungfrau Ausdruck zu verleihen. Der Ortsteil Santa Rosa im äußersten Westen der Stadt steht im Mittelpunkt bei diesem Fest, das eine ganze Woche andauert. Dort befindet sich auch das eindrucksvolle Monument zu Ehren der Divina Pastora.
- Im **September** findet die **Feria de Barquisimeto** statt, eine Großveranstaltung mit vielen Konzerten, Ausstellungen und natürlich typisch einheimischer Verköstigung.

Film- und Buchtipp

Von dem deutschen Fotografen und Filmemacher **Horst Friedrichs** gibt es einen prämierten Film über das Leben auf dem Land im Bundesstaat Lara: **„Doña Maria und ihre Träume"**. Dieser Film ist im Internet kostenlos unter www.horstfriedrichs.com runterzuladen. Anfang 2008 erhielt *Friedrichs* den renommierten Lead Award für Reportagefotografie für seine Bilder aus Venezuela, die bei Frederking & Thaler in dem Band „Doña Maria und ihre Träume" (ISBN: 978-3-89405-673-5) erschienen sind.

Geldwechsel

- **Italcambio,** Av. Los Leónes, Centro Empresarial Barquisimeto, Planta Baja, Local 9, Tel. 2549790, 2548614, Fax 2548678, Mo bis Fr 8.30–17 Uhr, Sa 8.30–12 Uhr.
- **Am Flughafen** gibt es eine weitere Wechselstube, die auch am Sonntag geöffnet ist.
- In den zahlreichen **Banken** kann man Bargeld mit Kredit- und Maestro-Karte beziehen.

Krankenhaus

- **Centro Médico Quirurgico Hospital Privado,** Av. Pedro León Torres c/ C. 55, Tel. 4422022 und 4424033.

Kriminalpolizei

- **CICPC,** Delegación estadal, Carrera 4 c/ C. 20, Zona Industrial 1, Tel. 2371362, 2373602 und 2373689.
- **Polilara,** Tel. 0800-76545272.

Nachtleben

Barquisimeto hat kein nennenswertes Nachtleben, denn es ist ein ruhige Stadt, die meisten Einwohner gehen früh schlafen. Am meisten los ist am Wochenende, da trifft man sich in einer Disco oder in einer der zahlreichen Tasca-Bars.

- **Caféteando,** dieses äußerst schöne Lokal wird als Restaurant betrieben, jeden Donnerstagabend gibt es hier aber auch Live-Konzerte diverser lokaler Musikgruppen. Gutes Essen, gute Musik und gute Drinks sind garantiert. Hier treffen sich die „beautiful people" der Stadt. KK. Zu finden ist das Caféteando in der Ecke Av. Los Leónes und Av. Caracas.
- **Doxxi,** pubähnliches Lokal mit Live-Musik donnerstags und samstags. Aber auch lokale Spezialitäten zum Essen werden gereicht, KK. Barrio Obrero, Ecke C. 10 mit der Carrera 19, Tel. 3566492, www.doxxis.com.
- **Tasca de Paco,** eine der besten Tascas der Stadt mit sehr schönem Ambiente, im Hotel Las Cabañas (s.o.). Von Disco- bis zu Latinomusik wird alles gespielt, lange Bar mit Getränken aus aller Welt. Es wird Eintritt verlangt. Am meisten los ist ab Donnerstag. KK.

Post

- **Ipostel,** C. 24 und C. 25, Edf. Nacional, Planta Baja, Tel. 310975 und 2314656.

Ausflüge von Barquisimeto

Tintoreros

Nur 18 km südwestlich der Hauptstadt des Bundesstaates Lara liegt der an sich unscheinbare Ort Tintoreros. Im kunsthandwerklichen Zentrum, der **Casa de la Cultura,** das aufgrund von Privatinitiativen entstanden ist, kann man die Herstellung von Webwaren, Keramik, Möbeln, Musikinstrumenten und anderen Gebrauchsartikeln verfolgen. Die sehr freundlichen Mitarbeiter verkaufen ihre Produkte auch, darunter wunderschöne Hängematten, zu moderaten Preisen. In einigen kleinen Restaurants kann man lecker essen, häufig gibt es Folklorevorstellungen.

Mit **Por Puestos** gelangt man von Barquisimeto für knapp 1 Euro nach Tintoreros, sie starten in der C. 21, in der Nähe der Clínica Ancológica, ein Taxi ab Barquisimeto kostet etwa 3 Euro one-way.

Parque Nacional Cerro Saroche

Dieser Nationalpark befindet sich in der bergigen Zone des Bundeslandes Lara. Er wurde 1989 eingeweiht und weist eine Fläche von **32.294 km²** auf und gehört damit zu den ausgedehntesten Parks von Lara. Die reiche Flora und Fauna gibt dem Besucher mit etwas Glück auch die Gelegenheit, Ameisenbären oder andere Wildtiere zu sehen. Zahlreiche Vogelarten leben im Gebiet, etwa der Nationalvogel Turpial und Kardinalsvögel. Um den Park zu besuchen, bedarf es einer Genehmigung, die bei der Dirección Regional Lara zu beziehen ist (Av. Libertador, Parque del Este José M. Ochoa, Las Trinitarias, Tel. 0251/2545065).

Quíbor   III, D3

GPS: N 9°55.51, W 69°37.22

Quíbor, eine Kleinstadt mit knapp 80.000 Einwohnern, liegt 40 km südwestlich von Barquisimeto. 1967 wurde ein Friedhof aus präkolumbischer Zeit mit über 100 Skeletten und vielen Keramiken entdeckt. Im **Museo Antropológico de Quíbor Francisco Tamayo** sind einige Fundstücke ausgestellt (C. 10, Av. Pedro León Torres, geöffnet Di bis Fr 9–12 und 15–17 Uhr). Weitere archäologische Funde aus der Umgebung sind zu sehen, in einer kleinen Werkstatt werden Nachbauten angefertigt.

Kurz vor Quíbor, beim Ort **San Miguel,** befindet sich die Kunsthandwerksstätte von *Miguel Angel Peraza;* der Keramikkünstler hat sich in Venezuela mittlerweile einen bedeutenden Namen gemacht. Man kann seine Werk- und Verkaufsstätte gerne besuchen: **Taller de Ceramica Loma Roja,** Tel. 0253/4911406, 0414/5521872, lomaroja@cantv.net. Mit dem Taxi bezahlt man von Quíbor nur etwa 1 Euro, von Barquisimeto etwa 6 Euro.

7 km sind es von Quíbor nach **Guadalupe,** wo in makelloser Arbeit solide und nützliche Holzschnitzereien aus Eiche hergestellt werden, außerdem gibt es zahlreiche Keramikwerkstätten.

Unterkunft in Quíbor:
● **Hosteria Valle de Quíbor,** einfach und günstig, mit kleinem Restaurant, Av. 5 de Julio c/ C. 7, Tel. 0253/4910601, 4910602, 4910603, €

Cubiro   III, D3

GPS: N 9°47.20, W 69°35.07

20 km südlich von Quíbor, die Berge hinauf, erreicht man diesen 1545 von *Diego de Lozada* gegründeten Ort in **malerischer Hanglage** in einer Höhe von über 1600 m. Hier haben sich in den letzten Jahren jede Menge Posadas angesammelt, in Privatkliniken werden naturheilkundliche Kuren angewendet. Von hier erreicht man den Nationalpark Yacambú (s.u.).

Cubiro ist von Barquisimeto oder Quíbor mit **Por Puestos** zu erreichen, die Fahrzeit für die gesamte Strecke beträgt etwa 1 Std.

Unterkunft:
- **Alojamiento „A",** schöne Bungalowanlage in Berglage mit voll ausgestatteten Häuschen, Grillplatz, Parkplatz, Bungalow für 2 oder 4 Personen, auf Wunsch mit Küche, Reservierung empfohlen. Am Ende der Hauptstraße von Caja de Agua, Sec. Chirigua, Casa A, Tel. 0253/8083014, 0416/8432163, €€€
- **Posada Tía Juana,** eine auf antik getrimmte Posada in einem Haus, das auch komplett zu vermieten ist, sehr gemütlich, Reservierungen am einfachsten im gleichnamigen Restaurant. C. Palermo, Agua Viva, Sec. San Rafael, Tel. 0253/4448091, €€€

Essen und Trinken:
- **Tía Juana,** typische Gerichte, nur am Wochenende geöffnet. In der gleichnamigen Posada (s.o.).
- **Renacer Cubireño,** typische Gerichte aus der Region, große Vielfalt an Suppen, Mo Ruhetag. C. Comercio.

Sanare III, D3
GPS: N 9°44.98, W 69°39.28

Knapp 30 km südlich von Quíbor, inmitten üppiger Wälder und Wiesen, ist dieser freundliche Ort zu finden. Hier befinden sich weit verstreut einige exzellente Posadas, Restaurants und der Zugang zum **Parque Nacional Yacambú** mit Stausee. Der 14.850 ha große Nationalpark beginnt am Ortsrand von Cubiro. Der Nationalpark, dicht mit Bergnebelwäldern bewachsen, ist ein Refugium für zahlreiche seltene Tierarten, darunter Jaguare, Kapuzineraffen, Pumas, Ameisenbären, Schlangen und über 250 Vogelarten. Über 60 verschiedene Orchideen sind hier zu finden, das sind fast 15% der im Lande vorkommenden Arten. Die Temperaturen sind sehr gemäßigt, nachts wird es schon richtig kühl.

Im Nationalpark ist die einzige vulkanische Aktivität in Venezuela zu verzeichnen. Besichtigen kann man den Vulkanschlund ab der Inparques-Station bei El Blanquito, es ist die **Caminata de la Fumorola.** Weitere Informationen erhält man in den Posadas bei Sanare und bei der Tourismusdirektion in Barquisimeto.

Zum Entspannen und als Ausgangspunkt für Touren sind folgende Adressen empfehlenswert:

Unterkunft:
- **Posada El Encanto,** 8 km außerhalb von Sanare in den Bergen in 1400 m Höhe befindet sich diese sehr freundliche Posada mit 9 Bungalows und einem riesigen, bunten Garten, gesunde Küche, KK, Reservierung empfohlen. Tel. 0414/5505454, www.posadaelencanto.com, €€€€. Etwa 2 km entfernt, an der Landstraße in Richtung Sanare, befindet sich das Restaurant der Posada El Encanto, ein ländliches Spezialitätenlokal, in dem man u.a. tolle Wildgerichte zu günstigen Preisen serviert bekommt.
- **Posada Las Rosas de Palmira,** gegenüber vom Restaurante El Encanto befindet sich diese neue Posada, die Zimmer und Bungalows anbietet, schöner Garten, €€€
- **Posada Tierra Blanca,** eine weitere Bergposada mit ruhigem Ambiente, an der gleichen Straße, nur wenige 100 m oberhalb von Las Rosas, Reservierung empfohlen, Tel. 0253/5146028, €€€.

Feste/Veranstaltungen:
- **13. Juni, La Fiesta de San Antonio de Padua,** mit dem Tanz des Tamunague, an dem der gesamte Ort teilnimmt.
- **28. Dezember, Tag der Unschuldigen,** mit verkleideten Tänzern, die „Zaragozas" genannt werden.

Carora

♂ III, C3

GPS: N 10°10.89, W 70°05.32

Die Kleinstadt Carora nur 100 km westlich von Barquisimeto ist ein wahres Kleinod. Sie ist die mit Abstand **am besten erhaltene Kolonialstadt** in Venezuela, ein Besuch gestaltet sich sehr angenehm, die Stadt ist gepflegt, sauber und ruhig – kein Vergleich mit den oft gerühmten Städten Coro und Cumaná. Carora zählt etwas mehr als **100.000 Einwohner,** liegt 419 m hoch, hat eine Durchschnittstemperatur von 28°C und weist jährliche Niederschläge in Höhe von 591 mm auf.

Stadtgeschichte

Der Ort wurde erstmals **1569** durch *Juan de Tejo* **gegründet,** sein Name lautete Nuestra Señora de la Madre de Diós de Carora. Doch Indianer überfielen den Ort dermaßen oft, dass der damalige Bürgermeister *Don Pedro Maldonado* schon 1571 die Umsiedlung in die Wege leitete. 1572 wurde Carora ein zweites Mal durch *Juan de Salamanca* gegründet. Die steingepflasterten Straßen und Kolonialhäuser werden bis heute liebevoll von den Nachfahren gepflegt.

Haupterwerbsquelle war und ist die **Landwirtschaft:** Unter anderem wird hier auf 9300 ha Zuckerrohr angepflanzt. Dieses wird an die vier Zuckerfabriken des Bundeslandes verkauft: Lara deckt 30% des Zuckerbedarfs von Venezuela. Daneben werden im Umland der Stadt 23% aller Gemüse Venezuelas produziert, an erster Stelle Zwiebeln, Paprika, Tomaten und Melonen. Kaffeeplantagen befinden sich in den höher gelegenen Gegenden der Gemeinde und weisen einen Fläche von 250 ha auf. In jüngster Zeit werden auch Trauben angebaut. Die Firma Pomar stellt damit einen ausgezeichneten Sekt her und einige Weine.

Eine wichtige Einnahmequelle ist die **Viehzucht.** In der Gegend gibt es an die 300.000 Rinder, genannt „Carora". 60 Jahre lang musste experimentiert werden, bis die Tiere tropentauglich waren. Die Milch wird vor allem zur Herstellung von Käse verwendet. Nicht vergessen werden dürfen die Ziegen, die hier in einer Zahl von über einer halben Million vorkommen. Das Ziegenfleisch wird als Spezialität in der ganzen Region geschätzt, aus der Milch wird ebenfalls Käse hergestellt.

Sehenswürdigkeiten

Kathedrale von Carora

Die Kathedrale befindet sich im kolonialen Teil der Stadt gegenüber der Plaza Bolívar. Der Baustil kann als **kolonialer Barock** bezeichnet werden. Kirchliche Dienste wurden nach alten Überlieferungen ab dem Jahr 1658 aufgenommen, wie Eheschließungen, Taufen und Bestattungen. 1745 entstand der Hauptaltar, der aus viel Tropenholz besteht. Die im Innern der Ka-

Die gepflegte Altstadt von Carora

thedrale zu sehenden Figuren von Jesus und dem heiligen Georg wurden von venezolanischen Künstlern geschaffen. Der Altar wurde in späteren Jahren vergoldet, etwa zur selben Zeit entstand die Hauptkuppel. 1825 wurde die Kathedrale zu großen Teilen durch einen Brand zerstört. Die kirchlichen Aufgaben mussten für Jahre in der Kirche San Dionicio ausgeübt werden, bis die Kathedrale nach langer Zeit wieder renoviert war.

Iglesia El Calvario

Diese kleinere Kirche am Ortseingang zählt zu den Perlen der kolonialen Architektur in Venezuela. Die Bauarbeiten dauerten von 1738 bis 1776. Im Jahr 1787 gab der damalige Bischof von Caracas und Venezuela, *Don Mariano Martí*, die Bewilligung zur Durchführung von Messen. Die Frontfassade der Kirche ist Barock pur, die Farbtöne des Altars lassen karibischen Einfluss vermuten.

Casa Amarilla

Das erwiesenermaßen **älteste** erhaltene **Kolonialhaus Venezuelas** wurde Anfang des 17. Jh. als Wohnhaus für den damaligen Bürgermeister *Félix de Almarás* konstruiert, einen Verwandten des zweiten Gründers der Stadt, *Juan de Salamanca*. Am 16. Februar 1736 trug sich hier die Begegnung der Brüder *Hernandéz Pavón* mit dem Teufel zu – Carora dürfte wohl der einzige Ort weltweit sein, wo man den Teufel nicht ächtet, sondern ehrt. Das Haus direkt am Plaza Bolívar, C. 9, beinhaltet heute eine öffentliche Bibliothek und ein Informationszentrum.

Plaza Bolívar

Der Platz mit seinen schönen **Grünanlagen** befindet sich gegenüber der Kathedrale. Als Eigenheit kann erwähnt werden, dass zwischen 1888 und 1922 nicht die Büste von *Simón Bolívar* aufgestellt war, sondern die des Generals *Pedro León Torres.*

Calle San Juan

Die **koloniale Zone** von Carora, die schönste des Landes, wurde 1977 umfassend instand gesetzt und danach zu einem schützenswerten historischen Ort deklariert. Die breiten Steinpflasterstraßen und die Kolonialhäuser mit ihren großen Türen und Fenstern entstanden ab Beginn des 17. Jh., wunderbare Zeugnisse des kolonialen venezolanischen Baustils. Die meisten Häuser sind nach wie vor bewohnt und werden von den Bewohnern, oft Nachfahren der Erbauer, liebevoll gepflegt.

Cerro de La Cruz

Von diesem schönen Aussichtspunkt hat man einen **herrlichen Blick auf Carora.** Die Kapelle Santa Cruz kann keinem genauen Baujahr zugeordnet werden, entstand aber in der Ära des Vikars *Don Ignacio Antonio de Hoces* (1699-1776). Jahr für Jahr wird hier im Mai das traditionelle Fest Cruz de Mayo („Kreuz des Mais") gefeiert. Im Innern der Kapelle ist eine Statue von *Don Chío Zubillaga* zu sehen, einem großen Verehrer und Förderer der Stadt.

Casa Chío

Das Kolonialhaus gehörte der in Carora sehr bekannten Familie *Zubillaga Perera*. Hier kam **Don Cecilio,** liebevoll *Chío* genannt, auf die Welt. Er war Landwirt, Journalist, Schriftsteller, Historiker und Lehrer. Als solcher unterrichtete er bevorzugt die Kinder der armen Bevölkerung, vor allem für die Campesinos (Landbevölkerung) setzte er sich ein. Das verhalf ihm zu dem Beinamen „Meister der Jugend". Heute ist das Haus Teil einer Universität. Es bewahrt Besitztümer von *Chío* und beherbergt eine Kunstgalerie und eine öffentliche Bibliothek.

Casa de la Cultura

Im Casa de la Cultura in der C. El Comercio zwischen den Carreras 8 und 9 befindet sich eine interessante **archäologische Ausstellung** mit vielen Fundstücken. Zuvor war hier das Gefängnis untergebracht. Geöffnet täglich außer So von 8-18 Uhr, der Eintritt ist frei.

Teatro Alirio Díaz

In diesem modernen Theater mit 500 Sitzplätzen werden u.a. internationale Gitarrenfestspiele ausgetragen und Kunstausstellungen gezeigt, zudem ist im Haus ein Kino untergebracht. Erbaut in der Amtszeit von Gouverneur *Domingo Perera Riera,* findet sich das Theater in der Kolonialzone gegenüber der Kirche El Calvario.

CARORA

An- und Abreise

Busse und Por Puestos

Der **Busbahnhof** befindet sich an der Hauptstraße, die in den Ort führt, direkt an der Plaza Perera.

- **Carora – Barquisimeto,** ab 6 Uhr halbstündlich bis 18 Uhr, ca. 1 Std.
- **Carora – Barquisimeto – Valencia – Maracay – Caracas,** 2x täglich, 7–8 Std.
- **Carora – Maracaibo,** 3x täglich, 2–3 Std.
- Die Busse, welche die Fernstrecke **Barquisimeto – Maracaibo** mehrfach täglich bedienen, halten teilweise am Busterminal in Carora. Man kann zusteigen, falls noch Plätze frei sind, Fahrkarten im Voraus können nicht gekauft werden.
- **Por Puestos** verkehren von 6–19 Uhr **in alle Richtungen.**

Touristeninformation

- **Centro de Información y Atención Turística,** Av. Francisco de Miranda.
- **www.encarora.com,** ausgesprochen informative Website mit vielen Informationen in spanischer Sprache

Unterkunft

- **Posada El Cuji,** ein sehr schön renoviertes Kolonialhaus, gefüllt mit Antiquitäten in Kombination mit modernen Möbeln, 3 Zimmer, mit Pool, nur mit Reservierung, der Name steht nicht an der Posada, ÜF. C. Comercio, zwischen Carrera 7 und 8, neben dem Kino, Tel. 0414/3606705, €€€
- **Posada Madre vieja***,** einfache Zimmer mit Klimaanlage und Kühlschrank, sehr sympathisches Restaurant (s.u.), sauber, Parkplatz, KK. Treffpunkt des Ortes, sehr authentisch. Av. Francisco de Miranda c/ C. Cristo Rey, Tel. 4210791, Fax 4212590, €€
- **Hotel Katuca***,** mit Restaurant und Parkplatz, Diskothek, Karaoke, KK. Befindet sich ein ganzes Stück vor der Stadt, Av. Francisco de Miranda, Sec. La Toñona, Tel. 4213302, 4213310, €€

Essen und Trinken

- **Restaurante Madre vieja,** in der gleichnamigen Posada (s.o.), empfehlenswertes Lokal mit gutem Service und manchmal Live-Musik, sehr gut besucht, gute Stimmung, KK.
- **Restaurante Los Indios,** einfache und schnelle Criollo-Küche. Av. Aeropuerto, gegenüber vom Markt.
- **Restaurante Doña Celina,** an der Autobahn Carora – Barquisimeto, 7 km von Carora entfernt, Landstraßenrestaurant mit Schaf und Ziege vom Grill.

Praktische Reiseinfos

- **Vorwahl:** 0252

Einkaufen

- **Quesos Las Cumbres,** 7 km außerhalb von Carora, an der Straße Lara – Zulia im Sec. Las Palmitas, lohnt sich der Besuch der kleinen Käserei Las Cumbres. *Sonia Menéndez* fabriziert hier hervorragende Käsesorten, am beliebtesten ist ein Ziegenkäse bester Qualität. Die Ziegen fressen nur naturbelassenes Futter, was erstklassige Milch für die Käseproduktion bedeutet. Tel. 4151256.

Feste/Veranstaltungen

- **Mai, Cruz de Mayo,** dieses religiöse Fest beginnt traditionellerweise alljährlich am 3. Mai und dauert bis zum 31. Mai. U.a. wird dafür gebetet, dass die Saat gute Ernte erbringt. Die Feiern werden umrahmt durch viel Musik.

Geldwechsel/Banken

Es gibt zahlreiche Banken in der Stadt, in denen man Geld (auch am Automaten) bekommt, z.B.:

- **Banco Provincial,** C. Bolívar zwischen Monagas y Guzmán Blanco.
- **Banesco,** C. Lara c/ C. Rivas.
- **Banco de Venezuela,** Av. Francisco de Miranda c/ C. Coromoto.
- **Banco Mercantil,** Av. Francisco de Miranda.

Internetcafé
- **El Rincón de la Amistad,** Plaza Torres.

Krankenhäuser
- **Hospital Clínica Loyola,** Av. Isaias Ávila c/ C. Castaneda, Tel. 4212031.
- **Policlínica Carora,** Carrera 9.

Kriminalpolizei
- **CICPC,** Sub-Delegación de Carora, Urb. La Osa, Carretera Lara – Carora, Tel. 4216723 und 4216835.

Markt
In Carora lohnt es sich, einmal auf den Markt zu gehen. Es gibt viele Spezialitäten aus der Gegend. Der Markt findet jeweils **montags und freitags** in der Av. Pedro León Torres, neben dem Flughafen, statt.

Reisebüro
- **Carora Viajes,** C. 3, gegenüber dem Club Torres, zwischen der C. Carabobo und der C. Lara, unweit der Kirche in der Altstadt, Tel. 4215981, ncordero@cantv.net.

Ausflüge von Carora

Haziendas
Einige Haziendas in der Umgebung bieten Unterkunft mit Teilnahme am Leben der Viehzüchter und Möglichkeiten zu Exkursionen. Informationen erhält man bei Carora Viajes (s.o.).

Bodega Pomar
Etwa 1 km vor dem Ort (Hauptstraße Lara – Zulia, km 1) befindet sich die Bodega Pomar, der **größte Weinproduzent in Venezuela.** Und wie der Name schon nahelegt: Der Biergigant Polar und Pomar gehören zusammen. In der Bodega werden Weine und ein exquisiter Sekt, der sich mit dem besten französischen Champagner messen kann, hergestellt. Man kann das Weingut und die Weinberge besichtigen, allerdings muss man sich vorher für die geführte Tour anmelden. Am besten vereinbart man schon ein paar Tage vorher einen Termin, denn die Bodega Pomar ist diesbezüglich nicht besonders flexibel: Tel. 0252/4211889, 4211891, 4217921, in Caracas 0212/2028907, 2028909. Wer dann die Möglichkeit hat, an einer dieser Besichtigungen teilzunehmen, wird es nicht bereuen: Die Firma geht so weit, den Besuchern auf der **kostenlosen Tour** neben Verpflegung und Weinprobe auch manchmal eine Fahrt im Heißluftballon über die Weinberge im nahen Ort Altagracia zu spendieren.

Altagracia
Der Ort befindet sich eine knappe halbe Autostunde von Carora entfernt. Französische Weinbauer haben diese Gegend als die **beste Weingegend Venezuelas** entdeckt. Die starke Sonneneinstrahlung und die guten Böden sorgen für ertragreiche Ernten. Der Ort ist etwas abgelegen, aber es lohnt sich hinzufahren, seine Gastronomie ist bekannt; die Spezialität kommt vom Grill und heißt *parilla de monte*. Natürlich wird hier der gute Wein aus der Gegend ausgeschenkt.

Stausee Ricardo Meléndez S.
Der für die **Wasserversorgung von Carora** sehr wichtige Stausee liegt in herrlicher Natur. Der Stausee hat eine Kapazität von 423 Mio. Kubikmetern, er dehnt sich über eine Fläche von 2025 ha aus.

Atlas IV, Stadtplan S. 537

MARACAY

Der Nordwesten

Von Carora nach Maracaibo

Um von Carora nach Maracaibo zu gelangen, gibt es **zwei Möglichkeiten:** Die angenehmere und kürzere Route führt über die Landstraße/Autobahn Lara – Zulia. Man kann aber auch von Carora zunächst nach Arenales zurück- und von dort südwestwärts bis Agua Viva fahren. Hier biegt man nach rechts in nordwestlicher Richtung ab. Die gut ausgebaute Straße führt über Mene Grande und Cabimas weitgehend durch Industrie- und Ölfördergebiete, entsprechend groß ist das Verkehrsaufkommen.

Maracay, eine pulsierende Großstadt

Maracay

IV, B2

GPS: N 10°14.97, W 67°35.63

Einleitung

Maracay zählt mit fast **1 Million Einwohnern** zu den größten Städten Venezuelas. Die Stadt, ein Industrie- und Geschäftszentrum, ist touristisch wichtig als Ausgangspunkt für einen Besuch des Nationalparks Henri Pittier und seiner schönen Strände bei Cata und Choroní, zudem sind in der modernen Stadt sehr gute Restaurants, Einkaufszentren und ein ausgeprägtes Nachtleben anzutreffen. Die Stadt, die 109 km westlich von Caracas liegt,

MARACAY

bietet daher ähnliche Qualitäten wie die Hauptstadt, ist allerdings wesentlich übersichtlicher und viel sicherer. Maracay gilt auch als **„Gartenstadt Venezuelas"** und hat, mit Ausnahme von Ciudad Guayana, den größten Grünflächenanteil des Landes.

Stadtgeschichte

Die Stadt verdankt ihren Namen dem Indianerhäuptling *Maracay,* was übersetzt „Tiger" heißt. Man geht davon aus, dass sie am 5. März **1701** an den Ufern des Río Maracay **gegründet** wurde, und zwar durch den Geistlichen *Diego de Banos y Sotomayor*. Einen Entwicklungsschub erfuhr die Siedlung im Jahr 1777 mit der Erstaussaat von **Indigo,** der Anfang einer Erfolgsgeschichte, die bis heute anhält. Im Jahr 1800 besuchte *Alexander von Humboldt* die Stadt und nannte sie „Gartenstadt" angesichts der riesigen Grünflächen, die er vorfand.

Zwischen 1804 und 1808 herrschte eine schlimme Fieberepidemie, der ein beachtlicher Teil der Bevölkerung zum Opfer fiel. 1813 war der „Befreier" **Simón Bolívar** zu Besuch in der Stadt, er begleitete den Sarg eines hohen Offiziers, der bei einer der zahlreichen Schlachten *Bolívars* ums Leben gekommen war. Es war auch *Simón Bolívar,* der Maracay 1814 das Stadtrecht verlieh. Von 1909 an erlebte die Stadt unter Präsident *Juan Vicente Gómez,* der von 1912 bis zu seinem Tod 1935 in Maracay wohnte, einen **Aufschwung,** viele Straßen, Gebäude und Industriebauten wurden auf Geheiß des absoluten Herrschers erstellt. 1920 wurde die Fliegerschule der Armee gegründet, 1930 der Plaza Bolívar, der größte im ganzen Land, eingeweiht. Weitere Bauwerke wie die Poliklinik, die meteorologische Anstalt und das Hotel Jardín, heute Sitz der Lokalregierung, veränderten das Stadtbild. Maracay hatte schon berühmte Besucher: 1961 war es der damalige Präsident der Vereinigten Staaten von Amerika, *John F. Kennedy,* im Mai 1995 machte Papst *Johannes Paul II.* seine Aufwartung.

Sehenswürdigkeiten

Plaza Bolívar

Der Plaza Bolívar von Maracay ist der **größte des Landes.** Mit einer Breite von 320 m hat er keine Konkurrenz zu befürchten. Der Platz, 1930 eingeweiht, zeichnet sich durch seine vielen Grünflächen und Pflanzen aller Art aus. Viele Sitzbänke laden zum Ausruhen ein. Nicht weniger als 206 Laternenpfosten aus Bronze sorgen für Licht. Der Platz hat viele bekannte „Nachbarn" wie das Teatro de la Opera, den Gouverneurspalast und die Klinik von Maracay. Die Statue von *Simón Bolívar* ist aus Zement gegossen.

Plaza Girardot

In sehr vielen Ortschaften Venezuelas ist die Kathedrale am Plaza Bolívar zu finden, nicht so in Maracay: Hier steht sie am Plaza Girardot. Früher Antigua Plaza El Águila genannt, war der Platz Zeuge der historischen, kulturellen und politischen Entwicklung der

Atlas IV, Stadtplan S. 537

Stadt. Er befindet sich **im kolonialen Zentrum** der Stadt und weist eine Statue von *Atanasio Girardot* auf, dem Namensgeber des Platzes. Der Obelisk in der Mitte – er stellt einen Adler dar – soll an die amerikanischen Soldaten erinnern, die im Unabhängigkeitskrieg in Puerto Cabello hingerichtet wurden. Der Diktator *Juan Vicente Gómez* wohnte während seiner Herrschaft ganz in der Nähe und setzte sich jeden Abend auf eine Bank und schaute dem bunten Treiben auf dem Platz zu.

Kathedrale von Maracay

Am Plaza Girardot steht die Kathedrale. Im 17. und 18. Jh. im Kolonialstil erbaut, wurde sie im Laufe der Zeit immer wieder renoviert und verändert. Heute hat die Kathedrale drei Hauptschiffe, den Turm El Campanario und fünf kleine Kapellen. Sie zählt zu den geschützten historischen Nationalmonumenten.

Der Regierungspalast des Bundeslandes Aragua

Südlich vom Plaza Bolívar erhebt sich der Regierungspalast, der vormals ein Luxushotel war: Im **Hotel Jardín** übernachtete u.a. der US-amerikanische Präsident *John F. Kennedy* bei seinem Besuch in der Stadt. Erbaut wurde das Hotel von dem bekannten Architekten *Villanueva*. Er arbeitete längere Zeit in Paris, und so verwundert es nicht, dass die Gartenanlagen an die Tuilerien in Paris erinnern. Der Palast wurde 1994 zum historischen Nationalmonument erklärt.

Anthropologisches und historisches Museum

Das Museum ist in zwei Teile gegliedert: Einer zeigt präkolumbische Keramiken, Urnen, alte Musikinstrumente und Überreste von Menschen und Tieren aus der Region, der andere Teil widmet sich religiöser Kunst, Dokumenten von *Simón Bolívar,* aber auch dem Wirken des Diktators und Präsidenten **Juan Vicente Gómez.** Er war es, der das Gebäude zwischen 1929 und 1931 erbauen ließ. Hier befanden sich zu seiner Zeit die Bank der Arbeiter und die Bank für Landwirtschaft und Fischfang. Seit 1980 gehört das Museum zu den historischen Nationalmonumenten. Es kann Di bis So von 8–12 und 14–18 Uhr besucht werden, der Eintritt ist frei. C. Alcaldía zwischen Mariño und Soublette, gegenüber dem Plaza Girardot, Tel. 2472521.

Flugzeugmuseum der venezolanischen Luftwaffe

Maracay besitzt die größte Luftwaffenbasis des Landes, und so erstaunt es nicht, dass hier ein Museum der Luftwaffe besichtigt werden kann. Man findet hier eine große Auswahl an **alten Flugzeugen** vor, aber auch Pläne, Modelle und viele Fotografien. Zu den Hauptattraktionen gehört eine Kopie des Flugzeuges von *Jimmy Angel,* der von sich reden machte, als er auf dem Auyan Tepui in der Gran Sabana eine Bruchlandung hatte. Das Original steht auf dem Flughafen von Ciudad Bolívar. Das Flugzeug „La Vaca Sagrada", mit dem der gestürzte Diktator *Marcos Pérez Jiménez* 1958 aus dem Land flüchtete, ist ein weiters prominentes Ausstellungsstück. Zu sehen ist auch die einzige in der Stadt existierende Statue des vormaligen Präsidenten *Juan Vicente Gómez*. Das Museum ist nur Sa und So von 9-17 Uhr geöffnet, der Eintritt ist frei. Base Aragua, Av. Las Delicias c/ Av. 19 de Abril, Tel. 2333812.

Kunstmuseum Mario Abreu

1966 gegründet, zeigt dieses Museum zeitgenössische Kunst von 1950 bis heute. Das wichtigste Kunstmuseum des Bundeslandes widmet sich **venezolanischen Künstlern.** Man kann das Museum Di bis So von 9-15 Uhr besuchen, der Eintritt ist frei. Av. 19 de Abril, Complejo Cultural Santos Michelena, Tel. 2327707.

Zoologischer Garten Las Delicias

Angefangen hat es damit, dass der frühere Diktator *Juan Vicente Gómez* immer wieder Tiere geschenkt bekam und einen Ort brauchte, wo er sie unterbringen konnte. Es entstand nach und nach eine ansehnliche Sammlung, und die Kunde davon ging um die ganze Welt. Immer mehr „Tierspenden" trafen ein, die Sammlung wurde international. Nach dem Tod von *Gómez* wurde die Privatsammlung in einen öffentlich zugänglichen Park überführt. Das nahm allerdings viel Zeit in Anspruch, die offizielle Einweihung fand erst 1952 statt, 17 Jahre nach dem Ableben des Regenten. 2001 wurde der Park renoviert. Im **größten Tierpark Venezuelas** werden Tiere aus der ganzen Welt gehalten, bekannt sind auch seine Aquarien und Terrarien mit vielen Schlangenarten. Der Zoologische Garten befindet sich in der Av. Las Delicias, Distrito Girardot, Tel. 2413933. Geöffnet täglich von 9-16.30 Uhr, Erwachsene zahlen 12 Bs.F. Eintritt, Kinder die Hälfte.

Plaza de Toros

Die wunderschöne Stierkampfarena von Maracay trägt den Namen **Maestraza César Girón** in Erinnerung an den besten Torero Venezuelas. Der Bau, eine genaue Kopie des Originals im spanischen Sevilla, ist im typisch maurisch-andalusischen Stil gehalten, ein Markenzeichen des Architekten *Villanueva* ganz nach dem Geschmack des Ex-Präsidenten *Gòmez,* der die Arena im Jahr 1933 einweihte. Auch heute noch werden Stierkämpfe ausgetragen, vor allem an Sonntagen treffen sich die Fans dieser „Sportart". In der Plaza de Toros finden 7000 Zuschauer Platz.

Teatro Ateneo de Maracay

Auch dieser Bau zeigt den starken Einfluss des ehemaligen Diktators. Das Theater wurde speziell für seine persönlichen Vergnügungen erbaut und konnte 1928 eröffnet werden. Es befindet sich gegenüber der Stierkampfarena und ist Teil des **Boulevards Madre María de San José.** Bereits 1944 wurde der Bau zum historischen Nationalmonument deklariert. Regelmäßig finden hier Theater- und Tanzvorstellungen statt, aber auch Kino- und Dokumentarfilme werden präsentiert. Das klimatisierte Theater ver-

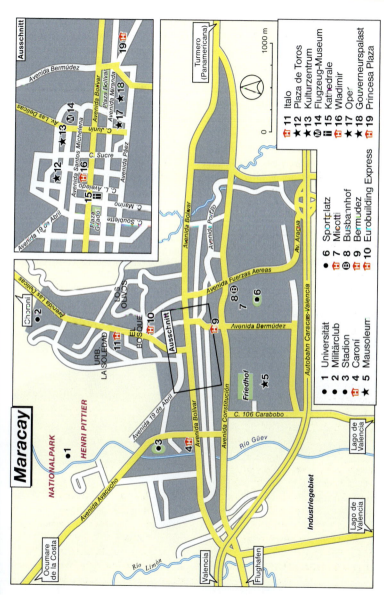

fügt über 400 Sitzplätze. Leider gingen bei diversen Umbauarbeiten viele alte Einrichtungen verloren. C. López Aveledo c/ C. 19 de Abril.

Parque Metropolitano de Maracay

Dieser Stadtpark gilt als der größte im ganzen Land. Es sind einige **Sportanlagen** wie Fußball- und Baseballplätze integriert. Viele Grünanlagen machen den Park zu einem beliebten Erholungsgebiet der Städter. Er liegt am Ende der Av. Aragua im Municipio Girardot.

Avenida Las Delicias

Diese Avenida war die erste in Venezuela, die eigene Fahrspuren für Radfahrer hatte. Heute ist sie die **wichtigste Geschäftsstraße** der Stadt. Alles ist vorhanden: Supermärkte, Geschäfte, Hotels, Restaurants, Nachtklubs, Banken usw. Viele Bäume säumen diese herrliche Avenida, gekrönt wird sie von einer Statue mit dem Bildnis eines Stiers, die unmittelbar beim Zoologischen Garten steht.

An- und Abreise

Busse und Por Puestos

Der **Busterminal** befindet sich an der Kreuzung der Av. Constitución mit der Av. Fuerzas Aéreas (Por Puestos fahren ins Zentrum, Haltepunkte an der Av. Bolívar). Vom Terminal hat man den ganzen Tag über sehr gute Verbindungen ins ganze Land, entweder mit den zahlreichen Autobussen oder mit einem der Sammeltaxis.

Ab 6 Uhr morgens starten die Busse und Minibusse **in Richtung des Nationalparks Henri Pittier,** nach Ocumare de la Costa stündlich bis 20 Uhr, nach Choroní etwa alle 2 Std. bis etwa 16 Uhr. Am Wochenende kommt es öfter zu längeren Wartezeiten. Die Fahrzeit nach Choroní mit dem Bus beträgt etwa 3 Std., falls der Bus keine Panne haben sollte, die Fahrzeit nach Ocumare, mit Anschluss nach Cata und Cayagua, etwa 2 Std.

Weitere **Nahverkehrsbusse** starten stündlich ab dem Terminal nach Caracas, La Victoria, Valencia, Puerto Cabello und San Juan de Los Moros.

- **Maracay – Valencia – Barquisimeto,** ab 5 Uhr halbstündlich bis 21 Uhr, 3 Std.
- **Maracay – Coro – Punto Fijo,** 1x früh am Morgen.
- **Maracay – Coro,** 4x täglich, 7 Std.
- **Maracay – Valencia – Guanare – Bocono – Trujillo – Valera,** 3x täglich.
- **Maracay – Mérida,** 9x täglich, es ist empfehlenswert, die Nachtbusse (ab 20 Uhr) zu benutzen, 11 Std.
- **Maracay – San Cristóbal,** 3x täglich, 12 Std.
- **Maracay – San Fernando,** 8x täglich, zwei Busse mit Anschluss nach Elorzo, 7 Std.
- **Maracay – San Carlos – Acarigua – Guanare – Barinas,** 9x täglich über den ganzen Tag und einer spät abends (die beste Lösung für Leute, die nach Barinas fahren wollen), ca. 6 Std.
- **Maracay – Caicara del Orinoco – Puerto Ayacucho,** 4x täglich, am besten mit dem Frühbus, ca. 20 Std.
- **Maracay – Cumaná,** 3x täglich, abends (Expresos del Mar), 9 Std.
- **Maracay – Carúpano,** 2x täglich (Expresos del Mar, der Abendbus ist empfehlenswert), 11 Std.
- **Maracay – Puerto La Cruz,** 10x täglich, 6–7 Std.
- **Maracay – Puerto La Cruz – Carúpano,** am frühen Nachmittag (Expresos Pegamar).

Von Maracay nicht weit entfernt: der Strand von Choroní

- **Maracay – El Tigre – Ciudad Bolívar – Puerto Ordaz,** 3x täglich, 10 Std.
- **Maracay – Ciudad Bolívar – San Félix – Upata – Km. 88 – Santa Elena,** 3x täglich, 22–24 Std.

**Telefonnummern
der Busgesellschaften:**
- **Expresos del Mar,** Tel. 2351089.
- **Expresos Los Llanos,** Tel. 2350366.
- **Expresos Mérida,** Tel. 2350619.
- **Expresos Occidente,** Tel. 7717844
- **Expresos Flamingo,** Tel. 7712883.

Die Busgesellschaft **Linea Aeroexpresos Ejecutivos** hat gut ausgestattete und sichere Busse. Schnelle Verbindungen gibt es nach Caracas, Valencia, Maracaibo, Puerto La Cruz und Maturín. Das private Busterminal befindet sich in der Av. Bolívar Este gegenüber der Ingenieria Militar, Tel. 2322977 und 2337324. Die Fahrt mit dem Taxi vom/zum normalen Busterminal kostet etwa 2 Euro.

- **Maracay – Caracas,** 5x täglich, 1½ Std. (diese Strecke fährt man aber besser ab dem öffentlichen Terminal in einem der unzähligen Busse, die ständig verkehren).
- **Maracay – Maturín,** 1x abends.
- **Maracay – Maracaibo,** 1x abends, 9 Std.
- **Maracay – Puerto La Cruz,** 1x am Abend, 7 Std.

Flugzeug

Es gab 2008 keinen Personenflugverkehr vom Flughafen in Maracay. Man muss den **Flughafen von Valencia** benutzen, der eine knappe Stunde von Maracay entfernt ist.

Unterkunft

Posada

- **Posada El Limón,** sehr gute Option in Maracay, wunderschöne, persönlich vom Holländer *Bernardo* (der deutsch spricht) geführte Posada in einer ruhigen Wohngegend, nur 15 Min. außerhalb der Stadt. Von hier werden Touren in den Nationalpark Henri Pittier angeboten; besonders für Ornithologen eine interessante Adresse. Pool, Essen auf Vorbestellung, es wird auch Übernachtung in der Hängematte angeboten, KK. C. El Piñal Nr. 64, El Limón, Tel. 2834925, www.posadaellimon.com, €€

Hotels

●**Hotel Pipo Internacional****, das Hotel mit der längsten Tradition in Maracay. Die 122 Zimmer verfügen über alle Annehmlichkeiten eines First-Class-Hotels. Ausgezeichnetes Restaurant, renovierter Pool und Jacuzzi, schön gelegen in Richtung des Nationalparks Henri Pittier, ÜF, KK. Av. Principal, Urb. El Castaño, Tel. 2413111 und 2413343, www.hotelpipo.com, €€€€
●**Hotel Eurobuilding Express****, 85 Zimmer mit allem Komfort, sehr gutes Businesscenter mit WLAN im Hause, Jacuzzi, ÜF, KK. CC Las Delicias II, Av. General Páez, Tel. 2001111, €€€€
●**Hotel Princesa Plaza****, Luxushotel mit 102 sehr schönen Zimmern mit allem Komfort, Restaurant und Wäscherei im Hause, KK. Nur 100 m vom Plaza Bolívar entfernt, Av. Miranda Este Nr. 106, zwischen Av. Fuerzas Aéreas und Av. Bermúdez, Tel. 2320177, hotelprincesplaza@cantv.net, €€€
●**Hotel Italo****, 182 Zimmer mit allen Annehmlichkeiten, Restaurant, Bar, Pool, Jacuzzi und Sauna, KK. Urb. La Soledad, Av. Las Delicias, Tel. 2321576, info@hotelitalo.com.ve, €€€
●**Hotel Bermúdez***, 44 komfortable Zimmer mit Klimaanlage und Kabelfernsehen, Restaurant, ÜF, KK. Av. Bermúdez, gegenüber Cuartel Páez, Tel. 2332143 und 2332142, €€€
●**Hotel Micotti***, nettes Hotel mit 84 schönen Zimmern, die Klimaanlage und Kabelfernsehen haben, Restaurant und Sauna im Haus, KK. Av. Bermúdez, Tel. 2369287 und 2340921, €€€
●**Hotel Pavinber Continental***, 72 schöne Zimmer mit Klimaanlage und Kabelfernsehen, KK. C. Ricaurte Nr. 35, Tel. 2470454, 2469803, 2466338, €€€
●**Hotel Wladimir**, 35 saubere Zimmer mit Klimaanlage und Kabelfernsehen, Restaurant im Hause mit gutem und preiswertem Essen. Av. Bolívar Este Nr. 27, Tel. 2462566 und 2461115, €€

●**Hotel Caroní**, 40 nette Zimmer mit Klimaanlage, im hauseigenen Restaurant kann man sich gut verpflegen, KK. Av. Ayacucho Norte, Tel. 5544465, €€€

Essen und Trinken

●**Odas Café,** gute und abwechslungsreiche internationale Küche mit europäischem und asiatischem Einschlag, KK. Av. Las Delicias, neben der Camera de Comercio, 200 m vom CC Las Américas.
●**Katama Japanese Lunchroom,** japanische Spezialitäten im CC Las Américas, KK.
●**Kokaio Comida Japonés,** eine weitere Möglichkeit, japanisch zu essen, KK. Im CC Las Delicias I, Av. General Páez.
●**Piano-Bar Churchill,** empfehlenswert, KK. Av. Las Delicias c/ C. La Floresta, Tel. 2427343.
●**Restaurante Torigallo,** Gerichte aus aller Welt zu günstigen Preisen. Av. Bolívar, gegenüber vom CC Parque Aragua.
●**Restaurante La Ola,** gutes nationales und internationales Essen zu fairen Preisen. Av. Universidad, Sec. El Limón.
●**Fornaio Express,** klimatisiertes Restaurant mit Terrasse und schöner Bar. Hier gibt es vorwiegend italienische Spezialitäten, 33 verschiedene Pizzas, aber auch Fleisch und Huhn sind erhältlich. La Soledad, C. 6, Edf. Easo, Tel. 2324738 und 2327848, geöffnet ab 11.30 Uhr, KK.
●**Restaurante Lo Spuntino,** bekannt für seine italienischen Teigwarenspezialitäten und sein hervorragendes Tiramisù. CC Paseo Las Delicias, Planta Baja, Local Nr. 72, Av. Las Delicias, Tel. 2326247, pratco@cantv.net, KK.
●**Restaurante Casa Vieja Rosticeria,** verschiedene typische Spezialitäten wie Fleisch, Geflügel und Fisch, die hausgemachten Nachspeisen sind sehr bekannt. C. Zulia Nr. 42, San Ignacio, Tel. 2469989.
●**Buffet Vegetariano Pichincha,** hier findet man eine hervorragende Auswahl an Salaten und Gemüse, zudem gibt es leckere Gerichte aus Vollkornreis. Urb. Santa Rosa, C. Pichincha Sur, Nr. 77, Tel. 5511939.
●**Mi Arepa,** wer es gerne einfach und schnell hat, der isst hier eine der landestypischen

Atlas IV, Stadtplan S. 537

MARACAY

Arepas. Man wählt aus 33 unterschiedlich gefüllten Arepas aus. Daneben gibt es auch Hamburger und Sandwiches. Redoma Palo Negro, Tel. 2352498.

Praktische Reiseinfos

● **Vorwahl:** 0243

Apotheken

Es gibt sehr viele Apotheken (farmacia) über das ganze Stadtgebiet verteilt, sie sind teilweise auch an Sonntagen und Feiertagen geöffnet (auf das Schild „Turno" achten).

Autovermietung

● **Budget,** Urb. San Agustín, C. Las Palmas, Nr. 13, Tel. 2334420, Fax 2330068, zu normalen Bürozeiten, KK.

Einkaufen

● **CC Las Américas,** dieses große Einkaufszentrum verfügt über 250 Geschäfte aller Art, diverse Restaurants und Imbissbuden sowie Kinos. Av. Las Delicias.
● **CC Las Delicias I,** 190 Geschäfte aller Art, Schönheitssalons, Restaurants und Diskotheken. Av. General Páez.
● **CC Las Delicias II,** 160 Läden, das Hotel Eurobuilding Express (s.o.) ist Teil der Anlage, viele Restaurants und Schnellimbisse. Av. General Páez.
● Wer es lieber authentisch mag, der sollte den **Mercado Principal** besuchen. Dieser Markt wurde bereits 1921 eröffnet und verteilt sich auf vier Stockwerke. Hier trifft man sich beim Kauf von Gemüse und Früchten, die das Bundesland Aragua so hergibt. Der Zugang erfolgt über den Boulevard Pérez Almarza oder über die C. Santos Michelena.

Feste/Veranstaltungen

● **23./24. Juni, Fest von Juan Bautista,** Juan Bautista ist der Schutzheilige von Maracay, ihm zu Ehren wird dieses Fest jährlich gefeiert. Am 23. Juni wird seines Todes gedacht, man tanzt und musiziert die ganze Nacht zu den Rhythmen der Tambouren. Am 24. Juni frühmorgens findet eine Prozession statt, die vom Haus Juan Bautistas zur Kirche führt; die Messe beginnt wieder mit dem Spiel der Tambouren. San Juan Bautista hat es geschafft, einer der am meisten verehrten Schutzheiligen des Landes zu werden. Viele Fischer der Region haben es sich zum Brauch gemacht, mit ihren Fischerbooten eine schöne maritime Prozession durchzuführen. Gleichzeitig findet in der Stadt eine Industrie- und Landwirtschaftsmesse statt, und es werden Stierkämpfe durchgeführt.
● **Juni, Diablos danzantes,** die „Tanzenden Teufel" sind afrikanischer Abstammung und hier seit 400 Jahren Tradition. Die ehemaligen Sklaven aus Afrika brachten diesen schönen Brauch mit und vererbten ihn über die Jahrhunderte. Tanzend durchqueren die Teufel die Straßen verschiedener Ortschaften im Bundesland Aragua. Angeführt werden die Gruppen vom 1. Kapitän, dem Chef aller Tänzer, es folgt der 2. Kapitän, der für die Überwachung des Umzugs verantwortlich ist, und schließlich der „Sayona", ein als Frau verkleideter Mann, der die Mutter des Teufels verkörpert.

Geldwechsel

● **Italcambio:** Av. Aragua c/ C. Bermúdez, CC Maracay Plaza, 1. Stock, Local 110-K, Tel. 2356945, 2358542, 3250853, Fax 2351546, Mo bis Fr 8.30–17 Uhr, Sa 8.30–12 Uhr.

Internetcafés

Gute Hotels verfügen fast alle über Internetzugang. Man findet aber auch zahlreiche Internetcafés **im Zentrum.**

Krankenhäuser

● **Hospital Central Maracay,** Av. Las Delicias c/ C. Floresta al Sucre, Tel. 2427087 und 2427098.
● **Policlínica Andrés Bello C.A.,** Privatklinik in der Av. Andrés Bello, Urb. La Cooperativa, Tel. 2420302 und 2421116, 24 Std., KK.
● Bei Zahnschmerzen hilft: **Unidad Médica Odontológica González, Mirabal, Sedíles,** Urb. La Barraca, Tel. 2326760.

Kriminalpolizei

● **CICPC,** Tel. 5540512 und 5540801.

Der Nordwesten

Parque Nacional Henri Pittier

Nachtleben
- **La Cucaracha,** Av. 19 de Abril.
- **Iconos,** Av. Fuerzas Aéreas, im CC Casanova Godoy.
- **Whiskeybar,** Av. Las Delicias, im CC Las Delicias II.
- **Isado,** Av. Las Delicias, hinter der Camara de Comercio.

Post
- **Ipostel,** Av. 19 de Abril c/ C. Mariño.

Reisebüros
- **Agencia de Viajes y Turismo Apolo C.A.,** nationale und internationale Flüge, Touren in Venezuela, Hotels etc. Av. 19 de Abril, Tel. 2458723, 2450220.

Taxis
- **Linea de Taxi CC Las Delicias I,** Urb. Las Delicias, Tel. 2323255, bis 23 Uhr.
- **Alpha Taxi,** C. San Ignacio, Urb. Lourdes, Tel. 2470352.
- **Carribean Taxi,** Urb. Cana de Azúcar, Tel. 2839178, nur bis 21 Uhr.

Parque Nacional Henri Pittier   *IV, B2*

Der **älteste Nationalpark Venezuelas** wurde 1937 mit Unterstützung des Schweizers *Henri F. Pittier* gegründet, der damit, gemeinsam mit *Humboldt,* den Grundstein für das heute noch bestehende System der Nationalparks in Venezuela legte. Der Park dehnt sich über eine Fläche von **1080 km²** aus, schließt eine Küstenkordillere mit über 2000 m hohen Gipfeln ein und wunderschöne Sandstrände mit Palmen bis ans kristallklare blaue Meer. Im Nationalpark sind fast 700 verschiedene Vogelarten gesichtet worden, ein Paradies für Vogelkundige aus aller Welt. Die Natur beeindruckt mit üppiger Vegetation: Riesenbambusstauden an den zahlreichen Wasserläufen, immergrüne Monsunregenwälder, Nebelwäldern in den höheren Berglagen.

Um in den Nationalpark zu gelangen, bieten sich von Maracay zwei Routen an: einmal die **östliche Strecke** über einen 1500 m hohen Pass in Richtung des Kolonialstädtchens **Choroní** und weiter zum 4 km entfernten Puerto Colombia mit dem sehr bekannten und gut besuchten Playa Grande, oder zum zweiten die **Westroute** über den niedrigsten Pass der Kordillere, den **Portachuelo-Pass** mit 1128 m. Der Pass ist bei Ornithologen bekannt und beliebt: Durch Luftströme entsteht am Pass eine Art Flaschenhalswirkung, die verantwortlich ist für das häufige Auftreten der verschiedensten Vogelarten. Man kann sie in unmittelbarer Umgebung der Landstraße bestens beobachten. Auch viele Zugvögel auf ihrem Weg in den Norden machen hier in den Monaten Dezember bis April Stopp. Auf der Westroute gelangt man zu dem Kolonialort **Ocumare de la Costa** mit den Stränden Cata, Catita, El Playón und – besonders einsam und romantisch – Cayagua (ideal zum Wellenreiten).

Die Ostroute in den Nationalpark

Man erreicht Choroní im Autobus in 2–3 Stunden, im Privatwagen oder Taxi in gut 2 Stunden. Wenn man mit einem Privatwagen fährt, ist unbedingt

PARQUE NACIONAL HENRI PITTIER

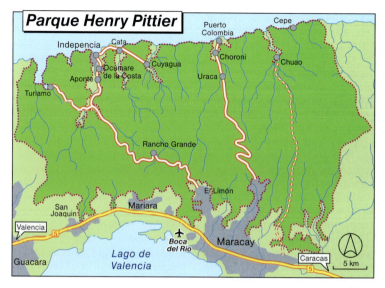

darauf zu achten, dass man in Maracay volltankt, da die nächste und einzige Tankstelle auf dieser Strecke erst wieder bei Puerto Colombia zu finden ist. Man verlässt Maracay auf der Av. Las Delicias, die von der Av. Bolívar und der Av. Bermúdez zu erreichen ist. Die 55 km lange Fahrt führt über eine gute, aber teilweise recht kurvige Straße durch den Nationalpark. Von Choroní sind es nochmals 4 km bis nach Puerto Colombia, einem kleinen Fischerhafen.

Choroní und
Puerto Colombia   IV, B2

Choroní (GPS: N 10°29.46, W 67° 36.62) wurde 1616 von *Diego de Ovalle* gegründet. Bekannt wurde der Ort in Frühzeiten durch den Anbau von Kakao, einem der besten weltweit. Viele Sklaven aus Afrika wurden hierher verschifft, um auf den Plantagen zu schuften. Sie brachten ihre Folklore mit, die auch heute noch einen wichtigen Stellenwert hat, z.B. in der Musik, wo Afrika und Karibik zu heißen Rhythmen verschmelzen.

Choroní ist der Geburtsort der ersten Heiligen Venezuelas. Ihr bürgerlicher Name war *Laura Evangelista* (1875–1967), besser bekannt ist sie als **Madre María de San José.** Ihr Geburtshaus wurde liebevoll restauriert und kann besucht werden.

In Choroní und besonders in Puerto Colombia gibt es eine Unzahl an Unterkunftsmöglichkeiten, meistens handelt es sich um **Posadas** oder kleine **Hotels,** auch viele Familien bieten für die Saison einfachste Unterkunft an. Die Preisstruktur geht von ganz billig bis zu einem extrem hohen Niveau, mit oft auch sehr guter Leistung – eigentlich sollte jeder auf seine Kosten kommen. Die unten genannten Preise gelten für „normale" Tage, einige Posadas senken unter der Woche ihre Preise gewaltig, andere schließen ganz. Wer eine **Exkursion zu Fuß** in den Park unternehmen möchte, kann in Choroní oder Puerto Colombia nach einem Führer fragen.

In **Puerto Colombia** (GPS: N 10° 30.55, W 67°36.35) befinden sich die meisten Restaurants, Posadas, Geschäfte und außerdem eine Open-air-Diskothek. Während es unter der Woche recht beschaulich zugeht, tobt am Wochenende das Leben. In der Saison, besonders im Karneval, an Ostern und Weihnachten, aber auch an langen Wochenenden, sollte man Puerto Colombia besser meiden. Die Preise steigen ins Uferlose, der kleine Ort und der Strand vertragen die Besuchermengen nicht, sodass der (teure) Aufenthalt in jedem Fall zu einer Enttäuschung wird.

Noch ein geschichtlicher Hinweis: Im Jahr 1843 gingen in Puerto Colombia jene deutschen Einwanderer aus dem Schwarzwald an Land, die sich in der Folge mit der **Colonía Tovar** einen Namen machten. Die Nachkommen der Einwanderer fahren auch heute noch traditionellerweise nach Puerto Colombia, um dort ihre Badeferien zu verbringen.

600 m östlich vom Ort befindet sich ein sehr schöner Strand, der **Playa Grande.** Wer mit dem Mietwagen unterwegs ist, muss einen seichten Bach überqueren. Man kann am Playa Grande seine Hängematte aufhängen oder sein Zelt aufstellen, allerdings sollte das Zelt nicht unbewacht bleiben. Es gibt auch ein paar kleine Verpflegungsstände. Wie überall im Lande zieht es die Venezolaner an Wochenenden, an Feiertagen und im Urlaub an den Strand. So ist es nicht verwunderlich, dass auch der Playa Grande zu solchen Zeiten hoffnungslos überfüllt ist und im Anschluss meist sehr stark verschmutzt. Man beachte auch die starken Strömungen, die nicht ungefährlich sind. Die Dorfbewohner können gut Auskunft geben, wo man unbesorgt schwimmen kann und wo nicht.

● **Vorwahl:** 0243

Touristeninformation:
● **In der Posada Casa Luna** (s.u.) gibt es eine inoffizielle Infostelle. *Claudia* aus Düsseldorf hilft gerne mit aktuellen Infos jedweder Art. Außerdem bietet sie Flugreservierungen und -bestätigungen, Touren durch den Nationalpark, Bootstouren, Airportshuttle, Büchertausch usw. an. Die Infostelle ist täglich von 17–20 Uhr geöffnet. Sonst ist *Claudia* auch häufig in der Posada anzutreffen, Tel. 9515318, 0412/1768114, www.jungletrip.de.

**Posadas in den Bergen
(oberhalb von Choroní):**
● **Posada Rancho Mijao,** einfache Posada mit Familienanschluss und netten Zimmern. Die Posada befindet sich 6 km vor Choroní (30 Min. Busfahrt). Tel. 2180687, 6638685, €€€
● **La Gran Posada,** schöne Zimmer. Die Posada liegt 10 km vor Choroní bei der Ortschaft La Planta (20 Min. mit dem Bus), Tel. 5115183 und 2170974, €€€

Atlas IV, Karte S. 543

PUERTO COLOMBIA UND CHORONÍ

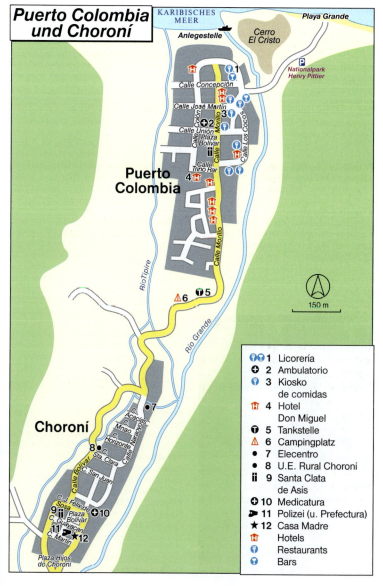

PARQUE NACIONAL HENRI PITTIER

●**Campamento El Cocuy,** mitten im Urwald, 15 Gehminuten von der Ortschaft Uraca entfernt (plus 30 Min. Busfahrt bis Puerto Colombia), Übernachtung in Betten oder Hängematten, Tel. 0416/7473833, Fax 0243/9911106, www.cocuy.org.ve, €€
●**Jungle Lodge,** mitten im Urwald, 10 Min. zu Fuß von der Ortschaft Uraca (plus 30 Min. Busfahrt bis Puerto Colombia), Übernachtung in Hängematten auf der Dachterrasse, Küchenbenutzung, direkt am Fluss gelegen. Buchbar über Posada Casa Luna in Puerto Colombia (s.u.), www.jungletrip.de, €

Posadas in Choroní:
●**Hostería Río Mar,** nette Zimmer im historischen Ortskern. Tel. 9911038 und 0416/6399280, riomar@cantv.net, €€€
●**Posada Colonial,** nicht zu verwechseln mit dem Hostal Colonial (s.u.) in Puerto Colombia, ältere Posada mit Restaurant und Zugang zum Fluss, sehr freundlicher Besitzer, €€. Das Restaurante Picure in der Posada ist das einzige Lokal in Choroní. An Empanada-Ständen kann man sich einen Imbiss holen.

Posadas von Choroní bis zum Ortseingang von Puerto Colombia:
Die Bergstraße von Maracay heißt in Puerto Colombia C. Morillo und geht bis zum Malecón (da endet praktisch die Straße von Maracay). Sie hat zwei Parallel- (eine links, eine rechts) und einige Querstraßen. Straßennamen oder gar Hausnummern sucht man an den Häusern vergebens. Die Posadas sind nach ihrer Lage vom Ortseingang hin zur Strandpromenade (Malecón) aufgeführt.

●**Posada La Casa de Las Garcias,** ca. 700 m von der Hauptstraße Richtung Friedhof, sehr schöne Zimmer in einem renovierten Kolonialhaus mit tropischem Garten und vielen Pflanzen. Eine Reservierung ist empfehlenswert. Tel. 9911056, posada-garcia@etheron.net, €€€€
●**Hostal Piapoco,** sehr schöne Zimmer und ein schöner Garten mit Pool sind die Aushängeschilder der Posada. Zu finden ist sie am Ortseingang am Neubau des Busterminals, Tel. 9911108 und 0414/3664296, €€€€
●**Posada del Sol,** angenehme Zimmer in sehr schöner Anlage, etwas westlich von der Hauptstraße im oberen Teil des Ortes, man folge dem gelben Logo, das eine Sonne darstellt, mit Pool, Tel. 9911121, €€€€
●**Posada El Ancla,** gleicher Ortsteil wie Posada del Sol, unter schweizerischer Leitung, wunderschöner Garten, Pool, Küchenbenutzung, einige Bungalows, Tel. 9911192, 0412/7606501, €€€

Unterkünfte in Puerto Colombia:
●**Galeria Casa Grande,** sehr schöne Anlage, nette Zimmer, Pool und Spa. Hoher Preis, hohe Leistung, gleicher Besitzer wie Hostal Casa Grande. Tel. 9911251, 9911052, €€€€€
●**Posada Semeruco** und **Posada Cataquero,** gemütliche Posadas mit schönen, luftigen Zimmern, sehr freundlich. Tel. 9911264 und 9911238, 0416/2442257, €€€€
●**Hostal Casa Grande,** sehr schöne Anlage mit kleinem Pool und Spa gegenüber der Kirche, sehr empfehlenswert für den sehr an-

Wanderweg im Nationalpark

Atlas IV, Karte S. 543, Plan S. 545 **PARQUE NACIONAL HENRI PITTIER**

spruchsvollen Gast, Tel. 9911251, 9911052, €€€€
- **Posada Turpial**, schöne Zimmer in sehr gepflegter Posada, einen Block vom Plaza Bolívar entfernt, buchbar nur mit Halbpension, mit Reisebüro. Links von der Posada de Choroní, Tel. 9911123, reserva@turpialtravel.com, €€€€
- **La Posada de Choroní**, nette und saubere Zimmer, schöner kolonialer Innenhof, zentral und ruhig. Tel. 9911191, laposadadechoroni@hotmail.com, €€€
- **Hostal Vista Mar**, die einzige Posada am Meer, sehr unterschiedliche Zimmer. Am Malecón links, Tel. 9911111, 9911207, €€€
- **Posada Riqui Riqui**, sehr gute Zimmer in schöner Posada, *Ulf* vermietet auch ein Apartment und ein komplettes Haus, schöne Gartenanlage mit kleinem Pool, Tel. 9911061, 0416/7096366, ulfjaeger@cantv.net, €€€
- **Posada Alemania** oder **Posada Hans**, schöne und saubere Zimmer. Das war die erste Posada in Puerto Colombia. Das hervorragende Frühstück mit dunklem Brot ist auch für Kunden, die nicht in der Posada nächtigen, erhältlich. Tel. 9911157, €€€
- **Posada Tucán**, schöne Zimmer in gemütlicher und sehr freundlich geführter Posada. *Martin* kümmert sich persönlich um seine Kunden in der frisch renovierten Posada. Die Küche darf mitbenutzt werden, und man kann Touren ordern. Tel. 9911178 und 0212/2644961, posadatucan@yahoo.com, €€€
- **Posada La Joaquinera**, nette Posada mit angenehmen Zimmern mit Klimaanlage. C. Colón Nr. 22. Am Casa Luna links und am Ende der Straße rechts runter, Tel. 9911102, €€€
- **Posada Casa Pueblo**, nette Zimmer, die neuen Zimmer im 1. Stock haben alle einen Balkon, Restaurant. Am Casa Luna rechts bis zum Ende der Straße, Tel. 9911006 und 0416/3427225, posadacasapueblo@yahoo.com, €€€
- **Hotel Don Miguel**, 15 einfache, saubere Zimmer, Parkplatz. C. Morillo, Tel. 2911081, €€
- **Hostal Colonial**, einfache Zimmer, teilweise mit eigenem Bad. Die preiswerte Unterkunft befindet sich in einem renovierten Kolonialhaus gegenüber dem (alten) Bus- und Taxistand. Frühstücksrestaurant. Man kann nicht reservieren, €
- **Posada Casa Luna,** 5 einfache und saubere Zimmer (2–5 Personen), 2 Badezimmer, Gemeinschaftsküche. Gegenüber dem (alten) Bus- und Taxistand. Hier befindet sich auch die Touristeninformation (s.o.). Tel. 9515318, 0412/1768114, www.jungletrip.de, €
- **Posada Los Guanches**, einfache und saubere Zimmer mit Bad, man kann nicht reservieren. Am Casa Luna links, am Ende der Straße erhebt sich der Schriftzug „Los Guanches", Tel. 9911209, €
- **Posada La Abuela**, einfache Zimmer, zentral. Nach der Kirche rechts, Tel. 7116491, €

Essen und Trinken:

Puerto Colombia verfügt über eine große Anzahl an Restaurants. Überall bekommt man fangfrischen Fisch. Allzu gerne wird er allerdings lange und in viel Fett gebraten. Typisch venezolanisch werden dazu (in Fett gebratene) *tostónes* und Salat mit Essig und Öl gereicht.

- Die größte Auswahl an Gerichten (auch eine sehr gute Pizza) und ein gutes Frühstück erhält man im **Restaurante Araguaney** mit einer sehr schönen Dachterrasse (in der Ortsmitte). Morgens, mittags, abends 365 Tage im Jahr geöffnet.
- Sehr gut (hervorragende Steaks) isst man bei **Evelyn**, im ersten Restaurant nach dem Flussübergang auf der rechten Seite, die allerdings nur Fr, Sa und So geöffnet hat.
- **Restaurante Mora**, in dem kleinen, netten Lokal kommen ausschließlich Frischprodukte zum Einsatz. Abendessen. Am Basketballplatz, Tel. 9911285.
- Bei der Touristeninformation rechter Hand findet man das **Restaurante Mango.** Die Qualität stimmt, die Auswahl und die Portionen sind recht klein. Fisch und vegetarische Gerichte, Abendessen.
- Die gleiche Familie betreibt ein Stückchen weiter das Frühstücksrestaurant **Tamaira,** in dem man ein gesundes Frühstück erhält.
- Mit Geduld bekommt man ein sehr gutes Frühstück im **Hostal Colonial.**
- Fast am Malecón auf der Hauptstraße findet man das sehr gute **Boku.** Das junge

Der Nordwesten

Kochteam lässt sich immer wieder etwas Neues einfallen.
- Am Malecón gibt es Buden mit sehr empfehlenswerten **Hamburgern;** sie haben vom frühen Abend bis spät in die Nacht geöffnet.
- In der Nähe des Hafens findet man das **Brisas del Mar** mit typisch venezolanischer Küche zu günstigen Preisen.

Feste/Veranstaltungen:
- **1. Mai, Cruz de Mayo,** vergleichbar den Erntedankfesten in Deutschland.
- **31. Mai, Despertar de San Juan** („Erwachen des San Juan")
- **24. Juni, Fiesta de San Juan,** großes Straßenfest mit vielen Trommlern *(tambores).*
- **17. Juli, Virgen del Carmen.**
- **August, Fiesta de Santa Clara de Asis.**

Die meisten dieser Feste finden nicht nur an einem Tag statt, sondern häufig wird eine ganze Woche gefeiert.

Geldwechsel:
Wer nach Choroní oder Puerto Colombia fährt, nimmt am besten genügend Bargeld mit, denn mit Kreditkarten zu bezahlen ist sehr schwierig und Banken gibt es keine vor Ort. US-Dollar, Euro und manchmal auch Travellerschecks können evtl. in Puerto Colombia umgetauscht werden.

Internetcafé:
- **Loffe Mar,** direkt an der Hauptstraße, geöffnet von 10–22 Uhr (wenn Strom da ist ...).

In der Umgebung von Puerto Colombia

Ein schöner, kurzer Ausflug ist der Aufstieg zum **Cristo.** Man überquert dazu die Brücke oder Furt Richtung Playa Grande und geht am Fluss entlang in Richtung Meer. Von der Christus-Statue hat man einen sehr schönen Blick über Puerto Colombia und den Fluss mit seinen malerischen Booten. Steigt man weiter hinauf, erreicht man den **Leuchtturm,** der in Form eines Bootes gebaut ist. Hier beginnt der Trampelpfad (keine Badelatschen benutzen!) hinauf zum Gipfelkreuz. Oben bietet sich ein atemberaubender Ausblick auf den Playa Grande.

Ein weiterer Strand in der Nähe von Puerto Colombia ist **El Diario,** wo statt Palmen Pinien und Kakteen wachsen. Mit dem Boot ist man in ca. 10 Min. dort, der Fußweg ab Puerto Colombia nimmt ca. 2 Std. in Anspruch. Von der Hauptstraße Richtung Choroní geht man hinter dem Dorf El Camping in eine Seitenstraße, die zur Posada Casa de Las Garcias führt. Vorbei am Friedhof orientiert man sich an den Funkmasten, steigt allerdings nicht ganz zu diesen hinauf, sondern folgt dem anderen Pfad, der in ca. 30 Min. rechts zum kleinen Strand führt. Übrigens belohnt der Aufstieg zu den Sendemasten mit einer großartigen Aussicht.

Sollte man sich alleine auf den Weg in den Nationalpark machen wollen, empfiehlt es sich, mit dem Bergbus bis **La Planta** (20 Min.) zu fahren oder bis **Uraca** (30 Min.), wo man in dem **Wasserfall El Dique** baden und sich das 1910 erbaute Wasserwerk anschauen kann, das heute als Kunst- und Kulturstätte in Betrieb ist (wenn man Glück hat, ist das Werk geöffnet, aber auch von außen ist es beeindruckend und man kann durch die Fenster einen Blick nach innen werfen).

Einen wesentlich besseren Eindruck erhält man vom Park, wenn man sich einer **geführten Bergtour** anschließt. Diese kann man z.B. über die Posada Casa Luna (s.o.) buchen oder bei dem Guide „Vivi" *(Virgilio Espinal)* des Campamento El Cocuy (s.o.).

Nur 5 km östlich von Puerto Colombia (20 Min. Bootsfahrt) liegt der Playa Chuao. Das 1200 Einwohner zählende Dorf **Chuao** erreicht man in ca. 1 Std. zu Fuß auf einer sandigen Straße oder mit dem unregelmäßig fahrenden Bus, der wie alle anderen 20 Autos der Dorfbewohner in kleinen Booten über das Meer gebracht werden musste. Wer Chuao von Choroní zu Fuß erreichen möchte, wandert rund 10 Std. durch den Wald, ein Führer ist ratsam. Ein Platz im Boot kostet etwa 5 Euro pro Person und Strecke. Chuao wurde für seine koloniale Architektur 2002 von der UNESCO ausgezeichnet. Vor allem jedoch ist es berühmt für seinen hervorragenden Kakao. Dieser wird auf dem Kirchplatz zum Trocknen ausgelegt. Einige Familien bieten Trinkschokolade und Schokotafeln mit 100% Kakaogehalt an. Sucht man sich im Dorf bzw. in einer Posada einen Begleiter, kann man den schönen Wasserfall El Chorerón besuchen. Dazu muss man pro Strecke ca. 30 Mal den Fluss überqueren und holt sich nasse Füße.

Unterkunft in Chuao:
●**Posada La Llozonera,** am Eingang des Dorfes, Tel. 0243/2357648, €€€
●**Hostería Playa Chuao,** am Strand gelegen, Tel. 0243/5549269, €€€

Fest:
●**Fiesta de los Diablos Danzantes de Chuao,** die Tradition dieses Männerfestes besteht seit der Kolonialzeit; von der Kirche verboten, wurde fortan in Kakaohaziendas gefeiert; heute wird im Dorf die ganze Nacht durch wild zum Rhythmus der Trommeln getanzt; das entsprechende Fest der Frauen ist San Juan de Bautista.

Der wunderschöne **Playa Cepe** liegt ca. 10 Min. weiter als der von Chuao. Cepe verfügt über eine Posada, eine Tauchbasis und ein paar Restaurants inmitten von Palmen. Der Platz im Boot kostet etwa 7 Euro pro Strecke (ab Choroní).

●**Unterkunft: Posada Puerto Escondido,** Tel. 0243/2414645, 0416/7433389.
●**Tauchbasis: Puerto Escondido Dive Center,** Tel. 0243/2421477, 0414/1235225.
Die Telefonnummern gelten für Maracay, da die Telefonverbindung nach Cepe nicht gewährleistet ist. Telefonische Reservierungen fürs Tauchen sind schwer machbar, da die Buchung häufig erst nach den Gästen in Cepe ankommt ... Man begibt sich also am besten nach Cepe und klärt die Lage persönlich vor Ort ab. Es kann auch sein, dass die Tauchbasis nicht besetzt ist. Wenn aber alles klappt, dann lohnt es sich sehr.

Die **Strände Valle Seco, Aroa** und **Uricaro** verfügen über keine bewohnbaren Häuser. An Wochenenden und in der Hochsaison werden in Valle Seco und Uricaro in einer Strandhütte Mahlzeiten und Getränke angeboten. Die Fahrt mit dem Boot ab Choroní sollte pro Boot etwa 40 Euro kosten.

Die Westroute in den Nationalpark

Dieser sehr empfehlenswerte Ausflug an die Küste sollte auf keinen Fall an einem Wochenende oder während der Schulferien unternommen werden. Dann sind die Strände rammelvoll, nicht anders als in Choroní und Puerto Colombia. Zur Anreise nimmt man in Maracay die von der Av. Bolívar abzweigende Av. Ayacucho in nördlicher

PARQUE NACIONAL HENRI PITTIER

Richtung und folgt dann der Beschilderung nach **El Limón** und Ocumare. Man kann mit dem Bus fahren (stündlich ab dem Busterminal in Maracay), oder man nimmt ein Por Puesto. Diese starten auch von dem kleinen Busterminal Bermuvar in **Caña de Azúcar**, Sec. Feliz Rivas, in der Nähe von El Limón. Die westliche Straße durch den Nationalpark Henri Pittier ließ der Diktator *Juan Vicente Gómez* anlegen, um einen Fluchtweg aus Maracay ans Meer zu haben. Man fährt über den **Portachuelo-Pass** (1128 m) mit wunderschönem Ausblick auf den im Tal liegenden See von Valencia. Kurz be-

PARQUE NACIONAL HENRI PITTIER

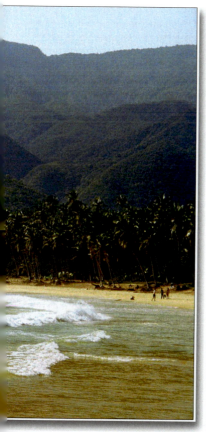

vor man den Pass erreicht, passiert man das Hotel Rancho Grande, ein weiterer „Gómez-Bau", von denen es so viele in der Gegend gibt.

Hier kann man die Forschungsstation Rancho Grande besuchen (**Estación Biológica Rancho Grande,** Tel. 0243/5507085, geöffnet täglich von 8-16 Uhr, Nationalparkgebühr 1 Euro). Es gibt sogar sehr einfache Unterkunftsmöglichkeiten im Jugendherbergsstil in der Ruine des Hotelpalastes, eine Übernachtung kostet dort 3 Euro (Studenten zahlen die Hälfte) mit dem Recht zur Küchenbenutzung. Leider ist nicht immer jemand da, der die wirklich simplen Zimmer vermietet, auch telefonische Anfragen laufen oft ins Leere. Auf jeden Fall muss man sich seine Verpflegung und Bettlaken selber mitbringen. An der Station sind manchmal gut ausgebildete Führer anzutreffen, die für wenig Geld Führungen in die nähere Umgebung unternehmen. Wer länger verweilen möchte, muss eine Genehmigung der Nationalparkbehörde Inparques haben, Tel. 0243/5507089. Es gibt einen ausgewiesenen Wanderpfad, der direkt an der Station beginnt, den **Sendero Andrew Field,** in dessen Verlauf (etwa 2 Std., mit ausführlichen Erläuterungen der Guides) man eine großartige Vielfalt in der Vegetation des Nationalparks zu Gesicht bekommt – besonders für Insektenforscher und Vogelkundler ein Eldorado! Der Pfad darf nur in Begleitung eines Guide und mit Genehmigung von Inparques benutzt werden. Ein empfehlenswerter Naturführer ist *Ronald Luján,* Tel. 0416/2380199, ronaldflx@yahoo.com. Die Anfahrt zur Station kann ab Maracay oder El Limón mit dem Taxi für etwa 8 Euro erfolgen.

Der Playa Grande bei Puerto Colombia

PARQUE NACIONAL HENRI PITTIER

13 km nach dem Portachuelo-Pass folgt eine Abzweigung, der Weg links endet in einem Sperrgebiet der Marine. Kurz nach dieser Kreuzung führt eine weitere Abzweigung nach links zum Dorf Cumboto. Hier startet ein ausgezeichneter Wanderpfad in die Vielfalt des Nationalparks, der **Sendero Santa Maria**, eine etwa vierstündige Wandertour in die Berge zu der Kakao-Hazienda Santa Maria. Der Startpunkt befindet sich am Ortsende von Cumboto, am Bach, in dem man sich köstlich erfrischen kann. Einen Begleiter für die Wanderung kann man sich direkt in Cumboto suchen oder von einer Posada in El Playón mitgeben lassen. Man kann im Ort auch ganz nett übernachten:

- **Posada El Zaguán de Cumboto,** Tel. 0414/3093451, 0412/7553413, sehr einfach, die Betreiber kennen die Gegend sehr gut, €€

Fährt man an der Weggabelung, die oben beschrieben wurde, nach rechts, erreicht man nach wenigen Kilometern das Dorf **Ocumare de la Costa** (GPS: N 10°27.79, W 67°46.17) mit einer Tankstelle. Der Ort ist ein guter Ausgangspunkt, um zu den benachbarten Stränden zu gelangen. Am nächsten liegt **El Playón** (GPS: N 10°29.04, W 67°46.34). Hier findet man kleine Hotels, viele Posadas und Restaurants und – am wichtigsten – einen langen Sandstrand. Die Brandung ist manchmal sehr stark, etwas ruhiger geht es am östlichen, flacheren Strandabschnitt namens **La Boca** zu.

4 km von Ocumare de la Costa entfernt liegt die **Bahía de Cata**; die Bucht ist längst kein Geheimtipp mehr. Das **Balneario de Cata** hat eine sehr gute Infrastruktur, es gibt viele Parkplätze, Restaurants, Sonnenschirme und Strandhütten zu vermieten. Vor allem am Wochenende, wenn auch die Städter aus Maracay hierher fahren, herrscht reger Betrieb.

Fährt man von dieser Bucht nochmals 10 km ostwärts, kommt man nach **Cuyagua**. Der ruhige Ort liegt inmitten von Kakao- und Kokosnussplantagen. Die Straße ist relativ schmal und weist jede Menge Kurven auf. Der Strand ist sehr schön und im Gegensatz zu seinen Nachbarstränden noch wenig bevölkert.

Unterkunft in Ocumare de la Costa:
- **La Posada de Maria Luísa,** im Zentrum der Ortschaft, in der Nähe der Plaza Bolívar, die Posada verfügt auch über ein Restaurant und eine Bar. Tel. 0243/9931184, Fax 9931073, www.posadamarialouisa.com, €€€

Unterkunft in El Playón:
- **Posada de la Costa,** Eco Lodge, gemütliche, aber kleine Zimmer, sauber und gepflegt, mit Frühstück. Die erste Adresse vor Ort, direkt an der Strandpromenade, die Inhaber sind auch Reiseveranstalter. Es werden auch komplett eingerichtete Bungalows vermietet, und als Exklusivität kann man hier ein 2-Zimmer-Haus am einsamen Fjord von La Ciénaga mieten (20 Bootsminuten vom Ort entfernt, mit Vollpension). Man kann diesen herrlichen Strand auch im Rahmen eines Tagesausflugs genießen. Tel. 0243/9931986, 2182733, 0414/4600655, www.ecovenezuela.com, €€€€
- **Posada Hotel Acuario,** 28 nette Zimmer, die Posada verfügt über ein Pool, ein gutes Restaurant und einen kleinen Minimarkt, ÜF, KK. C. Vargas Nr. 64, Tel. 0243/9931956 und 9931266, Fax 9931513, www.hotelacuario.com.ve, €€€

Atlas IV, Karte S. 543

PARQUE NACIONAL HENRI PITTIER

●**Posada Boconó,** 16 schöne Zimmer, direkter Zugang zum Sandstrand. Die Posada wird von Holländern betrieben, Pool, Wäscherei, Klimaanlage, Infocenter, Abholservice vom Bus oder Flughafen, KK. C. Fuerzas Armadas Nr. 44, Tel. 0243/9931434, 0412/4210600, www.posadabocono.com.ve, €€€

●**Posada Los Helechos,** schöne Zimmer in nettem Haus. C. Santander Nr. 63, Tel. 0243/9931385 und 0414/5875757, www.posada-loshelechos.com, €€€

●**Posada Mis Viejos,** nette und saubere Zimmer mit Klimaanlage und Kabelfernsehen. C. Soublette Nr. 14, €€€

●**Hotel Montemar,** 26 einfache, saubere Zimmer, ohne Restaurant. Am Boulevard von El Playón, Tel. 9931173, €€

**Essen und Trinken
in Ocumare de la Costa:**

●**Restaurante La Gorda Alia,** gutes Restaurant mit typischen Gerichten aus der Gegend. Am Ortseingang auf der Hauptstraße, kurz nach dem neuen Einkaufszentrum.

●**Restaurante Los Nonnos,** gutes Restaurant mit italienischem Flair und preiswerter Küche. C. 49, Tel. 9931954.

**Feste und Veranstaltungen
in Ocumare de la Costa:**

●**20. Januar, Tag des Heiligen Sebastian,** Reiterspiele mit Stieren *(Toros coleados).*

●**Juni,** an verschiedenen Tagen in der ganzen Region **Teufelstänze** mit schönen, selbst gefertigten Masken.

Der paradiesische **Meeresarm La Ciénaga** im Westen des Nationalparks ist nur mit dem Boot zu erreichen. Dieser unter der Woche ruhige Fjord verfügt über private Ferienhäuser und kleinere Strände mit z.T. nur hüfthohem Wasser, das warm und ruhig ist wie in einer Badewanne. Man sollte darauf bestehen, dass der Bootsführer eine Tour durch die Mangroven unternimmt.

Beim Strandnest **Cata** dehnt sich einer der schönsten Strände Venezuelas aus: Das **Balneario Turístico de Cata** ist aber schon lange kein Geheimtipp mehr. Am langen feinen Sandstrand mit kristallklarem Wasser sind Strandhäuser *(cabañas)* entstanden, die man mieten kann, es gibt diverse Strandrestaurants, Sonnenschirmverleih und vieles mehr. Leider stören zwei nicht schön anzusehende mehrstöckige Apartmentanlagen das sonst idyllische Bild. Am Wochenende herrscht viel Betrieb. Die Gegend von Cata hat insgesamt rund 3500 Einwohner.

Unterkunft in Cata:

●Wer in Cata übernachten möchte, kann das in der sympathisch geführten **Posada Las Tres Marias** tun. 4 kleine, saubere Zimmer und 1 Apartment mit 2 Zimmern und eingerichteter Küche. An der Hauptstraße gegenüber des Hauptplatzes in einem zweistöckigen Haus. Tel. 0243/2178205 und 0416/2464076, ygalindez@friagro.com, €€€

Essen und Trinken in Cata:

●**El Ensayo,** an diesem Kiosk direkt am Strand kann man sich auch vegetarisch ernähren, es gibt gefüllte *pastellitos* mit Käse oder Gemüse, Pizzas, Suppen, Hamburger und Fleischspezialitäten. Die Besitzerfamilie hat eine eigene Musikgruppe gegründet, die den Gästen gerne ein Ständchen darbietet. Nett und preiswert. Geöffnet an Wochenenden von 9–18 Uhr.

Nach einer fast 20 km langen (ab Cata), spannenden und kurvenreichen Fahrt ist der unberührte **Playa Cuyagua** erreicht. Hier wird häufig gezeltet, der Strand ist bei Surfern sehr beliebt; er gilt als einer der besten des Landes und ist auch noch nicht so überlaufen wie andere Strände. Es gibt ein paar Strandkioske, in denen man auch eine Kleinigkeit zu essen bestellen kann.

Der Nordwesten

Von Maracay nach Valencia

Das angrenzende Dorf **Cuyagua** ist ein ruhiger Ort inmitten von Kakao- und Kokosnussplantagen. Hier kann man übernachten:

Unterkunft in Cuyagua:
- Posada Cuyagua Mar, einfache Posada, sehr freundlich, Verköstigung möglich. Av. Principal, Cruce c/ C. La Cruz, Tel. 0243/ 2346483 und 0416/8026070, www.posadacuyaguamar.com, €€
- Posada Doña Meche, sehr einfache, saubere Zimmer, man darf die Küche und den Kühlschrank mitbenutzen, im selben Gebäude gibt es auch einen kleinen Einkaufsladen. Bootstouren, die nach Choroní, Chuao und La Cíenaga führen, können gebucht werden. C. La Cruz, schräg gegenüber vom Plaza Bolívar, Tel. 0243/9511008 und 9515400, €

Essen und Trinken in Cuyagua:
- Tasca Posada Franna Pizza, hier gibt es gute Pizzas und Spezialitäten aus dem Meer. Gegenüber vom Plaza del Pueblo, man kann hier auch ein einfaches Zimmer mieten.
- El Rancho de López, leckerer frittierter Fisch und Arepas werden aufgetischt. Einfach und preiswert, direkt am Strand bei der Flussmündung ins Meer.
- El Caney de Chicha, zwei schwarze Frauen, traditionell angezogen, kochen und bedienen die Gäste. *Cristina* und *Catalina* bieten u.a. frittierten Fisch, Fischsuppe, Kuttelsuppe und Krevetten (eine Garnelenart) an. Im Dorfzentrum.

Die weiteren Strände ostwärts, **Playa Oricao, Playa Patanemo** und **Playa El Diario** (der ist schon wieder zu Fuß von Puerto Colombia aus erreichbar), können nur mit dem Boot angesteuert werden.

Von Maracay nach Valencia

Von Maracay bis Valencia sind es gerade mal 50 km. Auf der Autopista 1 ist diese Strecke in rund 40 Minuten zu bewältigen. Über die Panamericana braucht man wesentlich länger. Die Strecke hat nichts zu bieten, im Umfeld der Städte breiten sich Industriegebiete aus, ab und zu sieht man Zuckerrohr-, Mais-, Reis- und Baumwollfelder. Auf dem Weg nach Valencia fährt man am zweitgrößten See Venezuelas, dem **Lago de Valencia**, vorbei, allerdings merkt man das kaum. Der See hat eine Fläche von 370 km², ist aber in den letzten Jahren um rund ein Drittel geschrumpft. Die umliegende Zone eignet sich hervorragend für die Landwirtschaft. Auf dem ertragreichen Boden werden Weizen, Kakao, Tabak und Zuckerrohr angebaut. Ebenso wird das Land als Weideland für Rinder genutzt. Schon in frühen Zeiten ließen sich hier Siedler nieder – das indianische Wort „Tacarigua", wovon sich der spanische Name Aragua für das Bundesland ableitet, heißt übersetzt nichts anderes als „fruchtbarer See". In den Museen von Maracay und Valencia sind Überreste früher Indianerkulturen zu sehen, man schätzt das Alter der Funde auf rund 4000 Jahre. Auf der Strecke kommt man an dem Ort **San Joaquin** vorbei, in dem die Zentrale von Polar, der größten Bierbrauerei Venezuelas, ihren Sitz hat. Hier haben sich viele deutsche Braumeister angesiedelt.

Atlas IV, Stadtplan S. 559

VALENCIA

Wer von Maracay **direkt nach Puerto Cabello** fahren will, kann die Großstadt Valencia umgehen. Man biegt dazu einfach von der Autopista 1 beim Verteiler San Blas in nördlicher Richtung ab; der Verkehr ist in der Regel dicht, aber die gute Ausschilderung macht die Orientierung leicht.

Wer direkt **ins Zentrum von Valencia** gelangen will, verlässt die Autobahn am besten beim Verteiler Distribuidor del Este (auch Abfahrt zur Urb. Lomas del Este). Die C. 105 führt zur Av. 100 Constitución. Dort muss man links abbiegen, um ins Zentrum zu gelangen.

Valencia ⌕ IV, A2

GPS: N 10°10.95, W 68°00.19

Valencia ist mit rund **1,4 Mio. Einwohnern** die drittgrößte Stadt Venezuelas. Sie gilt als wichtigstes Landwirtschafts- und Industriezentrum des Landes und hat daneben sehr gute Universitäten und Hochschulen. Die Produktion von Mais, Kartoffeln, Maniok, schwarzen Bohnen, Zucker, Tabak und Kaffee machen Valencia und das Bundesland Carabobo im Allgemeinen zu einem wichtigen Faktor für die Lebensmittelversorgung des Landes. Im Industriesektor findet man Produktionsstätten für Autos, Metall verarbeitende Betriebe, chemische Labors, es werden Gas, Asphalt, Keramik, Papierprodukte, Getränke, Lebensmittel und sonstige Bedarfsgüter hergestellt.

Stadtgeschichte

Man war sich lange Zeit nicht ganz einig, wer die Stadt gegründet hat. Einige meinten, es sei 1553 *Vicente Díaz* gewesen, andere Quellen sprachen davon, die Siedlung sei zwischen 1553 und 1557 durch *Alonso Arias de Villasinda* angelegt worden. Der Stand heute: Nueva Valencia del Rey, wie der Ort getauft wurde, entstand am 25. März **1555** durch *Alonso Arias de Villasinda*. Die Stadt erfuhr im Laufe der Zeit viele Namensänderungen und wurde wegen ihrer exponierten Lage oft von Piraten angegriffen. Sie war immer wieder Ort wichtiger Ereignisse in der Landesgeschichte. So fand in der Nähe am 24. Juni **1821** die berühmte und im kollektiven Gedächtnis der Venezolaner verankerte **Schlacht von Carabobo** statt. Sie war entscheidend für den erfolgreichen Ausgang des Unabhängigkeitskrieges. Auf dem Schlachtfeld standen die Anführer des Widerstands gegen die Spanier, *Simón Bolívar, José Antonio Páez* und *Antonio José de Sucre*. Valencia war dreimal Hauptstadt des Landes, 1876 wurde in der Stadt das erste Elektrizitätswerk Venezuelas in Betrieb genommen.

Sehenswürdigkeiten

Plaza Bolívar

Wie sollte es auch anders sein: Natürlich ist auch in Valencia der Plaza Bolívar das **Zentrum** der Stadt. Er liegt im historischen Sektor, viele Geschäftsstraßen verlaufen in der Nähe. Auf einer weißen Marmorsäule thront

Der Nordwesten

VALENCIA

Simón Bolívar in Bronze, er blickt in jene Richtung, wo die Schlacht von Carabobo stattfand.

Catedral Nuestra Señora de La Anunciación de Valencia

Die Kathedrale **am Plaza Bolívar** wurde 1580 erbaut und erfuhr im Laufe der Zeit viele Renovierungen und Umbauten. Der neoklassische Stil, in dem sie sich heute zeigt, kam erst später hinzu, wie auch der südliche Turm, in dem sich eine Krypta mit den sterblichen Überresten der Militärführer *Manuel Cedeno* und *Ambrosio Plaza* befindet. In der Kirche hängt ein Bild der *Virgen del Socorro,* erwähnenswert sind auch zwei Werke des einheimischen Künstlers *Antonio Herrera Toro*.

Capitolio

Das Kapitol von Valencia, 1772 von Karmelitern erbaut, war jahrelang ein Studienzentrum der Jugend. Aktuell ist hier der **Regierungssitz** des Bundeslandes Carabobo. Nach zahlreichen Renovierungen erstrahlt der Bau in neuem Glanz. In der antiken Kapelle, die zum Haus gehört, kann man ein Gemälde von *Arturo Michilena* bestaunen; es zeigt *Simón Bolívar* auf seinem Lieblingspferd „Paloma".

Casa Páez

Dieses wunderschöne **Kolonialhaus** gehörte General *José Antonio Páez*, einer der wichtigsten militärischen Führer im Unabhängigkeitskrieg. Die Räume gruppieren sich um einen schönen Innenhof, das Haus hat riesige Salons und lange Gänge, im Keller befindet sich ein kleines Verlies, das zu Lebzeiten des Generals als Gefängnis diente. Im Haus hängen Gemälde, die die Schlacht von Carabobo thematisieren. Es heißt, *Páez* habe im Haus Unterricht in Tanz, Musik, Botanik, Englisch und Französisch bekommen, und dies habe Valencia zu einer Stadt der Kultur werden lassen. Das Haus kann Di bis So von 9–14 Uhr besucht werden, der Eintritt ist frei, Av. Boyacá Nr. 99-20, zwischen C. Páez und C. Colombia.

Palacio de Los Iturriza

Der koloniale Palast aus dem 18. Jh., auch **Quinta Isabela** genannt, veranschaulicht auf eindrucksvolle Art und Weise, wie damals die reiche Oberschicht wohnte und lebte. Die Zimmer wurden im romantischen Stil nach europäischem Vorbild eingerichtet, die schöne Gartenanlage hat einen kleinen Aussichtsturm. Das Haus wechselte mehrmals den Besitzer und erfuhr über die Jahre einige Modifizierungen. 1991 wurde es von der Lokalregierung gekauft und steht seitdem der Öffentlichkeit offen. Es kann Mo bis Fr von 9–17 Uhr und Sa/So von 10–17 Uhr besucht werden, der Eintritt ist frei, Av. Miranda c/ C. Rojas Queipo.

Ateneo de Valencia

Das Gebäude wurde am 25. Februar 1936 von der Schriftstellerin *María Clemencia Camarán* „eingeweiht", mit dem Ziel, lokaler, nationaler und internationaler **Kunst** in Valencia eine Heimstatt zu geben. Das Haus verfügt über verschiedene Säle, in denen regelmäßig Wechselausstellungen gezeigt werden. Zusätzlich gibt es eine Tanz-/Theaterabteilung, in der viele lateinamerikanische Künstler auftreten. Im Ateneo befindet sich das stadtbekannte **Café-Restaurant La Bohemia;** die exquisite Küche macht den Besuch zu einem Fest der Gaumenfreuden. Av. Bolívar c/ C. Salom, Tel. 8576573 und 8580046, ateneo@ateneodevalencia.com

Casa de Los Celis – Museum der historischen Kunst und Fundación Lisandra Alvarado

Dieses herrliche **Kolonialhaus** ließ im Jahr 1765 der spanische Offizier *Don Ramón de Ibarrolaburu y Anorga* erbauen. In Kriegszeiten war hier das Krankenhaus untergebracht. Als der Offizier nach Spanien reiste, wurde das Haus konfisziert. 1839 erwarb es ein anderer Offizier, *Pedro Celis,* der die größten Bälle ausrichtete, die Valencia je gesehen hatte. Auch die Casa de Los Celis vermittelt einen guten Einblick in das Leben der Reichen anno dazumal. Im historischen Kunstmuseum im Haus sieht vor allem Werke des einheimischen Künstlers *Andrés Pérez Mujica*. Das Museum ist Di bis So von 9–15 Uhr geöffnet, der Eintritt kostet 5 Bs.F., C. Soublette c/ C. Comercio, im Stadtzentrum, Tel. 6176867, info@casacelis.com.ve.

Historisches und Anthropologisches Museum

Hier sind viele antike Karten und Fotos der Region ausgestellt. Daneben sieht man auch Kunsthandwerk aus der Zeit vor den Spaniern und alte Waffen aus der Kolonialzeit. Drei Säle des Museums sind Helden des Unabhängigkeitskrieges gewidmet: einer *Simón Bolívar*, ein anderer General *Juan José Flores* und der dritte General *Bartolomé Salom*. Das Museum kann Mo bis So von 7–19 Uhr besucht werden, der Eintritt ist frei, Av. Bolívar.

Stadttheater

Der damalige Präsident des Bundeslandes Carabobo gab den Bau 1877 in Auftrag, er konnte im Oktober 1894 eingeweiht werden. Das Gebäude und die Innenarchitektur sind Kopien der bekannten Opéra de Paris. In dem Theater, das den Rang eines historisches Nationalmonuments hat, finden regelmäßig Vorstellungen und Konzerte statt. Das Programm kann man direkt im Stadttheater einsehen, in der C. Colombia c/ C. Carabobo neben der Fakultät für Rechtswissenschaften der Universität von Carabobo.

Plaza de Toros

Südlich der Stadt befindet sich die **größte Stierkampfarena Venezuelas.** Sie bietet nicht weniger als 27.000 Besuchern Platz. Die meisten Stierkämpfe finden im Februar und November statt. Um die Arena zu erreichen, fährt man die Av. Constitución entlang (sie ist die Verlängerung der Av. Bolívar).

An- und Abreise

Busse und Por Puestos

Der öffentliche **Busterminal** ist an der C. 73 zwischen Av. 93 und Boca del Río zu finden, ganz in der Nähe des Vergnügungsparks Big Low Center. Man erreicht ihn einfach mit Sammeltaxis oder normalen Taxis. Die Fahrkartenschalter *(venta de boletos)* befinden sich an beiden Seiten des lang gezogenen Terminals. Jede Buslinie hat wie üblich ihren eigenen Schalter, man muss sich etwas umsehen, da das Angebot sehr groß ist. Man bekommt, wie in jedem Terminal des Landes, freundliche Hilfe angeboten, um den richtigen Bus zu finden, allerdings sollte man bedenken, dass diese Leute von den Buslinien für jeden „angeworbenen" Fahrgast bezahlt werden, man also evtl. nicht zum besten und/oder nächstmöglichen Bus gelotst wird.

- **Valencia – Caracas,** ab 5 Uhr früh alle 30 Min. bis 21 Uhr, 2½ Std. Fahrzeit.
- **Valencia – Maracay,** ab 5 Uhr früh alle 20 Min. bis 21 Uhr, 1 Std. Fahrzeit.
- **Valencia – Puerto Cabello,** ab 6 Uhr früh alle 30 Min. bis 21 Uhr, 1 Std. Fahrzeit.
- **Valencia – Barquisimeto,** ab 6 Uhr früh jede Stunde, 2½ Std. Fahrzeit.

Fernbusse nach Westen:
- **Valencia – Ciudad Ojeda – Cabimas – Maracaibo,** 2x täglich mit Expresos del Lago, 9 Std. Fahrzeit.
- **Valencia – Maracaibo,** 4x täglich mit Expresos Occidente, 9 Std. Fahrzeit.

Fernbusse nach Südwesten:
- **Valencia – Acarigua – Guanare – Barinas,** 6x täglich mit Expresos Barinas, empfehlenswert ist der Frühbus oder der Bus in der späten Nacht, 8 Std.
- **Valencia – Valera,** 1x am Abend mit Expresos Occidente.
- **Valencia – Mérida,** 2x täglich mit Expresos Flamingo, es wird der Bus am Nachmittag empfohlen, so kommt man am kommenden Morgen sehr früh an, 10 Std.
- **Valencia – Maracaibo,** 4x täglich mit Expresos Flamingo, 9 Std.
- **Valencia – San Cristóbal,** 3x täglich mit Expresos Flamingo, 10 Std.
- **Valencia – Mérida,** 1x nachts mit Expresos Occidente, 10 Std.
- **Valencia – Mérida,** 1x nachts mit Expresos Mérida, 10 Std.
- **Valencia – San Cristóbal – San Antonio,** 1x täglich mit Expresos Occidente, 12 Std.

Fernbusse nach Süden:
- **Valencia – San Fernando de Apure,** 12x täglich, 8 Std. Fahrzeit.
- **Valencia – Cabruta – Caicara – Puerto Ayacucho,** 1x abends mit Transporte Extra Urbana del Amazonas.
- **Valencia – Cabruta – Caicara – Puerto Ayacucho,** 3x am frühen Morgen.

Fernbusse nach Osten und Südosten:
- **Valencia – Puerto La Cruz,** 2x täglich mit Expresos Pegamar.
- **Valencia – Puerto La Cruz,** 3x täglich mit Expresos Los Llanos.
- **Valencia – Barcelona – Puerto La Cruz – Cumaná – Carúpano,** 2x täglich mit Pegamar.
- **Valencia – Carúpano,** 1x spat in der Nacht mit Expresos Flamingo, empfehlenswert.
- **Valencia – Maturín,** 3x täglich mit Expresos Pegamar.
- **Valencia – Punta de Mata – Maturín,** 1x nachts mit Expresos Los Llanos.
- **Valencia – Maturín – Tucupita,** 3x täglich mit Expresos del Mar.
- **Valencia – El Tigre – Ciudad Bolívar – Puerto Ordaz,** 1x abends mit Los Llanos, empfehlenswert, so ist man am kommenden Vormittag in Ciudad Bolívar.
- **Valencia – El Tigre – Ciudad Bolívar – Puerto Ordaz – Upata,** 6x täglich mit Transporte Tica, empfohlen wird der Nachtbus oder der Bus ganz früh am Morgen.
- **Valencia – Puerto La Cruz,** 4x täglich mit Expresos del Mar.
- **Valencia – Cumaná,** 3x täglich, am besten sehr früh am Morgen oder am Abend.
- **Valencia – Caríaco – Carúpano,** 3x täglich, am besten frühmorgens oder abends.

Eine gute Reiseoption sind die bequemen Buscama der Linie **Aeroexpresos Ejecutivos.** Diese Gesellschaft bietet schnelle Verbindungen, Sicherheit und guten Service. Die Busse starten auch vom Zentralterminal, der Ticketschalter befindet sich im Lokal Nr. 26, Tel. 8715767, 8715558 und 8715119.

- **Valencia – Maracay,** 3x täglich.
- **Valencia – Maracay – Puerto La Cruz,** zwei Busse am Vormittag.

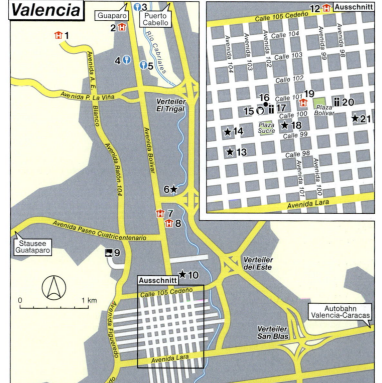

Valencia

1. Intercontinental Tacarigua Valencia
2. Coronado Suites
3. Restaurante Casa Valencia
4. La Trattoria Romana
5. Restaurante La Grillade
6. Palacio de los Iturriz
7. Hotel Palace
8. Hotel Emperador
9. Aquarium
10. Ateneo de Valencia
11. Busbahnhof
12. Hotel Dinastia
13. Casa de los Célis
14. Casa de la Estrella
15. Stadttheater
16. Juristische Fakultät
17. San Francísco
18. Capitolio
19. Carabobo
20. Kathedrale
21. Casa Páez

- **Valencia – Caracas,** stündlich.
- **Valencia – Barquisimeto,** 3x täglich.
- **Valencia – Maracaibo,** 2x täglich.
- **Valencia – Maturín,** ein Nachtbus.

Die sehr empfehlenswerten Busse und Buscama der Linie **Rodovias de Venezuela** starten von ihrem komfortablen Privatterminal, nur 200 m vom Big Low Center entfernt, Av. Boulevard Sur, C. 101 c/ C. 68, Zona Industrial Castillito, Tel. 8717097, 8716750.

- **Valencia – Caracas,** 9x täglich.
- **Valencia – Punta de Mata – Maturín,** 2x täglich, morgens und abends.
- **Valencia – El Tigre – Ciudad Bolívar – Puerto Ordaz – Upata,** 2x täglich, morgens und abends.
- **Valencia – Puerto La Cruz – Cumaná – Carúpano,** 2x täglich, frühmorgens und in der Nacht.

Flugzeug

Im Nordwesten von Valencia liegt der **Aeropuerto Arturo Michelena.** Die Terminals verfügen über verschiedene Restaurants, Internetzugang, WLAN, Geldautomaten, eine Apotheke und eine Wechselstube der Firma Italcambio. Es gibt tägliche Flüge nach **Caracas** (2x), **Barcelona** (5x), **Barquisimeto** (1x), **Maracaibo** (4x), **Maturín** (2x), **Porlamar** (4x), **Puerto Ordaz** (3x) und **Santo Domingo** (2x). Es gehen auch 3x die Woche Flüge mit Avior nach **Curacao** und ein Flug mit Sol de America nach **Aruba** und **Los Roques.**

Fluggesellschaften:
- **Aeropostal,** Tel. 8339475, Fax 8388213.
- **Aserca,** Tel. 8347887, 8347475, Fax 8347475.
- **Avior,** Tel. 8327755.
- **Santa Barbara,** Tel. 8320874, 8327849, Fax 8325042.

Touristeninformation

- **Secretaria de Turismo,** Av. Bolívar Norte, Torre Venezuela, Piso 8, Oficina 8-4, neben dem Polideportivo Michael Delgado, Tel. 8589506.
- **www.visitacarabobo.com**

Unterkunft

- **Hotel Intercontinental Tacarigua Valencia****, 161 Zimmer mit allem Komfort, sehr gutes Restaurant, Spa, WLAN, KK. Im Norden der Stadt, Av. Juan Uslar, Urb. La Vina, Tel. 8133100, 0800/1006186, Fax 8249777, €€€
- **Hotel Coronado Suites****, luxuriöse Zimmer mit allem Komfort, Restaurant, Bar, Jacuzzi und vieles mehr, KK, ÜF. Av. 101 c/ C. 149, Urb. Carabobo, nur einen Block von der Av. Bolívar, Tel. 8241033, 8211970, Fax 8225155, www.hotelcoronadosuites.com, €€€€
- **Hotel Suite Ucaima****, 95 voll ausgestattete Suiten mit jedem Komfort, sehr gutes Restaurant im Haus, KK, ÜF. Av. Boyacá Nr. 141-80, Urb. La Viña, Tel. 8227011, 8214853, Fax 8220461, www.hotelucaima.com, €€€€
- **Stauffer Hotel Valencia****, 171 Zimmer mit allem Komfort, sehr gutes Restaurante Le Chalet im Haus, Pool, KK, ÜF. Av. Bolívar Norte, CC HS, Urb. El Recreo, Tel. 8234022, 8236663 und 8238487, Fax 8234903, info@staufferhotel.com.ve, €€€€
- **Hotel Emperador****, 81 komfortable Zimmer, Restaurant und Frühstücksservice, Bar, Jacuzzi, ÜF, KK. Av. Miranda Nr. 113-134, Urb. San José, Tel. 8582433, Fax 8586857, www.hotelemperador.com, €€€€
- **Hotel Dinastia****, 104 sehr schön eingerichtete Zimmer, Restaurant, Tasca, WLAN, Jacuzzi, KK. Av. Urdaneta c/ Av. Cedeno, Tel. 8588139, 8582659, Fax 8583917, hdinastia@cantv.net, €€€€
- **Hotel Aladdin****, 68 schöne Zimmer mit Klimaanlage und Kabelfernsehen. Das im arabischen Stil gehaltene Haus verfügt über Bar mit Verpflegungsmöglichkeiten, Jacuzzi und eine Sauna, KK. C. de Servicio parallel zur Autopista Valencia – Puerto Cabello, Sec. Guayaba, Tel. 8687056, 8680195, www.hotelaladdin.com, €€
- **Hotel Carabobo****, einfache, gut eingerichtete Zimmer in bester Lage, unmittelbar am Plaza Bolívar, Restaurant, Jacuzzi, KK. C. Libertad, am Plaza Bolívar, Tel. 8588860, €€
- **Hotel Palace****, älteres Haus mit einfachen, aber sauberen Zimmern. Av. Bolívar Norte, Nr. 113-63, Tel. 8571855, 8582305, 8579874, 8580227, Fax 8581236, €€

Atlas IV, Stadtplan S. 559

VALENCIA

- **Hotel Las Cabañas****, einfache, nette Zimmer, gute Lage in Flughafennähe. Carretera Nacional Los Guayos, Tel. 0245/5710379, Fax 5711575, €€
- **Hotel Le Paris****, 101 einfache, saubere, klimatisierte Zimmer mit Kabel-TV, Restaurant, Bar. Av. Bolívar Norte, Tel. 8227172, €€
- **Hotel Cristal****, einfache, saubere Zimmer mit Klimaanlage und Kabel-TV, Restaurant. Zwischen Av. Bolívar Sur und Díaz Moreno, Kreuzung mit C. Lopez, Tel. 8354348, €

Essen und Trinken

- **Asociación de Ganaderos,** hier bekommt man das beste Rindfleisch im ganzen Land, Tipp: ein *lomito* verlangen. In sehr schöner Lage mit vielen Gärten. Das Essen ist ausgezeichnet und entsprechend nicht ganz billig. Urb. Guaparo, Av. Caludio Muskus, ab 11 Uhr, Tel. 8234409, KK.
- **La Línea,** seit 1943 wird dieses Restaurant in einem alten Haus von den Brüdern *Hernández, Cruz* und *Maximinio* geführt. Regionaltypische Küche, die stadtbekannt und schon Legende ist. Mo bis Fr 7–15 Uhr geöffnet, C. Comercio zwischen C. Branger und Paseo Cabriales, KK.
- **Tiberius,** dieses Restaurant gehört schlicht zu den besten der Stadt und bietet internationale Küche vom Feinsten an. Urb. La Alegría, Av. 102 Nr. 153-70, Tel. 8216791, KK.
- **La Cocina de Fidias,** hier isst man typische Kost wie bei Großmutter, es gibt auch ausgezeichnete Nachspeisen. Im CC Carribean Plaza, Local de antigua Arepera El Manjar, im hinteren Bereich des Zentrums, KK.
- **Casa Valencia,** sehr schönes Restaurant mit guten Speisen, am Sonntag bei Live-Musik. Av. Bolívar Norte, Tel. 8234923.
- **Restaurante La Grillade,** spezialisiert auf Fleischgerichte. Av. Bolívar Norte, auf Höhe des Plaza El Vinedo, Urb. El Vinedo, Tel. 8235773, KK.
- **Il Pomodoro,** sehr gute italienische Spezialitäten, sehr teuer. Av. Bolívar, Edf. Las Elianas, Tel. 8250759 und 8250277, KK.
- **La Trattoria Romana,** netter Italiener in der Av. Bolívar Nr. 41-25 c/ Av. Montsenor Adams, Urb. El Vinedo, Tel. 8235059, KK.
- **Marisquería Marchica,** ausgezeichnetes Fischrestaurant. Av. Bolívar Nr. 152-10, Urb. Guaparo, Sec. La Alegría, Tel. 8224183, KK.
- **Kokai Sushi Bar,** japanische Spezialitäten. Urb. El Vinedo, Av. 139, Tel. 8245728, KK.
- **Al Ferdaus,** wer es mal arabisch versuchen möchte, kann dieses libanesische Restaurant beehren. Urb. El Vinedo, Av. Carlos Sanda, Tel. 0253946, KK.
- **Club Campestre Bejuma,** sehr schöner Ort unter Bäumen mit Grillspezialitäten, Salattellern und verschiedenen Arepas. Wenige Meter neben dem Plaza Bolívar, ab 12 Uhr.
- **Don Pica Tierra,** schöne rustikale Anlage mit Garten. Typische Spezialitäten wie Maispfannkuchen *(cachapas),* Hühnersuppe, Kuttelsuppe, *pabellón criollo* (gezupftes Rindfleisch mit Reis und schwarzen Bohnen), Fleisch und Huhn, täglich ab 10 Uhr. Av. Montes de Oca c/ C. 123.

Praktische Reiseinfos

- **Vorwahl:** 0241

Autovermietung

- **Budget,** Paseo Las Industrias, Tel. 8329008, Fax 8323144, zu normalen Bürozeiten, KK.
- **Hertz,** Hotel Valencia Intercontinental, Av. Juan Uslar, Urb. La Viña, Tel. 8246489; am Flughafen: Tel. 8385385, Mo bis Fr 8–12 und 14–17 Uhr, Sa 8–12 Uhr, KK.
- **Avis,** Av. Ernesto Branger, Aerocentro, Local G04-PB, Tel. 8321684, täglich 9–13 Uhr geöffnet, KK.
- **Aco Rent a Car,** Av. Miranda c/ C. Rojas Queipo, Edf. Aco, Tel. 8214522, KK.
- **Am Flughafen** haben viele lokale Vermieter ihr Büro.

Einkaufen

Wie in jeder Großstadt des Landes gibt es auch in Valencia riesige, nach US-amerikanischem Vorbild konzipierte **Einkaufszentren** mit einer Vielzahl von Geschäften aller Art. In diesen *Centros Comerciales (CC)* finden sich auch Imbisse, Restaurants, Discos und Kinos.

- **CC Guaparo,** Av. Bolívar, Redoma de Guaparo.

Der Nordwesten

- **CC Camoruco**, Av. Bolívar, Sec. San José de Tarbes.
- **CC La Granja**, Av. Universidad.
- **CC Sambil**, Urb. Palma Real, Manongo.
- **CC Metrópolis**, Autopista regional del Centro, Municipio San Diego.

Feste/Veranstaltungen
- **25. März, Semana de Valencia**, Messen, Ausstellungen etc.
- **26. August, Nuestra Señora del Perpetuo Socorro** (Tag der Jungfrau der ewigen Hilfe), Folkloretänze und Reiterspiele mit Stieren.

Geldwechsel
- **Italcambio**, Wechselstube in der Av. Bolívar Norte, Edf. Talia, Planta Baja, Local 2, Tel. 8218173, Fax 8215434, Mo bis Fr 8.30–17 Uhr, Sa 8.30–12 Uhr.
- **Am Flughafen** und **in den Einkaufszentren Sambil und Metrópolis** findet man Wechselstuben, die auch abends geöffnet haben.

Krankenhaus
- **Centro Policlínico**, am Ende der Av. Carabobo, Urb. La Vina, Tel. 8202600, 8202611, 8235772 und 8236372, KK.
- **Hospital Central**, Av. Lisandro Alvarado, Tel. 8316911 und 317411.

Kriminalpolizei
- **CICPC**, Tel. 8472921 und 8471832.

Post und Telefon
- **Post: Ipostel**, C. Colombia Nr. 101-33, Tel. 8578027.
- **Telefon: CANTV**, Av. Bolívar.

Taxis
- **Sambil**, Tel. 6174554 und 4240164.
- **Laserline C.A.**, Tel. 8471516.
- **Linea Don Pelayo**, Tel. 8586405.

Reiseveranstalter
- **La Tienda de Buceo**, Av. Bolívar Norte, CC HS, Planta Baja, Local 38, Tel. 8255624, 0414/9415891, www.venezueladiving.com. Tourveranstalter und Tauchschule, spezialisiert auf Touren zu den Stränden bei Puerto Cabello und La Ciénaga. KK.

Ausflüge von Valencia

Campo de Carabobo

Rund 25 km südwestlich der Stadt fand am **24. Juni 1824** die **entscheidende Schlacht im Unabhängigkeitskrieg** Venezuelas gegen die spanische Krone statt. Angeführt wurden die venezolanischen Truppen von *Simón Bolívar*, unterstützt durch die Generäle *José Antonio Páez* und *Antonio José de Sucre* und andere Offiziere. Am Morgen des 24. Juni stand der spanische Oberbefehlshaber mit etwa 5000 Soldaten und zwei Geschützen bereit zum Gefecht. *Bolívar* seinerseits hatte 6400 Soldaten versammelt, die er in drei Divisionen einteilte. Und ihnen sollte der Sieg gehören, der auf beiden Seiten viele Opfer forderte. *Rodriguez Rubio*, ein Stabsoffizier des spanischen Oberbefehlshabers *Torre*, schrieb ein paar Tage nach der Schlacht: „Die Feinde drangen über die Engpässe auf der Linken ein und hinterhältig schafften sie es, Bataillon für Bataillon ihre Stellungen angreifen zu lassen und zu schlagen, was dazu führte, dass wir schließlich in vielen kleinen Kämpfen geschlagen wurden, während Teile ihrer Kavallerie uns ergriffen und durch ihre linke Flanke abschnitten, was letztlich zur Auflösung der Streitmacht in alle Richtungen führte und nur das tapfere Bataillon „Valencey" zog sich geordnet zurück."

Der imposante Triumphbogen
auf dem Campo de Carabobo

Atlas IV

VALENCIA (AUSFLÜGE)

Der Nordwesten

Das Schlachtfeld ist heute ein Park, dessen Wahrzeichen ein **Triumphbogen** des spanischen Bildhauers *Antonio Rodriguez del Vilar* ist. Er besteht aus zwei jeweils 28 m hohen Türmen, verbunden durch einen Bogen. Das Monument zeigt Schlachtszenen, ein Reiterstandbild von *Simón Bolívar* darf natürlich auch nicht fehlen. Unmittelbar hinter dem Triumphbogen liegt das Grab des unbekannten Soldaten in Erinnerung an die Gefallenen beider Seiten. Auf der breiten Allee werden oft Militärparaden abgehalten, auf dem Gelände gibt es eine Militärstation. Viele Bäume und schöne Gärten verwandeln den ehemaligen Ort des Grauens in eine ruhige, idyllische Oase. Der Park ist normalerweise täglich von 8–18 Uhr geöffnet. Municipio Independencia, 15 Min. von der Autobahnausfahrt Tocuyito.

Bejuma   IV, A2
GPS: N 10°10.38, W 68°15.64

Verlässt man Valencia westwärts, folgt nach rund 16 km eine Abzweigung nach rechts in Richtung Bejuma. Die Bergregion ist sehr fruchtbar und bietet schöne Ausblicke, die klimatischen Bedingungen sind sehr angenehm. Die saubere und sehr gepflegte Kleinstadt Bejuma, 1843 gegründet, hat rund 30.000 Einwohner. Sie wird auch als **„Jardín de Carabobo"** bezeichnet, als „Garten von Carabobo". In dieser Gegend sind kleine Bergnebelwälder anzutreffen, die die größte Biodiversität weltweit aufweisen, mit unzähligen Arten von Säugetieren und einer einmaligen Flora mit vielen endemischen Arten. In der Region wird sehr schönes **Kunsthandwerk** hergestellt, eine stattliche Auswahl findet man z.B. an der Kreuzung der Straßen von Montalbán und Canoaba, ortsauswärts aus Bejuma am Parador Turístico Portachuela. Bejuma ist bis 19 Uhr abends mit Bussen aus Valencia erreichbar. In den umliegenden Bergen bieten sich viele Wanderungen an, die man auch ohne Guide unternehmen kann. Ein paar sehr gute Posadas vor Ort können allein schon ein Grund für einen Aufenthalt sein:

Unterkunft:
●**Posada Hacienda La Calceta,** Bejuma, Sec. El Rincón, Tel. 0294/7932522 und 0414/3004881, 0414/1253055, info@posadalacalceta.com. Schöne, großzügige Anlage außerhalb von Bejuma (von der Landstraße durch den Ort hindurch); die Posada, ein altes Kolonialhaus mit 8 Zimmern, liegt auf dem Gelände einer ausgedehnten Hazienda. *Maribel de Alfonso* bietet neben Unterkunft, Verpflegung und Sportmöglichkeiten auch Ausflüge zu Fuß und zu Pferd (6 Euro) in die nähere Umgebung an. Reservierung empfohlen, €€€€
●**Posada Shibumi,** bei Mocundo, zwischen Bejuma und Canoabo, 5 km hinter Aguirre, bei einem kleinen Kiosk auf der linken Seite geht ein Stichweg steil den Berg hinunter, die Posada ist die vierte Hazienda auf der linken Seite, Tel. 0249/9413251, 0412/2228473, CarolaJager@hotmail.com. Schöne Landposada mit eigenem See und großzügigem Pool in sehr angenehmem Klima, Grillplatz, Tourangebote in die Umgebung, Fahrradverleih, deutschsprachig, ÜF, €€€
●**Posada Ecoturística Casa María,** in 700 m Höhe, ca. 17 km hinter Bejuma in Richtung Canoabo/Urama (Abzweigung Richtung Palmichal), Tel. 0249/8080297, www.bugparadise.com. Die schöne und mit viel Liebe zum Detail ausgestattete Posada verfügt über 7

Zimmer, Pool, Teiche mit tropischen Fischen, mehrere Terrarien und Aquarien und ist nicht zuletzt für Ornithologen und Entomologen ein sehr empfehlenswerter Anlaufpunkt. Der Ingenieur und Biologe *Norbert Flauger*, der zusammen mit seiner Frau *Gabi* die Posada leitet, veranstaltet Exkursionen sowohl in die nähere Umgebung (Nationalparks Morrocoy und San Esteban, fachkundig geführte Jeeptouren in die Bergwälder, in abgelegene Dörfer und Flusstäler mit idyllischen Badeplätzen) als auch in andere Teile Venezuelas wie die Gran Sabana (Geländewagen mit Dachzelten) oder das Amazonasgebiet. Reservierungen sind zu empfehlen, auf Wunsch wird man auch am Flughafen abgeholt (ca. 70 Euro bei 4 Personen), €€€

Canoabo

5 km nördlich der Posada Ecoturística Casa María erreicht man die Ortschaft Canoabo (ca. 4000 Einwohner), die älteste der Region. Die zahlreichen Kolonialhäuser sind gut erhalten, der Plaza Bolívar lohnt einen Besuch. Hier ist auch die **„Ruta Artesanal"** ausgeschildert. Diese führt den interessierten Besucher zu Kunsthandwerksstätten, wo man bei der Herstellung der Produkte zusehen kann. Jedes Jahr um den 19. März wird im Ort die **Fiesta Patronal de San José** gefeiert. Über mehrere Tage tanzt man die bekannten Teufelstänze *(Bailes des los Diablos de Canoabo)*. Eine natürliche **heiße Quelle** findet man zwischen Canoabo und dem Río Capito. Man gelangt mit Jeep und Führer dorthin.

Von Valencia nach Puerto Cabello

Von Valencia erreicht man auf der guten Autopista 1 nach nur 43 km die Küste bei den Erdölraffinerien von **El Palito**. Zur Weiterfahrt nach Westen hält man sich an die Beschilderung nach Morón und Coro, nach Puerto Cabello muss man rechts abbiegen.

18 km nördlich von Valencia liegen die **heißen Quellen von Las Trincheras** an der Strecke (1 km seitlich der Autobahn, der Weg ist gut ausgeschildert). Große Mengen an schwefelhaltigem Wasser und die hohe Temperatur des Wassers machen dieses Thermalbad zu einem der bedeutendsten weltweit. Besonders Patienten mit Kreislaufproblemen, Arthritis und Rheuma finden hier Linderung. Auch *Alexander von Humboldt* war einst zu Besuch; in seinen Aufzeichnungen schildert er, wie er sich Eier in dem 90° heißen Thermalwasser in nur 4 Minuten kochte. Der gut besuchte Kurort hat sein eigenes Kurhotel:

Unterkunft in Las Trincheras:
●**Hotel Centro Termal Las Trincheras*****, Av. Principal de Las Trincheras, Tel. 0241/ 8081502, www.trincheras.com.ve. Das Hotel verfügt über ein gutes Restaurant, €€€

Puerto Cabello *IV, A2*

GPS: N 10°28.67, W 68°00.56

Die knapp **200.000 Einwohner** zählende Hafenstadt Puerto Cabello ist wahrhaftig kein Prunkstück – mit Ausnahme der drei mal drei Blocks, die die wirklich schön restaurierte Altstadt umfasst, die sich nördlich des Plaza Bolívar erstreckt.

PUERTO CABELLO

Puerto Cabello gilt als höchst unsicheres bzw. **gefährliches Pflaster,** nach Einbruch der Dunkelheit sollte man nicht mehr zu Fuß unterwegs sein. Auch die Strände westlich der Stadt sind unsicher. Raubüberfälle kommen häufig vor und die Polizei scheint machtlos zu sein. Heiß ist auch das Klima mit einer Durchschnittstemperatur von 27°C.

Puerto Cabello ist neben La Guaira der wichtigste **Frachthafen** des Landes und einer der größten in der gesamten Karibik; früher liefen viele Schmuggelgeschäfte mit den niederländischen Antillen über die Stadt. Der Hafen soll der erste Venezuelas gewesen sein – die Gewässer vor Ort sind sehr ruhig –, er wurde im 16. Jh. angelegt. 1730 waren es dann Basken, die den Hafen nachhaltig vergrößerten. Mit ihrer Ankunft unter der Führung von *Pedro Joseph de Olavarriga* begann Puerto Cabellos Aufstieg. Heute ist auch die venezolanische Marine vertreten, und so ist der Hafen auch der größte Kriegshafen des Landes.

Puerto Cabello wurde übrigens erst 1823, als letzte Stadt Venezuelas, von den Truppen *Bolívars* eingenommen.

Sehenswürdigkeiten

Der **koloniale Teil der Stadt** erstreckt sich zwischen der Hafenbehörde (Capitanía del Puerto) und dem Plaza Bolívar und ist in seiner Dimension sehr überschaubar. Die bekannteste Straße in der Altstadt ist die **Calle de los Lanceros,** an der viele Häuser mit Balkonen und Fenstern im andalusischen Stil stehen – sie gilt als das Aushängeschild der Stadt.

Casa Guipuzcoana
Die frühere Faktorei einer Handelsgesellschaft beherbergt heute die **Stadtbibliothek,** die Mo bis Sa von 8.30–17 Uhr geöffnet ist.

Plaza Monumental del Águila
Das Denkmal mit dem Adler aus Bronze erinnert an die nordamerikanischen Freiwilligen, die *Francisco Miranda* 1806 bei seinem Versuch einer Invasion der Stadt begleitet hatten und später von den Spaniern hingerichtet wurden.

Fortín Solano
Diese Festung, auch als **Mirador de Solano** bekannt, ist Teil des Nationalparks San Esteban und gehört trotzdem zur Stadt. 1766 vom damaligen Gouverneur von Venezuela, *Don José Solano y Bote,* in Auftrag gegeben, sollte die Festung die Stadt und ihren Hafen vor Angriffen schützen. Im Unabhängigkeitskrieg war sie ein wichtiges Bollwerk der Spanier.

Castillo del Libertador
Vormals Castillo San Felipe genannt, wurde diese Festung von denselben Basken erstellt, die für den Bau der Hafenanlage verantwortlich waren. Die Bauarbeiten begannen im Jahr 1732 und konnten 1741 beendet werden. Auch diese Festung wurde zum Schutz des Hafens und der Stadt errichtet. Schon 1743 musste der Bau einem Angriff der Engländer unter Ad-

PUERTO CABELLO

miral *Charles Knowles* standhalten, danach aber blieb es recht ruhig, obwohl es in der Karibik von Piraten nur so wimmelte. Unter dem Diktator *Juan Vicente Gómez* diente die Anlage als Gefängnis. Heute ist sie Sitz einer Basis der venezolanischen Marine und somit Militärgebiet. Trotzdem kann die Festung Fr bis So von 8–16 Uhr besichtigt werden. Die Fähre zur Festung fährt von der Muelle de la Planchita neben der Ausländerbehörde DIEX ab. Die Guides erwarten ein Trinkgeld.

An- und Abreise

Busse und Por Puestos

Am Ortseingang, von Valencia herkommend, befindet sich der **Busterminal Juan José Flores** an der Av. La Paz.

- **Puerto Cabello – Valencia – Caracas,** ab 5 Uhr früh alle 30 Min.
- **Puerto Cabello – Valencia – Barquisimeto,** 5x täglich.
- **Puerto Cabello – Coro – Punto Fijo,** 5x täglich tagsüber.
- Man kann auch mit einem der zahlreichen **Por Puestos nach Valencia** fahren, von da hat man Anschluss ins ganze Land. Die Sammeltaxis starten ebenfalls an der Av. La Paz.

Unterkunft

- **Posada Santa Margarita,** sehr originelle Posada in einem renovierten Kolonialhaus, 4 Zimmer, es werden Touren in den nahen Nationalpark San Esteban organisiert, ÜF. C. Bolívar, neben dem Bürgermeisteramt, Tel. 3617113, 3614112, 0212/9912626, www.ptocabello.com, €€€€
- **Hotel Suite Caribe***,** 18 nette Zimmer und Suiten, Restaurant, Pool und Parkplätze, KK. Av. Salom Nr. 21, Urb. La Sorpresa, an der Straße nach Patanemo, Tel. 3642286, Fax 3643910, €€€
- **Isla Large Hotel Suite***,** 25 kleine, gut eingerichtete Apartments, Restaurant, Bar und Pool. Am Ende der C. Miranda, gegenüber vom Busterminal, Tel. 3613290 und 3613741, €€€
- **Hotel Summit***,** nette klimatisierte Zimmer mit Kühlschrank, Restaurant. Av. La Paz, Urb. La Sorpresa, in der Nähe des Flughafens, Tel./Fax 3643066, €€€
- **Hotel City*,** einfache Zimmer in der Urb. Rancho Grande, Tel. 3613112, Restaurant im Hause, €€
- **Hotel El Fortín*,** einfache Zimmer, Restaurant und Parkplatz. C. Miranda, Tel. 3614356. €€

Essen und Trinken

- **Marley,** in der Marina von Puerto Cabello, frische Fischgerichte.
- **Restaurante Los Lanceros,** Terrasse mit Meerblick und leckere spanische Spezialitäten. Paseo Valbuena, Av. Bolívar 10-33.
- **Mare Nostrum,** am Malecón. Das Restaurant in der Nähe der Posada Santa Margarita wartet mit guten internationalen Gerichten auf.
- **El Brazón,** Fleisch- und Huhngerichte, Pizzas. Av. Bartolomé Salom, Tel. 3614759.
- **Mar y Sol,** internationale Küche und Meeresfrüchte. C. El Mercado Nr. 6-110, Tel. 3612572.
- **Da Franco,** leckere Pizzas. C. 24 de Junio, gegenüber dem Paseo Boulevard Valbuena, Tel. 3616161.

Praktische Reiseinfos

- **Vorwahl:** 0242

Einkaufen

Auch in Puerto Cabello gibt es eine stattliche Zahl an **Einkaufszentren,** hier nur eine kleine Auswahl:

- **CC Campo Alegre,** Urb. Rancho Grande, Av. Juan José Flores.
- **CC Las Américas,** C. Urdaneta.
- **CC Plaza,** Av. Juan José Flores c/ C. Plaza.

Der Nordwesten

Geldwechsel
- **Banco de Venezuela,** C. Colón Nr. 45, Tel. 3623754, nur Bezüge mit der Kreditkarte möglich.

Hafenbehörde
- **Capitanía del Puerto,** Tel. 3618448.

Krankenhäuser
- **Policlínica Central,** C. Bolívar, Tel. 3615749.
- **Clínica Puerto Cabello,** C. Barbúla, Tel. 3612743.

Kriminalpolizei
- **CICPC,** Urb. Portuaria, am Hafen von Puerto Cabello, Tel. 3642077 und 3642943.

Taxis
- **Taxis Carabobo,** Centro, Tel. 3610270.
- **Auto Libre Cumboto,** Av. Salom, Tel. 3641012.

Telefon und Post
- **Ipostel,** das Postamt befindet sich in der C. 24 de Julio Nr. 13-1.
- **CANTV,** die staatliche Telefongesellschaft findet man in der C. Urdaneta c/ C. Santa Barbara.

Die Umgebung von Puerto Cabello

Es gibt in östlicher Richtung ein paar schöne **Balnearios,** also Badestrände mit Einrichtungen. Wenn man von der Base Naval in Richtung Borburata und Patanemo fährt, kommt man zu den recht schönen Sandstränden **Playa Guaicamacuto** und **Balneario Quizandal.** Hier gibt es auch ein kleines Restaurant, Unterkünfte hingegen fehlen. 30 Min. von diesen Bademöglichkeiten entfernt befindet sich der reizvolle **Playa La Bahía,** ein palmengesäumter Strand in einer malerischen Bucht. Die Anfahrt mit dem Taxi ist kein Problem, schwieriger ist es, für die Rückfahrt am Nachmittag einen Wagen zu finden. Am besten man ordert ein Taxi für beide Strecken, zahlt aber erst bei der Rückkehr.

Etwa 30 Min. sind es von Puerto Cabello zu der nicht allzu schönen Bucht von **Patanemo.** Hier gibt es einige Posadas, darunter die Posada La Fortaleza, Tel. 0242/4217145.

Von Puerto Cabello nach Tucacas

Um weiter in den Westen zu kommen, fährt man am Ende der Autopista 1 (Valencia – Puerto Cabello) am Verteiler bei El Palito auf die Abzweigung in Richtung Morón und gelangt auf einem kurzen Stück Autobahn vorbei an der Erdölraffinerie von El Palito und der Ausfahrt Richtung San Felipe und Barquisimeto auf die **Küstenstraße** in Richtung Tucacas. Verlässt man vorher die Autobahn über die Ausfahrt Richtung San Felipe/Barquisimeto, erreicht man nach kurzer Zeit die Straßenkreuzung in Morón, von der die Panamericana nach Barquisimeto abzweigt. **Morón** selbst ist eine bedeutende Industrieansiedlung, hier befinden sich ausgedehnte petrochemische Anlagen, eine Dynamitfabrik und eine der größten Papierfabriken des Landes. Erwähnt sei auch das Monument del Mosquito auf dem Markplatz, das den Sieg über die Malaria darstellen soll, mit einer toten Mücke am Obelisken. In der Nähe der Kreuzung steht der Bahnhof für den Zugverkehr Barquisimeto – Puerto Cabello; die Strecke war lange Zeit tot, soll aber in Kürze wieder aufleben.

An der Kreuzung in Morón halten die **Por Puestos,** die nach Caracas, San Felipe oder Barquisimeto fahren.

Die Küstenstraße nach Tucacas führt zuerst an den Industrieanlagen vorbei und weiter durch weite Palmenwälder ins Bundesland Falcón. Kleine Restaurants an der Straße bieten vor allem Fischgerichte an, wobei nicht alles so frisch ist, wie es die direkte Meeresnähe erwarten lässt. Das **Baden** an den Stränden in Straßennähe ist nur bedingt zu empfehlen, manchmal ist das Wasser durch die einlaufenden Flüsse bzw. Abwässer schwarz gefärbt, und starke und häufig wechselnde Strömungen machen das Schwimmen zu einem nicht ganz ungefährlichen Unterfangen.

Erst hinter **Boca de Auroa** beginnt der touristisch entwickelte Teil des Bundeslandes. Viele Apartmenthäuser, die direkt am Strand gebaut wurden, harmonieren nur wenig mit der Küstenlandschaft. Hier ist eine künstliche Beton-Ferienstadt entstanden, deren sporadische Bewohner hauptsächlich betuchte Venezolaner sind. Es gibt auch einige Posadas direkt am Strand.

Unterkunft in Boca de Auroa:
●**Posada Eneri,** schöne Posada direkt am Meer, mit Pool. Carretera Morón – Coro, 5 km von Boca de Auroa entfernt in Richtung Tucacas, in der Nähe des Kasinos, Tel. 0259/ 4160044 und 0412/4200009, posadaeneri@ hotmail.com, €€€

Parque Nacional Morrocoy IV, A1

1974 wurde das **32.090 km²** große Gebiet zwischen Tucacas und Chichiriviche zum Nationalpark erklärt. Der Parque Nacional Morrocoy besteht zum größten Teil aus **maritimem Gebiet.** Viele Mangrovenwälder mit Austernbänken sowie Lagunen, Korallenriffe und 22 kleine Inseln sind Bestandteile des Parks. Der Cerro Chichiriviche ist mit 285 m die höchste Erhebung im Nationalpark; hier trifft man viele Säugetiere wie Affen, Honigbären, Hirsche usw. an. Es gibt zudem sehr viele Vogelarten im Morrocoy-Park, besonders schön sind die Coro-Coro (Scharlachibisse). Herrliche karibische Palmenstrände, glasklares Wasser und gute Tauchgründe sind Markenzeichen des Nationalparks.

Diesen erreicht man auf verschiedenen Wegen: **zu Fuß oder im Wagen** von Tucacas durch die Kontrollstation am Ende des Ortes, auf der Landzunge von Morrocoy mit dem Auto nach Chichiriviche oder **mit einem Fischerboot** von Tucacas oder Chichiriviche. Diese Ortschaften haben übrigens bezüglich ihres Ortsbildes wenig mit karibischem Flair zu tun, ganz anders als der Nationalpark selbst. An den Anlegern dieser Häfen stehen den ganzen Tag Boote für bis zu acht Personen bereit, um ihre Fährdienste anzubieten.

Von Chichiriviche kann man auch die weißen Sandstrände und Inseln von **Pereza, Pelón** und **Cayos Sal** erreichen. Interessant ist eine Fahrt zum

PARQUE NACIONAL MORROCOY

Vogelschutzgebiet **Golfete de Cuare**, wo man u.a. die Höhle der Heiligen und die Höhle der Indianer besuchen kann (s.u.). Ab Tucacas werden Bootsfahrten durch Mangrovenwälder zu den verschiedenen Inseln und Stränden angeboten. Man sollte darauf achten, dass man bei einer Fahrt auf alle Fälle an der **Isla de los Aves** vorbeikommt. Hier gibt es viele Fregattvögel zu bestaunen, aber auch eine stattliche Anzahl Möwen, Pelikane und Tölpel sitzen in den Mangroven.

Die **Fährpreise** sind normalerweise im Hafen angeschrieben; falls nicht, sind sie unbedingt vor der Abfahrt genau festzulegen! Ebenso muss die genaue Abholzeit für die Rückfahrt ausgemacht werden. Die Preise richten sich nach der Distanz und werden auf die Anzahl der Teilnehmer aufgeteilt.

Die Inseln **Cayo Norte** (sehr lange Anfahrt) und **Cayo Sombrero** gelten als schöne Ziele für Taucher. Bei der Insel **Cayo Sol** herrschen ausgezeichnete Verhältnisse für Windsurfer. Wer gerne tauchen oder Tauchunterricht nehmen will, kann sich in Tucacas bei einer der Tauchschulen erkundigen. Die Profis vermieten auch sämtliches Zubehör.

Palmenstrand im Morrocoy-Park

Gerade in den venezolanischen Urlaubszeiten wird dieses Gebiet förmlich von Touristen überschwemmt, die leider häufig ganze Müllberge hinterlassen. Das führt zu ernsthaften Problemen, z.B. werden durch die Verunreinigung des Meerwassers die Korallenriffs in Mitleidenschaft gezogen. Das **Übernachten und Campen** ist grundsätzlich mit einer Bewilligung der Parkbehörde Inparques möglich, es ist eine (recht hohe) Zahl festgelegt, wie viele Personen jeweils auf einer Insel übernachten dürfen. Nach Ostern 2008 wurde das Übernachten im Nationalpark verboten – der Park soll sich regenerieren. Wie lange dieses Verbot in Kraft sein wird, kann niemand so genau sagen, man muss sich vor Ort informieren.

Auf den meisten Inseln kann man ganz einfach eine Hängematte zwischen Palmen aufspannen. Man sollte aber unbedingt **Essen und Getränke** mitnehmen, weil es nicht auf allen Inseln Restaurants gibt: Verpflegungsmöglichkeiten bestehen auf den Inseln Paiclá, Cayo Sombrero, Cayo Muerto und Cayo Sol. Unbedingt an Sonnen- und Mückenschutz denken! Es ist streng verboten, Feuer zu machen und Fische zu harpunieren.

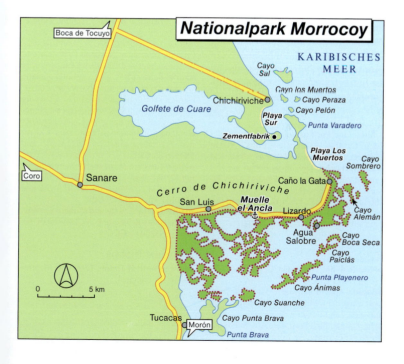

Tucacas   IV, A1

GPS: N 10°47.60, W 68°19.06

Tucacas findet erstmals am 6. August 1499 schriftliche Erwähnung. Damals kam der Spanier *Alonso de Ojeda* in Begleitung von *Amerigo Vespucci* und *Juan de la Costa* vor Ort an. Tucacas war lange Zeit ein beliebter Ort für jede Art von Schmuggel, von Holländern mit den Antillen betrieben. 1877 war es hier, wo die **erste Eisenbahnlinie Venezuelas** verlief: Über 163 km führte die Strecke von Tucacas nach Barquisimeto, transportiert wurde das Kupfererz aus den in der Nähe gelegenen Minen, die seit 1936 geschlossen sind. Heute ist Tucacas ein beliebtes Ziel nationaler und internationaler Touristen, viele Einwohner leben vom Tourismus. Die Durchschnittstemperatur beträgt 28°C, die jährlichen Niederschläge 800–1200 mm.

An- und Abreise

Busse und **Por Puestos** verkehren auf der Route **Caracas – Valencia – Coro – Punto Fijo** und auf der Strecke **Caracas – Valencia – Chichiriviche**. Die Busse halten auf der Durchgangsstraße bei der Einfahrt nach Tucacas. Bei den Busverbindungen, die in den Kapiteln zu Caracas, Puerto Cabello und Coro angegeben sind, kann man nachlesen, welche Verbindungen täglich existieren.

Unterkunft

Posadas:
- **Posada Balijú**, Al-Posada. C. Libertad, Tel./Fax 2831580, €€€€
- **Posada Aparto del Mar**, Posada mit komplett eingerichteten Wohneinheiten, denen man der Zahn der Zeit allerdings schon ansieht, Zimmer für 2 Personen, Apartments für bis zu 6 Personen. Av. Silva, schräg gegenüber vom Hotel Manaure, Tel. 8120524, 8123587, Fax 8123083, www.apartoposada-delmar.com, €€€€
- **Posada D'Alexis**, einfache, nette Posada mit Pool und Bierschenke, HP, KK. C. Falcón Nr. 2, Tel. 8123390, €€€
- **Posada Casa de Descanso 2 Más 3,** einfache familiengeführte Posada an der Nationalstraße, kurz vor der Einfahrt nach Tucacas, Tel. 8120896, €€
- **Posada Rosa**, kleine und familiäre Posada mit netten Zimmern mit Klimaanlage und Kabel-TV. C. Falcón Nr. 12, Tel. 8120184, €€
- **Posada Amigos del Mar,** 4 sehr einfache Zimmer mit Ventilator, Gemeinschaftsküche, Organisation von Rundtouren im Park (10 Euro pro Person), Tauchlehrgänge (s.u.), der Besitzer spricht englisch, französisch und ein wenig deutsch. C. 9, Barrio Libertador, Tel. 8123962, €

Hotels:
- **Hotel Paradise Beach*****, schöne Zimmer mit Klimaanlage und Kabel-TV, das Hotel verfügt über Restaurant, Bar, Pool und Jacuzzi. Callejón Libertador zwischen C. Bolívar und C. Ayacucho, Tel. 8123239, €€€€
- **Hotel Sunway******, als Luxushotel geplant, hat sich das Haus nicht etablieren können, es werden sehr unterkühlte Zimmer für wenig Geld vermietet, trotzdem scheint es immer wie ausgestorben, das größte Spielkasino der Umgebung befindet sich im Haus, KK. An der Nationalstraße, Tel. 8123960 und 58122552, €€€
- **Hotel Turístico Manaure*****, nette Zimmer mit Klimaanlage und Kabel-TV, Restaurant, Bar, Pool, KK, ÜF. Av. Silvia, Tel. 8120286 und 8120611, Fax 8120612, €€€
- **Hotel Gaeta****, nette und saubere Zimmer, hoteleigenes Restaurant. Av. Libertador Nr. 34, Tel. 8120414, €€€

Essen und Trinken

- **Restaurante El Timón,** Fisch und Meeresfrüchte. C. Principal.

Touristenbeförderung in Tucacas

PARQUE NACIONAL MORROCOY

Atlas IV, Karte S. 571

- **Restaurante Bodegón del Mar,** Fisch und Meeresfrüchte. C. Principal.
- **Restaurante-Trattoria Da Nonno,** italienisches Restaurant mit gutem Service, Pizzas und hausgemachten Nudeln. Carretera Nacional Morón – Tucacas, kurz vor Tucacas auf der linken Seite.
- **Pizzeria Da Grazia,** leckere Pizzas. CC Carribean Beach.
- **Marisqueria Venemar,** Meeresfrüchte im Ortszentrum.
- **La Reina del Mar,** *panadería* (Bäckerei), Frühstück, kleine Imbisse und schmackhafte Pizzas. C. Principal.
- Am Ortsausgang von Tucacas in Richtung Coro befindet sich das sehr einfache **Restaurante Don Adrian.** Im typischen Ambiente eines Landstraßenrestaurants, mit kräftigen Rhythmen hinterlegt, werden vielerlei frisch zubereitete Speisen angeboten – ein Teller für zwei Personen reicht vollkommen, denn die Portionen sind riesengroß.

Praktische Reiseinfos

- **Vorwahl:** 0259
- **Geldwechsel:** In einigen Hotels kann man Bargeld umtauschen. Ansonsten kann man mit der Kreditkarte bei folgenden Banken Bargeldbezüge machen: **Banesco,** Av. Libertador, **Banco Mercantil,** gegenüber dem Hotel Subway.
- **Hafenbehörde: Capitanía de Puerto,** Tel. 8120085.
- **Krankenhaus: Centro Clínico Morrocoy,** C. Miranda, Edf. Farmacia, La Fuente, Tel. 8120517.
- **Kriminalpolizei: CICPC,** Tel. 8124789 und 8120849.
- **Post: Ipostel,** C. Gil Nr. 21.

Tauchen:
- **Submatur,** C. Ayacucho Nr. 6, Tel. 8120082, Fax 8120051, www.morrocoysubmatur.com. Seit fast 20 Jahren gibt es die von *Michael L.*

Osborn geleitete Tauchschule in Tucacas. Es werden Kurse für Anfänger und Fortgeschrittene angeboten, auch Tauchausflüge, so z.B. Tagesexkursionen mit zwei Tauchgängen; Unterricht in Spanisch und Englisch.
- **Frogman Dive Center,** CC Bolívar, Local 3, Plaza Bolívar, Tel. 0241/8243879 (Valencia) und 0414/3401824, www.frogmandive.com. Verschiedene Tauchkurse, vom Anfänger- bis zum Fortgeschrittenen-Niveau. Man spricht deutsch und englisch.
- **Amigos del Mar,** C. Democracia Nr. 1, gegenüber vom Hotel Punta Brava, Tel. 8121754 und 0414/4841183. Kurse für Anfänger und Fortgeschrittene. Unterkunftsmöglichkeit in der eigenen Posada Amigos del Mar (s.o.).

- **Taxis: Servi Taxi Morrocoy,** Tel. 8123667.

Weiterfahrt von Tucacas

Einige Kilometer nördlich von Tucacas zweigt bei km 71 und dem großen Schild „Parque Nacional Morrocoy" und dem Schild der Küstenwachstation der Guardia Nacional eine kleine Straße nach rechts ab. Die **Straße** führt direkt **in den Nationalpark,** vorbei an Mangrovenwäldern und Sumpflandschaften, in denen viele Wasservögel leben, z.B. Flamingos und die knallroten Scharlachibisse. Die Straße führt weiter an einigen privaten Anlegestellen und der Küstenwachstation vorbei, bis zu kleinen Fischeransiedlungen, die heutzutage alle vom Tourismus leben. Von den Anlegestellen kann man auf die verschiedenen Cayos (Inseln) gelangen. An der Straße liegen einige kleine Posadas.

Unterkunft:
- **Hotel Posada El Paraíso Azul******, komfortable Zimmer für All-Urlaub mit herrlichem Blick auf den Nationalpark. Loma El Silencio, Zufahrt über die oben genannte Straße im Nationalpark, vorbei an der Küstenwachstation, bis kurz dahinter links ein kleines Schild den Weg hinauf zur Posada anzeigt, Tel. 0259/8120929, Fax (in Caracas) 0212/9532605, €€€€
- **Villa Mangrovia,** 100 m nach der Einfahrt zur Posada El Paraíso Azul folgt diese kleine Posada mit 4 Zimmern, Tel. 0259/8811299 und 0414/4846282. Vollpension mit Transfer zu den Inseln des Nationalparks. Die Inhaberin *Irena Jackson* kocht selbst und ist bekannt für die Qualität ihrer Speisen, €€€€
- **Posada La Acacia,** weiter auf der Straße, bis sich diese an einem alten Baum teilt, rechts ein Stück weiter sieht man das Holzschild der Posada, Tel. 0259/8815534, stilvoll eingerichtet, komfortable Zimmer, mit Vollpension, €€€€

Um nach Chichiriviche zu gelangen, muss man an der **Abzweigung in Sanare** rechts in Richtung San Juan de los Cayos fahren und dann nach etwa 11 km wiederum rechts auf eine schnurgerade Straße abbiegen, die durch das Naturschutzgebiet Cuare nach Chichiriviche führt. Rechts und links der Straße sind viele Flamingos zu sehen.

Chichiriviche ⌇ IV, A1

GPS: N 10°55.55, W 68°16.22

1499 wollte hier der Spanier *Alonso de Ojeda* mit seinem Schiff festmachen, stieß aber auf heftigen Widerstand der hier ansässigen Indianer. Ein Regen aus Pfeilen ging auf die Seeleute nieder und *Ojeda* sah sich gezwungen weiterzufahren – nicht ohne dem Ort noch einen Namen zu geben: Puerto Flechado („Hafen der Pfeile"). 1502 wurde die Siedlung dann von einem

Atlas IV, Karte S. 571

CHICHIRIVICHE

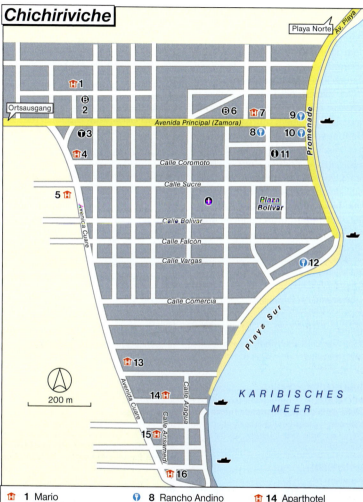

- 🏠 1 Mario
- Ⓑ 2 Bushaltestelle
- 🅣 3 Tankstelle
- 🏠 4 Plaza Hotel Vaya Vaya
- 🏠 5 Guamachito
- Ⓑ 6 Busterminal
- 🏠 7 Capri
- ⓘ 8 Rancho Andino
- ⓘ 9 Xalupa
- ⓘ 10 Casamare
- ⓘ 11 Touristeninformation
- ⓘ 12 Veracruz
- 🏠 13 Parador Manaure, Posada Olilao
- 🏠 14 Aparthotel Villamarina Suites
- 🏠 15 Posada Turística Alemania
- 🏠 16 La Puerta
- ⚓ Bootsanlegestelle

PARQUE NACIONAL MORROCOY

anderen Spanier als ein kleiner Ort mit teils wehrhaften Häusern beschrieben. Der Hafen wird erstmals 1764 von dem Historiker *Luís de Cisneros* erwähnt. Auch *Alexander von Humboldt* stattete ihm einen Besuch ab.

Der alles andere als attraktive Fischerort Chichiriviche hat sich mehr und mehr zu einem **touristischen Anziehungspunkt** der Gegend gemausert. Hier gibt es einige ganz gute Hotels, stilvolle Posadas und auch bescheidenere Unterkünfte. In einer Vielzahl kleiner Restaurants kann von einfach bis anspruchsvoll gegessen werden. Es werden Anstrengungen unternommen, die Strandpromenade zu verschönern und die Straßen im Ort zu asphaltieren.

An- und Abreise

Busse und Por Puestos verkehren ständig zwischen **Chichiriviche** und **Tucacas**. Nach **Valencia** (ca. 2 Std. Fahrzeit) fahren etwa alle 30 Min. Langstreckenbusse. Nach **Coro** (ca. 3 Std. Fahrzeit) starten die Busse von der Bushaltestelle an der Av. Principal, mit Umsteigen in Sanare.

Touristeninformation

●**CORFALTUR (Corporación para el Desarollo de la Costa Oriental de Falcón),** am Malecón (Uferpromenade), direkt hinter dem Gebäude der Guardia Costera, Tel. 8150340.

Unterkunft

Posadas:
●**Posada Morrokue,** sehr freundliche Posada, geschmackvolle Einrichtung, sehr persönliche Betreuung, eigener Transport zu den Inseln, europäische Leitung, HP. Av. Principal, Playa Norte, Tel. 8186492, 8151197, 0414/ 3432764, www.morokkue.com.ve, €€€€
●**Posada Kanosta,** sehr freundliche Posada mit großen Zimmern/Apartments, viele Informationen über den Nationalpark, *Patricia,* eine Italienerin, kocht für die Gäste, AI, KK. Av. Principal, Playa Norte, Tel. 8186246, www.kanosta.com, €€€€
●**Posada Tortuga Bay,** interessante Dekoration, deutschsprachig, mit Restaurante Parguito frito. Av. Principal, Playa Norte, direkt hinter der Posada Morrokue, Tel. 8150164, 8150970, posadatortugabay@cantv.net, €€€€
●**Posada Olilao,** neue, angenehm gestaltete Posada. Av. Cuare, hinter dem Hotel Parador Manaure, Tel. 8150201, €€
●**Posada Turística Alemania,** geleitet von *Monika,* Abendessen und Frühstück auf Wunsch, persönliche Betreuung, kleine, gepflegte und günstige Zimmer, die Posada ist ca. 200 m vom Meer entfernt und umgeben von einem großen Palmengarten, Organisation von Touren und Sprachunterricht, Kajak- und Fahrradverleih. Casa Mi Lucero Nr. 16, Av. Cuare, Tel. 8811283, 0412/5395274, Fax 8150211, www.karibik-pur-venezuela.de, €€
●**Posada Turística Guamachito,** kleine und preiswerte Posada, freundliche Besitzerin *(Señora Ligia González).* Av. Cuare, Tel. 8186390, €€

Hotels:
●**Hotel Mario*****, 50 schon etwas in die Jahre gekommene Zimmer, Organisation von Bootstouren, KK. C. 7 c/ C. G, Tel. 81868-11 bis -15, hotelmariovzla@cantv.net, €€€
●**Plaza Hotel Vaya Vaya****, nette Zimmer, Restaurant und Parkplatz. Av. Cemento, Tel. 8686779 und 8186304, €€€
●**Hotel Capri***, einfache und saubere Zimmer, Restaurant und Parkplätze, KK. Av. Principal, 200 m vom Bootsankerplatz entfernt, Tel. 8186026, hotel.capri@cantv.net, €€€
●**Hotel Parador Manaure***, 20 nette Zimmer, Restaurant und Parkplatz. C. Marina Nr. 1, Tel. 8186121 und 8186452, €€€
●**Hotel Gramimar,** mittelgroßes freundliches Hotel mit 14 Zimmern und 16 Suiten, Pool, Kinderspielplatz, Restaurant. Las Tunitas, Playa Norte, Tel. 8150565, www.gramimar.com.ve, €€€
●**Aparthotel Villamarina Suites,** schöne Apartments für bis zu 9 Personen, Pool, Restaurant und Bootstouren zu den Inseln, KK.

Av. Cuare, Sec. Playa Sur, Tel. 8186441 und 8186759, Fax 8186503, www.villamarinahotel.com, €€€
- **Hotel La Puerta***, einfache, saubere Zimmer in der Av. Cuare, Tel. 8186384 und 8186623, €€

Essen und Trinken

- **Restaurante Casa Zumaia,** sehr empfehlenswertes baskisches Essen, nett und freundlich. Av. Principal, Anfang vom Playa Norte.
- **Brisas del Mar,** sehr bekanntes Restaurant. Av. La Marina, an der Uferpromenade, Tel. 8186874.
- **Xalupa,** gute Küche, etwas teuer. Ecke Av. Principal mit Av. Marina, gegenüber der Uferpromenade.
- **Casamare,** italienische Küche und Fischgerichte an der Uferpromenade unweit der Av. Principal.
- **Veracruz,** Terrasse mit Blick aufs Wasser, diverse Spezialitäten mit Fleisch und Fisch. Av. Principal, am Ende der Uferpromenade.
- **Rancho Andino,** Traveller-Treffpunkt. Av. Principal, in der Nähe des Bootsankerplatzes, schräg gegenüber vom Hotel Capri.

Praktische Reiseinfos

- **Vorwahl:** 0259
- **Apotheke** (farmacia), Av. Principal, schräg gegenüber der Banco Industrial.
- **Fest/Veranstaltung: 16. Juli,** Segnung des Meeres, Tag der Heiligen Carmen.
- **Geldwechsel:** Man kann mit der Kredit- und Maestro-Karte in den Banken **Banco Industrial** und **Bancoro**, beide in der Av. Principal, Geld abheben.
- **Hafenbehörde: Capitanía de Puerto,** Tel. 8186064; **Küstenwache: Guardia Costera,** Tel. 8186064 und 4140032.
- **Internetcafés:** Es gibt zahlreiche Centros de Telecomunicación und mehrere Internetcafés, die auch die Möglichkeit bieten, über Skype zu telefonieren.
- **Krankenhäuser: Hospital Dr. Lino Arevalo,** auf dem Weg nach Las Lapas, Tel. 8123096, 8122290; **Krankenstation (Ambulatorio),** gegenüber von CANTV, Tel. 8186135.
- **Kriminalpolizei:** Die Polizeistation befindet sich in der C. Sucre.
- **Post: Ipostel,** C. Paéz No. 2.
- **Reisebüro: Morrocoy Tours** (deutsch, englisch, französisch), in der Lobby des Hotels Mario, C. 7 c/ C. G, Tel. 8812050, 8120390, morrocoy.tours@gmx.net.
- **Telefon: Cantv,** drei Häuserblocks westlich der Plaza Bolívar.

Ausflüge von Chichiriviche

Nicht weit von Chichiriviche, am südlichen Ufer des **Golfete de Cuare,** existieren Kalksteinhöhlen, die zum Teil Felsmalereien aufweisen, welche auf ein Alter von 5000 Jahren geschätzt werden. Die bekanntesten sind die Höhlen **Cueva de Alto Monte, Cueva de la Virgen** und **Cueva de los Indios.** Ausflüge zu diesen Höhlen kann man in Hotels und Posadas, mitunter auch in Restaurants buchen oder natürlich an den Bootsanlegern von Chichiriviche.

In dem 2½ Stunden von Chichiriviche entfernten Ort **Aroa** befand sich früher eine Kupferfirma, die der Familie *Bolívar* gehörte. Angeblich soll das für die Freiheitsstatue in New York verwendete Kupfer aus diesem Ort stammen. Um die von einer britischen Minengesellschaft gebauten Förderanlagen zu besuchen, fährt man mit dem Wagen am Ortsende von Aroa rechts von der Casa Blanca bergaufwärts. Wenn man sich links hält, kommt man zum englischen Friedhof.

Nach Aroa gelangt man auch mit Bussen oder Sammeltaxis von Valencia und San Felipe.

Unterkunft:
- Wer in der Nähe von Aroa eine Übernachtungsmöglichkeit sucht, sollte sich an das empfehlenswerte **Campamento Jaguar** wen-

den. Die Finca befindet sich gut 20 km außerhalb der Ortschaft inmitten der Natur. Eine Reservierung ist notwendig, man bekommt dann eine genaue Anfahrtsbeschreibung mitgeteilt. Übernachtung mit Vollpension und Ausflügen. Tel. 0251/2540449, 0414/5045341, turismoeljaguar@hotmail.com, €€€€

Von Valencia nach Maracaibo

Die kürzeste Strecke von Valencia nach Maracaibo führt durch die Bundesländer Yaracuy und Lara. Von Valencia kommend, fährt man zunächst südwärts und biegt nach etwa 20 km rechts in Richtung Nirgua und Barquisimeto ab. Am Wegesrand werden viele Früchte, Textilien und Hängematten verkauft, und man kann sich an einer der zahlreichen Imbissbuden auch bestens verpflegen. **Kurz vor Chivacoa,** nach rund 110 km Fahrt, zweigt eine Straße rechts nach San Felipe und zum Nationalpark Yurubí ab. Nach weiteren 27 km Fahrt erreicht man die Hauptstadt des Bundeslandes Yaracuy, San Felipe, kommerzieller und industrieller Mittelpunkt der Region.

San Felipe IV, A2

GPS: N 10°20.41, W 68°44.15

San Felipe, **1729 gegründet,** wurde keine 85 Jahre später bei dem schrecklichen Erdbeben von 1812 beinahe vollständig zerstört. Die Stadt wurde wieder aufgebaut und zählt heute zu einem der wichtigsten Zentren der Landwirtschaft in ganz Venezuela. Die moderne Stadt mit breiten Avenidas hat rund **80.000 Einwohner.** In San Felipe wurde der zweimalige Präsident Venezuelas, *Rafael Caldera,* geboren.

Sehenswürdigkeiten

Die **Kathedrale** liegt – genau – am Plaza Bolívar und unterstreicht mit ihrer asymmetrisch angelegten Konstruktion die Modernität der Stadt.

Die bekannten Reiterspiele von San Felipe werden in der **Manga de Coleo** ausgetragen.

San Felipe El Fuerte ist ein Parkmuseum mit einer Fläche von nicht weniger als 6,5 ha. Hier breitete sich die Stadt vor dem Erdbeben von 1812 aus, noch heute sind einige Überreste, wie die Ruinen der ehemaligen Kirche, zu sehen. Der Park firmiert als eine Art „Pompeji Venezuelas".

Der neoklassische **Gouverneurspalast,** 1930 erbaut, ist Sitz der Regierung des Bundeslandes Yaracuy.

Im Norden grenzt die Stadt unmittelbar an den **Parque Leonor Bernabó,** einen herrlichen Park, der von den Städtern gerne als Naherholungsgebiet genutzt wird.

In San Felipe findet sich auch der **Tropenflorapark Mision Nuestra Señora del Carmen,** ein tropisches Gartenparadies mit einer Vielzahl an Pflanzen in gepflegter Umgebung. Man kann hier auch übernachten. Via La Marroquina, Sec. San José, Tel. 2311315, www.tropicalpark.com.ve.

An- und Abreise mit Bussen und Por Puestos

- **San Felipe – Morón,** ab 6 Uhr alle 30 Min. bis 18 Uhr, Fahrzeit ca. 1 Std.
- **San Felipe – Valencia,** ab 7 Uhr alle 30 Min. bis 18 Uhr, Fahrzeit ca. 90 Min.
- **San Felipe – Valencia – Maracay – Caracas,** ab 7 Uhr alle 30 Min. bis 19 Uhr, Fahrzeit 3½ Std.
- **San Felipe – Barquisimeto,** ab 7 Uhr alle 30 Min. bis 20 Uhr, Fahrzeit ca. 75 Min.
- Die zahlreichen **Por Puestos** fahren ständig in Richtung **Barquisimeto, Morón, Valencia** und **Caracas.**

Unterkunft

Posadas:
- **Posada Granja Momentos,** noble Businessposada mit großem Garten und sehr feinen Bungalows, mit Pool und Restaurant. Av. Alberto Ravell, Cascabel Norte, Urb. La Montaña, Tel. 2310153, 0414/5442037, posada@momentos.com.ve, €€€€
- **Posada La Trece,** klimatisierte Zimmer. Av. Beroes c/ Av. 12, Tel. 2314621, €€

Hotels:
- **Hostería Colonial***,** sehr schönes Hotel, Zimmer mit allem Komfort, Restaurant, Pool, Jacuzzi, Parkplätze. Av. La Paz zwischen Av. 6 und Av. 7, gegenüber vom MPC, Tel. 2312626 und 2315480, €€€€
- **Hotel Turístico Río Yurubí***,** schöne Zimmer, Restaurant und Parkplatz. Final Este, Av. Los Baños, Tel. 2310802, €€€
- **Hotel Yaracuy,** Av. Yaracuy c/ Av. San Felipe, Tel. 2343784, €€€

Essen und Trinken

- **Granja Momentos,** leckere, mit viel Herz zubereitete Speisen, das Restaurant ist Teil der gleichnamigen Posada (s.o.).
- **El Monje,** schön gelegenes Restaurant im exotischen Tropenpark mit internationaler Küche und Bar im englischen Stil, recht teuer. Sec. La Cuchilla, Tel. 2342987.
- **Shandal Café,** Sushi, französische Crêpes, deutsche Würste aus Colonia Tovar mit Sauerkraut, Salate, viele leckere Nachspeisen usw. Av. 8 zwischen C. 12 und C. 13.

Praktische Reiseinfos

- **Vorwahl:** 0254
- **Fest/Veranstaltung: 29. April bis 3. Mai, Patronatsfeiern,** mit Stier- und Hahnenkämpfen.
- **Internet:** Informationen zu San Felipe und dem Bundesland Yaracuy unter **www.yaracuy.com.ve**.
- **Krankenhaus: Policlínica San Felipe,** Av. 9 con C. 8, Tel. 2313353 und 2313359.
- **Kriminalpolizei: CICPC,** Urb. Banco Obrero, Tel. 2319877.

Bei der Abzweigung nach San Felipe ist man auf die Panamericana gekommen, welche bei Morón von der Küste ins Landesinnere abbiegt. Etwas später gelangt man nach **Chivacoa,** einer Siedlung mit ländlichem Charakter inmitten großer Zuckerhaziendas. Der an sich ruhige Ort wird vor allem an Wochenenden und an Feiertagen von Pilgern regelrecht überrannt. Die Gläubigen besuchen den heiligen Berg Sorte im Norden der Stadt. Hier befindet sich das Zentrum des in Venezuela sehr ernst genommenen **María-Lionza-Kultes** (siehe dazu den Exkurs „Der Kult um María Lionza"). Wer an einer Prozession teilnehmen möchte, sollte das im Rahmen einer organisierten Tour ab Valencia, San Felipe oder Caracas machen. Man sieht es nicht gerne, wenn alleinstehende Personen neugierig zuschauen, Frauen sollten nur in männlicher Begleitung auf den heiligen Berg gehen.

Die Inseln von Venezuela

Die Inseln von Venezuela

Poollandschaft auf der Isla Coche

Mangroven auf Margarita (La Restinga)

Playa El Agua

Isla Margarita

Die Isla Margarita befindet sich nordwestlich der Küste Venezuelas in einer Entfernung von 30 km vom Bundesland Sucre im Karibischen Meer und weist eine Fläche von **1076 km²** auf. Zusammen mit den Inseln Coche und Cubagua bildet die Isla Margarita den einzigen Inselstaat Venezuelas, **Nueva Esparta.** Hauptstadt der Isla Margarita ist die Kleinstadt **La Asunción.** Das wirtschaftliche Zentrum der Insel ist aber die Stadt **Porlamar.** Das einmalige Klima in Verbindung mit schönen Küsten bzw. Stränden hat der Insel auch zu dem Beinamen „Perle der Karibik" verholfen.

Margarita besteht aus **zwei Halbinseln,** von denen die östliche, fruchtbare Inselhälfte den größeren und wichtigeren Teil darstellt. Die westlich gelegene, wüstenartige Halbinsel Macanao scheint vom Rest der Welt abgekapselt zu sein – hier geht das Leben noch seinen Gang wie vor Jahrzehnten.

In diesem Buch beginnt die **Erkundung** von Margarita in dem urbanen Dschungel von Porlamar und Pampatar und führt dann gegen den Uhrzeigersinn nach Norden zur Inselhauptstadt bis an die Strände der Nord-Ostküste. Weiter geht es an der Küste und durch das Inselinnere über Juangriego bis zum Nationalpark La Restinga, der die zwei Inselhälften miteinander verbindet. Über die Halbinsel Macanao

Fischfang auf der Isla Margarita

kommt man, vorbei am Fährhafen Punta de Piedra die Südküste entlang, zurück nach Porlamar.

Geschichte

Die Geschichte der Isla Margarita kann in vier Stufen eingeteilt werden.

Die präkolumbische Zeit

Indianer vom Stamm der **Guaiquerí** sollen die ersten Menschen gewesen sein, die sich auf der Insel niederließen. Sie nannten die Insel **Paraguachoa**, was übersetzt werden kann als „Ort mit großem Fischreichtum". Die Indianer waren ausgezeichnete Fischer und Bootsleute und hatten ein gutes Auskommen. Sie waren als sehr friedlicher und gastfreundlicher Stamm bekannt, haben es aber stets geschafft, Angriffe anderer Stämme abzuwehren.

Die spanische Kolonie

Es ist historisch erwiesen, dass *Kolumbus* anlässlich seiner dritten Südamerika-Reise im Jahr 1498 die Isla Margarita betreten hat. Er war es, der der Insel den Namen Margarita gab, wegen der vielen Perlen (span. *margarita*), die gefunden wurden. Später ankerte **Alonso de Ojeda** in den Inselgewässern und nahm freundschaftliche Beziehungen zu den Bewohnern auf. Die Indianer dachten angesichts der Brillanten und der Kleidung der Spanier, sie wären gemäß einer Legende Söhne der Sonne. Die Ankunft *Ojedas* war der Beginn florierender Geschäfte; die Indianer wurden verpflichtet, tonnenweise Muscheln und Austern aus dem Meer zu ziehen. Nicht zu vergessen die vielen und sehr edlen Perlen, die als erste „Währung" Venezuelas genutzt wurden.

Die Unabhängigkeit

Als auf dem venezolanischen Festland, angesteckt von humanistischen Idealen und den Ideen der amerikanischen und französischen Revolution, Freiheits- und Bürgerrechte sowie die Loslösung von der spanischen Fremdherrschaft gefordert wurden, stand auch die Isla Margarita nicht abseits. Am 5. Juli 1811 wurde in Caracas die Unabhängigkeit des Landes ausgerufen und auch die Isla Margarita war durch *Manuel Plácido Maneiro* vertreten. Mit dem Beginn des Unabhängigkeitskrieges kam es auch zu zahlreichen Schlachten auf der Insel; eine der wichtigsten fand am 31. Juli 1817 statt, bekannt als **„Batalla de Matasiete"**. 400 Insulaner besiegten dabei 3400 gut ausgebildete und ausgerüstete Soldaten unter Führung des Generals *Morillo*, ein Ereignis, das auf der Insel wohl nie in Vergessenheit geraten wird. Frauen, Männer, Alt und Jung, schlicht alle, die sich bewegen konnten, machten Front gegen die Soldaten, bewaffnet mit Gegenständen, die man gerade zur Hand hatte. Unterstützt wurden die Inselbewohner nur von einigen Offizieren in Zivil. Der unterlegene General *Morillo* meinte nach dem Kampf, die Insulaner hätten eine Moral und Stärke gezeigt, wie man sie in kaum einer anderen Streitmacht der Welt finden würde. Von dieser Schlacht soll sich auch der Name des Inselstaates, Nueva Esparta (Neues Sparta), in Anlehnung an die tapferen Griechen, ableiten.

Das Zeitalter des Tourismus

Über Jahrhunderte lebte man auf der Isla Margarita vorwiegend von Fischen, Meeresfrüchten und Perlen. Um mehr Arbeitsmöglichkeiten zu schaffen, erklärte die Nationalversammlung Venezuelas die Insel im Jahr 1974 zum **„Puerto Libre"**, einer zollfreien Zone. Die Folge: Hotels, Posadas, Apartmenthäuser und Restaurants schossen wie Pilze aus dem karibischen Boden. Strände wie aus dem Urlaubskatalog, gute Bedingungen zum Surfen, eine reiche Unterwasserwelt, aber auch die historischen Orte im Inneren der Insel und die zahlreichen spanischen Festungen und kleinen Schlösser sorgten dafür, dass Margaritas Name um die Welt ging.

An- und Abreise

Die Anreise kann **mit dem Flugzeug** oder der Fähre erfolgen. Porlamar wird vom venezolanischen Festland (s.u.) sowie von den Niederländischen Antillen und einigen Karibikinseln mehrmals täglich angeflogen. Es gibt auch Charterflüge aus Deutschland (Condor, www.condor.de) und Holland (Martinair, www.martinair.de), beide oft mit sehr günstigen Angeboten, sodass man evtl. sogar die Anreise nach Venezuela über Margarita planen kann. **Fährverbindungen** bestehen von/nach Puerto La Cruz, Cumaná und Chacopata, die kürzeste und schnellste Verbindung zum Festland, allerdings nur für Personenverkehr (vgl. auch die Informationen unten und bei den Ortsbeschreibungen). Der in einigen Karten noch eingezeichnete Fährbetrieb von Carúpano nach Margarita ist schon vor geraumer Zeit ausgesetzt worden, soll aber wieder neu aufgenommen werden.

●**Vorwahl von Margarita:** 0295

Flugzeug

●**Aeropuerto Santiago Mariño**
GPS: N 10°54.98, W 63°58.11

Der Flughafen von Margarita liegt im Süden der Insel, gut 20 km von Porlamar entfernt. Im nationalen Teil gibt es eine Touristeninformation *(Atención al Pasajero)*, deren Mitarbeiter bei der Hotelvermittlung behilflich sind, allgemeine Informationen geben und auch in Notfällen (meist leider nur auf Spanisch) ansprechbar sind. Das internationale Terminal liegt direkt links neben dem nationalen Terminal (wenn man davor steht).

Bei der **Abreise** wird das Gepäck vom Finanzamt (SENIAT) kurz überprüft und mit einem Aufkleber versehen, da Margarita zollfreie Zone ist.

Die **Por Puestos** am Flughafen fahren nur Mo bis Fr gegenüber der Kapelle zwischen dem nationalen und dem internationalen Terminal nach Porlamar ab (ca. 2 Euro p.P.).

●**Flüge:** Täglich **Barcelona** (8x), **Canaima** (nur Charter), **Caracas** (mehr als 20x), **Carúpano** (2x), **Cumaná** (4x), **Los Roques** (2x), **Maracaibo** (5x), **Maturín** (3x), **Mérida** (meist über Caracas), **Puerto Ordaz** (3x) und **Valencia** (2x).

●**Fluglinien:**
- **Aerotuy,** Tel. 4155778, Fax 7625254 (Charter nach Los Roques und Canaima).
- **Aeropostal,** Tel. 2691374, Fax 2691172.
- **Aserca,** Tel. 2691138 und 2691149, Fax 2691258.
- **Avior,** Tel. 2691114.
- **Conviasa,** Tel. 2653611.
- **Laser,** Tel. 2691329 und 2691429.
- **Rutaca,** Tel. 2631346.

●**Mietwagen am Flughafen:** In einem getrennten Gebäude, unweit der Terminals, sind die Autovermietungen untergebracht (zu den Daten siehe bei Porlamar). Grundsätzlich sind Mietwagen auf Margarita wesentlich günstiger als auf dem Festland. Das liegt einerseits am Steuerprivileg, andererseits sind natürlich die Entfernungen auf der Insel nicht so groß. Aufs Festland darf man in Margarita angemietete Fahrzeuge nicht mitnehmen. Vorsicht bei der wichtigen **Vollkaskoversicherung:** Es werden oft Selbstbeteiligungen von bis zu 1000 Euro vereinbart, sodass man evtl. nach der Wagenrückgabe z.B. für Kratzer belangt wird, die man gar nicht verursacht hat oder die kaum zu sehen sind. Nur die großen internationalen Leihwagenfirmen bieten Versicherungsschutz ohne Selbstbeteiligung an. Dann kostet ein Kleinwagen schon mindestens 45 Euro pro Tag, er ist aber auch in einem besseren Zustand als bei Kleinanbietern.

Fähre

●**Anlegestelle Punta de Piedras**
GPS: N 10°53.99, W 64°05.84

Am Fährhafen von Margarita befindet sich auch ein kleines Fischerdorf. Die chaotisch organisierte Anlegestelle wird meist von einer beträchtlichen Menschenmenge belagert, die Fahrer von Taxis und Por Puestos warten auf Kundschaft (Vorsicht vor „Piratentaxis"!). Ab Punta de Piedras fahren alle Autofähren ab, die die Insel verlassen.

Wer spät ankommt oder früh los möchte, kann in der einfachen **Posada Doña Martina** übernachten, direkt an der Uferpromenade von Punta de Piedras, gegenüber dem Terminal von Naviarca. Restaurant, 10 einfache Zimmer, Tel. 2398407, €€.

Auch einige einfache **Restaurants** sind in Hafennähe zu finden, das größte der Chinese Luckys, der auch viele Criollo-Speisen zu bieten hat.

Isla Margarita – PORLAMAR

● **Consolidada de Ferrys**
(Conferry, http://portal.conferry.com/extranet/default.aspx)

Die wichtigste Gesellschaft, die schon fast über ein Monopol verfügt, bietet **nach Puerto La Cruz** zwei Schiffstypen an. Bei der **Ferry Tradicional** handelt es sich um uralte, riesige Fährschiffe, die für die Strecke zwischen 4 und 5 Std. benötigen. Die wesentlich schnelleren und kleineren Fähren vom Typ **Ferry Express** brauchen genau 2 Std. Wer mit seinem eigenen Wagen unterwegs ist, muss rechtzeitig reservieren, das kann man in folgenden **Büros** von Conferry tun:
- **Porlamar,** C. Marcano zwischen Av. Santiago Mariño und C. Malaver, in der Nähe des Hotels Bella Vista, Tel. 2616780, 2613697, 2631558, Fax 2616361, Mo bis Fr von 8–12 und 14–17.30 Uhr, Sa von 8–12 Uhr.
- **Pampatar,** Playa El Angel, CC Provemed, Av. Bolívar, Tel. 0501/26633779, Mo bis Sa durchgehend von 8–18 Uhr.
- **Punta de Piedras,** an der Anlegestelle, Tel. 2398148, Fax 2398261, 24 Std. geöffnet, hier werden nur Tickets für das nächste Schiff verkauft bzw. Umbuchungen vorgenommen.

● **Gran Cacique**
(Anlegestelle Punta de Piedras, Tel. 2398439 und 2398339)

Punta de Piedras – Cumaná, 11 und 18 Uhr, Preis in der Touristenklasse (nicht empfehlenswert) ca. 10 Euro, in der 1. Klasse ca. 11 Euro, die Fahrzeit beträgt knapp 2 Std. Die Fährverbindung nach Cumaná ist sehr unzuverlässig und folgt keinen festen Regeln. Oft warten die Fähren bis sie ganz voll sind, an anderen Tagen sind sie aus technischen Gründen nicht einsetzbar. Daher ist es sinnvoller, die Route über Puerto La Cruz (s.o.) oder Chacopata (s.u.) zu wählen.

Büro in Porlamar, Av. Santiago Mariño, Edf. Blue Sky, Tel. 2642945.

● **Die Autofähre der Firma Naviarca** auf der Route **Punta de Piedras – Cumaná** fährt ebenfalls unregelmäßig. Informationen dazu unter Tel. 2398072 oder 2398232.

● Von der **Mole in Porlamar** (GPS: N 10° 56.91, W 63°50.94), direkt am neuen Kreuzfahrthafen Puerto de la Mar, etwa 500 m vom Ortszentrum entfernt, legt die Personenfähre **nach Chacopata** ab, einem kleinen Ort an der nördlichen Spitze der Halbinsel Araya (siehe auch im Kapitel „Der Nordosten"). Dies ist eine billige, zuverlässige und schnelle Option, per Boot aufs Festland zu gelangen, die jeden Tag funktioniert, manchmal aber etwas Seefestigkeit voraussetzt (ca. 3 Euro einfach). Chacopata allerdings liegt etwas abseits, man muss mit Por Puestos über staubige Pisten Richtung Carúpano (1 Std.) oder Cumaná (1,5 Std.) weiterfahren.

Porlamar – Chacopata, Abfahrt ab 6 Uhr morgens bis etwa 16 Uhr, die Boote fahren immer, streng nach dem „Por Puesto-Prinzip", sprich: wenn sie voll sind. Die Fahrzeit beträgt je nach Motorleistung 1–2 Std.

Porlamar

GPS: N 10° 57.74, W 63°49.41

Einleitung

Porlamar, die mit Abstand größte Stadt der Insel, hat **100.000 Einwohner.** Hier sind die meisten Einkaufsmöglichkeiten zu finden, aber auch viele Hotels, Restaurants und Nachtklubs. Viele Boutiquen verkaufen exklusive Kleidung, die zollfreie Zone lockt vor allem am Wochenende viele Festland-Venezolaner auf die Insel, die sich dort billig mit Textilien, Schuhen, aber auch mit Spirituosen eindecken. Viele wohlhabende Venezolaner haben einen Zweitwohnsitz in Porlamar oder sonstwo auf der Insel. Die Stadt liegt nur 10 m über dem Meeresspiegel, weist eine durchschnittliche Temperatur von 28°C auf und hat im Schnitt 500 mm Niederschlag pro Jahr.

Die Stadt, **1536** von *Francisco de Villacorta* **gegründet,** hieß ursprünglich Pueblo del Mar, „Dorf des Meeres", woraus im Laufe der Zeit Porlamar wurde. Viele Straßennamen erinnern an die Helden früherer Tage, etwa C. Fermín, Av. Santiago Mariño und Av. Juan Bautista Arismendi, und natürlich der sehenswerte Plaza Bolívar.

Sehenswürdigkeiten

Kunstmuseum Francisco Narváez

In diesem Museum sind vorwiegend **Gemälde** des gleichnamigen Künstlers ausgestellt, es finden sich aber auch ein paar Werke anderer Maler der Insel und des Festlandes. Das Museum in der C. Igualdad ist Di bis Fr von 9–17 Uhr, an Wochenenden von 10–15 Uhr geöffnet, der Eintritt ist frei.

Iglesia San Nicolás de Bari

Mitten im Zentrum, am Plaza Bolívar, steht diese **schöne Kirche,** die dem Schutzpatron der Stadt gewidmet ist und entsprechend eine Statue von ihm beherbergt. Sie enthält zudem eine Kopie der berühmten Schwarzen Madonna von Montserrat/Katalonien und eine Marmorplatte mit dem Text der Gründungsurkunde der Republik Venezuela. Mit dem Bau der Kirche wurde 1853 begonnen, aber erst 1955 konnte sie eingeweiht werden.

Öffentlicher Transport

Hier einige Haltestellen *(paradas)* der **Por Puestos** mit Zielangabe:

- **Nach Pampatar,** C. Fajardo c/ C. La Marina.
- **Nach La Asunción,** 4 de Mayo c/ C. Fraternidad.
- **Nach Playa Guacuco,** morgens C. Fraternidad, nachmittags C. Fajardo zwischen C. Igualdad und C. Velásquez.
- **Nach Playa El Agua/ Playa Manzanillo,** mehrere Haltestellen in der C. Guevara.
- **Nach Juangriego,** Av. Miranda zwischen C. Igualdad und C. Marcano.
- **Nach San Juan de Bautista,** C. Marcano.
- Die Por Puestos **zum Flughafen** starten direkt am Plaza Bolívar an der C. Igualdad zwischen C. Arismendi und C. Libertad oder an der Kreuzung von C. Arismendi und C. San Nicolás.
- **Nach La Restinga,** C. Mariño zwischen C. La Marina und C. Maneiro.
- **Nach Punta de Piedras** (Anlegestelle der Fähre), C. Maneiro zwischen C. Mariño y C. Arismendi.
- **Nach La Isleta** (Fähre zur Insel Coche), C. Libertad c/ C. La Marina.

Unterkunft

Posada

- **Posada Casa Lutecia,** die Posada unter französischer Leitung verfügt über einen kleinen Pool auf der Dachterrasse, 14 nette Zimmer, Kabel-TV. Kinder sind unerwünscht. C. Campos zwischen C. Cedeño und C. Marcano, in Gehdistanz zur Av. Santiago Mariño, Tel. 2645383, 2638526, €€€

Hotels

- **La Samanna de Margarita*******, Hotel & Thalasso, ruhiges Luxushotel zum Relaxen mit Spa, Reisebüros, 56 Zimmer verfügen über eigenen Balkon mit Hängematte und Blick aufs Meer, die Suiten haben private Gärten mit Pool, 3 gute Restaurants, WLAN, ÜF, KK. Av. Bolívar c/ Av. F. E. Gómez, Urb. Costa Azul, Tel. 2622222, 2622662 und 2629859, Fax 2621242, www.lasamannademargarita.com, €€€€
- **Hotel Hilton Margarita & Suites*******, Zimmer mit Klimaanlage, Kabel-TV, Zimmertresor, 3 Restaurants, Bar, Pool, Jacuzzi und Sauna, WLAN, schönes Kasino, in dem häufig Live-Musik gespielt wird, KK. C. Los Uve-

ros, Urb. Costa Azul, Tel. 2601700, Fax 2620810, www.hiltoncaribbean.com/ margarita, €€€€
- **Lidotel****, feines Boutiquehotel im CC Sambil, 135 luxuriöse Zimmer, direkt im Einkaufszentrum mit einer Unzahl an guten Restaurants, Bars, Kino und Geschäften. A. Jóvito Villalba, Tel. 2602888 und 0501/5436835, www.lidotel.com.ve, €€€€
- **Best Western Margarita Dynasty****, 157 Zimmer mit Klimaanlage, Kabel-TV, Restaurant, Bar, Pool, Jacuzzi. Wäscherei, ÜF, KK. C. Los Uveros, Urb. Costa Azul, gegenüber vom Hotel Hilton, Tel. 4008000 und 2621411, Fax 2624886 und 2625101, www.margaritadynasty.com, €€€€
- **Hotel Imperial***, 89 Zimmer mit Klimaanlage, Kabel-TV, Restaurant, Bar, Pool, KK. Av. Raúl Leoni, Sec. Bella Vista, Tel. 2614823, 2616501, 2616420, Fax 2615056, www.hotelimperial.com.ve, €€€
- **Hotel Castillo El Milagro***, stilvolles Hotel, allerdings mit recht einfachen Zimmern, Pool mit Blick über die Stadt, Bar, Restaurant, ÜF, KK. Am oberen Ende der C. Fermín, Tel. 2612250 und 2643256, milagro@c-com.net.ve, €€€
- **Hotel Colibri***, alle Zimmer mit Klimaanlage, Kabel-TV und Kühlschrank, Reisebüro, KK. Gute Lage in der Av. Santiago Mariño, Tel. 2616346 und 2615386, davidegrandin@cantv.net, €€€
- **Hotel El Hidalgo****, 21 Zimmer mit Klimaanlage und Kabel-TV, Restaurant, direkt am Meer gelegen. Av. Raúl Leoni c/ C. Marcano, in der Nähe der Av. Santiago Mariño, Sec. Bella Vista, Tel. 4169847 und 2630088, hotelhidalgo@hotmail.com, €€€
- **Hotel Porlamar****, Zimmer mit Klimaanlage und Kabel-TV, Restaurant. C. Igualdad zwischen C. Fraternidad und Fajardo, Tel. 2632672, €€€
- **Hotel Le Parc****, Zimmer mit Klimaanlage und Kabel-TV, Restaurant, Bar, Pool. C. Guilarte c/ C. Páez, einen Häuserblock vom Radio Nueva Esparta entfernt, Tel. 2617097 und 2612653, €€€
- **Hotel Boulevard****, Zimmer mit Klimaanlage und Kabel-TV, Restaurant. C. Marcano, 100 m vom Plaza Bolívar, Tel. 2610522, hotelboulevard@cantv.net, €€€
- **Hotel Flamingo City****, Zimmer mit Klimaanlage, KK. Av. 4 de Mayo, schräg gegenüber der Av. Santiago Mariño, Tel. 2645564 und 2639786, reservasflamingo@hotmail.com, €€€
- **Hotel Plaza Royal***, Hochhaushotel mit wenig Service, aber in guter Lage, KK. C. Fermín c/ Av. 4 de Mayo, schräg gegenüber der Panadería 4 de Mayo, Tel. 2616766 und 2616666, Fax 2616955, www.hotelplazaroyal.com, €€
- **Hotel María Luisa,** 98 Zimmer in guter Lage zur Stadt und zum Strand von Porlamar, nachts sollte man in dieser Gegend allerdings vorsichtig sein, Restaurant, Bar, ÜF, KK. Av. Raúl Leoni, Sec. Bella Vista, Tel. 2610564 und 2637940, Fax 2636737, €€
- **Aparthotel Mar Lui***, Zimmer mit Klimaanlage, Kabel-TV, KK. C. Igualdad c/ C. San Rafael, Tel. 2619121, €€

Essen und Trinken

- **Restaurante Dolphin,** hervorragendes Gourmetrestaurant (u.a. italienische Küche) mit passablen Preisen, KK. Av. Aldonza Manrique, beim Hotel Marbellamar, Urb. Playa el Angel, Tel. 2623755.
- **El Rancho de Chamaca,** Geheimtipp für einfachen und frischen Fisch, günstig. Av. Raúl Leoni, hinter dem Park, Tel. 4158158, 0416/ 3986246.
- **El Pescador de la Marina,** Fisch und Meeresfrüchte in der Marina Concorde, Tel. 2646374.
- **Nikkei,** im Hotel Samanna, hervorragendes japanisch-peruanisches Restaurant der gehobenen Preisklasse, ab 17 Uhr, KK. Av. Bolívar.
- **Bahia Park,** gutes portugiesisches Essen. Av. Bolívar, CC Central Madeirense, Tel. 2632261.
- **Margaritaville,** abwechslungsreiches Programm mit Gastronomie-Festivals und hin und wieder Live-Musik. Urb. Costa Azul, nahe des Hotels Hilton.
- **Umi,** Sushi & Teppan, für Freunde der asiatischen Küche, japanische und Leckereien aus aller Welt. C. Los Uveros, CCM, in dem kleinen Einkaufszentrum, das sich gegenüber vom Hotel Hilton befindet, Tel. 2626055.

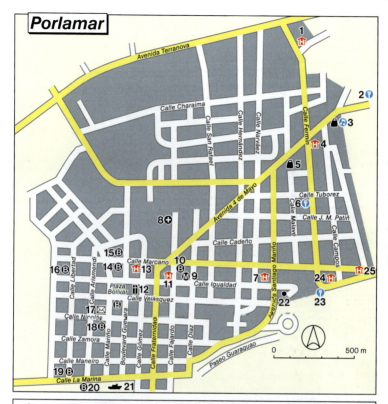

Die Inseln von Venezuela

🏨	1	Castillo El Milagro	🏨 13	Boulevard
🛈	2	El Remo	Ⓑ 14	Por Puestos nach Juangriego
🔒	3	Einkaufzentrum CC Jumbo,	Ⓑ 15	Playa El Agua
🎵		Disco Underground	Ⓑ 16	Por Puestos nach El Valle
🏨	4	Plaza Royal	✉ 17	Post
🔒	5	Hypermarkt Rattan	Ⓑ 18	Punta de Piedras
🛈	6	Positano	Ⓑ 19	La Isleta
🏨	7	Colibri	Ⓑ 20	Kreuzfahrthafen:
✚	8	Hospital Central		Puerto del Mar
Ⓜ	9	Museo de Arte	⛴ 21	Bootsanlegestelle nach Chacopata
		Contemporáneo	• 22	Autovermietung
Ⓑ	10	La Asunción	🛈 23	El Rancho de Chamaca
🏨	11	Porlamar	🏨 24	María Luisa
ℹ	12	Iglesia de San Nicolás de Bari	🏨 25	Imperial

Isla Margarita
PORLAMAR

Atlas XXIV, Stadtplan S. 589

Isla Margarita
PORLAMAR

- **Positano,** Nudeln, Pizzas, Fischgerichte, KK. C. Fermín c/ C. Tubores.
- **El Remo,** gute Fischgerichte, sehr gut besucht, KK. Av. 4 de Mayo, nahe dem Bingo Chaima, Tel. 2613197.
- **Mediterraneo Café,** einfallsreiche Speisekarte in einem sympathischen Ambiente, sehr empfehlenswert, in der Nebensaison nur abends, KK. C. Campos c/ C. Patino, Tel. 2640503.
- **Sevillanas,** spanisches Lokal mit Live-Musik, KK. Av. Bolívar, Tel. 2638258.

Praktische Reiseinfos

Im Internet finden sich unter www.infoaqui.com.ve viele Infos (nicht nur) zu Margarita, allerdings nur in spanischer Sprache.

Apotheken

Es gibt wie überall in größeren Städten unzählige Apotheken *(farmacias)*. Am Wochenende leuchtet an den geöffneten der Schriftzug „Turno".

- **Distribuidora Marina 2.004 C.A.,** C. Ortega, Edif. Macanao, Local Nr. 2, Tel. 2647209, 4158428.
- **Farma Cheap – Farmacia Central Margarita,** Av. 4 de Mayo, gegenüber vom Bingo Charaima, Tel. 2617855.

Autovermietung

- **Avis Margarita,** am Flughafen, von 7–19 Uhr geöffnet, KK, Tel. 2691230.
- **Budget,** www.budget.com.ve, KK; am Flughafen, Tel. 2647539; im Hotel Hesperia, Playa El Agua, Tel. 4008138 und 4007168; im Hotel Best Western Dinasty, Tel. 0800/2834381 und 2691047.
- **Hertz,** am Flughafen und in den Hotels Margarita Hilton und Margarita Laguna Mar, Tel. 0800/8000000, 2671659 und 2691237, Fax 9050408, hertzres@telcel.net.ve, KK.

Schnappschuss am Strand

Einkaufen

- Wie in fast allen größeren Städten von Venezuela, setzen sich auch in Margarita die großen **Einkaufszentren** immer mehr durch und werden von den Einwohnern der Stadt als Freizeiteinrichtung betrachtet. Da kann man in klimatisierten Hallen sicher durch die Gegend flanieren und seine Erledigungen und Einkäufe tätigen, zudem sind immer mehr gute Restaurants und natürlich viele der internationalen Fastfoodketten in den Einkaufszentren zu finden. Hinzu kommen Reisebüros, Apotheken, Kunsthandwerk, Elektronik- und Computerbedarf etc. Das größte und meistbesuchte Centro Comercial von Margarita ist das C.C. **Sambil** (www.sambilmall.com/margarita), das es auch in Caracas, Valencia, Maracaibo und San Cristóbal gibt.
- Der populäre Markt von Porlamar, der **Mercado de Conejeros,** liegt an der Av. Gral. José Asunción Rodriguez, der nördlichen Umgehungsstraße von Porlamar. Hier kann man günstig Hängematten und Kunsthandwerk kaufen. Por Puestos fahren von der C. Fraternidad (zwischen C. Igualdad und C. Velásquez) aus der Stadt dorthin.

Feste/Veranstaltungen

Weihnachten, Karneval und Ostern gehören auch auf der Insel zu den großen Feiertagen und werden wie überall im Lande entsprechend zelebriert, daneben gibt es noch folgende Anlässe:

- **21. Januar,** Folklorefestival.
- **3. Mai,** El Cristo del Buen Viaje.
- **8. September,** Fiesta de la Virgen del Valle (siehe bei El Valle).
- **1. Sonntag im Oktober,** Feier zu Ehren der Schutzheiligen Nuestra Señora del Pilar (in Pampatar).

Geldwechsel

Die **Banken** sind Mo bis Fr von 8–16.30 Uhr durchgehend geöffnet. Filialen in Einkaufszentren haben sieben Tage die Woche bis 21 Uhr geöffnet.

Banken und Wechselstuben:
- **Banco Bolívar,** CC La Redoma, Primera Etapa, Planta Baja, Local 22, Tel. 2629801.

- **Banco Caroní,** C. Mariño, Tel. 2632055 und 2630177.
- **Banco Mercantil,** Av. 4 de Mayo, in Richtung Los Robles, Tel. 2642058.
- **Italcambio,** Av. 4 de Mayo, CC Jumbo, Planta Baja, Tel. 2633240.
- **Cambios Febres Parra,** Hotel Bella Vista, Av. Santiago Mariño, Tel. 2616244.

Internetcafés

Praktisch jedes **Hotel** bietet seinen Kunden Internetzugang als Dienstleistung an. Zudem gibt es in der Stadt sehr viele Internetcafés, nachstehend nur eine kleine Auswahl:

- **A & A Communication C.A.,** Internet mit schneller Verbindung, von 9–19 Uhr, CC Mansur, Local Nr. 2, C. Tubores, Tel. 2638447.
- **Net City,** von 9–20 Uhr, C. Jesús Maria Patiño, Edf. San Fernando, Erdgeschoss, Local Nr. 2, Tel. 2635563.
- **Pandora's,** von 9–19 Uhr, gegenüber von Lucky Tattoo, C. Jesús María Patiño c/ C. Amador Hernández, Tel. 2646656.

Krankenhäuser (privat)

- **Medi Salud Insular,** C. San Rafael, Tel. 0414/7906190 und 0416/4950382, KK.
- **Policlínica Costa Azul,** Av. Fco. Esteban Gómez c/ Av. Principal de la Arboleda, CC El Parque, Tel. 2635495 und 2638720, KK.
- **Centro Clínico Margarita,** C. Marcano c/ Díaz, Tel. 2614611 und 2614865, KK.
- **Zahnarzt: Centro Odontológico Profesional 4 de Mayo,** Residencia 4 de Mayo, Av. 4 de Mayo c/ Av. Fco. Esteban Gómez, Tel. 2643248.

Kriminalpolizei

- **CICPC,** Tel. 2643397.

Marinas

Es gibt zwei Marinas in Porlamar, die **Hilton Marina,** auch für größere Boote geeignet, und die **Marina Concorde** für Boote mit max. 1,65 m Tiefgang. Kanal 16. Hilfe für das Ein- und Ausklarieren bekommt man professionell von *Sr. Juan Baro,* Marina Concorde, Tel. 2631332, VHF CH 72, juanbaro@hotmail.com.

Nachtleben

- **Señor Frogs,** CC Costa Azul, bis 22 Uhr mexikanisches Restaurant, anschließend Diskothek, KK.
- **La Terraza,** CC La Redoma, Los Robles, Open-air-Disco.
- **The British Bulldog,** Av. Bolívar, CC Costa Azul, Rockmusik live, KK.
- **Opah,** Av. Bolívar, CC Costa Azul, für das ältere Publikum, KK.
- **Underground,** CC Jumbo, Av. 4 de Mayo, für junge Leute.

Post und Telefon

- Das Büro der staatlichen Post **Ipostel** befindet sich in der C. Arismendi, einen Häuserblock südwestlich vom Plaza Bolívar. Handelt es sich um wichtige Post, dann eingeschrieben senden *(certificado)* oder noch besser per Kurierdienst (z.B. DHL oder MRW), da Ipostel langsam und unzuverlässig arbeitet.
- Von den öffentlichen Telefonkabinen sind viele Opfer von Vandalismus geworden. Am besten geht man in eines der zahlreich anzutreffenden **Telefonzentren,** die gibt es von der staatlichen Gesellschaft CANTV in der C. Zamora, aber auch von privaten Anbietern.

Sprachunterricht

- Die hervorragende **Cela-Sprachschule,** geleitet von *Dr. Sabine Löffler,* liegt zwischen Porlamar und Pampatar. Im Angebot sind Anfänger-, Fortgeschrittenen- und Spezialkurse mit oder ohne Übernachtung in Gastfamilien. Tel. 2628198 oder 0417/9533124, www.cela-ve.com.

Taxis

- **Hey Taxi,** CC Jumbo, Av. 4 de Mayo, Tel. 2659560.
- **Taxi Concorde,** Tel. 2644102.
- **Linea de Taxis Luxor,** CC Sambil Margarita, Tel. 2630862.

Wäscherei

- **Lavandería Bio Inversiones,** C. Narváez zwischen C. Cedeño und C. Jesús María Patiño, Tel. 2640483.
- **La Misura de La Nona,** CC La Redoma, 2da Etapa, Los Robles, Tel. 2670730.

Reisebüros

●**Skylimit Travel Services,** Zusammenarbeit mit namhaften Agenturen aus Europa, man spricht deutsch. Das Reisebüro befindet sich in Altagracia, Quinta Villa Maria, C. San Antonio, Tel. 2356281, Fax 2356075, www.skylimitvenezuela.com.

●**Trotamundos,** ein lokales, empfehlenswertes Reisebüro für Reisen nach Canaima, in die Gran Sabana oder ins Orinoco-Delta. CC La Samanna, Costa Azul, Tel. 2629186, www.trotamundos.com.

Sport

Auf Margarita lassen sich sehr viele Sportarten ausüben, am beliebtesten ist natürlich alles, was mit Wasser zu tun hat. Aber auch Gleitschirmfliegen, Tennis, Golf usw. ist möglich, man informiert sich dazu am besten vor Ort in den Hotels oder Reisebüros.

Kitesurfen

Der beliebteste Ort dazu ist der **Playa El Yaque** nahe des Flughafens. Die Bedingungen sind geradezu ideal, seichtes Wasser auf den ersten 300 m und perfekte Windverhältnisse. Die besten Winde herrschen von Nov. bis Juni, von Juli bis Okt. ist der Wind etwas schwächer, also gut für Anfänger.

Windsurfen

Die besten Plätze zum Surfen findet man am **Playa Parguito** südlich des bekannten Playa El Agua. Dieser Strand eignet sich dank der hohen Wellen auch hervorragend zum Windsurfen für Fortgeschrittene.

Tauchen

In Porlamar gibt es zahlreiche Anbieter, nachfolgend ein kleiner Auszug:

●**Scubadiving Margarita CA,** SSI-Tauchpartner von *Jörg Gessner,* seriöses Tauchcenter im östlichen Inselteil bei El Tirano, täglich Tauchausflüge nach Los Frailes, Kurse von 4 bis 6 Tagen, auch Schnorcheln und Hochseefischen, empfehlenswert. Av. 31. de Julio, via Playa El Agua, im Hotel Oasis, Tel. 0416/8969040, scubadivingmargarita@gmail.com.

●**Aquanauts,** Urb. Costa Azul, C. Los Almendrones, CC Bayside, Local Nr. 1-47, Planta Baja, Tel. 2671626 und 2671645, www.aquanauts.com.ve. Der in der Szene bekannte *Rafael Alcalá* leitet das Unternehmen.

●**Margarita Divers,** Marina Concorde, Tel. 2642350 und 0416/7959125. PADI-Tauchschule von *Walter Vedovello,* sehr günstige Preise, aber die Qualität stimmt nicht immer.

Ausflüge

Reiten

●Der Franzose *Luc* veranstaltet auf der Halbinsel Macanao sehr schöne zweistündige Reitausflüge in die einsamen Berge und am Strand entlang. Der Preis für den Ausritt (zweimal täglich, Mo bis Sa) liegt bei knapp 50 Euro, er umfasst auch Getränke und den Hin- und Rücktransport von jedem Hotel auf der Insel zur Ranch Cabatucan (s.u.). Bei der Ranch gibt es auch die sehr schöne Posada Río Grande. **Ranch Cabatucan,** 2 km von Guayacancito in Richtung Westen, Halbinsel Macanao, Tel. 0416/6952170 und 6819348.

Wandern

●Bei *Señor Antonio* kann man schöne Wanderausflüge in den Bergen buchen, Tel. 0414/7915487.

Schwimmen mit Delfinen

●Der große **Vergnügungspark Diverland** bietet außer den normalen Attraktionen einer solchen Einrichtung auch das Schwimmen mit Delfinen. Kinder unter 12 Jahren müssen eine erwachsene Begleitperson dabeihaben, wenn sie unter 1,10 m groß sind, dürfen sie nicht teilnehmen. Um mit den Delfinen schwimmen zu gehen, muss man unbedingt vorher reservieren, am besten über ein Reisebüro oder das Hotel. Am Wochenende gibt es abends um 21 Uhr eine Delfinshow (3 Euro p.P.), außerdem werden die Tiere mit unglaublichen Erfolgen z.B. bei autistischen Kindern zu therapeutischen Zwecken eingesetzt. **Waterland** im Diverland, in der Av. Jovito Villaba, am Rondell mit der Av. Bolívar, Tel. 2670571 und 2620813, www.parquediverland.com.

El Valle

GPS: N 10°59.22, W 63°53.10

Der recht abgeschiedene Ort El Valle del Espíritu Santo wurde **1529** von *Isabel Manrique de Villalobos* **gegründet.** Er liegt nur 5 km nordwestlich von Porlamar und hat **50.000 Einwohner.** Man erreicht ihn über die Autobahn von Porlamar Richtung La Asunción. El Valle liegt zu Füßen des **Cerro El Copey,** mit 957 m der höchste Berg der Insel. Das feucht-kühle Waldgebiet ist voll mit Araguaneys, dem gelb blühenden Nationalbaum Venezuelas. Hier findet man die typische Kultur und Mentalität der „Margariteños", man sieht schöne Kolonialhäuser und es gibt eine ganze Anzahl kleiner Museen. El Valle gilt als der ruhigste Ort der Isla Margarita. Bekannt ist er aber vor allem wegen seiner Wallfahrtskirche, die zu Ehren der **Virgen del Valle** erbaut wurde. Über dem Hauptaltar kann man die Statue der Schutzheiligen von Margarita sehen. Man weiß nicht genau, wie sie an diesen Ort kam. Da ist einerseits die Legende, die besagt, Guaquerí-Indianer hätten sie in einer Höhle entdeckt, die profane Version dagegen meint, das in Europa gefertigte und für Peru bestimmte Standbild sei irrtümlicherweise auf der Isla Margarita ausgeladen worden. Der Statue werden wundersame Heilkräfte zugesprochen. Als einst ein Fischer, der von einem Hai ins Bein gebissen worden war, der Heiligen als Geschenk für eine Heilung eine Perle in Form eines Beines versprach, wurde er gesund. Seitdem spenden Menschen, denen Hilfe zuteil wurde, ein Abbild des kurierten Körperteils als Schmuckstück. Jedes Jahr vom 8. bis 15. September strömen Tausende von Besuchern aus ganz Venezuela zu dieser Wallfahrtskirche, zur großen **Fiesta de La Virgen del Valle.** An der Plaza Mariño gibt es viele Verkaufsstände, die Kunsthandwerk, Süßigkeiten und Heiligenbilder im Sortiment haben.

El Laberinto Tropical

An der alten Landstraße zwischen Porlamar und La Asunción, im Sec. Palo Sano, liegt dieser **botanische Garten,** ein Park mit tropischen Pflanzen, spielerisch als Labyrinth angelegt. Ein unglaubliches **Mikroklima** herrscht in dem feuchten und schattigen Gelände, geschaffen durch Bambuswälder, Orchideen, Bromelien, Palmen und ein kleines Feuchtbiotop. Ein Minizoo mit einheimischen Tieren und einigen Reptilien befindet sich auch auf dem Gelände.

●**El Laberinto Tropical,** Tel. 2424118, 4sudu@cantv.net, täglich außer Mo ab 9 Uhr geöffnet, Eintritt 3 Euro p.P., Kinder zahlen die Hälfte.

Pampatar

GPS: N 10°59.91, W 63°47.86

Pampatar liegt rund 10 km nordöstlich von Porlamar direkt am Meer und darf auch heute noch als relativ ruhiger Ort bezeichnet werden, denn er blieb von dem touristisch bedingten Bauboom weitgehend verschont. Einzig am Dorfrand sind ein paar größere Ferienanlagen entstanden. Pampatar ist seit jeher ein Ort der Fischer und wurde **1530 als Puerto Real de Manpatare gegründet,** als sich die ersten Spanier hier niederließen. Sie errichteten in der Folge kleine Festungen, um sich gegen Piratenangriffe verteidigen zu können. Pampatar galt früher als der wichtigste Handelsplatz der Insel.

Der Ort, problemlos von Porlamar mit dem Bus oder Taxi zu erreichen, erfreut sich bei Touristen aus dem In- und Ausland wachsender Beliebtheit, wenn auch die Strände nicht zu den schönsten gehören. Für Romantiker ist er aber sicher ein idealer Platz – der Hafen, die vielen Fischerboote, der Ortskern mit seinen kleinen Gourmetrestaurants verströmen ein **angenehmes Flair.** Pampatar hat eine Durchschnittstemperatur von 28°C und ca. 500 mm Niederschlag pro Jahr.

Sehenswürdigkeiten

Castillo San Carlos Borromeo

1663 begann der Militäringenieur *Juan de Somodevilla Texada* mit dem Bau dieser Festung, mit dem Ziel, Piratenangriffe abwehren zu können und den wichtigen Hafen und die Bevölkerung zu schützen. Es handelt sich um einen **typischen Festungsbau,** wie ihn die Spanier damals vielerorts ausführten. Mit zwölf Kanonen bestückt, war die Festung ein echtes Bollwerk. Sie diente in den vergangenen Jahrzehnten teilweise auch der Armee und der Guardia Nacional, speziell 1945 bis 1950. Heute ist sie zu besichtigen, man sieht noch die alten Kanonen mit historischer Munition, aber auch koloniale Kriegsausrüstungen.

Fortín de La Caranta

Auf dem Berg El Vigia erhebt sich die zweite Festung der Stadt. Sie wurde unter der Regierung von *Juan Sarmiento de Villandrando* (1583–93) erbaut und hatte insgesamt elf Kanonen, die allesamt aufs Meer gerichtet waren. Von der Festung hat man einen **herrlichen Ausblick** und sieht den größten Teil des Hafens und die nahe liegenden Strände.

Iglesia Santísimo Cristo del Buen Viaje

Über dem Kirchenaltar hängt der gekreuzigte Jesus, den die Fischer sehr verehren, sogar magische Kräfte sprechen sie ihm zu. Der Glockenstuhl des Gotteshauses ist wie andernorts auf der Isla Margarita nur über eine Außentreppe erreichbar.

Museo de las Mariposas

Im **Museum der Schmetterlinge** sind mehr als 37.000 lebende und tote Schmetterlinge und Insektenarten zu begutachten.

Isla Margarita
PAMPATAR

- **Museo de las Mariposas,** C. Corocoro, Urb. Playa El Angel, Tel. 2625958, täglich von 8.30–18 Uhr geöffnet.

Unterkunft

Posadas

- **Residencias Mi Paragua****, saubere Zimmer mit Klimaanlage und Kabel-TV. C. San Martin, Quinta Mi Paragua, gegenüber vom Basketballplatz, Tel. 2626718 und 0414/7903031, €€€
- **Posada La Bufonera****, 20 einfache, aber saubere Zimmer mit Klimaanlage und Privatbad. C. Almirante Brión, Bahía de Pampatar, Tel. 2628418, €€
- **La Casa de María****, einfache und saubere Zimmer, ÜF. Playa El Angel, C. Petronila Mata, Casa María N A-38, €€

Hotels

- **Hotel Aquarius******, alle Zimmer mit Klimaanlage, Kabel-TV und kleinem Balkon, Restaurant und Pool. Av. Aldonza Manrique c/ C. El Mero, hinter dem CC AB, via Playa Moreno, Tel. 0414/3205859 und 0212/5750866, €€€€
- **Hotel Casas del Sol******, dieses originelle Hotel besteht aus kleinen Villas, alle eingerichtet mit Klimaanlage, Kabel-TV, kleiner Küche, Privatbad, Wohnbereich und Telefon. Die Anlage verfügt über 3 Pools, Restaurant und Snackbar. Av. Aldonza Manrique, Sec. Playa El Angel gegenüber vom Playa Varadero, Tel. 0800/4683537 und 0414/3205859, €€€€
- **Hippocampus Ferien Club*****, sehr schöne Ferienanlage gegenüber der Bucht von Caranta, 132 Zimmer und 53 Villen stehen zur Verfügung, alle mit Klimaanlage und Kabel-TV, die Villen zusätzlich mit Küche und Kühlschrank, alle mit Meerblick. Die Anlage hat 2 Pools, Tennisplatz, Kinderpark, Wäscheservice, Restaurant und einen eigenen Taxidienst mit Gratistransfer nach/von Porlamar. Am Ende der C. El Cristo, Sec. La Caranta, Tel. 2620133 und 2625471, Fax 2621811, www.hippocampus.com.ve, €€€€
- **Flamingo Beach Hotel*******, sehr schönes Hotel, Zimmer mit Klimaanlage, Kabel-TV und Privatbad, Restaurant, Bar und schöner Pool. C. El Cristo, Sec. La Caranta, Tel. 0800/4683537, €€€

Essen und Trinken

Die Hauptstraße von Pampatar, die Av. Principal, mutiert immer mehr zur Nobel-Ausgehmeile. Ständig eröffnen neue Restaurants und Lounge Bars.

- **Casa Caranta,** leckere mediterrane und asiatische Küche, sehr angenehmes Ambiente, einfallsreiche Karte, guter Service. Av. Ppl. de Pampatar, neben der Post, Tel. 2628610.
- **Fondeadero,** exklusives Restaurant mit großem Fischangebot in der C. Joaquín Maneiro, direkt neben der Festung San Carlos, Tel. 2671526, fondeadero@hotmail.com.
- **Luciano's,** Gastronomia & Arte, exklusives italienisches Gourmetrestaurant mit fantastischem Blick über die gesamte Bucht, unbedingt die hausgemachte Pasta probieren. C. Antonio Díaz, Tel. 2670933.
- **Beach Bar,** Bar & Lounge, Spezialitäten aus dem Meer mit Blick auf selbiges. Sec. La Caranta, Tel. 2672392.
- **San Domenico,** spanisches Spezialitätenrestaurant, täglich ab 12 Uhr. Av. Principal de Pampatar, 200 m vor der Festung San Carlos, Tel. 2671560.
- **Guayoyo Café,** schöner Platz, um den Abend zu genießen, Cocktails und ausgefallene Leckereien, gute Salate, manchmal Live-Musik, ab 18.30 Uhr geöffnet. Prolongación C. El Cristo, gegenüber vom Hotel Flamingo Beach mit Blick über die Bucht, Tel. 2624514.
- **Austin Texas Steak House,** feine Grillsteaks im Hotel Flamingo Beach (s.o.), Tel. 2624822.
- **El Rincón de Antonio,** typische venezolanische Küche. C. La Marina, Tel. 2623550.

Praktische Reiseinfos

- **Nachtleben: Kamy Beach,** bekannte Open-air-Disco mit vielfältigem Unterhaltungsprogramm und Konzerten, Sitzplätze direkt am schönen Sandstrand, bis 22 Uhr ist das Kamy Beach ein Restaurant. Av. Aldonza Manrique, Playa Varadero, Tel. 8086066.

- **Krankenhaus: Centro Médico La Fé,** Av. Jóvito Villalba, Urb. Jorge Coll, Tel. 2622711 und 2622689.
- **Polizei: Inepol,** Tel. 4148012.
- **Post: Ipostel,** Paseo Joaquín Manciro.
- **Hafenbehörde: Capitanía del Puerto,** Tel. 2621454 und 2530031.

Von Pampatar gibt es eine **neue Autobahn,** die die Inselhauptstadt und die Ostküste der Insel mit Porlamar/Pampatar verbindet. Die Autobahn beginnt hinter dem CC Sambil und verbindet am schnellsten mit dem Osten der Insel.

Über diese Autobahn erreichbar, im Ortsteil **Apostadero,** befindet sich ein Hotel:

- **Hotel Margarita Laguna Mar*****, sehr große, schon etwas in die Jahre gekommene Anlage mit viel Beton, etwa 1 km Strand und 9 Pools, teilweise mit Wasserrutschen, Al-Pakete werden angeboten, gute Restaurants, Diskothek, Kasino, Tennisplatz, Spielplatz, Kit. Sec. Apostadero, via Pampatar, Tel. 2621445, 4004032, 4004033, www.lagunamar.com.ve, €€€€

Wenige Kilometer weiter nördlich kommt man an den langen, sehr naturbelassenen Strand von **Guacuco.** Die kleine Siedlung besteht aus vielen Ferienhäusern und einigen Strandrestaurants, eines heißt Doña Elvira, wo es guten, frischen Fisch gibt.

- Am Playa Guacuco gibt es eine sehr attraktive Posada, das **Hotel Guacuco Resort** von *Erwin* und *Renate Jöckle*. Die sehr gepflegte und saubere Anlage mit kleinem Zoo und schönem Pool besteht aus 10 Bungalows mit voll eingerichteter Küche für 2 oder 4 Personen. Mit Parkplatz. Via Playa Guacuco, Tel. 2423040, Fax 2423019, Reservierung empfohlen, www.guacucoresort.com, €€€€

La Asunción

GPS: N 11°01.72, W 63°51.74

Wenn auch bestimmt nicht die wichtigste Stadt der Insel und kaum von Touristen wahrgenommen, so ist La Asunción doch die **Inselhauptstadt,** Sitz des Gouverneurs und der Diözese. La Asunción hat eine gut erhaltene Altstadt und eine ebenso schöne Festung vorzuweisen, die einen Besuch durchaus lohnen. Die Stadt, die in einem grünen Tal liegt, wurde zweimal **gegründet, formal 1524 und de facto 1565.** Ihre Lage in den hügeligen Bergen war ideal, um Rinder zu züchten und Holz zu schlagen. La Asunción war sehr wichtig für den Rest von Margarita und die Insel Cubagua, was die Versorgung mit Fleisch, Holz und Frischwasser betraf.

Sehenswürdigkeiten

Viele Sehenswürdigkeiten befinden sich unmittelbar am lauschigen **Plaza Bolívar.**

Die **Kathedrale Nuestra Señora de la Asunción** zählt zu den ältesten und schönsten im ganzen Land. Die Bauarbeiten begannen schon im Jahr 1570.

Gegenüber der Kathedrale ist das **Kulturhaus (Casa de la Cultura)** mit Töpferwaren aus präkolumbischer Zeit zu besichtigen (täglich von 9–17 Uhr geöffnet).

Das **Museo Nueva Cadíz** findet sich nördlich des Plaza Bolívar, es enthält viele religiöse Skulpturen und Kunstgegenstände vergangener Zeiten so-

LA ASUNCIÓN

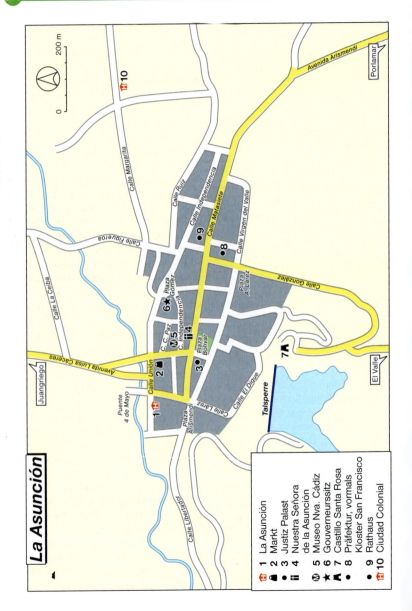

wie alte Einrichtungsgegenstände aus Heim und Küche. Das Museum ist in der Casa Capitular, dem ehemaligen Sitz der Kolonialverwaltung, untergebracht.

Unterkunft

- **Villa Lapa Lapa,** Bungalows der Luxusklasse, komplett eingerichtet mit vielen Details. Sec. Santa Isabel, C. El Guayabal, Callejón Piedras Blancas, Tel. (in Caracas) 0212/9914321 und 0414/2468456, €€€€
- **Hotel Ciudad Colonial*****, ehemals schöne Apartmentanlage, inzwischen etwas un gepflegt. C. Las Margaritas c/ C. Noria, Tel. 0414/9997707, €€€
- **Hotel La Asunción,** 22 einfache Zimmer mit Privatbad. C. Unión, Tel. 2420666, €€
- **Villas Montana Paraiso,** kleine, vollständig eingerichtete Ferienhäuschen. C. Las Trinitarias, Tel. 2421091, €€€

Essen und Trinken

- **Restaurante El Fogonazo,** sehr gutes Grillrestaurant mit Spezialitäten vom Fleisch und Huhn. Crucero de Guacuco, Tel. 2420181, info@elfogonazo.cjb.net.
- **Pizzeria Nino,** gute Pizzas. Av. 31 de Julio, Sec. La Asunción.
- **Palo Sano,** wer auf spanische Küche steht, muss hier einkehren. CC Camoruco, an der Kreuzung nach Guacuco, Tel. 2420270.

Praktische Reiseinfos

- **Einkaufen: Mercado Municipal,** auf dem Markt kann man schönes Kunsthandwerk und geflochtene Körbe kaufen.
- **Geldwechsel:** Mit Kredit- oder Maestro-Karte kann man Geld bei der **Bancaribe** abheben, C. Virgen del Carmen, Tel. 2420832, Fax 2422862.
- **Internetcafé: El Güire,** nettes Internetcafé mit drei Computern und Eisdiele, Verkauf von Kornbrot, Joghurts und anderen gesunden Nahrungsmitteln. Neben der Kathedrale von La Asunción, täglich von 8-20 Uhr, Tel. 2423210.
- **Polizei: Inepol,** Av. Constitución, Tel. 2422913.
- **Post,** das kleine Postamt ist in der Av. 5 de Julio zu finden.
- **Taxis: Cooperativa La Capital,** C. La Independencia, Tel. 2421055.

Ausflüge und Umgebung

Castillo de Santa Rosa

Diese trutzige Festung oberhalb der Stadt ist absolut sehenswert. Sie wurde 120 Jahre nach der Gründung des Ortes zum Schutz vor Angriffen von Piraten und Eroberern erbaut. In dieser Festung gebar die Frau des Freiheitskämpfers *Juan Bautista Arismendi* ein Kind, das aufgrund der Misshandlungen durch die Spanier bei der Geburt starb. Die arme Frau wurde nach Spanien verschleppt, konnte aber flüchten und gelangte über viele Umwege zurück nach La Asunción, wo sie den Lebensabend mit ihrem Mann verbringen konnte – ein Happy End in dunklen Zeiten. Von der Festung hat man einen **wunderschönen Ausblick** auf das Städtchen und die Umgebung.

Cerro El Copey

Hält man sich am Eingang zum Castillo links, so kommt man zum Gipfel des Cerro El Copey. Die mit **957 m höchste Erhebung der Insel** steht unter Naturschutz. Von dem Parkplatz, an dem eine Bude der Nationalparkbehörde steht, dauert der schöne Spaziergang etwa 1 Std. bis zum Gipfel.

Kurz vor der Alcabala der Guardia Nacional am Pass finden sich zwei net-

te **Restaurants** mit fantastischem Blick über Porlamar und Pampatar, über die gesamte Südküste der Insel und die umliegenden Berge des Nationalparks:

● **Restaurante El Paraiso,** ca. 1500 m vor der Guardia Nacional nach links in einen Feldweg einbiegen. Hier bekommt man gute Spareribs, die Spezialität des Hauses, und andere Leckereien vom Grill. Mo Ruhetag, Tel. 0414/7989270.

● Das **Restaurante Serranía** bietet typische Kost an und befindet sich direkt neben der Guardia Nacional, es gehört auch eine kleine **Posada** mit 10 einfachen Zimmern zum Haus. Tel. 2423864. €€

Fährt man das Bergsträßchen auf der anderen Seite des Cerro El Copey hinunter, erreicht man den Wallfahrtsort El Valle (s.o.) und von dort schnell wieder Porlamar.

Von La Asunción nach Juangriego

Bei der Fahrt von La Asunción in Richtung Juangriego überquert man einen Fluss und sieht links eine kleine Steinbrücke. Diese wurde schon im 16. Jh. erbaut und wird noch heute benutzt (Puente 4 de Mayo). Ein paar Kilometer nach La Asunción kommt man zum **Mirador del Portachuelo.** Von hier hat man einen sehr schönen Blick auf Juangriego und die westliche Küstenregion. Ungefähr auf halber Distanz zwischen La Asunción und Juangriego erreicht man **Tacarigua** (GPS: N 11°

03.13, W 63°54.08). Es lohnt sich ein kurzer Halt, denn es können viele kunsthandwerkliche Produkte in Augenschein genommen und natürlich gekauft werden, wie die berühmten Hängematten von Margarita, aber auch Korbwaren, Keramik, Mobiles und Musikinstrumente. Bevor man schließlich Juangriego erreicht, durchfährt man **Santa Ana** (GPS: N 11°04.10, W 63°55.35). Die nette Ortschaft aus dem 16. Jh. hat 12.000 Einwohner und wird von vielen Insulanern als der „Garten Margaritas" bezeichnet, denn es sind viele bepflanzte Plätze und Straßen angelegt, die Häuser leuchten in herrlichen Farben und weisen große Fenster und Türen auf. Die aus dem 18. Jh. stammende Kirche ist ein wichtiger Bestandteil des Ortes. Sie enthält einige Kunstschätze und hat die für die Insel typische Außentreppe hinauf zum Glockenstuhl. In dieser Kirche rief *Simón Bolívar* am 7. Mai 1816 die 3. Republik aus. Im Ort finden sich mehrere Restaurants, die lokale Spezialitäten servieren.

Der Gouverneurspalast in La Asunción

Die Ostküste bis Playa El Agua

Bewegt man sich von La Asunción **nördlich** auf der Inselhauptstraße Av. 31. de Julio in Richtung Playa El Agua, passiert man einige interessante Ortschaften mit einem mehr oder weniger guten touristischen Angebot. Restaurants, Posadas und Hotels liegen entlang der Hauptstraße.

Am **Playa El Tirano** (GPS: N 11°00.62, W 63°50.61) landete 1561 *Lope de Aguirre*, um für einige Monate seine Terrorherrschaft auf der Insel auszuüben, daher also der Name des Strandes („Der Tyrann"). In der Trattoria Al Porto direkt an der Strandpromenade des kleinen Fischerdorfes El Tirano (C. La Marina) kann man gut essen.

**Unterkunft/
Essen und Trinken in El Tirano:**
● **Casa Picaflor,** deutschsprachige Pension, *Waltraud* bietet auch günstiges Essen und Frühstück an, sie backt Vollkornbrot! C. Fraternidad Nr. 11, Tel. 2348654, €
● **Hotel El Oasis,** an der Inselhauptstraße Av. 31. de Julio, direkt beim Ort El Tirano, kleine Posada von *Gaby Braun,* 8 Zimmer mit Klimaanlage, kleiner Pool. Tel. 2348194, www.hoteloasis.de.vu, €€€; in der Posada befindet sich die gute **Tauchbasis von Jörg Gessner,** Tel. 0416/8969040, www.scubadiving-margarita.com.
● Eine weitere empfehlenswerte Posada in El Tirano (aus Porlamar kommend gleich die erste Straße nach rechts abbiegen, C. Estrella Marina, gegenüber des CC Virgen del Valle) ist die schmucke **Posada de Zinnia,** 9 liebevoll gestaltete Zimmer, große Dachterrasse mit Blick aufs Meer, Grillplatz und schöner Garten, ÜF. Tel. 4167286, €€€

• Direkt an der Inselhauptstraße findet man ein ausgezeichnetes deutsches Restaurant mit eigener Metzgerei, **El Corazón de Margarita.** *Waldi* und *Uschi* machen die Wurst selber, es gibt Spätzle, Schweinebraten, Sauerbraten und andere Leckereien aus der weit entfernten Heimat.

Parque El Agua

Auf einem 45.000 m² großen Gelände direkt bei El Tirano, nur 5 km vor dem Playa El Agua, befindet sich dieser **attraktive Wasserpark,** ideal für Kinder. Viele Wasserrutschen, darunter auch eine 18 m hohe Kamikaze-Rutsche, oder der ruhige Río Lento, auf dem man mit einem Floß dahintreiben kann, lassen Wasserratten jubeln. Auf dem Gelände verteilen sich mehrere Restaurants. Eintritt ca. 8 Euro p.P. Die Anfahrt kann mit Taxi oder Por Puesto von Playa El Agua erfolgen, www.parqueelagua.com.

Playa Parguito

GPS: N 11°07.73, W 63°50.77

Der 900 m lange, sehr schöne Sandstrand mit Kokospalmen liegt südlich vom Playa El Agua – von dort ein schöner Strandspaziergang. Hier ist es unter der Woche relativ ruhig, am Wochenende kommen viele Besucher. Beliebt ist der Strand vor allem bei **Surfern und Windsurfern,** für die er ideale Bedingungen bietet, nämlich starken Wind und hohe Wellen. Am Strand gibt es Bars, Shops und Restaurants. Nur 200 m vom Strand entfernt kann man gut übernachten:

• **Villa Cabo Blanco,** komplett eingerichtete Apartments (Balkon mit Blick auf den Playa Parguito), mit Pool, unter französischer Leitung. Tel. 0414/7946757, www.margarita-caboblanco.com, €€€€

Playa El Agua

GPS: N 11°08.56, W 63°51.63

Der Playa El Agua gehört sicherlich zu den schönsten Stränden der Insel. Der Sandstrand zieht sich lang dahin, mit klarem Wasser, aber manchmal sehr starker Brandung. Der Strand ist meist sauber und gepflegt, über die Wochenenden aber und zu Ferienzeiten häufig komplett überfüllt. Es gibt zahlreiche Restaurants, an vielen Stellen werden Sonnenliegen vermietet, Kinder laufen den Strand auf und ab und bieten allerlei Appetitliches an, meist Meeresfrüchte, auch solche, die die Manneskraft stärken sollen (z.B. *siete potencias* = 7 Potenzen), was in einigen Strandrestaurants als „Viagra Marina" eine Entsprechung hat … Fliegende Händler verkaufen T-Shirts, Hängematten, Schmuck, Artikel für das Sonnenbaden und vieles mehr. Die **Strömung** an der Playa El Agua darf übrigens nicht unterschätzt werden, denn sie ist sehr kräftig – auf keinen Fall weit aufs Meer hinaus schwimmen, besser den Boden unter den Füßen nicht verlieren und Kinder nicht unbeaufsichtigt lassen!

Am parallel zum Strand verlaufenden **Boulevard Playa El Agua** reiht sich ein Restaurant an das nächste. Meeresfrüchte und Fisch dominieren,

aber auch Fleisch, Huhn und Pastaspezialitäten werden angeboten. Einige spezialisierte Lokale haben gar eigene Langustenbecken, wo man sich sein Exemplar selbst aussuchen darf. Auch nachts geht an der Playa El Agua die Post ab, beispielsweise im Bar-Restaurant Woody's Pub, das bis 2 Uhr früh geöffnet hat.

Öffentlicher Transport

- An der Hauptstraße Av. 31 de Julio machen die **Busse und Por Puestos** Halt. Man kann zu anderen Teilen der Insel oder nach Porlamar fahren, die Preise sind niedrig.
- **Taxis** halten am Boulevard Playa El Agua in der Nähe vom Hotel Miramar Village und kosten bis nach Porlamar ca. 6 Euro für den Wagen.

Unterkunft

Zwischen dem Boulevard Playa El Agua und der Hauptstraße Av. 31 de Julio wurde in den vergangenen Jahren eine Vielzahl von Hotels und Pensionen erstellt, welche in der Hochsaison meist mit **Pauschaltouristen** belegt sind.

- **Hespería Playa El Agua*******, Zimmer mit allem erdenklichen Luxus, weiträumige Al-Anlage mit Restaurants, Animation, mehreren Restaurants und Autoverleih. Das Hotel verfügt über einen direkten Zugang zum Strand. Im unteren Bereich gruppieren sich je 4 Bungalows um ein Pool, oben steht ein Betonbunker mit kleinen Zimmern; bei der Reservierung sollte man unbedingt auf einen Bungalow bestehen, KK. Av. 31 de Julio, Tel. 4008111, Fax 4008151, www.hesperia-playa-elagua.com, €€€€
- **Hotel Las Palmeras******, schönes Hotel mit sehr netten Zimmern, AI, 300 m vom Strand,

PLAYA EL AGUA

KK. C. La Miragua c/ Av. 31 de Julio, Tel. 2491635 und 2490377, €€€€
- **Hotel Costa Linda Beach*****, sehr gepflegte und mit viel Liebe zum Detail gebaute Anlage, 38 geräumige Zimmer, sehr gutes Restaurant, Pool, nah am Strand, KK, ÜF. C. Miragua, Tel. 4159961, 2491303, Fax 2491229, www.hotelcostalinda.com, €€€
- **Hotel Cocoparaiso**, angenehme und ruhige Posada mit schönen Wohneinheiten in einem Garten, Frühstück und Strandstühle sind im Preis enthalten. Boulevard Playa El Agua, unweit vom Strand, Tel. 2490117, 0416/6950937, Fax 2491054, cocoparaiso@hotmail.com, €€€€
- **Hotel La Guacamaya**, schöne Bungalows um einen netten Pool, von der Playa El Agua in Richtung Manzanillo liegt dieses Hotel 10 Gehminuten vom Strand. C. Gómez c/ C. Flores, Tel. 2490191 und 2491048, www.caribayclub.com, €€€€
- **Hotel Le Flamboyant*****, schönes, neues Al-Hotel direkt am Strand mit sehr schönen Zimmern, Pool, Restaurant, mehrere Bars, freundlich, AI, wenn das Hotel voll ist, dann wird's ein wenig eng. Boulevard Playa El Agua, ganz am Anfang (Süd) des Strandes, Tel. 2490073, 2490320, Fax 2491783, www.leflamboyantmargarita.com/principalingles.html, €€€
- **Hotel Coral Caribe*****, gepflegtes Hotel mit privater Atmosphäre, schöne Zimmer, Pool, sehr gutes Frühstück, *Walter Mair* aus Tirol spricht deutsch, ÜF, KK. C. Miragua, Tel. 2490021 und 2490343, Fax 2490628, www.coral-caribe.com, €€€
- **Chalet's de Belén**, kleine, sehr freundliche Posada nah am Strand. C. Miragua Nr. 3, gegenüber der Bäckerei, Tel. 2491707, €€€
- **Posada Doña Romelia**, die Posada liegt etwas erhöht auf einem Hügel mit Blick aufs Meer, die kleine Anlage umfasst einen Garten mit Pool und ein Restaurant (nur in der Hochsaison). Av. 31 de Julio, via Manzanillo, Tel. 2490238, yoya37@cantv.net, €€€

Etwas weiter nördlich, einige 100 m von der Playa El Agua entfernt gegenüber der Hauptstraße Av. 31 de Julio, befindet sich der Sektor **La Mira** mit mehreren guten Optionen zum Übernachten, z.B.:

- **Ferienhaus Villa Amarilla**, geleitet von *Burkhard* und *Dani*, sehr geschmackvoll gestaltetes Haus, vollständig für Selbstversorger eingerichtet, Garten, Pool, Internet und Flughafentransfer, man muss rechtzeitig reservieren. Cococaribe, Tel. 2941175, www.cococaribe.de, €€€
- **Venezuela Guides Margarita Hostal**, kleine und freundliche Posada des deutschstämmigen *Christian*, er bietet zusätzlich auch Frühstück an, kostenloses Internet und Touren. C. Díaz Ordaz, Tel. 2490439, 2491004, 0414/7894023, Fax 2490138, margaritahostel@gmail.com, €€€
- **Playa El Agua Beach House**, 6 einfache, aber gut ausgestattete Zimmer bzw. Cabañas mit Kochgelegenheit, deutschsprachig. C. Los Nietos, Tel. 0414/8255480 und 0416/2922332, www.playaelaguabeachhouse.com, €€
- **Ferienhaus Kerstin**, sehr gepflegte Anlage mit komplett ausgestatteten Bungalows und Häusern, freundlich, Pool, Whirlpool und Grillplatz. C. Díaz Ordaz, das vierte Haus links, Tel. 2491841, €€

Essen und Trinken

An der Straße, die parallel zum Strand verläuft, dem **Boulevard Playa El Agua**, findet man **unzählige Restaurants** – hier verhungert bestimmt niemand. Wer auch unter der karibischen Sonne nicht auf deutsche Küche verzichten möchte, kann dieses Bedürfnis in **Hardy's Taverne** befriedigen.

Praktische Reiseinfos

- **Reisebüro: Saranda Tours**, dieses gute Reisebüro findet man am Strand, in der Nähe der Einmündung der C. Miragua, es wird von *Angelika Zimmermann* geführt. Sie vermittelt zuverlässig Exkursionen auf der Insel und auf dem venezolanischen Festland. Boulevard Playa El Agua, schräg gegenüber vom Hotel Hespería Playa El Agua, Tel. 4168876 und 0414/1886000, sarandatours@hotmail.com.
- Wer gerne einmal mit dem **Motorrad** eine Runde auf der Insel drehen möchte, wird auch an der Playa El Agua fündig. An der

Durchgangsstraße Av. 31 de Julio, in der Nähe der Einfahrt zum Hotel Hespería Playa El Agua, befindet sich ein kleines **Einkaufszentrum,** bei dem es einen Motorradverleih gibt: **Rent a Motors Insular,** Tel. 2491454 und 0414/7943246. Eine 125er in schlechtem Zustand kostet um die 25 Euro pro Tag, man muss in etwa das Zehnfache vom Mietpreis als Kaution hinterlegen. Vorsicht: Auch in Venezuela gilt Helmpflicht, auch wenn die meisten Venezolaner keinen tragen. Man sollte unbedingt einen Helm aufsetzen, denn die Verkehrspolizei kassiert ordentliche Bußgelder.

- Im selben Einkaufszentrum findet man neben **Lebensmittelläden** auch ein **Internetcafé** und eine **Wäscherei.**
- Fährt man vom Einkaufszentrum ca. 100 m weiter in Richtung Playa Manzanillo, kommt man zum **Bodegón Johnnys,** einem typischen Gemischtwarenladen, wo man vom Kakao über Kaffee, Postkarten bis hin zu Schnaps alles mögliche bekommt.
- Genau gegenüber befindet sich ein kleines **Juweliergeschäft,** wo *Helga* handgefertigten Schmuck aus Goldnuggets anbietet: **Curiosidades Helga,** Tel. 0412/3508000, www.nuggetschmuck.com.

- Am Strand befinden sich zwei **Ultralight-Anbieter**, bei denen man einen **Tandemflug** über den Strand mitmachen kann. Man wird am Strand angesprochen oder geht einfach zu dem kleinen Flugplatz am nördlichen Ende vom Strand.

Von Playa Manzanillo nach Juangriego

Playa Manzanillo

Der nächste Strand nach Playa El Agua, 45 km von Porlamar entfernt, ist der Playa Manzanillo. Er liegt **an der nördlichen Spitze** der Isla Margarita beim gleichnamigen Fischerdorf und ist insgesamt 900 m lang. Der nördlichste Punkt der Insel, der **Cabo Negro,** ist nur 1 km vom Strand entfernt. Kommt man frühmorgens oder spätnachmittags an, kann man den Fischern beim Verkauf ihres Fanges zusehen. Viele Pelikane begleiten das Spektakel.

Am schönen und nicht so überlaufenen Strand kann man sehr gut windsurfen, schwimmen, tauchen und fischen, im Hinterland lässt es sich gut wandern. Es gibt mehrere **Verpflegungsmöglichkeiten,** erwähnt sei das Strandrestaurant La Popular Rosenda; die Besitzerin *Rosenda* kocht vor allem typische und gute Fischgerichte.

Ab Manzanillo führt eine der schönsten Strecken auf Margarita in Richtung Juangriego. Unterwegs durchfährt man kleine Fischerdörfer wie Pedro González und passiert einige kleine, teils sehr schöne Strände.

Playa Guayacán

GPS: N 11°08.15, W 63°54.71

Der ruhige, wellenlose und **einsame Strand** mit Restaurant liegt noch relativ nah an der nördlichen Inselspitze. Er bietet mit den vor Anker liegenden Fischerbooten einen besonders netten Anblick.

Playa Puerto Cruz und Puerto Viejo

Am Playa Puerto Cruz „residiert" einsam das 5-Sterne-Hotel **Hesperia Isla Margarita** mit 295 luxuriösen Suiten, großem Pool und Golfplatz, Tel. 4007111, Fax 4007150, www.hesperia.com. Da alle Strände in Venezuela öffentlich zugänglich sein müssen, macht auch der Playa Puerto Cruz vor dem Hotel da keine Ausnahme und man kann auch als „Normalsterblicher" den gepflegten Strand genießen. Man sollte mit einem Taxifahrer eine Abholzeit ausmachen.

Der Ort **Pedro González** liegt direkt beim Hotel. Hier gibt es noch eine einfache Unterkunft in einem liebevoll hergerichteten Kolonialhaus, die **Posada Arimacoa** (C. Bolívar, Tel. 2580149, ampub@unete.com.ve, €€).

Altagracia

GPS: N 11°05.73, W 63°56.59

Ganz in der Nähe des kleinen Ortes Altagracia befindet sich die **Finca Maribel** auf einem über 2 ha großen Gelände (C. San Antonio, Tel. 4148991, fincamaribel@gmx.net, ÜF, €€€). Hier erwarten *Michael* und seine Frau *Isabel* Gäste, die Ruhe und den Einklang mit der Natur suchen. Weit abgelegen von den üblichen Touristenpfaden inmitten einer intakten natürlichen Umgebung kann man hier entspannen und Köstlichkeiten aus ökologischem Anbau genießen. Dabei befindet man sich dennoch in der Nähe der Strände von Nord-Margarita.

Von Altagracia, das schon fast in Juangriego übergeht, kann man noch folgenden Strand besuchen:

Playa Caribe

Kurz vor dem Playa Caribe folgt das **AI-Hotel LTI Costa Caribe** direkt am Strand. In diesem Hotel befindet sich die empfehlenswerte **Tauchschule** von *Gregor*. Das Hotel hat einen eigenen Strand, der Playa Caribe ist ein Stück weiter in Richtung Juangriego zu finden. Dort gibt es einige gute Strandrestaurants, die sogar am Liegestuhl am Strand bedienen, man kann auch Jet-Skis ausleihen.

●**LTI Costa Caribe,** 405 Zimmer mit Klimaanlage und Kabel-TV, AI, 3 Restaurants, 3 Bars, Disco, sehr attraktiver Pool, Jacuzzi. Sämtliche Mahlzeiten, Snacks und alle Getränke sind inklusive. Am besten schon in Deutschland reservieren. Via Altagracia, Playa Caribe, Tel. 4001000, 0800-4683537, Fax 4001010, www.lti-costacaribe.com, €€€€

Die Weiterfahrt nach Juangriego findet über den **Playa La Galera** statt, wo sich einige Posadas und Apartmentanlagen befinden. Am Strand laden drei Restaurants zur Einkehr ein, das **El Sitio** mit guten Fischspezialitäten dürfte das bekannteste sein.

Juangriego

GPS: N 11°04.90, W 63°58.22

Juangriego wurde **1804 gegründet** und gehört zum Bezirk Marcano. Der Ort liegt in einer **wunderschönen Bucht**, in der sehr schöne Sonnenuntergänge zu sehen sind. Obwohl zweitgrößte Stadt der Insel, ist noch keine Hektik wie in Porlamar festzustellen. Den Namen verdankt Juangriego einem schiffbrüchigen Griechen: Juangriego heißt nichts anderes als „Hans, der Grieche".

Sehenswürdigkeiten

Festung La Galera

Auf dem Hügel über der Bucht kann man diese kleine Festungsanlage besichtigen. 1817, im Unabhängigkeitskrieg, richtete hier der spanische General *Pablo Morillo* ein Blutbad an. Die getöteten Soldaten *Bolívars* stürzten ins Meer, das sich rot verfärbte – und der Kampf gegen die Spanier erfuhr einen weiteren Motivationsschub. Ein Motiv für den Ausflug zur Festung ist sicher der **herrliche Ausblick,** den man hat.

Museo Tacuantar

Auf der Hauptstraße von Juangriego in Richtung La Guardia bzw. Macanao kommt man an diesem größten Heimatmuseum von Margarita vorbei, aufgemacht wie ein kleines mexikanisches Dorf, mit vielen indianischen Skulpturen, Handarbeiten, Malereien und Gebrauchsgegenständen aus der Neuzeit (z.B. eine Rum-Destillieranlage, Zeitungspresse, Tinkturen).

Unterkunft

●**Hotel Villa El Griego Resort*****, schönes Hotel, 168 Zimmer mit Klimaanlage und Kabel-TV, Bungalows, Restaurant, Snackbar, 2 Pools, Reisebüro. C. Modesta Bohr c/ C. Sol, hinter dem Krankenhaus von Juangriego, Tel. 2534280, 2531507, 2531508, www.villaelgriego.com.ve, €€€
●**Posada Los Tucanes****, Zimmer mit Klimaanlage und Privatbad. C. El Fuerte, an der Bucht von Juangriego, Tel. 2531716, €€€
●**Hotel Restaurant Patrick's*****, familiäres Hotel von *Paul* und *Yvonne*, 10 einfache Zimmer, freundliche Atmosphäre, Bar. C. El Fuerte, Tel. 2536218, 0414/9956936, www.hotelpatrick.com, €€
●**Hotel Clary****, einfache Zimmer mit Klimaanlage. C. Los Marites, Tel. 2530037 und 2530297, €€
●**Posada El Paíto****, saubere und nette Posada mit günstigen Preisen, Restaurant, Klimaanlage. Am Ortseingang von Juangriego, aus La Asunción kommend, Tel. 2532002, €€

Essen und Trinken

●**Mi Galera Caribeña,** Strandrestaurant mit der üblichen Speisekarte, viel Fisch und Meeresfrüchte, aber auch leckere Pizzas, direkt am Strand, die Tische stehen teilweise im Sand, man kann seine eigenen Getränke mitbringen. C. La Marina, Tel. 2535095.

- **La Mama,** direkt rechts daneben, auch mit Terrasse zum Meer hin, das Angebot reicht von Pizza bis Languste. C. La Marina c/ C. Guevara, neben der Guardia Nacional, Tel. 2535101.
- **Steak Palace,** luxuriöses Fleischrestaurant mit riesiger Terrasse und Blick über die gesamte Bucht von Juangriego mit ihren berühmten Sonnenuntergängen. C. La Marina c/ C. Guevara, Tel. 2531533.
- **El Viejo Muelle,** am Strand, üppige Auswahl, von Fisch über Fleisch bis hin zum Landesgericht pabellón críollo, C. El Fuerte, gegenüber der Bahía von Juangriego, Tel. 2532962

Praktische Reiseinfos

- **Einkaufen:** Es gibt zahlreiche **Supermärkte** vor Ort, in den Straßen und am Hafen sind auch viele fliegende Händler unterwegs. Wer **Kunsthandwerk** kaufen will, kann dies 2 km außerhalb der Stadt in Richtung Flughafen tun, wo in mehreren Lehmhütten traditionelle Artikel angeboten werden.
- **Geldwechsel:** Bei der **Banco de Venezuela** an der Av. Jesús R. Leandro lässt sich Geld mit Kredit- und Maestro-(EC-)Karte abheben.
- **Krankenhäuser: Clínica Juangriego,** Tel. 2535009 und 2533160; **Fundación Médica Comunidad Salud y Vida,** C. Bermúdez, Edf. Las Nieves, Planta Baja, Tel. 2535182.
- **Polizei: Inepol,** Tel. 2531215.
- **Post: Ipostel,** C. Bolívar gegenüber der ehemaligen Cantv-Stelle.

San Juan Bautista

Der Ort liegt idyllisch **in den Bergen** am Rand des Nationalparks Cerro El Copey. Von Juangriego starten regelmäßig Por Puestos dorthin (10 km nach Süden). In San Juan de Bautista gibt es einen kleinen Wasserfall am Fuße des Berges La Sierra; dort startet ein Wanderweg. Ein ruhiger Grillplatz lädt zu einer Rast in Regenwaldatmosphäre ein.

Unterkunft:
- **La Casona,** sehr gepflegte Hotelanlage in einem ehemaligen Kloster mit 24 Apartments, Pool und gutem Restaurant, deutschsprachig, Bar, tropischer Garten, KK, ÜF. C. Miranda, Tel. 2590333, Fax 2590133, www.hotel-lacasona.homeip.net, €€€

Etwas weiter oberhalb von San Juan in den Bergen (die Por Puestos starten gegenüber des Parque Antonio Díaz) liegt der kleine Ort **Fuentidueño,** in dem jeden Samstag die für Venezuela so typischen Hahnenkämpfe stattfinden, ein authentisches Erlebnis (für den, der's mag). Hier kann man auch eine Trekkingtour einen Bergbach entlang hoch zum Cerro San Juan unternehmen. Allerdings sollte man sich für die Tour einen Führer suchen.

Dicke Fische ...

La Guardia

Keine 10 km westlich von San Juan Bautista liegt direkt am Meer der **Fischerort** La Guardia. In dem Ort, der über eine ansehnliche Fischereiflotte verfügt, die an dem steinigen Strand festmacht, scheint die Zeit stehen geblieben zu sein. Das Dorf am Rand des Nationalparks La Restinga bietet ausreichend Einkaufsmöglichkeiten für die Grundbedürfnisse, die Bewohner sind hilfsbereit. Abends werden an einfachen Straßenbuden kleine Gerichte zubereitet. Por Puestos und Taxis fahren am Plaza Bolívar ab.

Unterkunft:
● **Posada Los Chiparos,** direkt am Meer gelegene, sehr stilvolle und gemütliche Posada für den anspruchsvollen Gast, großzügige und mit 100 Kleinigkeiten ausgestattete Zimmer, alle mit Blick auf die Bucht von La Guardia, Flughafentransfer und Internetnutzung inkl., viel gerühmtes Gourmetrestaurant. C. Carabobo, Tel. 2395169, www.posadaloschiparos.com.ve, ÜF, €€€€
● **Quinta Cotoperiz,** kleine, sehr persönliche Posada mit vielen Details und schönem Garten, nur 3 Zimmer, Flughafentransfer und Verpflegung auf Vorbestellung, Terrasse mit Ausblick über die gesamte Bucht, Bootstouren, Internet. Am Ende der C. Carabobo, Sec. Guiri Guiri, einfach im Ort nach dem Haus von *Juan el Gringo* fragen, Tel. 6111673 und 0416/1980287, www.quinta-cotoperiz.com, €€-€€€

Direkt nach Verlassen von La Guardia erreicht man die Autobahn, die Punta de Piedras mit dem östlichen Hauptteil von Margarita verbindet. Hält man sich hier westwärts, erreicht man nach 22 km die Brücke, die Ost- und West-Margarita miteinander verbindet.

Halbinsel Macanao

Die Verbindung zwischen der Isla Margarita und der Halbinsel Macanao wird durch einen 25 km langen und nur sehr schmalen Sandstreifen hergestellt. Südlich davon befindet sich der **Parque Nacional Laguna de La Restinga.** Die ausgedehnte Region ist voller **Mangrovenwälder,** durchzogen von vielen Kanälen, die man mit Booten befahren kann. In dem Gebiet leben sehr viele Vogelarten, Ornithologen können hier viel entdecken. Vor der Brücke, die auf die Halbinsel von Macanao führt, biegt rechter Hand eine Straße zur Bootsanlegestelle **Caño El Indio** ab. Hier kann man preiswerte Motorboote mit Steuermann mieten, um schöne Exkursionen in die einmalige Welt der Mangroven zu unternehmen. Die Preise liegen bei etwa 10 Euro für eine halbe und 20 Euro für eine ganze Stunde und verstehen sich für das komplette Boot. Bei der Bootsanlegestelle gibt es ein kleines Restaurant, das meist nur am Wochenende in Betrieb ist. Unter der Woche gibt es aber immerhin Sandwiches und Erfrischungsgetränke. Wer mit dem Por Puesto nach La Restinga will, startet vom Fährhafen in Punta de Piedras oder in Porlamar in der C. Mariño zwischen C. La Marina und C. Maneiro.

Die Halbinsel von Macanao besteht bloß aus ein paar Fischerdörfchen an der Küste und dem Ort San Francisco im Landesinneren. Die Insel ist **extrem trocken** und wohl auch deshalb nur sehr dünn besiedelt. In **San Francisco,** direkt am Ortseingang auf der linken

Seite, lädt das gute und preiswerte Fischrestaurant La Palenque zu einem Mahl ein – versteht sich, dass der Fisch frisch aus dem Meer kommt. 3 km westlich vom Ort kommt auf der rechten Seite das Fischrestaurant La Pared (Tel. 8088282, Mo häufig geschlossen); man hat einen wunderbaren Ausblick, der lange und einsame Sandstrand lädt zum Verweilen ein. Eine Besonderheit sind handgemachte Windspiele aus Muscheln, die am Strand verkauft werden.

Museo Marino

GPS: N 10°57.95, W 64°10.68

In **Boca del Río,** dem ersten Ort auf der Macanao-Halbinsel, lohnt das interessante Museo Marino de Margarita, das Meeresmuseum, einen Besuch. Schon im Jahr 1981 wurde die Stiftung dazu gegründet, 1994 wurde das Museum dann von Präsident *Rafael Caldera* eingeweiht. Ein aus neun Sälen bestehender Komplex und ein riesiges Aquarium bilden das Museum, in dem lebendige und tote Meerestiere zu sehen sind. Das Ganze ist in einem sehr ansprechend renovierten Kolonialhaus untergebracht, das Museum ist liebevoll und anschaulich eingerichtet, sodass ein Rundgang sowohl unterhaltsam als auch lehrreich ist. Geöffnet ist das Museum täglich von 9–16.30 Uhr, in der Hochsaison 1 Std. länger. Man muss auch eine Kleinigkeit für den Erhalt der Anlage beisteuern, umgerechnet knapp 2 Euro, Kinder die Hälfte, Tel. 0295/2913231.

Pferderanch Cabatucan

Folgt man von Boca del Río der Straße in Richtung Punta Arenas am westlichsten Zipfel der Halbinsel, passiert man 2 km nach der Ortschaft **Guayacancito** die Pferderanch Cabatucan (Tel. 0416/6952170, cabatucan@telcel.net.ve). Auf der Ranch unter französischer Leitung kann man zweistündige Ausritte für etwa 50 Euro buchen. Im Preis sind der Transfer von jedem Hotel der Insel zur Ranch und zurück, Getränke und Reitanweisungen inbegriffen. Jedes Reisebüro auf der Insel ist gerne behilflich bei der Buchung. Wer hier übernachten möchte, kann das in der schönen Posada Río Grande direkt neben dem Pferdehof.

● **Posada Río Grande,** nette Zimmer mit Frühstück, Restaurant im Hause, französische Leitung. Tel. 4169047, info@posadariogrande.com, €€€€

Der Westen

Auf der westlichen Seite der Halbinsel gibt es einige recht schöne Strände, eine gut ausgebaute Infrastruktur sucht man allerdings vergeblich. Abgesehen von ein paar einfachen Restaurants und Imbissbuden, beispielsweise an der **Playa Punta Arenas** an der äußersten Westspitze von Macanao, wird hier wenig geboten. Mit öffentlichen Verkehrsmitteln ist es nicht einfach an diesen Strand zu gelangen. Am besten man nimmt Busse oder Por Puestos Richtung La Restinga und sagt den Leuten dort, dass man weiter in den Westen möchte.

Playa El Yaque

GPS: N 10°53.85, W 63°57.71

In der Nähe des internationalen Flughafens Santiago Mariño befindet sich der mittlerweile weltbekannte **Surfstrand** El Yaque. Nach einem jahrelangen Dornröschenschlaf hat sich die kleine Siedlung mit Blick auf die Nachbarinsel Coche zu einem Hauptziel auf der Insel entwickelt. Der Hauptgrund dafür sind die gleichmäßigen kräftigen Winde, die landabwärts wehen und dadurch El Yaque zum Kite- und Windsurfparadies schlechthin machen. Surfer aus aller Welt strömen herbei, eine gute Infrastruktur mit dem Schwerpunkt Surfen trägt ihren Teil bei. Laut Statistik des nahe gelegenen Flughafens bläst der **Wind** von Dezember bis Juni durchgehend. Der normale Nordost-Passat wird durch die Meerenge zwischen den Inseln noch beträchtlich verstärkt. Die durchschnittliche Windstärke liegt zwischen 4 und 6 Beaufort, bewegt sich also zwischen mäßiger Brise und starkem Wind.

Auch als **Badestrand** viel besucht – das seichte Wasser eignet sich gut für Kinder und Familien –, hat El Yaque ein einmaliges Flair entwickelt und wird mittlerweile als eines der attraktivsten Ziele auf Margarita gehandelt. Viele der Hotels haben direkten Zugang zum palmengesäumten Sandstrand, an dem sich zahlreiche Restaurants und Bars befinden – mit Service bis an die Wasserlinie. Es gibt jede Menge Wind- und Kitesurfschulen, eine komplette Ausrüstung wird für etwa 10 Euro die Stunde vermietet. Wesentlich günstiger wird es, wenn man tage- oder wochenweise ausleiht bzw. an einem Kurs teilnimmt.

●Im Internet finden Surfbegeisterte unter **www.margiwindsurfing.com** Infos auf Englisch über die Geschehnisse, die Windverhältnisse und Angebote am Strand.

Transport

●Ein **Taxi vom Flughafen** kostet 4–5 Euro und ist knapp 10 Min. unterwegs, bis Porlamar benötigt man eine gute halbe Stunde.
●Die **Por Puestos von Porlamar** nach El Yaque fahren unregelmäßig am Plaza Bolívar ab und kosten etwa 1 Euro. Man muss u.U. mit erheblichen Wartezeiten rechnen – wem das nicht behagt, der sollte ein Taxi vorziehen.
●Es verkehren zahlreiche **Linien- und Taxiboote**, die El Yaque mit der Nachbarinsel Coche verbinden.

Unterkunft

Am Playa El Yaque gibt es jede Menge Übernachtungsmöglichkeiten, die gesamte Siedlung ist darauf eingestellt, Besucher zu empfangen. Trotzdem ist **häufig alles ausgebucht,** und das nicht nur in der Saison. Die Surfsaison liegt anders als die normalen Ferienzeiten, häufig werden internationale Wettkämpfe ausgetragen, sodass auch außerhalb der „normalen" Saison keine Zimmer mehr verfügbar sind. Eine rechtzeitige Reservierung ist daher sinnvoll. Hier eine kleine Auswahl aus dem reichen Angebot (von Ost nach West).

●**Windsurf Paradise,** Hotel mit Bar und Restaurant, 64 attraktive Zimmer, teilweise haben sie einen Balkon mit Hängematte, Windsurf Club, Whirlpool und Pool mit Wasserkaskade, Internet, ÜF, KK. Av. Principal El Yaque, Tel. 2639760, Fax 2639003, www.hotelwindsurfparadise.com, €€€€

PLAYA EL YAQUE

- **Hotel California,** ein sehr schönes Hotel mit Windsurfschule und Surfbrettverleih, mit Pool und noblem Restaurant, ÜF, KK. In der zweiten Reihe am Strand, nicht zu übersehen, Tel. 2639494, 2639118, Fax 2638536, www.elyaque.com, €€€€
- **Posada Margarita, El Yaque Guesthouse,** diese von dem US-Amerikaner *Miguel Bruggeman* gegründete Posada lädt wirklich zum Verweilen ein. In nicht allzu großer Entfernung vom Strand, in einem tropischen Garten gelegen, befinden sich 8 nett ausgestattete Gästezimmer sowie 2 Apartments. C. Las Flores Nr. 3, Tel. 2630624 und 0416/2952453, www.posada-margarita.com, €€€
- **Surfhotel Jump'n Jibe,** nettes zweistöckiges Strandhotel mit Kitestation Skyriders, großzügiger Garten zum Meer hin, WLAN, übersichtlich mit nur 14 Zimmern, alle mit Blick auf den Strand, kostenlose Strandliegen, KK, ÜF. Av. Principal El Yaque, Tel. 2638396, Fax 2630676, www.jumpnjibe.de, €€€
- **El Yaque Beach,** schön gelegenes, sehr freundliches Hotel direkt am Surfstrand mit 24 Zimmern und kompletten Apartments auf 4 Stockwerken, gut besuchtes Restaurant mit einfallsreicher Speisekarte, Internet, WLAN, ÜF, KK, Surfschule Vela im Haus. C. Principal El Yaque, Tel. 2638441, Fax 2639851, www.yaque-beach.com, €€€
- **Hotel El Yaque Paradise,** direkt neben El Yaque Beach gelegenes Hotel mit 31 Zimmern, teilweise mit einem fantastischen Blick auf den Strand und bis nach Coche, die De-

🏠 1 El Yaque Motion	✖ 13 Taxi El Yaque
🍹 2 Bar Voodoo Lounge	🍴 14 Pizzeria da Roco Paolo
🏠 3 Posada Stevie Wonderland	@ 15 Internet Café
🏠 4 Poasada Margarita	🍴 16 Da Enrico
🍴 5 Restaurant Fuerza 6	$ 17 Wechselstube Cambios Cussco
🍴 6 Mare Mare Pizza	🏠 18 Hotel California
🏄 7 Surfschule Vela Windsurf Resort	• 19 Reiseveranstalter No Wind No Cry
🏄 8 Surfschule Skyriders	☕ 20 Café Wind Guru
☕ 9 Café Local Beach	🏠 21 Casa Viva
🏠 10 Hotel Windsurf Paradise	🏄 22 Surfschule El Yaque Premium Kiteboarding
🏠 11 Yaque Beach Hotel	
🏠 12 Surfhotel Jump'n Jibe	

Playa El Yaque

luxe-Zimmer befinden sich im obersten Stockwerk, es werden Ausflüge nach Coche angeboten, WLAN, ÜF, KK. C. Principal El Yaque, Tel. 2639810, 2639418, Fax 2639148, www.hotelyaqueparadise.com, €€€

● **Stevie Wonderland,** neue Posada mit 5 Zimmern, alle mit Klimaanlage, DVD und Kabel-TV, Pool, Flughafentransfer und Tourangebote. Ruhige Lage auf einem Hügel oberhalb des Strandes, die zweite Straße links, ein ockerfarbenes Haus auf der linken Seite. Tel. 0414/3291300, www.steviewonderland.com, €€€

● **Posada Casa Viva,** stilvolle Posada, ganz an der Luvseite des Strandes, nette klimatisierte Zimmer mit vielen Details, im oberen Bereich 2 riesige Apartments für ganze Familien mit super Preis-Leistungsverhältnis, Strandbar, gutes Fischrestaurant, deutschsprachig, Kite- und Windsurfstation, WLAN, ÜF, KK. Am Ende der Hauptstraße, Tel. 2639961, Fax 2643137, www.casa-viva.com, €€€

● **Windsurfer's Guest House/ El Yaque Motion,** mittelgroße deutschsprachige Posada von *Mike* und *Bernd,* Zimmer und Apartments, Küchenbenutzung möglich, WLAN. Av. Principal El Yaque (Av. Mario Oliveros), direkt am Ortseingang, gegenüber der Alcabala, sehr gutes Preis-Leistungsverhältnis, Tel. 2639742, www.elyaquemotion.com, €€

Essen und Trinken

● Das **Café Local Beach** liegt direkt vor dem Hotel El Yaque Beach und bietet exotische Spezialitäten, sowohl auf der großen Hotelterrasse mit Blick auf den Strand und das Surfgeschehen als auch an Tischen direkt am

Strand. Cocktails und guter Service, nicht gerade billig, aber der Gaumen weiß es zu schätzen, KK.

Weitere Strandrestaurants befinden sich rechts und links davon, meist mit der typischen Auswahl an Fisch und Meeresfrüchten sowie Pizzas.

Im Ort gibt es u.a. folgende Optionen:
- **Da Enrico,** lustig und stimmungsvoll in einer einfachen Atmosphäre mit Plastikstühlen serviert *Ernesto* fantastisches, echt italienisches Essen, also hausgemachte Pasta und Pizzas vom Holzkohlegrill, gehobene Preise. In der Ortsmitte, in dem kleinen CC gegenüber der Hotels El Yaque Beach und Paradise, nur abends geöffnet, am Wochenende empfiehlt es sich, einen Tisch zu reservieren.
- **Pizzeria Da Rocco Paolo,** nobles Restaurant im Hotel California, sehr freundlich und lecker, Pizzas und viel aus dem Meer, ab 16 Uhr geöffnet, gehobene Preisklasse, KK. „Filiale" direkt am Strand, sehr freundlich, relativ günstig und flexibel.
- **Mare Mare Pizza,** auch wenn der Name auf eine Pizzeria deutet, es handelt sich um ein Restaurant mit dem typischen Angebot eines Strandlokals: Fisch, Meeresfrüchte usw., entweder Innen klimatisiert oder Open-air. An der Hauptstraße, kurz vor dem Platz.
- **Restaurante Fuerza 6,** sehr angenehmes Restaurant mit umfangreichem Angebot, angemessene Preise, da ein wenig abseits vom Hauptgeschehen. Gegenüber des Kinderspielplatzes, Tel. 2636359.

Praktische Reiseinfos

Einkaufen

- Um Kleinigkeiten zum Essen und Trinken zu besorgen, gibt es einige kleine Läden, in denen man ein recht gutes Angebot hat, auch an internationalen Marken. Eine gute Adresse ist das **Wind Guru Café** östlich des großen Parkplatzes an der Hauptstraße, wo man auch leckere Sandwiches und Frühstück bekommt.
- **Surfzubehör und Strandkleidung** kann man in vielen der kleinen Geschäfte entlang der Hauptstraße erwerben, **Kunsthandwerk** wird von fliegenden Händlern direkt am Strand angeboten.

Geldwechsel

Es gibt eine Wechselstube, **Cambios Cusco;** sie befindet sich am Haupteingang des Hotels California. Man bekommt fast in jedem **Hotel** zu gutem Kurs Geld gewechselt.

Internetcafés

- **In dem kleinen CC** gegenüber der Hotels El Yaque Beach und Paradise befindet sich ein gutes Internetcafé, von dem man auch (international) telefonieren kann.
- **Viele Hotels und Posadas** bieten WLAN an, einige stellen ihren Kunden einen Computer zur Verfügung. Allerdings bricht die DSL- Leitung vom Festland zur Siedlung manchmal für einige Tage zusammen, dann sind alle Teilnehmer ohne Verbindung.

Krankenstation

- In der staatlichen Krankenstation *(ambulatorio)* **an der Hauptstraße** können kleinere Verletzungen behandelt werden.

Nachtleben

Auch wenn es einige Angebote für Nachtschwärmer gibt, so muss man doch eher Glück haben, einmal einen bewegten Abend zu erleben. Die Strandkneipen sind bis in die späten Stunden gut besucht, an der Hauptstraße, die in den Ort führt, findet man ein paar **Kneipen,** die lange geöffnet sind. Bei Gabis Grill und BBQ befindet sich die **Voodoo Lounge** (Av. Principal El Yaque), dort steht ein Billardtisch und abends gibt es laute Musik und regelmäßige Feste.

Reiseveranstalter

- Wenn mal einige Tage Flaute herrscht, dann kommt der Veranstalter **No Wind No Cry** ins Spiel. Die Kanadier *Nora* und *Al* vermieten Mopeds und Mountainbikes und organisieren geführte Radtouren über die Insel. www.nowindnocry.com/gaestehaus.html.

Taxis

- **Linea de Taxi El Yaque,** gegenüber vom Hotel El Yaque Paradise.
- **Taxi San Ramón,** Tel. 2398324, 4157646.

Wind- und Kitesurfen

Am Playa gibt es jede Menge Anbieter, die Kurse aller Schwierigkeitsgrade im Programm haben oder einfach nur Ausrüstung vermieten oder verkaufen. Fast alle befinden sich direkt am Wasser mit Zugang vom Strand und von der Straße. Zum Kitesurfen ist die Leeseite des Strandes ideal für den Start. Dort findet man **El Yaque Premium Kiteboarding**, eine Schule, die einen sehr guten Ruf genießt. Weitere Schulen mit gutem Ruf:

- **Skyriders,** Club Mistral, vor dem Hotel El Yaque Paradise, Tel. 2638818.
- **Vela Windsurf Resort,** vor dem Hotel El Yaque Beach, Tel. 2638793, www.velawindsurf.com/margarita/index.html.
- **Club Nathalie Simon,** Tel. 2638625.
- **Happy Surfpool,** Tel. 2638416.

Erlebnispark Musipan-El Reino

An der Straße, die vom Playa El Yaque zum Flughafen führt, mitten in der Wüste, befindet sich dieser **sehr venezolanische Erlebnispark**. Gegründet von dem Komiker und Ex-Präsidentschaftskandidaten „El Conde del Guácharo", sieht man auf dem riesigen Gelände „Venezolanitäten", die man als ausländischer (unwissender) Besucher nur selten lustig finden wird, z.B. einen Turm aus Arepas. Auch die vielen politischen Anspielungen wird man nur schwer verstehen. Allerdings gibt es auch Swimmingpools, Wasserrutschen und zahlreiche Restaurants.

- **Musipan-El Reino,** Tel. 2642190, www.musipan.net, Eintritt ca. 15 Euro p.P. inkl. Transfer vom Hotel und zurück (bei Buchung in einem Reisebüro oder Hotel), KK. Für 2009 ist auch der Bau einer Posada direkt im Park geplant.

Die Inseln Coche und Cubagua

Isla Coche/San Pedro

GPS: N 10°46.94, W 63°59.82

Die Insel Coche – sie liegt nur 13 km und 20 Bootsminuten südlich von El Yaque – ist **äußerst trocken.** Die rund 7000 Insulaner leben vorwiegend vom Fischfang und der Ausbeutung der reichhaltigen Salzminen.

Um von der Isla Margarita nach Coche zu gelangen, kann man entweder **über La Isleta** (südlich von Porlamar, GPS: N 10°53.57, W 63°55.85) mit dem Linienboot übersetzen oder **von Playa El Yaque** mit einem Charterboot oder im Rahmen einer organisierten Tour. Die Busse nach La Isleta starten von Porlamar an der C. Libertad c/ C. La Marina und auch in der C. Marcano (Fahrpreis ca. 0,50 Euro).

Die Fahrt geht durch staubtrockenes und heißes Gebiet. Am Rande von La Isleta, einem trostlosen Nest, findet man die **Bootsanlegestelle** des Coche Express. Hier wird man als Passagier registriert (reiner Personenverkehr, knapp 2 Euro). Theoretisch soll alle 30 Min. ein Boot fahren, in der Praxis wird gewartet, bis die Fähre voll ist. Wichtig: Die letzte Fahrt von Coche zurück erfolgt bereits am frühen Nachmittag.

Als Alternative bietet sich das Anmieten eines *peñero* (Fischerboot) an (am Playa El Yaque, Start beim Leuchtturm). Das Boot für 4 Personen kostet um die 40 Euro. Im Hotel El Yaque Paradise kann man nach vorheriger Reservierung auch einen Sitzplatz für ca. 10 Euro bekommen.

In den letzten Jahren sind auf der Isla Coche immer mehr Hotels und Posadas entstanden. Der Tourismus wird bestimmt auch von dieser Insel Besitz ergreifen. Coche ist speziell bei **Wind- und Kitesurfern** beliebt, viele der Hotels haben sich auf diese Kundschaft spezialisiert. Vor Ort kann man Ausrüstungen und Schulungen buchen.

Unterkunft:

- **Posada Oasis,** schöne Zimmer mit VP, Restaurant, Kite- und Windsurfschule mit Verleih, Kajaks, Inseltouren. Sec. La Uva, 5 Min. zu Fuß vom Playa La Punta entfernt, Tel. 0295/ 4163338 und 4169756, www.isladecoche.com, €€€€
- **Hotel Brisas del Mar,** gut ausgestattete Zimmer. Via San Pedro – La Uva, Sec. Punta La Salina, Tel. 0416/6960220, €€€€
- **Hotel Coche Paradise,** 65 Bungalows mit Klimaanlage, Safe, TV, Terrasse und Minibar. Gehört zum Hotel Yaque Paradise und ist auch über dieses zu buchen. Playa La Punta, Tel. 0295/2639810, 2639418, Fax 2639148, ventas@hotelcocheparadise.com, €€€€
- **Hotel Isla de Coche*****, die Zimmer sind auf Wunsch auch mit VP erhältlich. San Pedro de Coche, Tel. 0295/2991132, €€€

Isla Cubagua

GPS: N 10°48.83, W 64°11.46

Diese Insel ging in die Geschichte ein, denn auf ihr wurde die erste Siedlung Südamerikas gegründet: Santiago de Cubagua wurde später in Nueva Cadíz umbenannt. Lange Zeit war die Insel ein Handelszentrum der Perlenfischerei. Heute ist das Eiland fast unbewohnt. Der Ort **Nueva Cadíz** wurde 1541 von einem Erdbeben vollkommen zerstört, venezolanische Archäologen haben die Ruinen ausgegraben.

In den Reisebüros von Margarita kann man **Besichtigungstouren** zur Isla Cubagua buchen. Die kleine Insel ist bei Tauchern wegen der ruhigen und klaren Gewässer sehr beliebt. Wenn man mit der Fähre von Cumaná oder Puerto La Cruz nach Margarita fährt, kommt man ganz nahe an Cubagua vorbei.

Die Inseln von Los Frailes

GPS: N 11°12.33, W 63°45.09

Los Frailes besteht aus insgesamt **acht kleinen Inseln** bzw. Felsen, die nordöstlich der Isla Margarita liegen. Eine einzige der Inseln hat ein paar Fischerhütten und einen kleinen Strand, der aber vorwiegend aus Steinen besteht. Die Bucht, in welcher sich der einzige Strand befindet, ist von Bergen umgeben. Die Berghänge sind voller Kakteen und dornigem Gestrüpp. Es gibt **keine Übernachtungsmöglichkeiten.** Die Insel wird manchmal kurzfristig von Fischern bewohnt (es gibt allerdings kein Süßwasser), dann kann man Glück haben, dass diese etwas zu essen verkaufen, in der Regel natürlich Fisch. Es ist aber besser, Verpflegung und vor allem viel Wasser selber mitzubringen, denn die Hitze auf der Insel ist unglaublich und man verliert sehr viel Flüssigkeit.

Die kürzeste **Überfahrt** erfolgt von El Tirano (45 Min.), man kann aber auch in Pampatar am Hafen nach einer Möglichkeit fragen oder noch besser in einem Reisebüro.

Die Insel ist vor allem bei **Tauchern** sehr beliebt, im kristallklaren Wasser wimmelt es von bunten Fischen aller Art. Die renommierten Tauchschulen von Margarita haben ihre „Reviere" in den Gewässern von Los Frailes.

Los Roques

GPS: N 11°51.21, W 66°45.33

Die Inselgruppe von Los Roques ist ein **Traum aus Sonne, Sand und Meer.** Die Strände sind aus feinstem weißen Sand, das Wasser in den Lagunen schimmert in den schönsten Türkistöne. Los Roques ist ein Paradies für Taucher und Schnorchler, aber auch einfach nur zum Baden. Es gibt Angebote für Segeltörns, welche vor Ort gebucht werden können.

Der Archipel von Los Roques liegt etwa 140 km nördlich von Caracas im Karibischen Meer. Er besteht aus insgesamt **47 Inseln** und rund **200 Sandbänken,** die aus verschiedenen Korallenarten aufgebaut sind. 1972 wurde das **225.153 ha** umfassende Gebiet zum **Nationalpark** erklärt, da das empfindliche Ökosystem und seine artenreiche Fisch- und Vogelwelt schutzbedürftig sind.

Die ersten Menschen, die sich hier niederließen, waren zu Anfang des 20. Jh. Fischer von der Isla Margarita. Mittlerweile zählt man über 1000 Bewohner („Roqueños"), die meisten leben auf der **Hauptinsel El Gran Roque.** Jährlich kommen saisonal ein paar hundert Fischer aus Margarita dazu, die während des Langustenfangs auf der Insel wohnen.

El Gran Roque wird zunehmend auch von Touristen bevölkert – und das bedroht den **Naturschutz.** Die Nationalparkbehörde INPARQUES hat schon 1986 eine Zonenaufteilung des Archipels vorgenommen, die festlegt, in welchen Abschnitten welche touristischen Aktivitäten gestattet sind. Behördliche Vorschriften und Kontrollen sollen zudem die Zahl der Touristen, die sich im Nationalpark aufhalten darf, begrenzen.

Es gibt **keine Fährverbindungen** vom Festland nach Los Roques. Man fliegt mit einem Kleinflugzeug ab Caracas oder Porlamar nach Gran Roque, das über einen kleinen Flugplatz verfügt. Es gibt mehrere Flüge täglich. Die Fluggesellschaften Aerotuy, Chapi Air, Aeroejecutivos und Sol de America, um nur einige zu nennen, bieten **Tagesausflüge** für rund 190 Euro pro Person ab Maiquetia/Caracas an und für etwa 240 Euro ab Porlamar auf Margarita. Das Programm ist immer in etwa dasselbe: Man fliegt morgens um 7 oder 8 Uhr mit einer Dornier mit 18 Sitzplätzen in Maiquetia ab und erreicht nach rund 35 Min. (ab Porlamar 60) Los Roques. Hier wird man abgeholt und auf eine Jacht oder einen Katamaran gebracht. Die Teilnehmer bekommen die Inseln und Lagunen zu sehen, Taucherbrillen und Schwimm-

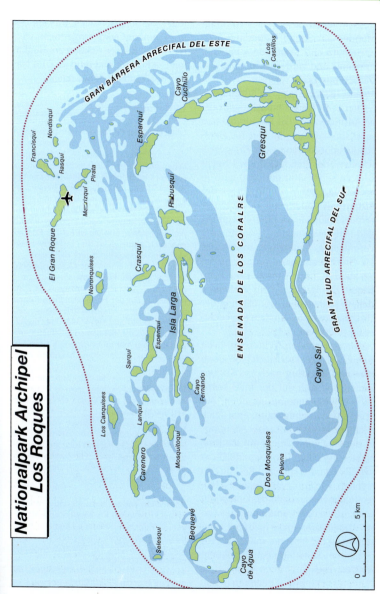

flossen liegen bereit, man verbringt Stunden am Strand (unbedingt Sonnenschutz und Kopfbedeckung mitbringen!) und wird reichlich mit Getränken und Essen versorgt. Zwischen 16 und 18 Uhr erfolgt der Rückflug.

Man kann natürlich auch mehrtägige Ausflüge nach Los Roques buchen (mit Übernachtung in zum Teil ziemlich luxuriösen Camps der Fluggesellschaften); der Preis für 2 Tage/1 Nacht liegt zwischen 300 und 400 Euro je nach Fluggesellschaft. Je länger der **Aufenthalt** dauern soll, desto teurer wird es natürlich. Im Preis inbegriffen sind Hin- und Rückflug, Bootstouren, Verpflegung, Unterkunft (in Posadas auf Gran Roque oder in Campamentos auf den Inseln Crasqui oder Francisqui). Die Plätze, die zur Verfügung stehen, sind limitiert, vor allem in der Hochsaison ist es unerlässlich, rechtzeitig zu buchen.

Man ist nicht verpflichtet, ein Paket zu buchen, man kann auch bloß einen **Hin- und Rückflug** nach Los Roques kaufen und sich auf der Insel selbst nach einer Unterkunft umsehen. Zur Wahl stehen richtig teure, aber auch relativ preiswerte Posadas. Allerdings ist der Flug von Caracas auf die Insel nicht ganz billig, durchschnittlich ist mit 220 Euro für Hin- und Rückflug zu rechnen, von Porlamar ist es noch teurer. Rechnet man dann die Unterkunft dazu, ist ein Paket bestimmt preiswerter. Zudem können die meisten Unterkünfte auf der Insel nur mit im Voraus bezahlten Reservierungen gebucht werden. Dies liegt auch daran, dass Planungssicherheit gegeben sein muss, da praktisch alles, was auf der Insel benötigt wird, eingeflogen werden muss. Bei der Ankunft am Flughafen Los Roques sind rund 12 Euro Nationalparkgebühr zu bezahlen.

Unterkunft

Über 60 Unterkünfte, darunter auch einige schöne Ferienhäuser, gibt es mittlerweile auf der Hauptinsel El Gran Roque. Auch ein paar Lebensmittelläden und etliche Restaurants sind vor Ort. Bereits die einfachsten Zimmer kosten 50 Euro mit Halbpension, besser ausgestattete Zimmer mit Bad kosten in der Regel über 100 Euro, es geht aber noch viel teurer. Alle hier angegebenen Preise gelten für die Hochsaison, und die ist auf Los Roques eigentlich immer, denn die Nachfrage steigt stetig und entsprechend auch die Preise.

Will man an einem der Cayos **campen,** braucht man die kostenlose Genehmigung der Nationalparkbehörde Inparques. Ihr Büro findet man auf der Hauptinsel Gran Roque am Ende der C. Principal (Holzhaus), Tel. 0237/2211226 und 0414/3731004, täglich zu den normalen Bürozeiten geöffnet. Campen darf man nur im Westen von Gran Roque, genaue Anweisungen bekommt man, wenn man sich die Genehmigung besorgt.

Auf Los Roques hat man außerdem die Möglichkeit, auf Jachten („Posada Flotante") zu übernachten, nachfolgend ein Vorschlag: **Segeljacht Sula-Sula,** 13-m-Jacht mit 3 Doppelkabinen, die Preise hängen von der Anzahl der Teilnehmer ab. Al-Pakete mit Schnorchelausrüstung und Touren durch den gesamten Nationalpark. Die Jacht wird betrieben von Fermar-Tours, Tel. 0414/2370863, www.sula-sula.com.

●**Macanao Lodge,** elegante und gepflegte Anlage, Pakete mit Vollpension und Ausflügen. C. Principal (Richtung Flughafen), Tel. 0237/2211301, Tel. (Caracas) 0212/7089898 und 0212/7089863, Fax 7089079 www.macanaolodge.com, €€€
●**Posada Malibú,** wundervoll gestaltete, renovierte Posada, VP erhältlich, ebenso Wo-

Karte Umschlag vorn, Plan S. 619

LOS ROQUES

chenendpakete von Fr bis So. C. La Lagunita, Tel. 0414/3708819 und 2211274, €€€€
- **Posada Bequevé,** vom Architekten *Fruto Vivas* gestaltete Posada, anspruchsvolles Ambiente, hervorragende Küche von *Señora Carmen*, für Ausflüge eigenes Camp auf der Insel Noronquí, Zimmerpreise inkl. VP, Posada wie Ausflüge sind von sehr hoher Qualität. Tel. u. Fax. (Caracas) 0212/2647485 und 0212/2645307, www.losroques-bequeve.com, €€€€
- **Posada Quigua,** sehr schönes Haus, die Zimmerpreise beinhalten VP und einen Tagesausflug. C. La Lagunita, Tel. 0414/1060402 und 2211384, in Caracas Tel. 0212/9634750, Fax 0212/9634504, www.laquigua.com, €€€€
- **Posada Caracol,** kleine, gemütliche Posada für max. 10 Gäste, Grill am Strand, Komplettpakete im Angebot. Direkt am Strand, ganz in der Nähe vom Flugplatz, Tel. 0237/2211049, Fax 2211208, info@podadacaracol.com, €€€€
- **Posada Acquamarina,** neue, von dem Italiener *Giorgio* geführte, schön eingerichtete Posada. C. La Lagunita, rechts neben der Posada Quigua, Tel. 0414/2499335, 0412/3101962, Fax (Caracas) 0212/2675769, www.posada-aquamarina.com, €€€€
- **Posada Natura Viva,** Posada mit Spa. Am Plaza Bolívar, Tel. 2211473, www.naturavivalosroques.com, €€€
- **Posada La Cigala,** sehr angenehme Posada, geführt von *Liana* und *Enrique Ducournau*, Zimmer mit VP. C. Colón c/ C. Laguna, östlich vom Plaza Bolívar, unweit des Flughafens, Tel. 0414/2004357, 0414/2365721, posadalacigala@cantv.net, €€€€
- **Posada Acuarela,** der Inhaber *Angelo Belvedere*, Architekt und Maler, hat seine Posada sehr schön gestaltet und mit Malereien versehen. Viele nette Details, z.B. eine Palme im Badezimmer. Gutes italienisches Essen. Die Zimmer können mit Frühstück oder mit VP gebucht werden. C. Las Flores Nr. 88 (am Plaza de Los Niños), Tel. 0237/2211228 und 2211456, Fax (Caracas) 0212/9523370, www.posadaacuarela.com, €€€€
- **Posada Piano y Papaya,** sehr attraktive Posada, man wird hier sehr freundlich von *Lucia* und *Alejandro* empfangen. Tourangebote zu den Cayos. Die Preise beinhalten HP mit einem Ausflug. Die Posada befindet sich hinter der Kirche, Tel. 0414/2810104, info@losroques.com, €€€€
- **Posada La Corsaria,** schöne und farbenfroh gestaltete Posada, die Zimmer werden mit Frühstück vermietet. Die Posada befindet sich hinter der Schule, Tel. 0414/1199475 und 0416/7133723, www.posadalacorsaria.com, €€€€
- **Ecochallenge Lodge,** nette Posada mit Organisation von Ausflügen und Tauchexkursionen, sehr gute Verpflegung. Esquina de Angelo, Tel. (Caracas) 0212/7302465, 0212/7312557, info@ecochallenge.ws, €€€€
- **Posada Sol y Luna,** schöne Zimmer, die mit HP oder VP gebucht werden können. C. Nr. 1, Tel. 0414/2614064, 0414/2862789 und 2211123, www.posadasolyluna.com.ve, €€€€
- **La Posada del Recuerdo,** nette Posada mit HP, von *Doña Dismelia Rodriguez* geführt. Plaza Bolívar, C. Principal, Tel. 0237/2211072 und 0414/2507903, €€€
- **El Paraíso Azul 2,** nette Zimmer, angeboten werden auch Verpflegung und Ausflüge zu den Stränden. C. La Lagunita, Tel. (Caracas) 0212/9532605, 9532670, 9532707 und Fax 0212/9536677, gentedemar@cantv.net, €€€
- **Roquelusa,** einfache und freundliche Posada, die Zimmer werden mit HP vermietet. C. del Abastos, Tel. 0414/3696401, €€€
- **Posada Eva,** einfach, sehr freundlich, sehr gutes Essen, Zimmer mit HP. Die Posada befindet sich gegenüber dem Sportplatz, Tel. 0414/4507581, posadaeva@hotmail.com, €€€

Essen und Trinken

- **El Muelle,** großes, gut besuchtes Speiselokal am Hafen von Gran Roque. Verschiedene Spezialitäten, vor allem aus dem Meer.
- **Bora la Mar,** sehr nettes Restaurant direkt am Sandstrand. Bei Kerzenlicht und Sternenschein ein Platz für Romantiker. Das Restaurant befindet sich in der Nähe der Kirche.
- **Aquarena,** leckere Kleinigkeiten und frische Meeresfrüchte in romantischem Am-

Die Inseln von Venezuela

biente. Organisation von Touren und Ausflügen in den Nationalpark. C. Colón Nr. 14, in der Nähe der Landebahn, direkt am Meer. Tel. 2211483.

●**El Barcito Escondido,** um das Lokal zu erreichen, muss man eine kleine Strandwanderung in Kauf nehmen, denn es befindet sich in der Nähe der Sportplätze, am besten nach dem Weg fragen. Hier bekommt man mediterrane Küche, aber auch Langusten, die Cocktails sind klasse! Geführt wird das Lokal von Italienern.

●**Rascatekey-Drink's, Flights, Music,** Restaurant, Bar und Disco in einem. Die Betreiber *Patricia* und *Iván* haben es sich zum Ziel gesetzt, ständig wechselnde Menüs gehobener Qualität anzubieten, sie veranstalten „Sushi-Feste". Je später der Abend, um so lauter wird es dann, das Restaurant „mutiert" zur Diskothek. C. Principal (Plaza Bolívar).

Tauchen

●**Arrecife Divers** (früher: Sesto Continente), die Station liegt ziemlich weit im Westen des Ortes an einem Steg, der am weitesten vom Flughafen entfernt ist (neben INPARQUES), Tel. (Caracas) 0212/7309080, 0212/7303873 und 0414/2452225, info@diversvenezuela.com; Büro in Caracas: Av. Los Jardines, Res. Los Girasoles, Local 1, La Florida. Angeboten werden ein- und mehrtägige Tauchausflüge und Tauchkurse (Preis für einen Schnupperkurs ca. 60 Euro, ein kompletter Open-Water-Kurs kostet ca. 240 Euro), darüber hinaus Verleih von Taucherausrüstungen (ca. 15 Euro pro Tag).

●**Aquatics Diving Center,** am Plaza Bolívar, Tel. 0414/7774894, www.scubavenezuela.com

●**Ecobuzos,** kleines Tauchcenter in der vorletzten Straße, neben der Lagune am Flughafen. Von hier werden meist nur Ausflüge zu den nahe gelegenen und daher weniger interessanten Tauchplätzen unternommen, vorher nachfragen.

●**Ecochallenge Dive Center,** das größte Tauchcenter auf der Insel befindet sich in dem grünen Haus am mittleren Steg, Tel. (Caracas) 0212/7302465, 0212/7312557 und 0414/2487616, info@ecochallenge.ws, Ecochallenge hat auch ein Büro in Caracas: Av. Don Bosco, Qta. ABC Nr. 10, La Florida. Es wird empfohlen, die Ausrüstung vor Antritt der Touren auf Vollständigkeit oder Defekte zu kontrollieren.

Praktische Reiseinfos

●**Geldwechsel:** Eine Wechselstube gibt es auf Los Roques nicht, man kann aber bei der Filiale von **Banesco** am Geldautomaten mit der Kredit- oder Maestro-(EC-)Karte Geld abheben. Die meisten Posadas und Veranstalter akzeptieren die gängigen Kreditkarten.

●**Internet:** Ein Infocenter mit kostenlosem Internetzugang gibt es an der C. Principal von Gran Roque.

Ausflüge

Die Besitzer und Geschäftsführer der Posadas organisieren in aller Regel auch Exkursionen **zu den Stränden und Schnorchelgründen** im Nationalpark. In dem bereits in der Rubrik **Essen und Trinken** erwähnten Aquarena kann man Touren vereinbaren, Infomaterial bekommen und Souvenirs kaufen. Tipp: Wer bei Gran Roque oder Francisquí baden oder schnorcheln will, sollte sich eine Boje besorgen, da es hier schon häufiger zu Unfällen mit Motorbooten gekommen ist.

Preise der Inseltouren

●**Francisqui,** 5 Euro.
●**Madrizqui,** 3,50 Euro (hinter Madrizqui befindet sich eine Halbinsel, Cayo de Piratas, die man je nach Tide zu Fuss erreichen kann; hier bieten zwei einfache Fischrestaurants – außer in der Schonzeit von Mai bis November – frische Langusten an).
●**Cayo Muerte,** 5 Euro.
●**Crasqui,** 10 Euro.
●**Espenqui – Cayo de Agua – Noronquises,** 20 Euro.
●**Tour durch den ganzen Nationalpark,** Preis nach Absprache.

Karte Umschlag hinten

LOS TESTIGOS

Sonstiges

Nicht nur auf der Hauptinsel El Gran Roque, sondern auch auf einigen der **anderen Inseln** im Archipel hat man Möglichkeiten zum Essen und Übernachten. Übernachten kann man allerdings nur mit Bewilligung der Parkbehörde INPARQUES (kostet nichts, muss aber alle 14 Tage erneuert werden) oder als Gast einer der großen Tourveranstalter wie Aerotuy oder eines Posadabesitzers auf Gran Roque.

Auf **Francisqui**, nur wenige Minuten Bootsfahrt von Gran Roque entfernt, gibt es das Restaurant Casa Marina mit Blick auf die Hauptinsel. Hier kommen vor allem Liebhaber von Fisch und Langusten auf ihre Kosten.

Auf **Crasqui** westlich von Gran Roque kann man sogar Zelte ausleihen und campen. Im Rancho Agua Clara bei *Eduardo Urbais* „Guayo" findet man einfache Unterkunft und Verpflegung, Tel. 0212/2431846 und 0414/2473498, Reservierung erforderlich. Im kleinen Restaurant Juanita, geführt von *Florita* und *Andrés,* werden sehr leckere Speisen zubereitet.

Auf **Dos Mosquises** befindet sich eine biologische Station, die sich ehrenamtlich der Aufzucht von Meeresschildkröten widmet. Es lohnt sich, diesen Ort zu besuchen, die Tour kostet nur 1,50 Euro. Hier kann man auch günstige Seekarten von Los Roques sowie schöne T-Shirts kaufen.

Los Testigos

GPS: N 11°22.83, W 63°07.33

Diese kleinen Inseln liegen ca. 70 km vor der Küste von Carúpano in der Karibik. Es handelt sich um **sieben Inseln,** zwei davon sind bewohnt. Die Bevölkerung besteht aus nur zwei Großfamilien und den Angehörigen einer Militärbasis. Die Inseln gelten als Geheimtipp unter Seglern, Tauchern und Schnorchlern. Am bekanntesten sind die **Isla Conejo,** die **Isla Iguana** und die **Isla Testigo Grande.** Weiße Sandstrände wie aus dem Bilderbuch, kristallklares Wasser und eine Vielzahl von Vögeln sind Kennzeichen von Los Testigos. Auf zwei Inseln haben sich Fischer niedergelassen, sehr nette (und trinkfreudige) Menschen. Auf der Isla Testigo Grande ist ein Teil der Insel Sperrzone, es darf nicht gefischt und auf keinen Fall harpuniert werden und auch das Schnorcheln ist untersagt. Die Inseln sind bekannt für ihre Fischwelt und die ausgezeichnet schmeckenden Langusten. In einigen Posadas in Carúpano kann man eine Tour auf die Inseln buchen. Die Fahrt dauert von dort mit dem Schnellboot max. 2 Std., übernachtet wird in Zelten oder Hängematten direkt am Strand. Die Touren werden ausschließlich in kleinen Gruppen durchgeführt, damit jeder Einzelne auch das wahre karibische Flair genießen kann.

Die Inseln von Venezuela

Anhang

Puente Eiffel bei El Dorado

Kleinflugzeug im Hochland von Guayana

Kinderfasching

Literaturtipps

Uwe George: Inseln in der Zeit. Venezuela. Expeditionen zu den letzten weißen Flecken der Erde, von Fachleuten geschriebener Bericht über Expeditionen zu den Tafelbergen im Süden Venezuelas, sehr gut mit tollen Bildern. GEO-Verlag, 2005.

Fundacion Bigott: Atlas de Tradiciónes Venezolanas, Bildatlas über venezolanische Traditionen, mit vielen Kapiteln über Regionalgastronomie, Volksmusik, Architektur und Kunst, auf Spanisch. Herausgegeben von der Zeitung „El Nacional".

Karl Weidmann, Venezuela, großformatiger Bildband mit ganz tollen Fotos.

Lelia Delgado: Vida Indígena en el Orinoco, Sw-Bildband über das Leben der Indianerstämme im oberen Orinoco. Fundación Cisneros, 2004.

Atlas Visual de la Republica Bolívariana de Venezuela, Geografie, Straßenatlas, Landkarten und jede Menge antikes Kartenmaterial.

Elizabeth Kline's Guide to Posadas and Cabins in Venezuela, über 2200 Posadas in ganz Venezuela.

Olivia Gordones und Diethelm Kaiser. Spanisch für Venezuela, Kauderwelsch Band 85. Handlicher und auf den (Reise-)Alltag ausgerichteter Sprechführer aus dem REISE KNOW-HOW Verlag.

Lancini und Kornacker: Die Schlangen von Venezuela, dieses Buch beschreibt ausführlich sämtliche Schlangenarten des Landes, die meisten mit Foto. Edición Armitano, Caracas 1989, in Deutschland über den Pako Verlag zu beziehen.

Magdalena Ana, Sechs Tage in Venezuela, beschrieben werden eine Kurzreise ins vielseitige Land und eine disharmonische Beziehung, die selbst die grandiose Natur Venezuelas erblassen lässt. Frankfurter Literaturverlag, 2007.

Sabine Hemschik, Macheten, Matsch und Moskitos – Dschungeltrekking zu den verlorenen Völkern Venezuelas, beschreibt die Strapazen einer Expedition zu den Hoti und Yanomami und wirft die Frage auf, ob Indianer wirklich glücklicher leben als „zivilisierte" Menschen. Telescope.

Alexander von Humboldt, Die Reise nach Südamerika – von Cumaná über den Orinoko zum Amazonas, *Humboldts* Tagebuch zu seiner ersten Reise in die neue Welt gehört zu den spannendsten und lehrreichsten Werken der klassischen Reiseliteratur. Neuherausgabe, 2006.

Kartentipp

Venezuela, Landkarte im Maßstab 1:1.400.000 aus dem world mapping project des REISE KNOW-HOW Verlags. GPS-tauglich, klassifiziertes Straßennetz mit Kilometerangaben, moderne Kartengrafik sowie ausführlicher Ortsindex.

Filmtipps

Venezuelas Wilder Osten, als Rucksacktourist unterwegs von der Halbinsel Paria ins Orinoco-Delta und zum höchsten Wasserfall der Erde. Eine DVD für Praktiker. Kompakt, informativ und mit dem Blick für Details beschreibt der Filmemacher diese zehntägige Tour.

Aventura Venezuela, atemberaubende Aufnahmen in 16:9-Breitformat, ob Paragliding in den Anden, Delfinbeobachtung im Mochima-Nationalpark oder Trekking zum Roraima. Neben diesen Action-Highlights kommen auch Naturliebhaber auf ihre Kosten. Birdwatching in den Llanos und im Nationalpark Henry Pittier sowie das umfassende Nightlife-Angebot von Maracay runden diesen Film ab.

Beide Filme von Videoproduktion Elsaesser, Praelat-Lutz-Str. 24, 88048 Friedrichshafen, www.venezuela-film-dvd. de.

Kleine Sprachhilfe

Die offizielle Landessprache ist **Spanisch,** das in Venezuela meist als *Castellano* (das „kastilische" Spanisch) bezeichnet wird. Der Wortschatz zeichnet sich durch einige Besonderheiten aus: Er ist durch afrikanische und insbesondere indianische Elemente bereichert worden, hinzu kamen Einflüsse anderer europäischer Sprachen und des nordamerikanischen Englisch, außerdem haben sich bestimmte Archaismen erhalten.

Häufig verwendete Wörter

gracias : danke – por favor : bitte
el amigo : Freund
la casa : Haus
la calle : Straße
el número : Nummer
el pueblo : Dorf (auch: Volk)
la ciudad : Stadt
el centro : Zentrum
el estado / la provincia :
　Bundesstaat / Gliedstaat
la frontera : Grenze
el empleado / el funcionario : Beamter
la policía : Polizei
mis documentos : meine Ausweispapiere
bueno : gut – malo : schlecht
mucho : viel – poco : wenig
grande : groß – pequeño : klein
viejo : alt – nuevo : neu
caro : teuer – barato : billig
cerca : nah – lejos : weit, entfernt
limpio : sauber – sucio : schmutzig
lento : langsam – rápido : schnell
lleno : voll – vacío : leer

Grußformeln

¡Hola! : Hallo!
Buenos días : Guten Morgen
Buenas tardes : Guten Tag

Buenas noches : Guten Abend, gute Nacht
¿Qué tal? / ¿Cómo estás? : Wie geht's?
Muy bien, gracias : Danke, sehr gut

Wochentage und Monate

semana : Woche
lunes : Montag
martes : Dienstag
miércoles : Mittwoch
jueves : Donnerstag
viernes : Freitag
sábado : Samstag
domingo : Sonntag
mes : Monat
enero : Januar
febrero : Februar
marzo : März
abril : April
mayo : Mai
junio : Juni
julio : Juli
agosto : August
septiembre : September
octubre : Oktober
noviembre : November
diciembre : Dezember

Zahlen

null : cero
uno : eins
dos : zwei
tres : drei
cuatro : vier
cinco : fünf
seis : sechs
siete : sieben
ocho : acht
nueve : neun
diez : zehn
once : elf
doce : zwölf
trece : dreizehn
catorce : vierzehn
quince : fünfzehn
dieciséis : sechzehn
diecisiete : siebzehn
dieciocho : achtzehn
diecinueve : neunzehn
veinte : zwanzig
veintiuno : einundzwanzig
treinta : dreißig
treintiuno / treinta y uno : einunddreißig
cuarenta : vierzig
cincuenta : fünfzig
sesenta : sechzig
setenta : siebzig
ochenta : achtzig
noventa : neunzig
cien : hundert
ciento uno : einhunderteins
doscientos : zweihundert
doscientos uno : zweihunderteins
trescientos : dreihundert
cuatrocientos : vierhundert
quinientos : fünfhundert
seiscientos : sechshundert
setecientos : siebenhundert
ochocientos : achthundert
novecientos : neunhundert
mil : eintausend
dos mil : zweitausend
tres mil : dreitausend
cuatro mil : viertausend
cinco mil : fünftausend
cien mil : einhunderttausend

Venezolanismen (Umgangssprache)

chamo, chama :
    Junge, Mädchen (nett gemeint)
pana : Freund
pavo, -a : junger Mann
    bzw. junge Frau (eigtl. Truthahn)
musiú (von monsieur) : Fremder
tombos : „Bullen" (Polizisten)
chévere : prima, toll
sabroso : schmackhaft,
    auch: gut, angenehm
pure : alt (altmodisch,
    auch Bezeichnung für alte Leute)
rayado : lächerlich
ese tipo está rayado :
    der Typ ist voll daneben
tostado : verrückt
arrecho : wütend; aber auch: charakterstark
sifrino : eingebildet, kapriziös
estar en la papaya : es einfach haben

KLEINE SPRACHHILFE

va que chuta : es klappt hervorragend
dar nota : gut gefallen
no andar en la nota : unpassend sein
ser la última coca cola del desierto :
　etwas ganz Besonderes darstellen (ironisch)
se me enfrió el guarapo :
　mir ist die Lust vergangen
una ladilla : etwas Störendes,
　Lästiges (eigtl. „Filzlaus")
un arroz con mango :
　ein Durcheinander („Reis mit Mango")
tener un pique :
　eine Auseinandersetzung haben
golillero : Schnorrer
ir de golilla :
　auf Kosten der anderen etwas tun
palearse algo : etwas stehlen
meterse una pápa / cargar las baterías :
　sich den Bauch vollschlagen
ponerse las pilas : sich anstrengen
　(wörtlich: sich die Batterien einlegen)
echar los perros a alguien : den Hof machen
　(wörtlich: die Hunde auf jemanden hetzen)
la plata : Geld (eigentlich: Silber)
muna : Geld, „Knete"
lana : Zaster, Flocken (eigentlich: Wolle)
gandola : Lastwagen
chalana : Fähre

Erster Sprechkontakt

¿Viene Ud. por primera vez a Venezuela? :
　Kommen Sie zum ersten Mal
　nach Venezuela?
Sí, es mi primer viaje. :
　Ja, es ist meine erste Reise.
¿Habla Ud. español / castellano? :
　Sprechen Sie Spanisch?
Un poquito. : Ein bisschen, etwas.
Creo que puedo hacerme entender. :
　Ich glaube, ich kann
　mich verständlich machen.
No entiendo todo lo que se me dice. :
　Ich verstehe nicht alles, was mir gesagt wird.
Los venezolanos hablan
　muy de prisa / muy rápido. :
　Die Venezolaner sprechen sehr schnell.
¡Eso es sólo una impresión! :
　Das erscheint Ihnen nur so!
¡Repíta, por favor! : Wiederholen Sie bitte!

Ankunft in Venezuela

la llegada : Ankunft
en el aeropuerto : am Flughafen
el maletero / el cargador de maletas :
　Gepäckträger
mi equipaje : meine Koffer, mein Gepäck
Necesito un taxi. : Ich brauche ein Taxi.
Venga Ud. conmigo. : Kommen Sie mit.
¿A dónde quiere ir? : Wohin wollen Sie?
No lo sé. : Ich weiß es nicht.
Quisiera un hotel modesto / lujo. :
　Ich möchte ein bescheidenes /
　luxuriöses Hotel.
... con ducha y donde
　se pueda comer bien ... :
　mit Dusche und wo man gut essen kann
Entendido. : Einverstanden.
Los precios son moderados,
　las habitaciones limpias y agradables. :
　Die Preise sind mäßig,
　die Zimmer sauber und freundlich.
¿Cuánto cuesta el taxi? :
　Wie viel kostet das Taxi?
Eso es muy caro. : Das ist sehr teuer.
incluida la propina : das Trinkgeld inbegriffen

Beim Zoll

la aduana : der Zoll
Tengo dificultades con la aduana. :
　Ich habe Schwierigkeiten
　an der Grenze / beim Zoll.
¿Tiene algo que declarar? :
　Haben sie etwas zu verzollen?
No tengo nada que declarar. :
　Ich habe nichts zu verzollen.
¡Abra sus maletas! : Öffnen Sie Ihre Koffer!

Im Hotel

¿Tiene Ud. una habitación ... libre? :
　Haben Sie ein Zimmer ... frei?
... sencilla / doble / triple / matrimonial :
　Einzel- / Doppelzimmer /
　für drei Personen / mit Ehebett
Sí señor / señora, tenemos habitaciones ...
　desde 12.000 bolívares. :
　Ja, wir haben Zimmer ...
　von 12.000 Bolívares an.

Por favor, le voy a enseñar la habitacion :
    Bitte, ich zeige Ihnen das Zimmer.
¿Le gusta? : Gefällt es Ihnen?
¿Cuánto tiempo quiere quedarse? :
    Wie lange wollen Sie bleiben?
Sólo una noche. : Nur eine Nacht.
Probablemente dos o tres días. :
    Wahrscheinlich zwei, drei Tage.
Quiero visitar la ciudad. :
    Ich möchte die Stadt besichtigen.

Im Restaurant

el desayuno : Frühstück
el almuerzo : Mittagessen
la merienda : Kaffeepause
la cena : Abendessen
un cafecito : ein Kaffee
Café con leche y azúcar :
    Kaffee mit Milch und Zucker
un marroncito :
    ein „kleiner Brauner" (Kaffee mit Milch)
un guayoyo : ein schwacher Kaffee
Pan con mantequilla y mermelada :
    Brot mit Butter und Marmelade
batidos / jugos de frutas : Fruchtsäfte
batido / jugo de naranja : Orangensaft
... de piña : Ananassaft
... de mango : Mangosaft
... de patilla : Wassermelonensaft
... de guayaba : Guavensaft
... de lechoza : Papayasaft
... de parchita : Maracujasaft
Restorán popular : populäres Restaurant
¡Camarero! / ¡Mesonero! : Kellner!
La carta/el menú, por favor. :
    Die Speisekarte, bitte.
agua mineral : Mineralwasser
una cerveza : ein Bier
una sopa : eine Suppe
platos calientes : warme Speisen
platos fríos : kalte Speisen
entremeses : Vorspeise
el postre : Nachtisch
la carne : Fleisch
los mariscos : Fisch
las verduras : Gemüse
el plato : Teller
el vaso : Glas
el cuchillo : Messer
el tenedor : Gabel
la cuchara : Löffel
Buen provecho : Mahlzeit (Guten Appetit)
La cuenta, por favor. : Die Rechnung, bitte.
No puedo cambiar. :
    Ich kann nicht wechseln.
No tengo dinero sencillo. :
    Ich habe kein Kleingeld.

Auf der Straße, im Autobus

¿Cómo voy desde aquí al correos? :
    Wie komme ich zur Post?
Disculpe, ¿qué es ese edificio? :
    Verzeihung, was ist das für ein Gebäude?
¿Hasta que hora está abierto el museo? :
    Bis wie viel Uhr ist das Museum geöffnet?
¿Qúe autobús va a ...? :
    Welcher Autobus fährt nach ...?
Dígame por favor,
    cuando tengo que bajarme. :
    Sagen Sie mir bitte,
    wann ich aussteigen muss.
Cruce a la segunda calle a la derecha. :
    Biegen Sie an der
    zweiten Straße nach rechts ab.
¡siga! : weiter, vorwärts!
¡dale pa'lante! : Mach weiter, voran!
¡aguántate! : Stehenbleiben, Stopp!
por ahí : nach dort
    (typische ungenaue Richtungsangabe)
ponerse en cola : Schlange stehen
dar una cola : jemanden im Auto mitnehmen

Einkäufe

ir de compras : einkaufen gehen
¿Cuánto cuesta esto? : Wie viel kostet das?
Cuesta ... : Es kostet ...
Quisiera ... : Ich möchte ...
Lo tomo. : Ich nehme es.

In der Bank

en el banco : in der Bank
¿Puede pagarme este cheque? :
    Können Sie mir diesen Scheck einwechseln?
Su pasaporte, por favor. : Ihren Pass, bitte.
¿Una dirección fija? :
    Haben Sie eine feste Adresse?

Soy turista, estoy de paso. :
  Ich bin Tourist und
  bin hier auf der Durchreise.
Espere cerca de la caja hasta que le llame. :
  Warten Sie an der Kasse,
  bis Sie aufgerufen werden.

In der Wechselstube

la casa de cambio : Wechselstube
Quisiera cambiar cien euros en bolívares :
  Ich möchte 100 Euro in Bolívares wechseln.
en billetes grandes / pequeños :
  in großen / kleinen Scheinen

Auf der Post

el correos : Post
¿Cuánto es el porte de una carta
  para Alemania, por favor? :
  Bitte, wie hoch ist das Porto
  für einen Brief nach Deutschland?
Una estampilla / un sello de ... :
  eine Briefmarke zu ...
Certificado : Einschreiben
Expreso : Express
¿Cuánto pesa? : Wie viel wiegt es?
Remitente : Absender
Destinatario : Empfänger
La casilla / taquilla uno : Schalter eins
a la entrada : am Eingang

Am Telefon

¿aló? : Hallo?
El número está equivocado. :
  Sie sind falsch verbunden.
Perdone Usted (= Ud.). :
  Entschuldigen Sie bitte.
No corte la comunicación. :
  Bleiben Sie am Apparat.
¡Hable más alto! : Sprechen Sie lauter!
¿Me oye bien? : Können Sie mich gut hören?
No comprendo. : Ich verstehe nicht.
¿Podría repetirlo Ud. despacio? :
  Könnten Sie das bitte langsam wiederholen?
Deletréelo Ud., por favor. :
  Bitte buchstabieren Sie das.
¿Cuál es su número de teléfono? :
  Welche Telefonnummer haben Sie?

¿Qué número ha marcado Ud.? :
  Welche Nummer haben Sie gewählt?
Por favor, diga cada cifra por separado. :
  Bitte nennen Sie jede Ziffer einzeln.
¿Con quién quiere hablar Ud.? :
  Mit wem möchten Sie sprechen?
¿Con quién hablo? : Mit wem spreche ich?
Quisiera hablar con el señor ... :
  Ich möchte mit Herrn ... sprechen.
¡El señor ... no está! : Herr ... ist nicht da.
¿Quiere que le diga algo? :
  Kann ich etwas ausrichten?
¡Volveré a llamar esta tarde! :
  Ich werde heute nachmittag
  noch einmal anrufen.
¡La llamada es muy urgente! :
  Der Anruf ist sehr dringend!
¿Habla ahí alguien alemán? :
  Ist dort jemand, der Deutsch spricht?

In der Apotheke

Apotheke : farmacia
Déme Ud. un remedio
  para dolor de cabeza. :
  Geben Sie mir ein
  Mittel gegen Kopfschmerzen.
... un remedio para diarrea :
  ... ein Mittel gegen Durchfall
... un purgante :
  ... ein Abführmittel
Crema bronceadora para la piel :
  Sonnenschutzcreme

Beim Arzt

en casa del médico : beim Arzt
¿Qué tiene Ud.? : Was fehlt Ihnen?
¿Dónde le duele? :
  Wo haben Sie Schmerzen?
¿Desde hace tiempo? : Seit wie lange?
Tengo fiebre. : Ich habe Fieber.
Me duele la cabeza. : Ich habe Kopfweh.
Me duele la barriga. : Ich habe Bauchweh.
... la garganta : ... Halsweh
Tengo mucha tos. : Ich habe starken Husten.
Estoy ronco. : Ich bin heiser.
Tengo el estómago estropeado. :
  Ich habe mir den Magen verdorben.
Me dan vómitos. : Ich muss mich übergeben.

KLEINE SPRACHHILFE, HILFE!

Tiéndase aquí de espaldas. :
   Legen Sie sich hier hin.
Desnúdese. : Machen Sie sich frei.
No es grave. : Es ist nicht schlimm.
Ud. necesita descanso. : Sie benötigen Ruhe.
Tiene que ponerse a dieta. :
   Sie müssen Diät halten.
Evite Ud. ... : Vermeiden Sie ...
Le voy a recetar algo. :
   Ich schreibe Ihnen ein Rezept.
Tome Ud. antes de cada comida ... :
   Nehmen Sie vor jeder Mahlzeit ...
Tiene que ir a una clínica, a un hospital. :
   Sie müssen in eine Klinik, ins Krankenhaus.

Rund ums Auto

¿Dónde podemos tomar gasolina? :
   Wo können wir tanken?
la gasolina : Benzin
la bomba de gasolina : Tankstelle
sin plomo : bleifrei
el aceite : Öl
la batería : Batterie
Full (llene el tanque), por favor. : Voll, bitte.
Por favor póngale aire a
   la rueda trasera / delantera. :
   Bitte, pumpen Sie den
   Hinter- / Vorderreifen auf.
Necesito un caucho (neumático) nuevo. :
   Ich brauche einen neuen Reifen.
He tenido un pinchazo. :
   Ich habe eine Reifenpanne.
Tenemos una avería en el motor. :
   Wir haben einen Motorschaden.
¿Puede Ud. ver el motor? :
   Können Sie den Motor nachsehen?
¿Puede empujar el carro, por favor? :
   Bitte, können Sie den Wagen anschieben?
¿Dónde hay un taller mecánico? :
   Wo ist eine Werkstatt?
¿Dónde hay un garage? : Wo ist eine Garage?
¿Nos puede remolcar? :
   Können Sie uns abschleppen?
la grúa : Abschleppwagen

HILFE!

Dieses Reisehandbuch ist gespickt mit unzähligen Adressen, Preisen, Tipps und Infos. Nur vor Ort kann überprüft werden, was noch stimmt, was sich verändert hat, ob Preise gestiegen oder gefallen sind, ob ein Hotel, ein Restaurant immer noch empfehlenswert ist oder nicht mehr, ob ein Ziel noch oder jetzt erreichbar ist, ob es eine lohnende Alternative gibt usw.

Unsere Autoren sind zwar stetig unterwegs und versuchen, alle zwei Jahre eine komplette Aktualisierung zu erstellen, aber auf die Mithilfe von Reisenden können sie nicht verzichten.

Darum: Schreiben Sie uns, was sich geändert hat, was besser sein könnte, was gestrichen bzw. ergänzt werden soll. Nur so bleibt dieses Buch immer aktuell und zuverlässig. Wenn sich die Infos direkt auf das Buch beziehen, würde die Seitenangabe uns die Arbeit sehr erleichtern. Gut verwertbare Informationen belohnt der Verlag mit einem Sprechführer Ihrer Wahl aus der über 200 Bände umfassenden Reihe „Kauderwelsch".

Bitte schreiben Sie an:
REISE KNOW-HOW Verlag Peter Rump GmbH, Postfach 140666, D-33626 Bielefeld,
oder per E-mail an: info@reise-know-how.de
Danke!

Kauderwelsch Sprechführer

LATEINAMERIKA

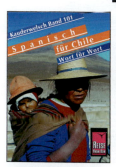

Spanisch für Chile Wort für Wort
Kauderwelsch-Band 101
160 Seiten

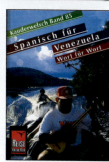

Spanisch für Venezuela
Kauderwelsch-Band 85
160 Seiten

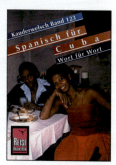

Spanisch für Cuba Wort für Wort
Kauderwelsch-Band 123
160 Seiten

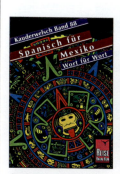

Spanisch f. Mexiko Wort für Wort
Kauderwelsch-Band 88
160 Seiten

Spanisch f. Ecuador Wort für Wort
Kauderwelsch-Band 96
160 Seiten

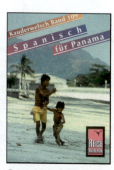

Spanisch f. Panama Wort für Wort
Kauderwelsch-Band 109
160 Seiten

REISE KNOW-HOW Verlag, Bielefeld

ANZEIGEN 635

VENEZUELA – INSELN IN DER ZEIT
Von den Anden führt diese Gruppenreise in das Naturparadies der Llanos. Über Ciudad Bolivar am Orinoco geht es zum Salto Angel.
Die Reise endet am Karibikstrand von Playa Medina.
21 Tage ab/bis Frankfurt ab € 2.875,-

VENEZUELA
individuell – ab 2 Personen
Vom Orinoco Delta zum Canaima Nationalpark
8 Tage ab Caracas/
bis Ciudad Bolivar € 1.098,-

VENEZUELA
individuell – ab 2 Personen
Abenteuer Gran Sabana
4 Tage ab/an Ciudad Bolivar € 768,-

BADEVERLÄNGERUNG
AUF DER ISLA MARGARITA
Hotel Costa Linda ***
DZ mit FRÜ ab € 26,- pro Person

TAKE OFF REISEN
Tel: 040 - 422 22 88
Fax: 040 - 422 22 09
Mail: info@takeoffreisen.de
Homepage: www.takeoffreisen.de

Ihr Reisespezialist für:
- Lateinamerika
- Nordamerika
- Karibik
- Antarktis

Tourismus Schiegg
Kreuzweg 26
D-87645 Schwangau
Tel.:   0 8362 9301 0
Fax: 0049 8362 9301 23

info@lateinamerika.de
www.lateinamerika.de
www.antarktis-kreuzfahrt.de

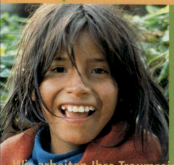

Wir arbeiten Ihre Traumreise individuell für Sie aus!

ANZEIGEN

COCHERA ANDINA
Mietwagen in Lateinamerika

Entdecken Sie Lateinamerika individuell und unabhängig mit dem Mietwagen.

WWW.MIETWAGEN-LATEINAMERIKA.COM

Umfangreiches Angebot an Fahrzeugen renommierter internationaler Anbieter für alle Länder Mittel- und Südamerikas

Nutzen Sie unsere detaillierten Routeninformationen

Informationen zu mehr als 1.500 Streckenabschnitten – Entfernungen, Fahrzeiten, Straßenzuständen, Empfehlungen für die passende Fahrzeugkategorie – ermöglichen Ihnen eine zuverlässige Reiseplanung.

cochera andina GbR · info@cochera-andina.com

WENDY - PAMPA - TOURS®

VENEZUELA - ECUADOR - PERU
ARGENTINIEN - CHILE - URUGUAY

Möchten Sie gerne individuell nach
VENEZUELA reisen?

Dann sind Sie bei uns genau richtig! Wir kennen Südamerika und bieten Reisebausteine, mit denen Sie sich Ihre Wunsch-Reise zusammenstellen können:

< *Erfolgstraining unter Palmen*
< *Colonia Tovar - Fachwerkhäuser im Karibik-Hochland*
< *Canaima: Tafelberge und Salto Angel*
< *Mérida und Tierbeobachtung in den Llanos*
< *Entspannung am Karibikstrand*
< *Insel-Urlaub auf Los Roques*
<< *Natur und Kultur von der Karibik bis Feuerland* >>

und viele weitere interessante Reisebausteine finden Sie in unserem Katalog.

Bestellen Sie Wendys Erfindungen: Das Brettspiel „Anden-Überquerung" + unser *Südamerika-Quartett*, um Südamerika spielerisch kennenzulernen.

www.Wendy-Pampa-Tours.de, Oberer Haldenweg 4,
88696 Billafingen bei Überlingen/ Bodensee, Tel.: 07557/9293-74, Fax –76

Register

Abasto 36
Acarigua 426
Acción Democrática 111
Achaguas 415
Adícora 515
Adlerpass 464
Agua Blanca 427
Agua Viva 493
Alcabala 30, 64
Alltagsleben 153
Aloe Vera 267
Altagracia 532
Altagracia (Isla Margarita) 606
Altamira 207
Altamira de Cáceres 463
Alto de La Cruz 451
Altos de Sucre 243
Amazonas-Gebiet 394
Ampíes, Juan de 506
Anaco 314
Anakonda 97
Anden 90, 423, 436
Andrés Pérez, Carlos 120, 122
Angel, James Crawford 350
Angelfall 348
Angeln 68
Angostura-Bitter 340
Ankunft (am Flughafen) 24
Anreise 20
Añu-Indianer 148, 503, 505
Apartaderos 459
Apartments 81
Apostadero 597
Apotheken 53
Apurito 416
Araguaney-Baum 91
Araya 267
Araya-Halbinsel 265
Arbeiten (in Venezuela) 52
Architektur 158
Armee 133
Aroa 577
Ärzte 53
Auslandskrankenversicherung 86
Ausreise 27
Ausrüstung 28
Außenhandel 136
Außenpolitik 130

Autofahren 30
Autopista Francisco Fajardo 223
Autopista Regional del Centro 197, 198
Auyan Tepui 354
Avila-Massiv 206

Bachaquero 494
Bahía de Cata 552
Baniba-Indianer 394
Banken 4558
Barbasco 428
Barcelona 226
Barí-Indianer 149
Barinas 420
Barinitas 423
Barquisimeto 521
Behinderte 33
Bejuma 564
Belén 264
Bello, Andrés 171
Benzin 32
Bernal, Tomás 351
Betancourt, Rómulo 109, 115
Betijoque 470
Bevölkerung 139
Bier 43
Bildung 138
Birongo 218
Biruaca 409, 415
Blattschneiderameisen 98
Bobures 493
Boca de Auroa 569
Boca de San José de Buja 301
Boca de Uchire 223
Boca de Uracoa 310
Boca del Río 611
Boconito 424
Boconó 473
Bodega 38
Bodega Pomar 532
Bohordal 286
Bolívar (Währung) 45
Bolívar, Simón 106, 171, 201,
  202, 331, 336, 458, 468, 470, 562
Bolivarische Republik Venezuela 132
Bolivien 131
Borges, Jacobo 163
Botschaften 33
Brandrodung 102
Brasilien 384
Brückenbau 329

Brujería 150
Bruzual 417
Busse 21, 84, 185

Cabañas 81
Cabimas 494
Cabo Negro 606
Cabo San Román 90, 518
Cachamaure 263
Caicara del Orinoco 396
Caigua 240
Caimancito 266
Caja Seca 493
Calabozo 431
Caldera 463
Caldera, Rafael 119, 123
Camaguán 432
Camping 82
Campo de Carabobo 562
Canaima 344
Caño 296
Caño Buja 301
Caño Macareo 312
Caño Madre Vieja 310
Caño Manamito 301
Caño Manamo 305, 310, 311
Canoabo 565
Canyoning 69
Capatarida 506
Carabellada 215
Caracas 171
Caracolito 284
Cariaco 264
Caripe 289
Caripito 289
Carmona Estanga, Pedro 126
Carnicería 38
Carora 528
Caruao 216
Carúpano 268
Casa Amarilla 529
Casanay 278
Casigua 506
Castillo de Santa Rosa 599
Castillos de Guayana 330
Castro, Fidel 117, 131
Cata 553
Cataniapo 404
Catatumbo-Delta 453
Catia La Mar 212
Caucagua 223

Cepe 549
Cerro Autana 405
Cerro El Copey 594, 599
Cerro Pintado 404
Chacaracual 285
Chachopo 464
Charallave 206
Chávez Frías, Hugo 122, 124, 130
Check-in 21
Chichiriviche 213
Chichiriviche (Morrocoy) 574
Chinak merú 370
Chiquará 451
Chirikayén 391
Chirima-Ta 388
Chivacoa 151, 579
Chivatón 370
Choroní 543
Chorrerón 264
Chuao 549
Churuguara 520
Chuspa 208 216
Ciénagas de Catatumbo 453
Circuito de la Excelencia 81
Circuito Tropical 82
Ciudad Bolívar 331, 395
Ciudad Guayana 320
Ciudad Ojeda 494
Ciudad Piar 343
Clarines 224
Colonia Tovar 193
Comunidad Paraimatepui 364
Coro 506
Corozopando 432
Cotua 264
Criollo 91, 139
Cubiro 526
Cúcuta 488
Cueva de Kavac 357
Cueva del Elefante 328
Cueva del Guácharo 289, 301
Cumanacoa 255
Cumaná 245
Curiepe 218
Curimagua 519
Cuyagua 552, 554

Delfine 593
Demokratie 109, 120
Denguefieber 48
Diamanten 343, 378, 387, 397

Diplomatische Vertretungen 33
Dolores 417
Doyle, Arthur Conan 388
Drogen 64
Dschungel 395

EC-Karte 45, 57
Ecuador 131
Eiffel, Alexandre Gustave 363
Einkaufen 35
Einreisebestimmungen 22
Eisenerz 343
El Abismo 387
El Amparo de Apure 418
El Baho 462
El Barro 505
El Blanquito 527
El Callao 361
El Cantón 419
El Chaparro 243
El Dorado 362
El Guácharo 292
El Guamo 292
El Guapo 223
El Hatillo 190, 224
El Jarillo 197
El Junquito 192
El Laberinto Tropical 594
El Manteco 360
El Morro 280
El Olivo 515
El Palito 565
El Palmar 360
El Pauji 386
El Pilar 281
El Piñal 419
El Playón 552
El Samán de Apure 417
El Tablazo 502
El Tambo 485
El Tigre 315
El Tirano 601
El Trompillo 419
El Valle 594
El Venado 399
El Vigia 478
El Yaque 612
Elektrizität 36
Elorza 417
Eloy Blanco, Andrés 250
Eñepa-Indianer 148

Energie 136
Entfernungstabelle 648
Erdöl 108, 116, 120, 136, 296, 481, 493, 568
Escagüey 456
Essen 36
Estación Biológica Rancho Grande 551
Esteros de Camaguán 432
Euro 46

Fähren 585
Fallschirmspringen 75
Fauna 94
Feiertage 44
Fernsehen 134
Feste 44
Filmtipps 627
Fische 97
Fischen 68
Fischerei 136
Flor de Patria 476
Flora 99
Flotel Warao 310, 312
Flughafen 24, 210
Flugzeug 23, 585
Folklore 166, 204
Forellen 437, 462
Frailejónes 99, 459
Frauen 156
Fremdenverkehrsamt 49
Frühstück 41
Fuentidueño 609

Gaita 153
Galipán 207
Gallegos, Rómulo 112, 163
Geld 45
Geografie 90
Gepäck 22
Geschichte 104, 142, 583
Gesundheit 46
Getränke 43
Gewichte 52
Gleitschirmfliegen 74
Gold 343, 361, 363, 365, 378, 387, 397
Golf 74
Golfete de Cuare 570, 577
Golfo de Cariaco 262
Gómez, Juan Vicente 108, 534
GPS-Navigation 59
Gran Sabana 365
Guácharo-Höhle 289, 301

Guácharo-Vögel 290
Guacuco 597
Guadalupe 526
Guaiquerí-Indianer 245
Guajibo-Indianer 145
Guanare 425
Guaniamo 397
Guanta 243
Guaraúnos 280
Guardia Nacional 64
Guárico-Stausee 430
Guasdualito 418
Guasipati 360
Guayacancito 611
Guayacán 266
Guerilla 418, 486
Güiria 287
Guri-Stausee 341
Guzmán Blanco, Antonio 108

Hacienda Santa Teresa 200
Haitón de Guarataro 520
Hallaca 152
Handy 77
Hato Cristero 422
Hato El Cedral 417
Hato El Frío 417
Hato Piñero 428
Hato San Andrés 301
Heiligenverehrung 150
Hernández, José Gregorio 469
Herrera Campíns, Luis 121
Hexerei 150
Higuerote 217
Hochland von Guayana 92, 318
Hochschulwesen 138
Hotels 79
Humboldt, Alexander von 246, 289, 407, 565
Humboldt-Route 292
Hygiene 39, 81

Iboribó 370
Icabarú 387
Impfungen 46
Indianer 140, 160
Indígena 140
Indio 140
Inflation 135
Informationen 49
Innenpolitik 128

Internet (in Venezuela) 51
Internet (Informationen) 50
Irapa 282
Isla Anatoly 352
Isla Cayo Norte 570
Isla Cayo Sol 570
Isla Cayo Sombrero 570
Isla Coche 616
Isla Cubagua 617
Isla de Arapo 245
Isla de los Aves 570
Isla de Pájaros 504
Isla de Toas 504
Isla de Zapara 504
Isla Margarita 582
Isnotú 469
Istmo de Los Médanos 515

Jagen 74
Jají 452
Jajó 477
Jaspis 377
Jejenes 48, 395, 405
Joropo 167
Juangriego 607
Judibana 518
Jungle Rudi 351
Junta 113
Jurassic Park 377

Kaffee 43, 135
Kakao 100, 135, 268
Kamarata 357
Karibisches Meer 90
Kariña-Indianer 145
Karneval 44, 268, 384
Karuay merú 372
Katholizismus 149
Kavac 357
Kavanayén 370
Kilómetro 88 364
Kinder 55
Kirchner, Kurt 263
Kitesurfen 66
Kleidung 30, 84
Klettern 74
Klima 92
Kolonialhäuser 158
Kolumbien 130, 406, 408, 418, 486, 488
Kolumbus 104, 288
Kondore 464

REGISTER

Konsulate 33
Krankenhäuser 53
Kreditkarte 45, 57
Kriminalität 61
Küche 41
Kukenan 390
Kunst 160
Kupfer 577
Kurripako-Indianer 148

La Asunción 597
La Azulita 453
La Ciénaga 553
La Fria 478
La Guaira 214
La Guardia 610
La Islcta 618
La Linea 384
La Mesa de Esnujaque 465
La Montañita 264
La Negrita 519
La Peña 264
La Planta 548
La Puerta 466
La Puerta de Miraflores 293
La Trinidad de Arichuna 418
La Vela de Coro 513
La Victoria 201
Lago de Asfalto de Guanoco 289
Lago de Maracaibo 90, 493, 495, 500, 502
Lago de Valencia 554
Laguna de Buena Vista 278
Laguna de Campoma 265, 278
Laguna de Canaima 348
Laguna de Chacopata 266
Laguna de Mucubají 460
Laguna de Sinamaica 502
Laguna de Tacarigua 218
Laguna de Unare 224
Laguna Los Patos 461
Laguna Negra 461
Laguna Victoria 461
Lagunillas 494
Landkarte 59
Landweg (Anreise) 26
Landwirtschaft 135
Las Aguas de Moises 279
Las Claritas 364
Las Mesitas 477
Las Monjas 216
Las Trincheras del Caura 396

Las Trincheras (Hochland von Guayana) 341
Las Trincheras (Nordwesten) 565
Last Minute 21
Lechería 241
Leoni, Raúl 118
Licorería 38, 56
Literatur 163
Literaturtipps 626
Litoral central 208
Llanos 92, 297, 412
Loma Redonda 450
López Contreras, Eleázar 109
Los Aleros 456
Los Alpes 205
Los Altos de Sucre 243
Los Arroyos 200
Los Caracas 216
Los Dos Caminos 428
Los Frailes (Inseln) 617
Los Güires 312
Los Nevados 450
Los Pijiguaos 397
Los Rápidos de Kamoiran 373
Los Roques (Inseln) 618
Los Taques 517
Los Teques 198
Los Testigos (Inseln) 623
Luepa 368
Lusinchi, Jaime 121

Macanao-Halbinsel 610
Machismo 156
Macuro 288
Macuto 214
Maestro-Karte 45, 57
Maiquetía 210
Makiritare-Indianer 394
Malaria 47
Maldonado, Juan de 439
Malerei 160
Mangroven 101, 610
Mantecal 417
Mapararí 520
Maracaibo 495
Maracaibo-See 90, 493, 495, 500
Maracaibo-Tiefland 90
Maracay 533
María Lionza (Kult) 151, 579
Marigüitar 262
Maripa 396
Märkte 38

Maße 52
Maturín 297
Médanos de Coro 510
Medien 133
Medina 286
Medina Angarita, Isaías 109
Medizinische Versorgung 53
Mene Grande 494
Merengue 167
Mérida 438
Mestize 139
Metro (Caracas) 174
Mietwagen 54
Militärdiktatur 113
Miraflores 418
Miranda, Francisco de 106, 171
Missionare 149
Mochima 256
Monagas, José Gregorio 299
Monte Avila 206
Moriche-Palme 313
Morón 568
Moruy 516
Motels 81
Mountainbiken 70
Mücken 48
Mucuchíes 458
Mucunután 451
Mucurubá 457
Museen (Caracas) 183
Museen (Mérida) 442
Musik 165

Nachtleben 56
Naiguatá 215
Nationalparks 104
Niquitao 476
Notfall 57

Ocumare de la Costa 552
Ocumare del Tuy 206
Öffnungszeiten 58
Ojeda, Alonso de 104, 574, 583
Orientierung 59
Orinoco 296, 311, 320, 331, 340, 395, 396, 408
Orinoco-Delta 296
Oritapo 216
Ortiz 428
Osma 216
Ostern 44

Otero Silva, Miguel 164
Ozelot 96

Pabellón criollo 41
Pacheco 375
Páez, José Antonio 107, 556, 562
Palafitos 304, 502
Palmira 485
Pamatacualito 238
Pampán 476
Pampatar 595
Panadería 38
Panamericana 197
Panare-Indianer 397
Pantoño 278
Paradero 264
Paragua 343
Paraguaná-Halbinsel 515
Parai Tepui 386, 388
Páramo 101, 459
Parapara 428
Parawan Tepui 363
Parque Agustín Cordazzi 203
Parque El Agua 602
Parque El Tobogán de la Selva 404
Parque La Llovizna 323
Parque Nacional Canaima 367
Parque Nacional Cerro Saroche 526
Parque Nacional Chorro El Indio 485
Parque Nacional Cueva
   de la Quebrada de El Toro 520
Parque Nacional El Tamá 486
Parque Nacional Guaramacal 475
Parque Nacional Guatopo 205
Parque Nacional Henri Pittier 542
Parque Nacional Laguna de La Restinga 610
Parque Nacional Mariusa 296
Parque Nacional Médanos de Coro 510
Parque Nacional Mochima 238, 256
Parque Nacional Morrocoy 569
Parque Nacional Península de Paría 281
Parque Nacional Santos Luzardo
   (Cinaruco-Capanaparo) 409
Parque Nacional Sierra Nevada 460
Parque Nacional Turuépano 279
Parque Nacional Yacambú 527
Parteien 109
PDVSA 120
Pedernales 312
Pedregal 456
Pedro González 606

Pemón-Indianer 145, 367, 374
Peraza, Miguel Angel 526
Pérez Jiménez, Marcos 113, 114
Pericantar 263
Pfahlbauten 304, 502
Pflanzen 99
Piacoa 330
Piaroa-Indianer 145, 405
Pico Bolívar 90
Pico Bonpland 450
Pico El Aguila 464
Pico Espejo 442, 448
Pico Humboldt 72, 450
Pico Naiguatá 173, 206
Piedra del Elefante 328
Píritu 225
Playa Caribe 607
Playa Colorada 261
Playa Copey 273
Playa El Agua 602
Playa El Yaque 612
Playa Grande 544
Playa Guayacán 606
Playa La Galera 607
Playa Manzanillo 606
Playa Medina 285
Playa Parguito 602
Playa Puerto Cruz 606
Politik 109, 128
Polizei 64
Por Puestos 85
Porlamar 586
Portachuelo-Pass 550
Posadas 80
Post 61
Privatunterkunft 82
Prostitution 65
Puente Urdaneta 500
Puerto Ayacucho 395, 398
Puerto Cabello 565
Puerto Cabello del Caura 396
Puerto Carreño 408
Puerto Colombia 544
Puerto Cuervito 503, 504
Puerto Cumarebo 514
Puerto de Hierro 288
Puerto Inírida 406
Puerto La Cruz 226
Puerto Maya 208
Puerto Ordaz 320
Puerto Páez 395, 408

Puerto Píritu 225
Pumé-Indianer 145
Punto Fijo 518

Quebrada de Jaspe 377
Quíbor 526

Radfahren 70
Regenwald 394
Reiseapotheke 47
Reisekasse 57
Reiseschecks 45, 57
Reisezeit 94
Reiten 74
Religion 149
Reptilien 96
Republik 107
Restaurants 38
Reverón, Armando 162
Río Akanán 357
Río Aponwao 368
Río Apure 413
Río Aragua 201, 301
Río Ararí 90
Río Arauca 409, 418
Río Autana 405
Río Buría 521
Río Capanaparo 409
Río Caribe 282
Río Caroní 320, 329, 341
Río Carrao 344
Río Catatumbo 453
Río Caura 341
Río Chama 439, 478
Río Chico 218
Río Chiquito 293
Río Churún 351
Río Cinaruco 408
Río Cuyuní 362
Río Guaire 173
Río Guarapiche 298
Río Karuay 372
Río Kukenan 368, 388
Río Kukurital 353
Río La Pica 409
Río Limón 503, 504
Río Manzanares 250
Río Maracay 534
Río Meta 408
Río Milla 440
Río Morichal Largo 303

Río Motatán 478
Río Negro 407
Río Neverí 228
Río Orinoco 296, 311,
   320, 331, 340, 395, 396, 408
Río Paragua 341
Río Portuguesa 432
Río Quinimarí 485
Río Santo Domingo 423
Río Sipapo 405
Río Tachira 488
Río Tarotá 368
Río Tocuyo 521
Río Tök 388
Río Torbes 480
Río Turbio 521
Río Tuy 204
Río Unare 224
Río Ventuari 405
Río Yuanwá 373
Río Yuruani 376
Río Yuruari 361
Riverrafting 69
Roraima 385, 388
Rum 200, 270, 272
Rundfunk 133
Russland 132

Sacuragua 516
Salto Agua fria 377
Salto Angel 348
Salto El Danto 367
Salto El Hueso 373
Salto Kama 375
Salto Kawi 373
Salto Kukenan 390
Salto La Cortina 375
Salto La Golondrina 373
Salto Sapo 352
Salto Tarotá 368
Salto Yurí 353
Samán de Güere 203
Samariapo 399
Sammeltaxis 85
San Antonio de los Altos 198
San Antonio de Maturín 293
San Antonio del Golfo 262
San Antonio del Táchira 486
San Bernardino 207
San Carlos 427
San Cayetano 264

San Cristóbal 480
San Felipe 578
San Félix 320
San Fernando de Apure 413
San Fernando de Atabapo 406
San Francisco de Yare 205
San Francisco de Yuruani 376
San Ignacio de Yuruani 376
San Joaquin 554
San José 364
San Juan Bautista 609
San Juan de Colón 489
San Juan de Las Galdonas 286
San Juan de Los Morros 429
San Juan de Manapiare 405
San Juan de Payara 409
San Luís de Avarkay 369
San Mateo 202
San Miguel 475, 526
San Pedro del Río 485
San Rafael 459
San Rafael de Moján 503
Sanare 527, 574
San-Carlos-Halbinsel 503
Sandfliegen 48, 97, 395, 405
Sanemá-Indianer 148
Santa Ana 516
Santa Ana (Isla Margarita) 601
Santa Cruz de Bucaral 520
Santa Cruz de Mara 503
Santa Elena de Uairén 378
Santa Fé 244, 261
Santa Isabel 286
Santa Juana 409
Santa Lucía 205
Santa Rita 494
Santa Teresa del Tuy 205
Santa Teresita 364
Santo Domingo 423, 462
Santuario Nacional de Coromoto 424
Säugetiere 94
Schlacht von Carabobo 555, 562
Schulsystem 138
Seeweg (Anreise) 27
Segeln 68
Sicherheit 61
Sierra de San Luís 519
Sinamaica 504
Sitten 150
Socopo 419
Soledad 264

Soledad 340
Sororopán Tepui 370
Sorte 151
Soruape 375
Soto, Jesús Rafael 163, 333
Souvenirs 35
Sozialismus 128
Sozialistische Einheitspartei Venezuelas 128
Spanier 105
Spanisch 75, 627
Sport 65
Sprache 75
Sprachhilfe 627
Sprachschulen 75
Staat 132
Staatsstreich 122
Stadtpläne 59
Strände 276, 542, 582
Strom 36
Sucre, Antonio José de 562
Supermärkte 36
Surfen 65, 516, 593, 612

Tabay 454
Tacarigua 600
Tacarigua de la Laguna 218
Tacarigua de Mamporal 218
Tafelberge 318, 365, 388
Taguapire 266
Taima 514
Tanaguarena 215
Taratara 514
Tasca 56
Tauchen 65, 593
Taxis 24, 86
Tejerías 200
Teleférico de Mérida (Seilbahn) 442, 448
Telefonieren 77
Temblador 310
Teufelstänze 206
Thermalquellen 278, 485, 565
Tiere 94
Timotes 465
Tinaco 427
Tinaquillo 428
Tintoreros 525
Tocópero 514
Todasana 216
Torón merú 370
Tostós 476
Tourismus 137

Touristenkarte 22
Transandina 456, 463
Travellerschecks 45, 57
Trekking 72, 354, 385
Trinidad 287
Trinken 36
Trinkgeld 39, 79
Trinkwasser 39
Truffino, Robert 351
Trujillo 470
Tucacas 572
Tucupita 304
Tumeremo 361
Tuname 477
Tunapuy 281
Turmero 203

Uhrzeit 79
Umweltschutz 101
Unabhängigkeit 106
Unterkunft 79
Upata 358
Uraca 548
Uracoa 310
Urdaneta, Rafael 496
Urena 489
Uria 519
Urumaco 505
Uruyén 358
US-Dollar 46
Uslar Pietri, Arturo 164

Valencia 555
Valera 467
Valle Curimagua 519
Valle de La Pascua 432
Valle Grande 453
Valle Mifafi 464
Valle Momboy 466
Valles del Tuy 204
Venezuela de Antier 452
Verfassung 109, 112, 116, 124, 128
Verhaltenstipps 83
Verkehrsmittel 84
Versicherungen 86
Verwaltung 132
Vespucci, Amerigo 104, 495
Viehwirtschaft 135, 412, 528
Villa de Cura 430
Villanueva, Carlos Raúl 159
Vögel 96

Währung 45
Wandern 71
Warao-Indianer 144, 303
Wareipa 353
Wasser 39
Wasserschildkröten 287
Wayúu-Indianer 144
Wechselkurs 45
Weihnachten 44, 152
Wein 43, 532
Welser 105, 495
Whisky 156
Wirtschaft 135

Yaguaraparo 282
Yanomami-Indianer 145, 394
Ye'kuana-Indianer 147
Yukpa-Indianer 147

Zaraza 433
Zeitungen 51, 133
Zentralregion 170
Zoll 22, 28
Zuckerrohr 255, 272, 474, 528

Der Autor

Volker Alsen, geborener Wiesbadener, lebt seit bald 20 Jahren in Venezuela. Damals war Venezuela ein unbekannter Fleck auf der Landkarte, Touristen gab es so gut wie keine. Nach der Gründung eines kleinen Hotels, als Anlaufstelle für Traveller, bereiste er über Jahre das ganze Land, immer auf der Suche nach dem Unbekannten und der Herausforderung. Er gilt als Pionier für Natur- und Abenteuerreisen, hat Bücher über Venezuela veröffentlicht und betreibt eine Spezialagentur für Individual- und Erlebnisreisende und berät damit Individualisten, die sich für Venezuela interessieren: www.parianatours.com.

Danke

Bei der Arbeit an diesem Buch habe ich von vielen Seiten Hilfe und Unterstützung erfahren. Vielen Dank an *Minerva Alsen, Federico Brugger, Bonnie Alsen, Peter* und *Maria Rothfuss, Joe Klaiber, Gaby Brückmann, José Rojas, Volker Leinemann, Klaus Alsen, Claudia Beckmann, Wedigo von Wedel, Miguel Frahm, Martin Blach, Georg Kuntz, Monika Bodesheim, Hans Peter Zingg, Ricardo Torres* und *Rosiris Cabrera.*

KARTENVERZEICHNIS

Venezuela West ... Umschlagklappe vorn
Venezuela Ost ... Umschlagklappe hinten

Anden Anfahrtswege ... 437
Apartaderos Umgebung ... 461
Auyan Tepui Umgebung ... 352
Barcelona Zentrum ... 230
Canaima ... 346
Caracas Innenstadt ... 180
Caracas Metrostationen ... 175
Caracas Übersicht ... 178
Caracas Umgebung ... 191
Carúpano ... 271
Chichiriviche ... 575
Ciudad Bolívar ... 334
Ciudad Guayana ... 325
Coro, Koloniales Zentrum ... 509
Cumaná ... 248
Gran Sabana ... 366
Henry Pittier Nationalpark ... 543
Indiogruppen in Venezuela ... 144
Kavanayén ... 371
La Asunción (Margarita) ... 598
Los Roques ... 619
Maracaibo Zentrum ... 497
Maracay ... 537
Mérida ... 441
Mochima Küstenregion ... 257
Morrocoy Nationalpark ... 571
Nationalparks in Venezuela ... 103
Playa Copey ... 274
Playa El Agua (Margarita) ... 605
Playa El Yaque (Margarita) ... 613
Porlamar (Margarita) ... 589
Puerto Ayacucho ... 401
Puerto Colombia und Choroní ... 545
Puerto La Cruz Küstenregion ... 239
Puerto La Cruz Zentrum ... 231
Río Caribe ... 283
Santa Elena de Uairén ... 381
Sierra de San Luis ... 520
Sierra Nevada Nationalpark ... 449
Trujillo Umgebung ... 472
Tucupita ... 306
Valencia ... 559
Verwaltungseinteilung und Bevölkerungsdichte ... 141

Anmerkungen:
Die Karten in diesem Buch wurden so sorgfältig wie möglich recherchiert.
Hinweise zu den in den Karten verwendeten Symbolen finden sich in der vorderen Umschlagklappe.

In den Kopfzeilen der Buchseiten steht ein Verweis auf die jeweiligen in den Kontext passenden Karten bzw. Stadtpläne.

Kartenatlas: Bei den Ortsbeschreibungen erfolgt jeweils hinter den Überschriften ein Verweis auf die entsprechende Karte und die genaue Positionierung des Ortes. So bedeutet z.B. „Mérida, ⌀ IX, C2", dass die Stadt Mérida im Atlas Seite IX und dort im Planquadrat C2 zu finden ist.

Entfernungstabelle

Entfernungen in km, berechnet über die kürzeste Verbindung auf Hauptstraßen

Acarigua																											
599	**Barcelona**																										
186	783	**Barinas**																									
80	579	264	**Barquisimeto**																								
379	972	404	299	**Cabimas**																							
361	310	525	363	682	**Caracas**																						
833	234	1017	813	1206	544	**Caripito**																					
182	775	366	102	197	465	1009	**Carora**																				
610	211	994	804	1183	521	109	986	**Carúpano**																			
724	295	908	804	1103	591	348	906	507	**Ciudad Bolívar**																		
831	403	1015	911	1210	659	235	1013	344	107	**Ciudad Guayana**																	
359	543	543	279	258	453	997	381	974	953	1070	**Coro**																
691	92	875	765	1064	402	152	867	119	398	495	855	**Cumaná**															
594	166	778	674	973	451	304	776	377	130	237	833	258	**El Tigre**														
90	689	94	170	460	431	923	272	900	914	921	449	781	684	**Guanare**													
517	1116	333	597	655	859	1350	669	1327	1241	1348	867	1209	1111	427	**Guasdualito**												
366	335	550	388	687	25	569	490	546	616	723	478	427	456	456	883	**La Guaira**										
304	335	498	308	607	25	559	400	547	616	723	416	427	485	421	50	**Los Teques**										
402	1001	456	322	32	706	1235	220	1227	1126	1233	254	1108	995	492	657	731	630	**Maracaibo**								
232	419	416	254	553	32	630	356	630	619	726	344	511	570	322	749	134	72	597	**Maracay**								
763	164	942	867	1105	518	64	954	173	285	344	974	71	199	1038	1275	543	558	1239	642	**Maturín**							
341	208	942	163	421	369	682	1174	396	1151	1065	1172	700	1038	941	248	455	401	567	1105	**Mérida**							
237	940	421	173	472	212	756	275	733	722	829	283	614	619	327	754	237	517	103	745	578	**Puerto Cabello**						
609	522	10	793	775	592	320	224	877	201	305	413	82	176	899	1126	345	360	1011	429	218	887	532	**Puerto La Cruz**				
447	10	851	631	367	356	541	1085	493	1052	1051	1157	88	943	921	566	504	342	432	1074	788	351	876	**Punto Fijo**			
536	1129	362	610	448	977	363	484	1040	1254	1351	695	1227	1130	446	279	902	639	490	758	1294	298	772	1197	977	**San Antonio (Táchira)**		
83	516	267	63	462	258	750	265	720	641	748	442	608	511	173	600	283	221	485	149	875	424	154	526	530	619	**San Carlos**	
500	1093	316	574	411	841	1327	448	1304	1210	1325	659	1191	1094	410	243	656	903	444	732	1258	262	736	1109	941	36	583	**San Cristóbal**
185	587	342	65	385	277	821	188	798	787	894	365	694	685	238	675	302	240	408	168	810	87	597	453	695	241	660	**San Felipe**
363	199	547	526	825	400	753	623	730	699	795	789	668	520	273	560	362	649	315	505	708	417	534	678	383	719	100	683
286	395	472	296	595	139	629	306	606	565	672	398	492	435	378	805	221	485	54	461	627	157	408	822	205	788	222	261
304	929	299	222	213	585	1163	164	1105	1001	1106	501	1021	865	187	602	610	547	245	555	1035	203	513	939	598	406	360	485
970	420	1154	1099	1398	730	276	1201	385	303	109	1103	411	1060	1497	755	770	1239	854	212	1317	1506	887	1470	1176	797	673	1247
183	468	367	193	492	158	702	307	679	668	775	295	560	520	273	700	183	121	549	49	525	54	478	383	54	103	460	903
323	918	206	202	239	574	1152	153	1110	1037	1144	512	1050	899	219	535	627	564	234	539	1070	167	510	923	586	370	396	305
365	250	549	472	371	345	319	974	431	359	456	604	342	229	455	882	370	307	857	260	255	733	362	309	421	928	330	206

San Fernando de Apure			
500	**S. Juan de los Morros**		
788	261	**Trujillo**	
308	657	565	**Tucupita**
939	364	140	683
478	139	354	903
478	306	585	601
429	305	585	601
923	362	330	206

Valencia	**Valera**	**V.d.I. Pascua**
35	1283	
460	903	
642	679	674

BLATTSCHNITT UND ZEICHENERKLÄRUNG I

II Der Nordwesten und das Tiefland von Maracaibo

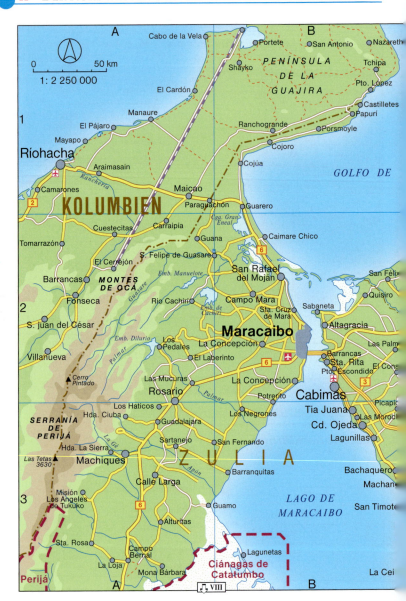

IV Caracas, der Nordwesten und der Nordosten

VI DER NORDOSTEN, ISLA MARGARITA UND ORINOCO-DELTA

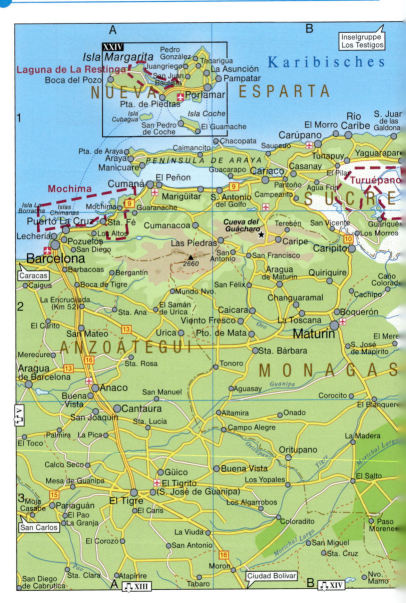

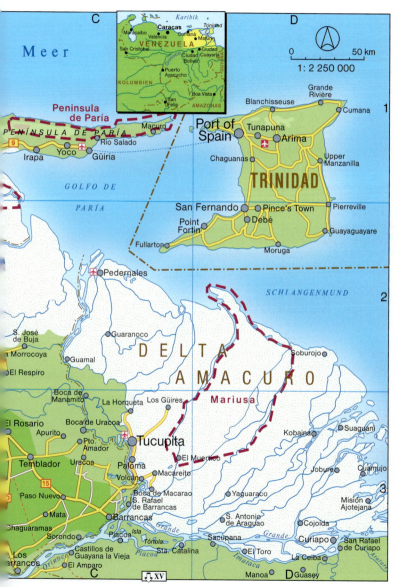

VIII DIE ANDEN UND DIE WESTLICHEN LLANOS

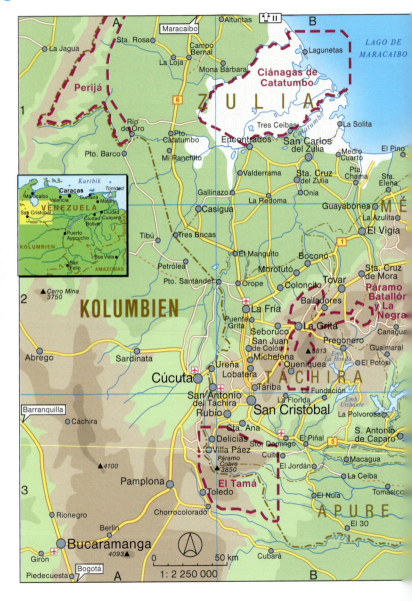

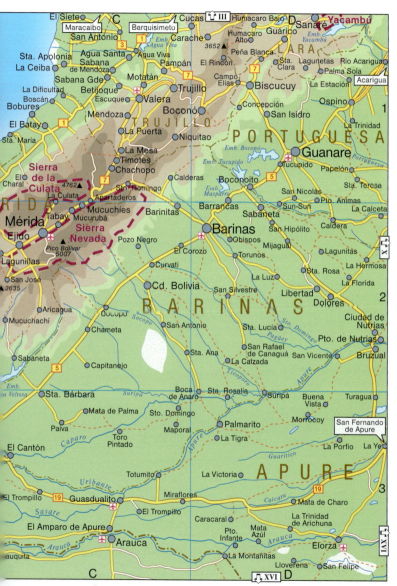

X DIE LLANOS

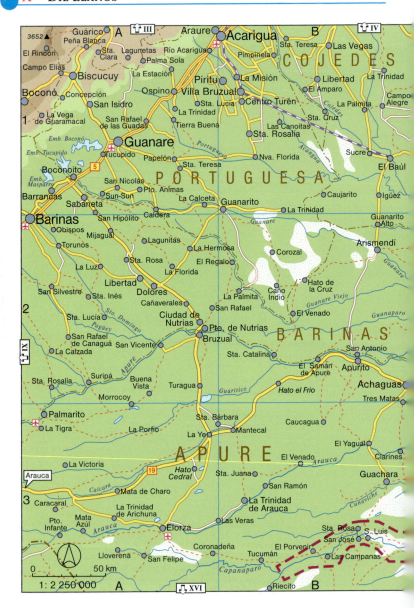

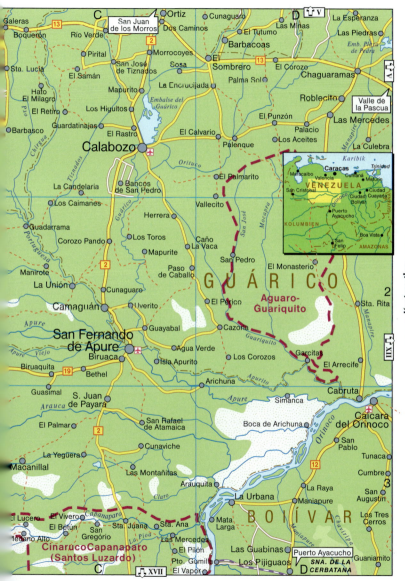

XII Die Llanos und das Hochland von Guayana

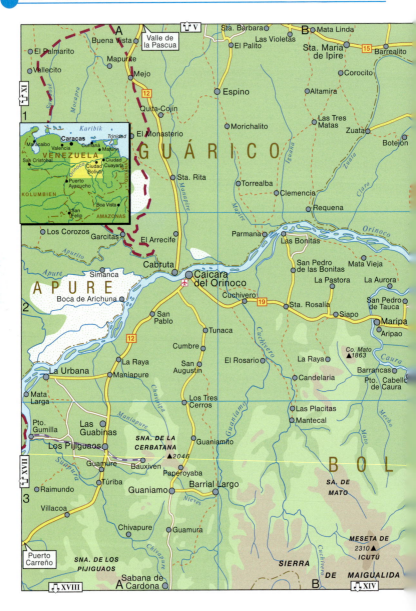

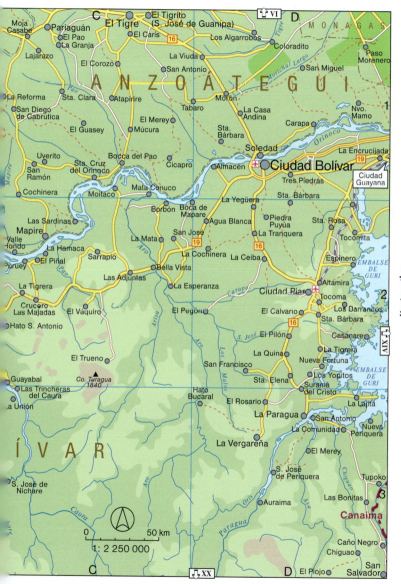

XIV Das Orinoco-Delta und Hochland von Guayana

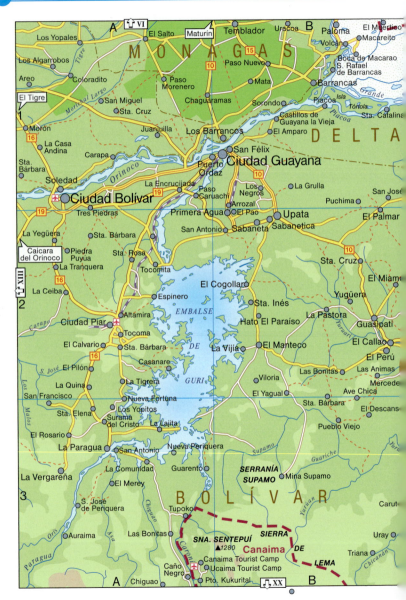

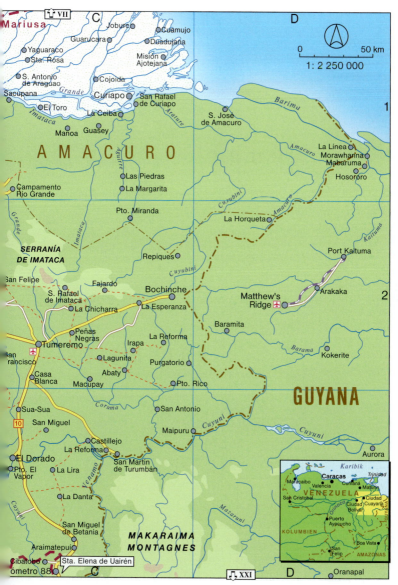

XVI DIE LLANOS UND DAS AMAZONAS-GEBIET

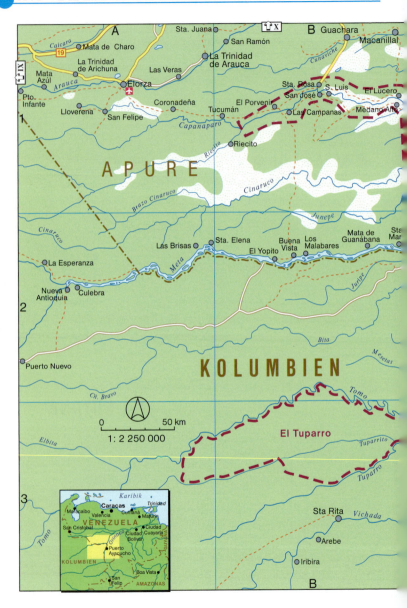

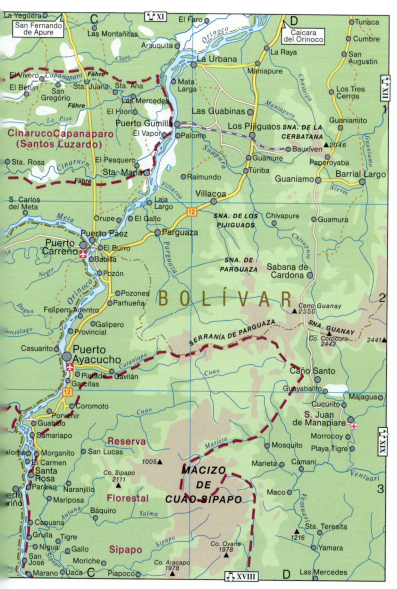

XVIII Das Amazonas-Gebiet

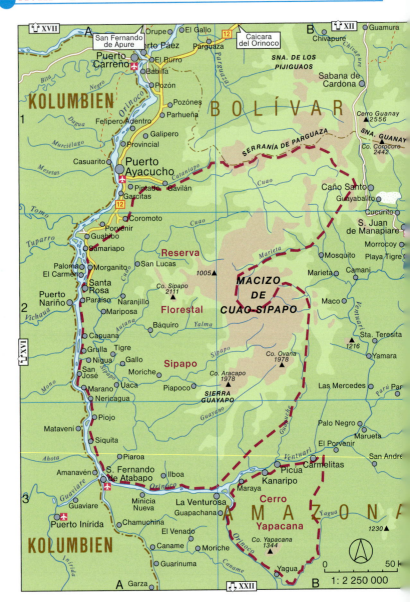

XX Die Gran Sabana

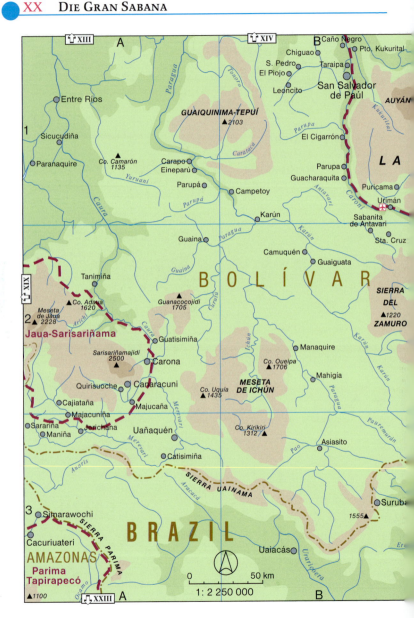

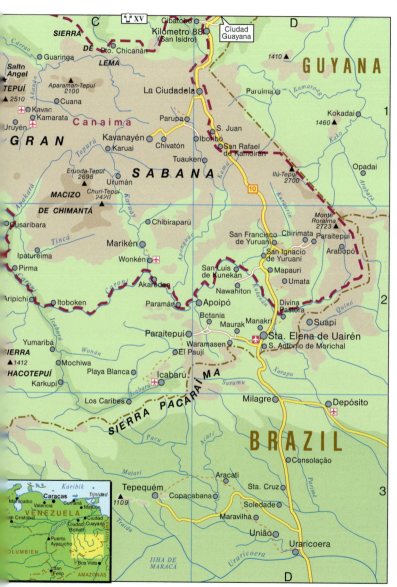

XXII DAS AMAZONAS-GEBIET

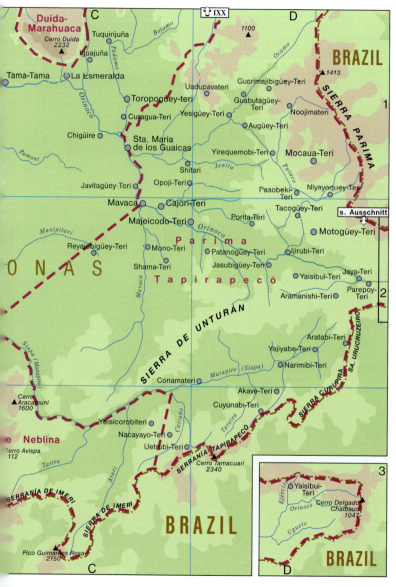

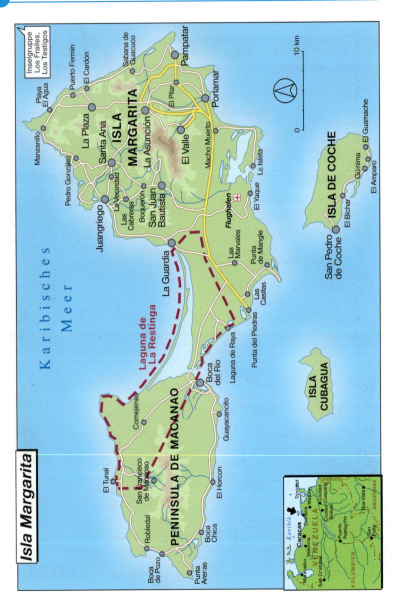